北京农村年鉴

2014

中国农业出版社

领导调研与考察

2013年4月18日，中共中央政治局委员、北京市委书记郭金龙，市委副书记、市长王安顺到通州区于家务回族乡北京通州国际种业科技园区调研。

中共北京市委常委牛有成参观第25届北京西瓜节展区

北京市副市长林克庆到市农经办（市农研中心）调研农村经管工作情况。市委农工委书记、市农委主任王孝东、市农经办（市农研中心）主任郭光磊等领导陪同。

都市型现代农业

顺义区万亩良田示范方时针式喷灌设施

密云县石城镇美丽中国景观农田

昌平区小汤山番茄工厂

门头沟区孟悟生态园温室大棚

第25届北京大兴西瓜节举办“东正杯”全国西甜瓜擂台赛

海淀区上庄镇京西稻收割文化节

北京农商银行开展“凤凰乡村游　体验新农村”活动，引导城市资金回流农村

平谷区峪口规模养鸡场

通州区金福艺农工厂化养鱼

密云县康顺达产销合作社参加2013年国际有机食品展

2013年9月25—28日第二十一届北京种子大会参展企业

北京通州国际种业科技园区管委会、北京市农村合作经济经营管理办公室、北京农业信息技术研究中心等单位被国家农业部授予2013年度首批全国农业农村信息化示范基地。

北京市农林科学院新品种介绍

京颖西瓜

胡萝卜——红芯90

超越甘蓝

大白菜——京春黄2号

洋葱紫星

玉米——京科665

辣椒——国塔109

甜瓜——京玉10号

樱桃——香泉1号

马蹄莲——京彩阳光

新农村建设

朝阳区十八里店乡周庄三期农民回迁房A区现场

平谷区夏各庄新城

门头沟区灰峪新村楼房

门头沟区妙峰山镇水峪嘴村村民住宅楼

通州区马驹桥镇农村新风貌

密云县古北口镇司马台新村

密云县太师屯镇龙潭沟新村

朝阳区东风乡将台洼村三站两室建设，实现村庄社区化管理

民俗旅游与观光休闲

顺义区李遂镇顺鑫绿色度假村

密云县古北口镇司马台村游客服务中心

大兴区第十三届采育镇葡萄节

怀柔区杨宋镇鹿世界主题园

房山区韩村河镇天开村天开花海景区

丰台区世界花卉大观园艺菊展

怀柔区“敛巧饭民俗风情节”

山区经济与生态建设

平谷区黄松峪国家矿山公园

平谷区丫髻山庙会

平谷区大华山镇挂甲峪村

平谷区张家台新村

房山区十渡山水

房山区百花山风光

密云县不老屯镇史庄子村山区搬迁新址全貌

怀柔区北房镇经纬工业园筑巢引凤打造三大工业产业集群

平谷区提琴产业

农村改革与集体经济发展

全国首家农资委——海淀区农资委举行揭牌仪式

门头沟区首家农民专业合作社联合社在清水镇挂牌成立

“富民2号”资产信托签约仪式

北京市农村集体经济合同清理工作动员部署会，北京市农经办（市农研中心）主任郭光磊出席

农村社会事业

美丽乡村大舞台

大学生“村官”的绿色婚礼

首届百花山徒步登山比赛颁奖

延庆县康庄镇文体中心

通州区西集镇中心小学新校区

2013年9月26日，通州区于家务回族乡举办四季幸福于家务第三届金秋里的笑声系列活动——金秋话金婚。

朝阳区太阳宫郊野公园设施进一步完善

《北京农村年鉴》编辑委员会

《北京农村年鉴》编辑部

凡　　例

一、《北京农村年鉴》是集中反映北京郊区经济和社会发展情况的大型资料性工具书和史料文献。在中共北京市委农村工作委员会和北京市农村工作委员会的领导下，由北京市农村经济研究中心主持编纂。

二、《北京农村年鉴》以马列主义、毛泽东思想、邓小平理论、“三个代表”重要思想、科学发展观为指导，运用丰富、翔实的资料和客观、真实的记述，使社会各方面增进对北京郊区农村的认识与了解，促进北京地区各行业和国内外与京郊农村的合作、交流，也为地方史志的编写积累珍贵的历史资料。

三、依据年鉴编纂惯例，当年出版的《北京农村年鉴》，标为本年度，而反映上个年度的情况。为增强年鉴的时效性，对本年度年初中共中央和中共北京市委、北京市人民政府发布的指导农业和农村工作的重要文件，也予以收入。

四、《北京农村年鉴》基本写作形式为条目体，并选载适量文章，辅以图片、表格，使读者对北京郊区情况有一完整了解。

五、《北京农村年鉴》所设栏目与类目基本固定，而依据年度变化情况作适当调整。

六、《北京农村年鉴》稿件，由市委农工委、市农委各职能部门，市农业系统各单位，各郊区县，并邀请各有关部门，确定专人撰写，均经各部门主管领导审阅。有关数据采用国家和市统计部门发布的权威数字；未列入国家和市统计范围的，采用业务部门经过核实、可以发布的数字。

目　　录

特　　载

文件选载

总　述

大　事　记

城乡发展一体化

都市型现代农业

郊区二、三产业

郊区生态与基础设施建设

山　区　建　设

农　业　科　技

农村改革与管理

农民生活与农村社会保障

农村社会事业

农村社会管理

农村法制建设

组　织　建　设

区　县　农　情

市农业系统行政、事业机构

北京市社会主义新农村建设先进集体和先进个人

统计资料

索　　引

特　　载

中共中央、国务院
关于全面深化农村改革加快推进农业现代化的若干意见

（2014 年 1 月 19 日）

2013 年，农业农村发展持续向好、稳中有进，粮食生产再创历史新高，城乡居民收入差距继续缩小，农村改革向纵深推进，农村民生有新的改善，农村社会保持和谐稳定。

我国经济社会发展正处在转型期，农村改革发展面临的环境更加复杂、困难挑战增多。工业化信息化城镇化快速发展对同步推进农业现代化的要求更为紧迫，保障粮食等重要农产品供给与资源环境承载能力的矛盾日益尖锐，经济社会结构深刻变化对创新农村社会管理提出了亟待破解的课题。必须全面贯彻落实党的十八大和十八届三中全会精神，进一步解放思想，稳中求进，改革创新，坚决破除体制机制弊端，坚持农业基础地位不动摇，加快推进农业现代化。

全面深化农村改革，要坚持社会主义市场经济改革方向，处理好政府和市场的关系，激发农村经济社会活力；要鼓励探索创新，在明确底线的前提下，支持地方先行先试，尊重农民群众实践创造；要因地制宜、循序渐进，不搞“一刀切”、不追求一步到位，允许采取差异性、过渡性的制度和政策安排；要城乡统筹联动，赋予农民更多财产权利，推进城乡要素平等交换和公共资源均衡配置，让农民平等参与现代化进程、共同分享现代化成果。

推进中国特色农业现代化，要始终把改革作为根本动力，立足国情农情，顺应时代要求，坚持家庭经营为基础与多种经营形式共同发展，传统精耕细作与现代物质技术装备相辅相成，实现高产高效与资源生态永续利用协调兼顾，加强政府支持保护与发挥市场配置资源决定性作用功能互补。要以解决好地怎么种为导向加快构建新型农业经营体系，以解决好地少水缺的资源环境约束为导向深入推进农业发展方式转变，以满足吃得好吃得安全为导向大力发展优质安全农产品，努力走出一条生产技术先进、经营规模适度、市场竞争力强、生态环境可持续的中国特色新型农业现代化道路。

2014 年及今后一个时期，农业农村工作要以邓小平理论、“三个代表”重要思想、科学发展观为指导，按照稳定政策、改革创新、持续发展的总要求，力争在体制机制创新上取得新突破，在现代农业发展上取得新成就，在社会主义新农村建设上取得新进展，为保持经济社会持续健康发展提供有力支撑。

一、完善国家粮食安全保障体系

1. 抓紧构建新形势下的国家粮食安全战略。把饭碗牢牢端在自己手上，是治国理政必须长期坚持的基本方针。综合考虑国内资源环境条件、粮食供求格局和国际贸易环境变化，实施以我为主、立足国内、确保产能、适度进口、科技支撑的国家粮食安全战略。任何时候都不能放松国内粮食生产，严守耕地保护红线，划定永久基本农田，不断提升农业综合生产能力，确保谷物基本自给、口粮绝对安全。更加积极地利用国际农产品市场和农业资

源，有效调剂和补充国内粮食供给。在重视粮食数量的同时，更加注重品质和质量安全；在保障当期供给的同时，更加注重农业可持续发展。加大力度落实“米袋子”省长负责制，进一步明确中央和地方的粮食安全责任与分工，主销区也要确立粮食面积底线、保证一定的口粮自给率。增强全社会节粮意识，在生产流通消费全程推广节粮减损设施和技术。

2. **完善粮食等重要农产品价格形成机制**。继续坚持市场定价原则，探索推进农产品价格形成机制与政府补贴脱钩的改革，逐步建立农产品目标价格制度，在市场价格过高时补贴低收入消费者，在市场价格低于目标价格时按差价补贴生产者，切实保证农民收益。2014年，启动东北和内蒙古大豆、新疆棉花目标价格补贴试点，探索粮食、生猪等农产品目标价格保险试点，开展粮食生产规模经营主体营销贷款试点。继续执行稻谷、小麦最低收购价政策和玉米、油菜籽、食糖临时收储政策。

3. **健全农产品市场调控制度**。综合运用储备吞吐、进出口调节等手段，合理确定不同农产品价格波动调控区间，保障重要农产品市场基本稳定。科学确定重要农产品储备功能和规模，强化地方尤其是主销区的储备责任，优化区域布局和品种结构。完善中央储备粮管理体制，鼓励符合条件的多元市场主体参与大宗农产品政策性收储。健全“菜篮子”市长负责制考核激励机制，完善生猪市场价格调控体系，抓好牛羊肉生产供应。进一步开展国家对农业大县的直接统计调查。编制发布权威性的农产品价格指数。

4. **合理利用国际农产品市场**。抓紧制定重要农产品国际贸易战略，加强进口农产品规划指导，优化进口来源地布局，建立稳定可靠的贸易关系。有关部门要密切配合，加强进出境动植物检验检疫，打击农产品进出口走私行为，保障进口农产品质量安全和国内产业安全。加快实施农业走出去战略，培育具有国际竞争力的粮棉油等大型企业。支持到境外特别是与周边国家开展互利共赢的农业生产和进出口合作。鼓励金融机构积极创新为农产品国际贸易和农业走出去服务的金融品种和方式。探索建立农产品国际贸易基金和海外农业发展基金。

5. **强化农产品质量和食品安全监管**。建立最严格的覆盖全过程的食品安全监管制度，完善法律法规和标准体系，落实地方政府属地管理和生产经营主体责任。支持标准化生产、重点产品风险监测预警、食品追溯体系建设，加大批发市场质量安全检验检测费用补助力度。加快推进县乡食品、农产品质量安全检测体系和监管能力建设。严格农业投入品管理，大力开展园艺作物标准园、畜禽规模化养殖、水产健康养殖等创建活动。完善农产品质量和食品安全工作考核评价制度，开展示范市、县创建试点。

二、强化农业支持保护制度

6. **健全“三农”投入稳定增长机制**。完善财政支农政策，增加“三农”支出。公共财政要坚持把“三农”作为支出重点，中央基建投资继续向“三农”倾斜，优先保证“三农”投入稳定增长。拓宽“三农”投入资金渠道，充分发挥财政资金引导作用，通过贴息、奖励、风险补偿、税费减免等措施，带动金融和社会资金更多投入农业农村。

7. **完善农业补贴政策**。按照稳定存量、增加总量、完善方法、逐步调整的要求，积极开展改进农业补贴办法的试点试验。继续实行种粮农民直接补贴、良种补贴、农资综合补贴等政策，新增补贴向粮食等重要农产品、新型农业经营主体、主产区倾斜。在有条件的地方开展按实际粮食播种面积或产量对生产者补贴试点，提高补贴精准性、指向性。加大农机购置补贴力度，完善补贴办法，继续推进农机报废更新补贴试点。强化农业防灾减灾稳产增产关键技术补助。继续实施畜牧良种补贴政策。

8. **加快建立利益补偿机制**。加大对粮食主产区的财政转移支付力度，增加对商品粮生产大省和粮油猪生产大县的奖励补助，鼓励主销区通过多种方式到主产区投资建设粮食生产基地，更多地承担国家粮食储备任务，完善粮食主产区利益补偿机制。支持粮食主产区发展粮食加工业。降低或取消产粮大县直接用于粮食生产等建设项目资金配套。完善森林、草原、湿地、水土保持等生态补偿制度，继续执行公益林补偿、草原生态保护补助奖励政策，建立江河源头区、重要水源地、重要水生态修复治理区和蓄滞洪区生态补偿机制。支持地方开展耕地保护补偿。

9. **整合和统筹使用涉农资金**。稳步推进从财政预算编制环节清理和归并整合涉农资金。支持黑龙江省进行涉农资金整合试点，在认真总结经验基础上，推动符合条件的地方开展涉农资金整合试验。改革项目审批制度，创造条件逐步下放中央和省级涉农资金项目审批权限。改革项目管理办法，加快项目实施和预算执行，切实提高监管水平。加强专项扶贫资金监管，强化省、市两级政府对资金和项目的监督责任，县级政府切实管好用好扶贫资金。盘活农业结余资金和超规定期限的结转资金，由同级预算统筹限时用于农田水利等建设。

10. **完善农田水利建设管护机制**。深化水利工程管理体制改革，加快落实灌排工程运行维护经费财政补助政策。开展农田水利设施产权制度改革和创新运行管护机制试点，落实小型水利工程管护主体、责任和经费。通过以奖代补、先建后补等方式，探索农田水利基本建设新机制。深入推进农业水价综合改革。加大各级政府水利建设投入，落实和完善土地出让收益计提农田水利资金政策，提高水资源费征收标准、加大征收力度。完善大中型水利工程建设征地补偿政策。谋划建设一批关系国计民生的重大水利工程，加强水源工程建设和雨洪水资源化利用，启动实施全国抗旱规划，提高农业抗御水旱灾害能力。实施全国高标准农田建设总体规划，加大投入力度，规范建设标准，探索监管维护机制。

11. **推进农业科技创新**。深化农业科技体制改革，对具备条件的项目，实施法人责任制和专员制，推行农业领域国家科技报告制度。明晰和保护财政资助科研成果产权，创新成果转化机制，发展农业科技成果托管中心和交易市场。采取多种方式，引导和支持科研机构与企业联合研发。加大农业科技创新平台基地建设和技术集成推广力度，推动发展国家农业科技园区协同创新战略联盟，支持现代农业产业技术体系建设。加强以分子育种为重点的基础研究和生物技术开发，建设以农业物联网和精准装备为重点的农业全程信息化和机械化技术体系，推进以设施农业和农产品精深加工为重点的新兴产业技术研发，组织重大农业科技攻关。继续开展高产创建，加大农业先进适用技术推广应用和农民技术培训力度。发挥现代农业示范区的引领作用。加强农用航空建设。将农业作为财政科技投入优先领域，引导金融信贷、风险投资等进入农业科技创新领域。推行科技特派员制度，发挥高校在农业科研和农技推广中的作用。

12. **加快发展现代种业和农业机械化**。建立以企业为主体的育种创新体系，推进种业人才、资源、技术向企业流动，做大做强育繁推一体化种子企业，培育推广一批高产、优质、抗逆、适应机械化生产的突破性新品种。推行种子企业委托经营制度，强化种子全程可追溯管理。加快推进大田作物生产全程机械化，主攻机插秧、机采棉、甘蔗机收等薄弱环节，实现作物品种、栽培技术和机械装备的集成配套。积极发展农机作业、维修、租赁等社会化服务，支持发展农机合作社等服务组织。

13. **加强农产品市场体系建设**。着力加强促进农产品公平交易和提高流通效率的制度建设，加快制定全国农产品市场发展规划，落实部门协调机制，加强以大型农产品批发市场为骨干、覆盖全国的市场流通网络建设，开展公益性农产品批发市场建设试点。健全大宗农产品期货交易品种体系。加快发展主产区大宗农产品现代化仓储物流设施，完善鲜活农产品冷链物流体系。支持产地小型农产品收集市场、集配中心建设。完善农村物流服务体系，推进农产品现代流通综合示范区创建，加快邮政系统服务“三农”综合平台建设。实施粮食收储、供应安全保障工程。启动农村流通设施和农产品批发市场信息化提升工程，加强农产品电子商务平台建设。加快清除农产品市场壁垒。

三、建立农业可持续发展长效机制

14. **促进生态友好型农业发展**。落实最严格的耕地保护制度、节约集约用地制度、水资源管理制度、环境保护制度，强化监督考核和激励约束。分区域规模化推进高效节水灌溉行动。大力推进机械化深松整地和秸秆还田等综合利用，加快实施土壤有机质提升补贴项目，支持开展病虫害绿色防控和病死畜禽无害化处理。加大农业面源污染防治力度，支持高效肥和低残留农药使用、规模养殖场畜禽粪便资源化利用、新型农业经营主体使用有机肥、推广高标准农膜和残膜回收等试点。

15. **开展农业资源休养生息试点**。抓紧编制农业环境突出问题治理总体规划和农业可持续发展规划。启动重金属污染耕地修复试点。从 2014 年开始，继续在陡坡耕地、严重沙化耕地、重要水源地实施退耕还林还草。开展华北地下水超采漏斗区综合治理、湿地生态效益补偿和退耕还湿试点。通过财政奖补、结构调整等综合措施，保证修复区农民总体收入水平不降低。

16. **加大生态保护建设力度。**抓紧划定生态保护红线。继续实施天然林保护、京津风沙源治理二期等林业重大工程。在东北、内蒙古重点国有林区，进行停止天然林商业性采伐试点。推进林区森林防火设施建设和矿区植被恢复。完善林木良种、造林、森林抚育等林业补贴政策。加强沙化土地封禁保护。加大天然草原退牧还草工程实施力度，启动南方草地开发利用和草原自然保护区建设工程。支持饲草料基地的品种改良、水利建设、鼠虫害和毒草防治。加大海洋生态保护力度，加强海岛基础设施建设。严格控制渔业捕捞强度，继续实施增殖放流和水产养殖生态环境修复补助政策。实施江河湖泊综合整治、水土保持重点建设工程，开展生态清洁小流域建设。

四、深化农村土地制度改革

17. **完善农村土地承包政策。**稳定农村土地承包关系并保持长久不变，在坚持和完善最严格的耕地保护制度前提下，赋予农民对承包地占有、使用、收益、流转及承包经营权抵押、担保权能。在落实农村土地集体所有权的基础上，稳定农户承包权、放活土地经营权，允许承包土地的经营权向金融机构抵押融资。有关部门要抓紧研究提出规范的实施办法，建立配套的抵押资产处置机制，推动修订相关法律法规。切实加强组织领导，抓紧抓实农村土地承包经营权确权登记颁证工作，充分依靠农民群众自主协商解决工作中遇到的矛盾和问题，可以确权确地，也可以确权确股不确地，确权登记颁证工作经费纳入地方财政预算，中央财政给予补助。稳定和完善草原承包经营制度，2015年基本完成草原确权承包和基本草原划定工作。切实维护妇女的土地承包权益。加强农村经营管理体系建设。深化农村综合改革，完善集体林权制度改革，健全国有林区经营管理体制，继续推进国有农场办社会职能改革。

18. **引导和规范农村集体经营性建设用地入市。**在符合规划和用途管制的前提下，允许农村集体经营性建设用地出让、租赁、入股，实行与国有土地同等入市、同权同价，加快建立农村集体经营性建设用地产权流转和增值收益分配制度。有关部门要尽快提出具体指导意见，并推动修订相关法律法规。各地要按照中央统一部署，规范有序推进这项工作。

19. **完善农村宅基地管理制度。**改革农村宅基地制度，完善农村宅基地分配政策，在保障农户宅基地用益物权前提下，选择若干试点，慎重稳妥推进农民住房财产权抵押、担保、转让。有关部门要抓紧提出具体试点方案，各地不得自行其是、抢跑越线。完善城乡建设用地增减挂钩试点工作，切实保证耕地数量不减少、质量有提高。加快包括农村宅基地在内的农村地籍调查和农村集体建设用地使用权确权登记颁证工作。

20. **加快推进征地制度改革。**缩小征地范围，规范征地程序，完善对被征地农民合理、规范、多元保障机制。抓紧修订有关法律法规，保障农民公平分享土地增值收益，改变对被征地农民的补偿办法，除补偿农民被征收的集体土地外，还必须对农民的住房、社保、就业培训给予合理保障。因地制宜采取留地安置、补偿等多种方式，确保被征地农民长期受益。提高森林植被恢复费征收标准。健全征地争议调处裁决机制，保障被征地农民的知情权、参与权、申诉权、监督权。

五、构建新型农业经营体系

21. **发展多种形式规模经营。**鼓励有条件的农户流转承包土地的经营权，加快健全土地经营权流转市场，完善县乡村三级服务和管理网络。探索建立工商企业流转农业用地风险保障金制度，严禁农用地非农化。有条件的地方，可对流转土地给予奖补。土地流转和适度规模经营要尊重农民意愿，不能强制推动。

22. **扶持发展新型农业经营主体。**鼓励发展专业合作、股份合作等多种形式的农民合作社，引导规范运行，着力加强能力建设。允许财政项目资金直接投向符合条件的合作社，允许财政补助形成的资产转交合作社持有和管护，有关部门要建立规范透明的管理制度。推进财政支持农民合作社创新试点，引导发展农民专业合作社联合社。按照自愿原则开展家庭农场登记。鼓励发展混合所有制农业产业化龙头企业，推动集群发展，密切与农户、农民合作社的利益联结关系。在国家年度建设用地指标中单列一定比例专门用于新型农业经营主体建设配套辅助设施。鼓励地方政府和民间出资设立融资性担保公司，为新型农业经营主体提供贷款担保服务。加大对新型职业农民和新型农业经营主体领办人的教育培训力度。落实和完善相关税收优惠政策，支持农民合作社发展农产品加工流通。

23. **健全农业社会化服务体系**。稳定农业公共服务机构，健全经费保障、绩效考核激励机制。采取财政扶持、税费优惠、信贷支持等措施，大力发展主体多元、形式多样、竞争充分的社会化服务，推行合作式、订单式、托管式等服务模式，扩大农业生产全程社会化服务试点范围。通过政府购买服务等方式，支持具有资质的经营性服务组织从事农业公益性服务。扶持发展农民用水合作组织、防汛抗旱专业队、专业技术协会、农民经纪人队伍。完善农村基层气象防灾减灾组织体系，开展面向新型农业经营主体的直通式气象服务。

24. **加快供销合作社改革发展**。发挥供销合作社扎根农村、联系农民、点多面广的优势，积极稳妥开展供销合作社综合改革试点。按照改造自我、服务农民的要求，创新组织体系和服务机制，努力把供销合作社打造成为农民生产生活服务的生力军和综合平台。支持供销合作社加强新农村现代流通网络和农产品批发市场建设。

六、加快农村金融制度创新

25. **强化金融机构服务“三农”职责**。稳定大中型商业银行的县域网点，扩展乡镇服务网络，根据自身业务结构和特点，建立适应“三农”需要的专门机构和独立运营机制。强化商业金融对“三农”和县域小微企业的服务能力，扩大县域分支机构业务授权，不断提高存贷比和涉农贷款比例，将涉农信贷投放情况纳入信贷政策导向效果评估和综合考评体系。稳步扩大农业银行三农金融事业部改革试点。鼓励邮政储蓄银行拓展农村金融业务。支持农业发展银行开展农业开发和农村基础设施建设中长期贷款业务，建立差别监管体制。增强农村信用社支农服务功能，保持县域法人地位长期稳定。积极发展村镇银行，逐步实现县市全覆盖，符合条件的适当调整主发起行与其他股东的持股比例。支持由社会资本发起设立服务“三农”的县域中小型银行和金融租赁公司。对小额贷款公司，要拓宽融资渠道，完善管理政策，加快接入征信系统，发挥支农支小作用。支持符合条件的农业企业在主板、创业板发行上市，督促上市农业企业改善治理结构，引导暂不具备上市条件的高成长性、创新型农业企业到全国中小企股份转让系统进行股权公开挂牌与转让，推动证券期货经营机构开发适合“三农”的个性化产品。

26. **发展新型农村合作金融组织**。在管理民主、运行规范、带动力强的农民合作社和供销合作社基础上，培育发展农村合作金融，不断丰富农村地区金融机构类型。坚持社员制、封闭性原则，在不对外吸储放贷、不支付固定回报的前提下，推动社区性农村资金互助组织发展。完善地方农村金融管理体制，明确地方政府对新型农村合作金融监管职责，鼓励地方建立风险补偿基金，有效防范金融风险。适时制定农村合作金融发展管理办法。

27. **加大农业保险支持力度**。提高中央、省级财政对主要粮食作物保险的保费补贴比例，逐步减少或取消产粮大县县级保费补贴，不断提高稻谷、小麦、玉米三大粮食品种保险的覆盖面和风险保障水平。鼓励保险机构开展特色优势农产品保险，有条件的地方提供保费补贴，中央财政通过以奖代补等方式予以支持。扩大畜产品及森林保险范围和覆盖区域。鼓励开展多种形式的互助合作保险。规范农业保险大灾风险准备金管理，加快建立财政支持的农业保险大灾风险分散机制。探索开办涉农金融领域的贷款保证保险和信用保险等业务。

七、健全城乡发展一体化体制机制

28. **开展村庄人居环境整治**。加快编制村庄规划，推行以奖促治政策，以治理垃圾、污水为重点，改善村庄人居环境。实施村内道路硬化工程，加强村内道路、供排水等公用设施的运行管护，有条件的地方建立住户付费、村集体补贴、财政补助相结合的管护经费保障制度。制定传统村落保护发展规划，抓紧把有历史文化等价值的传统村落和民居列入保护名录，切实加大投入和保护力度。提高农村饮水安全工程建设标准，加强水源地水质监测与保护，有条件的地方推进城镇供水管网向农村延伸。以西部和集中连片特困地区为重点加快农村公路建设，加强农村公路养护和安全管理，推进城乡道路客运一体化。因地制宜发展户用沼气和规模化沼气。在地震高风险区实施农村民居地震安全工程。加快农村互联网基础设施建设，推进信息进村入户。

29. **推进城乡基本公共服务均等化**。加快改善农村义务教育薄弱学校基本办学条件，适当提高农村义务教育生均公用经费标准。大力支持发展农村学前教育。落实中等职业教育国家助学政策，紧密结合市场需求，加强农村职业教育和技能培训。支持和规范农村民办教育。提高重点高校招收农村学生比例。有效整合各类农村文化惠民项目和资源，推动县乡公共文化体育设施和服务标准化建设。深化农村基层医疗卫生机构综合改革，实施中西部全科医生特岗计划。继续提高新型农村合作医疗的筹资标准和保障水平，完善重大疾病保险和救助制度，推动基本医疗保险制度城乡统筹。稳定农村计划生育网络和队伍，开展城乡计生卫生公共服务均等化试点。整合城乡居民基本养老保险制度，逐步建立基础养老金标准正常调整机制，加快构建农村社会养老服务体系。加强农村最低生活保障的规范管理。开展农村公共服务标准化试点工作。着力创新扶贫开发工作机制，改进对国家扶贫开发工作重点县的考核办法，提高扶贫精准度，抓紧落实扶贫开发重点工作。

30. **加快推动农业转移人口市民化**。积极推进户籍制度改革，建立城乡统一的户口登记制度，促进有能力在城镇合法稳定就业和生活的常住人口有序实现市民化。全面实行流动人口居住证制度，逐步推进居住证持有人享有与居住地居民相同的基本公共服务，保障农民工同工同酬。鼓励各地从实际出发制定相关政策，解决好辖区内农业转移人口在本地城镇的落户问题。

八、改善乡村治理机制

31. **加强农村基层党的建设**。深入开展党的群众路线教育实践活动，推动农村基层服务型党组织建设。进一步加强农民合作社、专业技术协会等的党建工作，创新和完善组织设置，理顺隶属关系。加强农村基层党组织带头人队伍和党员队伍建设，提升村干部“一定三有”保障水平。总结宣传农村基层干部先进典型，树立正确舆论导向。加强城乡基层党建资源整合，建立稳定的村级组织运转经费保障制度。加强农村党风廉政建设，强化农村基层干部教育管理和监督，改进农村基层干部作风，坚决查处和纠正涉农领域侵害群众利益的腐败问题和加重农民负担行为。

32. **健全基层民主制度**。强化党组织的领导核心作用，巩固和加强党在农村的执政基础，完善和创新村民自治机制，充分发挥其他社会组织的积极功能。深化乡镇行政体制改革，完善乡镇政府功能。深入推进村务公开、政务公开和党务公开，实现村民自治制度化和规范化。探索不同情况下村民自治的有效实现形式，农村社区建设试点单位和集体土地所有权在村民小组的地方，可开展以社区、村民小组为基本单元的村民自治试点。

33. **创新基层管理服务**。按照方便农民群众生产生活、提高公共资源配置效率的原则，健全农村基层管理服务体系。推动农村集体产权股份合作制改革，保障农民集体经济组织成员权利，赋予农民对落实到户的集体资产股份占有、收益、有偿退出及抵押、担保、继承权，建立农村产权流转交易市场，加强农村集体资金、资产、资源管理，提高集体经济组织资产运营管理水平，发展壮大农村集体经济。扩大小城镇对农村基本公共服务供给的有效覆盖，统筹推进农村基层公共服务资源有效整合和设施共建共享，有条件的地方稳步推进农村社区化管理服务。总结推广“枫桥经验”，创新群众工作机制。深入推进农村精神文明建设，倡导移风易俗，培养良好道德风尚，提高农民综合素质。加强对农村留守儿童、留守妇女、留守老年人的关爱和服务。发展农村残疾人事业。健全农村治安防控体系，充分发挥司法调解、人民调解的作用，维护农村社会和谐安定。

各级党委和政府要切实加强对“三农”工作的领导，把握好农村改革的方向和节奏，谋划好农业农村发展的思路和方法，落实好党在农村的各项方针和政策。各级党政干部要真正了解农民群众的诉求和期盼，真心实意解决农民群众生产生活中的实际问题。进一步加强党委农村工作综合部门建设，强化统筹协调、决策服务等职能。加强对农村改革试验区工作的指导，加大改革放权和政策支持力度，充实试验内容，完善工作机制，及时总结推广成功经验。

让我们紧密团结在以习近平同志为总书记的党中央周围，积极进取，锐意创新，力求农村改革发展取得新突破新进展。

中共北京市委书记郭金龙在2014年3月21日北京市农村工作会议上的讲话

这次会议的主要任务是，深入学习贯彻习近平总书记在北京视察时的重要讲话精神和党的十八届三中全会、中央城镇化工作会议、中央农村工作会议精神，总结和部署全市农村工作。刚才，林克庆同志作了工作报告，赵根武同志宣读了表彰决定。在这里，我首先代表市委、市政府，向获得北京市农业技术推广奖的科技工作者表示热烈的祝贺！向在郊区农村工作中做出贡献的基层党组织、广大党员干部群众表示衷心的感谢！这里就以习近平总书记重要讲话精神为统领，就做好农村工作谈几点。

习近平总书记十分关怀北京，新年伊始就对北京工作作出重要批示。2月25日总书记到北京视察工作，先后到市规划展览馆、玉河历史文化风貌保护区、第九水厂、市轨道交通指挥中心和首都博物馆调研了解情况，并看望慰问干部群众。26日上午总书记又与张高丽、马凯、王沪宁、汪洋、栗战书等党和国家领导同志以及十几位中央有关部委的负责同志，听取了北京、天津、河北的工作汇报，并发表了重要讲话，对北京市工作给予充分肯定，指出北京市积极应对国际金融危机冲击、切实转变经济发展方式，大力加强社会建设，打响治理“城市病”的攻坚战，各项工作取得新进展。总书记说，看到北京发生的一幕幕显著变化，同大家一样感到十分自豪，中央对北京的工作是满意的。同时，总书记也语重心长地指出了北京面临的令人揪心的问题。并且，就事关首都发展、管理的重大、全局性问题作出了重要指示。

一是明确了新时期首都城市战略定位。总书记强调，北京发展首先必须有一个科学合理的战略定位，要突出首都全国政治中心、文化中心、国际交往中心、科技创新中心的核心功能，深入实施人文北京、科技北京、绿色北京战略，努力把北京建设成为国际一流的和谐宜居之都。

二是要调整疏解非首都核心功能。总书记指出，城市战略定位决定着城市产业布局和发展模式。北京产业布局和发展必须与城市战略定位相适应、相一致、相协调，这是北京产业发展的大原则。北京不提经济中心定位，不是要放弃经济发展、产业发展，而是要放弃发展“大而全”的经济体系，把一般性产业清理出去，坚决退出高消耗、重污染产业，疏解区域性物流基地、区域性专业市场等部分第三产业，腾笼换鸟，构建“高精尖”的经济结构，使经济发展更好服务于城市战略定位。

三是要提升城市建设特别是基础设施建设质量。总书记要求，北京城市建设应该向国际一流标准看齐，形成适度超前、相互衔接、满足未来需求的功能体系。要优化城乡空间布局，统筹考虑人口资源环境承载能力，控制城乡建设用地规模和开发强度，划定城市增长边界和生态红线，遏制城市“摊大饼”式发展。以创造历史、追求艺术的高度负责精神，打造首都建设的精品力作。

四是要提高城市管理水平。总书记强调，城市建设和管理相辅相成，建设提供硬环境，管理增强软实力，共同指向完善城市功能。推进城市管理目标、方法、模式现代化。要把解决交通拥堵问题放在城市发展的重要位置，加快形成安全、便捷、高效、绿色、经济的综合交通体系。

五是要加大大气污染治理力度。总书记要求，要标本兼治、多策并举、多地联动，全社会共同行动，从压减燃煤、严格控车、调整产业、强化管理、联防联控、依法治理等方面采取重大举措，聚焦重点领域，严格指标考核，加强环境执法监管，认真进行责任追究。

此外，总书记特别强调，要确保首都安全稳定。以防范街头政治活动为重点，坚决挫败敌对势力图谋的各种捣乱破坏活动，全力维护首都社会稳定。着力提高化解社会矛盾能力，深入开展矛盾排查调处工作，从源头上预防和减少矛盾纠纷。坚持下先手棋、打主动仗，坚决把问题预见于未发之时、解决在萌芽之中，做到万无一失。

总书记还阐述了推动京津冀协同发展的重大战略。总书记强调，北京发展离不开京津冀协同发展，京津冀协同发展需要对接北京发展。解决好北京发展问题，需要跳出北京来看。北京要解决遇到的突出问题，必须纳入京津冀和环渤海经济区的战略空间加以考量，以打通发展的大动脉，更有力地彰显北京优势，更广泛地激活北京要素资源。天津、河北要实现更好发展，也需要连同北京发展一起考虑。同时，总书记还提出要着力加强顶层设计，着力加大对协同发展的推动，着力加快推进产业对接协作，着力调整优化城市布局和空间结构，着力扩大环境容量生态空间，着力构建现代化交通网络系统，着力加快推进市场一体化进程等七点要求。

总书记的重要讲话具有很强的思想性、理论性和针对性、指导性，充分体现了对北京工作的关怀，在首都发展历史上具有里程碑意义，为我们做好新时期北京工作指明了方向，给我们以极大的鼓舞、教育和鞭策，也使我们的认识进一步提高，视野更加开阔，对责任的认识更加清晰。当前，全市的重要政治任务，就是要认真学习贯彻落实总书记重要讲话精神，以总书记重要讲话为统领，做好全市的各项工作。市委常委会决定明后两天召开市委第十一届五次全会，学习贯彻落实总书记在北京视察时的重要讲话精神。借这个机会，我想就农村工作中如何认真学习贯彻落实总书记重要讲话精神，提高思想认识，与大家作一个交流。

一是要提高对城市战略定位的认识。总书记在讲话中对首都城市的全新战略定位，清晰地指明了新时期首都建设和发展的根本方向，进一步明确了我们前进的航标和指向。在工作中，我们必须坚持从首都城市战略定位出发，努力做到想问题自觉把握首都城市战略定位，作决策自觉考虑到发挥首都的影响和示范作用，按照城市战略定位做好首都各项工作。作为全国政治中心，首要的就是在思想上、政治上和行动上始终与以习近平同志为总书记的党中央保持高度一致，自觉维护中央权威，确保中央政令在北京畅通，为全国做出表率。作为全国文化中心，就是必须充分利用首都的文化资源，切实发挥好文化中心的示范作用，努力打造社会主义先进文化之都。作为国际交往中心，就是必须以国际化的标准做好城市交通、市容环境、市民素质等各项工作，树立良好的国际形象，不断提高城市的国际影响力，服务好国家的重大外交和国务活动，努力打造国际活动聚集之都。作为科技创新中心，就是必须充分发挥丰富的科技资源优势，不断提高自主创新能力，为建设创新型国家作出应有的贡献，努力打造世界高端人才聚集之都。在农村工作中一定要认真研究如何牢牢把握好首都城市战略定位，更加自觉地按照这个定位的要求开展工作，使郊区农村的发展、建设、管理更加有利于发挥全国政治中心、文化中心、国际交往中心、科技创新中心的作用，有利于把北京建设成为国际一流的和谐宜居之都。

二是要提高对区县功能定位的认识。北京在全国率先实现区县功能定位，取得很好成绩。全市各区县之间差异很大，市委市政府研究制定了区县功能定位的差异化考核办法。实践证明，这个路子是正确的。在新的发展阶段，各区县都要按照首都城市战略定位，深化对区县功能定位的研究。无论是首都功能核心区、城市功能拓展区、城市发展新区还是生态涵养发展区，都要深入研究如何加快疏解非首都核心功能，如何优化三次产业结构，如何控制人口规模快速增长的问题，要深入研究如何围绕服务好、实现好首都城市战略定位来谋划工作、推动发展的问题。

三是要提高对加强生态环境建设的认识。总书记指出，北京自然生态系统已处于退化状态，资源环境已明显处于超负荷状态，提出从涵养水源和风沙防护角度看，北京应该多搞林业。还特别提出要着力扩大环境容量生态空间的问题。贯彻落实总书记的重要讲话精神，各区县都要进一步提高对加强生态环境建设的认识，深入研究如何保护好涵养水源的绿地、森林、湖泊、湿地等生态空间。深入研究如何开展防护林建设、水资源保护、水环境治理、清洁能源使用等领域工作，不断提高本区域的可持续发展能力。特别是生态涵养发展区，更要深入研究如何进一步强化生态涵养和保护功能，发展绿色产业，实现绿色就业，提高生态涵养发展水平。

四是要提高对发展都市型现代农业的认识。总书记专门提到了农业的问题，指出北京要发展节水农业，要调整结构，不能大水漫灌。2013 年全市用水 36.4 亿立方米，其中农业用水 9 亿多立方米，占用水总量的 1/4。对此我们必须高度重视，要提高对郊区农业产业结构调整和节约用水的认识，认真研究如何提升都市型现代农业发展水平的问题。国家花费大量投资建设南水北调工程，我们不能还停留在大水漫灌阶段。要从郊区农村的实际出发，依托首都的优势，大力发展籽种农业、节水农业、生态农业，切实转变农业的发展方式，提高农业劳动生产率，提高集约发展水平，这是郊区农业发展的根本出路。

五是要提高对人口规模调控的认识。总书记指出，北京发展最突出的问题是人多。人一多，资源环境压力就大，城市运行成本就高，公共服务和社会治理任务就重，经济社会各要素就处于“紧平衡”状态，“特大城市病”的各种症状就日益凸显。更为严重的问题是，由于大量人口集中到北京，又解决不了就业和居住问题，一些人居住条件很差，尽管住在城市里，但没有融入城市。特别是高校毕业生数量很大，如果长期找不到工作或者难以解决住房问题，一旦出事，就不仅是经济问题，而且是社会政治问题。从分布结构来看，流动人口主要集中在城乡结合部。面对人口的巨大压力，当务之急是痛下决心、综合施策，迅速遏制住过快增长的势头。做好人口调控工作，实现人口调控的目标，郊区各区县的任务很艰巨。为了强化人口调控责任，今年我们将向各区县下达人口调控指标。各区县都要主动作为，深入研究人口调控的措施办法。在这方面，我们也曾探索了一些管用有效的经验和做法，要认真总结和完善。要坚决抓好以业控人，加大城乡结合部整治力度，坚决淘汰小商品市场、一般加工业等不符合首都城市战略定位的产业。坚决落实好以房管人的各项举措，加大拆除违法建设的力度，加强出租房屋规范化管理，集中整治地下空间、群租房。这些工作必须持之以恒地抓下去。

六是要提高对推进京津冀协同发展的认识。总书记指出，北京的问题是人口过多带来的，其实深层次上是功能太多带来的。怎么能解决这个问题？根本的出路是推动京津冀协同发展、一体化发展。京津冀同属京畿重地，地缘相接、人缘相亲，地域一体、文化一脉，完全能够融合、协同发展。贯彻落实总书记关于推进京津冀协同发展的要求，全市各区县都有责任，都有任务。特别是各远郊区县，直接与天津、河北地域相连、互为近邻，要从国家战略层面和解决我们自身存在的问题实际出发，提高对京津冀协同发展的认识。要增强推进京津冀协同发展的自觉性、主动性、创造性，增强通过全面深化改革形成新的体制机制的勇气，只争朝夕做工作、抓工作，努力通过深化研究、明确思路、制定方案、加快推进京津冀协同发展。

在提高认识的同时，还要注意处理好多层次、多方面的关系。一是要处理好国家战略要求和自身发展的关系，要通过对总书记重要讲话的学习进一步明确方向，围绕首都城市战略定位，明确在哪些地方应有所作为，在哪些地方应有所不为，要有清单目录。该舍的要舍，该管的要管，该有作为的要大有作为。二是要处理好政府和市场的关系，一方面放手使市场在资源配置中起决定性作用，加快形成市场主导的土地、资金、人才、技术等资源要素价格形成机制和配置机制。另一方面，政府要把该管的事情管住管好，重点是创造良好发展环境、提供优质公共服务、维护社会公平正义、强化首都保障和服务功能。三是要处理好区县和市里的关系，增强全市一盘棋意识，强化统筹协调，形成多元一体的发展格局，形成相互支撑、协调发展的整体合力。

上面这些认识，需要大家来深入研究探讨，在工作中不断深化。具体到今年郊区农村的主要工作，刚才克庆同志都已经讲了，我都赞同。下面，我再强调两点。

一是要依靠全面深化改革，推进城乡一体化发展。到 2020 年率先形成城乡发展一体化新格局，是市委、市政府一以贯之、为之不懈奋斗的重大战略任务。“十二五”规划中对此明确提出了阶段性的目标。率先形成城乡发展一体化新格局，最终要靠全面深化农村改革，通过贯彻十八届三中全会精神和中央农村工作会议精神，推进“新三起来”工作，充分调动广大农民的积极性和创造性，努力破解集体土地利用、城乡环境治理、基本公共服务均等化等方面的重大课题。关于全面深化农村改革的任务，市委十一届四次全会上已经作出了部署，要认真抓好落实。

其中一项重点的改革是要下大力气抓好集体经营性建设用地改革的试点工作。要认真总结大兴区西红门镇、海淀区东升镇等改革试点的经验，继续围绕农村集体经营性建设用地的依法集约高效利用，积极探索、稳妥推进。市有关部门和各相关区县要加强研究，形成工作合力。要进一步做好集体土地确权登记颁证工作，注意把握好改革的原则和节奏，按照中央和市委、市政府的部署，明确基本原则和底线，做到既要积极又要稳妥。试点需要突破现行规定的，要履行报批程序，要依据经批准的改革方案实施，在批准的范围内进行试点，并在确定的范围内运行。作为纪律强调下，在土地流转过程中，不能搞大跃进，不能强迫命令，不能行政瞎指挥，遇到问题要及时提醒纠正。要改革，但一定不能乱。

市委全面深化改革12个专项小组已经成立，其中新型城镇化改革专项小组主要负责农村改革和城乡一体化发展，生态文明体制等专项小组也都涉及到农村领域改革工作。这些小组要尽快启动运转起来，抓好农村改革发展的统筹协调、整体推进和督促落实。要扎实做好各项基础性工作，把握好方向和节奏，把农村各项改革不断引向深入。

二是要切实加强对农村工作的领导。做好新时期郊区农村工作，全面深化农村各项改革，必须进一步加强领导。各级党委政府要立足全市改革发展大局，切实落实领导责任，确保农村改革发展稳步推进。各级领导干部，不论是否分管农业，都要重视“三农”工作，做到主要领导亲自抓，分管领导具体抓。要加强农村基层党组织建设，提高基层党组织为群众服务意识和能力，夯实党在农村的执政基础。市委市政府各职能部门要从思想观念、政策制定、工作推动上，进一步解放思想、深化认识，牢固树立城乡一体的工作理念，把自身职能从城市管理向农村管理延伸。

目前，正在开展第二批群众路线教育实践活动，各区县各单位要按照中央的要求和市委的工作部署，认真贯彻“照镜子、正衣冠、洗洗澡、治治病”的总要求，精心部署、梯次展开、压茬进行。第二批教育实践活动在农民家门口开展，同农民贴的更近、关系更直接，各级党员干部特别是领导干部要结合第二批教育实践活动，多听取农村基层的意见建议，尤其要围绕农村群众反映最强烈的、发生在身边的不正之风听取意见。要认真解决广大农民群众关心的问题，多为群众办实事、办好事，确保活动取得实效。

北京市副市长林克庆在2014年3月21日北京市农村工作会议上的报告

这次会议的主要任务是，认真学习贯彻习总书记视察北京工作重要指示精神，全面贯彻落实党的十八届三中全会、中央农村工作会、中央城镇化工作会精神，总结全市农业农村工作，研究部署下一阶段任务。一会儿，郭金龙书记还要作重要讲话，我们要深入学习领会、认真贯彻落实。下面，我先讲三点意见。

一、过去一年工作回顾

2013年，在市委、市政府坚强领导下，我们坚持稳中求进的工作总基调，扎实推进城乡发展一体化，农业农村经济平稳健康运行，实现了良好开局。突出表现在六个方面：

一是农村改革迈出新步伐。加强顶层设计，探索发展路径，凝聚改革共识，出台了推进“新三起来”的政策意见及配套措施。开展农村集体建设用地乡镇统筹、集约高效利用试点，探索有组织盘活闲置农民住房。稳妥推进土地承包经营权登记试点，全面完成农村集体土地所有权确权登记颁证工作。农村集体“三资”管理逐步规范，集体合同清理工作成效显著。集体经济效益不断提高，2013年股份分红34.8亿元，同比增长47.5%，享受分红的股东比上年增加22万人。

二是民生保障实现新提高。2013年，农村居民人均纯收入18 337元，实际增长7.7%，增速连续五年快于城镇居民，低收入农户收入增速高于农民整体3.4个百分点。实施城乡统一的招用安置政策，将灵活就业的农村劳动力纳入城镇职工社会保险制度，6.23万农村劳动力实现转移就业。持续提高社会保障水平，6个郊区县城乡低保标准实现并轨。新增城乡一体化学校30所。启动实施1.48万人的山区搬迁工程。

三是农业发展取得新成效。实施蔬菜生产补贴试点，肉蛋奶菜果供应保障能力持续提升，农产品质量安全抽检合格率处于全国前列。加快北京国家现代农业科技城和通州国际种业园区建设。成功举办第九届园博会和首届农业嘉年华。加强重点沟域建设，促进休闲农业与乡村旅游提档升级，全年接待游客3 751万人次，实现收入37.6亿元。都市型现代农业高端化、融合化发展态势日益明显。

四是村镇面貌发生新变化。持续加大城乡统筹力度，市政府固定资产投资投向郊区的比例继续保持在50%以上。新型城镇化与新农村建设协调推进，城乡结合部50个重点村城市化建设成效显著，小城镇产业支撑和承载能力进一步增强，新型农村社区试点建设有序开展，传统村落保护与发展得到加强。

五是生态建设取得新进展。实施“减煤换煤、清洁空气”行动计划，全面完成减煤换煤80万吨的目标。实施平原造林、京津风沙源治理等生态工程，完成平原造林36.4万亩[①]，全市森林覆盖率达到40%。建成34条生态清洁小流域，治理中小河道280公里。深入开展农村环境综合整治，新增5个市级环境优美乡镇、138个生态村。

六是乡村治理呈现新气象。严格落实中央八项规定和市委15条实施意见，狠抓政风行风建设，工作作风明显转变。一些区县通过“以奖促治”“以奖代补”、一事一议等形式，不断加大对农村的投入。农村基层组织建设全面加强，村务公开、村务监督、矛盾纠纷调处等工作扎实推进。圆满完成全市第九届村“两委”换届选举工作，进一步优化了农村干部队伍结构。创新农村社区化管理，开展平安村镇建设，农村社会保持和谐安定。

二、准确把握当前“三农”工作面临的形势和任务

在总结成绩的同时，我们也清醒地认识到，北京“三农”工作还存在许多亟需加强和改进的地方，推进城乡发展一体化、改善首都生态环境仍面临艰巨的任务。一是农村的土地产出率、资产收益率、劳动生产率还处于较低水平。农村的土地、资产、劳动力等资源优势尚未得到充分发挥，发展活力有待进一步释放。二是改善生态环境任重道远。郊区农村生态环境仍然十分脆弱，水资源约束日益突出，农村地区垃圾污水处理水平不高，基础设施管护还没有实现城乡一体化管理。城乡结合部环境脏、乱、差现象仍然大量存在，人民群众改善环境的呼声很高。三是集体建设用地利用粗放。小、散、低、劣的业态大量集聚，人口资源环境压力很大，经济发展结构性矛盾突出。四是都市型现代农业发展水平有待提升。农业科技优势发挥不够充分，农业产业化水平不高，农产品质量安全方面还有大量工作要做。五是农民增收任务十分艰巨。农民就业竞争能力不强，低收入村、低收入农户比例仍然很高。这些问题都是“硬骨头”，需要我们通过深化农村改革加以破解。

2014年是全面贯彻落实党的十八届三中全会精神、全面深化改革的第一年，党中央、国务院对北京的发展高度重视。前几天，习总书记来北京视察，对北京的发展和管理、京津冀协同发展提出了明确要求，强调要“努力把北京建设成为国际一流的和谐宜居之都”，为我们的发展指明了方向。特别是在农业发展、水资源保护、绿化美化等方面，习总书记也都作出了重要指示，这是对我们做好农林水工作的极大激励和鞭策。我们要深入学习、吃透精神，深刻领会和把握好新形势下“三农”工作的战略思想、战略任务，敢于担当、勇于创新，把总书记的关怀转化为推动首都发展的强大动力。

1月召开的市委十一届四次全会对推进全市改革工作作出了重大部署，郭金龙书记提出“要立足首都功能定位，把握好推动改革的思想方法，高标准、大尺度、深层次地谋划改革”，这对于我们进一步解放思想、辩证思考、科学谋划，推进城乡发展一体化具有十分重要的指导意义。对“三农”工作而言，高标准，就是首都标准、国际水平。牢固树立首善意识，在国家发展大势、首都发展全局中找准“三农”工作定位。按照率先形成城乡发展一体化新格局的标准，采取更加有效、更加精准的措施，在推进京津冀协同发展上承担北京应有的责任，在都市型现代农业特别是现代种业、会展农业发展上发挥引领示范的作用，在城镇化建设上探索可持续的路径。努力使农业农村各项工作走在全国前列、做好表率，向国际水平看齐。大尺度，就是拓宽视野、开阔眼界。习总书记强调“中国要强，农业必须强；中国要美，农村必须美；中国要富，农民必须富。”就北京而言，必须处理好258万农民与2 000多万城市人口的关系，必须处理好1%的一产与99%的二、三产的关系，必须处理好1.5万平方公里郊区农村与1 000多平方公里中心城的关系，必须处理好北京发展与京津冀一体化的关系。跳出“三农”看“三农”，着力从产业融合发展、城乡统筹发展、区域协同发展等更广领域寻求

① 15亩=1公顷。

突破，在保障全体市民的生产、生活、生态环境上有新的发展，在生态屏障、“菜篮子”保障、新型城镇化等方面的区域合作中有新的加强，在做好“四个服务”的水平上有新的提高。深层次，就是问题导向、改革创新。当前突出的结构性问题是二元结构，迫切需要调整的也是二元结构。要敢于直面“三农”发展的深层次矛盾和问题，加快创新城乡发展一体化体制机制，科学处理好政府与市场的关系，打通体制机制上的“栓塞”，拆除隔离城乡的“藩篱”。敢啃硬骨头、勇趟深水区、善打攻坚战，着力推动农业农村改革，努力补齐农业这条短腿、农村这块短板，为实现首都可持续发展作出应有的贡献。

三、切实做好 2014 年农业农村工作

中央 1 号文件下发以后，市委、市政府结合市情农情，研究确定了 2014 年及今后一个时期全市农业农村工作的总要求。就是高度重视“三农”工作在治理“城市病”、破解首都可持续发展难题中的重要地位和重大作用，坚持“重中之重”的战略思想，坚持高标准、大尺度、深层次的工作要求，进一步解放思想、稳中求进，全面深化农村改革。以提高农村资源要素的配置效率为导向，深入推进“新三起来”；以解决好地少水缺的资源环境约束为导向，加快推进农业发展方式转变；以优化城乡功能和空间布局为导向，积极推进城乡融合发展，率先实现城乡发展一体化的战略目标。

今天会议下发了《关于全面深化农村改革 加快推进城乡发展一体化的意见》的讨论稿，这是一个既管当前、又管长远的文件。各区县、各部门要按照意见精神抓紧布置，制定方案和行动计划，抓好贯彻落实。这里，我就文件涉及的几个重要方面介绍一下市委、市政府的安排：

（一）以“新三起来”为总抓手，深入推进农村改革

以改革统领全局，在坚持“多予、少取”的基础上，加大“放活”力度，深入推进土地流转起来、资产经营起来、农民组织起来。以改革的不断深化，促进生产力的更大解放和城乡关系的更好改善，不断激发农村发展活力，实现农民有资源支配、有资产经营、有资格入市。

一是深化农村土地制度改革。主要是解决好农村承包土地、集体经营性建设用地和宅基地“三块地”的问题，推动承包土地有序流转，促进集体经营性建设用地集约节约利用，完善农民住房管理制度，改善农民居住条件。

第一块地，就是农用地。全市耕地面积 324.8 万亩，其中基本农田 280 万亩，资源非常有限。据初步统计，种植面积在 30 亩以下家庭经营的比例仍在 50%以上，这种小规模的生产已难以适应大市场的需求。要推动土地向专业大户、家庭农场、农民合作社、农业企业等新型经营主体流转，依托现代科技手段实施精耕细作，发展多种形式的规模经营，有序实现承包权和经营权分置并行。当前，各类社会资本对农地流转热情很高。我们鼓励和支持有规模的、真正愿意扎根郊区的工商资本发展适合企业化经营的现代种养业，但必须坚持用途管制，坚决防止土地“非农化”。需要强调的是，各区县的土地流转必须尊重农民意愿，必须通过公开市场进行，不能搞大跃进，不能搞强迫命令，不能搞行政瞎指挥。必须通过完善制度体系，加强对耕地的监管，不能改变用途，不能破坏生态。

第二块地，就是集体经营性建设用地。一方面，按照三中全会精神，在中央的统一部署下，积极争取集体经营性建设用地出让、租赁、入股的试点，实行与国有土地同等入市、同权同价。这对于发展壮大农村集体经济是很大的利好，但这个试点需要中央有关部门批准才可进行。另一方面，就是我们现在已经在做的，像大兴西红门、海淀东升试点乡镇统筹、集约高效利用的做法，既解决了城市规划用地的还绿问题，又解决了当地农民的生计，两者相得益彰，走出了一条活路，为我们提供了新鲜的经验。农村地区在这方面还有很大的挖潜空间，2014 年要进一步扩大集体经营性建设用地乡镇统筹、集约高效利用的试点，有步骤地盘活用好这块地，统筹实现产业升级、农民就业、人口调控、环境改善等目标。

第三块地，就是宅基地。中央提出要选择若干试点，慎重稳妥推进农民住房财产权抵押、担保、转让。结合我市实际，我们也要积极争取试点。更重要的一项工作是，随着工业化、城镇化的快速发展，郊区出现了大量的“空心村”和农民闲置住房，如何唤醒这些“沉睡的资产”，这是迫切需要关注和解决的问题。这两年，密云县干峪沟等村，探索将闲置农民住房通过集体经济组织盘活利用，发展民俗旅游。通过合理确定收益分成，既增加了农民收入，又壮大了农村集体经济。下一步，要继续开展试点，通过发挥乡村集体经济组织的作用，有组织地盘活利用，改变过去一家一户分散出租经营的套路，发展符合功能定位的乡村旅游、养老等产业。

农村土地制度改革是个政策性强、敏感度高的事，北京尤为敏感，牵一发而动全身，必须按照中央、市委的部署，慎重稳妥地推进。一要夯实基础。切实做好确权颁证、集体建设用地规划编制、农村宅基地地籍调查、产权改革、流转平台搭建等基础性工作。二要创造环境。各部门要转变职能，聚焦农村改革，积极研究制定配套政策措施，加强对基层的支持、指导和服务。三要试点先行。今年改革试点工作任务很重，我们鼓励各区县根据自身实际，积极申报试点。由市里进行择优选定，形成上下互动的改革探索局面。所有的试点都要上报试点方案，不得自行其是、抢跑越线。四要坚决遏制“小产权房”和违法建设。依法合规使用集体土地是法治社会的基本要求。当前，全市正在编制农村集体建设用地规划，并已启动了各项试点工作。必须强调的是，今后谁再搞“小产权房”、搞违法建设，就是在损害农民和农村集体经济组织的长远利益。在这个问题上，区县、乡镇、村干部必须态度鲜明、措施坚决。绝不能让披着旧村改造、设施农业“马甲”的“小产权房”招摇于市，更不能以新型农村社区、休闲观光农业等名义搞违法建设。各级干部要带头做到不参与违法建设、不购买“小产权房”。

二是扶持发展新型农业经营主体。“谁来种地”“怎么种地”是我们当前不可回避的现实问题，必须加快培育新型农业经营主体，使其成为都市型现代农业发展的主力军。通过采取“四个支持”的措施，鼓励农村发展专业合作、股份合作等多种形式的农民合作社，支持财政项目资金直接投向符合条件的合作社，支持财政补助形成的资产转交合作社持有和管护，支持建立联合社，支持农民合作社规范开展信用合作。积极培育家庭农场、家庭林场、专业大户，鼓励发展混合所有制农业产业化龙头企业，鼓励涉农企业上市，促进有序健康发展，形成集群效应。抓紧编制新型职业农民培养规划，开展职业农民认定试点，打造一支高素质农业生产经营队伍，确保农业后继有人。

三是深化集体经济产权制度改革。目前，全市有 3 854 个村级单位完成了村级产权制度改革、19 个乡镇完成了镇级产权制度改革，镇村两级集体资产总量达到 5 000 亿元，净资产超过 2 000 亿元，如果考虑土地的价值，资产总量就更庞大了。下一步，要研究建立农民对集体资产股份占有、收益、有偿退出及抵押、担保、继承的配套政策，保障农民集体经济组织成员的权利。支持乡村集体经济组织通过土地入股、资金入股和物业入股，发展多种形式的联营与合作，提高集体资产的经营效益。建立健全市区两级农村产权流转交易市场，推动农村产权流转交易公开、公正、规范运行。深化集体林权制度改革，积极探索适合北京林业特点的融资模式和金融产品。

四是创新绿色发展体制机制。绿色发展是破解制约首都可持续发展重大问题的根本途径。实行最严格的生态资源源头保护制度，划定耕地、森林、林地、绿地、河湖水系、湿地等生态保护红线，划定饮用水源保护区、南水北调工程保护范围。实行最严格的水资源管理制度，创新“量水发展”的管水用水机制，全面实施水影响评价制度，制定农村用水管理办法。建立耕地保护责任落实和补偿制度，实施区域管理和流域管理相结合的区县跨界断面水质生态补偿，完善生活垃圾异地处理环境补偿、山区和水源涵养区生态补偿等机制。

（二）大力提升都市型现代农业发展水平

都市型现代农业是一、二、三产融合发展的朝阳产业，是首都经济社会可持续发展的基础支撑。要按照规模化发展、园区化建设、标准化生产的方向，加快转变农业发展方式，促进农村经济发展。

一是加强“菜篮子”工程建设。这里有农业的“三块田”问题，就是基本农田、基本菜田和特色果园。这“三块田”面积虽然不大，但承载的是2 000多万市民的农产品应急保障和供应调节，分量一点都不轻。要保持一定的蔬菜自给率，划定基本菜田，继续实施蔬菜生产补贴试点，重点提升蔬菜种植专业村、专业乡镇的生产能力。大力推进健康养殖业发展，提升肉蛋奶鱼有效供给能力。加快改造提升 50 万亩低产低效果园。粮田也是大城市的生产性绿色空间，要重点发展籽种农业，保持一定的粮食生产能力。加强与粮食主产区的产销合作，做好粮食储备和市场调控。

二是加强农产品质量安全和品牌建设。作为首善之区，在食品安全问题上，我们不能有丝毫马虎，必须用最严谨的标准、最严格的监管、最严厉的处罚、最严肃的问责，塑造北京安全农业品牌，确保广大市民“舌尖上的安全”。加强农产品质量安全检测抽测，完善乡镇农产品质量安全监管机构人员、装备配置。加强动物疫病防控，确保不发生区域性重大动植物疫情。加强农产品认证工作，推进农产品“三品一标”认证，培育和争创企业名牌、产品名牌、地域名牌。

三是积极发展生态友好型农业。大力发展节水、节地农业，积极推广微灌、滴灌、喷灌等先进节水技术，提高农业用水效率。加强农业面源污染控制，严格农业投入品管理。积极开展农业面源污染和畜禽养殖污染防治，降低化肥、农药使用量。鼓励新型有机肥和高效低残留农药使用，支持开展病虫害绿色防控。围绕打造优良生态田、优美景观田，有序推进农业观光带建设。

四是加强农产品流通体系建设。千变万化的农产品市场连接着千家万户群众的生活。要加快推进北京鲜活农产品流通中心建设，完善鲜活农产品冷链物流体系，加强社区零售终端网络建设和管理。鼓励区县试点建设农产品电子商务平台，支持供销合作社、邮政等完善乡村现代流通网络，支持产地小型农产品收集市场、集配中心、仓储设施建设。这些年，虽然我们采取了许多措施，但部分农产品“卖难”仍是个反复解决、经常出现的问题。2014年，我们将通过两个途径探索解决。一个是支持有一定规模的合作社直接进入公益性的批发市场，与批发商合作开展农产品销售。另一个是借鉴目标价格政策，选择本市生产的部分农产品进行试点，当出现销售难的时候，通过财政补贴、企业收购等多种方式保护农民利益。

五是加快推进农业科技创新和现代种业发展。北京农业的优势在科技创新，现代种业更是科技创新的集中体现。要加快北京国家现代农业科技城和国际种业园区建设，推进农业科技资源、技术、人才向企业流动和集聚，做大做强一批育繁推一体化种子企业，打造“种业之都”。加快推进种业科研体制改革，支持主要从事商业化育种的科研院所转制为企业，鼓励大型优势种子企业并购已转制为企业的科研单位，逐步形成以企业为主体的育种创新体系。支持科研院所和高等院校科研人员通过兼职、挂职、签订合同等方式，与企业开展人才合作，鼓励科研人员到企业从事商业化育种工作。改变论文导向机制，商业化科研成果和推广实效面积可以作为职称评定的依据。

六是创新都市型现代农业实现形式。按照“服务首都、富裕农民”的要求，进一步促进都市型现代农业创新发展、融合发展。2014年，会展农业是一个重头戏。3月将在昌平举办北京第二届农业嘉年华，5月在丰台举办第75届世界种子大会，7月在延庆举办第11届世界葡萄大会。接下来还有2015年世界马铃薯大会和中国兰花大会、2016年世界月季洲际大会、2019年世界园艺博览会等。相关区县和部门要精心组织、细致筹办，确保活动顺利进行。办好会展农业的关键是以会兴业，要通过展会带动相关产业的发展，达到农民致富、产业升级、区域发展的目标。继续加强重点沟域建设，积极打造有地域特色、文化传承的沟域经济。建设一批重点旅游休闲乡镇，培育一批休闲农业和乡村旅游示范园区、示范乡村和示范户。大力发展农产品加工业，推动农业龙头企业规模化、资本化、品牌化建设。

七是积极推进京津冀农业协同发展。落实京津冀协同发展的重大国家战略，科学规划、统筹布局农业生产基地，构建优势互补、互利共赢的区域农业合作新格局。继续支持京津冀外埠蔬菜生产基地建设，发展一批畜禽、水产品外埠基地，提高农产品控制率。鼓励本市农业产业化企业到环首都地区建设现代化的种养和加工基地。组织区域间“农超对接”，搭建产销合作平台。支持乳业奶源基地建设，全力打造婴幼儿配方奶粉的最优民族品牌。

（三）协调推进新型城镇化和新农村建设

新型城镇化和新农村建设是城乡一体化的“两翼”，必须坚持“双轮驱动”，才能展翼腾飞。要把新型城镇化作为治理“城市病”、实现城乡一体化的重要抓手，着力构建中心城、新城、小城镇、新型农村社区四级城镇体系，大力提升农村人居环境，切实加强生态文明建设，促进城乡和谐一体、各具特色。

一是扎实有序推进农村城镇化。着力在城乡结合部、小城镇、新型农村社区三个节点上下功夫，改变落后面貌，建设宜居城镇。继续做好50个重点村后续建设工作。在朝阳区来广营、将台等6个乡，开展“一绿”地区城市化试点。抓好小城镇建设，赋予试点小城镇同人口、经济规模相适应的财力、管理权，统筹镇区、园区、社区规划建设与管理，促进镇域内人口就近城镇化。与沟域经济、山区搬迁和农民自主改造相结合，统筹抓好48个新型农村社区试点。继续加快推进征地农转非工作，各区县要落实责任制，消化解决应转未转的积存指标，更不能形成新的“存量”。支持有条件的村实施整建制农转居。

二是着力提升村庄人居环境整体水平。原汁原味的传统村庄承载着历史文化名城与古都厚重的农耕文明和乡土文化，沉淀了老北京人的乡愁。在促进城乡发展一体化过程中，注意保留村庄的文化符号，努力在原有村庄形态上改善群众生活、融入现代文明。从今年起，郊区各区县每年以不低于15%的村庄比例，推进美丽乡村建设。完成40万户炊事气化改造、5万户“煤改电”任务，启动实施2 900户、6 400人山区搬迁工作。继续推进农村地区“减煤换煤，清洁空气”行动计划，2014年市政府折子工程是减煤换煤100万吨、农宅抗震节能改造8万户，我们不仅要切实加强质量监管，确保优质优量，而且要争取完成120万吨、10万户的更高目标。这里需要特别强调的是农村的环境问题，垃圾乱倒乱烧、污水横流、私搭乱建、厕所脏臭是农村环境的“四大顽疾”。“干部行不行，关键看环境”，各级领导干部特别是乡镇干部要狠下功夫、常抓不懈。以治理垃圾、污水为重点，着力提升农村环境建设水平。将农村公厕、路灯、道路、垃圾污水处理、环境卫生、绿化美化等农村基础设施，纳入市、区县政府相关部门管理，使长效管护机制运转有效。

三是加强郊区生态环境建设。生态环境关系到首都的城市品质和市民的幸福指数。继续实施京津风沙源治理二期、太行山绿化等重大生态工程，积极推进京津冀防护林、湿地等生态系统建设。年内完成平原造林35万亩、山区人工造林1万亩，在官厅水库等上游集水区营造生态水源保护林10万亩，新增市级健康绿道200公里。精心做好APEC雁栖湖生态示范区及公路沿线的环境布置和绿化美化工作。2014年，南水北调中线工程将贯通，汛后长江水将直通北京，这是本市水务工作的一件大事，也是全市的喜事。我们必须全力做好江水进京各项保障工作，强化水质监测和预警，确保通水、供水安全，让市民喝上放心水。以清河、凉水河为重点，持续开展河湖水环境综合整治，统筹做好污水处理、地下水保护、雨洪利用、生态清洁小流域建设等工作。另外，新机场建设、冬奥会申办等都是新的发展机遇，有关区县要在筹备筹办、建设服务中，推动经济社会发展和生态环境改善。

（四）持续改善农村民生，不断提高农村社会治理水平

第二批党的群众路线教育实践活动已经陆续开展，各区县、各级党政干部要不断加强党风廉政建设，树立良好的党风政风。坚持民生为大、民生为重、民生为先的发展理念，落实好各项惠农政策、用好各类涉农资金，不断改善乡村治理结构，大力提高农村公共服务、社会保障的标准和水平，实现从有到好的转变。

一是保持农民收入较快增长。习总书记讲“小康不小康，关键看老乡”。北京市城乡居民收入比虽然在全国是最小的，但绝对值已拉大到2万元以上。仅以2013年的标准看，全市还有23.3万户、58万低收入农民、645个低收入村，这是短板中的短板、谷底中的谷底。我们必须牢固树立底线思维，切实抓好经济薄弱地区和低收入村农民的增收，决不能让一个农户在全面建成小康社会的道路上掉队。不断健全对低收入村的专项帮扶、行业帮扶、社会帮扶“三位一体”工作机制，逐级建立农民增收目标责任制，采取更加精准的帮扶措施，让老百姓的“腰包”真正鼓起来。探索通过区域统筹、资源异地转换、共建经营性物业等方式，培育“造血”机能，提升低收入村集体经济发展能力。

转移就业是关系农民当前收入与长远保障的一项基础工作。目前，工资性收入已成为农民增收的主渠道，占农民纯收入的65%。但从各区县来看，农村劳动力转移还很不平衡，好的区县非农就业率超过了90%，弱点的区县才刚过50%，转移就业的潜力还很大。各区县、乡镇、村要高度重视，采取精细化的服务措施，落实到户、到人，引导农村富余劳动力向二、三产业转移。认真落实平原造林安排本地农民参加管护人员不低于养护人员总数60%的政策，促进绿色就业。有关部门要紧密结合市场需求，加强农村职业教育和技能培训，帮助农民树立勤劳致富的理念，不断提高农民的就业竞争能力。在土地流转和城镇化快速推进过程中，不能让一批农民单纯依赖于吃地租、“吃瓦片”，甚至“一拆致富”后变成无业游民，这些都是立不住、不长远的，必须提高农民的综合素质和就业技能，帮助其解决好长远生计。

二是提高农村社会保障水平。积极探索农村公益性就业岗位人员参加城镇职工社会保险的有效路径。进一步完善统一的城乡居民基本养老保险制度，逐步提高基础养老金和福利养老金标准。推进新型农村合作医疗市级统筹，逐步实现新农合即时结算，加快建立城乡一体化的城乡居民基本医疗保险制度。完善农村低保标准调整机制，进一步加大城乡低保标准统筹力度。积极推进城乡义务教育资源均衡配置，继续支持 20 所城乡一体化学校建设，实施“农村教师素质提升工程”，整体提高农村教育办学水平。深化基层医疗卫生机构综合改革，完善基层卫生服务网络。强化区县、乡镇对农村基本公共服务有效供给的责任。

三是改善乡村治理机制。乡镇党委处在党的群众路线教育实践活动第一线，必须自觉行动、自觉整改，确保教育实践活动深入到基层、作风建设成效落实到农村。着力提升基层党组织改革创新、引领发展、服务群众的能力，解决农村基层党员干部“四风”方面存在的突出问题。发挥村规民约在村民自治中的积极作用，推行村级民主决策“票决制”，让农民自己决定自己的事。加强村庄社区化管理服务体系建设，统筹推进农村基层公共服务资源有效整合和服务平台共建共享。深入开展农村法制宣传教育，引导农民以理性合法的方式表达利益诉求，依法行使权利、履行义务。

同志们！2014 年改革发展的目标和任务已经明确，关键是抓好落实。让我们在市委、市政府的坚强领导下，鼓足干劲，开拓创新，把农村改革全面引向深入，谱写北京“三农”发展的新篇章！

文 件 选 载

中共北京市委　北京市人民政府
关于坚持改革创新深入推进城乡发展一体化的意见

（2013 年 4 月 11 日）

率先形成城乡发展一体化新格局是首都科学发展的重大战略任务。近年来，在党中央、国务院的正确领导下，我市制定实施了一系列强农惠农富农政策，初步探索出一条特大城市推进“三农”工作的新路。在首都发展的新阶段，城乡融合的要求更加迫切，“三农”问题仍然是建设中国特色世界城市的薄弱环节，必须坚持改革创新，促进工业化、信息化、城镇化、农业现代化同步发展，形成共同繁荣的新型城乡、工农关系。

2013 年全市农业农村工作的总体要求是：深入学习贯彻党的十八大精神，以邓小平理论、“三个代表”重要思想、科学发展观为指导，大力提升都市型现代农业发展水平，积极推进城镇化进程，加快形成城乡规划、产业发展、基础设施、公共服务、劳动就业、社会管理一体化，促进农民持续增收，保持农村社会和谐稳定，开创“三农”工作的新局面。

一、大力发展都市型现代农业，提升农业现代化水平

农业是首都可持续发展的战略性基础产业。提升农业现代化水平，必须转变发展方式，创新实现形式，推动农业规模化布局、园区化建设、标准化生产，不断增强其应急保障、生态休闲、科技示范等功能，努力把都市型现代农业打造成高端高效高辐射的朝阳产业。

1. 提高“菜篮子”保障水平。保障首都鲜活农产品供应是北京都市型现代农业的基本任务。2013 年，要全面推进菜田标准化建设，力争用 5 年左右时间实现全市菜田标准化生产。加强“菜篮子”工程重点项目建设，年内新建菜田 1.5 万亩，改造提升老旧设施 3 000 亩。大力推进畜牧业规模化标准化发展，稳步提高肉蛋奶供给能力。深化区域合作，新发展 4 万亩外埠农产品生产基地，不断提高“菜篮子”主要产品的控制率。以建设万亩现代农业示范区为重点，加快建设高标准基本农田，提高农业综合生产能力。5 年建成 20 万亩高效现代化示范果园，建设一批花卉生产、出口示范基地和蜂产品基地。

2. 创新都市型现代农业实现形式。按照高端定位、融合发展、服务城市的方向，不断扩展农业的功能和实现形式，提高都市型现代农业的成长性、影响力和国际化水平。支持和鼓励申办农业展会，做好世界种子大会、葡萄大会、月季洲际大会、园艺博览会等筹备工作，办好第九届中国（北京）国际园林博览会和首届北京农业嘉年华。提升沟域经济发展水平，已启动的 11 条沟域要持续推动基础设施建设，促进优质项目落地。重点打造以白河湾—天河川—百里画廊沟域环线和古北水镇、斋堂古镇“一环两镇”为主体的沟域集群，形成一批重点品牌沟域。开展休闲农业与乡村旅游示范乡镇和星级园区创建活动。加快国际种业园区建设，逐步形成辐射国内外的种业研发、展示、交易中心，努力打造种业之都。

3. **提升农产品质量安全和流通效率。**落实《北京市食品安全条例》，加强农产品质量安全标准和检测检疫体系建设，开展农产品质量安全监管示范区县、示范乡镇创建活动，形成产地准出、市场准入、质量可溯、风险可控的全过程监管链条，塑造首都农业的安全绿色品牌。大力推进农业“三品一标”认证，严格农业投入品生产经营使用管理，积极开展农业面源污染和畜禽养殖污染防治。突出大型农产品批发市场的公益属性，加快建设北京鲜活农产品流通中心，尽快完成土地供应和拆迁工作，年内启动工程建设。加强冷链物流设施建设，发展农产品电子商务，推广农超对接、农餐对接、农社对接等短链直销，提高农产品流通效率。

4. **健全农业社会化服务和支持保护体系。**深入推进北京国家现代农业科技城建设，加大农业科技投入，搭建国家级农业科技创新服务平台。支持高等院校、科研院所开展公益性农技推广服务。强化基层农业科技推广机构的服务能力。全面推进村级全科农技员队伍建设，实现农业自主经营50户以上的行政村全覆盖。鼓励龙头企业、经营性组织开展社会化服务。推进信息化与农业现代化深度融合。以农业“221”信息平台推广应用为基础，整合农业农村信息资源，发展农业物联网技术，打造智能都市型现代农业。选择有条件的区县先行先试，推动工业化、信息化、城镇化、农业现代化同步发展。不断强化农业补贴政策，重点向农民合作社等新型生产经营主体倾斜。研究耕地保护补偿机制。整合相关政策，支持规模经营和基本菜田建设。加强农村金融服务，充分发挥财政资金对信贷资金的撬动作用，加大涉农信贷投放。继续推进大兴区农村金融改革试验区建设和农村基本金融服务村村通工程。进一步完善政策性农业保险，扩大覆盖面，提高保障程度。构建农林水联合防灾救灾工作机制。

二、积极推进城镇化，促进城乡区域协调发展

推进郊区城镇化，对优化城乡空间布局和产业结构，促进农民享受现代文明具有重大战略意义。坚持科学规划、分类指导，以城镇化带动新农村建设，加快构建中心城—新城—小城镇—新型农村社区四级现代城镇体系。

1. **继续推进城乡结合部改造。**城乡结合部是推进城镇化的重点和难点。必须在总结已有经验的基础上，进一步解放思想，开拓创新。继续推进50个重点村建设，做好产业发展、就业社保、回迁安置和转居等工作。统筹推进绿化隔离地区经济社会发展，实现“产业升级、农民就业、人口调控、环境改善、拆违还绿”的目标。对于区位优势较好、集体经济实力较强的村庄，鼓励和引导其自主改造。对城市规划范围内现状集体土地，农村集体经济组织可自征自用并不得转让，用于产业发展，安置农民就业。加强城乡结合部社会管理，进一步理顺机制、充实队伍、落实责任，提升管理科学化、精细化水平。完善网格化管理，依法查处违法用地、违法建设和违法经营，消除重大安全隐患，营造宜居宜业、平安和谐的发展环境。

2. **加快小城镇建设。**分类优化小城镇空间布局，梯次推进小城镇建设，增强其产业发展、公共服务、吸纳就业、人口集聚功能。依托重大基础设施和产业项目，优先发展一批具备区位优势的重点小城镇，统筹建设镇域内的产业园区、中心镇区、新型农村社区。鼓励大型企业与小城镇对接共建。支持重点小城镇开展土地整理和土地置换。重点小城镇政府土地收益不少于50%用于本镇的基础设施建设。加强对小城镇规划建设的指导，逐步建设一批宜居宜业宜游的特色小城镇。加快制定促进小城镇发展的意见。

3. **以新型农村社区建设为重点推进村庄建设。**新型农村社区是优化农村空间布局、实现农村城镇化的重要途径。要进一步完善政策，扩大试点建设，采取乡镇统筹、土地置换等措施，实现土地利用、产业发展、资金筹措三个平衡。对列入试点的新型农村社区，实行审批事项区县负责制，确保在一个工作年度内开工建设。编制少数民族乡村改造规划，逐步纳入新型农村社区试点。注重保持乡村功能和特色，保护好有历史文化价值和民族、地域元素的传统村落和民居。进一步完善农村基础设施建设，继续实施“农村亮起来、农民暖起来、农业资源循环起来”工程。全面落实《关于加强农村基础设施维护和管理的意见》（京政发〔2011〕28号），形成城乡一体化的运行管护长效机制。切实加强农村建设工程质量安全工作，形成市、区县、乡镇、村相互衔接的管理服务体系。年内完成5万户农民住宅抗震节能改造。重视新农村建设档案收集管理。提升农村抗灾救灾能力。

4. 有序推进农业转移人口市民化。把推进农业转移人口市民化作为提升城镇化质量的重要任务。完善征地转非政策，认真解决整建制转居、超转人员社保标准和资金等难题。加强督促检查，以区县为责任主体，各部门加大政策支持力度，切实解决征地转非应转未转问题。根据资源和环境承载能力，建立新上重大项目人口资源分析评价制度，推动流动人口有序融入。

三、完善农村公共服务，加快改善民生

缩小城乡区域发展差距和居民收入分配差距，是城乡发展一体化的基本着力点。必须千方百计增加农民收入，率先实现城乡基本公共服务均等化，让广大农民共享发展成果。

1. 保持农民收入较快增长。农民增收是实现收入倍增目标的难点所在。要采取切实有效措施，促进农民持续较快增收，实现收入增长与经济发展同步。郊区县都要制定农民收入倍增计划。2013年，全市农村居民人均纯收入实际增长要达到7.5%左右。继续推动农民转移就业，深入开展充分就业创建活动，支持小城镇产业园区和农民就业基地吸纳本地农民就近就业。大力促进绿岗就业，使农民在造林绿化、生态管护和经营林业中得到更多的收入。持续加大财政投入，研究提高公益性就业岗位工资待遇标准及各项涉农补贴标准。全面落实《关于进一步推进农村经济薄弱地区发展及低收入农户增收工作的意见》（京发〔2012〕15号），编制经济薄弱地区和低收入村发展规划，加大产业帮扶和对口帮扶力度，建立农民增收较快的低收入村奖励制度，确保低收入农户收入增速快于全市农民平均水平。到2018年，占农户总数20%的相对低收入户人均纯收入比2010年翻一番。

2. 大力发展农村社会事业。深入推进农村精神文明建设，大力弘扬和践行北京精神，继续开展城乡共建精神文明活动，抓好文明村镇、文明户创建。实施“十个一”文明创建工程，年内实现农村精神文明宣传员全部上岗。加大农村教育投入，逐步提高农村地区生均经费水平，切实改善农村中小学办学条件，促进城乡教育均衡发展。2013年支持30所城乡一体化学校建设。加强农民教育培训，全面提升农民素质。增加农村文化事业投入，构建覆盖农村地区的广播影视公共服务体系，建设乡情村史陈列室50个。扶持农村文化艺术团体，抓好现实题材、农村题材等重点作品的创作生产，办好农民艺术节。推进重点镇文体活动中心建设，广泛开展全民健身活动。加强乡村医生培训，积极推进院前急救体系城乡一体化建设。鼓励和引导民间资本进入养老服务领域。

3. 完善城乡一体的劳动和社会保障制度。积极推进农村劳动力转移就业管理制度与就业失业管理制度并轨，完善城乡统一的就业政策体系，加快推进城乡各项保障制度衔接。支持稳定就业的农村劳动力参加城镇职工社会保险，研究制定本市农民以自谋职业、灵活就业方式参加城镇职工保险的政策。继续提高城乡居民基础养老金、福利养老金标准。继续提高新型农村合作医疗筹资标准，研究建立城乡居民大病医疗保险制度，提高重大疾病保障水平。积极推进新型农村合作医疗市级统筹，加快整合城镇居民基本医疗保险制度与新型农村合作医疗制度。推进城乡低保标准一体化，完善教育、医疗、住房等专项救助制度，推动社会救助从生存型向发展型转变。

四、加强生态文明建设，建设美丽乡村

适应环保形势的新变化，必须把郊区生态文明建设作为缓解城市环境压力、持续改善环境质量的战略重点，牢固树立尊重自然、顺应自然、保护自然的理念，努力建设绿色郊区、美丽乡村、生态田园。

1. 抓好农村生态环境建设。深入推进生态区、环境优美乡镇和生态村创建活动。2013年创建5个环境优美乡镇、100个生态文明村。继续开展村庄环境建设，完善先进典型，突出重点区域，提升薄弱村庄。着力实施村镇生活污水治理、绿化美化，因地制宜开展农村地区垃圾处理工作。改进农村地区取暖方式，扩大清洁能源和可再生能源应用，逐步取消农村特别是城乡结合部地区燃煤散烧方式，努力减少环境污染。继续组织“北京最美的乡村”“北京最美乡村路”宣传评选活动，启动“美丽京郊、生态田园”主题活动。

2. 抓好山区搬迁。做好新一轮山区地质灾害易发区及生存条件恶劣地区农民搬迁工作。发挥区县主体作用，明确配套政策和工作计划，做到搬迁范围、搬迁对象、搬迁方式、补助资金、规划用

地、建设内容、建设标准、产业项目“八落实”。2013年启动1.4万人搬迁工作。

3. **抓好水利建设**。编制北京市水土保持规划和灌溉发展规划。研究提高生态清洁小流域建设标准。继续推进三大水系综合治理，整治280公里中小河道，建成34条生态清洁小流域，实施水毁河道修复和小水库除险消隐工程。继续加强农田水利建设，新增改善节水灌溉10万亩，建设200处农村雨水收集利用设施。抓好延庆、顺义和房山3个小型农田水利重点县建设。开展乡镇、村集中式饮用水源保护区划分工作。

4. **抓好园林绿化建设**。继续实施平原百万亩造林工程，确保全年完成35万亩任务，新增10处万亩以上城市森林。持续推进京津风沙源治理、“三北”防护林建设、太行山绿化等重点工程。启动低效林改造，加强森林防火和林木有害生物防治，增强山区生态屏障功能。完善养护管理长效机制，倡导社会力量认养认建绿地。加强对生态补偿、碳汇交易的研究。

五、深化农村改革，优化资源要素配置

改革是农村持续发展的根本动力。通过深化改革，处理好农民与资源的关系，推动土地流转起来；处理好农民与积累的关系，让资产经营起来；处理好农民与市场的关系，把农民组织起来，尽快形成保障城乡要素平等交换的体制机制。在城镇化进程中，依法保障农民的土地承包经营权、宅基地使用权和集体收益分配权。

1. **促进集体土地集约节约利用**。稳步扩大农村土地承包经营权登记试点，用5年左右时间基本完成全市农村土地承包经营权确权登记颁证，工作经费纳入市、区县两级财政预算。坚持依法自愿有偿原则，引导农村土地承包经营权有序流转。完善农村土地承包经营纠纷调解仲裁体系。探索建立严格的耕地、林地租赁监管制度，防止搁置撂荒、低效利用、违法建设。积极推进农村集体建设用地使用权和宅基地使用权确权登记颁证工作。总结推广大兴区西红门镇、海淀区东升镇等地镇级统筹、整合产业用地的经验，实施“腾笼换鸟”，促进土地集约节约利用，提高农民在土地增值收益中的分配比例。完善村民住房制度，探索在条件具备的小城镇或新型农村社区规划建设安置房，缓解农村住房矛盾。稳步开展利用集体建设用地建设租赁住房试点，强化用途管制，完善政策措施，确保试点健康发展。

2. **加快农村集体经济改革发展**。进一步深化农村集体经济产权制度改革，提高经营效益，让农民从集体经济中分享更多收益。加强农村集体“三资”管理，全面推进制度化、规范化、信息化建设。进一步创新农村集体资产经营机制，探索股权激励、引进职业经理人，实现资产保值增值。支持新型集体经济组织承担农村基础设施建设、产业发展等项目。积极引导集体经济收益由福利分配向按股分红转变。深化集体林权制度配套改革，完善林权流转、金融支持等政策机制。全面推进村级公益事业建设一事一议财政奖补工作。

3. **构建新型农业生产经营体系**。以农民合作社、专业大户、家庭农场、龙头企业为重点，培育新型农业生产经营主体。鼓励农民兴办专业合作和股份合作等多元化、多类型合作社。重点培育一批特色优势突出、辐射带动能力强、运营管理规范的示范社，鼓励建立合作社联社。支持合作社兴办农产品加工、流通企业，开展农产品连锁经营，承担政府投资的各类涉农项目。落实合作社生产设施用地和附属设施用地按农用地管理的政策。引导合作社开展规范的信用合作。继续为农民合作社配备大学生助理。研究制定扶持政策，积极培育专业大户和家庭农场，提高农户的生产技能和经营管理水平。鼓励龙头企业采取出资领办合作社、建立产销联合体等方式，与农户建立紧密型利益联结机制。大力发展农产品加工业，引进培育涉农企业总部落户，打造北京农业企业上市板块，促进龙头企业集群发展。

六、加强党的领导，夯实农村发展基础

农业农村农民问题是全党工作的重中之重，城乡发展一体化是解决“三农”问题的根本途径。要进一步加强党对农村工作的领导，加大“三农”投入，改进基层组织建设，提高社会管理水平，夯实农村发展基础。

1. **提升农村社会管理水平**。进一步健全村党组织领导的充满活力的村民自治机制，认真做好第九届村民委员会换届选举工作。完善村级议事规则和决策程序，建立村级民主监督机制，充分发挥村

务监督委员会作用。加大村务公开力度，以区县为单位统一公开目录和时间，努力实现由事后公开扩大为全过程公开。研究提高村级公益事业专项补助资金标准。完善农村社会管理体制，分类推进农村社区化建设。切实加强流动人口服务管理，积极探索适应不同地区的工作模式，加快建立实有人口动态服务管理体系。开展平安村镇建设，加强农村法制宣传教育和信访工作，妥善处理各种矛盾纠纷，维护农村社会稳定。统筹基层服务管理资源，加强乡镇便民服务大厅和村级便民服务站建设。

2. **加强农村基层组织建设。**基层党组织是党在农村全部工作和战斗力的基础。抓好乡镇领导班子和干部队伍建设，增强乡镇党委、政府在推进农村城镇化、发展都市型现代农业、促进农民增收、维护社会稳定中的职责。研究制定乡镇党代会年会制实施办法，建立党代会代表联系党员群众、党代表提案提议等工作制度。深入推进乡镇政务公开。总结推广农村基层党组织整合资源、带动农民、聚集人才、统筹力量等方面的试点经验，研究制定相关工作意见，进一步扩大引领发展、服务群众的试点范围和领域。全面落实“一定三有”政策，加强基层组织带头人、村级党组织后备干部和农村党员队伍建设。更多地从优秀村干部、大学生“村官”中考录乡镇公务员、选任乡镇领导干部。组织开展以为民务实清廉为主要内容的党的群众路线教育实践活动。加强农村党风廉政建设，贯彻落实《农村基层干部廉洁履行职责若干规定（试行）》，坚决查处发生在农民身边的腐败问题。

3. **加大“三农”投入。**各级党委和政府要进一步加强和改善对“三农”工作的领导，着力构建“三农”投入稳定增长长效机制。市级财政投入确保总量持续增加、比例稳步提高；区县要更加自觉地加强对“三农”的支持保护，切实加大投入；各部门要把城乡发展一体化纳入工作职责，制定发展规划、安排项目、增加投资要向农村倾斜。市新农村建设领导小组成员单位要开展强农惠农富农政策执行情况“回头看”，确保政策落到实处。积极引导社会力量参与新农村建设，鼓励企业和社会组织采取多种方式在农村兴办各类事业，按规定享受税收优惠、管护费用补助等政策。

北京市人民政府关于支持农业产业化龙头企业发展推进农业产业化经营的实施意见

（2013 年 7 月 27 日）

各区、县人民政府，市政府各委、办、局，各市属机构：

为贯彻落实《国务院关于支持农业产业化龙头企业发展的意见》（国发〔2012〕10 号）精神，进一步支持市级农业产业化龙头企业（以下简称龙头企业）发展，提升本市农业产业化经营水平，特制定以下实施意见。

一、总体思路和工作目标

（一）总体思路

始终坚持为农民服务的方向，牢固树立扶持农业产业化就是扶持农业、扶持龙头企业就是扶持农民的理念，以加快转变经济发展方式为主线，全面推进龙头企业规模化、资本化、品牌化发展，进一步提升其核心竞争力，强化其带动农户增收的作用。

（二）工作目标

以打造一批领军人才、扶持一批上市龙头企业、发展一批示范基地、培育一批优质品牌、带动一批农户增收为目标，重点打造一批年销售收入超过 100 亿元的领军龙头企业，提高龙头企业整体带动水平；扶持一批具有上市潜力的龙头企业走向资本市场，扩大市场影响力；发展一批农业产业化示范基地，增强集聚效应；培育一批高端、优质、安全的农产品品牌，提升品牌知名度；带动一批从事农村生产、加工、服务产业的农户，促进农民增收。

二、坚持做大做强，提升龙头企业核心竞争力

（三）培育龙头企业自身实力，推进规模化发展

1. 加强生产基地标准化建设，保障农产品有效供给和质量安全。支持符合条件的龙头企业开展高标准基本农田、标准化规模养殖基地、农业综合开发等项目建设，切实改善生产设施条件。支持龙头企业参与新一轮“菜篮子”工程建设。支持龙头企业参与地方标准制定，开展质量管理体系和无公害农产品、绿色食品、有机农产品认证。

2. 大力发展农产品加工，促进产业优化升级。支持龙头企业利用先进适用的生产加工设备，改造升级贮藏、保鲜、烘干、清选分级、包装等设施装备，发展农产品精深加工，带动区域主导产业发展。对原料采购以当地农产品为主、带动农民增收效果明显的龙头企业，其当年新增固定资产规模达到 3 000 万元以上的重大项目，按照一年期银行贷款基准利率 50%的标准，给予一年贴息支持，单项贴息奖励不超过 500 万元。列入年度市级重大项目或行业示范项目的，加大扶持力度。

3. 创新流通方式，发展新型流通业态。按照本市“十二五”时期农产品流通体系发展规划，支持龙头企业参与农产品现代物流中心建设和农产品交易公共信息平台建设。支持龙头企业探索创新直营直供、公司化经营等多种零售模式。支持龙头企业参加各种形式的展示展销活动，促进产销有效对接。规范和降低超市和集贸市场收费，落实鲜活农产品运输“绿色通道”政策，结合实际完善适用品种范围，降低农产品物流成本。支持龙头企业参与主要农产品的仓储、运输和配送等冷链物流设施建设。支持龙头企业大力发展连锁店、直营店、配送中心及电子商务，研发和应用农产品物联网，推广流通标准化。落实《北京市人民政府关于印发推进两化融合促进首都经济发展若干意见及任务分工的通知》（京政发〔2011〕2 号）精神，将龙头企业信息化、农业农产品物联网推广应用等工作，作为重要内容纳入“智慧北京”建设。

4. 壮大优势产业，参与“种业之都”建设。支持龙头企业按照《北京市人民政府关于促进现代种业发展的意见》（京政发〔2012〕5 号）和本市种业发展规划，参与“种业之都”建设。对拥有自主知识产权、推进技术成果转化与应用的育繁推一体化种业建设项目给予扶持。支持龙头企业大力发展种子研发、培育、展示、销售，做大做强籽种产业。

5. 完善法人治理结构，建立现代企业制度。落实《国务院关于促进企业兼并重组的意见》（国发〔2010〕27 号）的相关优惠政策，支持龙头企业通过兼并、重组、收购、控股等方式，组建大型企业集团。支持企业完善法人治理结构，建立现代企业制度。

6. 扶持龙头企业向优势产区集中，推动企业集群集聚发展。开展市级农业产业化示范基地评定，对获得国家级、市级农业产业化示范基地称号的单位给予奖励。引导龙头企业向优势农产品产区集中。支持园区加快实现产业结构优化升级，大力培育农业总部，对新引入符合区域功能定位、带动产业发展和农民就业增收效果明显的农业产业化国家重点龙头企业或上市农业企业总部给予奖励，同时对企业入驻所在乡镇政府或园区管委会给予奖励。

（四）加强金融服务，推进资本化发展

7. 加快直接融资步伐，培育上市板块。建立拟上市企业资源库，培育后备资源。引导证券公司、会计师事务所、律师事务所等中介机构为龙头企业上市提供服务。对直接融资，首次公开发行股票的龙头企业给予支持，培育北京农业上市板块。

8. 畅通融资渠道，扩大金融支持领域。引导金融机构增加对龙头企业的信贷投放，在企业固定资产投资、并购、农产品收购、“走出去”等方面加大支持力度，根据企业生产经营的特点合理确定贷款期限和偿还方式，在人民银行规定的贷款利率浮动范围内进行差别定价。对参与市级平台债券（或股债混合）融资的龙头企业，给予融资费用补贴。农村信贷、农业投资、农业担保、农业保险等政策积极向龙头企业倾斜。对支持龙头企业发展的金融机构优先办理再贴现，对金融机构提交的涉及企业票据优先办理再贴现。

（五）支持龙头企业开拓市场，推进品牌化发展

9. 拓展国际市场，提升品牌效益。积极引导和帮助龙头企业用好用足中小企业国际市场开拓资金、出口信用保险、拥有自主知识产权和自主品牌、外贸转型升级示范基地和外贸公共服务平台等支持政策，增强出口农产品的竞争力。支持有条件的龙头企业开展对外农业合作。支持龙头企业申请

商标国际注册，申报和推介驰名商标、名牌产品、著名商标、原产地标记、农产品地理标志。对获得农业产业化国家重点龙头企业称号、北京市农业产业化重点龙头企业称号的企业，以及产品新获得国家级、市级品牌认证的龙头企业，分别给予奖励。

10. **加快技术创新，增强竞争实力。**鼓励龙头企业建立研发机构或与科研院所、高校组建科企联合体或产业技术联盟。支持龙头企业申报北京市或国家重点实验室和工程技术研究中心。鼓励支持符合条件的龙头企业申请高新技术企业认定。支持符合条件的龙头企业申请市级或国家级各类应用研究与成果转化类科技专项，各类农业技术推广项目要将龙头企业作为重要的实施主体。落实国家“千人计划”及本市“海聚工程”“高聚工程”等人才引进政策，对符合条件的高端人才给予政策倾斜。鼓励龙头企业参与现代农业产业技术体系创新团队建设，为农民开展技术指导、技术培训等服务。

三、稳固利益联结，强化龙头企业带动农户增收能力

（六）树立责任意识，带动农民就业增收

11. **完善与农户利益联结机制。**鼓励龙头企业发展订单农业，资助订单农户参加农业保险。引导龙头企业创办或领办各类专业合作组织，支持农民专业合作社和农户入股企业，支持农民专业合作社兴办企业，实现龙头企业与农民专业合作社深度融合。鼓励龙头企业采取股份分红、利润返还等形式，将加工、销售环节的部分收益让利给农户，共享农业产业化发展成果。

12. **积极吸纳本市农村劳动力就业。**鼓励龙头企业开发绿色岗位，发展绿色经济，吸纳农村劳动力就业。对招用本市农村就业困难人员，依法签订1年及以上期限劳动合同、缴纳城镇职工社会保险、按时足额发放工资的企业，在劳动合同期限内可申请享受最长不超过5年的岗位补贴和社会保险补贴。鼓励企业健全员工制管理制度。

13. **增强社会责任意识。**支持龙头企业围绕产前、产中、产后各环节，积极为基地农户提供农资供应、农机作业、技术指导、疫病防治、市场信息、产品营销等各类服务。鼓励企业承担公共服务义务，遇有自然灾害、突发事件、特殊情况时，积极做好农产品生产供应的应急保障。完善企业社会责任报告制度。

四、优化发展环境，提高政府部门服务能力

（七）整合政策资源，做好服务保障

14. **各级财政统筹安排农业产业化发展资金，加大资金支持力度。**市、区财政要多渠道整合和统筹支农资金，在现有基础上增加扶持农业产业化发展的相关资金，切实加大对农业产业化和龙头企业的支持力度。中小企业发展专项资金要将农业产业化中小型龙头企业纳入重点支持范围。市级农业综合开发产业化经营项目要向龙头企业倾斜。

15. **落实有关税收支持政策。**对龙头企业符合条件的固定资产，按照法律法规规定，缩短折旧年限或者采取加速折旧的方法折旧。对龙头企业购置符合条件的环境保护、节能节水等专用设备，依法享受相关税收优惠政策。认真落实国家有关农产品初加工企业所得税优惠政策。鼓励龙头企业开展新品种新技术新工艺研发，落实自主创新的各项税收优惠政策。支持龙头企业与农户建立风险保障机制，对企业提取的风险保障金在实际发生支出时，依法在计算企业所得税前扣除。龙头企业用于公益事业的捐赠支出，对符合法律法规规定的，在计算企业所得税前扣除。

16. **保障合理用地需求。**积极支持龙头企业发展设施农业和规模养殖，其直接用于或者服务于农业生产的设施用地，依据《国土资源部农业部关于完善设施农用地管理有关问题的通知》（国土资发〔2010〕155号）有关规定，按设施农用地管理。满足龙头企业开展农产品加工的合理用地需求。

17. **加强服务指导。**健全完善北京市农业产业化联席会议制度，落实责任分工，强化协作配合，形成工作合力。建立龙头企业信息平台，认真做好龙头企业认定和动态监测管理工作，加强跟踪分析。加大对企业负责人的培训力度，提高管理人员整体素质。发挥企业协会作用，加强行业自律。

附件：部门工作分工

附件

部门工作分工

一、加强生产基地标准化建设，保障农产品有效供给和质量安全

1. 支持符合条件的龙头企业开展高标准基本

农田、标准化规模养殖基地、农业综合开发等项目建设，切实改善生产设施条件。

牵头单位：市农委

参加单位：市财政局、市农业局

2. 支持龙头企业参与新一轮“菜篮子”工程建设。

牵头单位：市农委

参加单位：市农业局

3. 支持龙头企业参与地方标准制定，开展质量管理体系和无公害农产品、绿色食品、有机农产品认证。

牵头单位：市农业局

参加单位：市质监局

二、大力发展农产品加工，促进产业优化升级

4. 支持龙头企业利用先进适用的生产加工设备，改造升级贮藏、保鲜、烘干、清选分级、包装等设施装备，发展农产品精深加工，带动区域主导产业发展。

牵头单位：市农委

参加单位：市经济信息化委

5. 对原料采购以当地农产品为主、带动农民增收效果明显的龙头企业，其当年新增固定资产规模达到 3 000 万元以上的重大项目，按照一年期银行贷款基准利率 50%的标准，给予一年贴息支持，单项贴息奖励不超过 500 万元。列入年度市级重大项目或行业示范项目的，加大扶持力度。

牵头单位：市农委

参加单位：市财政局

三、创新流通方式，发展新型流通业态

6. 按照本市“十二五”时期农产品流通体系发展规划，支持龙头企业参与农产品现代物流中心建设和农产品交易公共信息平台建设。

牵头单位：市商务委

参加单位：市经济信息化委

7. 支持龙头企业探索创新直营直供、公司化经营等多种零售模式。

责任单位：市商务委

8. 支持龙头企业参加各种形式的展示展销活动，促进产销有效对接。

牵头单位：市商务委

参加单位：市农委

9. 规范和降低超市和集贸市场收费，落实鲜活农产品运输“绿色通道”政策，结合实际完善适用品种范围，降低农产品物流成本。

牵头单位：市商务委

参加单位：市发展改革委、市交通委

10. 支持龙头企业参与主要农产品的仓储、运输和配送等冷链物流设施建设。

责任单位：市商务委

11. 支持龙头企业大力发展连锁店、直营店、配送中心及电子商务，研发和应用农产品物联网，推广流通标准化。

牵头单位：市商务委

参加单位：市经济信息化委

12. 落实《北京市人民政府关于印发推进两化融合促进首都经济发展若干意见及任务分工的通知》（京政发〔2011〕2 号）精神，将龙头企业信息化、农业农产品物联网推广应用等工作，作为重要内容纳入“智慧北京”建设。

责任单位：市经济信息化委

四、壮大优势产业，参与“种业之都”建设

13. 支持龙头企业按照《北京市人民政府关于促进现代种业发展的意见》（京政发〔2012〕5 号）和本市种业发展规划，参与“种业之都”建设。

牵头单位：市农委

参加单位：市农业局

14. 对拥有自主知识产权、推进技术成果转化与应用的育繁推一体化种业建设项目给予扶持。支持龙头企业大力发展种子研发、培育、展示、销售，做大做强籽种产业。

牵头单位：市农业局

参加单位：市科委

五、完善法人治理结构，建立现代企业制度

15. 落实《国务院关于促进企业兼并重组的意见》（国发〔2010〕27 号）的相关优惠政策，支持龙头企业通过兼并、重组、收购、控股等方式，组建大型企业集团。支持企业完善法人治理结构，建立现代企业制度。

牵头单位：市经济信息化委

参加单位：市发展改革委

六、扶持龙头企业向优势产区集中，推动企业集群集聚发展

16. 开展市级农业产业化示范基地评定，对获得国家级、市级农业产业化示范基地称号的单位给予奖励。引导龙头企业向优势农产品产区集中。

牵头单位：市农委

参加单位：市经济信息化委、市财政局

17. 支持园区加快实现产业结构优化升级，大力培育农业总部，对新引入符合区域功能定位、带动产业发展和农民就业增收效果明显的农业产业化国家重点龙头企业或上市农业企业总部给予奖励，同时对企业入驻所在乡镇政府或园区管委会给予奖励。

牵头单位：市农委

参加单位：市财政局、市商务委

七、加快直接融资步伐，培育上市板块

18. 建立拟上市企业资源库，培育后备资源。引导证券公司、会计师事务所、律师事务所等中介机构为龙头企业上市提供服务。对直接融资，首次公开发行股票的龙头企业给予支持，培育北京农业上市板块。

牵头单位：市农委

参加单位：市财政局、市金融局

八、畅通融资渠道，扩大金融支持领域

19. 引导金融机构增加对龙头企业的信贷投放，在企业固定资产投资、并购、农产品收购、“走出去”等方面加大支持力度，根据企业生产经营的特点合理确定贷款期限和偿还方式，在人民银行规定的贷款利率浮动范围内进行差别定价。

责任单位：人民银行营业管理部

20. 对参与市级平台债券（或股债混合）融资的龙头企业，给予融资费用补贴。

牵头单位：市农委

参加单位：市财政局

21. 农村信贷、农业投资、农业担保、农业保险等政策积极向龙头企业倾斜。

牵头单位：市农委

参加单位：市发展改革委、市金融局、人民银行营业管理部

22. 对支持龙头企业发展的金融机构优先办理再贴现，对金融机构提交的涉及企业票据优先办理再贴现。

责任单位：人民银行营业管理部

九、拓展国际市场，提升品牌效益

23. 积极引导和帮助龙头企业用好用足中小企业国际市场开拓资金、出口信用保险、拥有自主知识产权和自主品牌、外贸转型升级示范基地和外贸公共服务平台等支持政策，增强出口农产品的竞争力。支持有条件的龙头企业开展对外农业合作。

责任单位：市商务委

24. 支持龙头企业申请商标国际注册，申报和推介驰名商标、名牌产品、著名商标、原产地标记、农产品地理标志。对获得农业产业化国家重点龙头企业称号、北京市农业产业化重点龙头企业称号的企业，以及产品新获得国家级、市级品牌认证的龙头企业，分别给予奖励。

牵头单位：市农委

参加单位：市财政局、市商务委、市工商局

十、加快技术创新，增强竞争实力

25. 鼓励龙头企业建立研发机构或与科研院所、高校组建科企联合体或产业技术联盟。支持龙头企业申报北京市或国家重点实验室和工程技术研究中心。鼓励支持符合条件的龙头企业申请高新技术企业认定。

责任单位：市科委

26. 支持符合条件的龙头企业申请市级或国家级各类应用研究与成果转化类科技专项，各类农业技术推广项目要将龙头企业作为重要的实施主体。

牵头单位：市科委

参加单位：市农业局

27. 落实国家“千人计划”及本市“海聚工程”“高聚工程”等人才引进政策，对符合条件的高端人才给予政策倾斜。

责任单位：市人力社保局

28. 鼓励龙头企业参与现代农业产业技术体系创新团队建设，为农民开展技术指导、技术培训等服务。

牵头单位：市科委

参加单位：市农业局

十一、完善与农户利益联结机制

29. 鼓励龙头企业发展订单农业，资助订单农户参加农业保险。引导龙头企业创办或领办各类专业合作组织，支持农民专业合作社和农户入股企业，支持农民专业合作社兴办企业，实现龙头企业与农民专业合作社深度融合。鼓励龙头企业采取股份分红、利润返还等形式，将加工、销售环节的部分收益让利给农户，共享农业产业化发展成果。

责任单位：市农委

十二、积极吸纳本市农村劳动力就业

30. 鼓励龙头企业开发绿色岗位，发展绿色经济，吸纳农村劳动力就业。对招用本市农村就业困难人员，依法签订1年及以上期限劳动合同、缴纳

城镇职工社会保险、按时足额发放工资的企业，在劳动合同期限内可申请享受最长不超过 5 年的岗位补贴和社会保险补贴。

责任单位：市人力社保局

31. 鼓励企业健全员工制管理制度。

牵头单位：市农委

参加单位：市经济信息化委

十三、增强社会责任意识

32. 支持龙头企业围绕产前、产中、产后各环节，积极为基地农户提供农资供应、农机作业、技术指导、疫病防治、市场信息、产品营销等各类服务。鼓励企业承担公共服务义务，遇有自然灾害、突发事件、特殊情况时，积极做好农产品生产供应的应急保障。完善企业社会责任报告制度。

牵头单位：市农委

参加单位：市农业局

十四、各级财政统筹安排农业产业化发展资金，加大资金支持力度

33. 市、区财政要多渠道整合和统筹支农资金，在现有基础上增加扶持农业产业化发展的相关资金，切实加大对农业产业化和龙头企业的支持力度。

责任单位：市财政局

34. 中小企业发展专项资金要将农业产业化中小型龙头企业纳入重点支持范围。

责任单位：市经济信息化委

35. 市级农业综合开发产业化经营项目要向龙头企业倾斜。

责任单位：市财政局

十五、落实有关税收支持政策

36. 对龙头企业符合条件的固定资产，按照法律法规规定，缩短折旧年限或者采取加速折旧的方法折旧。对龙头企业购置符合条件的环境保护、节能节水等专用设备，依法享受相关税收优惠政策。认真落实国家有关农产品初加工企业所得税优惠政策。鼓励龙头企业开展新品种新技术新工艺研发，落实自主创新的各项税收优惠政策。支持龙头企业与农户建立风险保障机制，对企业提取的风险保障金在实际发生支出时，依法在计算企业所得税前扣除。龙头企业用于公益事业的捐赠支出，对符合法律法规规定的，在计算企业所得税前扣除。

责任单位：市国税局、市地税局

十六、保障合理用地需求

37. 积极支持龙头企业发展设施农业和规模养殖，其直接用于或者服务于农业生产的设施用地，依据《国土资源部农业部关于完善设施农用地管理有关问题的通知》（国土资发〔2010〕155 号）有关规定，按设施农用地管理。满足龙头企业开展农产品加工的合理用地需求。

责任单位：市国土局、市农委

十七、加强服务指导

38. 健全完善北京市农业产业化联席会议制度，落实责任分工，强化协作配合，形成工作合力。建立龙头企业信息平台，认真做好龙头企业认定和动态监测管理工作，加强跟踪分析。加大对企业负责人的培训力度，提高管理人员整体素质。发挥企业协会作用，加强行业自律。

牵头单位：市农委

参加单位：市发展改革委、市经济信息化委、市科委、市商务委、市财政局、市国税局、市地税局、市园林绿化局、市农业局、人民银行营业管理部、市供销社

北京市人民政府办公厅关于印发《北京市 2013 年农村地区减煤换煤清洁空气行动实施方案》的通知

（2013 年 8 月 27 日）

各区、县人民政府，市政府各委、办、局，各市属机构：

《北京市 2013 年农村地区“减煤换煤、清洁空气”行动实施方案》已经市政府同意，现印发给你们，请结合实际，认真贯彻落实。

北京市2013年农村地区“减煤换煤、清洁空气”行动实施方案

为贯彻落实《北京市人民政府关于印发加快压减燃煤促进空气质量改善工作方案的通知》(京政发〔2012〕16号)精神，按照市委、市政府关于大气污染防治工作的决策部署，2013年在农村地区启动“减煤换煤、清洁空气”行动，进一步调整郊区农村地区用能结构，改善空气质量。现提出如下实施方案。

一、目标任务

按照城市化改造上楼一批、拆除违建减少一批、炊事气化解决一批、城市管网辐射一批、优质燃煤替代一批(简称“五个一批”)的方式推进郊区农村地区“减煤换煤、清洁空气”行动。重点在农村地区实施优质燃煤替代、取暖煤改电、天然气入户、太阳能热利用、液化石油气下乡及沼气利用、农民住宅抗震节能改造和城镇化建设等工程。2013年计划减少劣质燃煤使用总量80万吨左右。主要任务：

1.13个郊区县(不含石景山区)2013年减少农村地区劣质燃煤使用量，门头沟区要达到2012年使用总量的100%，其他12个郊区县要达到20%以上。

2.将“两区三镇”(门头沟区全区、城乡结合部地区227个行政村和延庆县八达岭镇、昌平区十三陵镇、顺义区马坡镇)作为2013年推进工作的重点区域，其农村地区要全部实现不使用劣质燃煤。要探索建立农村优质原煤供应体系、型煤加工配送体系和农村住户用煤保障监督体系。

3.2013年全市农村地区计划完成农民住宅抗震节能改造5万～7万户。

二、政策措施

通过“五个一批”方式实施“减煤换煤、清洁空气”行动的区县或地区，其在本市农村居住并且在当地派出所有户籍登记的住户(简称“农村住户”)均可享受以下政策。

1. **减少劣质燃煤使用。**以区县政府为主体，筹集资金推进工作。市财政采取以奖代补方式对区县实行奖励，2013年按照200元/吨的标准进行奖励，以后每年奖励标准由牵头负责部门组织研究确定，奖励经费由区县统筹使用。农村住户烟煤炉具更换为无烟煤炉具的购置费用，市、区县财政和农村住户各承担三分之一。对部分特殊困难群体用煤及炉具更换费用由市民政局研究救助办法。

2. **农村取暖煤改电。**由电力供应企业对实施取暖煤改电的农村住户安排电力增容。在实施电力增容中农村住户户内电表以上(含电表)的改造费用由市发展改革委固定资产投资及电力供应企业共同承担。安装高效节能电取暖设备的费用由市、区县财政和农村住户各承担三分之一。

3. **太阳能热利用。**农村住户在自有住房和村集体在公用建筑安装太阳能采暖设施的费用由市发展改革委固定资产投资承担30%、农村住户或村集体承担三分之一，剩余部分由区县政府承担。各区县要以区县为单位对所有农村住户和村集体实施太阳能取暖项目整体打包，以一个整体项目向市发展改革委申报立项。

4. **天然气入户。**燃气供应企业对具备通达管道天然气条件的村庄实施管道天然气供应，在管道天然气管网不能覆盖但符合集中供气条件的村庄，建设压缩天然气站，并承担相关建设费用。

5. **液化石油气下乡和沼气利用。**在实施液化石油气下乡中，村镇配套的液化石油气供应站建设费用全部由市发展改革委固定资产投资承担，新增液化气钢瓶及专用配送车辆购置等费用由燃气供应企业承担。市财政按每瓶液化石油气(15千克装)25元、每年每户不超过8瓶液化石油气的标准对农村住户(享受平价气供应的除外)进行补贴。依托养殖场建设大中型沼气站的费用，由市发展改革委固定资产投资按城市功能区扶持标准给予支持。

6. **农村住宅清洁能源分户自采暖。**对完成煤改电取暖的及使用“太阳能+电”取暖的农村住户执行城市核心区峰谷电价政策，不纳入阶梯电价范围。对使用燃气取暖的及使用“太阳能+燃气”取暖的农村住户，参照《北京市居民住宅清洁能源分户自采暖补贴暂行办法》给予补贴，具体补贴办法由区县政府研究制定。

三、组织落实

1. **加强领导，明确责任。**市政府成立农村地

区“减煤换煤、清洁空气”行动领导小组（以下简称市领导小组），由主管副市长任组长，市各相关部门为领导小组成员单位。市领导小组办公室设在市新农办，统筹各项工作。各成员单位要充分发挥本单位职能作用，进一步下放审批权，开通绿色通道，明确责任分工，强化协调配合。各区县政府是农村地区“减煤换煤、清洁空气”行动的责任主体，要研究制定本区县实施方案（包括完成任务、配套补贴政策、操作办法、组织实施等）和资金配套政策，实施方案要报市领导小组备案；建立完善加工配送保障体系；成立相应领导小组，建立工作机制。各级政府要保障资金到位，加强督促检查和考核，确保完成任务。

2. **严控煤源，加强监督**。市、区县相关部门要加强监管，把好燃煤进京关。由市环保局牵头，会同市质监局、市交通委、市公安局公安交通管理局共同研究制定原煤进京控制标准和控制措施，对不符合本市用煤标准的燃煤研究制定限制进京办法。各区县要制定农村用煤管理办法，动员乡镇政府、村委会切实负起责任，做好本区域居民、外来人口、工商企业用煤监督工作，鼓励使用定点供应的优质燃煤。

3. **广泛宣传，全民参与**。农村地区“减煤换煤、清洁空气”行动事关全市空气质量的提升，事关全市人民的健康。要广泛宣传，做到家喻户晓；要动员全民参与，使全社会支持农村地区“减煤换煤、清洁空气”行动，自觉抵制劣质燃煤，自觉监督举报使用劣质燃煤的行为，为优质燃煤替代营造良好的舆论氛围。

附件：北京市2013年农村地区“减煤换煤、清洁空气”行动责任分工

附件

北京市2013年农村地区“减煤换煤、清洁空气”行动责任分工

市新农办：负责制定实施方案及方案实施中的综合协调工作，负责组织各成员单位对区县工作进行督促检查和考核，负责组织市相关部门共同研究确定2013年以后每年减少劣质燃煤使用以奖代补奖励标准。

市发展改革委：负责煤改电、液化石油气、太阳能热利用、大中型沼气建设等固定资产投资的落实及工程建设的考核监督。负责制定农村峰谷电价政策。负责协调煤炭企业完成优质燃煤供应。

市财政局：负责制定农村地区减少劣质燃煤使用以奖代补政策、烟煤炉具更换为无烟煤炉具补贴政策、安装高效节能电取暖设备费用补贴政策和液化石油气补贴政策，并监督补贴资金的使用。

市规划委：负责农村地区“减煤换煤、清洁空气”行动实施镇村规划调整及项目实施规划许可工作。

市住房城乡建设委：负责农村地区“减煤换煤、清洁空气”行动建设项目的技术指导。

市市政市容委：负责协调燃气供应企业，完成镇村管道天然气、压缩天然气、液化石油气供应工作。

市交通委、市公安局公安交通管理局：协助相关部门研究制定限制劣质燃煤进京措施。

市质监局：负责燃煤质量标准、燃煤炉具的技术质量标准的制定和质量监督工作。

市环保局：负责农村燃煤燃烧排放监控，劣质燃煤减少使用后的环境效益监测、分析和效果评估。会同市质监局研究制定进京燃煤质量标准，会同市交通委、市公安局公安交通管理局研究制定限制劣质燃煤进京措施。

市民政局：负责研究制定农村地区“减煤换煤、清洁空气”行动中特殊困难群体用煤及炉具更换费用救助办法。

市农业局：负责指导本市农村可再生能源开发利用工作，研究制定并指导实施促进农村能源开发利用的政策、措施、技术标准和规范。

北京市人民政府办公厅关于印发《北京市中长期动物疫病防治规划》(2013—2020年)的通知

(2013年12月13日)

各区、县人民政府,市政府各委、办、局,各市属机构:

《北京市中长期动物疫病防治规划(2013—2020年)》已经市政府同意,现印发给你们,请结合实际,认真贯彻落实。

北京市中长期动物疫病防治规划

(2013—2020年)

动物疫病防治工作关系食物安全和公共卫生安全,关系社会和谐稳定,是各级政府社会管理和公共服务的重要职责,是都市型现代农业发展的重要保障。为加强动物疫病防治工作,依据《中华人民共和国动物防疫法》和《国家中长期动物疫病防治规划(2012—2020年)》,结合本市实际,制定本规划。

一、面临的形势

近年来,市委、市政府高度重视动物疫病防治工作,各区县、各部门齐抓共管,社会广泛参与,动物疫病防治工作取得了显著成效。但是,未来一段时期本市动物疫病防控形势依然严峻,任务十分艰巨。

(一)动物疫病防治工作基础日趋完善

制定了《北京市实施〈中华人民共和国动物防疫法〉办法》,出台了应急预案;落实了地方政府责任制,公共财政投入力度不断加大,建立了强制免疫、监测预警、应急处置、区域化管理、疫病净化等制度。构建了市、区县两级行政管理、监督执法和技术支撑体系,在区县成立了动物卫生监督管理局(办),在乡镇设置了区域派出机构,建立了村级动物防疫员队伍,开展了官方兽医登记和执业兽医注册。实施了北京市动物防疫体系基础设施建设规划,动物疫病监测、动物卫生监督、兽药质量安全监管和残留监控、水生动物疫病防治等基础设施得到明显改善。

(二)动物疫病暴发流行风险依然很大

当前,全球范围内新发疫病不断出现,非洲猪瘟、牛海绵状脑病(疯牛病)等外来动物疫病传入风险持续存在。国内口蹄疫、高致病性禽流感等重大动物疫病持续散发,存在免疫带毒和免疫临床发病情况,布鲁氏菌病、狂犬病在部分区域呈流行态势。本市作为超大型消费城市和重要的国际交通枢纽,从国内外输入的动物及动物产品种类多、数量大、流通广,又处于候鸟主要迁徙线路,外部疫源传入风险很大。从自身情况看,本市畜禽养殖场、养殖小区的生物安全控制状况整体上仍处于较低水平,农村地区的散养畜禽对整体动物防疫工作的不利影响短期内难以消除;城乡居民饲养的犬、猫等宠物数量逐年增加,文明规范养犬的良好秩序还未完全建立,控制和消灭狂犬病等危害城市公共卫生安全的人畜共患病压力巨大。

(三)动物疫病防治工作面临挑战

随着全社会对食品安全和公共卫生安全问题的日益关注,动物防疫工作在维护城市安全稳定运行中的作用将更加突出。我国动物防疫工作已全面融入世界动物卫生体系,国家正式启动了中长期动物疫病防治规划,兽医工作定位和任务发生深刻变化,正在向以动物、人类与自然和谐发展为主的现代兽医阶段过渡,要求我们必须加快提升与国际兽医规则相协调的动物卫生保护能力和水平,抓紧解决好兽医公共管理与服务体系建设,处理好动物疫病区域化防控、重点动物疫病净化、人畜共患病控制、应急预警与处置应对、病死动物无害化处理等一系列问题。

二、指导思想、基本原则和防治目标

(一)指导思想

深入贯彻落实科学发展观,把动物疫病防治作为重要的民生工程,以维护城市公共卫生安全、动物产品质量安全和养殖业生产安全为主线,以推进农业现代化和养殖业规模化发展为基础,坚持预防为主,加强领导、密切配合,依靠科学、依法防治,群防群控、果断处置,提高兽医公共服务和社会化服务水平,有计划地控制、净化和消灭对人类和动物健康影

响较大的动物疫病，全面提升防范重大动物疫情风险的能力，促进首都经济社会可持续发展。

（二）基本原则

1. 政府主导，依法防治。市、区县政府负总责，相关部门各负其责，依法防治，强化从事动物养殖和生产经营活动相关行业的企业和个人的主体责任，动员社会力量和群众广泛参与，形成群防群控的良好环境。

2. 统筹兼顾，突出重点。立足于都市型现代农业发展要求，紧密结合畜牧业发展规划，坚持养殖规模化发展与动物疫病防治工作同步推进，突出重点区域、重点环节和重点工程。

3. 科技引领，示范推进。加强动物防疫技术创新和应用，以重点疫病净化和生物安全控制为重点，开展试点研究和示范推广，建立适合本市的动物疫病防治技术标准体系，在疫情监测、预警预报和净化控制方面达到国内领先水平。

（三）防治目标

到2020年，形成有效保障本市养殖业生产安全、动物产品质量安全和公共卫生安全的动物疫病综合防治能力。高致病性禽流感等15种优先防治的国内动物疫病达到国家规划设定的考核标准，生猪、家禽、牛、羊发病率分别下降到5%、6%、4%、3%以下，动物发病率、死亡率和公共卫生风险显著降低。牛海绵状脑病、非洲猪瘟等13种重点防范的外来动物疫病传入和扩散风险有效降低，外来动物疫病防范和处置能力明显提高。动物防疫基础设施和机构队伍更为健全，法律法规和科技保障体系更加完善，财政投入机制更加稳定，社会化服务水平全面提高（详见专栏1、2）。

专栏1　优先防治和重点防范的动物疫病

优先防治的国内动物疫病（15种）	一类动物疫病（5种）：口蹄疫（A型、亚洲Ⅰ型、O型）、高致病性禽流感、高致病性猪蓝耳病、猪瘟、新城疫 二类动物疫病（10种）：布鲁氏菌病、奶牛结核病、狂犬病、包虫病、马鼻疽、马传染性贫血、沙门氏菌病、禽白血病、猪伪狂犬病、猪繁殖与呼吸综合征（经典猪蓝耳病）
重点防范的外来动物疫病（13种）	一类动物疫病（9种）：牛海绵状脑病、非洲猪瘟、绵羊痒病、小反刍兽疫、牛传染性胸膜肺炎、口蹄疫（C型、SAT1型、SAT2型、SAT3型）、猪水泡病、非洲马瘟、H7亚型禽流感 未纳入病种分类名录、但传入风险增加的动物疫病（4种）：水泡性口炎、尼帕病、西尼罗河热、裂谷热

专栏2　优先防治动物疫病考核标准

考核标准类别	疫　病		到2015年	到2020年
重大动物疫病防治	口蹄疫	A型	全市达到净化标准	全市达到免疫无疫标准
		亚洲Ⅰ型	全市达到免疫无疫标准	全市达到非免疫无疫标准
		O型	全市达到控制标准	全市达到免疫无疫标准
	高致病性禽流感		生物安全隔离区达到免疫无疫或非免疫无疫标准；全市其他区域达到控制标准	生物安全隔离区达到非免疫无疫标准；全市其他区域达到免疫无疫标准
	高致病性猪蓝耳病		生猪产业带达到控制标准	全市达到控制标准
	猪瘟		部分规模猪场达到净化标准	进一步扩大净化猪场范围
	新城疫		肉禽、蛋禽产业带达到控制标准	全市达到控制标准
主要人畜共患病防治	布鲁氏菌病		全市达到控制标准	全市达到净化标准
	奶牛结核病		全市达到净化标准	全市达到维持净化标准
	狂犬病		全市达到控制标准	全市达到维持控制标准
	包虫病		全市达到控制标准	全市达到稳定控制标准
重点马属动物疫病防治	马传染性贫血		全市达到消灭标准	全市达到维持消灭标准
	马鼻疽		全市达到消灭标准	全市达到维持消灭标准
种畜禽重点疫病净化	高致病性禽流感、新城疫、沙门氏菌病、禽白血病		全市祖代以上种鸡场达到净化标准	全市种鸡场达到净化标准
	高致病性猪蓝耳病、猪瘟、猪伪狂犬病、猪繁殖与呼吸综合征		全市原种猪场达到净化标准	全市种猪场达到净化标准

三、动物疫病防治区域布局

（一）畜牧业产业带

根据本市畜牧业发展规划布局，对生猪产业带，加强口蹄疫、高致病性猪蓝耳病、猪瘟等生猪疫病防治，优先实施种猪场疫病净化。对肉禽产业带和蛋禽产业带，加强高致病性禽流感、新城疫等禽类疫病防治，优先实施种禽场疫病净化，推进生物安全隔离区建设。对奶牛产业带，加强口蹄疫、布鲁氏菌病和奶牛结核病等奶牛疫病防治，推进无特定病原场（群）认证制度。

（二）观赏与骑乘动物和宠物养殖区

对各类动物园和公园中的动物养殖区，加强口蹄疫、高致病性禽流感、猪瘟、新城疫、布鲁氏菌病、结核杆菌病、马鼻疽、马传染性贫血的防治，重点防范输入性动物疫病。对马场以及郊区旅游骑乘马活动区域，加强马鼻疽、马传染性贫血等马属动物疫病防治，维持无疫状况。对全市饲养犬、猫、观赏鸟等宠物的居民生活区，加强狂犬病和高致病性禽流感预防工作。

（三）动物疫病传入高风险区

对候鸟迁徙线路上主要的河湖湿地等驻留或栖息地、北京口岸、运入动物及动物产品的指定道口、大型经营性冷库和批发市场等肉类集散地、畜禽屠宰加工厂、动物隔离检疫场、动物无害化处理设施周边以及与外埠畜禽养殖密集区邻近的区域，实施定期监测、巡查和消毒等外源性动物疫病防范措施。

四、主要任务和重点工程

在全面掌握疫病流行态势、分布规律和推进畜禽养殖规模化发展的基础上，强化综合防治措施，有效控制重大动物疫病和主要人畜共患病，净化种畜禽重点疫病，有效防范重点外来动物疫病（详见专栏3略）

（一）控制重大动物疫病

1. 防治策略。有计划地控制、净化、消灭对公共卫生安全和养殖业危害大的重点病种，首先实现重点病种免疫临床无病例，逐步清除动物机体和环境中存在的病原，为实现免疫无疫和非免疫无疫奠定基础。基于疫病流行的动态变化，科学选择防治技术路线。调整强制免疫和强制扑杀病种要按相关法律法规规定执行。

2. 主要措施。建立动物疫病状况风险评估制度，根据评估结果制定相应的动物疫病预防、控制措施。开展严密的血清学和病原学监测与跟踪调查，提高疫情预警、防疫决策的科学性与准确性。加强对动物养殖及动物产品生产经营者的宣传教育，强化其动物防疫主体责任意识。严格动物防疫条件审查制度，推进规模养殖场、养殖小区动物防疫条件标准化建设，实施良好生物安全控制操作规范，全面提升本市畜牧业抵御外来疫病的能力。完善检疫监管措施，按要求提高活畜禽市场准入健康标准，提升检疫监管质量水平，降低动物及其产品长距离调运传播疫情的风险。完善疫情报告、发布和信息共享制度，健全应急处置机制和强制扑杀政策，完善扑杀动物补偿机制。完善强制免疫政策和疫苗招标采购制度，完善应急物资贮备体系和制度，明确免疫责任主体，逐步建立强制免疫退出机制。完善区域化管理制度，积极推动无疫区和生物安全隔离区建设。

（二）控制主要人畜共患病

1. 防治策略。注重源头管理和综合防治，强化易感人群宣传教育等干预措施，提高全社会防范人畜共患病的意识，加强动物饲养者和兽医从业人员职业保护，开展动物布鲁氏菌病和结核杆菌病净化，降低疫情发生风险。

2. 主要措施。针对动物养殖生产和宠物饲养两个社会群体，持续开展兽医公共卫生宣传教育行动。对狂犬病，完善犬只登记管理，实施全面免疫，及时收容无主犬、扑杀病犬，消灭疫源。对牲畜和人工饲养野生动物布鲁氏菌病和结核杆菌病，采取定期检测、强制扑杀、隔离检疫、移动控制以及布鲁氏菌病局部免疫等综合防治措施，继续实施场（群）净化，并开展羊、鹿等动物布鲁氏菌病净化工作；强化奶牛健康管理，实行无特定病原场（群）评估认证和发布制度。

（三）净化种用动物重点疫病

1. 防治策略。引导和支持种畜禽养殖企业完善生物安全控制条件，开展主要疫病净化，按期达到国家规定标准。

2. 主要措施。以种猪、种鸡产业为重点，实施种畜禽场疫病净化计划，从高代次开始逐步净化国家规定病种。推进家禽生产体系生物安全隔离区和无特定病原场（群）评估认证工作，按照国家规定的健康标准，实施定期监测和评估。健全市场准入和信息发布制度，定期发布无疫企业信息。

（四）维持马鼻疽和马传染性贫血消灭标准

1. 防治策略。强化对马属动物养殖场所的检疫监管，对本市马属动物养殖场以及高风险区域马群开展全面监测，继续维持全市马鼻疽和马传染性贫血消灭标准。

2. 主要措施。建立马属动物个体登记制度，定期开展马鼻疽和马传染性贫血全群检测。严格检疫监管，建立申报检疫制度，强化移动控制。

（五）防范外来动物疫病传入

1. 防治策略。建立输入性动物疫病风险管理机制，按照职能对外埠输入、境外进口的动物和动物产品以及野生动物疫源疫病实施风险评估。实行本市与周边省市联动、政府各有关部门联动、动物疫情监测与动物卫生监督联动，实现对外来动物疫病风险的关口前移、早期预警和联合防范。

2. 主要措施。完善空港、铁路、陆路运入的动物和动物产品疫源风险监控体系建设，落实检疫准入、境外预检、追溯管理等制度，全面提升对外源性动物疫病的监视、监测和预警能力。强化跨部门协作机制，健全外来动物疫病监视制度和输入动物、动物产品疫源风险分析制度。强化入境检疫和省际边界监管，强化对非法进口肉类的监督检查，提高外来动物疫病风险防范能力。在野生动物迁徙等重点防控时期，利用现有动物疫病诊断技术资源，加大对野生动物疫源疫病的监测范围和频率，确保对野生动物传播外来动物疫病及时发现、及早控制。分病种制定外来动物疫病应急预案并开展演练，提高应急处置能力。开展外来动物疫病防范宣传培训，提高外来动物疫病发现、识别和报告能力。

专栏 4　中长期动物疫病防治规划重点工程

序号	工程名称	重点项目
1	动物卫生精细化管理工程	畜牧兽医精细化管理体系建设 动物疫情测报与预警体系建设
2	养殖生物安全提升工程	规模养殖场动物防疫条件标准化改造 规模养殖场智能防疫系统示范推广
3	人畜共患病防治工程	兽医公共卫生宣传教育行动 牲畜布鲁氏菌病与奶牛结核病净化
4	种畜禽疫病净化工程	种鸡场重点疫病净化 种猪场重点疫病净化
5	动物疫病区域化防控工程	无马鼻疽和马传染性贫血区域维持 无特定动物疫病区、场（群）与生物安全隔离区建设

五、能力建设

（一）提升动物疫情监测预警能力

以市、区县动物疫病预防控制中心为主体，充分利用国家及本市相关技术资源，建立完善动物疫情监测和流行病学调查实验室网络，构建疫情预警分析系统。加强动物疫病检测诊断和野生动物疫病监测能力建设，充实各级兽医实验室专业技术力量和基层动物疫病观察报告人员力量。加强宠物疫病监测和防治。

（二）提升突发疫情应急管理能力

加强全市各级突发动物疫情应急指挥机构和队伍建设，完善应急指挥系统运行机制。健全动物疫情应急物资储备制度，市、区县政府应储备应急处理工作所需的防疫物资，配备应急交通通讯和疫情处置设施设备，增配快速运送和大型消毒设备。完善突发动物疫情应急预案，加强应急演练。建立完善染疫、病死动物无害化处理机制。进一步完善疫病处置扑杀补贴机制。

（三）提升动物疫病强制免疫能力

依托区县动物疫病预防控制中心、区域派出机构和村级动物防疫员，构建基层动物疫病强制免疫工作网络，强化疫苗物流冷链和使用管理。组织开展乡村兽医登记，优先从符合条件的乡村兽医中选用村级防疫员，建立考核培训机制，实行全员培训上岗。完善村级动物防疫员防疫工作补贴政策，按照国家规定采取有效的卫生防护和医疗保健措施。加强企业从业兽医管理，落实防疫责任。逐步推行在乡镇政府领导和区县级畜牧兽医主管部门指导、监督下，以养殖企业和个人为责任主体，以村级防疫员、执业兽医、企业从业兽医为技术依托的强制免疫模式。

（四）提升动物卫生监督执法能力

加强基层动物卫生监督执法机构能力建设，严格动物卫生监督执法，保障日常工作经费。强化动物卫生监督检查站管理，严格本市动物和动物产品指定通道出入制度，落实检疫申报、动物隔离、无害化处理等措施。完善养殖环节病死动物及其无害化处理财政补贴政策。实施签约兽医辅助下的官方兽医工作制度，完善签约兽医队伍建设，提升官方兽医素质。完善规范和标准，强化检疫手段，提高产地检疫率，实施全程动态监管，提高检疫监管水平。加快推进市级动物及产品留检中心、动物及产品无害化处理中心等基础设施建设。

（五）提升动物疫病防治信息化能力

加大投入力度，整合资源，充分运用互联网和物联网等现代信息技术手段，加强动物疫病防治信息化建设，提高疫情监测预警、疫情应急指挥、兽医公共卫生管理、动物卫生监督执法、动物标识及疫病可追溯、兽用生物制品监管以及执业兽医和官方兽医管理等信息管理能力。强化与食品安全信息平台等相关信息系统的数据衔接和信息共享。加强信息系统运行维护和安全管理。

（六）提升动物疫病防治社会化服务能力

充分调动各方力量，构建动物疫病防治社会化服务体系。积极引导、鼓励和支持动物诊疗机构发展，完善管理模式，指导动物诊疗机构开展标准化管理和规范化服务。加强动物养殖、运输等环节管理，依法强化从业人员的动物防疫责任主体地位。不断完善政府部门与行业协会合作机制。引导社会力量投入，积极运用财政、金融、保险、税收等政策手段，支持动物疫病防治社会化服务体系有效运行。加强兽医机构和兽医人员提供社会化服务的收费管理，严格规范服务性收费。

六、保障措施

（一）法制保障

完善动物防疫地方立法，依据《中华人民共和国动物防疫法》等相关法律法规及规章，参照国际动物卫生法典，研究借鉴国际通行做法，强化养殖规模化发展、养殖场生物安全控制、人畜共患病防治和病死动物无害化处理等方面的规定，完善官方兽医、执业兽医和乡村兽医管理相关制度，为动物疫病的有效控制、净化和消灭提供法制保障。

（二）体制保障

按照“精简、统一、效能”的原则，健全机构、明确职能、理顺关系，逐步建立起科学、统一、透明、高效的兽医管理体制和运行机制。健全兽医行政管理、监督执法和技术支撑体系，稳定和强化基层动物防疫体系，切实加强机构队伍建设。明确动物疫病预防控制机构的公益性质。加快实施畜牧兽医精细化管理工程，建设以官方兽医和执业兽医为主体的新型兽医制度。建立起内检与外检、陆生动物与水生动物、养殖动物与野生动物协调统一的管理体制。完善官方兽医和执业兽医培训机制，加强技术培训和继续教育工作。

（三）科技保障

支持开展动物疫病科学研究，推广先进实用的科研成果，提高动物疫病防治的科学化水平。加强兽医研究机构、高等院校和企业资源集成融合，充分利用本市动物防疫专家委员会、专业实验室、大专院校兽医实验室以及大中型企业实验室的科技资源，积极攻克制约动物疫病防治的关键技术。深入推进动物疫病流行病学调查工作，建立科学有效的动物疫病流行病学调查工作规范，加强诊断技术的研究和储备，引导和支持科技创新，不断提高诊断技术水平。开展科技攻关，支持布鲁氏菌病等疫病防治疫苗和药物的研发和试验示范。

（四）条件保障

市、区县政府要将动物疫病防治纳入本级经济和社会发展规划及年度计划，将动物疫病监测、预防、控制、扑灭、动物产品有毒有害物质残留检测管理等工作所需经费纳入本级财政预算，实行统一管理。加强经费使用管理，保障公益性事业经费支出，保证人员经费和日常运转费用。加强动物防疫基础设施建设，完成北京市动物防疫体系建设规划项目，健全完善动物疫病预防控制、动物卫生监督执法、兽药和残留监控等基础设施和设备条件。畜禽养殖、屠宰加工企业要做好自身防疫资金保障，落实防疫主体责任。

七、组织实施

（一）落实动物防疫责任制

市、区县政府要切实加强组织领导，做好本规划的组织实施和监督检查。本规划已设定的动物疫病防治约束性指标，应纳入全市动物防疫工作责任制考核指标体系，适时开展实施效果评估，对做出成绩和贡献的单位和个人给予表彰。

（二）进一步明确部门职责

兽医主管部门要会同有关部门提出本规划实施

所需的具体措施、经费计划、防疫物资供应计划和考核评估标准，监督实施免疫接种、疫病监测、检疫检验，指导隔离、封锁、扑杀、消毒、无害化处理等各项措施的实施，组织开展动物卫生监督检查，打击各种违法行为。发展改革部门要根据本规划，在充分整合利用现有资源的基础上，加强动物防疫基础设施建设。财政部门要根据本规划和相关规定加强财政投入和经费管理。出入境检验检疫机构要加强入境动物及其产品的检疫。卫生部门要加强人畜共患病人间疫情防治工作，及时通报疫情和防治工作进展。园林绿化部门要按照职责分工做好陆生野生动物疫源疫病的监测工作。公安部门要加强疫区治安管理，协助做好突发疫情应急处理、强制扑杀和疫区封锁工作；落实《北京市养犬管理规定》，加强养犬登记管理和违规养犬行为查处。交通运输部门要优先安排紧急调用防疫物资的运输。军队和武警部队要做好自用动物防疫工作，同时加强军地之间协调配合与相互支持。

附件：1. 动物疫病防治重点区域布局（畜牧业产业带）

附件：2. 动物疫病防治重点区域布局（观赏动物养殖区）

附件：3. 动物疫病防治重点区域布局（马属动物活动区）

附件：4. 动物疫病防治重点区域布局（动物疫病传入高风险区）

附件 1

动物疫病防治重点区域布局

（畜牧业产业带）

序号	畜禽种类	区　域	区县数量	所在区县	防治任务
1	生猪	生猪产业带	6	房山、通州、顺义、大兴、昌平、平谷	加强口蹄疫、高致病性猪蓝耳病、猪瘟等生猪疫病防治，优先实施种猪场疫病净化
2	奶牛	京南奶牛产业带	4	房山、通州、顺义、大兴	加强口蹄疫、布鲁氏菌病和奶牛结核病等奶牛疫病防治，推进无特定病原场（群）认证制度
		京北奶牛产业带	4	昌平、怀柔、密云、延庆	
3	肉禽	环京西北肉禽产业带	6	门头沟、房山、平谷、怀柔、密云、延庆	加强高致病性禽流感、新城疫等禽类疫病防治，优先实施种禽场疫病净化，推进生物安全隔离区建设
4	蛋禽	京北蛋禽产业带	4	房山、怀柔、密云、延庆	
		京南蛋禽产业带	3	通州、大兴、平谷	

附件 2

动物疫病防治重点区域布局

（观赏动物养殖区）

序号	区　域	名　称	主要动物种类	所在区县	防治任务
1	公园（存在动物养殖区，例如有观赏用的野鸭聚集区）	世界公园	大象、鳄鱼	丰台	加强口蹄疫、高致病性禽流感、猪瘟、新城疫、布鲁氏菌病、结核杆菌病、马鼻疽、马传染性贫血的防治，重点防范输入性动物疫病
		北宫国家森林公园	白马鸡、蓝马鸡、红腹角雉、白冠长尾雉、红腹锦鸡、赤麻鸭、黑熊	丰台	
		延庆野鸭湖湿地公园	灰鹤、天鹅、大白鹭、灰雁、苍鹭、池鹭、赤麻鸭、绿头鸭、罗纹鸭	延庆	
2	动物园	北京动物园	兽类、禽类及两栖爬行动物约 460 种	西城	
		北京绿野晴川动物园有限公司	兽类、禽类及两栖爬行动物约 140 种	大兴	
		北京麋鹿生态实验中心	野马、麋鹿、梅花鹿、马鹿、丹顶鹤、绿头鸭等 30 余种	大兴	
		北京八达岭野生动物世界有限公司	虎、狮等动物 48 种	延庆	

附件 3

动物疫病防治重点区域布局

（马属动物活动区）

区　　域		数量（个）	存栏（匹）	所在区县	防治任务
马属动物重点活动区	马场	17	509	朝阳	加强马鼻疽、马传染性贫血等马属动物疫病的防控
		1	62	海淀	
		1	62	丰台	
		7	395	门头沟	
		1	30	房山	
		4	1 485	通州	
		5	167	顺义	
		1	33	大兴	
		9	248	昌平	
		3	183	延庆	
	旅游骑乘区（以乡镇为单位界定）	1	13	石景山	
		1	113	海淀	
		1	206	门头沟	
		7	85	房山	
		3	97	昌平	
		5	111	怀柔	
		3	41	密云	
		1	19	延庆	

附件 4

动物疫病防治重点区域布局

（动物疫病传入高风险区-1）

序号	区　　域	数量	所在区县	主要动物种类	防治任务
1	候鸟迁徙路上主要的河、湖、湿地等驻留或栖息地	5	东城区	水鸟及雀型目小鸟	实施定期监测、巡查和消毒等措施，加强输入性动物疫病防范
2		4	西城区		
3		5	朝阳区		
4		5	海淀区		
5		3	丰台区		
6		3	石景山区		
7		7	门头沟区		
8		4	房山区		
9		5	通州区		
10		7	顺义区		
11		4	大兴区		
12		12	昌平区		
13		5	平谷区		
14		5	怀柔区		
15		3	密云县		
16		9	延庆县		

动物疫病防治重点区域布局

（动物疫病传入高风险区-2）

序号	区　域	具体名称	所在区县	区县数量	防治任务
1	北京口岸	首都机场	顺义	1	实施定期监测、巡查和消毒等措施，加强输入性动物疫病防范
		北京西客站	丰台	1	
2	畜禽屠宰加工厂	生猪屠宰场	石景山、房山、通州、顺义、大兴、昌平、平谷、怀柔、密云、延庆	10	
		禽类屠宰场	房山、通州、顺义、大兴、昌平、平谷、怀柔、密云、延庆	9	
		牛、羊屠宰场	房山、通州、大兴	3	
3	动物隔离场	北京出入境检验检疫局动物隔离场	顺义	1	
4	与外埠畜禽养殖密集区邻近的区域	/	门头沟、房山、通州、大兴、昌平、怀柔、密云、延庆	8	
5	肉类集散地	大型批发市场	朝阳、海淀、丰台、房山、通州、顺义、怀柔、密云、延庆	9	
		大型经营性冷库	石景山、朝阳、海淀、丰台、门头沟、房山、通州、顺义、大兴、昌平、平谷、怀柔、密云	13	

北京市人民政府办公厅转发市新农办等部门关于加快推进本市建设征地补偿安置工作意见的通知

（2013 年 8 月 2 日）

各有关区、县人民政府，市政府各有关委、办、局：

经市政府同意，现将市新农办等部门制定的《关于加快推进本市建设征地补偿安置工作的意见》转发给你们，请结合实际认真贯彻执行。

关于加快推进本市建设征地补偿安置工的意见

市新农办　市公安局　市民政局　市财政局

市人办社保局　市国土局

建设征地补偿安置工作，是加快城市化进程、推进城乡发展一体化的客观要求，也是保障农民长远生计、维护社会稳定的重要内容。为切实维护被征地农村村民的合法权益，妥善解决历史遗留问题，促进首都经济社会协调健康发展，现结合本市实际，提出以下意见。

一、指导原则

1. 坚持法行政。本市行政区域内依法征用农民集体所有土地，要严格遵照《北京市建设征地补偿安置办法》（北京市人民政府令第 148 号，以下简称市政府 148 号令）进行补偿安置，市各相关部门、各有关区县政府及乡镇政府应当依法履行行政职责，不折不扣地贯彻落实。

2. 坚持区县主责。区县政府是建设征地补偿安置工作的责任主体，负责对本行政区域内的建设征地补偿安置工作实施监督管理。要加强组织协调，加大对乡镇政府和农村集体经济组织（或村民委员会）的督促指导力度。

3. **坚持部门配合**。市各相关部门要全力配合区县政府开展建设征地补偿安置工作，并对工作中遇到的问题给予帮助和指导。区县各相关部门要加强协作，及时办理建设征地补偿安置各项手续。

4. **坚持与时俱进**。在妥善处理历史遗留问题的同时，区县政府应认真分析工作中遇到的问题，总结经验，研究完善相关工作措施和办法。市各相关部门应进一步研究制定配套政策。

二、工作目标

各有关区县要积极采取措施，加强对本行政区域内征地补偿费的监督管理和清欠工作，督促征地单位及时、足额支付征地补偿费，切实保障被征地农村村民的农转非安置工作按期完成。

5. **避免增量**。2012 年 1 月 1 日以后批复（已领取）的征地农转非指标，全部作为新批征地农转非指标。其中：2012 年 1 月 1 日至 2013 年 6 月 30 日期间的批复（已领取）指标，在 2013 年年底前必须全部完成；2013 年 7 月 1 日以后的新批复指标，各有关区县应在接到征地批复 6 个月内办理完结相关手续，一律不得积压。

6. **消化存量**。到 2015 年年底前，各有关区县应将 2011 年年底前批复（已领取）的征地农转非应转未转指标全部落实，相应农村村民全部转为非农业户口，农转非劳动力全部纳入社会保障体系，超转人员全部由民政部门接收。

三、工作内容

7. **加快制定工作方案**。各有关区县要按照本意见确定的工作目标，以征地批复为依据，重点摸清历史遗留的应转未转指标情况，及时掌握和了解征地补偿费使用情况及现状，分析资金缺口产生的原因，明晰责任，研究追缴违规挪用、占用资金的办法和措施。在此基础上，结合现状，制定推进建设征地补偿安置工作方案，明确 2012 年 1 月 1 日后批复农转非指标的落实办法，提出解决 2012 年 1 月 1 日前历史遗留问题和农转非安置资金缺口的工作思路和具体措施。同时，进一步研究完善本区县征地补偿费使用和监督管理办法。

8. **灵活多样抓好落实**。各有关区县要督促、指导和监督相关农村集体经济组织，按照市政府 148 号令规定的时限和批复的征地农转非指标，尽快落实农转非人员名单。各区县应加强沟通交流，学习先进经验。在具体工作中，可以采取平均分配与抽签相结合的方式，即对超过一户一人的，每户先分配 1 个名额，其余名额采取抽签的办法；也可以采取积零凑整的办法统筹落实农转非人员；还可以采取按人口年龄由大到小排序的办法予以确定。

9. **加强农转非人员的就业安置和社会保障**。各有关区县要通过免费开展技能培训、完善就业服务、搭建就业平台、扩展就业渠道、奖励用人单位招录等综合措施，切实加强农转非劳动力的就业安置工作，认真做好农转非人员的社会保障工作，充分调动被征地农民转非积极性。

10. **依法保护转非人员合法权益**。各有关区县要结合实际，在落实和稳定农村土地承包经营权，开展拆迁补偿和集体经济产权制度改革工作中，进一步完善相关措施，对农转非人员应当享有的农村集体经济组织积累等合法集体资产权利，依法予以保护，解除农转非人员的后顾之忧。

四、加强组织领导

11. **建立工作机制**。各有关区县要成立推进建设征地补偿安置工作领导小组，由区县长任组长，主管区县长任副组长，国土、人力社保、民政、公安和农村工作部门为主要责任单位，发展改革、规划、法制、财政和审计等部门为成员单位，密切配合开展工作。各区县领导小组必须从主要责任单位中明确一个牵头单位，建立日常办事机构，统筹组织协调其他主责单位，形成紧密联系的工作机制，切实加大建设征地补偿安置工作落实力度。

12. **建立工作台账，严格实行销账制度**。各有关区县要按照工作目标，对本行政区域内农转非指标批复情况、完成情况、征地补偿费使用管理情况逐宗核实，建立专门台账，明确完成时限，严格实行销账制度，做到完成一宗销账一宗，确保农转非指标不遗漏、不积压。

13. **加强监督检查**。市各相关部门要定期对各有关区县建设征地补偿安置工作进展情况进行监督检查，并在全市范围内进行通报。

北京市社会主义新农村建设领导小组关于加快城乡发展一体化进程推进土地流转起来、资产经营起来、农民组织起来的意见

（2013年7月29日）

当前，本市“三农”发展已经进入了提升都市型现代农业发展水平、加快转变农村经济发展方式、缩小城乡差距、推进城乡一体化的关键阶段。面对这一新的战略机遇期，全面破除城乡二元结构，加快农业结构调整步伐，走新型城镇化道路，推动农民收入不断增长并加快融入城市进程，是当前和今后一个时期“三农”工作的战略选择。必须进一步解放思想，立足首都科学发展的全局，按照“两个率先”的总体要求，采取更加有力的措施推动体制机制创新，推动农村改革向纵深发展。

深化农村改革、调整生产关系，关键是要处理好农民与资源的关系，推动土地流转起来，促进集体土地节约集约利用和适度规模经营；处理好农民与积累的关系，把资产经营起来，发展壮大农村集体经济；处理好农民与市场的关系，把农民组织起来，构建新型农业生产经营体系（以下简称“新三起来”）。要充分认识到，全面推进“新三起来”，是加快转变农业农村经济发展方式的迫切需要，是实现农民持续增收的重要保障，是完善社会主义市场经济体制的核心内容，也是推进首都城乡发展一体化和新型城镇化的现实选择和必然要求。

为深入贯彻党的十八大和市第十一次党代会精神，全面推进“新三起来”工作，特提出如下意见。

一、围绕“土地流转起来”，完善农村土地经营体制机制，促进土地集约高效利用

1. 开展农村土地确权登记颁证工作。确权登记颁证是保障农民土地权益的基础性工作，必须统筹谋划，全面开展，稳步推进。抓紧制定农村土地承包经营权确权登记意见，在平谷区开展试点的基础上，今年扩大到各郊区县，力争用5年左右时间基本完成全市农村土地承包经营权确权登记颁证工作，所需经费纳入市、区（县）两级财政预算。继续推进集体土地所有权确权登记发证，积极推进集体建设用地确权登记发证工作。

2. 引导农村土地承包经营权有序流转。土地流转是实现都市型现代农业规模化发展、园区化建设、标准化生产的内在要求。坚持农村基本经营制度，按照依法自愿有偿原则，引导农村土地承包经营权、集体林地使用权有序流转，鼓励和支持承包土地、林地向专业大户、家庭农场（林场）、农民合作组织、龙头企业、集体林场流转，构建新型农业生产经营体系，发展多种形式的适度规模经营。结合农田基本建设、平原造林、山区沟域经济发展，鼓励和引导农民采取互利互换方式，实行农地适当集中连片耕作，解决承包地块细碎化问题。鼓励和支持有条件的乡镇积极培育家庭农场（林场），研究制定登记备案制度和扶持措施，年内启动试点工作。

3. 加强土地流转的服务与管理。进一步健全流转规则，明确操作办法，严格落实土地、林地流转合同签订、登记和备案制度。加强土地、林地流转服务平台和服务组织建设，增强政府引导，强化信息沟通、政策咨询、合同签订、价格评估等流转服务，提高土地、林地流转的公开透明度和市场化水平。加强土地、林地流转收益管理，确保流转收益及时足额兑现到农户。探索建立严格的耕地、林地租赁监管制度，从租地资格准入、经营风险控制、土地用途监管等环节，规范工商企业租赁、使用农村土地，防止搁置撂荒、低效利用、非农生产、违法建设、破坏生态。探索建立林权及林业要素交易市场、交易平台，制定交易规则和交易支持体系。完善农村土地承包经营纠纷调解仲裁体系，提高纠纷化解能力和水平。

4. 促进集体土地集约高效利用。推广大兴区西红门镇、海淀区东升镇等地镇级统筹、整合产业用地经验以及城乡结合部试点村建设的做法，支持和鼓励集体经济组织盘活闲置或低效使用的厂房、土地，实施“腾笼换鸟”，提高存量建设用地的利

用效率。鼓励区县探索建立集体建设用地高效能管理新机制，研究制定推进集体建设用地集约利用的试点办法，促进产业升级。在中关村一区多园等重点产业园区、重点小城镇、重点规划沟域等地区，对权属清晰、符合相关规划的现状集体经营性建设用地，探索采取租赁、作价入股、联营联建等方式，发展适宜区域功能定位的二、三产业。在符合城市规划和相关政策的前提下，鼓励农村集体经济组织利用集体建设用地，以自主开发、合资合作等方式，建设与城镇功能定位、市场需求相一致的集体产业项目。对处于城市规划产业用地范围内的现状集体土地，农村集体经济组织可自征自用，用于产业发展，安置农民就业，但自征自用土地不得转让。稳步开展利用集体建设用地建设租赁住房试点，强化用途管制，完善政策措施，确保试点工作健康发展。

5. **进一步完善农村宅基地制度。**采取疏堵结合的方式，妥善解决农村宅基地问题。鼓励有条件的区县逐步将住房困难的农民纳入保障性住房体系，探索在条件具备的小城镇或新型农村社区规划建设安置房，缓解农村住房矛盾。支持和鼓励区县、乡镇采取多种方式，探索解决“空心村”问题。在总结朝阳区高碑店等村自主改造的经验基础上，鼓励条件具备的村庄利用政策进行自主改造。

二、围绕“资产经营起来”，发展壮大农村集体经济，促进农民持续增收

1. **深化农村集体经济产权制度改革。**积极推进农村股份合作经济发展，不断提高集体经济经营效益，使农民从集体经济中分享更多收益。探索将农村土地、林地、林木、水面等资源纳入集体经济产权制度改革的途径和办法，建立健全权属清晰、权能完整、流转顺畅、保护严格的农村集体经济产权制度。积极探索乡镇级集体经济产权制度改革，进一步明确改革的重点任务和推进措施。完善新型农村集体经济组织法人治理结构，健全股东大会、股东代表大会、董事会、监事会等制度，形成所有权、决策权、经营权、监督权相互制衡的运行机制。提倡董事会成员、监事会成员与村“两委”班子成员、村务监督委员会成员交叉任职，董事长由村党支部书记兼任，但要严格按照有关规定和民主程序进行。完善新型集体经济组织登记办法，明确新型集体经济组织的法人地位。

2. **创新农村集体资产经营机制。**鼓励和支持新型集体经济组织利用资金、资产和资源，以入股、合作、租赁、专业承包等形式，开展多形式、多途径的经营。探索引进职业经理人、产权交易经营等新机制，提升集体资产运营管理水平，实现资产保值增值。总结和推广门头沟区农村集体资产信托化经营的经验，积极稳妥地推进试点建设，实现农村集体“三资”的专业化经营和市场化运作。发挥规模经营管理优势，探索推进乡镇统筹、联村联营的新路径。完善专业性森林资产评估和担保机构，积极推进集体林权抵押贷款。探索建立政策性森林保险制度。探索开展农业与水务设施设备、确权登记后的土地承包经营权、房屋、依法取得的集体经营性建设用地使用权抵押贷款的有效途径。充分发挥农村产权交易平台作用，加快完善全市农村产权交易服务网络，全面建立公开竞价的市场化资产处置机制，促进资产交易公开透明、价格公平合理。

3. **规范集体经济收益分配机制。**按照集体经济实力和收益水平，妥善处理积累与分配的关系。引导农村集体经济由福利分配为主，逐步向按股分红为主的分配方式转变。集体经济实力较强的村，要逐步提高现金分红水平，切实保障集体经济组织成员的收益分配权。集体经济发展薄弱的村，要加强经营管理，充分利用集体资源发展壮大经济实力，为实现按股分红创造条件。要持续加大农村公共事业的投入，探索逐步剥离农村集体经济组织承担的社会职能，把新型集体经济组织培育为真正的市场主体。

4. **强化集体“三资”管理。**健全农村集体收入管理、开支审批、资产台账和资源登记等制度，严格农村集体资产承包、租赁、处置和资源开发利用的民主程序，全面推进农村集体“三资”管理制度化、规范化、信息化建设。规范农村会计委托代理制度，定期进行财务公开。相关部门要切实加强监管，对财务预决算、资金使用和收益分配等进行定期审计，对村干部经济责任、离任、村级资产与资源发包、运营和处置等进行专项审计，发挥好村务监督委员会等各类监督组织的作用。

三、围绕“农民组织起来”，创新农业经营体制机制，提高农民组织化程度

1. 着力提升基层党组织引领发展的能力。充分发挥基层党组织领导核心作用，加强对各种强农惠农政策、资源要素和社会力量的统筹，年内启动百家单位帮扶百村、百家企业对接百村、百家示范社联合百村等工程。深化党员干部“双争双带”活动，鼓励和支持致富能力强的党员干部争当实用人才、带头创业致富，引导有帮带能力的党员干部争当服务标兵、带领群众致富。健全村党组织领导的充满活力的村民自治机制，创新和完善基层群众自治组织职能，充分调动广大农民参与基层社会管理的积极性、主动性和创造性。

2. 发挥集体经济组织服务优势。增强集体组织服务功能，是完善统分结合双层经营体制的重要内容。要充分发挥乡镇、村集体经济组织在“三农”工作中的动员、管理和组织服务优势，鼓励集体经济组织开展农田及水务建设、发展林下经济、领办专业合作社、成立专业化服务队，为农户提供社会化服务，解决一家一户办不好、办不了的事情。

3. 大力扶持新型农民合作组织发展。围绕发展的质量和水平，加强农民专业合作社规范化建设，建立健全各项内部管理制度，切实做到民主办社、民主管理。抓好示范社建设，鼓励合作社以产品和产业为纽带发展联合社，切实提高引领带动能力和市场竞争能力。积极探索发展乡（镇）村统筹、村间联合等多种形式的农民股份合作社。支持合作社兴办农产品加工、流通企业，开展农产品连锁经营，鼓励合作社承担各级政府投资的农业综合开发、绿化造林、农业产业化、农业科技等建设项目。鼓励龙头企业采取出资领办合作社等形式，与农民建立紧密型利益联结机制，使农民合理分享农产品加工、流通增值收益。积极发展农村社区股份合作社、土地股份合作社，规范合作社开展信用合作。加强合作社服务平台建设，继续为示范合作社配备大学生村官担任理事长助理。

4. 加强农民就业和农村社会管理。加快完善城乡统一的就业政策体系，积极推进农村劳动力转移就业管理制度与就业失业管理制度并轨，推动农民向二、三产业转移就业。加大对农村经济薄弱地区和低收入村产业帮扶和对口帮扶力度，大力促进绿色就业。关注土地流转、拆迁上楼、农转非等人员的就业与社会保障问题，加大对无外出就业条件和能力人员的帮扶力度。健全村庄社区化服务管理体系，培育农村服务性、公益性、互助性社会组织，积极支持各类服务组织开展专业化、社会化服务。加强农村经营管理人才培养与引进，着力开展专业大户、家庭农场（林场）经营者和合作社带头人等农村实用人才培训，强化提高农村基层组织负责人、财务管理人员的能力。

四、加强组织领导，完善保障措施

各级党委和政府要充分认识开展“新三起来”工作的重要性和紧迫性，切实加强组织领导，由市社会主义新农村建设领导小组综合办公室牵头，会同市各有关部门加强工作指导，积极协调解决工作中遇到的困难和问题。各郊区县作为推动本地区农村改革的责任主体，要把这项工作列入重要议事日程，加强具体的政策研究、组织发动和工作统筹，加强分类指导，严把关键环节，确保改革工作有序推进。各有关部门对协同推进农村改革负有重要责任，结合新形势、新任务和新要求，要研究配套跟进的政策，确实推动制度和体制机制创新。各乡镇、村要结合实际，敢于碰硬，勇于探索创新，多形式、多途径推进改革和各项工作落实。

“新三起来”是一项复杂的系统工程，必须从郊区的发展阶段和各地区的实际情况出发，把握工作节奏，先易后难，积极稳妥推进，不搞“一刀切”，不搞简单机械模仿。各郊区县、各有关部门要切实转变职能，简政放权，优化服务环境，更多地发挥市场和社会组织作用，进一步激发各类市场主体创造活力，增强农村经济发展内生动力。要创新和改善政府管理，坚持群众路线，尊重基层创造，加强调查研究，抓紧制定一批推动具体工作的实施细则和配套办法。要注重政策前后衔接，严格依法依规办事，维护好地区和谐稳定。要认真总结、宣传和推广“新三起来”的试点经验和创新举措，把这项工作成效作为新农村建设考核奖励的重要内容，切实为农村改革营造良好的社会环境和舆论氛围。要进一步加强“221信息平台”等各类服务平台和服务体系建设，促进信息开放共享，推动社会化、专业化服务发展。要全面加强农村改革培

训工作，对区县、乡镇的领导和相关工作人员重点进行相关政策与业务培训，提高其指导基层改革的能力和水平。

市、区县要继续加大财政投入，充分发挥财政资金对信贷资金的撬动作用，进一步完善以风险代偿、费用补贴、贷款贴息、信息服务等为主要内容的政策支持体系。鼓励各级金融机构积极提供金融服务，创新金融产品，切实加大对各类农村经济经营主体的信贷支持力度。进一步完善以政策性农业保险为核心的农业农村风险管理体系，扩大覆盖面，提高保障程度。鼓励区县及保险公司探索区域特色农业保险、休闲农业保险、农房保险等新的保险产品。研究落实新型集体经济组织和新型农业经营主体的相关税费优惠政策。

北京市社会主义新农村建设领导小组关于《北京都市型现代农业基础建设及综合开发规划（2013—2017年）》的通知

（2013年8月13日）

郊区各区县委、政府，市新农村建设领导小组各成员单位：

为深入贯彻落实党的十八大和市委十一次党代会精神，提高农业综合生产能力，市农委、市农业局会同市发展改革委、市财政局、市国土局、市水务局、市园林绿化局编制了《北京都市型现代农业基础建设及综合开发二期规划（2013—2017年）》，并经市政府同意，现予印发，请结合实际贯彻执行。

北京都市型现代农业基础建设及综合开发二期规划

（2013—2017年）

前　言

根据《北京市“十二五”时期都市型现代农业发展规划》，为切实提高首都农业的综合生产能力、优质鲜活安全农产品保障能力、生态景观服务能力，结合国务院《关于全国土地整治规划（2011—2015年）的批复》和《北京市人民政府办公厅关于开展高标准基本农田建设的意见》，特编制《北京都市型现代农业基础建设及综合开发二期规划（2013—2017年）》。

本规划时限为2013—2017年，建设规模112万亩，投资估算58.27亿元，重点实施五大工程十六项主要措施。五大工程分别为以配水节水为中心的农田水利改善工程、以质量提升为中心的农田地力培肥工程、以改善环境质量为中心的田园清洁循环工程、以提高基础设施条件为中心的沟路林渠配套工程和以提升农田生态景观服务能力为中心的优美农田建设工程。十六项主要措施分别为高效节水灌溉工程，农业用水计量管理工程，推广有机肥、配方肥或缓释肥，玉米秸秆还田，土壤深松，生物防治，植保专业化防治队建设，农业废弃物循环利用，土地平整，道路建设，林网修缮，田间排涝，环境整治，生态美化，万亩高标准农田和景观建设核心示范区，综合效果监测与评价。通过建设，使规划区域基本形成设施完善、稳产高效、生态良好、景观优美的优势产业田、优良生态田和优美景观田。

为确保各项工程顺利实施，本规划由市新农村建设领导小组直接领导，综合办公室统筹协调。成立市区两级项目办公室，具体负责组织落实。项目所在区县人民政府依据规划负责制定年度计划、实施方案并组织实施。市相关部门依据相关管理办法、本规划建设标准、投资标准，做好立项、审批、监督、验收等工作。严格实行联席会议制度、审计制、招投标制、监理制等制度。

一、规划背景

（一）一期规划实施主要成效

2009年6月1日，北京市人民政府正式审议通过《北京都市型现代农业基础建设及综合开发规划（2009—2012年）》（以下简称“一期规划”）并启动实施。四年共计实施113.70万亩，累计实施273.16万亩，投入资金32亿元。通过以配水节水为中心的农田水利改善工程、以质量提升为中心的农田培肥工程、以改善环境质量为中心的田园清洁循环工程、以农田景观建设为中心的沟路林渠配套工程四项工程12项主要措施的实施，取得明显成效。

一是农业基础条件明显改善。通过农田水利改善工程，新增节水灌溉面积64.3万亩，新打及更新改造机井5 000多眼，配套建设井房3 300间，埋设输配水管网2.2万公里，农田灌溉水源得到改善和提升，部分地区实现了节水计量智能化灌溉；在沟路林渠配套工程中共计修建田间路1 100公里，林网补植树木42万株，修建桥涵5 000多座、开挖排水渠460公里，田间道路与排涝系统得到明显提升，农田景观得到明显改善，形成了田成方、林成网、渠相通、路相连、人与自然和谐的田园风光。特别是2012年面对60年一遇的“7·21”特大自然灾害，项目区基本没有形成大的涝灾和产量损失。

二是耕地质量有所提升。通过农田培肥工程，累计施用有机肥136.58万吨、配方肥13.658万吨，实施玉米秸秆还田165.79万亩，实施土壤深松65.65万亩。项目区耕地土壤有机质由2008年的16.37克/千克提高到18.97克/千克，耕地肥力逐年提高。通过1 200个耕地环境质量点监测，基本摸清了项目区内农田环境质量的“底数”，为农业生产及农产品质量安全提供了有力支撑。

三是综合生产能力显著增强。通过一期规划的实施，有效促进了产业发展，农业增效，农民增收。据抽样监测统计，项目区粮食增产8%，蔬菜增产10%。项目带动了全市农业生产，在全市粮田面积持续减少的情况下，粮食总产稳定在10亿千克以上，2012年全市小麦平均单产突破350千克，位居全国第六位。项目区已成为北京市重要的“菜篮子”与粮食生产基地。

四是有效转变农业生产方式。工程建设节水、节肥与节药效果明显，促进了“绿色北京”建设与循环农业发展。项目区农田灌溉水有效利用系数从0.67提高到0.69，位居全国第二，实现了粮田节水20%以上，设施节水40%以上；每亩节约化肥30千克，累计减少化肥投入8.2万吨；引进、配备植保大中型专业设备7 230台套，累计生产、释放松毛虫赤眼蜂600多亿头，植保专业防治队建设使全市农作物病虫害专业化统防统治面积比2009年提高9倍，提升了植保社会化、专业化统防统治服务能力；全市化学农药使用量从2009年的1 816.3吨降至2012年的1 380吨，下降30.8%；农作物病虫害绿色防控面积从2008年的119万亩次增加到2012年的258万亩次。累计回收农药包装废弃物4 100多万个（共285吨），京郊120万亩农田基本实现了清洁生产。

五是建立了项目区基本农田信息数字化管理系统。按照建设进度，对项目区基本农田的自然属性、社会属性、农业属性数据进行收集、加工和处理。建立了完整的农田信息数据库，具备了查询、分析、统计等功能，既实现了项目信息化管理，也为我市基本农田信息化管理搭建了基础平台。

六是探索了部门联动工作机制。一期规划整合了农业综合开发项目资金16.38亿元、农田水利建设资金12亿元和基本农田整理资金2.87亿元。市农委、市农业局负责组织农田培肥与田园清洁工程，市财政局负责沟路林渠配套工程，市发展改革委和市水务局负责农田水利改善工程，市国土局负责基本农田整理项目区的农田培肥与田园清洁两项工程。项目区县政府组织集中建设。市区项目办组织项目区县制定年度计划，开展监督检查与工程综合验收。在整体设计与工程实施过程中有效发挥并很好地践行了“部门联动”工作机制。

（二）二期规划必要性

党的十八大明确提出加快发展现代农业，推进“四化同步”；进一步优化国土空间开发格局，严守耕地保护红线，给农业留下更多农田等要求。2013年中央农村工作会议再次明确要求进一步加大耕地质量建设与保护力度，大力开展高标准农田建设。

北京建设都市型现代农业，对城市可持续发展和中国特色世界城市建设具有不可或缺和替代的作用，是首都鲜活安全农产品和应急农产品保障的基础，是首都生态环境及宜居城市的基本保障，也是首都生态屏障和生产性绿色空间。农田植物覆盖可有效吸收并抑制空气浮尘，对于改善首都生态环境，提高空气质量有着重要的作用。农田景观可为市民带来视觉审美享受与精神产品，是首都大环境的重要组成部分。随着北京经济社会不断发展和城市不断扩张，耕地数量减少趋势不可逆转，因此，提高耕地质量，改善农田基础条件，加大高标准农田建设，不断提高农业综合生产能力和农田生态景观服务能力，对于都市型现代农业和首都可持续发展以及中国特色世界城市建设具有重要意义。

根据国务院批复，本市到2020年应保有耕地320万亩和基本农田280万亩。一期规划已完成113万亩农田的建设任务，还有200多万亩耕地和160多万亩基本农田仍需建设。因此，编制《北京都市型现代农业基础建设及综合开发二期规划(2013—2017年)》，继续并加大对剩余耕地和基本农田综合建设力度是十分必要的。

一期规划的实施为二期规划提供了宝贵的经验，同时，二期规划针对一期规划实施中存在的问题进行了部分调整。一是新增优美农田建设工程，通过农田环境治理、农田生态美化和万亩核心示范区建设，进一步提升农田生态景观服务能力和综合建设效果；二是适当提高生物防治、秸秆还田、土壤深松和农药包装废弃物回收处理的补贴标准；三是进一步强化市、区县项目办公室职能，严格责任制、审计制、招投标制、监理制、合同管理制及奖惩制度等项目管理制度，以确保规划有效实施。

二、指导思想、建设原则与目标

（一）指导思想

以建设优势产业田、优良生态田和优美景观田，提高农业综合生产能力、优质鲜活安全农产品保障能力和生态景观服务能力为目标，紧密围绕112万亩高标准基本农田布局，整合农业综合开发、高标准农田建设和农业节水灌溉工程建设等项目，坚持部门联动，市、区互动，以区县为主体，组织实施五项工程十六项主要措施，全力打造高标准基本农田，为都市型现代农业可持续发展与中国特色世界城市建设提供有力支撑和保障。

（二）建设原则

1. 合理布局、科学确定建设区域。在已划定的320万亩耕地和280万亩基本农田区域，紧紧围绕“十二五”时期本市112万亩高标准基本农田建设范围，科学合理确定建设区域，以未来农业生产区域、农业生态廊道、农业科技城及农业科技园区为建设重点，尽可能避开平原造林和重大建设工程占地等区域。原则上百万亩造林区不纳入建设区域，建设区域不纳入百万亩造林计划，不与一期规划建设区域重合。

2. 统一规划、集中建设、分步实施。依据本规划，各区县科学合理确定建设区域，按照集中连片、填平补齐的原则编制年度建设计划和具体实施方案。各项工程和具体措施分步集中实施在同一区域，建一块、成一块，发挥集成综合效应。

3. 部门联动、区县主体、各负其责。进一步强化“部门联动、政策集成、资源整合、资金聚焦”的工作机制。市级各部门根据各自职能，实行从立项、审批、监管、验收全程负责制。区县政府为实施主体，强化市、区县两级项目办公室组织协调职能，严格招投标制、监理制、法人责任制、合同管理制等制度。建设过程中充分调动农民参与建设的积极性，引导农民自愿、自发、自主参与高标准基本农田建设工程。

4. 生产、生态与效益相融合。通过建设，进一步提高农业综合生产能力和生态景观服务能力，加大项目区专业化、规模化、组织化生产推进力度，全面提高土地产出率、劳动生产率，充分发挥农田生态景观价值，不断提高效率，增加农民收入。打造一批万亩高标准农田和景观示范区，使其成为全市优质安全农产品供给保障基地和生产性绿色空间。

（三）建设规模与目标

1. 建设规模与布局。按照“十二五”期间高标准农田建设要求，重点建设112万亩旱涝保收基本农田，其中顺义区19万亩，通州区22万亩，房山区15万亩，延庆县16万亩，大兴区16万亩，平谷区7万亩，密云县7.2万亩，怀柔区5万亩，昌平区4万亩，门头沟区、海淀区、丰台区、朝阳区各0.2万亩（见下表）。

农业基础建设及综合开发二期规划建设任务分解表　　单位：万亩

区县	顺义	通州	房山	延庆	大兴	平谷	密云	怀柔	昌平	门头沟	海淀	丰台	朝阳	合计
建设任务	19	22	15	16	16	7	7.2	5	4	0.2	0.2	0.2	0.2	112

根据相关部门各项工程建设计划和管理要求，各项工程分年度集中实施，确保各项措施落实在同一地块。其中，沟路林渠配套工程2012年30万亩，2013年28万亩，2014—2015年每年27万亩；农田水利改善工程2013—2017年每年10万亩；农田地力培肥工程、田园清洁循环工程和优美农田建设工程2013—2015年每年20万亩，2016—2017年每年25.7万亩；万亩高标准农田和景观建设核心示范区2013—2017年每年建设2个。

2. 建设目标。通过高标准建设、高水平管护、高效率利用，提高农田基础设施配套程度，增强抵御自然灾害能力，提高农业综合生产能力、安全农产品生产保障能力，提升农田生态景观服务能力，转变农业发展方式，增加农民收入，增强农村活力。工程区2017年农作物单产比2012年提高8.0%以上，产品质量进一步提升；灌溉水有效利用系数从0.67提高到0.70以上；土壤有机质提高2克/千克；农作物病虫害绿色防控覆盖率达60%以上；节水30%；节约化肥10%；节省化学农药30%；道路通达度高于90%，使农田成为设施完善、稳产高效、生态良好、景观优美的优势产业田、优良生态田和优美景观田，为首都可持续发展提供有力支撑。

三、建设内容

（一）农田水利改善工程

1. 建设内容。

高效节水灌溉工程。完成高效节水灌溉工程50万亩，主要包括水源工程、输配水工程和田间节水灌溉工程。水源工程重点开展灌溉机井的更新改造，水泵、输变电设备、井房等首部设施建设；输配水工程重点开展埋设输配水管网和附属设施建设；田间节水灌溉工程重点开展微灌、喷灌及低压管道输水灌溉的田间节水灌溉设施的建设。

农业用水计量管理工程。落实最严格的水资源管理制度，完成50万亩项目区机井计量管理设施的安装，重点开展计量控制设备、传输和管理设施的建设，实现农业用水先收费后使用、用水计量管理等功能。

2. 建设标准。在项目区实现水源计量化、输水管道化、田间高效化、产学研一体化和服务社会化的现代农业节水灌溉体系。其中农田灌溉保证率达到90%以上，农田灌溉水有效利用系数提高到0.70以上；机井首部设施配置标准化，井房机井样式统一化；输配水工程质量标准不低于15年；实现农业用水计量管理，先收费后使用、用水量分户自动计量、信息查询、统计分析和管理等功能。

（二）农田地力培肥工程

1. 建设内容。

推广有机肥、配方肥或缓释肥。施用符合标准的有机肥每年每亩500千克，以有机肥部分替代化肥，减少对化肥的依赖；农田施用符合标准的配方肥每年每亩50千克，提高肥料利用效率。五年累计施用符合标准的有机肥148.55万吨，配方肥或缓释肥14.855万吨。

玉米秸秆还田。推广应用玉米秸秆还田技术，利用作物残茬培肥地力，增加土壤有机质。五年实施178.3万亩。

土壤深松。推广应用土壤深松技术，提高土壤抗旱保墒能力。五年实施土壤深松66.84万亩。

综合效果监测与评价。进一步完善基本农田信息数字化管理系统；建立综合效果监测点300个，重点监测耕地质量（肥力和环境质量）、作物产量与效益、秸秆还田与土壤深松效果等；建立肥料质量监控机制，检测样品2 235个，保证工程用肥符合国家质量标准，开展第三方工程评估。

2. 建设标准。到2017年，项目区土壤有机质从2012年的15.5克/千克提高到17.5克/千克，节约化肥6千克/亩。还田玉米秸秆切碎长度不大于10厘米，切碎长度合格率不小于85%，残茬高度11厘米以下，田间秸秆、根茬粉碎后抛洒均匀，无堆积和条状堆积。土壤深松深度在25厘米以上，深松后要做到地面平整，土壤细碎率不小于70%；无漏耕，深松耕深稳定性在80%以上；农田达到上实下虚、抗旱保墒良好的待播状态。实现项目区基本农田信息数字化，保证补贴用肥质量，全方位监测工程实施效果，开展综合效果评价。

（三）田园清洁循环工程

1. 建设内容。

生物防治。根据不同的作物分别采用玉米"一封两杀"、小麦"一喷三防"、释放天敌、理化诱控、生物农药防治、物理隔离、土壤及棚室表面处理、微生物制剂土壤处理、免疫诱抗、种子包衣等技术，实施非化学防治技术与产品补贴，全面推进农作物病虫害绿色防控技术，提高农产品质量安全水平。实施农作物病虫害绿色防控技术补贴 111.4 万亩，五年累计 297.1 万亩，其中粮田补贴面积 178.3 万亩，果菜补贴面积 118.8 万亩。建设 1 个现代化生物防治中心和玉米螟赤眼蜂、拟长毛钝绥螨、巴氏钝绥螨、异色瓢虫 4 条天敌昆虫扩繁生产线，提高生物防治产品生产能力，完善生物防治技术服务体系，提升服务能力和水平。

植保专业化防治队。按照现代农业发展要求，在现有农机服务组织、种植大户与农民合作组织的基础上建立 50 支植保专业防治队，配备以自走式高秆作物喷雾机、自走式风送喷雾机、大中型悬挂式喷杆喷雾机、自控臭氧消毒常温烟雾施药机、远程微量机动喷雾器及遥控施药飞机等为主的先进、高效植保器械，提高病虫害防控水平；建立连点成网的跨区作业服务机制，探索植保专业防治队持续发展的有效运行机制。

农业废弃物循环利用。推广应用农业废弃物无害化处理及循环利用技术，建设适用型农业废弃物循环利用技术应用试点 100 个。通过配备可移动式粉碎揉丝机和微生物菌剂补贴，鼓励和引导规模化生产园区，开展农业废弃物无害化处理及循环利用；探索农业废弃物循环利用管理模式，对一期规划中已建的 53 个农业废弃物循环利用示范点实施运维补贴，保障其连续有效运行；设立农药包装废弃物回收点，探索和完善回收模式；实行农药包装废弃物分批次集中，实施无害化处理。

2. 建设标准。到 2017 年，项目区农作物病虫害绿色防控覆盖率达 60%以上，每亩减少化学农药用量 30%；寄生性天敌年产达 300 亿头以上，捕食性天敌年产达 100 亿头以上；主要作物病虫害专业化统防统治覆盖率提高到 40%以上；项目区内无废弃的农药包装物；农业废弃物示范点年处理能力不少于 2 000 吨；农业废弃物循环利用技术试点满足不低于 100 亩规模化园区农业废弃物处理的需求。

（四）沟路林渠配套工程

1. 建设内容。

土地平整。实施 112 万亩耕作田块集中，地面平整。田块规格和平整度能满足农业机械化生产要求。

道路建设。完成 112 万亩田间道、生产作业路建设修缮和景观绿化，构建便捷高效的田间道路网络。

林网修缮。对现有农田防护林残缺、断带进行修补，新建道路林网的栽植，完善农田生态植被网络，提高农田植被生态景观服务功能。

田间排涝。结合土地整理工程，完成 60 万亩田间排水沟渠建设，确保农田及时排涝。

2. 建设标准。提高田间基础设施配套程度，改善农业生产条件，增强抵御自然灾害能力和提高粮食生产保障能力。土壤耕作层厚度达 25 厘米以上，有效土层厚度达 50 厘米以上；田块之间，田块与居民点之间保持便捷的交通联系，满足农业机械化作业、安全生产、方便生活的需要；道路通达度不低于 90%。建成田成方、林成网、渠相连、路相通、旱能灌、涝能排的高标准基本农田。

（五）优美农田建设工程

1. 建设内容。

环境整治。对 111.4 万亩农田及其周边生活、建筑和农业生产垃圾（包括废弃农膜）进行清理。重点示范区内，开展村集体或农户为主体的农田管护示范，探索农田环境治理及农田生态管护制度。

生态美化。在沟路林渠建设基础上，实施灌草结合护坡工程，对农田边角、设施周边等区域裸露地进行绿色覆盖，通过绿化提升控制扬尘和景观服务能力。重点区域建造 5 个缓冲带，探索生态农业理念，开展生物多样性综合技术示范。

万亩高标准农田和景观建设核心示范区。按照农业多功能要求，结合现代农业科技城和农业科技园区，建设 10 个万亩高标准农田核心示范区。促进农业规模化经营、机械化作业、标准化建设和社会化服务，加大栽培、植保、土肥、气象等技术服务，达到高产、优质、高效、安全的目标。践行自然、生态的理念，打造优美农田景观，通过农作物主题景观营造、田间游览路线设计以及田间道路沿途点缀（布置休憩亭台、观景步道、景观小品、科普标牌等）等措施探索农业公园建设途径和方式。

2. 建设标准。农田及其周边环境整洁、景观优美，主要道路、沟渠两侧护坡植物长势良好，具有良好的扬尘控制能力。重点示范区展示生物多样性与生态农业新技术，重点区域达到有地可游、有空可憩、有景可赏、有丰富自然知识可学的优美田园风光。万亩核心示范区实现高产、优质、高效、安全、优美的目标。

四、投资标准与估算

根据抽样调查，112万亩基本农田建设区域农田水利约45％需要新建或更新，其他各项工程依据本规划建设标准和投资标准估算。实际投资以市各部门批准的各区县年度建设预算为准。

估算规划总投资58.27亿元，平均亩投资5 202.68元。其中，农田水利改善工程9.60亿元，占总投资的16.5％；农田地力培肥工程9.84亿元，占总投资的16.9％；田园清洁循环工程3.41亿元，占总投资的5.9％；沟路林渠配套工程31.0亿元，占总投资的53.2％；优美农田建设工程4.42亿元，占总投资的7.6％。

（一）农田水利改善工程

1. 投资标准。

高效节水灌溉工程：其中，大田1 600元/亩；设施2 200元/亩。

农业用水计量管理工程：80元/亩。

2. 投资估算。投资估算9.60亿元。其中，高效节水灌溉工程9.20亿元；农业用水计量管理工程4 000万元。

（二）农田地力培肥工程

1. 投资标准。

（1）推广有机肥、配方肥或缓释肥：

有机肥补贴：240元/（亩·年）（按80％补贴）。

配方肥（缓释肥）补贴：50元/（亩·年）（按33％补贴）。

玉米秸秆还田：45元/（亩·年）（按50％补贴）。

土壤深松：40元/亩（按80％补贴）。

（2）综合效果监测与评价：

基本农田数字化系统建设：100万/年。

综合效果监测点：20 000元/点。

有机肥质量检测：2 070元/个。

配方肥质量检测：1 560元/个。

2. 投资估算。投资估算9.84亿元。其中，有机肥、配方肥补贴8.62亿元；玉米秸秆还田8 021.7万元；土壤深松2 673.6万元；综合效果评价与肥料质量检测1 023.37万元；基本农田数字化系统建设500万元。

（三）田园清洁循环工程

1. 投资标准。

（1）生物防治补贴：

粮田补贴：24元/（亩·年）（按30％补贴）。

蔬菜果树补贴：150元/（亩·年）（按10％补贴）。

生物防治中心建设：1 600万元。

天敌产品生产线建设：3 200万元/4条。

植保专业化防治队：50万元/队。

（2）农业废弃物循环利用：

适用型农业废弃物循环利用技术应用试点：15万元/个。

已建农业废弃物循环利用试点运维补贴：10万元/（个·年）。

农药包装废弃物回收处理补贴：3.7元/(亩·年)。

2. 投资估算。投资估算3.41亿元。其中，粮田生防补贴4 278.24万元；果菜生防补贴1.78亿元；农药包装废弃物回收1 099.27万元；生防中心建设4 800万元；专业化防治队建设2 500万元；农业废弃物循环利用3 620万元。

（四）沟路林渠配套工程

1. 投资标准。

农田林路：2 500元/亩。

排涝工程：500元/亩。

2. 投资估算。投资估算31.0亿元。其中，农田林路28.0亿元；田间排涝3.0亿元。

（五）优美农田建设工程

1. 投资标准。

环境整治：40元/亩。

生态美化：200元/亩。

万亩高标准农田和景观建设核心示范区：1 000万/点。

2. 投资估算。投资估算4.42亿元。其中，环境整治与生态管护1.19亿元；生态美化2.23亿元；万亩高标准农田核心示范区建设1.0亿元。

五、效益分析

（一）经济效益

据初步测算，项目区四年可直接增加经济效益14.52亿元，其中：一是增产增效。规划实施后，项目区作物每亩单产提高80千克，产品按2.5元/千克计算，亩增收200元。二是节本节支。规划实施区每亩节水38立方米，每亩节肥20千克（纯养分），每亩节药30%。三是直接提高农民收入。通过项目实施，政府将肥料、农药等补贴给农民，粮农每亩可直接增加收入403元，果菜农每亩可直接增加收入465元。四是增加工资性收入。农民通过对项目区建设投入劳力，直接参与工程建设，每亩可获得工资收入300元。

（二）生态效益

通过本规划实施，将对提高耕地土壤碳汇功能，抑制农田浮尘，净化空气，降低PM2.5，增强农田纳污吐新的能力，控制农业面源污染，减轻地表水和地下水的硝酸盐污染和农药残留，保持土壤肥力与涵养水源，清洁田园，节约水资源，营造绿色景观与减轻城市热岛效应，维护生物多样性等方面，有着不可替代的生态作用。同时，对大力推进社会主义新农村建设，生态文明建设，努力建设美丽首都具有重要意义。

（三）社会效益

本规划实施后，农业基础设施将明显得到加强，抗御自然灾害的能力得到提升，为都市型现代农业发展提供良好的环境条件和物质基础。同时，将有效增加农村劳动力就业机会，提高农民工资性收入，实施年度内每年可增加收入2亿多元，有力地推动城乡一体化进程，对维护社会稳定具有重要意义。由于景观美化，将促进休闲观光产业的进一步发展，扩大旅游等二、三产业的收益，提高区域经济价值。通过规划实施，将全面提高北京市农产品质量安全，农业生产装备水平和农田信息管理程度，更加适应都市型现代农业的发展。

六、保障措施

为切实做好规划的各项工程建设，确保工程质量与成效，各级相关部门与各区县要加强领导，健全组织，明确目标与任务，各负其责，确保各项措施落实到位。要管好、用好项目资金，落实各项惠民政策，全面完成都市型现代农业基础建设及综合开发二期规划各项任务。

（一）组织保障

1. **加强领导，健全组织**。加强组织领导，市新农村建设领导小组为领导小组，市农委、市农业局、市发展改革委、市财政局、市国土局、市水务局、市园林绿化局为市级领导小组成员单位；工程实施区县政府成立由主管区县长为组长，相关委办局为成员单位的领导小组。

设立项目办公室，强化市区两级项目办公室职能。市级项目办公室设在市农业局，相关委办局为成员单位；区县项目办公室设在区县农委（或农业局），相关委办局为成员单位。市、区相关委办局应指定专人负责农业基础建设与综合开发工作。

2. **明确分工，各负其责**。市农委（市新农村建设领导小组综合办公室）为项目总牵头单位，负责统筹与协调工作。

市农业局负责规划、标准的编制，组织协调各部门落实年度任务、监督检查与组织项目综合验收等办公室日常工作。

市国土局负责对已建成的高标准基本农田年度建设范围报市项目办公室备案，负责高标准基本农田建设中纳入土地整治项目的立项、监管和验收等工作。

市财政局负责农田地力培肥工程、田园清洁循环工程、优美农田建设工程的立项、管理、监督检查与验收等工作。

市发展改革委负责农业节水灌溉工程的项目审批。

市水务局负责农田水利改善工程的任务落实、指导实施。

市园林绿化局负责提供2012—2015年期间百万亩平原造林年度建设面积与建设区域图。

项目实施区县政府为规划的责任主体，负责依据规划制定本区县年度计划和实施方案并组织实施。

区县项目办公室为项目组织协调主体，联合区县相关部门负责项目地块的落实，制定年度实施方案并上报市级相关部门审批；负责项目的日常管理与工程进度统计等工作。

3. **加强管理，确保质量**。在工程的整个建设过程中，相关部门要严格按照《北京都市型现代农业基础建设与综合开发实施管理办法》实施。各实施单位与各项工程严格按照相关管理办法和二期规划建设标准、投资标准组织实施。同时，严格执行审计制、招投标制、监理制、法人制、合同制管理，确保工程建设安全有序。

（二）资金保障

按照政策集成、资源整合、资金聚焦方式整合现有项目，形成合力。市国土局负责协调落实高标准农田建设中纳入土地整治项目资金的筹集与管理，市财政局负责农业综合开发资金的筹集与管理，市发展改革委负责农田水利建设部分资金的筹集与管理。市、区县两级财政应保障市、区县项目办公室及相关实施与支撑单位必要的工作经费，原则上每年每个单位不低于50万元，主要用于观摩交流、宣传培训、检查验收与评估等。工作经费按原渠道列入同级财政预算，确保项目单位与项目办公室工作顺利开展。

严格资金管理，不得以任何理由挤占、截留、挪用，不得改变资金规定使用用途。各项工程资金应根据项目实施程序与要求，实行转移支付、授权支付或报账制。

（三）管理保障

强化联席会议制。项目实行联席会议制度，市农委、市农业局、市发展改革委、市财政局、市国土局、市水务局、市园林绿化局等部门作为项目联席会议成员单位。各项目区县应建立相应的区县级联席会议制度。项目办公室根据项目实施情况提议召开联席会议。

建立项目责任制。规划工程实施责任制管理，层层签订责任书：市政府与各相关区县政府、各相关区县政府与项目乡镇、项目乡镇与项目村签订责任书明确各级责任，确定科学的量化指标，并进一步落实到户、到人。

加强层级培训制。市、区项目办公室，有关项目实施单位要切实加强培训工作，重点围绕对规划的解读、管理办法、建设标准与各项工程的运行程序开展层级培训。市项目办公室负责培训到项目区乡镇主管乡镇长，各有关区县项目办公室负责培训到项目区村负责人。同时积极组织开展相关专业技术培训。

建立验收评估制。相关区县政府要加大工程的建设与考核力度。年度任务完成后组织年度项目检查、验收等工作，区县项目办公室定期向市项目办提交各项工程进展情况、年度报告及验收报告，由市项目办组织对各项工程进行综合验收评估。

建立奖惩机制。本规划纳入区县政府绩效考核与新农村建设奖励范围，由市项目办公室牵头市级联席会议成员单位，每年根据各区县项目工程实施进度、质量、资金使用及成效进行综合评价。对工程进度快、质量高、资金到位及时、成效明显的项目实施区县，给予一定奖励。

北京市社会主义新农村建设领导小组综合办公室关于继续推进新农村“三起来”工程建设的实施意见

（2013年3月25日）

郊区各区县人民政府，市各相关单位：

2006年以来，市委、市政府科学推进“让农村亮起来”“让农户暖起来”“让农业资源循环起来”工程（简称“三起来”工程），全面完成了《北京市新农村建设“三起来”工程建设规划（2009—2012年）》（简称“三起来”规划）任务。为了促进北京郊区生态文明建设，提高农村节能减排和资源循环利用水平，让“三起来”工程惠及更多农民，市新农办决定启动新一轮“三起来”工程建设，现提出如下意见：

一、指导思想

全面贯彻党的十八大精神，以邓小平理论、“三个代表”重要思想、科学发展观为指导，按照经济、节能、环保、高效、利民的思路，优化农村能源结构，推广技术过关、经济实用的惠民工程，加强农村地区能源清洁利用，提高农村居民生活质量，实现清洁能源供应和消费多元化，推进城镇化和城乡基本公共服务均等化，加快实现新农村、新能源、新环境、新生活并永续发展。

二、工作目标

（一）总体目标

1. 整体推进“三起来”工程，建设清洁能源利用示范乡镇、示范村。

2. 优化农村用能结构，削减农村炊事和采暖用散煤，推进农村能源高效利用，推动农村地区清洁能源的供应和消费。

3. 建设抗震节能民居，鼓励农民新建、改建住宅使用节能环保建材，达到抗震节能要求。

4. 推广村级公共浴室（阳光浴室）建设。

5. 推进农村雨洪利用工程，提高农村用水循环利用水平，改善农村生态环境。

6. 加强运行管理，提高政府资金使用效率，大力推进管护机制创新。

（二）具体目标

到 2015 年

1. 郊区所有村内主街道、村委会办公场所、村内公共活动场所全部实现节能照明。

2. 累计太阳能、生物质能、沼气等农村可再生资源利用比重提高 5%以上。

3. 农村抗震节能民居农户比重达到 20%。

4. 新建百余个农村液化气服务网点，新建 20 座压缩天然气站，建设 20 个清洁能源利用示范镇、30 个清洁能源利用示范村。

5. 全面建立覆盖全市、遵循市场规律运行的农村建设和管护服务体系。

三、主要任务

（一）稳步推进“三起来”工程

1. 让农村“亮起来”工程。

（1）太阳能路灯。重点在市政供电网络难以覆盖（包括边远山区、农业观光园区、乡村旅游观光线路等区域）的地区推广应用，确保使用效果，能够承担后期管护任务。

（2）村内节能灯。包括：村委会办公场所、村内公共场所（如卫生室、邮电所、礼堂、会议室、培训教室等场所）、村内主要街道、新建主街道的照明全部应用节能光源。

（3）太阳能光伏发电站。重点在新型农村社区和都市型现代农业设施群中推广光伏发电站建设，能够进行有效维护和管理。

2. 让农民“暖起来”工程。

（1）村级公共浴室。按照“经济实用、依法合规、农民参与、节能减排”的原则，优先安排农民居住相对集中村庄建设公共浴室，充分考虑工程建设的经济性、可行性，确保正常运行。

（2）户用节能设备。鼓励农民改变传统用能方式，推广使用太阳能热水器、节能采暖炉具（生物质炉、型煤炉）、地源热泵等清洁能源，减少农村地区能源消耗和废气排放，对使用节能设备的农户，可以采取以奖代补的方式给予奖励。

（3）清洁燃料加工、配送。推广生物质、型煤等清洁燃料应用和消费，大力控制农村地区原煤散烧，组织好农村地区清洁燃料的加工和配送，对生产和配送清洁燃料的组织或企事业单位，给予资金扶持和奖励。

（4）抗震节能民居建设。农宅新建、翻建和抗震节能综合改造工程，按照市住房城乡建设委、市农委联合印发的年度《北京市农民住宅抗震节能工作实施方案》落实工作任务；农宅单项节能改造工程，由各区县自主安排。

3. 让农业资源“循环起来”工程。

（1）两气工程。重点推进“两气工程”一站多村扩建，完善现有气站的升级改造；新建工程要按照“条件成熟一个、发展一个”的原则，要结合农村新民居、山区搬迁、新型农村社区等大规模集中联供建设，加强运行管理和安全监管，推进市场化运行机制。

（2）雨洪利用工程。结合村庄环境整治和污水治理，按照“依法合规、因地制宜、实用有效”的原则组织工程建设，重点在村内原有坑塘、废弃沙坑、老河湾、低洼地等地点实施，提高农村资源利用水平。

（3）粪污治理。按照“减量化、资源化、无害化、生态化”的治理方针，重点对规模化养殖鸡场、猪场、牛场等粪污进行治理。

（二）着力推广“三起来”示范工程

1. 液化气服务网点。削减农村炊事和采暖用散煤，逐步推广平价液化气下乡，鼓励农户使用灌装液化气，重点在市政燃气管道难以覆盖和规划建设压缩天然气站的边远山区乡镇。三年内新建百余个农村液化气服务网点。

2. 压缩天然气站。推广压缩天然气技术的应用，重点在新型农村社区、大型中心村等地区建设压缩天然气站，也可以采取多村联供方式建设，三年内计划新建20座压缩天然气站。

3. 清洁能源利用示范村。鼓励农民使用清洁能源，以行政村的整体建设为重点，在新型农村社区、旅游民俗村、水源保护地等区域集中示范推动，大力推广太阳能、生物质能、地热能、风能，以及压缩天然气等清洁能源的综合利用技术，逐步完善清洁能源利用示范标准，力争三年内建设30个示范村。

4. 清洁能源利用示范乡镇。鼓励农村地区用能结构调整，以乡镇的整体建设为重点，逐步扩大市政天然气管道“进镇入户”、压缩天然气站“多村联供”和液化气服务网点的覆盖范围，三年内重点推动10个绿色燃气示范乡镇建设。

四、工作要求

1. 加强组织领导。坚持和完善“部门联动、政策集成、资金聚焦、资源整合”的工作机制，创新和探索城乡一体化的行政管理体制和社会管理、公共服务机制，逐步完善工程区域服务组织和市场化管理模式。鼓励区县、乡镇自主创新，丰富“三起来”工程内涵。

2. 强化经济实用。凡涉及农村公共服务设施和基础设施建设的工程，都要充分考虑其经济实用性和技术适应性，明确各项工程在本地区的适宜范围，确保长期运行、经济运行；凡涉及村内和农户院内的工程，要发挥农民主体地位，充分调动农民的积极性，广泛征求农民意见，可以参照“一事一议”的方法，经村民代表同意后予以实施。

3. 制定实施方案。市相关部门和各区县要加强领导，科学有序地指导和服务新一轮“三起来”工程，各区县要对照《北京市新农村建设“三起来”工程建设规划（2009—2012年）》实施效果、广大农民需求和自身财力等实际情况，认真编制本区县《新农村建设“三起来”工程建设规划（2013—2015年）》三年规划，报市新农办备案；各区县要制定详细工程方案，经市新农办审批后实施。

4. 加大投入力度。区县政府是新一轮“三起来”工程建设和投入的主体。要根据“三起来”工程年度计划任务数量和设施维护管理任务的标准，足额安排资金。市级划转的新农村“三起来”工程建设资金要专款专用，对应由区县、乡镇政府承担的经费要纳入同级财政预算，明确资金拨付渠道。

5. 加强长效管护。新一轮“三起来”工程，要按照《北京市人民政府关于加强农村基础设施维护和管理的意见》（京政发〔2011〕28号）要求，纳入本区县农村长效管护机制内进行有效维护、管护范围，并建立考核监管体系，依法进行资产登记和台账式管理，确保新建工程能够长效运行。

北京市社会主义新农村建设领导小组综合办公室关于新增36个市级新型农村社区试点的函

（2013年11月8日）

郊区各区县人民政府、市新农村建设领导小组各成员单位：

2013年以来，为贯彻落实《中共北京市委、北京市人民政府关于坚持改革创新深入推进城乡发展一体化的意见》（京发〔2013〕4号）、《北京市人民政府关于开展新型农村社区试点建设的意见》（京政发〔2011〕22号）和2013年北京市农村工作会议精神，郊区各区县政府认真开展新型农村社区试点建设工作，并积极组织申报新增市级试点。通过市新农办与市新型农村社区联席会成员单位对新增试点审查，经市新农村建设领导小组批准，现同意将36个试点列为市级新型农村社区试点（见附件）。

新型农村社区试点建设工作对于北京推进城镇化进程、加快城乡一体化发展具有重要意义。市相关部门和市新型社区联席会成员单位要充分发挥职能作用，进一步简化审批程序、明确报批手续、加快办理审批事项。各区县、试点所在乡镇和各试点社区要认真贯彻落实市委、市政府关于试点建设的文件精神和要求，加快推进原12个试点和新增的36个市级试点建设，做好以下相关工作。

第一，各个试点社区要坚持“产业为先、就业为本、保障为重、科学规划、群众自愿、节约用地、量力而行、传承文化、保护生态”。要坚持把产业发展放在首要位置，先理清产业发展思路，再进行社区建设，严禁在未理清产业发展思路的情况下急于建设新民居。要坚持把村民能就业、能增收作为根本目标，充分依靠产业的发展来带动农民就地转移就业，依托“土地流转起来、资产经营起来、农民组织起来”拓宽村民增收渠道。要千方百计推进村民保障工作，加大劳动力培训，加强村民就业服务，加快推进村民参加社会保险。要因地制宜地规划好社区，在符合上位规划前提下做到规划有特色。要充分尊重群众意愿、符合民主程序，禁止在建设过程中强迫群众、大拆大建。要严格执行土地管理等法律法规，集约、节约利用土地，确保耕地面积不减少。要把政府可控、群众能承受作为量力而行、尽力而为的基本标准，禁止大规模负债搞建设。要传承和保护好优秀的传统文化、村落符号，避免在建设中破坏村落历史、文化元素。要加强生态保护，禁止在建设过程中出现水土流失、生态破坏等现象。

第二，试点所在乡镇要高度重视，发挥乡镇统筹作用。要统筹做好试点社区的规划、建设和管理工作，建立健全管理体制。要统筹做好项目报批、资源整合、投融资机制、土地利用、建设模式选择和市场运作等方面的指导和服务工作，加快推进试点社区建设。

第三，各区县要强化责任主体意识，建立职责明确的领导体制和工作推动机制。要研究制定具体的实施办法，做到“政策上倾斜、资金上支持、项目上优先”，积极、稳妥地推进新型农村社区建设。要加强试点建设的财政支持力度，在实际工作中，可给予一定的财政投入用于试点建设，并整合各级财政资金优先投向新建新型农村社区，用于试点社区的基础设施和公共服务设施建设。区县相关部门要结合本单位实际制定支持新型农村社区建设的具体政策措施，明确专人负责。

市相关部门、各区县要按照“新三起来”的要求，在抓好市级新型农村社区试点建设的同时，可根据农民的意愿和本地的实际，加大创新力度，积极探索筹资渠道、土地流转、社会保障等方面的有效途径，加快新型城镇化和城乡一体发展步伐，为北京市率先实现城乡发展一体化新格局奠定坚实的基础。

附件：新增36个市级新型农村社区试点名单

附件

新增的36个市级新型农村社区试点名单

1. 房山区窦店镇窦店新型农村社区
2. 房山区周口店镇黄山店新型农村社区
3. 房山区大石窝镇下庄新型农村社区
4. 房山区大石窝镇半壁店新型农村社区
5. 房山区西潞街道“北三村”（詹庄村、安庄村、固村村）新型农村社区
6. 房山区大石窝镇南河新型农村社区
7. 房山区十渡镇八渡新型农村社区
8. 房山区良乡镇后石羊新型农村社区
9. 房山区石楼镇“盛夏新村”（夏村）新型农村社区
10. 房山区韩村河镇“龙门新村”（龙门口村、皇后台村）新型农村社区
11. 房山区河北镇檀木港新型农村社区
12. 房山区河北镇三福新型农村社区
13. 房山区长阳镇西场新型农村社区
14. 房山区拱辰街道南广阳城新型农村社区
15. 平谷区大兴庄镇白各庄新型农村社区
16. 平谷区平谷镇和平庄园（峪子峪村）新型农村社区
17. 平谷区王辛庄镇西古新型农村社区
18. 怀柔区九渡河镇团泉新型农村社区
19. 怀柔区杨宋镇仙台新型农村社区
20. 怀柔区宝山镇转年新型农村社区
21. 怀柔区汤河口镇庄户沟门新型农村社区
22. 怀柔区渤海镇长城国际文化村（北沟村、田仙峪村、辛营村、慕田峪村）新型农村社区

23. 通州区永乐店镇“和谐小镇”（应寺村、胡家村）新型农村社区

24. 门头沟区清水镇椴木沟新型农村社区

25. 门头沟区妙峰山镇水峪嘴新型农村社区

26. 门头沟区斋堂镇法城新型农村社区

27. 朝阳区黑庄户乡定辛庄村新型农村社区

28. 朝阳区金盏乡雷庄新型农村社区

29. 朝阳区管庄乡重兴寺新型农村社区

30. 延庆县八达岭镇石峡关（里炮村、石峡村、帮水峪村、外炮村）新型农村社区

31. 密云县十里堡镇潮白河（十里堡村、庄禾屯村、河漕村、程家庄村、王各庄村）新型农村社区

32. 顺义区马坡镇南陈路（良正卷村、庙卷村、衙门村、石家营村、毛家营村、姚店村、马卷村）新型农村社区

33. 大兴区庞各庄镇梨花村新型农村社区

34. 海淀区苏家坨镇车耳营新型农村社区

35. 海淀区苏家坨镇七王坟新型农村社区

36. 昌平区延寿镇沙岭新型农村社区

北京市农村工作委员会
关于确定 2013 年山区地质灾害易发区及
生存条件恶劣地区农民搬迁任务的函

（2013 年 1 月 14 日）

门头沟区、昌平区、延庆县、怀柔区、密云县、平谷区人民政府：

2013 年是山区新一轮搬迁工程实施的第一年。经审核，确定 2013 年山区地质灾害易发区及生存条件恶劣地区农民任务为 6 778 户 14 857 人，涉及门头沟区等 6 个山区区县的 29 个乡镇 77 个行政村（具体任务见附表）。此计划拟纳入北京市为市民办实事工程。请按照《北京市人民政府关于实施新一轮山区地质灾害易发区及生存条件恶劣地区农民搬迁工程的意见》（京政发〔2012〕28 号）精神要求，做好以下工作：

1. **强化区县的主体责任**。建立部门协调机制，按照年度计划制定实施细则和配套政策，真正做到搬迁范围、搬迁对象、搬迁方式、补助资金、规划用地、建设内容、建设标准、产业项目“八落实”，确保开好局、起好步。

2. **调动农民主体积极性**。经过两轮搬迁，目前剩余的未搬迁农户，一般都地处偏僻地区、农民年龄偏大、经济条件较差。要通过强有力的组织领导、政策引导、宣传动员、典型示范，调动农民自愿搬迁的积极性。

3. **破解资金、土地难题**。与过去相比，新一轮搬迁成本大幅增加。多渠道、多层次筹措所需资金。市级已提高了补贴标准，区县也要配套并提高补贴标准。加强统筹协调，妥善解决新村建设用地指标，积极争取市国土、规划部门的支持和指导。

4. **按进度推进工程**。年初做好前期工作，争取 4 月启动工程建设，11 月底前新建房屋主体工程完工，保障明年汛期前农民入住新居。搬迁工程年度任务一经下达，不得擅自变更。确需调整的，请尽快报市农委审批。

附件：2013 年山区地质灾害易发区及生存条件恶劣地区农民搬迁工程任务表

附件

**2013 年山区地质灾害易发区及
生存条件恶劣地区农民搬迁工程任务表**

单位：个、户、人

区县	乡镇	行政村	户数	人数
合计	29	77	6 778	14 857
门头沟	5	14	2 595	4 917
昌平	1	4	41	128
延庆	6	23	738	1 650
怀柔	6	14	1 754	3 784
密云	8	18	1 400	3 671
平谷	3	4	250	707

北京市农村工作委员会 北京市财政局 北京市农业局关于2013年北京市粮食直补和农资综合补贴政策实施意见

（2013年4月3日）

郊区各区县人民政府，市有关单位：

为贯彻落实中央有关精神，保护农民种粮积极性，提高粮食综合生产能力，结合北京都市型现代农业发展实际，提出2013年粮食直补和农资综合补贴政策意见：

一、补贴原则

1. 坚持普惠农民原则。粮食生产补贴政策是国家的一项重要的强农富农惠农政策，是市委、市政府促进农业发展的重要手段，要以促进农业增效和农民增收为宗旨，以提高种粮农民积极性为目标，加强补贴力度，确保种粮农民受益。

2. 坚持公开透明原则。粮食生产补贴工作要实现全程公开、透明，严格工作程序，确保政策执行程序规范，补贴资金按时、足额发放到农户手中。

3. 坚持只增不减原则。适应农业进入高投入、高成本、高风险发展时期的客观要求，加大粮食生产政策性补贴力度，完善种粮成本受益联动机制，农资综合补贴标准按照化肥、柴油等农资价格上涨变动进行动态调整，只增不减。

二、补贴范围

对本市郊区在确权耕地内种植小麦、玉米的种粮农户（含国有农场种粮职工），实行粮食直补和农资综合补贴。

三、补贴标准

1. 粮食直补。小麦为70元/亩，玉米为32元/亩。

2. 农资综合补贴。小麦为60元/亩、玉米为55元/亩；遇中央调整农资综合补贴政策，将随时上调补贴标准。

四、工作要求

1. 及时兑付。2013年，各郊区县应于4月20日和8月15日前将小麦、玉米的粮食直补和农资综合补贴数据上报市农业局，5月20日和9月15日前完成补贴资金兑付工作。

2. 规范程序。粮食直补和农资综合补贴坚持全程透明、公开，严格“农户自愿申请、村委会公示确认、镇乡政府审核、区县政府批准、市农业局备案”的工作程序。粮食直补工作必须严格按照《北京市粮食直补和农资综合补贴操作程序》的要求执行，不得减免环节、违规操作。

3. 明确责任。区县各级政府相关部门要严格按照《北京市粮食直补和农资综合补贴操作程序》确定的职责分工，加强对粮食直补和农资综合补贴政策的宣传力度，严格把关，禁止集体代领、严禁虚报冒领，对出现的问题要采取措施及时处理。

市农委、市财政局和市农业局组织有关部门，不定期对区县粮食直补和农资综合补贴工作落实情况进行督查，指导区县加强政策宣传、规范管理、完善档案，做好补贴政策指导工作。

附件：北京市粮食直补和农资综合补贴操作程序

附件

北京市粮食直补和农资综合补贴操作程序

为切实组织好粮食直补和农资综合补贴政策落实工作，确保补贴程序公开、透明，补贴资金尽快兑现到农民手中，保护、调动农民种粮积极性，结合本市农业生产实际，制定本程序。

一、资金的申请、确认、审核、批准与兑现

（一）农户自愿申请

粮食直补和农资综合补贴由农户自愿申请。本

市农户在确权耕地内种植小麦、玉米的，到村委会领取《北京市粮食直补农户申请表》（表1略），按照要求如实填写一式三份，在规定的时间内报村委会两份，本人留存一份。

1. **农户种植的**。由确权农户如实填写《北京市粮食直补农户申请表》（表1略），申请相关补贴资金。

2. **村集体种植的**。村集体在确权耕地内种植的小麦、玉米的粮食直补和农资综合补贴，由村委会制定具体的量化方案，召开村民代表会议通过，并张榜公示量化农户的姓名、面积、补贴资金等，公示期5天，公示内容须留档（复印件或影像资料）备查。村委会确认无疑义后，由确权农户如实填写《北京市粮食直补农户申请表》（表1略），申请相关补贴资金。

（二）村委会公示确认

村委会负责公示确认。村委会按照上级部门统一安排的时间要求，张榜公布粮食直补和农资综合补贴的农户姓名、补贴面积、补贴资金等，公示期为7天，公示内容须留档（复印件或影像资料）备查，接受群众监督。出现争议的由村委会负责协调解决。村委会确认无疑义后，填写《北京市粮食直补村级汇总确认表》（表2略）一式三份，按照上级部门确定的时限要求，报镇乡政府指定的农业主管部门两份，村委会存档一份；同时上报《北京市粮食直补农户申请表》（表1略）一套。

（三）镇乡政府审核

镇乡农业主管部门负责审核工作。镇乡农业主管部门逐村审核申报资料无误后，填写《北京市粮食直补镇（乡）级汇总审核表》（表3略）一式三份，按照上级部门确定的时限要求，报区县农委两份，镇乡农业主管部门存档一份；同时上报《北京市粮食直补村级汇总确认表》（表2略）一套。

（四）区县政府批准

区县农委逐镇乡核实申报资料无误后，填写《北京市粮食直补区（县）级认可汇总表》（表4略）一式三份，报区县政府批准；区县政府对上报的《北京市粮食直补区（县）级认可汇总表》（表4略）批复同意后，由区县农委送区县财政局一份，安排拨付补贴资金；同时，按照市级确定的时限要求报市农业局备案一份；本级部门存档一份。

（五）补贴资金兑现

区县农委根据区县政府的批复，对镇乡上报的《北京市粮食直补镇（乡）级汇总审核表》（表3略）进行批复。镇乡接到区县农委批复同意后，由镇乡财政所按照批复内容，拨付补贴资金到种粮农户账户。镇乡拨付资金后，应及时通知村委会，由村委会公告通知农户核对确认补贴资金。

粮食直补和农资综合补贴资金一律实行“一卡通”或“一折通”，补贴资金确保按时足额兑现到农民手中，禁止发放现金，禁止将补贴资金用于抵扣农民交费。

二、各部门职责分工

粮食直补和农资综合补贴工作实行属地管理。区（县）、镇、村三级负责粮食直补和农资综合补贴工作的组织实施，如遇群众疑义或反映问题，要及时做好政策解释工作；对于政策执行中出现的问题，要及时向上级有关部门报告。

市有关部门负责粮食直补和农资综合补贴政策执行的指导工作。其中，补贴面积的督查工作由市农委、市农业局负责，补贴资金监管督查工作由市财政局负责。

区县政府负责粮食直补和农资综合补贴的组织工作，要做好补贴政策的宣传引导，补贴对象、种类、资金结算的审核、监督和检查，确保补贴政策落到实处，禁止将补贴资金用于抵扣农民交费；镇乡政府负责粮食直补和农资综合补贴的审核工作，逐村审核申请资料，督促检查村委会严格执行申请程序；村委会负责粮食直补和农资综合补贴的申请、确认工作，做好公示、建档、留证等，接受群众的监督检查。

三、面积核算办法

1. 小麦、玉米平作按实际播种面积计算。

2. 小麦玉米套种视同小麦—玉米平作。

3. 小麦或玉米与其他作物间作的，小麦、玉米占地面积在80%以上（含80%）的享受粮食直补和农资综合补贴政策，占地面积不足80%的不享受粮食直补和农资综合补贴政策。

4. 种植面积填报以亩为单位，精确到小数点后1位。

5. 果林地间作小麦、玉米的不享受粮食直补和农资综合补贴政策。

北京市农村工作委员会　北京市财政局　北京市农业局关于2013年“菜篮子”工程生产建设工作的实施意见

（2013年4月28日）

郊区各区县人民政府：

为了贯彻落实《北京市人民政府关于统筹推进本市“菜篮子”系统工程建设保障市场供应和价格基本稳定的意见》（京政发〔2010〕37号）精神，提高本市“菜篮子”主要产品的自给率、控制率、合格率和应急保障能力，就2013年“菜篮子”生产建设工作提出如下实施意见：

一、工作思路

以科学发展观为指导，全面落实“菜篮子”工程区县负责制，围绕都市型现代农业“应急保障”定位和“安全农业”基本要求，深入开展“产量增加年、质量提升年”活动，转变发展方式、创新工作形式、探索推进模式，加快“菜篮子”向规模化布局、园区化建设、标准化生产发展，增强市场供给保障能力。

二、工作原则

1. 规划引导、区县主体的原则。市级加强工作引导。坚持规划先行，推进“菜篮子”生产建设规模化布局、园区化建设、标准化生产。区县强化主体意识，落实属地责任，完善工作方案，确保“菜篮子”生产建设有序推进。

2. 强化考核、突出重点的原则。“菜篮子”生产建设实行责任制考核。年度建设重点工作任务指标分解到区县，市级加强考核通报机制；对年度重点任务完成较好、工作成绩突出的区县予以重点奖励；对任务指标完成不理想、工作成效不显著的区县予以通报批评。

3. 全面推进、务求实效的原则。“菜篮子”生产建设要突出效果。市级突出重点建设任务，强化检查考核，统筹推进“菜篮子”生产建设；区县要按照市级任务部署，突出节点抓住重点，推进“菜篮子”生产建设向规模化、园区化、标准化发展，增强生产供应保障能力。

三、工作目标

1. 加强生产能力，稳定“菜篮子”产品自给率。稳定增加蔬菜生产用地保有量，推进高产高效示范创建，显著提高“菜篮子”主要产品生产能力。到2013年末，蔬菜、猪肉、禽肉、鸡蛋、鲜牛奶、水产品的自给率分别稳定和提高到30%、30%、67%、61%、60%、14%。

2. 加强区域合作，稳定“菜篮子”产品控制率。深化区域合作，新发展外埠蔬菜生产基地4万亩，建设一批外埠畜、禽、水产品生产基地。到2013年末，蔬菜、猪肉、禽肉、鸡蛋、鲜牛奶、水产品的控制率分别达到40%、85%、77%、70%、79%、20%。

3. 强化质量监管，提高“菜篮子”产品合格率。建设“安全农业”，推进农业标准化生产，开展农产品质量安全监管示范创建，强化质量安全监管。到2013年末，自产“菜篮子”主要产品质量安全抽检合格率达到97%以上，“三品”认证农产品比例稳步提升。

4. 扩大生产储备，提高“菜篮子”产品应急保障能力。优化“菜篮子”生产基地，建设一批“菜篮子”重大项目，壮大“菜篮子”应急保障支撑，提高应急保障能力。

四、重点工作

（一）自给率提升工程

1. 稳定增加蔬菜生产用地保有量。“菜篮子”生产重点在蔬菜，蔬菜生产重点是抓好“菜园子”建设。新菜田基础建设纳入农业基础建设和综合开发工程，引导新菜田向基本农田集中，千方百计保护和增加蔬菜生产用地保有量；加强蔬菜生产现代技术装备应用，逐步完善蔬菜生产信息支撑，千方百计调动生产积极性。

（1）稳步发展设施农业。按照“总量控制、规模推进、管理规范、效率优先”的要求，以项目管理形式，高标准建设设施农业。新发展的符合条件的中高档日光温室和钢架大棚，经验收合格后，市级每亩补贴3万元和1万元。鼓励和支持蔬菜主产区老旧设施农业改造升级。各区县要支持设施农业发展，特别是要安排配套资金，支持蔬菜主产区老旧设施农业改造，改善生产条件，提高生产效率。各区县要结合实际，加强对设施农业的监督和管理。一是充分利用。对增量设施农业，要督促建设单位科学安排工期，确保设施农业项目当年建设、当年投产；对存量设施农业，要加强利用情况的监管，督促提高利用效率，确保农地农用、种满种严，不断提高设施农业利用效率。二是依法合规。严禁设施农业用于非农用途，严禁设施农业非正常闲置，严禁设施农业用于从事不符合《中华人民共和国土地管理法》《北京市实施〈中华人民共和国土地管理法〉办法》和《北京市土地利用总体规划（2006—2020年）》规定的经营活动。对违反有关规定的，要及时通报国土部门加强整治。

（2）探索建立蔬菜生产补贴机制。加大蔬菜生产支持力度，开展蔬菜生产补贴试点，对纳入基本菜田的蔬菜生产予以补贴，探索建立蔬菜生产补贴机制，引导蔬菜生产规模化布局、标准化生产，提高产业组织化水平，稳定和增加蔬菜生产用地保有量。

2. 深入推进“菜篮子”高产示范创建。不断加大科技创新和集成技术应用对“菜篮子”生产的支持力度，转变“菜篮子”产业发展方式，采取有效措施提高“菜篮子”生产效率。蔬菜种植业实施提质增效“三百工程”，选择重点品种关键时段全面开展蔬菜生产高产竞赛活动，建设一批设施蔬菜标准园和集约化育苗场，发挥新技术、新装备、新品种辐射带动作用，提高蔬菜生产效率。畜禽养殖业推进规模养殖场（小区）标准化升级改造，支持建设一批规模化、标准化、现代化畜禽养殖场，提高综合生产能力和资源有效利用水平。水产养殖业加快“三节两高”技术应用，推进标准化基地建设和循环温室改造，提高标准化规模化生产能力。支持建设一批蔬菜、水产品工厂化生产项目，发挥工厂化生产节约集约利用资源和周年均衡生产的优势，提高“菜篮子”供应保障能力。推进采后商品化设施建设，合理布局和建设一批冷链物流设施，农机补贴重点向“菜篮子”保鲜库建设倾斜，增强存储能力和错峰销售能力，着力提高“菜篮子”产品的利用率。

（二）控制率提升工程

深化“京张合作”模式，加强与张家口等区域政府间的合作。采取多种形式鼓励和扶持本市农业企业和农民专业合作社到外埠发展蔬菜生产基地，新发展外埠蔬菜生产基地4万亩，着力提高外埠供京蔬菜的控制率；鼓励和支持本市农业产业化龙头企业到外埠建设畜禽和水产品生产基地，提高供京畜禽水产品的控制率。

（三）合格率提升工程

1. 深入推进农业标准化建设。加强农业地方标准制修订和宣贯、落实，支持有条件的农业企业参与制定农业地方标准。实施农业标准化基地分级管理，以蔬菜为重点评比创建一批“菜篮子”优级标准化基地；鼓励“菜篮子”产品开展“三品”认证，提高认证产品覆盖率；推进农产品质量安全全程控制示范企业和无公害示范基地建设；制定和实施蔬菜标准化生产五年规划，力争5年内实现蔬菜规模基地（50亩以上）标准化生产全覆盖。

2. 加强“菜篮子”产品质量安全监管。健全乡镇农产品质量安全监管服务机构，加大“菜篮子”重点产品质量安全检测抽测力度，强化重点区域、重点产品、重点项目的监管和执法监督，把好上市“菜篮子”产品质量安全关。全面推进农产品质量安全示范创建工作，考核创建一批农产品质量安全监管示范区县（乡镇）和农业标准化生产示范区县（乡镇），提高区域农产品质量安全监管水平。逐步建立覆盖市区（县）两级的农产品质量安全监管信息系统。

（四）应急保障能力提升工程

1. 开展“一村一品”示范创建。围绕“菜篮子”主要产品生产，支持开展国家级、市级“一村一品专业示范村”创建，着力提升示范村农业综合生产能力，夯实“菜篮子”生产基础，不断扩大社会认知度，促进农民增收致富。

2. 支持“菜篮子”重大项目建设。对区县新建、扩建、改造投资规模较大、社会影响力较广、装备水平较高、示范带动作用显著的“菜篮子”重大项目予以重点扶持，探索形成以支持项目所在地村级集体经济组织（或合作社）入股项目建设、参与收益分配等途径，加快形成农民增收长效机制，培育区域发展典型，实现产业发展与农民收入和谐增长。

五、工作要求

1. 加强组织保障，强化责任落实。“菜篮子”生产建设工作实行责任制考核。围绕“菜篮子”建设目标，以生产为核心、以年度任务为重点、以标准化建设和质量安全为关键，全面开展“菜篮子”生产建设工作责任制考核，逐步建立和完善“菜篮子”生产建设考核通报激励机制。都市型现代农业（高效农业）示范乡镇创建纳入“菜篮子”生产建设工作责任制考核，支持区县以责任制考核为契机，创建一批具有北京特色、地域特点，突出高端高效、绿色安全，能够示范引领、辐射带动“菜篮子”产业发展的都市型现代农业示范乡镇。

郊区各区县政府要强化主体意识，落实区县负责制，建立和完善“菜篮子”生产建设工作机制，进一步加大财政资金支持力度，确保各项工作有序推进。市各有关部门要加强统筹协调，明确政策措施，逐步建立和完善农产品质量安全监管信息系统和“菜篮子”生产信息系统，加强“菜篮子”生产信息支撑。

2. 细化建设标准，强化考核验收。市级围绕“菜篮子”建设重点确定考核内容，选择部分“菜篮子”主要产品生产建设指标，作为保障任务下达到相关区县；制定考核标准，细化工作部署、明确建设要求、严格考核验收，配合区县开展建设工作。各郊区县要按照责任制任务分工，落实属地责任，采取有效措施确保年度任务全面完成。市区（县）两级要加强“菜篮子”资金监管，对虚报工作套取政策扶持资金的要追回财政补贴资金。

3. 加强组织宣传，强化信息报送。市区（县）有关部门要加强“菜篮子”生产建设工作的宣传力度，充分利用电视、广播、报刊、展会等形式，营造有利于“菜篮子”生产建设稳定发展的社会氛围。市级建立“菜篮子”生产建设工作信息报送制度。区县“菜篮子”生产建设主管部门，每月应向市“菜篮子”生产建设领导小组办公室报送工作信息不少于2条，及时反映区县“菜篮子”生产建设工作动态、措施和典型。

北京市农村工作委员会　北京市农业局
关于印发《2013年北京都市型现代农业服务体系建设折子工程》的函

（2013年7月2日）

郊区各区县人民政府，市各有关单位：

根据《北京市人民政府关于全面推进都市型现代农业服务体系建设的意见》（京政发〔2011〕8号）要求，为加快推进都市型现代农业服务体系建设进度，特制定《2013年北京都市型现代农业服务体系建设折子工程》。现予印发，请结合实际贯彻落实。

2013年北京都市型现代农业服务体系建设折子工程

根据中央1号文件精神和《北京市人民政府关于全面推进都市型现代农业服务体系建设的意见》

（京政发〔2011〕8号）要求，为加快构建新型农业社会化服务体系，制定2013年北京都市型现代农业服务体系建设折子工程。

一、农业技术推广体系建设

建设内容：全年新增村级全科农技员600名左右，服务范围覆盖10个远郊区县和2 800个左右的农业村；实施10个远郊区县基层农技推广体系补助项目，创新农技推广运行机制，建立健全5项工作制度，开展高层次专业技术人员和中青年骨干人员培训；实施阳光工程，培训6 400名农村劳动力，加快大兴区、密云县新型职业农民试点区县建设。

牵头单位：市农委

协办单位：市农业局、市发展改革委、市财政局、市农林科学院

二、动植物疫病防控服务体系建设

建设内容：为东城、西城、朝阳、海淀、丰台、石景山、门头沟、房山、顺义、平谷、怀柔和延庆12个区县及首农集团配置相关仪器设备；督导各区县开展无害化处理厂的项目选址、工艺选择和手续办理工作；督导获市发展改革委批复的7个区县于2013年9月底前完成基础设施项目建设工作；加大60个植物疫情监测点运行管理，充分发挥疫情监测点检测和防控作用；完成北京市农作物病虫害监测预警系统升级改造，提高数字化监测预警水平；建立蔬菜绿色防控示范基地14个，大力开展绿色防控技术示范，提高农产品质量安全水平；完成市级植物保护检测中心建设，推进农药检验检测体系和病虫害检测诊断能力建设，提高农产品质量检测服务水平；加强50支植保专防队运行管理，推进病虫害专业化统防统治；深化6个“植物诊所”试点建设，探索植保服务专业化、规范化新模式。

牵头单位：市农业局

协办单位：市发展改革委、市财政局、市园林绿化局、市农林科学院

三、农产品质量安全服务体系建设

建设内容：完善乡镇农产品质量安全监管站建设；结合农产品质量安全检测体系规划，开展农产品质量安全检测体系建设。

牵头单位：市农委

协办单位：市农业局、各相关区县政府

四、农机服务体系建设

建设内容：制定本市农机专业合作社建设方案，着手布局建设一批大中型农机专业合作社，在全市范围内创建5个全国农机专业合作示范社，重点扶持做好2个明星级全国农机合作示范社创建，引导北京市农机专业合作社建设向有序化、专业化和规范化方向发展；加强基层农机推广体系建设。按照农业部《关于加强农业机械化技术推广工作的意见》，抓好区县和乡镇推广能力建设，加快先进技术和机具直接到户；建设一支高素质的农机实用人才队伍，培养复合型农机化科技管理人才100名，培养专业型农机化科技人才100名，培养职业型农机实用人才100名。

牵头单位：市农业局

五、农业信息化服务体系建设

建设内容：按照《北京市都市型现代农业万亩示范区建设总体实施方案》，做好灌溉智能控制、农机精准作业等智能技术示范应用，搭建顺义万亩方综合信息平台，形成顺义万亩方智能调度中心，提高顺义万亩示范区的信息技术装备水平；建设“221信息平台”互联网门户；在农业产业化龙头企业、农民专业合作社中开展“221信息平台”的示范应用。

牵头单位：市农委

协办单位：市经济信息化委、市农业局、市城乡经济信息中心、市农林科学院

六、农资服务体系建设

建设内容：继续加快推进市供销系统建设3个区县分销中心，230家基层门店；平谷区农业局继续完成6个分销中心，121家基层门店建设；市邮政系统继续完成2个分销中心，50家基层门店建设。

牵头单位：市农业局

协办单位：市供销总社、市商务委

七、农业用水服务体系建设

建设内容：按照《北京市“十二五”农业节水灌溉规划》和《北京都市型现代农业基础建设与综合开发（2009—2012）规划》，新增改善农业节水灌溉面积10万亩。同时，抓好延庆、顺义和房山等3个中央小型农田水利重点县建设，服务都市型现代农业发展；建成200处农村雨洪利用工程，实施村庄排水沟渠整治工程建设；按照水利部有关要求，做好区县水务局和流域水务站相关人员培训工作，提高水务管理综合素质，市区两级培训管水员1万人次以上，进一步提高基层水务管理水平。

牵头单位：市发展改革委、市水务局

协办单位：市农委、市农业局、各相关区县政府

八、农产品流通服务体系建设

建设内容：全年实现70家规模的京郊农业合作组织与12家超市“农超对接”，农产品销售量增幅15%左右；推动蔬菜流通新模式网点建设，积极引导本市和外埠蔬菜生产企业开设直营店，全市新发展直营直供、公司化经营等6类12种蔬菜流通新模式网点60个以上。

牵头单位：市商务委

协办单位：市发展改革委、市规划委、市农委、市园林绿化局

九、农村金融服务体系建设

建设内容：深化“十农”金融服务体系建设，推动大兴区全国农村金融改革试验区建设；推进金融对集体土地流转起来，资产经营起来，农民组织起来的支持；改善农村支付环境，积极稳妥地推进部分远郊区县农村基本金融服务村村通工程建设；加强涉农信贷与保险协作配合，创新符合农村特点的抵（质）押担保方式和融资工具，建立多层次、多形式的农村信用担保体系。

牵头单位：市金融局、市农委

协办单位：市发展改革委、市财政局、人民银行营管部、北京证监局、北京银监局、北京保监局、各相关区县政府

北京市农村工作委员会　北京市财政局　北京市国土资源局　北京市发展和改革委员会　北京市规划委员会　北京市住房和城乡建设委员会　北京市水务局关于印发《北京市新一轮山区地质灾害易发区及生存条件恶劣地区农民搬迁工程管理办法》的函

（2013年7月2日）

各相关区县人民政府：

为保证新一轮山区地质灾害易发区及生存条件恶劣地区农民搬迁工程扎实有序、顺利推进，依据《北京市人民政府关于实施新一轮山区地质灾害易发区及生存条件恶劣地区农民搬迁工程的意见》（京政发〔2012〕28号），特制定本办法。现印发给你们，请认真贯彻执行。

北京市新一轮山区地质灾害易发区及生存条件恶劣地区农民搬迁工程管理办法

第一章　总　　则

第一条　新一轮山区地质灾害易发区及生存条件恶劣地区农民搬迁工程（以下简称新一轮山区农民搬迁工程）是市政府为使山区农民免受地质灾害

和洪水威胁，改善居住条件，解决生存条件恶劣地区农民生产、生活困难而实施的一项民生工程。为规范工程管理，保证搬迁实效，提高资金使用效能，圆满完成新一轮搬迁任务，根据《北京市人民政府关于实施新一轮山区地质灾害易发区及生存条件恶劣地区农民搬迁工程的意见》（京政发〔2012〕28 号）及相关法律、法规和政策规定，特制定本办法。

第二条　本办法适用于经市政府批准的新一轮山区农民搬迁工程。工程为期 5 年（2013—2017 年）。

第三条　搬迁范围为：山区地质灾害易发区、受洪水威胁区及饮水困难、居住分散、交通不便等生存条件恶劣的地区。涉及门头沟、房山、昌平、平谷、怀柔、密云、延庆 7 个区（县）的 60 个乡镇、399 个行政村、35 089 户、74 458 人。

第四条　新一轮山区农民搬迁工程的实施，遵循统筹规划、轻重缓急；政府主导、农民主体；政策引导、依法自愿；因地制宜、形式多样；“搬得出、稳得住、能致富”原则。

第五条　鼓励基层结合实际创新工作，探索有效搬迁途径。搬迁形式可以是重新选址集中建新村；也可以是分散的自然村向主村集中；对本人或儿女在山下平原、城镇有稳定就业和住房的农民，经自愿申请，在妥善解决好村民身份、承包地和宅基地的前提下，也可采取分散搬迁或投亲靠友形式到平原、城镇落户。

第二章　工程组织

第六条　新一轮山区农民搬迁工程按照“政府主导、农民主体、部门联动、分级负责”方式组织实施。通过宣传发动、政策引导、典型示范，使搬迁农民变“要我搬”为“我要搬”。整合政府部门和社会各个方面的力量，用于搬迁建设。

第七条　市政府统一领导全市山区农民搬迁工作，制定新一轮搬迁规划及相关政策、编制年度搬迁计划，建立联席会议制度，统筹推进工程实施。市山区农民搬迁工程联席会议（以下简称市联席会议）由市农委、市发展改革委、市财政局、市国土局、市住房城乡建设委、市规划委、市水务局、市民政局、市园林绿化局等部门组成，下设办公室。办公室设在市农委山区建设处，各相关部门主管处室为办公室成员。市联席会议主要负责审定全市年度搬迁计划；安排市级补助资金和部门项目资金；协调解决搬迁中涉及的重大政策问题；督促、检查、指导区县扎实推进搬迁工程。

第八条　区（县）政府是搬迁工程的工作主体和责任主体，实行区（县）政府“一把手”负责制，制定配套政策，层层分解责任，参照市里做法建立联席会议制度，办公室设在区（县）农委，负责本区（县）年度计划的编制、申报，依据市里审定的计划组织镇（乡）、村实施。

第三章　计划的申报审定、下达和调整

第九条　计划申报。每年 9 月底前，各区（县）依据本区（县）新一轮搬迁的总任务、搬迁原则和农民意愿（以村民代表大会为准），编制下一年度搬迁计划，并以区（县）政府名义（或相关部门联合）向市联席会议办公室申报。申报内容包括搬迁镇（乡）村、搬迁农民明细表，主要有搬迁规模、搬迁类型、搬迁形式等。（详见附件 1、2 略）

第十条　计划审定。市联席会议办公室根据区县上报的年度计划，编制全市下一年度搬迁计划，并报市联席会议审定。

第十一条　计划下达。每年 11 月底前，市农委将市联席会议审定的下一年度搬迁计划下达到各区县，同时函送市财政局和相关部门，安排下年度财政预算和部门工程项目计划。

第十二条　计划调整。年度计划一经批复，原则上不得变更。确需调整变更的，在保证完成年度计划总任务的前提下，于当年 6 月底前以政府名义（或相关部门联合）将调整方案，报市联席会议办公室审核。

第四章　工程实施

第十三条　工程准备。工程实施当年一季度，依法履行程序，完成包含搬迁形式、资金筹措、产业发展等内容的搬迁方案审定、农民搬迁合同签订等工作；完成新村选址（包括地质灾害危险性评估、洪水影响评价等）、土地调整、土地流转等工作；完成房屋及基础设施设计、建材准备、施工监理队伍选择等工作，具备开工建设条件。

第十四条　工程建设。工程实施当年 4 月份，搬迁新村陆续启动开工建设，年底前非集中建房的搬迁农户全部实现入住；集中建房搬迁农户基本实

现入住或完成新建房屋主体结构工程。工程实施第2年汛期前，全面完成新民居内外装修及新村基础设施配套工程，搬迁农户全部入住。对于已纳入搬迁计划未完成搬迁的地质灾害易发区村庄，在汛期按有关要求做好防汛避险工作。

第十五条　工程要求。鼓励使用新材料、新技术、新能源，达到抗震节能标准，建设资源节约型、环境生态友好型，设施配套齐全的特色新村。搬迁工程从搬迁对象确定、新村选址到房屋设计、建筑施工，全过程都要依法依规、依程序进行。

第五章　资金筹措和管理

第十六条　新一轮山区农民搬迁工程采取“政府补贴一部分、部门集成一部分、社会捐助一部分、农民自筹一部分”方式，多渠道、多层次筹措搬迁资金。政府补贴，市级财政按搬迁农民每人1.8万元的标准，对农民建房给予直接补助；按搬迁农户每户4万元的标准，对集中建设新村的基础设施给予补助，补助资金由区（县）政府统筹安排。区（县）政府根据各自实际情况安排配套补助资金。部门集成，可集成市、区（县）有关部门的生态移民、农宅抗震节能改造、新农村基础设施转移支付、村级“一事一议”、道路交通、水利工程等建设项目的资金，集中用于搬迁新村建设。社会捐助，鼓励社会力量通过联乡包村、结对帮扶、慈善捐助等形式，参与搬迁新村建设。

搬迁工程的规划、勘察、档案管理、信息化建设、人员培训、检查验收、监理等费用，参照基本建设项目，由区（县）财政部门核定安排。

第十七条　资金拨付。每年一季度，根据市农委对年度搬迁计划的审核确认函，市级财政将90%的补助资金拨付到区县；其余10%的补助资金，在每年11月前，根据当年市联席会议办公室检查验收并审核确认的区县实际完成搬迁人数、户数情况，由市财政与区（县）财政进行资金清算，多退少补。

第十八条　区（县）对搬迁资金实行专账核算，严格管理，专款专用。区（县）财政应及时按计划下拨搬迁资金，相关部门要加强乡镇、村级财务管理，完善财务制度，保证搬迁资金的使用安全、合理、有效。区县要建立搬迁工程资金审计制度，任何单位和个人不得套取、截留和挪用山区农民搬迁工程补助资金，对违规、违纪的行为，按《财政违法行为处罚处分条例》和相关规定进行处罚，严肃处理。

第十九条　市、区（县）搬迁工作联席会议办公室协调相关部门对山区农民搬迁工程审批涉及的前置项目收费（包括行政和事业收费）进行研究，根据国家及北京市有关制度规定给予免收或减收，降低山区搬迁成本，减轻农民负担。

第六章　检查验收

第二十条　建立季报告和半年通报制度。区县按季度上报工程实施进度（附件3）。工程完成后对搬迁建设、资金使用及其效益情况进行自查，并向市联席会议办公室提交工作总结、资金使用表和资金审计报告。

第二十一条　搬迁信息动态监测管理。区县要建立搬迁工程数据管理系统，逐户建立搬迁农户档案，留存文字、图片、图像资料，统一录入信息数据管理系统，动态记录和监测搬迁情况，定期反馈搬迁工程信息，及时准确掌握工程进展和完成实效。

第二十二条　市联席会议办公室每年定期或不定期对搬迁工程按比例进行检查验收或抽查。对存在问题和未完成任务的区县，将予以通报批评，限期完成。

第七章　附　　则

第二十三条　本办法由北京市农村工作委员会负责解释。区（县）根据本办法制定实施细则，并报送市山区农民搬迁联席会议办公室备案。

第二十四条　本办法自发布之日起实施。遇有国家或本市相关政策发生变化时，从其规定。

北京市农村工作委员会　北京市财政局
关于发挥一事一议财政奖补作用推动美丽乡村建设试点的实施意见

（2013年9月3日）

各郊区县农委、财政局、经管站：

按照财政部《关于发挥一事一议财政奖补作用推动美丽乡村建设试点的通知》（财农改〔2013〕3号）要求，结合"北京最美的乡村"评选创建工作的开展情况，现提出本市推动美丽乡村建设试点工作实施意见如下。

一、充分认识开展美丽乡村建设试点工作的重要意义

党的十八大提出，建设生态文明，是关系人民福祉、关乎民族未来的长远大计。要把生态文明建设放在突出地位，努力建设美丽中国，实现中华民族永续发展。美丽乡村是美丽中国的重要组成部分，把美丽乡村建设试点纳入一事一议财政奖补工作，发挥一事一议财政奖补自下而上民主决策、农村民生需求导向和以区县为主统筹推进的制度优势，开展"科学规划布局美、村容整洁环境美、创业增收生活美、乡风文明身心美"的新"四美"乡村建设，对缩小城乡差别，改善农民生产生活条件具有重要意义。

二、美丽乡村建设试点工作的基本原则

一是坚持以人为本，尊重农民主体地位。要始终坚持"议"字当先，严守一事一议民主议事程序，调动农民参与美丽乡村建设的积极性。

二是坚持规划引导，突出地域特色。立足农村经济社会发展实际，依托自然条件，适应资源禀赋，突出乡村特色，科学编制美丽乡村建设试点规划。

三是坚持多元投入，整合资源。充分发挥一事一议民办公助和财政资金"四两拨千斤"的作用，加大资金整合力度，集中力量办大事。

四是坚持以区县为主，统筹推进。继续完善一事一议财政奖补"以区县为主"的工作机制，发挥区县在美丽乡村建设试点中的组织规划、指导协调和管理监督等责任，形成齐抓共管、协同配合的工作格局。

三、美丽乡村建设试点范围及支持重点

为促进美丽乡村建设试点工作有序开展，结合本市实际，各区县根据年度奖补资金安排情况，选取部分自然条件较好、村"两委"班子团结有力、乡风淳朴文明的村作为试点，试点范围和支持重点如下。

1. 帮助现有"北京最美的乡村"补接"短板"，实现新"四美"均衡提升。从本市已评选出的73个"北京最美的乡村"以及今后评选出的"北京最美的乡村"中选取部分村开展一事一议财政奖补推动美丽乡村建设试点，稳步有序地帮助这些村庄尽快补接"短板"，实现"科学规划布局美、村容整洁环境美、创业增收生活美、乡风文明身心美"的新"四美"乡村均衡发展和全面提升。

2. 支持更多村庄成为美丽乡村创建试点，培育一批新"四美"乡村。以本市现有的79个"北京最美的乡村"候选村以及今后评选出的"北京最美的乡村"候选村、传统村落、新型农村社区建设试点村、山区整建制搬迁村、灾后重建村及其他有强烈愿望创建美丽乡村的村庄为重点，支持其通过村级公益事业建设一事一议财政奖补项目，开展美丽乡村培育创建工作，再集中打造一批"北京最美的乡村"。

已经整建制农转非，基础设施和公共服务设施建设等纳入"大市政"的社区不得纳入一事一议财政奖补推动美丽乡村建设试点范围。

四、项目建设内容及扶持政策

1. 项目建设内容。按照国务院综改办的统一要求，结合本市实际，在现有村级公益事业建设一事一议财政奖补项目的基础上，将美丽乡村建设试点项目纳入进来，重点围绕优化乡村公益设施布局、改善防洪排水条件、村容美化绿化、服务农民生产生活、提升乡风文明等方面开展项目建设。

2. 扶持政策。按照国务院综改办的统一要求，本市从中央一事一议财政奖补资金中安排部分资金用于支持美丽乡村建设试点，财政奖补比例为：山区区县为80%，平原区县为75%。财政奖补资金匹配比例为中央财政占40%，市级财政占40%，区县财政占20%。

五、项目资金管理要求

一是加强项目管理。项目立项、申报、审批、建设和验收要严格执行《北京市村级公益事业建设一事一议财政奖补项目管理暂行办法》，严格遵守一事一议民主议事程序，严禁加重农民负担或违背农民意愿搞行政命令。村级公益事业建设一事一议财政奖补推动美丽乡村建设试点项目由区县审批，报市级备案后方可组织实施。项目实施过程中，要充分发挥农村综合改革、农委、财政和经管部门的作用，加强与其他相关部门的沟通配合，加强监督检查和竣工验收，切实提高项目建设质量和水平。

二是加强资金管理。美丽乡村建设试点资金要严格执行《北京市村级公益事业建设一事一议财政奖补资金管理办法》，必须落实乡镇报账制，不得借资金整合之名改变资金性质及用途，不得截留、挪用美丽乡村建设试点资金。同时，市级将加强监督检查和绩效考评，严格实行问责制。

六、试点工作的组织领导

本市一事一议财政奖补推动美丽乡村建设试点工作由市农村综合改革协调会议办公室负责，各有关成员单位密切配合。各区县农委要发挥好在一事一议财政奖补推动美丽乡村建设试点工作中的牵头作用，区县财政局、经管站要积极配合，组织编制规划，加强项目和资金管理，负责对乡镇的指导、督促和检查，扎实有序开展一事一议财政奖补推动美丽乡村建设试点工作。

北京市农村工作委员会　北京市财政局　北京市国土资源局
北京市人民政府法制办公室　北京市档案局
关于开展农村土地承包经营权登记试点工作的意见

（2013年9月29日）

郊区各区（县）农工委、农委、财政局、国土局、法制办、档案局、经管站：

为进一步完善农村基本经营制度，稳定农村土地承包关系，有效保护农户土地承包经营权，促进本市农村土地承包经营权依法、规范、有序流转，根据农业部等国家部委有关文件和本市《关于加快城乡发展一体化进程推进土地流转起来、资产经营起来、农民组织起来的意见》（京新农发〔2013〕1号）的有关要求，结合本地实际，现就开展本市农村土地承包经营权登记试点工作提出以下意见。

一、试点范围和工作目标

1. 试点范围。本次试点工作的范围是农户家庭土地承包经营权确权登记，不包括其他方式的承包经营权确权登记。凡是应当依法纳入农户家庭土地承包经营权确权的土地都要进行确权登记，包括确权确地、确权确利、确权确股三种方式确权的土地。

2. 工作目标。从2013年起，平谷区继续扩大试点，其他区县要各选一个乡镇进行试点。在此基础上，稳步扩大试点，力争用5年左右的时间基本完成全市农村土地家庭承包经营权确权登记颁证工作。

二、主要任务和基本原则

1. 主要任务。在农村集体土地所有权确权登记发证的基础上，进一步完善试点村的农村土地承包经营权确权登记颁证工作。主要是以现有土地承包合同、权属证书和集体土地所有权确权登记成果为依据，查清承包地块的面积、地类、四至和空间位置，建立健全土地承包经营权登记簿，妥善解决承包地块面积不准、四至不清、空间位置不明、承包权益不落实、登记簿不健全等问题，把承包地块、面积、合同、权属证书全面落实到户。

2. **基本原则**。开展农村土地承包经营权登记试点，要严格遵循国家和本市农村土地承包法律法规和政策，坚持以下原则：一是保持稳定。要在保持现有土地承包关系稳定、保证农业生产正常进行的前提下开展登记试点，严禁借机调整和收回农民承包地。二是因地制宜。要根据试点村土地承包关系状况，完善登记工作，建立健全登记簿。已经采取确权确地到户的，要将承包地块、面积、合同、证书落实到户；已经采取确权确利（股）的，要保持原土地确权方案不变并将承包权益落实到户。三是民主协商。要充分动员试点村群众积极参与试点，试点中的重大事项均应经集体经济组织成员民主讨论决定，不得强行推动。四是依法规范。要严格执行《物权法》《农村土地承包法》等有关土地承包经营权登记的规定，参照《农村土地承包经营权证管理办法》和《农业部办公厅关于印发〈农村土地承包经营权登记试点工作规程（试行）〉的通知》（农办经〔2012〕19号）规定的登记内容和程序，开展土地承包经营权登记。

三、主要内容和基本程序

1. **清理土地承包档案准备前期资料**。全面清理收集整理土地承包档案、承包合同、土地承包台账、登记簿、农户信息等资料，建立农户承包地登记基本信息表（详见附件1略）以及土地承包经营权颁证清理档案登记表（详见附件2略）。

2. **入户进行权属调查核实基础信息资料**。根据农户承包地登记基本信息表，入户实地进行承包地块权属调查，由农户进行确认。其中：对存在争议的地块，待争议解决后再进行确权登记颁证。

3. **查清承包地块面积和空间位置**。准确把握土地承包经营权登记试点的关键环节，着重查清承包地块的面积、四至和空间位置。在对土地承包情况进行摸底调查的基础上，以已签订的土地承包合同、发放的土地承包经营权证书和集体土地所有权确权登记成果为依据，因地制宜开展土地承包经营权权属调查，进一步查清承包地块面积、四至和空间位置。对与现有土地承包档案记载的土地承包状况有较大误差且农户要求实测的，要采取GPS定位仪等科学简便的方式测量查实。根据调查和实测结果，形成承包土地地籍示意图草图。其中：对确地到户的地块，实行一地一户方式标注；对确权确利（股）土地采取一地多户的方式进行标注。

4. **鼓励和引导农户自愿互换承包地块**。为方便承包地块过于分散的农户集中耕种，各区县可以结合土地承包经营权确权登记试点工作，在农户完全自愿的前提下，引导和帮助农户依法互换承包地块，实行农地适当集中连片耕作。

5. **进行公示审核**。由各村土地承包经营权登记工作小组审核地籍示意图草图后，连同农户土地承包经营权颁证面积确认公示表（详见附件3略）在各村内进行公示。对公示中农户提出的异议，要及时进行审核、修正，并再次进行公示，直到无异议为止。公示无异议的，由农户签字确认后作为承包土地地籍示意图，由各村土地承包经营权登记工作小组上报乡镇人民政府。乡镇人民政府汇总并核对后上报区县人民政府。

6. **完善承包合同**。根据公示结果，按照缺什么补什么的原则，进一步完善承包合同并按照农业部制定的编码规则统一合同编码（详见附件4略）。原来没有签订承包合同或承包合同已经遗失的，要由村集体经济组织与农户重新补签承包合同；原承包合同不完善或承包地发生变动的，要通过签订补充合同的方式签订补充合同。新签、补签合同的发包方为村经济合作社；原以村委会为发包方签订的承包合同，也要由村经济合作社作为发包方进行变更。承包合同一式三份，发包方、承包方、乡镇农村合作经济经营管理部门各1份。

7. **建立健全土地承包经营权登记簿**。区县农村合作经济经营管理部门依据《农村土地承包经营权证管理办法》和本市有关规定建立统一格式的登记簿。要按照各乡镇政府汇总上报的农村土地承包经营权登记申请书及土地承包情况登记表（详见附件5略）、农户土地承包合同正本和复印件、承包地地籍示意图、土地承包台账（详见附件6略）等资料，根据农业部制定的承包地块统一编码规则（详见附件4略）为各村及农户建立土地承包经营权登记簿（详见附件7略）。对确地到户的，详细登记每一个农户承包地块的面积、四至、地类和空间位置；对确权确利（股）的，详细登记每一个农户的承包面积。土地承包经营权登记簿应当采用纸质和电子介质。为避免因系统故障而导致登记资料遗失破坏，应当进行异地备份。有条件的地方，应当采取多种方式多地备份。

8. **完善承包经营权证书**。区县政府要依照土地承包经营权登记簿所记载的内容，适时对承包经营权证书进行完善，全市采取统一格式，向农户发放附有平面示意图的农村土地承包经营权证书。对已经发放到户的确权确地证书，承包地块和面积没有发生变化且证书内容符合登记簿内容要求的，可以在原有证书上直接加附承包地块平面示意图。尚未发放到户的土地承包经营权证书要一并发放到户。

9. **建立农村土地承包管理信息系统**。区县农村合作经济经营管理部门要按照登记过程中形成的影像、图表和文字等材料，按照本市农村土地承包管理信息系统的要求，建立农村土地承包信息数据库和农村土地承包管理信息系统，实现农村土地承包管理信息化。

10. **做好土地承包经营权登记档案管理工作**。严格执行农业部、国家档案局联合下发的《关于加强农村土地承包档案管理工作的意见》（农经发〔2010〕12号）的规定，按照统一领导、分级管理、集中保管、科学分类的原则，由区县、乡镇农村土地承包管理部门和各行政村负责档案的收集、整理、保管、利用等工作。工作中形成的农户和土地基本资料要准确、完整、系统。妥善保管工作中形成的纸质、声像、电子等各种门类和载体的档案，确保档案实体和信息的安全。做好档案的利用工作，为农村土地流转、纠纷调解做好服务。

11. **开展土地承包经营权变更、注销登记**。承包期内，因下列情形导致土地承包经营权发生变动或者灭失，当事人可以向区县农村合作经济经营管理部门申请变更、注销登记，并记载于土地承包经营权登记簿。一是因集体土地所有权变化的；二是因承包地被征收导致承包地块或者面积发生变化的；三是因承包农户分户等导致土地承包经营权分割的；四是因土地承包经营权采取转让、互换方式流转的；五是因结婚等原因导致土地承包经营权合并的；六是承包地块、面积与实际不符的；七是承包地灭失或者承包农户消亡的；八是承包地被发包方依法调整或者收回的；九是其他需要依法变更、注销的情形。登记试点工作中，凡农户申请登记、变更、注销土地承包经营权的，区县农村合作经济经营管理部门应当对涉及的每宗承包地块进行核实。

四、加强组织领导和政策指导

本次试点工作实行市级统筹安排，区县组织实施，强化部门协作，层层落实责任，形成整体合力，确保试点任务顺利完成。市级负责制定全市工作方案、统筹协调指导和政策制定与调整；区县负责制定本区县实施方案并负责组织登记试点工作；乡镇负责落实区级实施方案、制定具体工作方案及组织领导工作；村级负责具体组织实施。

1. **切实加强组织领导和各项工作保障**。目前，市里成立了由市农委牵头，由市财政局、市国土局、市政府法制办、市档案局、市农研中心参加的北京市农村土地承包经营权登记试点工作指导小组，负责试点工作的组织和指导，办公室设在市农委。各区县政府要建立工作领导小组，由政府主要领导担任组长，农业（农经）、国土、财政、法制、档案等相关部门领导任成员，负责制定试点工作方案，明确职责分工。领导小组办公室设在农村土地承包管理部门，负责登记工作的日常组织和具体协调。乡镇政府要成立相应的工作机构，负责组织登记工作的具体实施。试点村要分别成立咨询组、档案组和测绘组，确保试点工作如期完成。

2. **准确把握政策界限**。各区县要严格执行农村土地承包法律法规和政策规定，在现有土地承包合同、证书和集体土地所有权确权登记成果的基础上，开展土地承包经营权登记试点。对土地承包经营权权属存在争议和纠纷的，暂不列入登记范围，要先依法解决，再予以登记确权。群众要求组织实测的，经试点区县试点工作领导小组批准可以组织实测。实测结果经承包方、发包方签字确认后，可作为土地承包经营权确认、变更、注销的依据。未经承包农户同意，禁止按实测结果变更、解除土地承包合同和变更、注销土地承包经营权证。

3. **妥善解决突出问题**。对试点工作中遇到的问题按照保持稳定、尊重历史、照顾现实、分类处置的原则依法妥善解决。要组织力量对土地承包问题进行摸底排查，妥善解决可能影响登记工作顺利开展的突出问题。法律政策有明确规定的，要严格执行；没有明确规定的，要依照法律政策基本精神，结合当地实际作出具体规定并指导基层执行。要引导当事人依法理性地反映和解决土地承包经营纠纷，通过协商、调解、仲裁和诉讼等渠道妥善化解。要切实保持农村社会稳定，试点工作中遇到重大问题，要及时向市农村土地承包经营权登记试点工作指导小组报告。

4. **落实工作经费保障。**农村土地承包经营权登记试点工作不得向农民收取费用。国土资源部门免费提供第二次全国土地调查成果用于土地承包经营权确权登记。为保障土地承包经营权登记试点工作顺利进行，按照《中共中央、国务院关于加快发展现代农业进一步增强农村发展活力的若干意见》（中发〔2013〕1号）要求及本市实际，登记试点工作经费纳入同级财政预算予以保障。

5. **尽快落实试点单位。**各区县结合实际情况，尽快选取试点乡镇和试点村，并于2013年11月15日之前正式上报市农村土地承包经营权登记试点工作指导小组办公室。各区县应于2014年6月底之前全面完成试点工作任务。

北京市农村工作委员会　北京市发展和改革委员会　北京市科学技术委员会　北京市财政局　北京市人力资源和社会保障局　北京市国土资源局　北京市规划委员会　北京市商务委员会　北京市工商行政管理局　北京市金融工作局　关于扶持本市农民合作社发展的若干意见

（2013年10月29日）

郊区各区县人民政府，市各有关单位：

为贯彻落实2013年中央1号文件和本市《关于加快城乡一体化进程推进土地流转起来、资产经营起来、农民组织起来的意见》（京新农发〔2013〕1号）精神，鼓励农民兴办专业合作和股份合作等多元化、多类型合作社（以下简称合作社），提高农民进入市场的组织化程度，现就扶持本市农民合作社发展提出如下若干意见：

一、进一步加快合作社发展建设

1. **继续扩大合作社覆盖面。**各区县要结合本地区资源禀赋，加快发展多类型合作社，扩大农户覆盖面，进一步提高农民组织化程度，增强农民进入市场、抵御市场风险的能力。到“十二五”期末，力争使全市农民合作社带动辐射一产农户比例达到80%以上。

2. **加强合作社规范化建设。**各区县要以农民专业合作社示范社（以下简称示范社）为引领，全面加强合作社规范化建设，重点从全员注册登记、明晰产权关系、严格民主管理、健全财会制度、建立成员账户、依法合理分配等方面提高规范管理水平。市和区县建立示范社动态管理机制，实行优胜劣汰，引导合作社规范发展。

3. **鼓励和支持合作社做大做强。**鼓励和支持有条件的合作社，采取入股、参股等方式，与其他合作社、龙头企业以及农村集体经济组织建立联合社。

二、进一步加大合作社扶持力度

1. **加大财政支持力度。**市和区县要统筹安排资金，不断调整支出结构，扶持合作社健康发展，重点支持合作社开展农产品加工、仓储、营销等设施设备建设等。

2. **支持具备条件的合作社承担各类涉农项目。**市和区县实施的农业综合开发、绿化造林、农业标准化、农业产业化、“菜篮子”工程、农业科技等各类涉农项目，应优先安排具备条件的合作社承担。

3. **加强金融信贷支持**。鼓励金融机构加大对合作社的服务力度，支持合作社开展外部融资，建立信用体系。采取贷款贴息和担保费补助等多种方式，支持符合条件的合作社贷款融资。各区县要加强对合作社财务人员的培训和制度建设，不断规范合作社财务管理。

4. **积极开展农业保险**。鼓励合作社积极组织成员参加政策性农业保险，更多地化解自然风险和市场风险。鼓励和支持各保险公司开展以合作社为主体的政策性农业保险宣传推介活动和防灾减灾活动。引导和鼓励条件较好、实力较强的合作社投保商业性财产保险。鼓励保险公司与涉农银行共同开发符合合作社需求的银保合作产品。

5. **加大人才技术支持力度**。人力社保部门每年有计划地组织选聘一定数量的大学村官到本市农民专业合作社任职，鼓励合同期满的大学生村官自愿留任合作社。支持鼓励合作社管理人员通过高等教育自学考试、定向技能培训等多种方式提高经营管理水平。鼓励大专院校、专家、专业技术人员、大学生等以资金、技术等参股或领办合作社。

三、进一步优化合作社发展环境

1. **落实相关用地政策**。设施农业项目中直接辅助农产品生产必需配套的检验检疫监测、动植物疫病和病虫害防控、办公生活等设施用地，农产品分拣包装等初级加工、仓储、冷藏，硬化晾晒场、生物质肥料生产场地、符合“农村道路”规定的道路用地等，按照设施农用地办理用地手续。支持和鼓励农村集体经济组织依法利用集体建设用地兴建农产品加工、仓储、冷藏等设施参股合作社，实现互利共赢。

2. **支持合作社积极开拓市场**。组织、引导合作社与市场对接，为合作社进入市场提供便利和信息咨询服务。鼓励流通企业与合作社建立直接联系，减少中间环节。各区县要在社区便民服务网点建设方面为合作社提供服务，享受补贴、减免收费等相关优惠政策。

3. **探索合作社相关人员享受相关社保政策**。支持和鼓励有条件的合作社相关人员按规定参加城镇职工社会保险。

4. **实施合作社用水用电优惠政策**。合作社从事种植、养殖的用水用电及本社成员农产品初加工用电执行农业生产相关价格标准。

5. **建立健全合作社联席会议制度**。各区县要加快建立健全合作社联席会议制度，定期召开联席会议，全面加强指导和服务，帮助合作社做好财务管理、政策保险、信贷服务和项目申报等工作。乡镇政府要按照属地管理的原则，为合作社的设立和生产经营活动提供服务。有条件的地方，可为合作社提供代理登记服务。

各区县应根据本意见研究制定扶持合作社发展的具体措施办法。

北京市农村工作委员会
关于对本市农民专业合作社市级示范社
实行监测考核及动态管理的通知

（2013 年 12 月 4 日）

郊区各区县农委、经管站，平谷区、密云县、延庆县农民专业合作社服务中心：

按照《关于印发农民专业合作社示范社建设行动计划的函》（京政农函〔2010〕5 号）要求，从2010 年到 2012 年，本市连续三年开展了农民专业合作社示范社培育创建工作。目前，全市累计培育创建农民专业合作社市级示范社（以下简称“示范社”）150 家，这些示范社在推动都市型现代农业建设、带动全市农民专业合作社规范发展、促进农民增收等方面发挥了重要的引领和示范作用。按照示范社建设行动计划的工作安排，现就对市级示范社实行动态监测管理的有关事项通知如下。

一、考核评定标准

（一）规章制度健全

1. 根据本社实际情况并参照《北京市农民专业合作社示范章程》制定章程。

2. 民主管理、财务管理等制度健全。

（二）产权关系清晰

1. 合作社产权清晰，自然人成员与法人成员财产划分清晰。

2. 国家财政直接补助形成的财产必须平均量化到每个成员，并建立具体的项目资产管护制度。

（三）民主管理健全

1. 成员（代表）大会、理事会、监事会等组织机构健全，并定期召开相关会议。

2. 建立完善的财务管理、社务公开、议事决策记录等制度，并认真执行。

3. 每年至少召开一次成员（代表）大会并有完整的会议记录，所有出席成员在会议记录或会议签到簿上签名。重大财产处置和重要生产经营活动等事项由成员（代表）大会表决并由三分之二以上成员（代表）通过。

4. 成员（代表）大会选举和表决实行一人一票制，或采取一人一票制附加表决权的办法，附加表决权总票数不得超过本社成员基本表决权总票数的 20%。

5. 监事会（或执行监事）负责对本社财务进行内部审计，审计结果报成员（代表）大会，或由成员（代表）大会委托审计机构对本社财务进行审计。自觉接受农村经营管理部门或农民专业合作社服务指导部门对合作社财务会计工作的指导和监督。

（四）财务管理规范

1. 配备必要的财会人员，设置会计账簿，编制会计报表，或委托有关代理机构代理记账、核算。财会人员持有会计人员从业资格证书，会计和出纳互不兼任。理事会、监事会成员及其直系亲属不得担任合作社的财会人员。

2. 成员账户健全，成员的出资额、公积金量化份额、与本社的交易量（额）和返还盈余等记录准确清楚。

3. 可分配盈余按成员与本社的交易量（额）比例返还，返还总额不低于可分配盈余的 60%。

4. 每年编制合作社年度业务报告、财务状况说明书，并在成员（代表）大会召开的 15 日前置于合作社的办公地点供成员查阅，并接受成员质询。

（五）服务成效明显

1. 入社成员数量高于本地区同行业农民专业合作社平均水平，其中：正式登记注册的农户成员平原区县应达到 150 户以上，山区区县应达到 100 户以上。

2. 成员主要生产资料统一购买率、成员主要产品统一销售率或统一服务提供率超过 80%。

（六）产品（服务）质量安全

1. 广泛推行标准化，有严格的生产技术操作规范，建立完善的生产、包装、储藏、加工、运输、销售、服务等记录制度。

2. 实行品牌化建设，合作社有注册商标，获得一项（含）以上农产品质量安全证，产品质量安全。

（七）社会声誉良好

1. 遵纪守法，社风清明，诚实守信，在当地影响大、示范带动作用强。

2. 没有发生生产（质量）安全事故、环境污染、损害成员利益等严重事件，没有行业通报批评、媒体曝光等不良记录。

凡是有下列情况之一的，取消市级示范社资格：

（1）在申报过程中，提供虚假材料或存在舞弊行为的；

（2）被工商部门吊销营业执照的；

（3）经营中违反国家政策，存在违法行为的；

（4）不按规定提供监测材料，拒绝参加监测的；

（5）严重损害交易相对人利益导致合作社商誉受损的。

二、考核评定和统计监测程序及时间安排

从 2014 年起，市农委会同有关部门对示范社实行考核评定和统计监测制度，三年考核评定一次，期间每年统计监测一次。即：2014 年开始对全市示范社进行考核评定，之后每年度进行统计监

测，连续两年，第三年再开展考核评定，依此循环。具体程序和时间安排如下：

1. 3月底前，由示范社按照要求，将市级示范社发展情况统计监测表（详见附件2略）及本社上年度资产负债表、盈余表、盈余分配表报所在区县农委。

2. 4月底前，各区县农委会同本区县农村合作经济经营管理部门或农民专业合作社服务指导部门，负责对所辖区域内的市级示范社所报材料进行收集汇总（详见附件1略）。逢统计监测年份，将上述材料直接报送市农委；逢考核评定年份，则与下款规定中的初步审核意见一并上报。

3. 5月底前，区县农委会同本区县农村合作经济经营管理部门或农民专业合作社服务指导部门，依据《北京市农民专业合作社市级示范社考核评定标准》（详见附件4略），对辖区内市级示范社进行考核评分，提出初步审核意见（详见附件3略），连同示范社相关申报材料一并上报市农委。

4. 6月底前，市农委会同市农研中心组织相关部门及市农民专业合作社专家指导组专家对区县上报的监测材料及初步审核意见进行评审，并提出评审意见。

5. 7月底前，市农委会同市相关部门根据市农民专业合作社专家指导组评审意见进行联合评定。

6. 9月底前，根据市级部门联合评定结果，确定市级示范社名单，并由市农委联合市相关部门向社会公布。

三、监测考评工作要求

1. 各区县农委要会同相关部门，认真组织本区县内市级示范社按时上报有关材料。

2. 各区县主管部门和市级示范社要准确如实填报监测材料，严格防止弄虚作假。

3. 严格执行示范社标准，对考评合格的，继续保留市级示范社资格，对考评不合格的取消资格。

四、实行动态追加申报

市农委将根据各区县在考核中淘汰的市级示范社数量以及本市农民专业合作社发展情况，会同市相关部门组织各区县追加申报市级示范社。申报示范社程序及要求参照《关于2012年培育创建北京市农民专业合作社示范社及评定管理办法的通知》（京政农发〔2012〕3号），具体时间安排由市农委根据工作需要确定。

北京市农村工作委员会　北京市财政局 北京市民政局关于完善本市村级公益事业专项补助制度的意见

（2013年12月24日）

郊区各区县政府：

为进一步巩固和发展农村税费改革成果，改善农民生产生活条件，确保村级公益事业正常运转，经市政府同意，现就完善本市村级公益事业专项补助制度提出如下意见。

一、基本原则

1. **坚持基本保障原则**。村级公益事业专项补助资金重点用于村级公益事业正常运转的基本保障。纳入新农村建设基础设施管护范围的，由各区县严格按照《关于加强农村基础设施维护和管理的意见》（京政发〔2011〕28号）规定落实管护资金，具体管护工作由村委会负责组织实施。

2. **坚持人口规模分配原则**。由于村庄人口规模差异较大，维持村级公益事业正常运转与人口规模密切相关，区县应按照人口规模完善补贴标准。

二、保障范围

1. **改善农村人居环境**。村内户外垃圾收集清运、环境维护、街道照明、村内道路维修、水土保护、绿化美化。

2. **加强农村社会管理**。政府安排的维稳安保任务、法律法规和政策宣传、村务公开和民主管理、防汛防火、防灾减灾。

3. **发展农村社会事业**。必要的文化体育活动、报刊费、计划生育管理、卫生防疫，以及其他公共社会事业所需支出的费用。

三、补助标准

按照事权与财力相统一的原则，发挥区县主责作用，落实区县属地管理责任，从2014年起，在原市级财政给各区县村级公益事业专项补助资金总量的基础上，再增加50%。由区县结合本地区所辖人口规模、区域功能定位和保障范围等情况，统筹市级补助资金及区县财力，分类、分档制定具体保障标准，落实到村。

四、加强管理

各区县要按照市里的统一要求，切实加强补助资金的监督管理。一是要将根据本地区村级经济发展实际和人口数量，制定的具体分类、分档保障标准及《村级公益事业专项补助资金分配表》（详见附件），于2014年3月底前分别上报市农委、市财政局备案。二是要建立专项补助资金管理台账，加强对专项资金的监督管理，禁止超范围超标准使用专项资金，任何单位和个人不得截留和挪用专项补助资金，确保村级公益事业正常运转。三是要将村级公益事业专项补助资金的使用情况纳入村务公开和民主管理的主要内容，加大监督力度，确保广大村民对村级公益事业专项补助资金使用的知情权和监督权。

总　　述

2013 年北京市农村经济社会发展总述

一、总体发展情况

（一）郊区经济较快发展

据统计，2013 年 10 个郊区县地区生产总值 4 892亿元，同比增长 10.1%，高于全市平均增速 2.4 个百分点；一般财政预算收入 412.6 亿元，同比增长 13.2%，高于全市平均增速 2.8 个百分点。据市统计部门数据，全社会固定资产投资 3 717.3 亿元，同比增长 9.6%，高于全市平均增速 0.8 个百分点；社会消费品零售额 2 022.7 亿元，同比增长 12.5%，高于全市平均增速 3.8 个百分点；规模以上工业总产值 9 815.2 亿元，同比增长 10%，高于全市平均增速 3 个百分点。全市农村固定资产投资完成 679.6 亿元，同比增长 11.5%；第一产业完成投资 175.5 亿元，同比增长 7.1%。

表 1　2013 年远郊区县相关经济指标数据汇总表

单位：亿元、%

区　　县	地区生产总值		地方公共财政预算收入		全社会固定资产投资		社会消费品零售额		规模以上工业总产值	
	本年	增长	本年	增长	本年	增长	本年	增长	本年	增长
全市	19 500.6	7.7	3 661	10.4	7 032.2	8.8	8 375.1	8.7	17 209.3	7.0
远郊区县	4 891.9	10.1	412.6	13.2	3 717.3	9.6	2 022.7	12.5	9 815.2	10.0
房山区	490	10.0	45	12.4	493.7	0.7	205.3	12.5	940.7	−8.1
通州区	500	10.0	53	15.0	590.8	16.7	268.9	12.4	658.3	9.4
顺义区	1 224.5	11.0	97	12.5	429.7	2.6	297.4	17.0	2 810	21.3
昌平区	556.9	10.0	60	15.0	551.9	12.6	297.2	6.0	1 258.6	2.0
大兴区及北京经济技术开发区	1 340.5	10.0			881.4	7.4	519.8	14.8	2 938.2	5.1
大兴区	430	10.0	52	15.1	506.2	5.4	233	16.0	629.1	10.8
北京经济技术开发区	910.5	10.0			375.2	10.4	286.8	13.9	2 309.1	3.6
门头沟区	123	8.5	21	8.5	230.1	20.7	49	12.1	78.7	−25.1
怀柔区	200.2	10.0	27	13.0	156	12.8	101.7	13.2	539.7	22.6
平谷区	168.5	10.0	23	10.5	141.2	15.2	75	12.1	238.3	8.7
密云县	196.3	10.0	25	12.7	165.1	13.6	116.2	10.1	287.9	9.9
延庆县	91.9	10.0	10	12.0	77.6	10.2	92.2	11.1	64.8	−4.4

注：本表根据市统计部门、区县政府工作报告有关数据整理。

（二）农村经济稳中有进

据统计，2013年，全市实现农林牧渔业总产值421.8亿元，比上年同期增长6.6%，按可比价计算实际增长2.1%；第一产业实现增加值161.8亿元，比上年同期增长7.7%，按可比价计算实际增长3%。其中，平原造林拉动作用明显，林业产值75.9亿元，比上年增长38.4%，对农林牧渔业总产值和增加值名义增长的贡献率分别达到80.8%和81.8%，对实际增长的贡献率分别达到210.2%和172.5%。全市设施农业收入57.3亿元，比上年增长10.3%；农业观光园和民俗旅游总收入分别为27.4亿元和10.2亿元，分别增长1.8%和12.6%。据市农经办统计，2013年，全市农村经济总收入5 170.7亿元，同比增长5.9%。农村集体经济资产总额和所有者权益均实现两位数的增长；资产总额5 049亿元，同比增长11.6%；所有者权益（净资产）1 751.5亿元，同比增长10.3%。另据市经信委统计，2013年全市镇村企业运行总体平稳，效益有所提升，总收入实现5 271.9亿元，同比增长6.6%；利润总额308.6亿元，同比增长14.9%。但外贸出口形势不容乐观，出口产品交货值121.1亿元，同比下降16.6%。

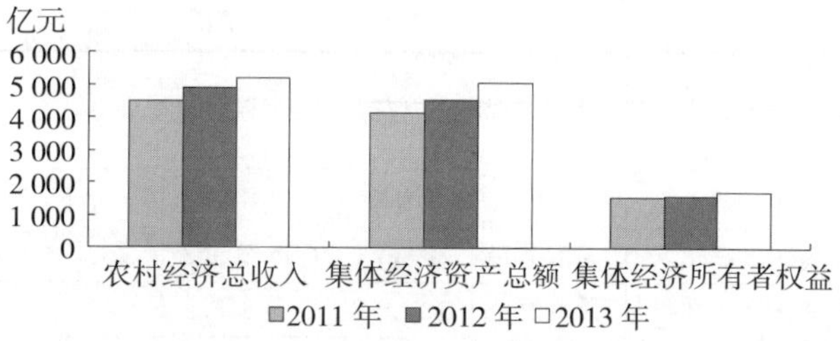

图1　2011—2013年农村经济对比

（三）农民收入继续保持稳定较快增长

据统计部门3 000户农村居民抽样调查显示，2013年，全市农民人均纯收入达到18 337元，同比增长11.3%，扣除物价因素实际增长7.7%，高于城镇居民0.6个百分点。其中，低收入户收入8 052元，增长14.7%，高于总体3.4个百分点。圆满完成农民增收"两个高于"的目标，城乡居民收入比由2.21∶1缩小到2.20∶1。据市农经统计，2013年农民人均劳动所得15 736元，同比增长9.4%。

二、发展特点分析

2013年，郊区农村坚决贯彻市委市政府稳中求进、稳中有为、稳中提质的工作部署，不断强化思想引领和组织保障，深化落实一系列强农惠农富农政策，都市型现代农业的多功能作用逐步显现，郊区新型工业化深入发展，农村改革继续深化，农民收入继续保持较快增长，京郊农村经济呈现平稳较快发展态势。

（一）都市型现代农业结构继续深入调整，战略性基础地位进一步巩固

2013年，北京市大力提升都市型现代农业发展水平，转变发展方式，创新实现形式，加快推动农业规模化布局、园区化建设、标准化生产，不断增强其应急保障、生态休闲、科技示范等功能，农业的战略性基础地位进一步巩固，多功能性更加显现。

1. 农业产值总体呈现平稳增长态势。2013年，都市型现代农业结构继续深入调整，生态功能进一步增强，农业总体保持稳定增长。全年农林牧渔总产值实现421.8亿元，同比增长6.6%。其中，种植业产值246.3亿元，增长17.9%，养殖业产值167.5亿元，增长0.2%。若扣除林业，2013年农牧渔业总产值345.9亿元，比上年增加5亿元，增长1.5%。2013年全市农业结构继续深入调整，林业产值增长38.45%，实现75.9亿元，对农林牧渔总产值的贡献率为80.8%，贡献增长5.3个百分点，依然是总产值增长的主要支撑因素。

表2　2013年北京市农林牧渔总产值结构表

单位：亿元、%

	2013年	2012年	增长
总产值合计	421.8	395.7	6.6
（一）农业	170.4	166.3	2.5
（二）林业	75.9	54.8	38.4
（三）牧业	154.8	154.2	0.4
（四）渔业	12.8	13.0	−1.5
（五）农林牧渔服务业	8.0	7.5	6.7

2. 农业综合生产能力继续加强。"菜篮子"保障水平继续提升。全面落实"菜篮子"工程负责制，"产量增加年、质量提升年"成效显著。新建和改建设施农业近7 000亩，新发展基本菜田1.5万亩。基本菜田蔬菜生产补贴试点积极开展。新创建"菜篮子"优级标准化基地160个，累计达到322个；新增"三品"认证283家，上市蔬菜、畜禽、水产品的检测合格率在全国处于领先位置。开

展蔬菜生产提质增效“三百工程”，建立高产高效示范点342个、设施蔬菜标准园5个、集约化育苗场20个。规模化标准化规模养殖场存栏畜禽占到80%以上，奶牛规模养殖比例达到90%以上，100%实现机械化挤奶。推广水产“三节两高”健康养殖模式。都市型现代农业基础建设及综合开发一期实施农田水利、农田培肥、田园清洁循环、沟路林渠配套等四项工程，113万亩项目区高质量完成。继续实施二期综合开发工程112万亩。粮食单产平稳增长。全市粮食单产达到403.3千克/亩（比全国高44.8千克/亩，单产水平居全国第7位），较上年增加12千克，增长3.1%（比全国高1.7个百分点）。但由于农业结构发生重大调整，全年粮食播面238.4万亩，比上年减少52.4万亩，下降18.0%，全年粮食总产96.1万吨，比上年减少17.6万吨，下降15.5%。蔬菜及食用菌产量266.9万吨，下降4.7%。禽蛋产量17.5万吨，增长14.8%。生猪出栏314.4万头，增长2.7%。部分农产品生产效益提高。全市蔬菜自给率28%左右，猪肉自给率31%，禽肉、鸡蛋、鲜牛奶自给率60%左右。

3. 都市型现代农业实现形式继续创新、丰富和发展。2013年，全市都市型现代农业发展水平继续稳步提升，高端化和融合化发展态势日益显著，产业模式加快创新、综合收入持续增长、服务功能日益显著。全年休闲农业、设施农业、种业共实现收入108.9亿元，同比增长4.7%。

4. 设施农业规模基本稳定、结构持续优化。2013年，全市已利用设施农业面积28.3万亩，同比持平略减1.1%（主要是大兴区因造林和新航城建设，设施面积减少6 986亩，下降5.9%）。其中，温室面积达到15万亩，增长3.5%，占比由上年的50.6%稳步提高到53%，结构和质量进一步优化。设施农业总收入达到57.3亿元，增长10.3%，其中，温室收入实现41.1亿元，增长12.8%。

5. 休闲农业与乡村旅游提档升级步伐加快。2013年，提升休闲农业与乡村旅游发展水平的一揽子措施有效实施，如房山区贾河梨园等3个园区获得“中国美丽田园”称号、延庆县荣获全国休闲农业与乡村旅游示范县称号、密云县蔡家洼村荣获全国最具魅力乡村称号、创建了10个市级休闲农业与乡村旅游示范乡镇，休闲农业和乡村旅游品牌化、高端化、规模化发展水平显著提升。2013年，全市观光园、民俗旅游共接待游客3 751万人次，增长3.2%，实现总收入37.6亿元，增长4.5%，其中，采摘和出售农产品收入9.3亿元，增长6%，带动全市园林水果采摘销售7.6万吨，超过了总产量的1/10。以季为周期，贯穿全年相继推出草莓季、樱桃季、花季、香草季、瓜季、鲜桃季等“农产品流通季”系列活动，编写主题图书，策划农产品地图，郊区成为市民假日休闲旅游的首选地。

6. 会展农业取得新突破。成功创新推出农业嘉年华活动，累计接待游客101.7万人次，直接收入超过3 300万元，第21届北京种子大会成功举办，参会品种5 000个，累计交易金额5亿元，直接带动旅游收入2亿元；先后举办了中国菊花展、中国草莓文化节等5项全国性展销活动。世界葡萄大会、世界种子大会和月季洲际大会等重大会展筹备工作加快推进，延庆县成功申办2015年世界马铃薯大会。在会展农业的创新突破和持续发展中，北京农业的开放性、影响力、融合性得到持续提升。会展农业极大地丰富了农业内涵，延展了农业的社会服务功能，同时延长了农业产业价值链条，有效地提升了农业产品价值。

7. 沟域经济加快发展。7条重点沟域基础设施建设加快推进，201个工程项目顺利实施，集成发改、财政等多部门资金6亿元，同时社会投资吸引力显著增强，全年共计完成投资15.4亿元。其中，“一环两镇”发改委重点安排资金上亿元，沟域集群建设初见成效。重点沟域特色化、精品化、品牌化发展趋势显著，带动山区生态环境持续改善、基础设施不断提升、特色产业发展加快，市民沟域旅游活动持续升温，带动增收能力进一步增强。2013年，山区农民人均纯收入实现16 379元，同比增长13.5%。

8. 农业生态功能进一步增强。2013年，平原造林面积36.4万亩，超额完成年初35万亩目标任务，全市林木绿化率、森林覆盖率分别达到57.4%和40%；营造了千亩以上生态片林68块，形成了10处万亩以上大型绿色板块，着力打造了“一园、三带、三廊、五区、四片”16处特色鲜明、功能多样的大规模城市森林区域，造林12.1万亩，即：一个东郊森林公园，永定河、北运河、潮白河三条生态景观带，京平高速平谷段、104国道、大广高速榆垡段三条生态廊道，六环路内通州台湖、丰台槐房、中关村森林公园、锦绣大地、朝阳东坝环铁五大特色区，房山燕化周边、昌平西部沙坑煤场、延庆蔡家河、密云西田各庄四个大型绿色板块。

9. **农产品市场总体供需平衡**。全年农产品生产者价格指数4.7%，与上年持平。其中，种植业产品生产者价格同比上涨5.5%，涨幅比上年回落2.4个百分点；粮食生产者价格同比上涨2.9%，其中小麦价格同比上涨14.3%，涨幅上升13.4个百分点；玉米价格同比下降1.4%，涨幅回落8.8个百分点；蔬菜价格同比上涨7.6%，涨幅与上年基本一致；水果价格同比上涨7%，涨幅比上年相比回落5.3个百分点；花卉价格同比下降0.2%，涨幅比上年回落9.2个百分点。种植业产品价格继续上涨，主要由于气候原因，如2013年上半年低温、全年雾霾天数增多、光照不足等影响了农作物的生长。畜牧业产品生产者价格同比上涨4.2%，价格涨幅比上年上升3.5个百分点。肉牛生产者价格同比上涨13.1%，肉羊价格同比上涨6%，肉禽价格同比上涨4.4%、禽蛋价格同比上涨5.1%，牛奶价格同比上涨11.3%。

10. **农产品质量安全和流通效率继续稳步提升**。强化农产品质量安全监管。深入开展“农产品质量安全监管规范年”建设，确保了全市未发生重大农产品质量安全事件。加快农业标准化步伐，推行全程质量管控，新制定发布15个农业地方标准，全市已建成级优级农业标准化生产基地322家。推进质量安全认证，新认证“三品”生产企业987家、产品2 946个，年产量152.7万吨，全市“三品”认证总量占同类产品产量的29.1%，同比提高4.6个百分点。推进农社对接、农超对接，农社对接合作社达到87家、开设了直销店（点）660个，农超对接合作社68家、进入超市42个。加强外埠生产基地建设，新增外埠蔬菜基地4万亩、养殖基地5个。举办了北京市与11个进京食品供应省（区、市）的食品安全供应保障区域合作推进会和农产品进京展销活动。京合农品、沱沱工社、本来生活网、鲜直达等生鲜农产品的B2C网站在探索中前进。北京新发地农产品批发市场与京东合作，上线新发地京东官方旗舰店。任我在线农产品全程电子商务系统（Online＋Offline）稳步发展，在昌平区新开50家社区直销店。

（二）郊区经济转型升级加速，功能区特征明显

2013年，10个郊区县经济各主要指标达到10%左右的增长，高于全市平均增速。郊区经济转型升级步伐加快，各区县按照功能区定位，依托大项目带动，淘汰落后产能，发展环境友好型产业，转变经济发展方式，取得了明显成效。

1. **城市发展新区，以大项目带动，在金融、文化、信息等新兴产业上取得新进展，城镇化环境建设出现新面貌**。房山区紧抓城南行动计划和促进西部地区转型发展等重要机遇，推进重大项目建设，积极引进金融服务、信息传输、文化创意、总部经济等知识密集型产业；北京高端制造业基地支撑实体经济作用不断增强。长安汽车等4个投产项目效益显著，新材料与产业技术北京研究院等10个在建项目快速推进。新增1.18平方公里金融商业和生活居住用地，发展空间进一步拓展。中央休闲购物区影响力不断提升。通州区全面加速北京城市副中心建设，“一核五区”重点项目进入全面建设期；产业转型升级加快，完成16家规模以上企业技改升级和71家落后企业淘汰退出工作。顺义区战略性新兴产业发展态势良好，环球华影激光电视、中航信数据中心启动建设，远大住工项目正式签约，一批高新项目落户，为后续发展积蓄了新力量。新兴金融发展迅速，中加基金、中青基金等30家金融机构相继入区发展。文化创意产业加快发展，新国展一期配套主体工程完工，展会服务保障能力进一步提高。商业业态不断丰富，金街悦港城、国门一号即将开业。临空经济再升级。昌平区累计安排4.4亿元资金支持产业转型升级，高技术产业、生产性服务业的比重分别提高到14%和25%，科技商务产业聚集态势初显，驻昌金融投资类企业累计达到1 037家。文化、旅游、商贸等产业融合发展，乐多港假日广场开工建设，金隅万科广场、泰华龙旗广场、华联回龙观2号店开业运营。30个年度重大工业项目按期推进，科兴生物新疫苗产业基地、神雾热能节能减排产业化基地等项目竣工投产。大兴区全面推进北京大兴国际机场建设；充分发挥北京经济技术开发区的龙头作用，推动高端集聚，产业融合发展呈现新态势。“四个一批”项目建设成效显著，中关村医疗器械产业园、乐视等36个项目签约落地，奔驰二期、蓝鲸园等30个项目开工建设，康宁二期、协和制药等

30个项目竣工投产，新增产值228亿元，项目投资强度、产出效益、带动能力明显提升。以首都二产主阵地为支撑，大力发展现代服务业，启动北京电子商务中心区建设。

2. 生态涵养区以绿色、环保为主题，大力发展都市休闲文化产业，环境友好型产业支撑作用显现。门头沟区，旅游文化休闲产业加速发展，87项重点旅游项目全面推进，旅游基础设施不断完善，完成永定楼旅游文化布展，完成定都峰绿化及道路改造。新兴经济组团初步形成，大型招商活动成效明显。石龙开发区成为中关村门头沟园，开工建设12个总部大厦，发挥了高端产业培育和财政税收领头军作用，同时几大新兴经济组团初步形成。密云县，重点功能区呈现多点支撑的良好态势，重大项目、重点工程辐射带动作用明显增强；休闲旅游业顺利实现“321”阶段性发展目标（3 000民俗户、2万张床位、1万人就业）；环境友好型工业支撑作用突显。怀柔区，通过全力筹备APEC会议，雁栖湖生态发展示范区基础设施逐步完善，周边景观环境品质提高，配套服务设施不断健全；文化科技高端产业加快集聚，中关村怀柔园挂牌运行，园区企业达到75家。平谷区，工业经济平稳增长，“联东U谷”、统一食品园等大项目相继签约，新增生产型企业16家；新兴产业加快发育，马坊物流基地功能日趋完善，电子商务聚集区、口岸会展中心、2万吨冷库建成使用。延庆县，生态产业健康发展，“休闲延庆”品牌影响力提升；新能源环保产业发展后劲增强。

（三）“新三起来”意见实施，农村改革迈向深入

为全面系统、整体谋划推动农村改革，2013年出台了《关于加快城乡发展一体化进程，推进土地流转起来、资产经营起来、农民组织起来的意见》，出台了一系列配套措施，全面系统、整体谋划推动农村改革总思路。总结了一批“新三起来”典型，组织现场观摩会，强化引导和示范作用。丰台C9项目、海淀在集体土地上建设中关村东升科技园、大兴西红门镇统筹利用集体建设用地、密云干峪沟盘活闲置农宅增加农民的财产性收入，等等，带动京郊农村改革向纵深发展。

1. 集体经济组织产权制度改革继续深化。集体经济加快改革发展，产权制度改革不断深化，村级改革任务基本完成。乡级改革取得积极进展，累计完成19个。全市乡村两级集体资产总额5 049亿元，累计完成村级集体经济产权制度改革的单位3 854个，村级完成比例96.9%，320万农村居民成为新型集体经济组织的股东。完成了195个乡镇、3 958个村的农村集体土地所有权确权登记颁证工作，确权登记率97.05%。在此基础上全面推开土地承包经营权登记和建设用地试点工作。

2. 农村土地确权和流转加快推进。印发了《关于开展农村土地承包经营权登记试点工作的意见》，登记试点范围不断扩大。2013年下半年，集体建设用地使用权确权登记颁证也正式试点。集体土地所有权确权登记发证工作已基本完成全市195个乡镇、3 958个村的确权登记工作，确权登记率达到97.05%。积极引导承包土地经营权有序流转，农村土地承包经营权确权总面积共计462.2万亩，确权土地流转共计237.1万亩，占比确权土地总面积的51.3%。顺义、通州等区县，通过土地流转，开展规模化经营，进行都市型现代化农业建设，取得了良好成效。集体林权抵押贷款工作正式启动实施，前11个月已发放林权抵押贷款4 420万元。

3. 农村产权交易体系不断健全和完善。北京农村产权交易所与各区县农委、经管站紧密配合，在14个涉农区县设立了分支机构，农民和集体经济组织在本区县即可完成相关资料的提交。北京农村产权交易所累计成交各类产权交易项目158宗，成交金额突破9亿元，集体建设用地流转项目15宗，流转面积10万多平方米。平谷区农村产权交易服务中心2013年成交项目75宗，成交金额3 085.7万元。其中土地4 907亩（耕地644.75亩；果园20.9亩；鱼池58.34亩；山场和四荒4 183亩），成交金额2 177.4万元，实物资产1 738.9万元。交易宗数较2012年有所增加，但交易额减少。

4. 新型农业生产经营体系加快构建。印发了《关于扶持本市农民合作社发展的若干意见》，引导和支持合作社兴办农产品加工、流通企业、开展连锁经营；建立了示范社动态管理机制；积极推进合作联合社建设和农社对接。农业龙头企业不断发展壮大，新增3家国家级龙头企业。合作社开展横向联合新探索。全市在工商部门登记注册的农民专业合作社达到6 010家，截至2013年9月底，合作社成员出资总额63.5亿元，辐射带动农户占全市从事一产农户总数的3/4。多个区县出现农民专业合作社联合社，形成合作社联合闯市场新局面。8月份，门头沟区首家农民专业合作社联合社——北京清水腾达乡村旅游专业合作社、第一家正式注册的农民专业合作社联合社北京蓝天白鸽农业发展专业合作社联合社相继成立，成为农民合作社抱团闯市场的先锋。通州区先后整合 51 家农民专业合作社资源，建成 3 家农民专业合作社联合社。通过整合，联合社经营特色鲜明，在减少交易费用、抵御市场风险、抵消农业生产异常波动等方面发挥了积极作用。

5. **农村金融创新取得新突破。**“富民”系列集合资金信托计划顺利完成试点，进入正常市场运行阶段。2013 年 5 月，“富民 2 号”依托资金吸收包括门头沟永定、王平等 16 个村的集体资产 7.206 亿元；2013 年年底，“富民 3 号”面向怀柔区雁栖镇下辛庄村，吸纳资金额度 5 000 万元，年预期收益率 8.5%。完成林权抵押贷款 4 420 万元，涉及 8 个区县、11 个合作社、35 个农户。其中，北京银行为昌平、顺义等 7 个区 27 个果园发放贷款 3 500 万元；中国邮政储蓄银行为平谷区、延庆县 35 个农户发放林权抵押贷款 920 万元。大兴区农民专业合作社凭借自身信用等级可获得 30 万元到 200 万元数目不等的银行贷款。大兴区已经采集了 54 家农民专业合作社区级示范社和庞各庄镇 98 家农民专业合作社的基本信息，华夏村镇银行已经对其中有贷款需求的 23 家农民专业合作社主动授信 2 750 万元，首批 4 家合作社 150 万元的信用贷款已经发放。

6. **政策性农业保险进一步完善。**2013 年本市政策性农业保险保费收入 5.48 亿元，总保险金额 142.9 亿元，参保农户 18 万户次，简单赔付支出 5.13 亿元，赔付农户 14 万户。大田作物保险增加了旱灾、冻灾和病虫害保险责任，果类作物保险增加了旱灾和病虫害保险责任，基本覆盖了种植业全部可保风险，同时对小麦、玉米、露地蔬菜等 7 个险种的保险金额进一步上调，亩均保额提高 100 元至 200 元。创新推出了新险种，在顺义、房山、怀柔和通州 4 个区县试点渔业养殖保险，填补了本市水产养殖保险的空白；在大兴区试点开展秋播大白菜成本价格保险，稳定蔬菜生产和市场供应，提高市场风险防范水平，有利于解决冬季大白菜市场价格波动较大的问题。

（四）集体“三资”管理进一步加强，经营水平稳步提升

1. **进一步加强农村资金资产资源管理。**市纪委、市委农工委、监察局、农委等部门联合印发了《关于进一步加强农村集体资金资产资源管理和监督工作的意见》（京纪发〔2013〕5 号），农村集体“三资”管理的制度建设进一步加强。郊区各区县结合自身实际，创新了很多行之有效的监管体制机制。如平谷区农村产权交易、门头沟区集体资产信托化经营、朝阳区构建“351”集体“三资”监管模式、房山区六项村级重大事项审批制度等。海淀区深化农村集体“三资”经营管理体制机制改革，根据法规政策，借鉴国有资产管理体制，着眼于解决实际问题，印发了《关于进一步加强海淀区农村集体资产管理工作的实施意见》（海政办发〔2013〕80 号），组建起区、镇两级的农村集体资产监督管理委员会（简称农资委），构建符合本区实际、运转高效顺畅的集体资产监管体制机制。

2. **全面开展农村集体经济合同清理。**北京市农经系统把农村集体经济合同清理作为推动“新三起来”的重要措施，对全市乡（镇）、村两级集体经济组织及其所属企事业单位订立的农村集体经济合同（农村集体土地家庭承包除外）进行了全面清理规范，摸清了农村集体经济合同的底数。以 2012 年 12 月 31 日为时点，清查并纳入电子台账管理的农村集体经济合同共 119 463 份，合同总金额 1 485.5 亿元，其中：资金类合同 1 526 份，合同总金额 45.6 亿元；资产类合同 19 219 份，合同总金额 697.8 亿元；资源类合同 101 067 份，合同总金额 924.5 亿元；其他类合同 2 869 份，合同总金额 65.6 亿元。涉及房屋建筑物 7 239.6 万平方米，涉及土地总面积 346.5 万亩，其中：农用地 164.9 万亩，四荒地 113.1 万亩，建设用地 32 万亩。通过对问题合同进行规范，保障了农村集体和农民的权益。5 622 份问题合同，涉及总金额 81.2 亿元，其中：采取补充完善方式规范经济合同 1 960份，涉及合同总金额 28.3 亿元；采取签订补充协议方式规范经济合同 1 241 份，涉及合同总金额 12.1 亿元；解除问题经济合同 159 份，涉及合同总金额 2.4 亿元；口头合同订立书面合同 465 份，涉及合同总金额 860.5 万元；清理拖欠合同 490 份，回收拖欠 2 387.3 万元。通过清理规范，增加合同总金额 8.2 亿元，当年增加合同金额 1.3 亿元，增加了集体和农民的收益。通过清查，掌握了农村集体资金、资产、资源的经营现状，发现了农村集体经济合同中存在的一些突出问题，建立了农村集体经济合同电子台账管理系统，完善了农村集体经济合同管理的相关制度，取得了显著成果。

3. 农村集体经济实力有所增强。市农经办统计信息系统数据显示，2013 年，全市农村经济总收入为 5 170.7 亿元，比上年增长 5.9%。乡村两级集体经济资产总额 5 049 万元，比上年增长 11.6%；10 个区县呈正增长，其中丰台区、海淀区、顺义区增速在 20%以上；集体经济所有者权益 1 751.5 亿元，比上年增长 10.3%；9 个区县呈正增长，其中门头沟区、丰台区、海淀区、顺义区、朝阳区增速在 10%以上。

从所有者层级看，农村集体资产呈现资产总额、净值均较快增长，村级增长加快，乡（镇）级增长较慢，乡级资产比重下降，村级比重上升的特点。乡村两级集体资产总额中，乡（镇）级资产 2 034.1亿元，同比增长 2.1%，占总额的比重 40.3%。村级资产 3 014.8 亿元，同比增长 19%，占总额的比重 59.7%。乡（镇）级资产净值 499.1 亿元，同比下降 0.4%，占总净值的比重为 28.5%。村级资产 1 252.4 亿元，同比增长 15.3%，占总净值的比重超过 7 成，达 71.5%。

从发展较快的乡镇和村来看，农村经济总收入最高的乡（镇）是朝阳区高碑店乡 188 亿元，最高的村是朝阳区高碑店乡高井村 65 亿元；集体资产总额最高的乡（镇）是丰台区卢沟桥乡 361 亿元，最高的村是丰台区南苑乡槐房村 124 亿元；人均劳动所得最高的乡（镇）是朝阳区南磨房乡 43 682.9 元，最高的村是石景山麻峪工贸中心 76 168.7 元；人均所有者权益（净资产）最高的乡镇是朝阳区华汇亚辰 162.9 万元，最高的村是朝阳区崔各庄乡望京村 1 355.6 万元。

（五）城镇化和新农村建设积极推进，城乡区域协调发展

2013 年，全市城乡统筹力度进一步加大，“三农”投入积极保持较快增长势头，全年农村固定资产投资完成 679.6 亿元，增长 11.5%，其中，发改委在远郊区投资达到 203.3 亿元，占比 50.6%。郊区新型城镇化发展势头良好。

1. 城乡结合部建设扎实推进。城乡结合部 50 个重点村回迁安置房建设、产权制度改革、整建制农转居、集体产业发展、农民就业、社区建设、绿地回建等后续各项工作扎实有序推进。50 个重点村回迁安置房竣工 481 万平方米，在施工面积 600 万平方米，21 个村竣工并陆续回迁。整建制农转居 10 个村 10 824 人，19 个村正在进行。集体产业发展、农民转移就业和新型社区建设同步推进。

2. 重点小城镇和特色小城镇建设稳步推进。重点小城镇加快向以产促城、以城兴业、产城互动的发展方式转变，积极参与各类投资发展洽谈会，重点镇与大型企业加快对接。42 个重点镇经济实力进一步增强，前三季度完成财政总收入 52.8 亿元，增长 27.7%。继续加强重点小城镇发展监测和发展模式研究，总结经验，分类指导，小城镇建设梯次推进。精心组织特色村镇规划建设工作，怀柔区北沟村成为全国第一批村庄规划示范，门头沟区马栏村、昌平区长峪城村等 4 个村列入第二批中国传统村落名录，组织门头沟区黄岭西村、苇子水村等第一批中国传统村落编制保护和发展规划。组织密云县古北口镇开展绿色低碳重点小城镇试点示范工作。门头沟潭柘寺、房山韩村河等 6 个镇已着手创建全国特色景观旅游名镇（村）。

3. 新型农村社区建设试点范围进一步扩大。12 个已确定的市级新型农村社区试点全部完成社区规划，截至 2013 年年底，已建成住宅 3 597 套，入驻村民 2 922 户。当年，新增了 36 个市级新型农村社区试点，其中 26 个已完成建设规划并有 11 个通过区县政府专题会。系统总结了“党组织引领、央企参与，原址重建、滚动发展，多村集并、异地建设，项目带动、村企合作”等新型农村社区建设典型模式，制定了全面科学的评估体系。探索论证部分区县政策集成和资金聚焦的有效方式，规范了市级试点要求和工作程序。

4. “减煤换煤、清洁空气”行动加紧实施。2013 年，北京市率先启动“减煤换煤、清洁空气”4 年行动计划，按照“五个一批”的要求，制定并实施了“减煤换煤、清洁空气”行动实施方案，重点在“两区三镇”进行试点，全市涉及 1 100 个村庄、27 万户农民。通过采取优质燃煤替代、取暖煤改电、天然气入户、太阳能热利用、液化石油气下乡及沼气利用等措施，建立了部门会商联动机制，充分发挥协调作用，会同 11 个部门制定了 9 项政策文件，举办了多次现场会、对接工作会。截至年底，已完成优质燃煤替代 28 万吨，推广高效无烟炉具近 2 万套；11 个村煤改电工作基本完工，4 000 余农户实现电采暖；5 个村天然气入户工程

积极推进，进展顺利。至采暖季结束，全市全面完成了减煤换煤80万吨的任务。

5. **农村人居环境持续改善**。启动新一轮山区搬迁工程，按照因地制宜、跟踪总结的工作思路，注重资金整合、政策聚焦，联合财政、国土等7部门印发工程管理、搬迁用地办法，市财政按每人1.8万元、每户4万元的补贴，并集成了农宅抗震节能改造政策、生态移民等政策资金。搬迁农民6 890户、14 829人，涉及门头沟、昌平、平谷、怀柔、密云、延庆6个区县（房山区搬迁工程纳入“7·21”安置房建设计划），27个乡镇66个行政村，其中有30个地质灾害易发村、20个受洪水威胁村和22个低收入村，截至年底，已有25个村主体工程已完工，部分农户已实现入住。继续推进农宅抗震节能改造工程。累计完成6.3万户，超额完成本年度5万户的目标。实施抗震节能改造的农宅达到八度抗震设防，可以达到“小震不坏、中震能修、大震不倒”的水平，房屋的使用年限延长至50年，农民居住质量进一步提升。郊区生态环境建设任务全面完成。完成环境重点治理村庄950个。开展了主要路、河、景点和乡村旅游村周边环境的专项治理，清理积存垃圾30万吨、10万处，清理小广告1.7万余条。建立完善季度例会和联络员制度，抽查乡镇123个、村庄1 321个。全年创建了5个环境优美乡镇和138个生态村。

6. **农村基础设施和加强长效管护机制进一步完善**。“三起来”工程继续实施，推广技术过关，经济实用的惠民工程，维护照明设施31.1万盏，推广炉具1.6万台、新建沼气工程5处、雨洪利用工程200处、粪污治理工程113处，基本完成全年任务。重点开展了900个村庄的环境整治。推进村镇地区生活污水治理和集约化供排水设施建设，完成870公里村庄排水沟渠整治。加大农村地区非正规填埋场治理力度，加快农村地区生活垃圾处理设施建设，农村地区生活垃圾无害化处理率达到92%。6 000座新农村公厕运行正常。创建首都绿化美化园林小城镇5个，首都绿色村庄80个。郊区污水处理率达到61%以上。农村基础设施长效管护机制进一步健全，联合相关部门出台了环境卫生服务、道路照明设施、村镇供水、安全饮水等市级文件，农村基础设施纳入了政府管理工作范畴。制定了区县管护相关文件109个，管护资金总投入4.6亿元。街坊路、太阳能路灯、太阳能浴室、垃圾处理、自来水供水设施完好率均在90%以上，农村基础设施运行基本正常。

（六）城乡基本公共服务均等化加快推进，农村民生不断改善

2013年，北京市积极推进农村居民转移就业，继续提高农村社会保障水平，加快推进教育、医疗、卫生等基本公共服务城乡均等化，让广大郊区农民在发展中共享首都发展成果。

1. **转移就业工作持续深入推进**。积极推进农村劳动力转移就业管理制度与就业失业管理制度并轨，加快完善城乡统一的就业政策体系。坚持就业优先战略，继续开展春风行动、城乡手拉手就业协作、就业援助等促就业措施，相继实施单位招用就业困难人员补贴办法、灵活就业的农村劳动力纳入城镇职工社会保险制度、提高最低工资标准等多项积极就业政策，全年实现6.23万名登记农村劳动力转移就业。推动林业生态建设与农民就业增收统筹发展，大力促进绿岗就业，平原造林与管护中吸纳3.2万农民就业。

2. **加快推进城乡社保制度相衔接**。城乡社保一体化取得新进展，城乡居民基础养老金和城乡无保障老人福利养老金标准继续稳步提高，两项养老金分别由2012年每人每月357.5元、277.5元增长到2013年的每人每月390元和310元，人均每月增加了32.5元，同比分别增长了9.1%和11.7%，受益人群分别达到29万人和55万人。农村低保标准继续大幅提高21.05%，最低标准由2012年的每人每月380元调整为2013年每人每月460元；城乡低保一体化工作也加快推进，全市除朝朝阳、海淀、丰台、顺义外，2013年大兴、通州也实现了城乡低保标准一体化。

3. **积极推进城乡义务教育均衡发展**。继续落实《北京市中小学建设三年行动计划（2012—2014年）》，加大城乡优质教育资源建设力度，兴建城乡新区中小学，以政府办实事形势推进“城乡一体化学校建设”，在2012年投入2.4亿元、建设15所一体化学校的基础上，2013年又投入6.18亿元，新增加了30所城乡一体化学校，新增学位24 881个，总学位数达到41 610个。同时，还以政府实事形式新增城乡幼儿园入园名额2.4万个，完成支持100所村办幼儿园建设工程。郊区农村中小学及幼儿园办学条件进一步提升，教育教学质量持续改善。

4. **城乡医疗保障差距进一步缩小。**继续提高新型农村合作医疗筹资标准，由2012年为640元/人提高到2013年为680元/人，其中，政府补助标准不低于580元。新农合基金规模不断扩大，新农合基金使用效率、综合管理水平和服务能力、保障水平持续提升，参合率高位稳定在98%以上。对乡村医生承担的村级公共卫生和村级常见病的防治两项职能，采取“政府购买服务”的方式分别给予适当补助。2013年1月，市卫生局、财政局联合印发了《关于调整本市乡村医生补助标准的通知》，乡村医生补助标准由原来的每月800元调整至每月1 600元。其中，乡村医生承担村级公共卫生职能的部分，每月补助1 000元；承担常见疾病防治，为群众提供零差价药品服务职能的部分，每月补助600元。农村基层卫生服务体系进一步完善，大力推进包括村卫生室在内的社区卫生服务机构标准化建设，基本实现远郊平原居民步行20分钟、山区居民步行30分钟可及医疗卫生服务的目标。

（七）促增收力度持续加大，农民收入继续保持稳定较快增长

2013年，在大力推动农民转移就业、加大低收入农户增收帮扶力度、完善城乡社保体系、推动农村新型集体经济组织按股分红等措施的共同作用下，京郊农村居民人均纯收入达到18 337元，同比增长11.3%，实际增长7.7%，连续5年快于城镇居民人均可支配收入的增幅。城乡居民收入比由2.21∶1缩小到2.20∶1；城乡居民收入差距绝对值21 984元，差速比上年下降0.1个百分点。

1. **工资性收入对农民增收贡献最大。**2013年，在农民的四项收入来源中，农民人均工资性收入12 035元，增长11%，对农民收入的增收贡献率为64.1%，拉动总体增收7.2个百分点，工资性收入占比最大，达到65.6%，与上年基本持平。农民家庭经营性收入进一步下降，人均833元，同比下降36.8%，占总收入的4.5%，比上年下降3.5个百分点。农民财产性收入继续较快增长，2013年，农民人均财产性收入实现2 023元，同比增长17.8%，增收贡献率为16.4%，拉动总体增收1.9个百分点，其中人均租金收入1 562元，增长39.5%；财产性收入占总收入比重为11%，比上年提高0.6个百分点。农民人均转移性收入3 446元，同比增长32.6%，对农民收入的增收贡献率为45.6%，拉动总体增收5.1个百分点，其中人均退休金、养老金收入2 314元，增长33%。

表3　农民人均纯收入构成表

		金额（元）	同比±（%）	所占比例（%）
农民人均纯收入合计		18 337	11.3	100
其中	工资性收入	12 035	11	65.6
	家庭经营收入	833	−36.8	4.5
	财产性收入	2 023	17.8	11
	转移性收入	3 446	32.6	18.8

2. **低收入农户收入增长加快。**全面实施《北京市关于推进农村经济薄弱地区发展及低收入农户增收工作的意见》，明确帮扶对象和范围，健全了帮扶工作机制。市级层面推出百村万户设施农业“一户一棚”援助工程、帮扶低收入农户未就业大学毕业生就业、明确“一事一议”财政将补资金重点用于支持低收入村，以及提高社会救助水平等积极措施，区县层面大兴区推动29个区直单位与低收入村协议共建、顺义区组织12家龙头企业与17个低收入村结对帮扶。2013年，20%相对低收入组农户人均现金收入8 052元，增长14.7%，比上年加快0.4个百分点，高于农民总体平均水平3.4个百分点，农村内部收入差距进一步缩小。

3. **农民人均劳动所得继续较快增长。**市农经办统计信息系统数据显示，郊区农民人均劳动所得实现15 735.6元，同比增长9.4%，比主营业务收入增长速度高3.7个百分点。从三大产业看，农民从第三产业所得增速最快，比重最大，占人均劳动所得的六成以上。农民从第一产业获得2 666.4元，占16.9%；从第二产业获得3 144.6元，占20%；从第三产业获取9 924.7元，占63.1%。从14个区县看，石景山区农民人均劳动所得最高，通州区农民人均劳动所得增长速度最快。农民人均劳动所得超过全市平均数的有石景山、朝阳、海淀、丰台、大兴、通州、怀柔7个区。农民人均劳动所得增速超过全市平均水平的有通州、平谷、丰台、密云、海淀、怀柔6个区县。

4. **农民股份分红收入明显增加。**新型集体经济组织股份分红水平持续增长。据市农经办统计，全市有1 267个村集体经济组织实现股份分红，分红村数量比上年增加194个，增长18.1%。分红村占已改制村集体经济组织的32.9%，比上年提高4.7个百分点。股份分红总金额34.8亿元，比上年增加 11.2 亿元，增长 47.5%。改制村中有 133 万农民股东获得红利，比上年增加 22 万人，增长 19.8%，人均分红 2 611 元，比上年增加 487 元，增长 22.9%。全市预计发放山区生态公益林补偿金额 2.6 亿元，人均分配 236 元。

（八）农村社会建设进一步加强，发展基础更加稳固

1. **农村基层组织建设持续加强。**村“两委”换届选举工作圆满完成，较好地实现了市委、市政府提出的“两保持、两降低”目标要求。村“两委”班子结构进一步优化，共选出村党组织成员 13 719 名、村委会成员 13 046 名。179 名大学生“村官”进入村党组织班子。党在农村的执政基础进一步巩固，“一人兼”比例达到 65.7%，交叉任职比例达到 55.6%；村党组织书记、村委会主任连选连任比例分别为 80.3%、68.8%。非党员村委会主任 444 人，比上届减少 164 人。加大在青年农民、致富带头人、退伍军人、大学生“村官”等群体中发展党员力度，推广外出务工人员入党“双联系双培养双发展”机制，优化农村党员队伍结构。进一步加大基层干部教育培训力度，全市共培训乡镇、村干部 12.4 万人次。落实离任村党组织书记生活补贴机制，解决了离任村党组织书记后顾之忧。

2. **农村基层民主建设进一步深化。**全面试行乡镇党代会年会制，同步推进乡镇党代表任期制。村“两委”换届选举首次实现应选尽选，村党组织换届选举全部采用“公推直选”，村委会换届选举依法实行“海推直选”，妇女成员首次实行“专职专选”。推广“四议一审两公开”“四评”工作法、党员议事会等做法，健全村级议事决策规则和程序。深化村务公开民主管理，加大村务公开力度，完善村级议事规则和决策程序，进一步健全村级民主监督机制。

3. **继续加强农村精神文明建设。**举办了第 24 届北京市农民艺术节，以“文化让乡村更美丽”为主题，通过“乡村大舞台”群众文艺汇演、“美丽乡村”文化主题展播、“美丽乡村”艺术展览三个板块，向基层乡村和广大农民延伸，“乡村大舞台”共演出 78 场，10 余万农村群众登台表演，原创节目比例达到 73%；会同首都文明办研究制定《首都文明村镇测评体系》及操作办法，形成了以《首都文明村镇测评体系》《首都文明村镇创建管理办法》等为主要内容的完整测评体系。

4. **农村社会服务管理不断强化。**开展“科技创安”工作，推进农村安全技术防范体系建设，不断增强治安防范整体能力。更加注重涉农矛盾纠纷化解工作，进一步完善了涉农信访工作机制，强化领导包案、矛盾纠纷排查化解、网络办信等信访制度建设，注重基础台账、动态跟踪、定期通报、销账报备等基础性工作管理，加强基层信访干部队伍建设，较好地完成了信访任务，涉农信访维稳工作水平得到提升。

5. **农村基层党风廉政建设扎实有效。**联合市纪委举办了乡镇纪委书记培训班 2 期，促进农村党风廉政建设和社会和谐稳定。组织开展了春秋季农民负担专项检查，完善农民负担监督管理工作机制，建立了联席会议制度，让减负政策更加公开透明。

（市委农工委卢宏升　王鹏翔、市农研中心曹四发　陈丹梅）

大　事　记

2013 年大事记

1 月 8 日，市新农村建设领导小组（扩大）会议召开。市委常委、市新农村建设领导小组组长牛有成出席并讲话，副市长、市新农村建设领导小组副组长夏占义主持会议。会上，市委农工委书记、市农委主任、市新农办主任王孝东代表领导小组通报了中央农村工作会精神、2012 年新农村建设工作情况和 2013 年重点工作安排，市委副秘书长赵玉金宣读了《关于奖励促进农民增收先进区县和共同致富带头人的决定》，还观看了专题片《2012 年北京新农村建设集锦》。牛有成同志在讲话中指出“回顾工作，坚持自豪”。北京从 2006 年实施社会主义新农村建设以来，农业发生了功能性变化，农民发生了观念性变化，农村发生了由表及里变化。他强调了三点内容，一是“总结经验，坚持自信”。要始终坚持政策价值取向不变；要始终坚持体制机制创新；要始终坚持农民主体。二是“贯彻落实、坚持自觉”。要处理好农民与资源的关系，把土地流转起来；要处理好农民和积累的关系，让资产经营起来；要处理好农民与市场的关系，把农民组织起来。在总结好的经验的基础上进一步探索完善，依托广阔的市场经济、丰富的社会资源，依靠特定的经济组织，把农民组织起来。三是“守住一条底线、抓住两个关键”。“守住一条底线”，就是要充分保障农民土地承包经营权，不能限制或强制农民流转承包土地。“抓住两个关键”，要着力培育新型经营主体，扶持联户经营、专业大户、家庭农场，促进适度规模经营；要着力发展多元服务主体，通过提高组织化程度实现与市场的有效对接，通过提高社会化程度克服规模不经济的局限。

1 月 21—22 日，第二届北京景观农业产业创新发展论坛成功举办。论坛由市农委、市农业局支持，市农业技术推广站、中国农业大学和北京农学院共同主办。研讨会上，农业部、市农委等相关部门分别介绍了我国及北京市景观农业、休闲观光农业发展政策。部分区县主管部门及休闲观光农业企业代表与与会专家教授进行了广泛交流、深入研讨、促进合作。北京农学院、中国农业大学资源与环境学院、北京大学景观设计学研究院的专家教授，分别就北京生态文明建设与都市农业发展、不同类型景观农业与休闲农业规划典型案例、京郊生态旅游与资源保护战略等内容进行主题报告。

2 月 2 日，市政府组织与 10 省区开展“保障冬季首都市场蔬菜供应暨服务产区菜农服务首都市民联合行动”。活动至 3 月 20 日结束，期间全市蔬菜日均供应量增加 2 000 吨以上，增幅达 10%～15%。保障措施：①市商务委与 10 省区 20 个供京蔬菜主产地政府签署合作协议，北京市 8 家重点批发市场、10 家“农超对接”超市、10 家“农餐对接”餐饮企业与产区 88 家蔬菜供应商签订产销合作意向书。②8 家批发市场设立销售专区，准备 200 个车位专门销售签约产区蔬菜。免除 8 种大路菜新发地市场入场费。③支持本市 14 家企业建立外埠蔬菜生产基地 18 万亩，优先保障首都市场菜源。

2 月 13 日，《美丽乡村》主题晚会和“美丽乡村”主题日宣传吸引城乡广泛关注。晚会由市委宣传部、市委农工委、市农委、市旅游委、首都文明办、市文化局、市园林绿化局、北京电视台等共同主办，并在北京电视台确定的“美丽乡村主题日”（正月初四）播出。播出期间 4 万余人次点击阅读了美丽乡村晚会微博，晚会综合收视在北京电视台八台晚会中位居第 3 位。“美丽乡村主题日”以“美丽乡村、幸福生活”为主题，在《北京您早》《特别关注》《北京新闻》《直播北京》等栏目中全天候多时段挂标滚动直播，聚焦密云县蔡家洼村、房山区韩村河村、昌平区香堂村和其他郊区县和农民丰富多彩、欢快喜庆的幸福生活。

2 月 15 日，北京农业产业化龙头企业协会成立。协会由 130 家农业龙头企业、有关管理部门自愿参加组成的社会团体，旨在推动全市农业产业化龙头企业发展水平，打造政府与行业、企业、市场之间的桥梁和纽带，树立龙头企业品牌形象。协会工作立足做好为产业服务、为会员服务、为政府服务“三个服务”。首农集团董事长张福平当选会长。

2 月 18 日，全市农业生产现场会在通州区召开。市领导林克庆、夏占义参观了通州国际种业园区和工厂化食用菌生产基地，传达了市委、市政府对“三农”工作的重要指示精神。关于农业，副市长林克庆强调北京要按照“拓展农业新功能、服务城市新要求”和“基础设施最领先、籽种品种顶尖级、成果转化首选地、机械装备现代化、服务体系最完备、人才素质第一流”的都市型现代农业标准，加快推进现代农业、都市农业、生态农业建设，切实增强首都农业的应急保障、生态休闲、科技示范等功能。关于农村，他强调，城乡结合部要在已有经验的基础上，进一步深入研究、扎实工作、开拓创新；小城镇建设是城乡发展一体化的重点、难点，要分类指导、梯次推进平原和山区城镇化建设，增强其产业发展、公共服务、吸纳就业、人口集聚功能；新型农村社区是推进农村城镇化的重要途径，不断改善农民的生活、生产环境，对于维护首都的稳定具有重要意义。同时，在农村城市化进程中要注重解决农村教育问题，研究建立相应的政策制度体系。关于农民，他要求，要继续深化农村集体经济产权制度改革，通过明晰产权确立农民在农村的主体地位，通过城乡发展一体化的就业政策实施，促进农民转移就业，为全市农民实现收入倍增目标，打好基础。

3 月 14 日，市委常委牛有成、副市长林克庆检查首届北京农业嘉年华筹备工作。到昌平区实地查看首届北京农业嘉年华筹备情况，并组织召开筹委会指挥部第一次会议。市委副秘书长赵玉金，昌平区主要负责同志出席会议。牛有成要求，要坚持以人为本、安全第一，进一步将嘉年华活动组织工作做细，将服务保障工作落实，积极做好交通疏导、食品安全、游乐设施安全和应急工作，确保举办一届喜庆、欢乐的农业盛会。林克庆对下一步工作提出了具体要求，要把各项活动的组织工作进一步抓细，强化服务保障工作，做好新闻宣传和接待工作。

3 月 21 日，北京市农村工作会以电视电话会议形式召开。会议由市委副书记、市长王安顺主持，副市长林克庆作工作报告，市委书记郭金龙发表了重要讲话。会议深入学习贯彻了党的十八大和中央农村工作会议精神，分析了首都农村工作阶段性特征，表彰先进，总结和部署全市农村工作。郭金龙在充分肯定近年来郊区农村工作取得成绩的同时，对全力推动农村的改革与发展提出了明确要求：一要全力促进农民增收；二要加大农村改革力度；三要大力发展实体经济；四要加强城乡结合部地区建设；五要提高郊区的生态环境建设水平。林克庆作了题为《全面贯彻落实党的十八大精神加快推进城乡发展一体化步伐》工作报告，回顾了近几年北京农业的发展情况，进一步明确了工作思路，着重把握好四个关键环节：一是围绕加快转变发展方式，努力提高农村经济发展水平；二是抓住新型城镇化机遇，积极探索城乡发展一体化的新途径；三是牢牢把握区县功能定位，充分发挥郊区在生态文明建设中的重要作用；四是持续深化农村改革，不断激发农村发展活力。

4 月 10 日，北京市 2013 年村级公益事业建设一事一议财政奖补工作会议召开。会议对 2011—2012 年度进行了总结，两年共建成一事一议财政奖补项目 336 个，总投资 2.6 亿元，受益人口达到 40 万人，受到农民群众的广泛欢迎。会议要求，今年及今后一个时期重点做好以下工作：一是坚持规划先行；二是严格项目审批；三是落实预算安排；四是促进科学管理。

4 月 16 日，“京郊如此多娇”——2013 年北京休闲农业季之花季活动正式启动。由市农委、市旅游发展委、市园林绿化局、市水务局、市商务委、市农业局主办，北京观光休闲农业行业协会、北京农产品产销信息协会、北京农产品流通协会、北京电视台《京郊大地》栏目承办。北京花季活动为广大市民选择和推荐了 30 条赏花精品线路，遍布朝阳、海淀、丰台、大兴、通州等 13 个郊区县。市民可在每年的4—10月间，选择“蓝调之旅”“西山晴雪”“香草传说”“西风古道丁香之旅”“火红之约”“葵海畅游”等线路畅游京郊，分别领略杏花、桃花、梨花、苹果花、郁金香、油菜花、向日葵、二月兰、菊花等20余个品种鲜花。

4月17日，市政协主席吉林到联系点花乡纪家庙村调研。吉林实地察看了纪家庙村平房区和回迁房，听取了相关工作汇报。他强调，纪家庙村地理位置优越，具有实现城市化的条件和基础。要充分发挥区位优势，为丽泽金融商务区提供配套服务。同时，发展过程中要统筹解决好农民上楼、产业发展、环境整治等问题。

5月17日，市委常委牛有成、中国人保集团董事长吴焰到平谷区调研农村保险创新工作。市委、市政府考察团与中国人保一行考察了中国人保平谷区新农合“共保联办”项目、大华山镇政策性农业保险服务站，随后，召开了农村保险创新工作座谈会，对中国人保近年来服务首都“三农”所做出的努力和取得的成果表示认可。吴焰表示将按照更高的标准，进一步拓宽服务领域和手段，开辟保险在城镇化建设中的发展新领域，力争使机构网络覆盖更加广泛、保险服务更加专业高效。本次调研，是2011年北京市政府与中国人保集团签署战略合作协议后双方首次联合开展的深度调研。市委副秘书长赵玉金主持座谈会。

5月17日，全市推进农村经济薄弱地区发展及低收入农户增收工作部署会议召开。会议对下一阶段各郊区县工作进行了部署，重点推动建立健全四个工作机制：一是完善工作推进机制；二是建立产业扶持机制；三是建立行业帮扶机制；四是健全社会帮扶机制。

5月23日，全市农林水系统党风廉政建设工作会议召开。市委常委、市纪委书记叶青纯出席，市委常委牛有成主持会议，副市长林克庆部署全市农林水系统党风廉政建设工作。牛有成在会上着重强调责任是权力的本质要求，阳光是最好的防腐剂，效率是作风建设的重要标准。因此要进一步提高工作效率。围绕着效率完善职能，改进作风，落实这次会议精神。林克庆在会上对全市农林水系统党风廉政建设工作代表进行了部署。市委农工委、市农委、市水务局、市园林绿化局、朝阳区、市农科院代表进行了大会发言。市农林水系统的领导班子成员及纪检监察部门负责人、涉农区县党委政府分管农业、农村工作的领导、纪委书记及农林水部门的主要负责同志参加了会议。

5月24日，全国首单生猪价格指数保险落户顺义区。这是北京市、乃至全国生猪价格指数保险第一单。顺义区年存栏量2 000头以上的规模养殖场全部投保，安华公司为此提供了超过2亿元的保险保障。该保险产品依据各级政府补贴政策，政府财政保费补贴80%，农户只需承担2.4元/头（保险金额1 200元/头，保险费率1%），在保险期间内生猪平均价格指数低于保险责任约定价格指数（猪粮比低于6∶1）时，保险人（安华农业保险北京分公司）按约定赔偿。该保险产品是减缓猪肉价格周期性波动、稳定物价的有益尝试，也是全市政策性农业保险体系从自然风险保障向市场风险保障的必要拓展。

6月5日，首届北京农业嘉年华总结表彰大会在昌平区召开。会议总结了首届北京农业嘉年华的筹办情况，宣读了表彰决定。市委常委、首届北京农业嘉年华筹委会主任牛有成，副市长、首届北京农业嘉年华筹委会指挥部总指挥林克庆发来表扬信。市政府副秘书长赵根武、昌平区领导侯君舒及市农委、市文化局、市科委、市旅游委、市商务委等部门领导出席。

6月15日，市委农工委市农委召开党的群众路线教育实践活动启动会。市委农工委书记、市农委主任王孝东作动员报告，市委第6督导组组长彭兴业在会上讲话。市委第6、第11督导组，老同志代表，市级及以上党代表、人大代表、政协委员，两委机关全体党员干部，农委系统各单位党政主要负责人，市委农工委市农委群众路线教育实践活动领导小组及办公室全体人员共160余人参会。王孝东部署了把握总体要求、抓好学习教育、查摆找准问题、解决突出问题、紧贴“三农”实际、构建长效机制六个方面的工作。彭兴业传达了中央和市委有关会议精神，对市委农工委市农委的前期工作给予充分肯定，并明确提出了四点工作要求：一是学习领会上级精神；二是保持良好精神状态；三是采取务实管用措施；四是坚持两手抓、两促进。

6月17—19日，北京都市型现代农业示范镇培训班举办。培训班以“规模化发展、园区化建设、标准化生产”为主题，开展了政策理论学习、经验心得交流，帮助42个创建乡镇主管领导把握都市型现代农业的发展路径和具体抓手。

7月，市郊区9个村被农业部认定为第三批全国一村一品示范村。分别是：房山区芦村（蔬菜）、顺义区仓上村（辣椒）、大兴区河津营村（生菜）、怀柔区王史山村（食用菌）、怀柔区梭草村（鲟鱼）、平谷区西柏店村（食用菊花）、平谷区杨各庄村（西红柿）、密云县太师庄村（设施蔬菜）、延庆县大柏老村（生鲜牛乳）。全市正在以三批24个全国一村一品示范村镇为载体，引导村域农业产业向规模化、园区化、标准化方向深入发展，进一步发挥全国一村一品的示范带动作用。

7月5日，瑞士再保险公司捐赠房山区“7·21”灾后重建资金。资金发放仪式在房山区政府举行。在市农委协调下，市政策性农业再保险首席承保人瑞士再保险公司捐助房山区灾后重建资金共计225 000瑞士法郎（约合150万元人民币）。该项捐助资金计划分两期拨付到位，惠及房山区6个乡镇10个村、合作组织，主要用于修复道路排水系统、修缮农田灌溉设施、组织开展防灾减灾培训等。

7月12日，“北京香草天空”推介举行。活动由市农委、市旅游委、市休闲农业行业协会等单位在朝阳蓝调庄园举办。市农委向与会代表赠送了《香草天空》图册2 000本，8家休闲香草园首次针对天津游客赠送了1 000张香草园门票以及婚纱摄影优惠券和部分芳香礼物。这是北京特色休闲农业产品首次面向京外市场进行推介。

7月22日，北京市新农村建设领导小组（扩大）会议暨农林水工作务虚会议在通州区召开。市委常委、市新农村建设领导小组组长牛有成，副市长、市新农村建设领导小组副组长林克庆出席并讲话。会上，市新农办主任王孝东通报了全市新农村建设工作情况；金福艺农、通州区、昌平区进行了发言。市新农村建设领导小组成员单位和各区县委、政府主管“三农”工作领导以及市农林水系统单位负责人围绕“重新认识农林水的价值”主题开展了深入而广泛的务虚讨论。市委副秘书长赵玉金、市政府副秘书长赵根武参加会议。牛有成在总结讲话中强调，贯彻市委市政府的决策部署，做好农林水工作，需要深入思考农林水的地位、作用和功能，需要充分认识农林水价值挖掘、实现过程中的自然规律、经济规律和社会规律。

7月25日，市委常委牛有成调研市农委系统群众路线教育实践活动。在调研中，牛有成听取了市委农工委、市农林科学院等单位的工作汇报，召开了基层党员干部群众座谈会，并实地考察了市农林科学院玉米研究中心、农业信息技术研究中心和蔬菜研究中心实验室。

7月28日，“2015世界马铃薯大会签约仪式”在延庆举行。北京击败加拿大、秘鲁，成功获得第九届世界马铃薯大会举办权，进一步增强了北京汇聚世界高端涉农大会的能力。副市长林克庆出席签约仪式。大会将于2015年7月底举行。

7月29—31日，第五届京承农业战略合作座谈会在承德市召开。北京市委常委、统战部部长牛有成，河北省委常委、统战部部长范照兵出席会议并讲话。双方以“农业产业化与京承区域合作”为主题，探索京城农业合作延伸产业链、推进产业化经营的新机制，拓展双方合作的深广度。牛有成强调，着眼于双方合作持续深入进行，一要强化合作理念，从区域合作向理念合作转变，重在精诚，坚持互利双赢，追求持续发展。二要坚持机制和政策创新，通过整合资源、加强相互间的协调联动，为两地企业创造更加优越的发展环境。三要坚持项目带动，推动双方合作深入进行。要靠项目来体现，要通过项目带动把两地的合作推上一个新的层面。

7月30日，全市农业产业化工作会议暨农业产业化龙头企业专题培训班召开。培训班学习贯彻了市政府《关于支持农业产业化龙头企业发展推进农业产业化经营的实施意见》（京政发〔2013〕20号）精神，总结了全市农业产业化工作发展成效和经验，分析了当前形势和任务，部署了下一步工作。针对龙头企业实际需求，设置了支持政策解读、农业产业化形势分析、企业专题交流、科研项目及产品推介、乡镇及园区推介、外埠项目推介六个板块。经过洽谈，12家企业与10个低收入村进行了合作对接，25家企业相互达成了合作意向。

8月2日，市农委系统举办党的群众路线教育实践活动报告会。市委常委、市新农村建设领导小组组长牛有成应邀讲授专题党课。牛有成要求，践行群众路线需要良好的素质和作风。要把握好三个字：一是“敬”。要有敬业之心。二是“静”。要静心思考。三是“净”。要学会自律，要有境界，以对党和人民高度负责的态度，为农民过上更加幸福美好的生活奋斗。

8月8日，中国农业银行北京分行与北京市新农办签署《金融支持首都三农发展、助推城乡一体化建设战略合作》协议。北京市委常委牛有成，市政府副市长林克庆，市委副秘书长赵玉金和中国农业银行总行副行长龚超，营销总监易映森出席，市政府副秘书长赵根武主持。市新农办主任王孝东和农行北京市分行行长易映森分别代表签署了该协议。

9月，北京农副产品交易所推出货物抵押融资服务。北京农副产品交易所（北京市农业投资公司发起设立）联合北京银行推出了货物抵押融资服务，以解决栗农“丰产不丰收”问题。截至8月，已累计向北京绿润食品公司等多家企业提供10笔货押融资、总金额2 587万元。预计全年可向涉农中小企业提供货押融资服务7 000万元。

9月15日，林克庆副市长会见国际种子联盟主席蒂姆·约翰逊和秘书长马绍尔·布鲁恩斯。蒂姆主席对大会筹备工作进展非常满意，对丰台区做出的努力表示赞扬。

9月25—28日，第21届北京种子大会在丰台区开幕举办。大会以“打造种业之都，搭建丰收舞台”为主题，以对接2014年世界种子大会为目标，采用“一场多区”的方式进行种业发展座谈会、高品质鲜食果蔬品尝会科研、贸易洽谈、企业形象特装展、现货交易、新品种展示观摩6项主题活动，交易品种5 000余种，参展企业577家，覆盖全国31个省、市、自治区，累计参会人数达4万人次，日高峰人数1万人，带动餐饮、旅游收入2亿元以上。通过交流、合作和发展三个平台，提升首都种业、生产和经营的国际化和产业化水平，是有效落实现代种业发展意见的一次重要实践。大会同时启动了2014年世界种子大会预热、宣传、招商工作。

9月26日，王安顺市长到丰台、房山调研“减煤换煤，清洁空气”工作。王安顺先后到丰台区王佐镇沙锅村、房山区前阎村及文新德隆洁净能源公司进行调研，在阎村镇主持召开了座谈会。副市长林克庆、市政府秘书长李伟一同调研。王安顺强调，农村地区要抓好优质燃煤替代，确保完成今年减少劣质燃煤使用80万吨的任务。要保证优质燃煤供应，完善加工和配送体系，为农民提供便利服务。要结合党的群众路线教育实践活动，多走村入户听取群众意见，及早发现并解决问题，同时做好宣传，引导农民更加主动选用优质型煤。要加快推进农村地区“煤改电”，通过炊事气化消减炊事用煤。要明确安全标准，提供政策支撑，强化资金保障，严格落实责任，确保完成各项目标任务。

9月27日，林克庆副市长主持召开全市“减煤换煤、清洁空气”行动工作专题会议。会议要求，①市各相关部门、郊区各级政府要认真落实王安顺市长在丰台、房山调研时的讲话精神，研究制定相关质量、技术标准，建立服务体系，完善政策、落实责任制，做好宣传。②京煤集团要发挥供煤主渠道作用，努力保证农村地区的用煤质量及用量。各区县要多渠道优选优质原煤供应、型煤加工企业，建立好优质燃煤加工配送体系。市各部门和各区县要加强制定控制劣质煤进村办法，确保农村住户冬季取暖使用优质燃煤。③农村地区所涉及的取暖采暖设备设施的采购工作、电力增容项目、天然气管道建设工程，要开通绿色通道，简化审批环节。

9月29日，中共中央政治局委员、国务院副总理汪洋到北京通州国际种业科技园区调研，考察了北京德农种业育种研究中心、北京金色农华玉米育种基地等，了解种业企业研发创新与新品种展示情况，察看了企业育种流程与种子质量控制情况。汪洋在调研中强调，种业是农业发展的命脉，要求认真贯彻落实国务院8号文件精神，坚持不懈地推动种业现代化工作；加快推进种业体制机制的改革，创造现代农作物种业发展的制度环境；依据有关法律，加大打击假冒伪劣种子的力度，保护好知识产权，维护市场环境。同时强调，要积极支持配合北京市的探索，全力支持种业科技园区的发展建设，加快打造国家种子“硅谷”，让园区为首都乃至全国现代化种业发展做出应有贡献。

10月，科技部新认定北京市2个国家级农业科技园区。①通州国家农业科技园区。以通州国际种业科技园为核心，占地3万亩，旨在打造国家种业战略示范区，已有40余家国内外种业企业入驻。②延庆国家农业科技园区。以德青源生态园、张山营镇为核心区，建立以生态农业为主体、集“种植—养殖—食品加工—清洁能源”于一体的循环经济模式。全市已在昌平、顺义、通州、延庆建成4个国家农业科技园区。

10月，农业部新认定大兴区为第二批国家农业产业化示范基地。该区已发展农业龙头企业国家级2家、市级10家，农民专业合作社581家，带动农户7.3万户，逐步形成了蔬菜、西甜瓜、果品、甘薯、花卉五大种植业主导产业和生猪、奶牛、肉羊、禽类四大养殖业主导产业，是全市“菜篮子”工程的重要供应基地。该区农业生产总值达到391.7亿元，农林牧渔业实现总产值54.8亿元。顺义区已在2011年被认定为第一批国家农业产业化示范基地。

10月22日，牛有成常委到密云县调研“土地流转起来、资产经营起来、农民组织起来”工作。实地查看了北庄镇抗峪新村新民居、干峪沟村“山里寒舍”乡村酒店和玉龙谷景区建设情况。牛有成就加快推进“新三起来”工作提出三点要求：一是把农民组织起来，让农民成为市场主体，让农民有资源支配、有资产经营、有资格入市。二是保护农民利益，传授给农民更多、更实用的致富本领，通过发展产业来“带着农民奔小康”，村集体要发挥作用，保留集体股，实现可持续发展。三是保护生态环境，开发建设要研究前置条件、引进门槛和退出机制；经营管理要讲究节奏，有合理容量，把自然规律和人的需要协调起来，实现和谐发展。

10月23日，林克庆副市长到郊区专题调研“新三起来”工作。结合群众路线教育实践活动，先后到大兴区、平谷区和丰台区部分乡村和农户进行调研，详细了解了农民生产生活情况及群众对“三农”政策的需求和建议。林克庆就加大“新三起来”工作推进力度在调研中强调，一要在更宽泛的基础上提高农民组织化程度；二要加快引导农用地有序流转；三要积极探索集体建设用地乡镇统筹利用。

11月，郊区10个村镇成为全国“美丽乡村”创建试点单位。在福建省漳州市召开的全国农业可持续发展和建设美丽乡村培训班上，农业部公布了1 100个全国“美丽乡村”创建试点，房山区韩村河村、门头沟区樱桃沟村、通州区仇庄村、顺义区石家营村、昌平区康陵村、大兴区留民营村、怀柔区北沟村、平谷区挂甲峪村、密云县黑山寺村和延庆县千家店镇10个村镇正式成为全国“美丽乡村”创建试点。房山区韩村河村田雄荣获“全国‘美丽乡村’致富之星”光荣称号。

11月7日，全市在昌平区开展农民田间学校消防安全宣传日活动，采取了室内消防安全知识授课和现场消防体验教学的方式进行，现场发放了《消防常识手册》、消防安全宣传彩页和印有消防安全警示标语的扑克牌、环保袋等宣传材料及物品，约有200余名农民群众参加活动。

11月11—12日，市委农工委、市农委召开领导班子专题民主生活会。市委常委牛有成、市委第6督导组组长彭兴业及市纪委、市委组织部、市委办公厅有关负责同志出席了会议。生活会按照会前征求意见、相互谈心谈话、会上开展批评与自我批评的程序进行。王孝东代表两委班子就为民务实清廉要求和“四风”问题进行对照检查。各班子成员分别就执行党的政治纪律，贯彻落实中央八项规定和市委15条意见情况，查摆“四风”的具体表现和产生的原因进行了剖析，并制定了今后的努力方向和改进措施。两委班子共梳理“四风”方面存在的突出问题25个，提出整改措施18项。

12月，全市举办2012—2013年度草莓高产竞赛。经过初期的动员、报名、遴选等准备工作，在全市范围内确定30户草莓种植户，全程监控草莓种植过程中的水肥管理、病虫防控、操作技术。经统计，高产竞赛户平均亩产为2 292千克，平均亩产效益为5.1万元，较全市平均亩产1 816千克高25.5%。其中最高亩产达到3 440千克，亩效益达20万元。根据参赛户的产量排名，有关部门将以物化补贴的形式给予奖励扶持。

12月，密云县荣获“最美中国”生态旅游目的地市（县）称号。凭借良好的区位环境、特色文化、休闲风尚、自然风情、绿色环保、配套服务等，密云荣获“最美中国”生态旅游目的地市（县）称号，全国共10个市（县）获此殊荣。

12月4—6日，市农委举办全市信访维稳研讨培训班涉农区县农委、经管站、信访负责同志及部分乡镇主管领导、部分两委机关干部参加了培训。此次培训邀请了农业部、市信访办、中国土地勘测规划院、中国土地学会、市经管站、农业大学等领导和专家，采取集中辅导、专题研讨的形式，结合中央十八届三中全会精神和市委关于土地流转工作的要求，针对当前信访维稳和依法行政、城市化和土地制度改革等内容进行了集中辅导。同时，围绕当前农村土地流转、征地拆迁引发的主要矛盾和问题，组织了部分学员与相关专家进行了认真深入的座谈研讨。

12月11日，市新农村建设领导小组举办十八届三中全会精神研讨班。市新农村建设领导小组成员单位主管领导、市农林水系统单位副局级以上领导、13个郊区县的主管区县长及“三农”工作部门的主要领导共160多人参加。研讨班分集中讲授学习、座谈研讨和实地观摩考察三部分举行。集中讲授学习部分特别邀请中央政策研究室副主任潘盛洲同志（十八届三中全会文件起草组成员）作专题辅导报告。座谈研讨部分由市委农工委、市农委班子成员及市农林水系统单位主要领导、13个郊区县主管区县长和农委主任等紧密结合北京“三农”工作实际进行了交流，丰台区、门头沟区、昌平区、大兴区、延庆县作了重点发言，副市长林克庆从“新三起来”、农业、农村、农民、新型城镇化、园林绿化、水务七个方面部署了2014年的重点工作。实地观摩考察部分。用一天半时间实地参观5个区县的6个典型，观摩学习基层在“土地流转起来、资产经营起来、农民组织起来”方面创造出来的新鲜经验。

12月26日，两委召开领导班子专题民主生活会情况通报会，市委第6督导组组长彭兴业及督导组相关同志出席，市农委系统各单位主管领导，两委机关各处室及直属事业单位副处级以上干部，市农委系统部分党代表、人大代表、政协委员，郊区县农委相关负责人代表共50余人参加会议。会议通报了两委领导班子及成员在民主生活会上查找出“四风”问题的具体表现、产生根源，研究制定的整改思路和措施，要求系统内各单位下一步要集中精力抓好整改落实，切实巩固民主生活会的成果，以实实在在的成效取信于民，做好四个方面的工作：一是以“钉钉子”的精神推进整改落实，二是着眼长远抓好建章立制，三是继续把学习教育贯穿活动始终，四是统筹兼顾做好各项工作。

12月27日，副市长林克庆到密云县北庄镇调研“新三起来”工作。林克庆详细了解了北庄镇推进“土地流转起来、资产经营起来和农民组织起来”工作进展，并到现场实地调研抗峪村土地流转情况和干峪沟村利用闲置农房发展乡村旅游情况。林克庆强调，基层各级政府要抓好三方面工作：一是要充分发挥农民合作经济组织的载体作用；二是要充分发挥辐射带动作用；三是要加大基础设施投入。

（陈思）

城乡发展一体化

综　述

2013 年，郊区农村已经进入了推进城乡一体化建设的攻坚阶段。通过加强城乡统筹，加大对农村的投入，按照土地流转起来、资产经营起来、农民组织起来的思路，开展一系列工程建设，依托重大基础设施和产业项目，正在优先发展一批重点小城镇，统筹建设镇域内的产业园区、中心镇区。42 个重点镇完成基础设施和公共服务设施投资 84.9 亿元。新型农村社区建设的试点出已开工建设，6.1 万户农民住宅抗震节能改造任务完成。村庄环境建设有新的进展，投入管护资金 4.6 亿元。100 个生态文明村取得好成效。制度创新、人口城镇化，正在成为城镇化的重要任务，抓紧研究实行，在率先实现城乡经济社会发展一体化的道路上又迈出坚实一步。

新农村建设

【2013 年北京市社会主义新农村建设折子工程发布】

一、大力发展都市型现代农业，提升农业现代化水平

1. 全面推进菜田标准化建设，年内建成 80 个优级标准化蔬菜生产基地。

主要责任单位及负责人：市农委王孝东、市农业局赵根武

完成时限：2013 年 12 月底

2. 加强“菜篮子”工程重点项目建设，年内新建菜田 1 000 公顷（1.5 万亩），改造提升老旧设施 200 公顷（3 000 亩）。

主要责任单位及负责人：市农委王孝东、市农业局赵根武

完成时限：2013 年 12 月底

3. 开展“菜篮子”工程渔业高产高效生产基地建设，推进 140 公顷（2 100 亩）标准化池塘改造和渔业循环温室建设。

主要责任单位及负责人：市农业局赵根武

完成时限：2013 年 12 月底

4. 大力推进畜牧业规模化标准化发展，稳步提高肉蛋奶供给能力。年内完成畜禽养殖场标准化规模化升级改造 73 家，新建现代化肉鸡示范场 3 个。

主要责任单位及负责人：市农业局赵根武

完成时限：2013 年 12 月底

5. 深化区域合作，新增外埠农产品生产基地面积约 2 666.7 公顷（4 万亩）。

主要责任单位及负责人：市

农委王孝东

完成时限：2013 年 12 月底

6. 扶持建设果蔬保鲜库 2 万平方米，提高农民专业合作社和农业龙头企业果蔬保鲜存储能力。

主要责任单位及负责人：市农业局赵根武

协办单位：相关区县政府

完成时限：2013 年 12 月底

7. 完成全市 15 万头奶牛春、秋两季检测，组织开展种猪场和种鸡场高代次场群疫病净化工作。

主要责任单位及负责人：市农业局赵根武

协办单位：市财政局

完成时限：2013 年 12 月底

8. 建成高效现代化示范果园约 666.7 公顷（1 万亩），新建花卉示范基地 3 个，新建蜂产品出口基地 2 个。

主要责任单位及负责人：市园林绿化局（首都绿化办）邓乃平

完成时限：2013 年 12 月底

9. 加强林木种苗生产和供给能力建设，实现苗圃总数 1 000 个，育苗面积 1 万公顷（15 万亩），总产苗 2.8 亿株。

主要责任单位及负责人：市园林绿化局（首都绿化办）邓乃平

完成时限：2013 年 12 月底

10. 编制完成北京市都市型现代农业基础建设及综合开发二期规划，建设 2 个万亩现代农业示范区。

主要责任单位及负责人：市农委王孝东、市农业局赵根武

完成时限：2013 年 12 月底

11. 实施粮食稳定增产行动，开展粮食高产创建工作，推进“部、市、区（县）”三级联创粮食高产田建设约 2.67 万公顷（40 万亩）。

主要责任单位及负责人：市农业局赵根武

协办单位：市财政局、市农委、市气象局、相关区县政府

完成时限：2013 年 12 月底

12. 支持和鼓励申办农业展会，做好世界种子大会、葡萄大会、月季洲际大会、世界园艺博览会等筹备工作，办好第九届中国（北京）国际园林博览会、第二十一届北京种子大会和首届北京农业嘉年华。

主要责任单位及负责人：市发展改革委张建东、市农委王孝东、市园林绿化局（首都绿化办）邓乃平、市农业局赵根武、丰台区政府冀岩、昌平区政府张燕友、大兴区政府谈绪祥、延庆县政府李先忠

完成时限：2013 年 12 月底

13. 持续推动沟域基础设施建设，促进优质项目落地，提升沟域经济发展水平。

主要责任单位及负责人：市农委王孝东、相关区县区县长

完成时限：2013 年 12 月底

14. 打造以白河湾—天河川—百里画廊沟域环线和古北水镇、斋堂古镇“一环两镇”为主体的沟域集群，形成一批重点品牌沟域。

主要责任单位及负责人：市发展改革委张建东、市农委王孝东、门头沟区政府王洪钟、怀柔区政府常卫、密云县政府王海臣、延庆县政府李先忠

完成时限：2013 年 12 月底

15. 开展休闲农业与乡村旅游示范乡镇和星级园区创建活动，年内创建 5 个北京市休闲农业与乡村旅游示范乡镇。

主要责任单位及负责人：市农委王孝东、市旅游委鲁勇

完成时限：2013 年 12 月底

16. 开展农业科技协同创新，深入推进北京国家现代农业科技城通州国际种业园区建设，逐步形成辐射国内外的种业研发、成果展示和交易促进中心。

主要责任单位及负责人：市科委闫傲霜、市农委王孝东、市园林绿化局（首都绿化办）邓乃平、市农业局赵根武、通州区政府岳鹏

完成时限：2013 年 12 月底

17. 积极开展北运河农业面源污染防治，推广科学使用化肥农药技术 2 000 公顷（3 万亩）。

主要责任单位及负责人：市农业局赵根武

协办单位：市财政局、市水务局、相关区县政府

完成时限：2013 年 12 月底

18. 开展农业水主要污染物化学需氧量（COD）、氨氮减排工作，完成 100 家规模化养殖场污染治理。

主要责任单位及负责人：市环保局陈添、市农业局赵根武

协办单位：市财政局、相关区县政府

完成时限：2013 年 12 月底

19. 突出大型农产品批发市场的公益属性，加快推进北京农产品中央物流园项目进度。

主要责任单位及负责人：市发展改革委张建东、市国土局魏成林、市规划委黄艳、市住房城乡建设委杨斌、市商务委卢彦、北京农产品中央批发市场管委会刘春广、朝阳区政府吴桂英

完成时限：2013 年 12 月底

20. 加强冷链物流设施建设，

发展农产品电子商务，推广农超对接、农餐对接、农社对接等短链直销，提高农产品流通效率。

主要责任单位及负责人：市商务委卢彦

协办单位：市农委

完成时限：2013年12月底

21. 深入推进北京国家现代农业科技城建设，聚集农业科技创新要素，搭建国家级农业科技创新服务平台。

主要责任单位及负责人：市科委闫傲霜

协办单位：市农委、市园林绿化局（首都绿化办）、市农业局

完成时限：2013年12月底

22. 全面推进村级全科农技员队伍建设，在农业自主经营50户以上的行政村实现全覆盖。

主要责任单位及负责人：市农委王孝东、市农业局赵根武、相关区县区县长

完成时限：2013年12月底

23. 推进信息化与农业现代化深度融合。以农业"221信息平台"推广应用为基础，整合农业农村信息资源，发展农业物联网技术。

主要责任单位及负责人：市经济信息化委靳伟、市农委王孝东

完成时限：2013年12月底

24. 研究耕地保护补偿机制。整合相关政策，支持规模经营和基本菜田建设。

主要责任单位及负责人：市财政局杨晓超、市国土局魏成林、市农委王孝东

完成时限：2013年12月底

25. 加快培育新型农村金融组织，加大对农民自主创业的扶持力度，鼓励小额贷款公司为农民创业提供资金支持。

主要责任单位及负责人：市金融局王红

协办单位：各相关区县政府

完成时限：2013年12月底

26. 继续推进大兴区农村金融改革试验区建设和农村基本金融服务村村通工程。

主要责任单位及负责人：市农委王孝东、市金融局王红、大兴区政府谈绪祥

完成时限：2013年12月底

27. 进一步完善政策性农业保险制度，稳步扩大覆盖面，提高保障程度。

主要责任单位及负责人：市农委王孝东

完成时限：2013年12月底

28. 着力推动气象防灾减灾机构建设，按照"政府组织领导、部门协作配合、全社会共同参与"的要求，完善气象防灾减灾运行机制，提高气象灾害防御水平。完善人工影响天气工作体系，全面提升人工影响天气业务服务能力。

主要责任单位及负责人：市气象局姚学祥、相关区县区县长

协办单位：市农委

完成时限：2013年12月底

29. 继续推进农资连锁经营网络建设，构建质量安全、价格合理、服务规范、监管有力的农资服务体系。

主要责任单位及负责人：市农委王孝东、市农业局赵根武

协办单位：市邮政管理局、市供销总社、平谷区政府

完成时限：2013年12月底

二、积极推进城镇化，促进城乡区域协调发展

30. 继续推进城乡结合部50个重点村建设，积极做好产业发展、就业社保、回迁安置和转居等工作。

主要责任单位及负责人：市民政局李万钧、市人力社保局张欣庆、市城乡结合部建设领导小组办公室安钢、相关区县区县长

协办单位：市发展改革委

完成时限：2013年12月底

31. 支持重点小城镇开展土地整理和土地置换。重点小城镇政府土地收益用于本镇基础设施建设的比例不少于50%。

主要责任单位及负责人：市财政局杨晓超、市国土局魏成林、相关区县区县长

完成时限：2013年12月底

32. 加强对小城镇规划建设的指导，加快制定促进重点小城镇发展的意见。

主要责任单位及负责人：市发展改革委张建东

协办单位：市国土局、市规划委、市农委

完成时限：2013年12月底

33. 进一步完善政策，扩大新型农村社区试点建设，对列入试点的新型农村社区，政策允许的实行审批事项区县负责制，确保年内开工建设。

主要责任单位及负责人：市民政局李万钧、市国土局魏成林、市规划委黄艳、市农委王孝东、相关区县区县长

完成时限：2013年12月底

34. 完善以奖代补考评机制，充分调动和发挥区县、乡镇政府和少数民族乡村干部群众的主体作用，全市80%的民族村农民人均收入达到市级或所在区县平均水平。

主要责任单位及负责人：市民委（市宗教局）池维生

协办单位：市财政局、市农委

完成时限：2013 年 12 月底

35. 实施新一轮“农村亮起来、农民暖起来、农业资源循环起来”工程。

主要责任单位及负责人：市发展改革委张建东、市科委闫傲霜、市住房城乡建设委杨斌、市农委王孝东、市农业局赵根武

完成时限：2013 年 12 月底

36. 年内完成 5 万户农民住宅抗震节能改造。

主要责任单位及负责人：市住房城乡建设委杨斌、市农委王孝东、相关区县区县长

完成时限：2013 年 12 月底

三、完善农村公共服务，加快改善民生

37. 农村居民人均纯收入实际增长 7.5%左右。

主要责任单位及负责人：市农委王孝东、相关区县区县长

完成时限：2013 年 12 月底

38. 积极推进农村劳动力转移就业管理制度与就业失业管理制度并轨，完善城乡统一的就业政策体系，深入开展充分就业创建活动，大力促进农民转移就业。

主要责任单位及负责人：市人力社保局张欣庆

协办单位：相关区县政府

完成时限：2013 年 12 月底

39. 大力促进绿岗就业，使农民在造林绿化、生态管护和经营林业中更加受益。

主要责任单位及负责人：市园林绿化局（首都绿化办）邓乃平

协办单位：相关区县政府

完成时限：2013 年 12 月底

40. 持续加大财政投入，研究提高农村护林员、管水员、保洁员等公益性就业岗位工资待遇标准。

主要责任单位及负责人：市财政局杨晓超、市市政市容委陈永、市水务局金树东、市园林绿化局（首都绿化办）邓乃平

协办单位：相关区县政府

完成时限：2013 年 12 月底

41. 拓展农村实用人才开发领域，搭建农村实用人才发挥作用平台，全市新增农村实用人才 1 000 名左右，农村实用人才总数达到 4.3 万名。

主要责任单位及负责人：市委农工委王孝东

协办单位：相关区县政府

完成时限：2013 年 12 月底

42. 全面落实《中共北京市委、北京市人民政府关于进一步推进农村经济薄弱地区发展及低收入农户增收工作的意见》（京发〔2012〕15 号），相关部门和区县制定落实方案、实施办法。

主要责任单位及负责人：市社会主义新农村建设领导小组各成员单位负责人、相关区县区县长

完成时限：2013 年 6 月底

43. 确定低收入农户和低收入村，编制低收入村发展规划与低收入农户帮扶计划。确定农村经济薄弱地区，编制农村经济薄弱地区发展规划。

主要责任单位及负责人：市发展改革委张建东、市农委王孝东、相关区县区县长

协办单位：市财政局、市国土局、市规划委、市统计局、国家统计局北京调查总队

完成时限：2013 年 12 月底

44. 建立农民增收较快的低收入村奖励制度，确保低收入农户收入增速高于全市农民平均水平。

主要责任单位及负责人：市财政局杨晓超、市统计局王文杰、国家统计局北京调查总队李纲、市社会主义新农村建设领导小组综合办公室王孝东、相关区县区县长

完成时限：2013 年 12 月底

45. 落实农村低收入残疾人扶贫增收工程，建立扶贫助残基地 20 个，扶持带动 1 500 名农村低收入残疾人增收致富。

主要责任单位及负责人：市残联吴文彦

完成时限：2013 年 12 月底

46. 实施“光彩惠农行动”工程，推进京郊特色农产品与非公有制企业对接，组织 50 家餐饮服务类企业推广使用京郊特色农产品。

主要责任单位及负责人：市工商联郑默杰

协办单位：市农委、相关区县政府

完成时限：2013 年 12 月底

47. 发挥优质校的资源辐射和示范带动作用，支持 30 所城乡一体化学校建设。

主要责任单位及负责人：市教委姜沛民

完成时限：2013 年 12 月底

48. 充分发挥农村文化组织员和文化志愿者的示范和带动作用，培养建立一支乡土化的农村文化骨干队伍。支持以农民喜闻乐见的文化形式，创造性开展各类群众文化活动。

主要责任单位及负责人：市委宣传部王海平

协办单位：首都精神文明

办、市文化局、市广电局、市新闻出版局

完成时限：2013年12月底

49. 抓好文明村镇、文明户创建工作。扎实推进农村精神文明“十个一”创建工程，年内实现农村精神文明宣传员全部上岗，建成一批农村精神文明宣传栏、乡情村史陈列室示范点。

主要责任单位及负责人：首都精神文明办陈冬

协办单位：市委农工委，市档案局，市文化局，市广电局，市新闻出版局，市体育局，相关区县委、区县政府

完成时限：2013年12月底

50. 构建覆盖农村地区的广播影视公共服务体系，完成昌平、怀柔、延庆3个区县10个乡镇217个行政村有线广播村村响工程、北京应急广播系统和5个高山转播站备用广播电视发射设备的建设工作。

主要责任单位及负责人：市广电局李春良

协办单位：相关区县政府

完成时限：2013年12月底

51. 启动北京市第24届农民艺术节，办好“乡村大舞台”“美丽乡村”文化主题展播、“美丽乡村”艺术创作（展览）三大群众文化系列活动，推动基层文化团队建设。

主要责任单位及负责人：市委农工委王孝东

协办单位：市委宣传部、市文化局、市广电局、市新闻出版局

完成时限：2013年12月底

52. 实施农村电影公益放映工程，每个农村数字影厅全年放映电影40场，每套流动放映设备全年放映电影50场，全年共放映公益电影17.4万场。

主要责任单位及负责人：市广电局李春良

协办单位：相关区县政府

完成时限：2013年12月底

53. 完成乡村公路路面大修工程500公里。

主要责任单位及负责人：市交通委刘小明、相关区县区县长

完成时限：2013年12月底

54. 加强乡村医生培训。开展农村居民健康讲座1 000场次，建设健康促进示范村100个。

主要责任单位及负责人：市卫生局方来英

完成时限：2013年12月底

55. 支持稳定就业的农村劳动力参加城镇职工社会保险，制定本市农民以自谋职业、灵活就业方式参加城镇职工社会保险的政策。

主要责任单位及负责人：市人力社保局张欣庆

完成时限：2013年12月底

56. 继续提高城乡居民基础养老金、福利养老金标准。

主要责任单位及负责人：市人力社保局张欣庆

完成时限：2013年12月底

57. 继续提高新型农村合作医疗筹资标准。积极推进新型农村合作医疗市级统筹，启动新型农村合作医疗支付方式综合改革试点工作。

主要责任单位及负责人：市卫生局方来英

完成时限：2013年12月底

58. 推进城乡低保标准一体化，完善教育、医疗、住房等专项救助制度，推动社会救助从生存型向发展型转变。

主要责任单位及负责人：市民政局李万钧

协办单位：市教委、市住房城乡建设委、市卫生局

完成时限：2013年12月底

四、加强生态文明建设，建设美丽乡村

59. 深入推进生态区、环境优美乡镇和生态村创建活动。完善北京郊区环境优美乡镇、生态村建设标准，年内创建环境优美乡镇5个、生态文明村100个。对已命名的北京郊区环境优美乡镇、生态村进行复查，复查比例在10%左右。

主要责任单位及负责人：市环保局陈添、市农委王孝东

协办单位：相关区县政府

完成时限：2013年12月底

60. 继续开展村庄环境建设，抓好900个村庄的环境整治，总结先进典型经验，突出重点区域，提升薄弱村庄环境质量。

主要责任单位及负责人：市农委王孝东

协办单位：市市政市容委、相关区县政府

完成时限：2013年12月底

61. 推进村镇地区生活污水治理和集约化供排水设施建设，完成870公里村庄排水沟渠整治。

主要责任单位及负责人：市水务局金树东

协办单位：相关区县政府

完成时限：2013年12月底

62. 加大农村地区非正规填埋场治理力度，加快农村地区生活垃圾处理设施建设，农村地区生活垃圾无害化处理率达到92%。继续推进6 000座新农村公厕运行开放。

主要责任单位及负责人：市市政市容委陈永

协办单位：市农委、相关区县政府

完成时限：2013 年 12 月底

63. 加强村镇绿化美化工作，创建首都绿化美化园林小城镇 5 个，首都绿色村庄 80 个。

主要责任单位及负责人：市园林绿化局（首都绿化办）邓乃平

完成时限：2013 年 12 月底

64. 扩大清洁能源和可再生能源应用，改进农村地区取暖方式，明确削减燃煤阶段目标，逐步治理燃煤散烧，减少面源污染。

主要责任单位及负责人：市发展改革委张建东、市农委王孝东

完成时限：2013 年 12 月底

65. 继续组织“北京最美的乡村”“北京最美乡村路”宣传评选活动，启动“美丽京郊、生态田园”主题活动。

主要责任单位及负责人：市委农工委王孝东

协办单位：首都精神文明办、市旅游委、市文化局、市广电局、市园林绿化局

完成时限：2013 年 12 月底

66. 做好新一轮山区地质灾害易发区及生存条件恶劣地区农民搬迁工作，年内启动 1.4 万人搬迁工作。

主要责任单位及负责人：市农委王孝东

协办单位：市国土局、市规划委、相关区县政府

完成时限：2013 年 12 月底

67. 编制北京市水土保持规划和北京市灌溉发展规划。

主要责任单位及负责人：市水务局金树东

协办单位：相关区县政府

完成时限：2013 年 12 月底

68. 研究提高生态清洁小流域建设标准。继续推进三大水系综合治理，整治 280 公里中小河道，建成 34 条生态清洁小流域，完成 15 条小流域防洪水毁设施修复、1 960 座坑塘塘坝鱼池排查消隐、13 座小型水库除险消隐工程。

主要责任单位及负责人：市水务局金树东

协办单位：市发展改革委、市财政局

完成时限：2013 年 12 月底

69. 继续加强农田水利建设，新增改善节水灌溉 6 666.7 公顷（10 万亩），建设 200 处农村雨水收集利用设施。抓好延庆县、顺义区和房山区 3 个小型农田水利重点县（区）建设。

主要责任单位及负责人：市水务局金树东

完成时限：2013 年 12 月底

70. 开展乡镇、村集中式饮用水源保护区划分工作。

主要责任单位及负责人：市环保局陈添、市水务局金树东

协办单位：相关区县政府

完成时限：2013 年 12 月底

71. 继续推进农民用水协会制度建设；加强基层水务管理队伍建设，年内培训水务管理人员 1 万人次。

主要责任单位及负责人：市水务局金树东

协办单位：相关区县政府

完成时限：2013 年 12 月底

72. 开展村镇地区供水设施水质监测及评价，确保村镇地区供水安全。

主要责任单位及负责人：市水务局金树东

协办单位：相关区县政府

完成时限：2013 年 12 月底

73. 继续实施平原地区百万亩造林工程，确保全年完成 2.33 万公顷（35 万亩）任务，新增 10 处万亩以上城市森林。

主要责任单位及负责人：市国土局魏成林、市园林绿化局（首都绿化办）邓乃平、相关区县区县长

协办单位：市发展改革委、市财政局、市环保局、市规划委、市农委、市水务局

完成时限：2013 年 12 月底

74. 持续推进京津风沙源治理、三北防护林建设、太行山绿化等重点工程，年内完成山区人工造林 6 666.7 公顷（10 万亩）、封山育林 2.77 万公顷（44.5 万亩）。推进京冀生态建设合作，完成 6 666.7 公顷（10 万亩）生态水源保护林建设。

主要责任单位及负责人：市园林绿化局（首都绿化办）邓乃平

完成时限：2013 年 12 月底

75. 加强森林防火和林木有害生物防治，确保不发生重大林木有害生物灾害。全年实施飞机防治 800 架次，防控 40 万亩次，释放周氏啮小蜂 22 亿头。完成森林抚育 4 万公顷（60 万亩）。

主要责任单位及负责人：市园林绿化局（首都绿化办）邓乃平

完成时限：2013 年 12 月底

76. 完善村庄绿化养护管理长效机制，倡导社会力量认养认建绿地。加强对生态补偿、碳汇交易机制的研究。

主要责任单位及负责人：市园林绿化局（首都绿化办）邓

乃平

完成时限：2013 年 12 月底

五、深化农村改革，优化资源要素配置

77. 稳步扩大农村土地承包经营权登记试点，工作经费纳入市、区两级财政预算。

主要责任单位及负责人：市财政局杨晓超、市农委王孝东、平谷区政府姜帆

协办单位：市国土局、市政府法制办、市档案局

完成时限：2013 年 12 月底

78. 坚持依法自愿有偿原则，引导农村土地承包经营权有序流转。完善农村土地承包经营纠纷调解仲裁体系。

主要责任单位及负责人：市农委王孝东

完成时限：2013 年 12 月底

79. 总结推广镇级统筹、整合产业用地的经验，实施"腾笼换鸟"，促进土地集约节约利用，提高农民在土地增值收益中的分配比例。

主要责任单位及负责人：市国土局魏成林、市规划委黄艳

协办单位：市经济信息化委、市财政局、市住房城乡建设委、市农委、相关区县政府

完成时限：2013 年 12 月底

80. 完善农民住房制度，积极探索关系农民切身利益的新增宅基地问题解决方案。

主要责任单位及负责人：市国土局魏成林、市规划委黄艳、市住房城乡建设委杨斌、市农委王孝东

协办单位：相关区县政府

完成时限：2013 年 12 月底

81. 积极推进农村集体建设用地使用权确权登记颁证工作，稳步开展利用集体建设用地建设租赁住房试点。

主要责任单位及负责人：市国土局魏成林

协办单位：市发展改革委、市规划委、市住房城乡建设委、市农委、相关区县政府

完成时限：2013 年 12 月底

82. 总结集体经济产权制度改革经验，进一步创新农村集体资产经营机制，全面推进集体"三资"管理的制度化、规范化、信息化。

主要责任单位及负责人：市农委王孝东

完成时限：2013 年 12 月底

83. 深化集体林权制度配套改革，完善林权流转、金融支持等政策机制。

主要责任单位及负责人：市园林绿化局（首都绿化办）邓乃平

完成时限：2013 年 12 月底

84. 全面推进村级公益事业建设一事一议财政奖补工作。

主要责任单位及负责人：市财政局杨晓超、市农委王孝东

协办单位：相关区县政府

完成时限：2013 年 12 月底

85. 鼓励农民兴办专业合作和股份合作等多元化、多类型合作社。重点培育一批特色优势突出、辐射带动能力强、运营管理规范的示范社，鼓励建立合作社联社。

主要责任单位及负责人：市农委王孝东

协办单位：各区县政府

完成时限：2013 年 12 月底

86. 支持合作社兴办农产品加工、流通企业，开展农产品连锁经营，承担政府投资的各类涉农项目。落实设施农用地政策，合作社生产设施用地和附属设施用地按农用地管理。

主要责任单位及负责人：市国土局魏成林、市农委王孝东

协办单位：各区县政府

完成时限：2013 年 12 月底

87. 推进金融支持农民专业合作社发展，支持有条件的专业合作社开展内部信用合作。

主要责任单位及负责人：市金融局王红

协办单位：市财政局、市农委、各相关区县政府

完成时限：2013 年 12 月底

88. 按照"每村 2 名大学生"的原则，年内选聘高校毕业生2 400名，担任村党支部书记助理、村委会主任助理、农民专业合作社理事长助理。

主要责任单位及负责人：市人力社保局张欣庆、市委农工委王孝东

协办单位：相关区县政府

完成时限：2013 年 12 月底

89. 大力发展农产品加工业，引进培育涉农企业总部落户京郊，打造北京农业企业上市板块，促进龙头企业集群发展。

主要责任单位及负责人：市农委王孝东

协办单位：市金融局、北京证监局、相关区县政府

完成时限：2013 年 12 月底

六、加强党的领导，夯实农村发展基础

90. 加大村务公开力度，完善村级议事规则和决策程序，健全村级民主监督机制，充分发挥村务监督委员会作用。

主要责任单位及负责人：市民政局李万钧

完成时限：2013年12月底

91. 研究提高村级公益事业专项补助资金标准。

主要责任单位及负责人：市民政局李万钧、市财政局杨晓超、市农委王孝东

完成时限：2013年12月底

92. 继续推进“农村社区建设实验全覆盖”创建活动。打造农村社区建设典型示范社区100个。

主要责任单位及负责人：市民政局李万钧

完成期限：2013年12月底

93. 完善农村社会管理体制，分类推进农村社区化建设，积极探索适应不同地区的工作模式。

主要责任单位及负责人：首都综治办滕盛萍、市委农工委王孝东、市委社会工委宋贵伦、市民政局李万钧

完成时限：2013年12月底

94. 健全流动人口服务管理的各项政策制度，理顺管理体制，完善实有人口综合管理信息系统，深入推进实有人口服务管理全覆盖体系建设。

主要责任单位及负责人：首都综治办（市流管办）滕盛萍、市公安局高煜、市人力社保局张欣庆、市人口计生委刘志、市社会办宋贵伦

协办单位：市政府法制办

完成时限：2013年12月底

95. 开展平安村镇建设，加强农村法制宣传教育和信访工作，妥善处理各种矛盾纠纷，维护农村社会稳定。

主要责任单位及负责人：首都综治办滕盛萍、市公安局高煜、市司法局于泓源、市信访办薄钢

完成时限：2013年12月底

96. 统筹基层服务管理资源，加强乡镇便民服务大厅和村级便民服务站建设。

主要责任单位及负责人：市民政局李万钧、市财政局杨晓超

完成时限：2013年12月底

97. 应用农村基层组织信息系统，推进农村基层组织建设规范化、动态化、精细化。

主要责任单位及负责人：市委组织部刘宇辉、市委农工委王孝东

协办单位：相关区县委

完成时限：2013年12月底

98. 研究制定乡镇党代会年会制实施办法，建立党代会代表联系党员群众、党代表提案提议等工作制度。

主要责任单位及负责人：市委组织部刘宇辉

协办单位：市委农工委、相关区县委

完成时限：2013年12月底

99. 认真做好第九届村民委员会选举工作，积极发展农村基层民主。

主要责任单位及负责人：市委组织部刘宇辉、市委农工委王孝东、市民政局李万钧

协办单位：相关区县委

完成时限：2013年12月底

100. 全面落实村干部“一定三有”政策，加强基层组织带头人、村级党组织后备干部和农村党员队伍建设。拿出不少于当年服务期满人员10%的公务员职位，面向大学生“村官”、农村基层组织主要负责人等定向考录。

主要责任单位及负责人：市委组织部刘宇辉、市委农工委王孝东、市人力社保局张欣庆

协办单位：相关区县委

完成时限：2013年12月底

101. 开展以为民务实清廉为主要内容的党的群众路线教育实践活动。

主要责任单位及负责人：市委组织部刘宇辉、市委农工委王孝东

协办单位：相关区县委

完成时限：2013年12月底

102. 加强农村党风廉政建设。加大对农村基层干部廉洁履行职责和农村基层党组织党务公开的监督检查力度。加强农村集体“三资”监管，出台规范性文件。继续推进廉政风险防控向基层重要岗位延伸，健全风险防控长效机制。强化对农村基层干部教育培训，开展乡镇纪委书记轮训工作。及时纠正损害群众利益的行为，严肃查处农村基层干部违纪违法问题。

主要责任单位及负责人：市纪委、市监察局杨逸铮，市委农工委王孝东

协办单位：市委、市政府有关委办局，相关区县党委、政府

完成时限：2013年12月底

103. 着力构建“三农”投入稳定增长长效机制。市级财政投入确保总量持续增加、比例稳步提高；区县要根据功能定位，切实加大对“三农”工作的投入。

主要责任单位及负责人：市财政局杨晓超，市社会主义新农村建设领导小组综合办公室王孝东，相关区县委书记、区县长

完成时限：2013年12月底

104. 开展强农惠农富农政策执行情况“回头看”，检查政

策落实情况，评估资金投入、工程建设效果。

主要责任单位及负责人：市社会主义新农村建设领导小组各成员单位负责人

完成时限：2013年12月底

105. 继续开展农村全面小康建设进程、农村城镇化进程、新农村建设进程、都市型现代农业生态服务价值4项监测，开展城乡经济社会发展一体化监测，对农村经济社会运行状况和城乡经济社会发展一体化进程进行全面综合评价；定期开展42个重点小城镇经济运行状况的统计监测；定期开展低收入农户增收情况监测；开展都市型现代农业监测评价指标体系研究。

主要责任单位及负责人：市统计局王文杰、国家统计局北京调查总队李纲

协办单位：市教委、市民政局、市财政局、市人力社保局、市农委、市水务局、市卫生局、市园林绿化局、市农业局

完成时限：2013年12月底

106. 建立健全机关党员干部直接联系群众制度，组织市直机关党组织与68个乡镇的89个低收入村开展"结对共建"活动，促进低收入农户增收。

主要责任单位及负责人：市直机关工委夏尚武

完成时限：2013年12月底

（郑桐富）

【折子工程完成情况】 2013年，市定106项新农村建设折子工程全面落实，"三农"发展取得新的成效。初步统计，全市农民人均纯收入达到18 300元，实际增长7.5%以上。

一、都市型现代农业加快发展

1."菜篮子"工程扎实推进。 补划菜田面积6万亩，新建菜田1.5万亩，新建、改建设施农业项目6 773.98亩，评定"菜篮子"优级标准化基地160个。新建工厂化渔业养殖高产高效生产基地9个、循环温室6个、标准化基地23个。畜禽养殖场升级改造73家，新建现代化肉鸡示范场3个。新增外埠蔬菜生产基地4.5万亩，畜禽生产基地5个。

2. 农业基础进一步夯实。 编制了《北京都市型现代农业基础建设及综合开发二期规划（2013—2017年）》。粮食单产好于上年。北运河流域核心区域减少化肥使用1 400余吨，减少农药使用20%。完成100家养殖场污染治理。完善耕地补偿指标分配机制，推动土地整治和指标有偿转让；开展了基本菜田蔬菜生产补贴工作。

3. 农业科技稳步提升。 推进北京国家现代农业科技城建设，搭建了农业科技良种创制与种业交易等5个高端服务平台，组织实施了良种增效科技创制等4项重点工程。通州国际种业园区经国务院批准正式纳入中关村国家自主创新示范区，正在研究建设国家种子硅谷。新增全科农技员692名已全部到岗。成立首都农业农村信息化服务联盟，制定了《"智慧村"考核认定指标体系》，开展了示范建设。

4. 服务体系逐步完善。 北京鲜活农产品流通中心项目前期工作基本完成；新建产地果蔬保鲜库3.5万平方米；12家大型连锁超市开展农超对接，35家餐饮企业开展"农餐对接"。供销社系统建成3个农资分销中心与240家连锁店，邮政系统建成2个分销中心与50个基层网点。政策性农业保险增加了区域特色险种（杏）和渔业养殖保险，启动我国首例生猪价额指数保险。完成奶牛布鲁氏菌病和结核杆菌病秋季检测；开展了种畜禽高代次场重点疫病净化工作。气象防灾减灾机构、体系、机制建设全面推进。

5. 优势产业持续发展。 果品产业结构进一步优化，产量达9.1亿千克，收入43.9亿元；花卉生产面积稳定在7万亩，产值突破15亿元；苗圃面积达到1.2万公顷，产值33.5亿元；林下经济完成建设面积21万亩，就业人数5.84万人，实现产值8.5亿元；蜂蜜产量首次突破1 000万千克，养蜂产值达1.8亿元，蜂产品加工产值9亿元；各类公园风景区累计接待游客4 000多万人次。制定了《关于支持农业产业化龙头企业发展推进农业产业化经营的实施意见》；大兴区获得农业部国家级农业产业化示范基地称号。

6. 特色产业加快发展。 沟域经济五项工程项目201个，完成投资15.4亿元；"一环两镇"项目完成投资4.8亿元。评出2013年休闲农业与乡村旅游示范乡镇10个。首届北京农业嘉年华成功举办，北京园博会协办顺利，世界种子大会进展顺利，葡萄大会、月季洲际大会筹办工作按计划进行。

二、城镇化建设有序推进

1. 城乡结合部建设扎实推进。50 个重点村回迁安置房竣工 481 万平方米，在施 600 万平方米，21 个村竣工并陆续回迁。整建制农转居 10 个村、10 824 人，19 个村正在进行。集体产业发展、农民转移就业和新型社区建设同步推进。

2. 重点小城镇建设积极推进。推动小城镇发展基金项目落地，启动小城镇污水处理设施“打捆”建设运营二期项目，加快推动一期项目进展。新增重点小城镇土地储备开发项目 3 个，土地面积约 118 公顷。

3. 新型农村社区积极推进。扩大新型农村社区试点建设，36 个市级试点全部启动。落实《北京市国土资源局关于印发行政许可事项和行政服务事项办理规则的通知》，明确了区县政府审批事项及其承办部门。

4. 新一轮“三起来”有序推进。照明设施维护达到 31 万盏，推广燃煤采暖炉具 16 304 台，新建沼气集中供气工程 5 处、雨洪利用工程 200 处、粪污治理工程 113 处。“煤改电”11 个村庄。实施了科技示范系列工程。完成乡村公路路面大修 500 公里。

5. 农宅抗震节能改造大力推进。全市共完成农宅抗震节能改造 6.1 万户，其中新建翻建 2.6 万户，综合改造 1.4 万户，单项节能改造 2.1 万户。

三、农村民生稳步改善

1. 就业制度与政策进一步完善。新认定 197 个行政村为城市化建设地区，累计 813 个行政村、40 万本市农村劳动力实行城乡统一的就业失业管理制度。鼓励用人单位招用的岗位补贴和社会保险补贴政策适用范围扩大到一产员工制企业，补贴力度与补贴期限进一步增加；社会（绿色）公益性就业组织“托底”安置政策实现城乡全覆盖。生态涵养发展区县所属行政村全部纳入农村就业困难地区认定范围，享受就业帮扶。69 个乡镇、3 013 个村评为充分就业地区；帮助转移就业 5.73 万人、再就业 1.9 万人。

2. 农村社保体系与医疗卫生服务体系进一步提升。出台了《关于扩大灵活就业的本市农村劳动力参加职工社会保险范围的通知》。养老金调整向农转工人员适度倾斜。城乡居民基础养老金和老年保障福利养老金每人每月增加 32.5 元。按照人均筹资标准不低于 680 元的标准完成了新型农村合作医疗基金筹集工作。完成了 300 余名师资、4 545名乡村医生和村卫生室人员培训，农村居民健康知识讲座 1 595场，健康促进示范村达 100 个。城乡新区一体化学校全面施工。

3. 农村文化建设进一步加强。举办了文化志愿者培训班，开展了文艺辅导、艺术演出、文化艺术培训以及拥军、敬老、走进偏远企业等活动，针对残障人群开办了技能提高班（手语培训）。制定了首都文明村镇创建管理办法及测评体系，行政村全部设立了农村精神文明宣传员，建成乡情村史陈列室 100 个、农村精神文明宣传栏（网络宣传视屏）200 个。组织开展了北京市第二十四届农民艺术节、最美乡村系列活动，确定 32 个“北京最美的乡村”候选村。

4. 山区搬迁工作扎实开展。实施 6 890 户 14 829 人搬迁任务，其中 25 个村主体工程已完工。

5. 低收入农户工作稳步开展。初步确定低收入农户 23.3 万户、58 万人，低收入村 645 个，划定农村经济薄弱地区 40 个乡镇。完成经济薄弱地区发展规划初稿。制定了《低收入农户增收工作考核奖励方案》。

6. 民族乡村工作积极开展。初步完成《全市少数民族乡村建设与发展规划》编制，开展了对口帮扶活动，以奖代补扶持经济项目 48 个，民族村农民收入高于全市平均水平。

四、生态建设大力加强

1. 水务工作全面加强。完成北京市水土保持规划、灌溉发展规划编制工作；开展村镇地区集中式饮用水源保护区划分工作。完成中小河道治理工程 29 条；建成生态清洁小流域 34 条；完成 15 条小流域防洪设施水毁修复；完成 1 960 座塘坝、坑塘、鱼池隐患排查，并实施消隐工程 335 处；完成 13 座小型水库除险消隐工程。供水工程、自来水厂改造、再生水厂建设积极推进。解决了 32 个小城镇 51 个村污水处理问题。完成水源地 7 个村治污及 300 个村庄、870 公里排水沟渠整治。完成农田灌排设施建设 5 万亩、管水员培训 11 000 余人次、13 个区县丰水期和枯水期水质监测、15 座集中供水厂和 43 座村级供水站联合检查。

2. **绿化工作大力推进**。新完成35万亩平原造林任务，营造千亩以上生态片林68块、万亩以上大型绿色板块10处；3.2万名农民实现绿岗就业。完成人工荒山造林10.95万亩、封山育林45万亩、森林抚育60万亩；完成区县、乡镇级公路河道绿化300公里；全市4.67万名生态林管护员上岗务林。全市共有37个单位、3 427人购买林业碳汇58.3万元；认建认养绿地258块，投入资金9 028.2万元。

3. **能源结构不断优化**。出台了《北京市2013—2017年加快压减燃煤和清洁能源建设工作方案》。完成优质燃煤替代27万吨；电采暖改造工程完成11个村、约4 000户，天然气入户工程完成3个村、约1 200户。

4. **环境整治扎实推进**。完成整治各类村庄950个，硬化破损道路150余万平方米，整修道路边沟1 230余千米，更换垃圾箱（筒）5 160余套。新增绿化美化面积367余万平方米，清理积存垃圾35万余吨。

5. **生态创建积极推进**。推进国家级生态建设示范、生态县复核、国家环境保护模范城区建设工作，7个乡镇（累计91个）获得了“国家级生态乡镇”命名。市级5个环境优美乡镇、137个生态村进入社会公示。推荐创建首都绿化美化花园式单位151个、花园式街道4个、花园式社区59个、园林小城镇7个、绿色村庄86个。

五、农村改革不断深化

1. **农村土地制度进一步完善**。农村土地承包经营权登记试点全面推开；举办了农村土地承包纠纷仲裁培训班。开展了农村集体建设用地流转、集体经营性建设用地入市流转政策研究。完善了农村宅基地审批管理流程和审批要件。完善了《北京市利用农村集体土地建设租赁住房试点实施意见（试行）》；集体建设用地外业地籍测绘率94.49%。

2. **农村集体经济产权制度进一步完善**。下发了《关于开展农村集体经济产权制度改革回头看的通知》，完成了改革自查；总结了一批典型，并组织了现场观摩。

3. **农村金融服务体系不断创新**。批准设立村镇银行9家、小额贷款公司68家、“三农”信贷专营机构1家；涉农贷款余额达2 321.4亿元，比年初增加25.2%；新建农村基本金融服务“村村通”工程服务点166个。大兴区农村金融改革试验区取得新进展。

4. **农民合作组织发展进一步规范**。下发了《关于扶持本市农民合作社发展的若干意见》《关于对北京市农民专业合作社市级示范社实行监测考核及动态管理的通知》。指导区县审批和备案设施农业项目用地28宗；下发了《关于进一步加强设施农业监管工作的函》。

5. **一事一议财政奖补工作积极推广**。印发了《关于发挥一事一议财政奖补作用推动美丽乡村建设试点的意见》《关于进一步做好一事一议财政奖补工作的通知》，完成354个一事一议财政奖补项目，各级财政奖补资金2.2亿元。

六、乡村治理全面完善

1. **农村党建全面加强**。全面试行乡镇党代会年会制。选聘2 528名高校毕业生担任大学生“村官”，面向大学生“村官”考录224个公务员职位。全市农村基层组织信息系统投入运行。出台了《关于进一步加强农村集体资金资产资源管理和监督工作的意见》和《北京市实施〈农村基层干部廉洁履行职责若干规定（试行）〉办法》；举办了2期乡镇纪委书记轮训班；推进农村基层党组织党务公开；严肃查处涉农违纪违法案件。下发了《关于进一步开展“进农村、进社区、进企业，促作风转变、促科学发展”的意见》，2013年市直机关112家单位基本“全覆盖”。

2. **基层民主全面加强**。制定了《关于继续深入开展村务公开民主管理“难点村”治理工作的通知》《北京市村务监督办法》《北京市村务监督委员会工作规则》《北京市村民代表会议规则》。圆满完成第九届村委会选举。制定了完善北京市村级公益事业专项补助制度的意见及调整方案。

3. **社会建设全面加强**。开展了实有人口体系、基础信息规范化建设，加强了流动人口基础管理、计划生育服务管理工作，制定了《关于进一步加强和统筹全市人口信息化工作的意见》。全面开展平安村镇建设；推广了“一轴两翼”接访模式，开展基层组织、领导干部引导代理群众维护基本权益活动。全面加强了农村法制宣传教育服务创建工作。

4. 监测评估全面加强。完成了农村全面小康建设、农村城镇化、新农村建设进程和都市型现代农业生态服务价值监测；完成了基层民主建设和社会管理满意度问卷调查、城乡经济社会发展一体化监测；完成了2013年前3季度42个重点小城镇监测，发布了2012年分区县监测评价结果通报；完成了前3季度全市和分区县低收入户监测；完成了都市型现代农业监测评价指标体系基础理论研究和课题报告。

（郑桐富）

重点镇建设

【深入开展分类指导梯次推进小城镇问题研究课题】 为解决重点小城镇发展特色不够鲜明、发展的动力活力不足、聚集辐射带动作用不强的问题，切实发挥重点小城镇作为北京市城镇体系的重点节点，就近解决本地农民城镇化的作用，北京市开展了分类指导梯次推进小城镇问题研究，结合国内外小城镇发展的经验做法，进一步落实市领导的指示精神（课题研究期间，市委常委牛有成提出了抓好试点、积累经验、稳步推进的要求，林克庆副市长提出重点小城镇建设要坚持突出特色、规划引领、产业为本、适度配套、多元投入的原则），提出了加强规划编制管理、推进基础设施建设、推进特色产业发展、解决农民住房问题、完善社会保障体系、推进土地制度改革、建立多元融资体系、完善社会管理体制、改革建设体制机制9项推进北京市重点小城镇发展建议。

（胡建华 赵亚男）

【搭建宣传推介平台 促进镇企对接共建】 积极与市投资促进局沟通协调，一是在2013年中外投资机构暨民营企业北京投资发展洽谈会上做了主题演讲，重点推介北京市重点小城镇的资源优势和推进重点镇的政策措施；二是在第五届投资北京洽谈会上专门设置重点镇宣传推介板块，对重点镇发展规划、产业定位、投资空间、优势资源等进行集中宣传推介，并请房山琉璃河、顺义杨镇、大兴魏善庄、庞各庄、密云穆家峪、平谷马坊等重点镇到活动现场进行了推介和政策咨询；三是组织部分重点镇在市龙头企业培训班等活动中进行了重点的宣传；四是依托统战部统战工作平台，加大对重点镇产业发展项目的宣传推介力度，促进重点镇与大型企业对接共建。

（胡建华 赵亚男）

【对重点小城镇2012年经济社会发展情况进行监测评价】 依据《北京市重点镇监测调查和评价实施办法（试行）》（京政农函〔2011〕56号），市农委会同市统计局、国家统计局北京调查总队对42个重点小城镇2011年经济社会发展情况进行了监测评价，并对监测评价情况进行了通报，印发了《关于北京市42个重点小城镇2012年监测评价情况的通报》（京政农函〔2013〕59号）。

（一）城镇化建设情况

截至2012年年底，42个镇镇域面积4 375.28平方公里，规划镇区面积243.83平方公里，其中建成区118.8平方公里。42个镇共有行政村1 224个，常住人口165.22万人，户籍人口124.43万人，其中农业户籍人口79.82万人。规划镇区内常住人口59.21万人，户籍人口33.44万人，其中农业户籍人口14.39万人。按常住人口计算，42个镇城镇化率为51.69%；按户籍人口计算，42个镇城镇化率仅为35.85%。

（二）经济发展状况

截至2012年年底，42个镇财政总收入70.87亿元，实际上缴税金134.99亿元。42个镇全社会固定资产投资完成604.86亿元，其中二、三产业固定资产投资完成503.86亿元。42个镇现有企业12 028个，其中二、三产业企业个数11 638个。42个镇现有从业人员94.41万人，其中本地从业人员62.66万人。42个镇农民人均纯收入15 393元（取各镇均值），其中有14个镇超过全市水平（16 476元）。

（三）产业园区建设情况

截至2012年年底，42个镇集中规划产业园区97.9平方公里，园区内现有企业1 398家，入区企业占地49平方公里。园区企业总收入685.41亿元、实缴税金37.61亿元，分别占42个镇全镇的53.13%和27.86%。园区从业人员10.7万人，其中吸纳本地人员就业5.73万人，占53.4%。

（四）基础设施及公共服务设施建设

截至2012年年底，42个镇公路总里程6 537公里，其中镇街区道路面积2 095.65万平方米。集中供水厂64座，污水处理厂（站）143个。有20个镇通达天然气，年天然气使用量5 316.29万立方米。集中供热面积1 870.30万平方米。有中小学235所，幼儿园（托儿所）419所，医疗机构70家，50平方米以上商业网点和金融服务网点个数分别达到3 587个和151个。

（五）土地"招拍挂"情况

2012年，42个镇纳入土地储备的建设用地633.08公顷，主要集中在门头沟潭柘寺，房山长沟、窦店，通州漷县、西集、台湖、永乐店，大兴榆垡，顺义赵全营、杨镇10个镇。土地"招拍挂"共成交28宗，成交面积346.72公顷，主要集中在房山琉璃河、长沟，通州漷县、西集、台湖、永乐店，大兴庞各庄，顺义高丽营、赵全营，平谷马坊，密云溪翁庄11个镇。国家征用土地47宗，征地面积859.18公顷，主要集中在房山琉璃河、窦店、长沟，通州台湖、永乐店，大兴庞各庄，昌平南口、北七家，密云巨各庄、穆家峪，延庆八达岭11个镇。国家征用土地批准农转非指标4 531人，截至2012年年底，完成1 068人。

（胡建华　赵亚男）

【新增4个中国传统村落】 门头沟区大台街道办事处千军台村、门头沟区斋堂镇马栏村、昌平区流村镇长峪城村、密云县新城子镇吉家营村4个村被列入第二批中国传统村落名录。

（胡建华　赵亚男）

【开展传统村落补充调查工作】 在补充调查的基础上，向住房和城乡建设部村镇建设司推荐了怀柔区九渡河镇鹞子峪村作为中国传统村落推荐名单。并组织填写了《传统村落调查登记表》，将有关信息录入（初录）了全国传统村落管理信息系统。

（胡建华　赵亚男）

【组织编制传统村落保护和发展规划】 委托清华同衡规划设计研究院有限公司为北京市列入中国传统村落的9个村庄建立传统资源档案，并为门头沟区斋堂镇黄岭西村、雁翅镇苇子水村、龙泉镇三家店村及延庆县岔道村4个村编制保护和发展规划，北京市9个列入第一批中国传统村落的村庄都建立了传统资源档案，并有了专门的保护和发展规划指导村庄保护与发展。

（胡建华　赵亚男）

【组织全国绿色低碳重点小城镇试点示范工作】 组织密云县古北口镇开展绿色低碳重点小城镇试点示范工作，并配合市财政局完成了古北口镇城镇污水配套管网项目的自查，落实住房和城乡建设部、财政部有关政策，对该镇城镇污水处理配套管网建设给予支持。

（胡建华　赵亚男）

【组织开展全国特色景观旅游名镇（名村）示范申报工作】 组织门头沟潭柘寺、房山韩村河、昌平南口、怀柔九渡河、密云古北口、延庆千家店6个镇申报第三批全国特色景观旅游名镇（村）示范。

（胡建华　赵亚男）

【组织开展村庄规划试点工作】 按照住房和城乡建设部的要求，组织开展了全国村庄规划试点工作，经住房城乡建设部评审确定怀柔区渤海镇北沟村参与全国村庄规划试点工作。一年来，组织北京清华同衡规划设计研究院有限公司结合北沟村打造国际文化村的发展战略，编制了《北沟村规划》。北沟村已通过住房城乡建设部验收，成为全国第一批村庄规划示范。

（胡建华　赵亚男）

【组织全国重点小城镇调整工作】 按照住房和城乡建设部的要求，在全市10个远郊区县开展了全国重点镇调整增补工作，推荐上报了门头沟区潭柘寺镇（保留）、斋堂镇（新增），房山区窦店镇（保留）、长沟镇（保留）、韩村河镇（新增），通州区漷县镇（保留）、西集镇（新增）、永乐店镇（新增），顺义区高丽营镇（新增）、赵全营镇（新增）、李遂镇（新增），大兴区庞各庄镇（新增）、采育镇（新增）、魏善庄镇（新增），昌平区小汤山镇（保留）、北七家镇（新增）、南口镇（新增），平谷区峪口镇（保留）、马坊镇（新增）、金海湖镇（新增），怀柔区桥梓镇（新增）、汤河口镇（新增），密云县溪翁庄镇（保留）、太师屯镇（新增）、巨各庄镇（新增），延庆县康庄镇（保留）、八达岭镇（新增）27个镇申报全国重点镇，其中保留指的是2004年已列为全国重点镇的名单，共有8个，新增指的是本次区县重新调整增加的推荐名单，共有19个。

（胡建华 赵亚男）

【加强规划引导】分别组织开展了《密云县穆家峪综合示范镇试点发展规划》和《116个民族村建设与发展规划》的编制工作，为穆家峪镇经济社会发展和全市民族村产业发展、村庄建设提供规划指导。

（胡建华 赵亚男）

【推进小城镇城乡绿化一体化建设】年内，全市重点扶持小城镇绿化共5个镇，分别是顺义区北石槽镇、平谷区熊儿寨镇、怀柔区琉璃庙镇、密云县东邵渠镇、延庆县大庆科镇。据统计，5个小城镇共完成绿化266.8公顷，栽植乔木12.3万株，花灌木28.8万株，地被7.04万平方米。顺义区李遂镇、平谷区熊儿寨镇、怀柔区宝山镇、密云县东邵渠镇、昌平区阳坊镇、延庆县四海镇和珍珠泉乡。门头沟区妙峰山镇8个镇参加园林小城镇创建活动；截至2013年年底，8个参加园林小城镇创建的镇共完成绿化841.5公顷，栽植乔木57.6万株，灌木39万株，地被15.5万平方米。

（齐庆栓）

【北京市小城镇发展基金支持三个重点镇建设】北京市小城镇基金注册资金35亿元，其中与国开金融公司合作初始规模为25亿元，于2013年1月7日正式设立；与首创集团合作初始规模为10亿元，于2013年2月1日正式设立。首批项目基金共投资3.5亿元（其中市政府出资0.7亿元），吸引社会投资22亿元。市政府出资部分实现引导放大倍数超过30倍。其中：平谷区金海湖镇项目股权出资1.5亿元，主要投资于金海湖镇镇区土地一级开发、回迁房、小城镇综合体、小镇艺术馆、金海湖国际学校、特色医院以及商品房开发等领域；房山区长沟镇一期项目股权出资0.8亿元，二期项目股权出资1亿元，主要投资于长沟镇土地一级开发、旅游集散服务中心、围湖酒店、北泉水河生态环境治理和商品房开发等领域；大兴区魏善庄项目股权出资0.18亿元，主要投资于魏善庄镇一级开发和后续开发项目。

（胡建华 赵亚男）

减煤换煤

【全市农村地区开展“减煤换煤、清洁空气”行动计划】2013年8月，全市“减煤换煤、清洁空气”行动计划部署会召开。8月底市政府办公厅下发《北京市2013年农村地区减煤换煤清洁空气行动实施方案的通知》（京政办发〔2013〕51号），提出按照“五个一批”（城市化改造上楼一批、拆除违建减少一批、炊事气化解决一批、城市管网辐射一批、优质燃煤替代一批）的方式，推进郊区农村地区“减煤换煤、清洁空气”行动。重点在农村地区实施优质燃煤替代、取暖煤改电、天然气入户、太阳能热利用、液化石油气下乡及沼气利用、农民住宅抗震节能改造和城镇化建设等工程。

2013年全市“减煤换煤”计划完成总任务量为80万吨。截至2014年3月15日供暖季结束，全市累计完成“减煤换煤”95万吨，其中：优质燃煤替换28.7万吨，城市化改造上楼减煤16.7万吨，拆除违建减煤13.5万吨，炊事气化减煤9.7万吨，城市管网辐射减煤6.7万吨，农宅保温改造减煤19.2万吨。

1. **换煤和换炉具情况。**全市累计送煤到户量28.7万吨，其中优质块煤11.9万吨，优质型煤16.8万吨（其中蜂窝煤2.3万吨、球煤14.5万吨）。并已更换高效节能炉具2.16万台。

2. **“煤改电”工作。**在7个区县的14个村庄、5561户实施了“煤改电”工程。

3. **天然气入户工作。**2013年确定全市天然气入户5个村，涉及2 100多户。昌平区马池口镇辛店村、平谷区峪口镇蔡坨村2个村、550户居民用上了管道天然气。

（李东伟 薛晓娟）

农宅抗震节能改造

【72 039 户农宅完成抗震节能改造】 2013 年完成 72 039 户农宅的抗震节能改造工作。截至 2013 年年底，已累计完成了380 230户农宅改造，其中新建翻建 98 405户，综合改造14 315户，保温改造 267 510 户。有效地改善了农民的居住环境，为全市的清洁空气做出了突出贡献。

（汝利福 王植）

【农民住宅抗震节能改造资金投入 172 234 万元】 2013 年，市财政再度投入 172 234 万元用以农宅抗震节能改造。截至 2013 年年底，市、区两级政府投入资金累计达 71.7 亿元，直接拉动农民自筹资金的投入，也拉动了社会资金的投入，同时带动了建材、建筑、运输等产业的发展。

（汝利福 王植）

新型农村社区

【全市新型农村社区试点达到 48 个】 经区县申请、市新型农村社区试点建设联席会议成员单位同意，市新农办下发《关于新增 36 个市级新型农村社区试点的函》（京新农办函〔2013〕12 号），确定将房山区窦店镇窦店村定为市级新型农村社区试点，至此，全市新型农村社区试点达到 48 个。新增 36 个市级试点名单如下：

房山区（14 个）：窦店镇窦店，周口店镇黄山店，大石窝镇下庄、半壁店、南河，西潞街道“北三村”（詹庄村、安庄村、固村村），十渡镇八渡，良乡镇后石羊，石楼镇“盛夏新村”（夏村），韩村河镇“龙门新村”（龙门口村、皇后台村），河北镇檀木港，河北镇三福，长阳镇西场，拱辰街道南广阳城。

平谷区（3 个）：大兴庄镇白各庄，平谷镇和平庄园（峪子峪村），王辛庄镇西古。

怀柔区（5 个）：九渡河镇团泉，杨宋镇仙台，宝山镇转年，汤河口镇庄户沟门，渤海镇长城国际文化村（北沟村、田仙峪村、辛营村、慕田峪村）。

通州区（1 个）：永乐店镇“和谐小镇”（应寺村、胡家村）。

门头沟区（3 个）：清水镇椴木沟，妙峰山镇水峪嘴，斋堂镇法城。

朝阳区（3 个）：黑庄户乡定辛庄村，金盏乡雷庄，管庄乡重兴寺。

延庆县（1 个）：八达岭镇石峡关（里炮村、石峡村、帮水峪村、外炮村）。

密云县（1 个）：十里堡镇潮白河（十里堡村、庄禾屯村、河漕村、程家庄村、王各庄村）。

顺义区（1 个）：马坡镇南陈路（良正卷村、庙卷村、衙门村、石家营村、毛家营村、姚店村、马卷村）。

大兴区（1 个）：庞各庄镇梨花村。

海淀区（2 个）：苏家坨镇车耳营、七王坟。

昌平区（1 个）：延寿镇沙岭。

（李东伟 黄腾宇）

【12 个市级新型农村社区试点取得初步成效】 两年来，通过 12 个试点的建设，为郊区实现“中心城—新城—小城镇—新型农村社区”四级城镇体系和推进新型城镇化、提升新农村建设进行了有益的探索和创新。一是达成了共识。认识到新型农村社区建设是郊区农村实现城乡一体化的重要节点，是提升农村城市化的重要途径，是实施“新三起来”的有效载体。二是市各部门、区县和乡镇高度重视，形成了推动新型农村社区建设的完善的工作体系和健全的工作机制。三是探索

出了一些新的有效推进方式。如密云、房山、延庆、平谷等区县大胆突破，探索了在基础设施、公共服务设施建设等方面的政策集成和资金聚焦的有效方式。四是基本形成了可看、可学、可推广的典型。“党组织引领、央企参与，原址重建、滚动发展，多村集并、异地建设，项目带动、村企合作”等建设典型为进一步扩大试点树立了样板。五是试点建设达到了让农民满意、让社会满意、让政府满意的要求。

（李东伟　黄腾宇）

【新农村“三起来”工程稳步推进】2013 年继续稳步推进新农村可再生能源建设：“亮起来”，新建太阳能路灯 7 842 盏；新建太阳能光伏发电站 10 座；“暖起来”，新建村级太阳能公共浴室 37 座，维护 626 座，推广标准户用太阳能热水器 4 095 台；“循环起来”，指导延庆德清源合力清源科技有限公司开展了 40 村联供的绿色燃气示范工程建设，秸秆沼气工程的发酵主体部分已经建成并具备供气能力，同时已完成张山营镇前龙庙、下卢风营、水峪等 7 个村 2 800 户的村级储存站和输配管网建设并通气使用。在延庆县大榆树大泥河、簸箕营及旧县大柏老村新建 3 处沼气工程，供气规模 3 300 多户；新建生物质燃料加工厂 1 处。对平谷区西柏店村沼气工程进行了改扩建，扩建输配管网和增建有机肥厂，实现西柏店、良庄子、唐庄子 3 个村的集中联供。

截至 2013 年年底，全市累计建成太阳能路灯 19 万盏，节能卫生吊炕 40 万铺，太阳能公共浴室 1 137 座，太阳能热水器 78.8 万平方米，太阳能光伏发电站 24 座；大中型沼气工程 129 处，生物质气化集中供气工程 143 座，成型燃料加工厂 22 处。形成了年节约与开发标煤 6 万吨的能力，年实现减排二氧化碳 15.96 万吨，减少二氧化硫、氮氧化物和可吸入颗粒物 2 000 余吨，农业资源综合利用能力也明显提升。

（王一帆）

都市型现代农业

综　述

2013 年，围绕自给率、控制率、合格率和应急保障能力“三率一能力”目标，扎实推进“菜篮子”工程建设，努力在自己的饭碗里装更多自己生产的“菜篮子”产品。开展“百名专家到地头、百项技术进菜园、百分竞赛选能手”蔬菜生产的提质增效“三百工程”，建立市级高产高效示范点 342 个，推广优新品种 55 个，辐射带动面积 15 万亩，建成设施蔬菜标准园 5 个、集约化育苗场 20 个。开展菜田补贴试点工作，对大兴、房山两个试点区县给予 200 元/亩菜田生产补贴，有力促进菜田划定工作。畜禽生产完成 58 个规模养殖场标准化改造、260 个标准栋畜牧业集雨工程和 2 个现代化肉鸡示范场建设，全市规模化标准化养殖场存栏畜禽占全市的 80%以上，奶牛规模养殖比例达到 90%以上。水产养殖业推进“三节两高”健康养殖模式，改造提升渔业标准化生产基地 1 700余亩，建成工厂化水产养殖基地 2.9 万平方米，新增产能 6 000吨，相当于 3 个密云水库的年产量。2013 年，全市设施农业面积 35.5 万亩，蔬菜播种面积 90 多万亩，全年蔬菜总产量 260 多万吨；全年生猪、家禽、鸡蛋、牛奶、水产品总产量分别达到 314.4 万头、8 529.8 万只、17.5 万吨、61.5 万吨、5.7 万吨。

发展外埠副食品基地，取得新成效。2013 年，新发展外埠蔬菜基地 2.95 万亩，累计超过 70 万亩；新建养殖业外埠基地 5 个，预计可新增供京猪肉 1.8 万吨、鸡蛋 3.29 万吨、牛奶 1 万吨。加强区域合作，每年都与合作省区组织开展冬季蔬菜保供对接行动，2011—2013 年累计增加蔬菜供应量约 56 万吨，有效保障了冬季首都市场蔬菜供应。2014 年 1 月启动与河北、海南等 12 省区“服务产区菜农服务首都市民蔬菜保供联合对接行动”，实现了春节期间北京蔬菜日均供应量增加 10%左右。据北京市价格监测中心统计，2014 年春节期间全市菜、肉、蛋农贸零售价同比分别下降 6.89%、8.86%、8.54%。

坚持实施“安全农业”品牌战略，累计创建“菜篮子”标准化基地 1 200 余家，标准化生产覆盖面不断提高；实施农业地方标准 1 600 多项，种养业主导产品的标准覆盖率达 90%以上。2013 年新增“三品”认证企业和基地 286 家，全市有效使用“三品”标志的企业超过 1 000 家，产品超过 3 000 个，“菜篮子”三品认证覆盖率达到 36.3%，比 2012 年大幅提高 5 个百分点；形成了“首农”“三元”“天安农业”等一批满足市场高端需求的名优品牌。

坚持“生产性绿色空间”的定位，加快“循环农业”发展，推动了规模化养殖场全面实现粪污零排放和资源化利用，以“德青源”为代表的循环农业典型实现了沼气并网发电和液化使用，实现了产业发展和生态建设的有机统一。北京市农林水生态服务价值超过 1 万亿元，农业隐性的生态价值逐渐显性化。

以科技示范为动力，转变农业发展方式。高端服务、总部经济研发、产业链创业和先导示范等功能逐步发挥，创制了世界首个水稻全基因组芯片，测序世界首张西瓜全基因组图谱，建成世界最大的玉米标准DNA指纹库，一些产品打破了国外长期垄断我国高端品种的格局。“种业之都”建设稳步推进，初步确立了全国种业科技创新中心、企业聚集中心、交易交流中心和种业发展综合服务平台“三中心一平台”地位。北京品牌高产优质玉米新品种向全国推广约1.4亿亩，占全国市场的27.4%；京红、京粉系列成为全国最大的自主创新蛋种鸡品种，占全国市场的50%，种鸡规模世界第一；良种奶牛冻精占全国市场的20%；虹鳟鱼、鲟鱼的苗种繁育量占全国总量的60%以上。北京每年选育主要农作物新品种数量约占全国的10%，培育了“中蔬”“京研”等一批有较大影响力的种业品牌。全球种业10巨头有8家在京设立研发或分支机构，全国种业前10强北京占有4家。2013年北京种业销售额达110亿元，比2010年增长78%。

种　植　业

【农作物播种总面积】年内，农作物播种总面积363.7万亩，其中：粮食作物238.4万亩，经济作物8.8万亩，其他农作物116.5万亩。粮食作物中：夏粮54.4万亩，其中冬小麦54.3万亩；秋粮184.0万亩，其中玉米171.7万亩，豆类7.3亩，薯类2.2万亩，水稻0.3万亩。经济作物中：油料5.1万亩，棉花0.2万亩，药材3.4万亩。其他农作物中：蔬菜及食用菌93.0万亩，饲料3.4万亩（其中牧草0.5万亩），瓜类及草莓10.4万亩（其中西瓜8.7万亩），花卉5.8万亩。

（雷杰）

【落实粮食直补政策】年内，全市各项补贴资金2.64亿元。其中：粮食直补资金2.15亿元（包括粮食直补9 124.7万元，农资综合补贴资金12 391.2万元）；生态作物补贴资金2 227.3万元；中央财政农作物良种补贴资金2 674.0万元。

（雷杰）

【开展高产创建活动】年内，全市小麦高产创建万亩示范区平均亩产超过400千克，较全市小麦平均亩产高15%以上；玉米高产创建万亩示范区平均亩产达726.1千克，实现2008年实施高产创建以来最高产量，辐射带动全市玉米平均单产达437.8千克，较上年单产增加3.7%，实现本世纪以来玉米最高单产。

（雷杰）

【启动建设北京都市型现代农业万亩示范区】该项目于2011年开始进行勘察设计，2012年8月在顺义召开项目启动与部署会议，并正式启动建设。经历一年时间，顺义北京都市型现代农业万亩示范区在市、区、镇三级政府的共同努力下，取得了明显成效：一是极大地推进了北京市粮食规模化生产，使示范区成为“新三起来”的典型。万亩示范区建设前，由1 064户分散农户经营。实施示范区建设中，以兴农天力农机合作社为主体，将分散的6 300亩土地进行流转，流转期为10年。流转后的土地，全面实施了统一良种、统一播种、统一管理、统一防控、统一收获的管理模式，有效降低了生产成本，提升了土地产出率和劳动生产率。同时，合作社优先为流转土地的农民提供就业岗位，截至2013年年底，为100多位农民在合作社安排就业，并按照国家规定缴纳五项社会保险，实行带薪休假制度，成为新时期的种田工人。二是推广先进实用技术，使示范区成为农业科技示范展示窗口。在示范区内重点推广先进的农业节水、全程绿色防控和有机肥培肥等一批实用新技术和新品种。2013年示范区粮食生产亩节水60立方米左右，较非示范区节水25%～30%；主推新品种应用率达到95%以上，病虫害损失控制在3%以下；2013年示范区9 419亩小麦平均亩产363千克，较2012年增产33千克，增幅为10.0%，青贮玉米亩产3 500千克，较上年增产500千克，增幅为16.7%。全面实现了粮食安全生产。建立信息化管理平台，初步实现节水灌溉智能控制管理、农机作业智能监控及生产信息管理。自该示范区建成以来，接待各级领导与相关省市考察参观达30多次，成为北京市现代农业科技示范展示窗口。三是加大基础设施建设，提升了示范区的景观效能。2013年在示范区内更新水源井33眼，安装农业机井灌溉控制器、GPRS远传终端及电脑、红外抄表机等设备94套，使农田灌溉管理水平得到明显的提升；以兴农天力合作社为依托，配备了集深松、整地为一体的大型联合整地机、激光整地机、小麦玉米精量播种机、大型青贮收获机、高地隙打药机、撒肥车等国内领先的高精农机设备26台，使农机作业效率提高5倍以上；同时，完成大小河道沟渠清理疏通约14公里，疏挖土方4万立方米，路基修补16 538平方米，人工铺垫碎石1 800立方米，核心区参观路线两侧可视范围内墙体、井房粉刷32 265.39平方米、地被种植6平方米、灌木种植3万株、乔木种植7 500株，道路、沟渠、护坡、村庄、林木的配套建设，使示范区的生态环境明显改善，景观服务能力显著提升。

（贺建德）

【规范试验，推进育种成果转化】 2013年共安排北京市五类主要农作物品种试验45套（包括预备试验、区域试验、生产试验），参试品种501个，试验点216个（次），参试品种数量同比增加14.4%；承担国家试验23套，试验品种368个，试验点31个（次）；审定品种35个，鉴定品种23个，退出品种50个；为了尽快推广新品种，安排了24点次的品种展示、示范，展示示范品种45个。通过品种审鉴定及展示示范，进一步加速成果转化。

（任辉霞）

【落实部市共建，推动北京现代种业发展】 为贯彻落实农业部和北京市政府签署的《共同建设现代农作物种业战略合作备忘录》，推进北京种业在更高层次、更高水平上发展，北京充分利用科研和企业优势，通过政策引导，推动种业科技资源与成果向种业企业流动，鼓励育繁推一体化种子企业整合科研资源，提升品种创新能力，最终将北京打造成种子企业科研创新的摇篮、现代种业发展的硅谷、中国的种业之都。农业部将继续在政策扶持、资金安排、项目布局、体制创新等方面大力支持北京现代种业的建设。在落实部市共建方面提出以下三项具体措施：一是确定重点种业项目。农业部在近2年批复了5个种业企业育种能力提升条件建设项目，重点支持蔬菜优质种苗繁育、玉米自交系快速育种研究、玉米分子育种大平台建设、企业育种创新基地建设等内容；北京市确定了2013年度北京市种业发展扶持重点项目，涉及农作物、畜牧、水产和世界种子大会筹备等方面19个项目，扶持资金1亿元。二是共同筹备世界种子大会和北京种子大会。开展2014年世界种子大会新品种展示基地建设，成功举办第21届北京种子大会，全面演练2014年世界种子大会。三是加大沟通协调力度。农业部对于加快推进种业创新体制转变、2014年世界种子大会筹备、国家种子硅谷建设、品种权交易平台建设等工作也给予了重点支持。

（任辉霞）

【蔬菜产销形势两减两增】 受冬春雾霾、长时间低温寡照天气以及产业结构调整等影响，2013年蔬菜产销形势呈现“两减两增”情况，即：全年蔬菜播种总面积、总产量双双下降，但地头收购均价、上市总收入呈上升趋势。据统计局统计，全年蔬菜播种总面积93.0万亩（不含西甜瓜），蔬菜总产量266.9万吨，上市收入68.8亿元。

（许晓东）

【设施农业建设】 根据市农委、市财政局、市农业局《关于2013年“菜篮子”工程生产建设工作的实施意见》（京政农函〔2013〕19号）的安排，2013年按照“总量控制、规模推进、项目管理、效率优先”的要求，稳步推进设施农业建设；继续支持蔬菜主产区老（危）旧设施农业改造。

2013年设施农业建设特点主要包括：一是实行项目制。由建设主体进行项目申报与建设。二是规模化建设与专业化生产相结合。今年要求单个设施农业项目建设面积要达到50亩以上；新建设施农业和老（危）旧设施农业改造项目建设完成后用于蔬菜种植（含食用菌和西甜瓜）。三是监理公司的全过程监管与监理。从项目申报阶段监理公司就开始实施监理流程，按照建设和改造标准对新建设施农业项目和老（危）旧设施农业改造项目进行现场核实、评估和检查，如发现实际情况与申报材料不符，取消申报资格；监理工程师对项目建设全程监督检查，直至最后验收监理通过。四是重点突出。即重点支持蔬菜主产区的老危旧设施农业改造。2008年后建设的设施不列入老（危）旧设施农业改造范围。

2013年完成新设施农业建设3 500.86亩，超额完成年初任务（3 000亩）16.7%，其中：新建中高档日光温室1 738.06亩，新建钢架大棚1 762.8亩。完成老危旧设施农业改造3 273.12亩，超额完成年初任务（3 000亩）9.1%，其中：老危旧日光温室改造1 887.93亩，大棚改造1 385.19亩。

（许晓东）

【新菜田划定工作顺利完成】 根据《关于2013年“菜篮子”工程生产建设工作的实施意见》的安排，结合“十二五”末全市基本菜田保有量的要求，推进菜田划定的建设，2013年的划定是在2010年划定的基础上，结合正在试点的菜田补贴开展。主要特点有三：一是制定各郊区县菜田划定基数；二是专业公司进行划定，并以地理坐标等参数与现有菜田进行比对，以免重复计算；三是与年底的“菜篮子”工程建设考核相结合。截至2013年12月，在大兴区、通州区、怀柔区、顺义区、房山区和密云县划定菜田面积60 765.39亩。

（许晓东）

【实施菜田补贴试点工作】 根据《关于2013年“菜篮子”工程生产建设工作的实施意见》的安排，选取大兴和房山两个蔬菜主要生产区作为试点，开展菜田补贴工作。

房山区坚持“谁生产，谁受益”的原则，充分调动各类生产者积极性、主动性，在调研的基础上对全区蔬菜生产情况进行分析、总结、归类，将生产主体确定为三类：种植自食菜田的本地农户；作为集体经济统一经营管理的村委会；承包经营的农户、专业合作社或企业。为此，将补贴资金发放到三个生产主体，并对补贴资金的使用做出明确规定。村委会统一支配使用的资金主要用于蔬菜生产园区水电路等基础设施的维护及种子、种苗等主要生产物资的购置等。经过主体申报、乡镇初审公示、区级认可享受基本菜田蔬菜生产补贴的地块面积37 865.24亩，按照200元/亩的标准，落实并发放资金757.305万元。

大兴区对在本区注册的农业企业和农民专业合作社种植的划入本区基本菜田的蔬菜生产地块进行补贴。蔬菜作物包括蔬菜、食用菌和芽苗菜。西甜瓜、草莓等作物不列入蔬菜作物。同一地块不重复享受补贴资金。基本菜田补贴由满足条件的企业、农民专业合作社向地块所在镇政府自愿申请，各申请主体要按照要求如实填写申报材料，同一地块不得重复申报。经过申请主体自愿申请、公示确认、区农委复核汇总，享受基本菜田蔬菜生产补贴的地块面积87 725.14亩，按照200元/亩的标准，落实并发放资金1 754.503万元。

（许晓东）

【扎实推进设施蔬菜标准园的创建】 结合都市型现代农业特点，按照《设施蔬菜标准园创建规范》，集中优势，上下联动，紧紧围绕保证质量安全和提高技术水平这两个核心，按照“规模化种植、标准化生产、安全化控制、现代化装备、品牌化经营、企业化管理和社会化服务”的标准进行建设、生产和管理，高质量地完成了蔬菜标准园建设工作。2013年新建成5个设施蔬菜标准园，截至2013年年底，全市共建设了25个设施蔬菜标准园。通过标准园的创建，综合配套应用了集约化育苗技术、标准化高产高效栽培技术、科学施用水肥技术、现代省力化农机技术和现代植保技术五套集成技术；突出了都市型现代农业“生产、生活、生态、展示”功能，重点打造了“五个突出”（突出产业特色，实现高产高效；突出省力高效，展示现代化水平；突出节能低耗，实现循环低碳生产；突出绿色环保，打造清洁田园；突出农业文化，丰富园区内涵），对提高北京市蔬菜生产技术水平、蔬菜的自给率、合格率及应急保障能力具有重要的促进作用。据统计，通过设施蔬菜标准园的建设与示范带动，使标准园的蔬菜产量增加10%以上；辐射带动面积达5万亩以上，带动面积平均增产5%以上；示范区内减少农药、化肥用量20%左右，主要蔬菜病虫害损失率控制在15%以下。在市、区两级的质量安全检测中，标准园的产品实现100%合格。

（许晓东）

【加速蔬菜集约化育苗场建设】 在新一轮“菜篮子”工程建设的推动下，从2012年起，作为蔬菜产业推进专业化服务的突破口，蔬菜产业以集约化育苗场的建设为切入点，在全市推广建设集约化育苗场。在2012年扶持建设15个集约化育苗场的基础上，2013年继续建设了20个集约化育苗场。全市蔬菜集约化育苗场呈现以下特点：一是蔬菜集约化育苗规模稳步扩大。2013年全市采用集约化育苗方式进行蔬菜育苗的专业育苗场（点）为35家，较2012年增加29.6%；全市蔬菜穴盘集约化育苗量约为1.21亿株，较2012年增加51.3%，涵盖番茄、黄瓜、甜（辣）椒、茄子及茄子砧木、西兰花、冬瓜、芹菜、甘蓝、生菜等品种。二是蔬菜集约化育苗技术水平明显提高。围绕两种设施（日光温室、连栋温室）、八种蔬菜（番茄、黄瓜等8种在北京市生产面积较大的重点蔬菜）的穴盘集约化育苗技术及设施设备配套的技术试验示范推广工作稳步推进。全市主推技术8项，包括品种优化、穴盘孔穴选择、精量播种、专用基质、专用肥料、蔬菜套管嫁接、种苗化控、病虫害综合防治等，为扩大育苗规模、提升秧苗质量提供了技术保障。在2013年春天低温寡照等不利条件下，番茄、黄瓜、茄子、甜椒四种主要蔬菜壮苗率分别达到85.4%、84.2%、86.1%、84.2%。截至2013年年底，全年共开展市级竞赛、培训、现场观摩7期，培训354人次；区县级35期，培训572人次。开展集中田间技术指导5次，通过竞赛、培训等促进了农户技术交流，提升了技术水平。三是育苗储备机制效果初显，主动应急服务能力明显提升。充分发挥集约化育苗场的技术、设备优势，小汤山育苗场尝试性建立了一定规模的蔬菜育苗应急储备机制，为积极主动应对自然灾害奠定了物质、技术基础，成为全市蔬菜秧苗应急供应的基地，该育苗场2013年度为房山区泰华芦村种植专业合作社、怀柔宝山京北蔬菜合作社、武警北京后勤基地等9个园区及时提供了75万株生菜、甜椒等优质蔬菜壮苗，使受灾菜田在最短的时间内恢复了生产。四是以技术交流平台建设为契机，推进集约化育苗的健康有序发展。根据北京市育苗场的特点和现实需求，按照“聚小成大”的发展理念，蔬菜处指导市农业技术推广站创建了以技术交流为核心的北京市蔬菜集约化育苗技术交流平台，汇集全市育苗资源，为稳步推进全市蔬菜集约化育苗场建设、提高集约化育苗场技术水平、充分发挥集约化育苗场在全市蔬菜生产中的作用提供体系支撑。2013年确定大兴、顺义、通州、房山、延庆、密云等9个区县的19家集约化育苗场为第一批平台成员，平台成员年生产蔬菜秧苗4 300万株，占全市蔬菜集约化育苗量的1/3以上。

（许晓东）

【实施蔬菜生产主体基本情况普查】为进一步提升蔬菜质量安全三类主体的安全管理能力，蔬菜处重点谋划、安排了《蔬菜生产主体基本情况普查》项目，目标在于摸清现有菜田每个地块上的生产主体质量安全方面的详细情况，形成详实档案。通过北京市优质农产品产销服务站的精心组织，经过多次讨论、修改普查相关内容以及试点填报和正式普查等工作，普查的整体内容填报与数据审核工作已经完成。据初步统计，实际调查了全市13个区县151个乡镇2 089个村7 501个地块，以生产单元（合作社带动每户数为一个生产单元）统计，全市共计完成填报生产主体158 219个。

（许晓东）

畜　牧　业

【畜牧业产值占农业产值36.39%】2013年，全市肉类总产量达到41.80万吨，鸡蛋产量17.50万吨，生鲜乳产量61.46万吨，产值达到154.75亿元，占农业产值的36.69%。生猪、牛、羊、家禽出栏量分别为314.39万、11.24万、70.76万、8 529.83万头（只）；全年生猪、牛、羊、家禽存栏量分别为189.23万、20.35万、59.47万、2 524.88万头（只）。

表1　主要畜禽品种数量

区　域		生猪（出栏，万头）	肉禽（出栏，万只）	蛋鸡（存栏，万只）	奶牛（存栏，头）
全市		314.39	8 529.83	1 628.83	144 435
生态涵养保护区	平谷区	38.31	725.09	584.16	760
	怀柔区	12.14	1 024.91	25.29	9 285
	密云县	22.27	1 710.70	228.03	18 837
	延庆县	11.54	688.55	271.60	16 855
	门头沟区	0.61	304.16	6.69	30
	合计	74.87	4 453.41	1 115.77	45 767
城市发展新区	顺义区	95.11	1 020.98	133.88	17 380
	房山区	43.35	876.11	108.56	14 071
	通州区	28.56	745.75	57.95	23 036
	大兴区	49.21	1 295.23	122.56	28 601
	昌平区	10.57	122.22	80.57	10 821
	合计	226.80	4 060.29	503.52	93 909
城市功能拓展区	朝阳区	0	0	0	2 520
	丰台区	0.49	5.08	5.03	347
	海淀区	2.23	11.09	4.51	1 892
	合计	2.72	17.17	9.54	4 759

2013年3月底、4月初，人感染H7N9禽流感病例发生后，北京市家禽业遭受重大冲击，广大养殖场户损失巨大，产业损失超过7亿元。市农业局会同市农委、市财政局下发了《关于稳定本市家禽产业发展的意见》，一是对种禽生产企业给予生产维持性补贴；二是对商品蛋鸡和肉鸽养殖场给予一次性补贴；三是对散养家禽专业户给予困难补助；四是对肉禽定点屠宰企业给予补贴。共落实市级补贴资金9 000万元，落实中央财政对祖代种鸡企业一次性生产救助补贴4 630万元。全市成年种禽存栏较疫情发生前保持稳定，日均生产种禽87.1万只，日均销售74万只，恢复到禽流感发生前的90%，未出现过度宰杀情况。

推进标准化、规模化生产，提升畜牧综合生产能力。一是2013年争取资金5 750万元，改造提升畜禽场58家，开展畜禽节水改造工程260标准栋，建设存栏6万只以上、年出栏40万只的肉鸡标准化现代示范工程3栋。二是组织完成23家，在建16家生猪、奶牛规模场改扩建工程。三是投资1 100万元支持二商等龙头企业在外埠建立5个可控性强、生产水平高的生产基地，有效提高本市肉蛋奶的市场供应和应急保障能力，自给率分别达到猪肉30%、禽肉62%、鸡蛋54%、牛奶56%。

开展畜禽良种体系强化提升。2013年市级财政安排资金4 071万元，按照“政策引领、企业主导、产业化发展”的发展模式，开展畜禽良种产业科技示范园区建设、优质高代次畜禽良种场建设以及肉鸽新品种引进，共支持13家大型畜牧种业生产企业，建设重点是引导企业配备先进适用、技术成熟、安全可靠、节能环保的畜牧种业设施设备以及畜禽新品种引进和推广，推动畜牧业结构调整和技术进步。2013年4个国家良种工程项目——华都峪口蛋鸡新品种培育选育后备场建设、三元绿荷种子母牛场、奥鑫牧业种羊场改造建设、和牛原种场扩建项目进展顺利，2014年全部完工。

（张保延）

【强化行政监管，规范畜牧产业生产经营行为】2013年年底，在区县畜牧主管部门登记备案的畜禽养殖场（小区）共2 176家。动物卫生监督机构以规范畜禽养殖行为、严查养殖领域非法添加禁用物质为重点，通过日常检查和专项执法，加大对养殖环节执法力度，严厉打击养殖环节各种违法行为。在饲料生产环节，全面开展《饲料条例》宣传贯彻工作，推动全行业学习贯彻饲料法规，完善许可程序，提高企业准入门槛，2013年年底饲料生产企业229家，淘汰“小、散、乱、差”企业41家。在生鲜乳环节，组织开展生鲜乳违禁物质专项整治，生鲜乳收购运输环节严格执行“两证一单”制度，生鲜乳收购站实现“建设一批、提高一批、淘汰一批”的目标，全市生鲜乳收购站由原来的77家精简至42家，其中乳品企业性质13个、奶农专业合作社性质12个、奶畜养殖场性质17个，奶站布局遵循重点地区重点发展、集中设置、高水平的原则，并备有生鲜乳运输车辆185辆，根据本市奶牛养殖优势区域分布及奶业发展需求，重点集中在怀柔、大兴、延庆、密云、顺义等区县。

（张保延）

【加强养殖环境治理，推进畜牧业可持续发展】 与市环保局配合，开展规模化养殖场污染治理项目工作。2013年，共治理107家规模化养殖场，总投资1.3亿元，其中市级投资6 500万元。完成北运河流域3个区县13家畜禽场的粪污治理工作，项目总资金650.26万元。项目的实施使养殖环境得到改善，为畜产品质量安全奠定良好基础。

（张保延）

【落实各项支农惠农政策】 全年落实能繁母猪补贴、生猪良种补贴、生猪调出大县奖励、奶牛良种补贴、奶牛生产性能测定等4 845万元。及时制定方案，加快资金拨付，并派出督导检查组和技术专家组，用便捷有效的方式，及时把各项政策落实到位。

（张保延）

【畜禽养殖与生产】 规范养殖场区登记备案。对各区县畜禽养殖场区进行深入走访调研、流程梳理，对数据报送机制等进行规范。符合登记备案条件的畜禽养殖场全部进行备案登记，基础数据得到完善。2013年备案畜禽养殖场（小区）2 176个，受城镇化建设和环境保护政策的约束，备案场数量较上年减少201个；746个养殖场（小区）有动物卫生检疫合格证，占总数的34.28%；1 508个养殖场（小区）有地理GPS定位记录，占总数的69.3%。

完善畜牧生产形势分析手段。采用多渠道、多测点、多角度的方法，加大对生产中重要指标数据的获取，并利用现代数学工具模型对数据进行系统分析，以网络短信的形式通过市政府网络平台将生产形势分析结果发送到养殖场户，用于指导实际生产。初步构建起北京市畜禽养殖生产形势分析工作体系，撰写《2013年北京市畜牧生产状况分析报告》，报送各级行政主管和相关业务部门260余本。

（张保延）

【良种繁育及推广】 推进种猪联合育种工作标准化信息化建设。开发了适合首都乃至全国猪育种的现代化信息管理系统（GBS软件），以GBS系统管理为核心，集成品种登记、遗传评估、选种选配、饲养管理等技术，探索形成了“大学＋软件公司＋猪场”“推广机构＋大学＋猪场”“推广机构＋软件公司＋猪场”“软件公司＋猪场”4种推广模式。建立了北京市种猪遗传评估和国家种猪联合育种平台，全市89.47%的种猪场以及6.38万头基础母猪推广应用效果显著，实现了全市乃至全国范围内猪育种标准化、信息化管理和猪联合育种的行业模式。全市精品种猪年供种能力提高到50.5万头，年纯种猪供种能力提高到15.5万头，种猪销售年产值达到17.6亿元。种猪精液质量监测合格率达96.71%，人工授精母猪占全市的91.47%，减少配种公猪3.11万头，实现经济效益24.45亿元。

精品种猪培育及产业化示范项目。集成性能测定、遗传评估、人工授精等技术，开发种猪品种登记数据管理系统。在89个种猪场推广应用种猪性能测定技术，新增种猪品种登记数达65.60万头，累计推广精液153.29万头份，在全市21个大白猪和16个长白猪种猪场间建立了遗传联系，平均遗传关联率2.91%和3.5%，实现了区域性遗传评估。建立10家示范场和京南、京北两个示范区，推广应用种猪品种登记、人工授精、性能测定、遗传评估、疫病净化等技术，提高种猪的生产性能、健康水平和供种能力。

饲料中黄曲霉毒素生物解毒技术研究与试验示范项目在提高黄曲霉毒素降解菌（一株枯草芽孢杆菌）的生产效率方面取得显著成效，酶活性超过50%，对中试发酵条件和培养基配方进行了优化，提高黄曲霉毒素降解菌剂——霉立解的生产效率5%以上。在全市推广应用，覆盖蛋鸡40万只，肉鸡30万只。

规模养殖场碳排放现状与减排指标研究项目。集成应用成熟的低碳减排技术，从饲粮平衡调制、饲料添加剂应用、雨水收集利用、猪舍保温节能等方面，探索适合北京市生态养殖发展模式。建立起低碳循环农业示范基地，综合使用低碳日粮、抗菌肽添加剂，试验猪群日增重提高了3.40%，粪便中氮、磷排放量分别降低了23.62%、35.51%。

（张保延）

【强化畜牧产业创新团队工作】生猪创新团队推广新技术32项，推广新产品15项，研发出新产品5项。据不完全统计，经济效益达10 485万元。全年共开展技术培训264次，培训人次达19 140人次。创新团队全方位、多角度、深层次宣传试验示范成果，其中电视报道6次、网络报道180次、工作简报报道262篇。获得省部级等奖项6项，出版著作14部，发表文章85篇。

家禽创新团队与600万蛋鸡企业（包括北京平谷正大300万蛋鸡项目基地满笼位存栏）——峪口禽业公司签订了中长期技术推广合作协议，并搭建与峪口禽业集团技术对接合作“服务网络”平台。积极应对H7N9禽流感，科学防控，稳定禽业生产。开展系列宣传和培训10次；组织专家深入生产一线现场指导，赠送消毒药、鸡舍光照定时器等生产防疫物资；在“全国蛋鸡产业技术与经济高层论坛”上做专题报告，及时消除市民恐慌，提振信心，稳定家禽生产。

奶牛创新团队开展调研197人次，研发、示范140项，推广新产品22个。组织农民活动日383个，组织观摩培训105次，组织宣传186次，发放宣传资料30 790份，网络宣传38次，电视台宣传5次，电台1次，报纸5次，接待国内外观摩、考察112次。

（张保延）

【饲料安全监管】围绕《农业部办公厅关于下达2013年饲料质量安全监测计划的通知》及市农业局要求，完成国家级检测任务786批次，包括饲料样品628批次、生鲜乳样品158批次；完成市级检测任务1 042批次，包括饲料样品750批次、生鲜乳样品292批次。受理企业委托、批准文号和免税等三类企业送检3 166批次，对于企业的优化升级和质量控制水平的提高发挥了积极的作用。

全年共抽检各类样品2 078批次。一是完成饲料样品抽检1 628批次，抽检范围覆盖全市16个区县，样品来源涉及北京、河南、河北、天津、辽宁、广州、云南、上海、湖南、湖北、内蒙古、四川等十余个省市和部分进口产品，及本市87家饲料生产企业、54家经营企业、440家养殖场，检测项目包括营养指标、微量元素、维生素、重金属、微生物、霉菌毒素、违禁添加物7类近40个参数，合格率为99.1%，不合格项目为营养指标、维生素、重金属及微量元素。二是完成生鲜乳样品抽检450批次，抽检范围覆盖大兴、昌平、密云、怀柔、顺义、通州、延庆、房山、平谷9个区县，涉及生鲜乳收购站218家、运输车184家、奶牛养殖场48家，检测项目包括黄曲霉毒素M1、三聚氰胺、革皮水解物等违禁添加物，样品合格率为96.7%，共有15批样品检出违禁添加物β-内酰胺酶阳性。

强化饲料经营环节监管。对饲料经营企业的建档立卷，对库房管理、销售记录和产品核查等环节加大巡场监督、抽检力度。共出动执法人员640人次，监督检查企业（个人）210个次，抽样150份，开展有毒有害物质和违禁添加物等检测项目400余项次，检测合格率达98.5%，针对质量不合格和三无违法行为立案6起，罚没款68万余元，销毁不合格饲料317千克。

（张保延）

【强化预警，把控风险】猪、鸡自配料监测。2013年在养殖环节开展了猪、鸡自配料中重金属指标的风险预警监测，共检测猪、鸡自配料241批。检测结果高于配合饲料相关标准的样品有76批，占样本总量的31.54%。从结果看，“高铜”“砷超标”等现象在生猪养殖中依然存在，原因是部分养殖企业对于上述问题认识不到位，过于迷信“高铜”“有机砷”的促生长作用，给食品安全带来很大隐患。

霉菌毒素监测。针对饲料原料霉菌毒素污染情况普遍且随环境不断变化，不同霉菌毒素间有协同作用的情况，2013年对饲料原料（主要是玉米）进行抽样，抽样范围覆盖平谷、昌平、顺义、大兴、怀柔、密云等主要区县，对32个玉米样品用酶联免疫法进行检测，结果均为阴性，表明北京市大宗饲料原料（玉米）保存状态良好，基本未受霉菌毒素污染。

非蛋白氮监测。为防止添加违禁成分以增加饲料中氮的含量，2013年对蛋白类饲料原料进行摸底调查，共计抽取来自6个区县的植物性和动物性蛋白原料共计约50批次，主要包括饼粕类、DDGS、鱼粉、肉骨粉、羽毛粉、血粉等，经检测未发现添加尿素等外来添加物。

（张保延）

【动物卫生执法监督】落实产地

检疫“四单一标识一证”“三结合”的工作制度，落实跨省调运的审批程序，防止动物疫病的传入传播。屠宰环节统一落实“派驻检疫、入场检查、索证登记、准宰签字、检疫登记、无害化处理”六项制度，把好“畜禽入场关、宰前检疫关、宰后检验关、产品出厂关”四个关口。同时，加大私屠滥宰违法行为的查处力度。流通和使用环节，强化动物产品出入库台账的监督核查，确保库存动物产品证物相符。各公路、铁路、航空动物防疫监督检查站切实履行24小时值班制度，对进京运输动物、动物产品车辆严格检查、消毒，产品信息通过网络实时报送。对动物诊疗机构从业人员资格、诊疗环节的兽药安全使用管理和用药规范性进行了现场抽查，发现本市动物诊疗单位动物诊疗许可证齐全，病历档案、处方留存、药品进出记录、毒麻药品专管记录基本齐全，医疗废弃物均进行妥善处理。2013年全市共组织动物卫生监督执法检查12 669次，出动执法人员37 826人次，联合执法检查193次。共查办案件882起，其中简易程序案件307起，一般程序案件575起，涉案金额274.6万元，罚没金额483万元。

（张保延）

【“瘦肉精”专项整治】组织两次生猪定点屠宰环节“瘦肉精”部级专项监督监测行动，抽检生猪定点屠宰场尿样25 600份，检测“瘦肉精”76 800项次。为保障检测工作顺利开展，一是通过比对检验，采购灵敏度高、特异性强、稳定性好的试剂用于检测；二是组织49名实施检测的官方兽医系统培训“瘦肉精”检测的基础理论及技术概念。

（张保延）

【生鲜乳质量安全监管】推行行业自律与监督执法并重的监管模式，通过强化监管、重点约谈和督导落实等方式，强化大型乳制品企业生鲜乳质量安全第一责任人和依法自律意识，发挥其行业内话语权和市场调节作用，严格生鲜乳入厂检验标准，把控上游中小型生鲜乳收购站、奶牛养殖场（户）的生鲜乳质量。

（张保延）

【养殖污染治理监测】结合北运河流域污染治理，开展畜禽养殖污染监测。监测结果表明，截至2013年，流域内治理了103家企业，累计建造发酵床面积6.12平方米，沼气工程42个，厌氧＋好氧工程12个，有机肥加工点9个，合计粪便污水处理负荷30.81万吨，累计减少COD（化学需氧量）2.665万吨，减少污水减排21.62吨，规模场粪污综合治理效果显著。同时流域治理减排监测网络逐步形成，已建成在线监测网点54个，覆盖北运河流域治理项目的52.4%，实现了对流域养殖企业用水、排污的实时动态监测。

（张保延）

水　产　业

【渔业总产值增长5.3%】2013年，渔业总产值23.2亿元，同比增长5.3%；水产品总产量5.66万吨，增长4.3%；渔民人均纯收入12 921元，同比增加604元/人，增长4.9%；渔业生态价值的贡献率大大提高。

（杜英杰）

【渔业综合生产能力持续发力】2013年，全市共投入1.25亿元，改造形成标准池塘1 448亩，新建工厂化和循环温室将形成268亩养殖水面。4年来，累计投入2.94亿元进行老旧池塘改造，共改造建成现代化渔场106家，其中工厂化和循环温室渔场28家。改造了5 519亩老旧池塘，占总养殖水面面积的8%；16家养殖场完成数字化养殖监控系统建设，提升了渔业现代化、信息化和规模化水平；渔场设施装备不断完善，利用太阳能保温、增温设施在北京市南彩淡水鱼养殖技术开发有限公司开始示范。新创建健康养殖示范场6家，累计已达71家。种业扩规，新增市级良种场5家，至此全市国家级良种场达到3家，市级良种场达到10家。能力提升，全市可生产的亲本数量达到34.0万尾（只），后备亲本数量达到31.7万尾（只），年可生产鱼苗16.5亿尾，鱼种2 940万吨。

（杜英杰）

【渔业水域生态养护工作渐趋规范】渔业资源增殖放流成效显著。增殖放流工作程序规范，通过政府购买服务的方式，通过第三方监理公司防止了“跑、冒、滴、漏”等现象的发生，实现了公开、公正、透明放流。2013年在中央的大力支持下，全年共投入增殖放流资金1 292.04万元，放流鲢、鳙等大规格品种鱼种1 301.61万尾，同比增长15%，细鳞斜颌鲴（夏花）1 000万尾，放流珍稀濒危水生野生动物细鳞鱼5.7万尾，同比增长54%。依法治渔，加强渔业资源监管。全市立案323起，罚款11万元，没收作业船只34艘、电捕工具29套、不合格网具5.5万余米。禁渔期、禁渔区、禁钓区制度得到严格执行。建立了渔政和水政联合执法机制，出台了《北京市农业局关于禁用渔具的通告》，7种渔具被禁用，开展了“雷霆行动”专项执法行动，有力地打击渔业违法行为，切实地保障了水域生态安全。

（杜英杰）

【水产品质量安全监管逐步健全】2013年，在农业部的例行检测活动中，抽查市场4次，120个样，涉及1个水产品批发市场、2个农贸市场和2个超市，合格率达到100%；在农业部监督抽查中，抽查水产养殖场（户）2次，80个样，涉及40个养殖场（户），合格率达到100%。在北京市自行组织的监督抽查活动中，抽取13个区县水产养殖基地样品340个，检测13个指标，合格率97.1%。组织区县全年完成违禁药物残留检测抽样5 368个，无害化处理问题产品1 250千克。普及健康养殖和监管模式。平谷区农业局通过分级管理、责任落实、制度规范等措施，实现了对水产健康养殖精细化、制度化管理。市农业局在平谷区组织召开北京市渔业健康养殖观摩会。水产品质量安全执法工作进一步规范。《北京渔政水产养殖行为执法规范》实施并全市推广。水产养殖生产记录和用药记录逐步健全。速测筛查成为日常执法的重要手段。一批典型案件得到查处，违法行为受到震慑。

（杜英杰）

【水生动物疫病防控能力稳步提升】加强实验室能力建设，提升本市水生动物疫病预防及控制水平。水生动物疫病检测技术中心通过本市质量技术监督局专家组的现场监督评审，同时认证项目增至10项。继续开展常规鱼病监测、重大水生动物疫病监测和细菌性疾病耐药性监测等工作，常规鱼病监测1万亩；重大水生动物疫病监测5种病毒病，监测面积3 000亩；主要致病菌的分离与耐药性监测渔场48家，检测样品53个。制订了《水生动物疾病检测记录表》，开展水产养殖病害测报工作。组织开展虹鳟鱼养殖病害及防控调研、冷水鱼养殖与病害情况的考察、鲑鳟鱼病害诊断与防控技术交流等活动。编写完善北京市2008—2012年传染性造血器官坏死病流行病学调查报告、鲟鱼常见病害诊断与防治手册、冷水鱼健康养殖技术要求、虹鳟养殖用药处方等。

（杜英杰）

【渔业科技创新和推广平稳推进】引进水产新品种6个，推广名特优水产品种7个，各类苗种总计620万尾。开展3项先进渔业模式的试验示范工作和5项先进渔业技术的试验示范与推广工作，累计示范推广规模达到400户，1万亩。充分发挥推广站两个基地平台作用，为全市提供优质苗种龟、鳖2万多只，罗非鱼和淡水鲨鱼苗种1百多万尾。发挥冷水鱼和观赏鱼创新团队在遗传育种、苗种繁育、饲料加工、病害防治等方面的技术优势，完成试验项目32个，其中研发类19个、示范推广类13个。建立试验示范场10家，挂牌8家，示范推广面积832亩，涉鱼规模1 480万尾，推广新品种5个，开发新产品4个，研发新技术20项；完成各类技术培训150余次，培训5 824人次；获得专利15项，发表论文及各类文章26篇，完成地方标准1个，形成政策建议3个。

（杜英杰）

【水生野生动物审批和保护工作有序进行】全年，渔业累计受理完成各类行政审批239批次，新办水生野生动物经营利用许可证64个。办理水生野生动物及其制品进出口67项。为5家企业办理卵、苗进口免税。坚决打击违法经营利用国家保护水生野生动物行为，从检查重点环节、重点物种利用入手规范经营秩序，重点加强国家一级保护物种库氏砗磲、红珊瑚制品，国家二级保护物种玳瑁制品、大鲵等执法检查。全年，全市立案46起，罚款27万元，没收的国家重点保护物种12种。

（杜英杰）

农　机　业

【农机总动力达到207.72万千瓦】 年内，全市农机总动力还207.72万千瓦。拥有各类拖拉机8 882台，其中大中型拖拉机6 461台，小型拖拉机2 421台。拖拉机配套农具14 406部，其中机引犁1 879台，机引耙994台，旋耕机3 787台，深松机346台，小麦播种机2 149台，玉米播种机3 051台，化肥深施机2 668台，机引铺膜机127台，秸秆粉碎还田机1 428台，镇压器416台。农用排灌动力机械39 694台，节水灌溉类机械9 859套。植保机械134 444台，其中机动植保机械22 205台。收获机械2 172台，其中小麦联合收获机888台，玉米联合收获机1 056台，青饲料收获机112台。大棚卷帘机42 766台。微耕机18 001台。农副产品加工作业机械5 439台，畜牧养殖机械16 960台，渔业机械12 928台，林果业机械4 471台。农用运输车37 161台。农业机械原值23.52亿元。机耕水平87.78%，机播水平66.85%，机收水平56.28%，耕种收综合机械化水平72.05%。机电灌溉面积10.64万公顷，机械植保面积14.36万公顷。拥有各类农机服务组织和农机户36 580个，其中农机作业服务组织428个。拥有农机维修企业及维修点333个。2013年全市发生一般农机事故24起。

（杨帆）

【落实农机购置补贴资金1.83亿元】 年内，全年落实中央及市级补贴资金合计1.83亿元（中央1.1亿元，市级0.73亿元），补贴资金总额同比增长9.58%。全市新增农机设备6 794台套，新增农机动力约8.5万千瓦，受益农户新增5 000余户；新建果蔬保鲜库3.5万平方米，超出新农村建设折子工程果蔬保鲜库建设任务计划数1.5万平方米。"菜篮子"生产农机装备数量大幅增加，用于"菜篮子"生产农机装备补贴资金占到补贴资金总额的73.4%。

（杨帆）

【综合机械化水平达到72%】 主要农作物耕种收机械化水平达到72.05%，同比提高1.5个百分点；其中玉米机收面积占可机收面积的90.3%，同比提高5.3个百分点。

（杨帆）

【各行业农机化水平全面提升】 年内，用于大田粮食生产机械补贴资金4 178万元，更新30马力以上拖拉机580台，小麦、玉米收获机械176台，有效减少了老旧机具对环境造成的污染和对能源的浪费。为顺义区"都市型现代农业万亩示范区"配备大型先进联合整地机、激光平地机、抛肥机、高地隙植保机械等精良农机装备，实现了从种到收全程高端高效机械化作业。用于畜牧养殖机械补贴资金6 011万元，全市新增五列四层肉鸡笼养养殖成套设备2套，重型转盘式和重型并列式挤奶平台4套，立式自取式饲料搅拌机6台，智能化养猪成套设备3套。用于设施农业设备补贴资金5 967万元。全市新增微耕机1 134台，卷帘机2 115台，卷膜机2 830台，新购置果蔬保鲜库3.5万平方米，重点为顺义、房山、怀柔等8区县的蔬菜种植和农机专业合作社解决了果蔬保鲜贮藏问题。用于水产养殖机械设备补贴资金1 457万元，重点用于推进高端高效工厂化养鱼。通州等地通过配备先进工厂化养鱼设备，实现了高端品种南鱼北养。对于种业发展，为通州国际种业园区补贴小区播种机、脱粒机、收获机及测产系统等种子生产成套设备595万元，实现了种业园区生产作业的全程机械化服务。

（杨帆）

【建设农机农艺融合示范基地】 在顺义、大兴、延庆、密云4个区县，建设了3个春玉米、1个夏玉米生产农机农艺融合示范区，确定了玉米生产"七统一"的农机农艺融合技术模式，制定了相配套的作业质量标准和操作规范。在密云县、大兴区、怀柔区建设了3个花生生产农机农艺融合示范区。5月，"北京市农业机械化（农作物品种）试验展示基地"揭牌，标志着农机农艺融合共建基地正式启动，基地内现有各类农机装备135台套，承担国家、北京市农作物品种试验500余种。

（杨帆）

【率先研究畜禽无害化处理设备】 联合中国农业机械化科学研究院率先研制开发了畜禽尸体无害化

处理设备，并在怀柔华都现代化肉鸡养殖科技示范园开展了肉鸡尸体无害化处理试验示范，解决了规模化设施养殖场畜禽无害化处理难题。

（杨帆）

【信息化技术大力应用】农忙时节利用短信平台累计发送各类服务信息15万余条次，确保了关键农时农机作业的及时顺利完成。建设了北京农机补贴产品展示系统和北京市购机补贴推广目录申报系统，促进了农机购置补贴工作的快捷信息化操作。在国内率先开展了基于北斗系统的精准农业应用示范，借助于北斗卫星导航系统以及TD-LTE移动宽带通信技术，实现了农机精准定位，同时开发适合农机使用的北斗车载终端，实现了北斗位置信息与农机作业现场高清图像的实时回传。市农机试验鉴定推广站联合市植保站完成无人直升机农药喷施技术应用试验研究。

（杨帆）

【农机服务组织和农机户36 580个】全市拥有农机服务组织和农机户36 580个，其中农机服务组织428个，在工商部门注册的农机专业合作社151个，同比增加9个。年内，落实《北京市农机专业合作社发展规划（2013—2015年）》，对全市大中型农机专业合作社的建设和布局进行顶层设计。北京兴农天力农机服务专业合作社、北京市鑫利农机服务专业合作社、北京河南寨农机服务专业合作社、北京金利农机服务专业合作社、北京留民营兴旺农机服务专业合作社5家北京市农机专业合作社，被评为2013—2015年全国农机合作社示范社。

（杨帆）

【加强各类农机化培训教育】全年共培训各类人员50 395人次，其中农机操作人员41 136人次，技术人员6 205人次，管理人员3 054人次。通过“政企联动”与农机生产企业合作培训玉米收获机驾驶员并进行职业技能鉴定75人，通过“局院联合”与北京市农业职业学院合作，对全市65名农机化学校教师进行业务培训，取得良好效果。

（杨帆）

【全年发生一般农机事故24起】年内，一般农机事故24起。市农委、市安全监管局、市质监局、市工商局、市农业局、市公安交管局6家单位共同开展的“北京市农机安全生产联合行动”步入常态化工作，全市共组织开展联合行动173次，其中执法检查74次，宣传教育58次，隐患排查41次。继续开展农机监理文明服务示范窗口创建活动，平谷区农机监理所获得2013年全国农机监理“为民服务创先争优示范窗口”荣誉称号，昌平区杨进德、密云县李海南被评为全国农机监理“为民服务创先争优”示范岗位标兵。

（杨帆）

【农机政策性保险赔偿140.14万元】年内，全市投保农机1 452台次，保险费合计96.84万元，保险金额约2.76亿元，保险公司赔偿140.14万元。

（杨帆）

农产品质量安全

【农产品质量安全总体水平位居全国前列】农业部例行监测结果显示，北京市蔬菜、食用菌、畜禽产品、水产品合格率分别为97.8%、100%、99.8%和100%，全国平均合格率分别为96.2%、99.6%、99.7%和94.4%。农业部陈晓华副部长特致函表扬北京市农产品质量安全总体水平相对较高，位居全国前列。

（葛建军）

【开展农产品质量安全监管规范年活动】通过梳理法定职责、制定规范文件、签订责任书等方式，进一步明确市、区县、乡镇各级行政管理、技术推广、执法监督、检验监测部门在农产品质量安全监管方面的职责。完成了《关于农业技术推广部门承担农产品质量安全技术推广工作的指导意见》《农产品质量安全应急预案》《种植业检打联动工作规范》《农产品质量安全监督抽查规范》《农产品质量安全风险监测技术规范》《北京市“三品”统计工作规范》《北京市无公害农产品生产企业监督检查规范》等文件的起草工作，从业人员配备、职责落实、程序制度等方面作出明确规定，为全面推进北京市农产品质量安全工作的规范化管理打下了坚实基础。

（葛建军）

【持续开展农产品质量安全整治】 根据农业部相关要求，结合北京市产业发展特点，市农业局制定下发了《2013年北京市农产品质量安全专项整治方案》，积极开展农药及农药使用、“瘦肉精”、生鲜乳违禁物质、兽用抗菌药、水产品禁用药物和有毒有害物、农资打假等专项整治工作，确保全市未发生重大农产品质量安全事件。2012年，全市各级农业部门共出动执法人员52 390人次，整治重点区域102个次，印发宣传材料63.45万份，立案159起，涉及金额21万元。

（葛建军）

【完成“菜篮子”工程农产品质量安全工作评定】 通过对乡镇农产品检测合格率、标准化覆盖率、“三品”覆盖率等指标评比，从安全设施建设、检测设备购置、农业投入品监管、生产档案管理、质量安全检测、农产品追溯等方面，组织区县分组开展互查、打分，评选出平谷区、大兴区2个农产品质量安全示范区县，房山区等4个先进区县，大兴区榆垡镇等8个示范乡镇，160家市级优级农业标准化生产基地（其中种植业87家，畜牧业51家，渔业22家）。进一步提升了全市农业生产的标准化水平。

（葛建军）

【加强农产品质量安全监测】 全年共抽检农产品样本12 892个，分别是投入品类1 928个（其中农药405个、饲料636批次、兽药480批次、肥料407个），产品类9 410个（其中蔬菜产品1 950个、畜禽产品6 684批次、水产品776个），环境类1 554个（其中种植环境样本293个、畜禽环境样本1 170个、淡水鱼养殖环境样本91个）。

（葛建军）

【稳步推进农产品质量安全检测体系建设】 完成顺义、昌平、平谷、密云4个区县级农产品质量安全综合质检站建设；完成了丰台、海淀、门头沟3个近郊区农产品质量安全综合质检站建设申报和中央财政预算的计划编报工作。同时举办了“2013年北京市农产品质量安全检测技能竞赛”，全市13个区县38家检测机构的104人参加了竞赛，分别评出了种植、畜禽、水产行业的一、二、三等奖。通过检测竞赛达到了推进检测体系建设、提高区县检测人员技术水平的目的。

（葛建军）

【加快农业地方标准的制修订】 全年完成制定并发布了《奶牛电子耳标技术规范》等15个农业地方标准，进一步完善了北京市都市型现代农业标准体系。此外，开展了北京市农业地方标准的复审工作。根据北京市地方标准管理办法的相关规定，对2007年以前制定的142项农业地方标准进行了复审，其中继续有效的标准117项，需要修订的标准23项，废止的标准2项。在开展标准化制修订的同时，围绕主要“菜篮子”产品的生产环节，开展农业地方标准的宣贯和培训工作，培训人员1 000多人次。

（葛建军）

【推进“三品一标”认证】 2012年11月至2013年11月，北京市已新增无公害、绿色、有机认证基地286家，种植、畜牧、水产三个行业新增认证基地数分别为133、55、98家。其中新增无公害认证企业250家，产品461个，较上年同期分别增长150%、45%，新认证企业数创2005年以来的历史最高水平。

（葛建军）

【启动农产品地理标志普查工作】 北京市启动了农产品地理标志普查工作，普查对象为农业活动中获得的植物、动物、微生物及其产品，共有119个地域特色农产品通过初审，涉及林果、蔬菜、畜牧、水产多个行业的68个产品通过评审，初步形成北京市地域特色农产品普查名录。北京市畜牧兽医总站作为北京鸭、北京油鸡地理标志唯一申请人已获得市政府批准。

（葛建军）

【完成重大活动农产品安全供应任务】 按照市政府办公厅通知要求，保质保量地完成了十二届全国人大一次会议和全国政协十二届一次会议供应保障任务。其中活鱼产品共送货168车次，供应品种5个，供货总量10 106千克，供货总金额14.56万元；牛羊肉产品共送货70车次，供应品种38个，供货总量4 505千克，供货总金额27.51万元；鸡肉产品共送货95车次，供应品种9个，供货总量10 664千克，供货总金额26.67万元。

（葛建军）

动物疫情防治

【2013年动物防疫责任制考核工作完成】年内，按照市政府与各区县政府签订的《2013年度动物防疫工作责任书》要求，市防治重大动物疫病指挥部于年底，对全市动物防疫责任落实情况进行全面考核。2013年全市兽医各项工作以“三个提升”“三个确保”和“三个创新”为主要考核目标。“三个提升”：即全市兽医体系效能水平稳步提升，畜牧兽医精细化管理水平稳步提升，突发事件应急管理水平稳步提升。“三个确保”：即确保全市全年未发生重大动物疫情，确保未发生重大动物产品质量安全事件，确保未发生兽医实验室生物安全恐怖事件。“三个创新”：即创新工作理念，全面完成市级动物防疫体系建设；创新工作机制，有效应对人感染H7N9流感事件；创新工作方法，全面推进病死动物无害化处理建设。考核采用日常业务考核与年底综合考核相结合、听取汇报和现场检查相结合的方式。日常业务考核由市级相关业务部门结合日常业务工作进行打分，其成绩占总成绩的60%；年底综合考核采取分组赴各区县听取汇报并现场检查的方式，其成绩占总成绩的40%。经综合评分，全市16个防治重大动物疫病指挥部综合成绩全部达标。

（廉英隽）

【北京市兽医实验室生物反恐工作有序开展】年内，严格按照北京市反恐怖工作协调小组相关文件和十八届三中全会安保反恐指挥部工作会议和“10·28”“11·4”两次反恐指挥部工作会议的精神要求，制定《北京市农业局2013年生物反恐怖工作要点》，印发《关于进一步加强兽医实验室生物反恐工作的通知》，全面强化兽医实验室生物反恐工作，以兽医实验室生物反恐为核心，以强化人防、物防、技防三个防控措施为抓手，共组织103次现场检查活动，出动执法人员283人次，检查实验室162个次，未发现违法行为，未发生兽医实验室动物病原微生物泄露和人员暴露事件。

（廉英隽）

【省级兽医体系效能评估试点工作正式启动】2013年12月17—21日，按照《农业部办公厅关于开展省级兽医体系效能评估试点工作的通知》，农业部评估专家组在参照世界动物卫生组织（OIE）兽医体系效能评估（PVS）标准基础上，以《省级兽医体系效能评估指标体系（试行）》为模板，率先在北京启动省级兽医体系效能评估试点工作。评估内容涉及体系架构、法律法规、组织管理、质量方针、技术运用等内容，涵盖了兽医工作的各方面。评估专家组通过座谈交流、查阅档案、实地考察等方式，对照45个评估指标，对北京市兽医工作进行了全面的评估，成绩突出。北京市的评估结果为5级5项，4级20项，3级15项，2级3项，1级2项。通过能力等级的自我评估和专家评估，为进一步提升管理水平奠定了基础。

（廉英隽）

【重大动物疫情形势整体平稳，实现了“两个目标”】年内，以落实动物防疫责任为抓手，不断完善全市应急预案体系建设，全面推进应急管理精细化和应急指挥技术系统升级，有效落实强制扑杀补偿制度和奶牛两病净化工作，持续强化联防联控工作机制，确保了“不发生区域性重大动物疫情暴发流行”的目标，同时，继续深入开展风险防控和隐患排查工作，严格控制一般动物疫病的暴发，做到“早发现，早处理，早解决”，实现“有病不成灾，有疫不流行”。

（廉英隽）

【深入开展泔水猪综合整治工作】印发《关于进一步开展“泔水猪”专项整治行动的紧急通知》，分别于2013年8—9月和2013年11月至2014年1月开展2次专项行动，通过全面摸排、加强检疫、重点打击、属地主导、广泛宣传等多项措施，查处使用未经无害化处理的餐厨垃圾饲喂动物的违法行为10余起，有效打击了违法行为。

（廉英隽）

【H7N9禽流感专项监测】积极开展全市H7N9禽流感专项监测工作。截至2013年12月底，全市共监测2 167个场（户）的38 963份样品，其中市级监测20 293份样品，区县级监测18 670

份样品，H7N9型禽流感感染抗体和病原监测结果均为阴性。

（张佳艳）

【有序应对H7N9禽流感事件】 2013年4月3日至5月20日，采取八项应对措施，重点加强家禽私屠乱宰、活禽交易、防疫消毒、进京道口监管等方面的工作，有序应对了H7N9禽流感事件。一是紧急召开会议，成立信息组和值守组，全面进入应急状态，实施四级备勤，确保突发事件的应急处置到位。二是根据人感染H7N9禽流感疫情的发展趋势，分阶段、分层面筹备召开防控工作会议20余次，全面通报防控形势，部署防控工作任务，同时印发《北京市防治重大动物疫病指挥部办公室关于加强本市H7N9禽流感应急防范措施的通知》等文件，指导成员单位、区县落实相关工作要求。三是每日收集汇总当日监测、消毒、巡查等工作数据信息，形成专报、日报、专题简报、周报等文字材料，为领导掌握疫情信息、做出重大决策提供了重要依据。其间，撰写专题简报23期，日报、周报16期，市长专报5份，报市政府应急办材料12份。四是部署对重点地区进行专项监测，对中南海、玉泉山、万寿路等重点地区的野禽粪便实行每周两次常规监测，确保中央领导驻地安全。五是协调指挥部成员单位落实非指定进京路口的禽类及其产品进京防控工作。六是妥善处置群众举报，做到件件有记录、有措施、有结果、有反馈，累计处置举报694起。七是组织召开动物H7N9流感防控专家研讨会，信鸽、观赏鸽、广场鸽是否禁止飞行专家论证会，为科学决策预防控制H7N9禽流感提供智力支持。八是组织召开记者通气会，宣传动物H7N9禽流感防控措施、科学依据、政策导向，避免引发市民恐慌。在有关部门、单位的密切配合下，5月20日，H7N9禽流感防控工作取得阶段性胜利。

（廉英隽）

【“5·12防灾减灾日”主题活动】 2013年5月12日，市重大动植物疫情应急指挥部贯彻落实市委、市政府和市应急委要求，组织参加了5月12日全市主会场活动。5月10日，联合门头沟区政府，在门头沟区永定河文化广场开展了农业防灾减灾专题宣传活动。宣传活动主题为“加强防范，严控重大动物植物疫情；积极应对，减少农业自然灾害损失”。通过印发《农业防灾减灾实用手册》、统一制作各类展板、印制防治禽流感、狂犬病等宣传材料、组织宣传方队、邀请媒体开展多种形式的宣传活动，面向广大市民普及动植物疫病防控和农业自然灾害突发事件应对的相关知识。累计发放书籍、手册、挂图、明白纸、折页等宣传资料共计5大类25种，超过25 000份，两次活动有近5 000人参加了互动展示。

（廉英隽）

【重大动物疫情应急防控信息平台系统正式启用】 年内，动物防疫信息平台的信息化管理，利用现有网络，综合现代GIS、GPS计算机技术、计算技术等先进技术，建立集日常工作、应急指挥为一体的信息管理系统平台软件，实现应急管理的科学化，为领导决策提供科学支撑。该系统包括应急职守、值班业务、基础数据、检测防控、预警发布、资料管理、疫情处理、应急指挥、应急GIS和预案管理十大子系统。系统完善对动物养殖及疫病防控基础数据的采集、传输、分析、资源调度等方面的信息化管理，实现市、区两级数据交互，市级信息化系统实时对接，为重大动物疫情应急指挥提供数据支持。

（廉英隽）

【强制扑杀动物补偿继续落实】 年内，继续落实《北京市强制扑杀动物补偿专项资金管理暂行办法》各项规定，组织召开2013年重大动物疫病强制扑杀动物补偿和处置费用补助测算标准专家论证会，对2013年度动物价格进行了评估，印发《关于公布2013年5月至2014年4月强制扑杀动物补偿基准指导价格的通知》（京防指办字〔2013〕31号），为确保全市强制扑杀补偿工作的有效落实奠定了基础。同时，深入研究推进强制扑杀处置费用财政补助项目的申请工作，以保障强制扑杀工作全面落实到位，全年组织扑杀布鲁氏菌病、结核病阳性奶牛525头。

（廉英隽）

【农业自然灾害应急工作】 年内，市农业自然灾害突发事件应急领导小组成立13个督导组，分别对各区县农业系统防汛工作进行督导检查，彻底排除隐患；建立农气会商制度，与气象部门密切配合、互通信息，形成防汛抗旱合力，同时和周边省市开展信息沟通工作；建立预警制度，通过12316短信平台及时发送农业自然灾害突发事件预警信息给各区县主要负责同志，提前做好应对准备；建立灾害损失核查制度，针对小范围的灾情，及时核查统计灾害损失并上报，为领导决策提供基本的依据；建立保险理赔制度，参与制定农业保险理赔工作方案，保险理赔机制初步形成。北京市市级财政已给予保费50%的补贴，区县财政根据各自实际给予20%～30%的保费补贴；开展现场调查研究，组织3个调研组赴8级大风受灾现场开展调研；建立应急备勤制度，重要时段强化值守，除正常值班人员外，另外安排备勤，确保在突发险情时应急指挥畅通无阻、万无一失。

（廉英隽）

【植物疫情应急指挥体系基本建成】年内，印发《关于贯彻执行〈北京市农业植物检疫办法〉的实施意见》（京农发〔2013〕186号），指导区县依法做好农业植物检疫相关工作。指导协调区县成立重大植物疫情应急指挥部及其办公室，进一步完善植物疫情应急管理体系，截至年底，远郊10个区县成立了重大植物疫情应急指挥部及其办公室。颁布实施《北京市突发重大植物疫情应急预案》，为突发重大动植物疫情的应急处置提供指导和储备。

（廉英隽）

【组织开展应急专项培训】年内，采取专家授课、座谈交流等多种形式针对动物、植物专业人员及应急队伍、应急志愿者队伍开展专项培训，通过解读相关政策、讲授处突规程，提升了人员理论素养和应急处置能力。

（廉英隽）

【落实各项措施确保重大动物疫情零发生】对高致病性禽流感、口蹄疫、猪瘟、高致病性猪蓝耳病继续按程序实行强制性免疫，群体免疫密度全年维持在90%以上，其中应免畜禽免疫密度达到100%；对犬狂犬病实行全面免疫，应免登记犬免疫密度达到100%，对尚未登记的家养犬，努力做到辖区内犬狂犬病免疫最大覆盖。截至2013年11月底，全市累计免疫高致病性禽流感8 737.028万只次，其中鸡7 458.19万只次，鸭1 216.872 3万只次，鹅40.290 1万只次；免疫口蹄疫1 081.3万头次，其中猪770.93万头次，牛139.2万头次（含A型52.790 2万头次），羊171.145万只次；免疫猪瘟732.74万头次；免疫高致病性猪蓝耳病545万头次；免疫犬80.586 6万条。

按照市级监测与区县级监测相结合、血清学监测与病原学监测相结合的工作机制开展监测工作。截至12月底，全市免疫效果监测样本416 024份次，其中市级监测58 049份次，区县级监测357 975份次，高致病性禽流感、鸡新城疫、口蹄疫、猪瘟、猪蓝耳病5种疫病的免疫抗体合格率均高于农业部规定的70%。狂犬病免疫抗体合格率为68.31%。病原学监测样本619 420份次，其中市级监测86 642份次，区县级监测532 778份次，重大动物疫病病原学监测结果均为阴性。

（张佳艳）

【流行病学调查工作】对全市13个区县开展动物疫病普查工作，收集调查表150余份；开展H7N9禽流感、羊和鹿布病、猪和羊A型口蹄疫专项流行病学调查3次，抽样流行病学调查60次，区县级流行病学调查1 540场次，涵盖6 607 000头（只）动物群体。完成农业部疯牛病、痒病100份样品采集工作，并送国家疯牛病实验室进行检测。通过一系列流行病学调查工作，初步掌握了全市动物疫病流行态势，为动物疫情预警预报和风险评估奠定基础。

1. 继续组织实施全群检测。按计划完成2013年度全市奶牛布鲁氏菌病和结核杆菌病春秋两季专项检测工作，共检测奶牛布病样本108 988份，其中非免疫牛血清样本72 648份，免疫6个月以上的牛血清样本36 340份，总体阳性数为393份，其中非免疫牛阳性数量为138份，免疫牛阳性数量为255份，总体阳性率为0.36%，较去年同比下降0.35%。结核病样本178 497份，阳性率为0，其中检测种牛25 061头，规模场牛102 936头，小区牛39 983头，散养牛10 517头。截至2013年年底，全市已经开展奶牛两病专项净化工作4年，布鲁氏菌病和结核病阳性率逐年下降。布鲁氏菌病方面，2010年总体阳性率为1.46%，2011年总体阳性率为1.36%，2012年总体阳性率为0.71%，至2013年降至0.36%，从2011年开始每年降幅达50%；结核病方面，2010年总体阳性率为0.9‰，2011年总体阳性率为0.7‰，2012年总体阳性率为0.01‰，降至2013年的0。

2. 有序开展布鲁氏菌病疫苗接种。根据《北京市农业局关于印发北京市奶牛布鲁氏菌病免疫工作实施方案的通知》和《北京市农业局关于调整奶牛布鲁氏菌病免疫条件的通知》等文件要求，依据检测、处理结果以及申请情况，北京市批准在通州、大兴、密云、平谷、顺义、昌平、延庆7个区县的38个场户实施了布鲁氏菌病S2疫苗免疫，共免疫奶牛16 383头，约占总存栏量的1/10。

（张佳艳）

【推进无规定马属动物疫病区建设】针对房山区提出在青龙湖镇建设无规定马属动物疫病区设想，市农业局积极组织协调，制定建设方案，并与农业部、外交部、中国马会、房山区等有关单位开展深入座谈，以专题形式向市政府有关领导汇报，为筹备建设无规定马属动物疫病区奠定坚实基础。

（张佳艳）

【全面强化狂犬病防治工作】2013年，全市发生了7例人感染狂犬病死亡病例，比上年的13例有所下降，但狂犬病防治形势依然严峻。为了全面加强狂犬病防治工作，市农业局下发了《北京市农业局关于做好2013年狂犬病防治工作的通知》（京农发〔2013〕93号），要求各区县通过加强领导、狠抓落实、注重宣传、果断处置等综合手段，确保登记年检犬免疫率100%，尚未登记犬免疫最大覆盖。同时，总结了房山、顺义、大兴、东城、昌平等区县在狂犬病防治工作中的典型经验和做法，包括年检免疫一站式服务、一户一卡制度、免疫确认制度、注册犬信息核查反馈、动物防疫人员保险、邮政广告投递宣传、数字化宣传等方面，供各区县参考借鉴。

为进一步强化养犬人防疫意识，2013年6月，市农业局与国际爱护动物基金会合作，在公交车站、地铁车站等开展了以"科学预防，让我们远离狂犬病"为主题的宣传活动，聘请《甄嬛传》女配角孙茜作为本次活动的宣传大使，倡导做负责任的动物主人，为犬免疫和绝育，不遗弃动物。本次宣传活动覆盖100个公交车站、20个地铁车站和通往10个郊区县的公交车体，取得了良好的社会效益。

（张佳艳）

【加强检疫监督工作】

1. **产地检疫**。2013年，产地检疫动物3.1亿头（只）。其中，生猪134.8万头，牛羊6.5万头（只），禽3亿（只），其他动物383.5万头（只）。动物产品10.1万吨。

2. **屠宰检疫**。2013年，屠宰检疫动物0.6亿头（只），其中生猪729.2万头，牛羊3.1万头（只），家禽5 223.2万（只）。检出病害动物2.3万头（只）、有害腺体组织2 513.3吨，全部无害化处理。

3. **进京动物及动物产品监督**。2013年，公路、铁路和航空进京监督动物2 827.8万头（只）。其中，生猪645.3万头，牛羊38.7万头（只），禽2 105.1万只，其他动物38.8万头（只）。动物产品66.4万吨，其中猪肉21.2万吨，牛羊肉12.7万吨，禽肉33.9万吨，其他肉类0.3万吨。

4. **动物卫生监督执法**。2013年，全市共组织动物卫生监督执法检查8 090次，出动执法人员2.5万人次，联合执法检查129次，共查办案件362起，其中简易程序案件57起，一般程序案件305起，罚没金额53.4万元。

5. **规模养殖场（小区）病死猪无害化处理**。2013年，依据北京市农业局、北京市财政局《北京市生猪规模化养殖场无害化处理专项资金管理暂行办法》（京财农〔2012〕646号），组织10个区县完成了2012年11月16日至2013年11月16日期间全市生猪规模养殖场（小区）病死猪无害化处理及处理数量的统计、报告和补贴资金申请工作。据统计，年度内全市生猪规模养殖场（小区）共无害化处理病死猪62.822 7万头，其中上半年涉及656个场，共计35.115 5万头，下半年涉及688个场，共计27.707 2万头。上半年中央和市级财政补助资金共计2 106.93万元已下达各区县，陆续拨付养殖场（小区）；下半年补助资金申请报告已报农业部、财政部。

（张佳艳）

【加大执业兽医制度宣传，确保政策衔接】按照农业部总体工作部署，全市核发的《北京市执业宠物医师证》《北京市执业宠物助理医师证》自2014年1月1日起全部失效，兽医人员执业必须取得农业部核发的执业兽医资格证书。为了做好政策的衔接工作，多角度开展宣传告知，一是通过网络媒体，将有关文件在相关网站醒目位置公告；二是组织各区县开展执业兽医制度专题宣传，增强社会各界对执业兽医制度的了解和支持；三是对兽医从业人员，重点加大执业兽医资格考试与兽医处方药制度、兽医行业从业资格准入关系等方面政策内容的宣传力度。

（张佳艳）

【组织做好兽医人员考核授予执业兽医资格工作】北京申请考核授予执业兽医资格人员初审共计

144 人，待农业部审定。

（张佳艳）

【做好执业兽医考生报名及各项考务工作】在做好报名条件审核、考生报名咨询工作和安装调试考务管理信息系统的基础上，2013 年，在北京教育考试指导中心的基础上，选择租借了高考标准化考场——北京林业大学，考场内配备了监控和信号屏蔽装置，总计设 76 个考场，2 个考试地点，其中北京教育考试指导中心考点设 28 个考场（791 人），北京林业大学考点设 48 个考场（1 405 人）。监控录像于考试结束后寄送农业部兽医局存档备案。同时，为确保考生信息安全，2013 年全国执业兽医资格考试考务信息中敏感数据（如电话号码等）采取加密方式存储，系统中不再显示电话号码。各级考务人员通过解密装置——nv100 固话终端与考生进行电话联系，确保了考试公平公正。同时，加强安全保密和应急管理，严格执行《执业兽医资格考试保密管理规定》《执业兽医资格考试考务工作规则》和《执业兽医资格考试突发事件应急预案（试行）》。76 个考场秩序井然。考试结束后，未接到考生投诉举报信息。

（张佳艳）

【进一步强化动物诊疗机构管理】2013 年 2 月，为了规范北京市动物诊疗机构放射性诊疗设备安装和使用管理，拟定下发了《北京市农业局关于开展动物诊疗机构 X 光设备配备和使用情况调查的通知》（京农发〔2013〕29 号），对全市所有取得动物诊疗许可证的动物诊疗机构进行了全面调查，基本掌握了全市动物诊疗机构使用 X 光设备总量、设备类型和功率、X 光防护、辐射安全许可证办理等相关情况，为下一步与环保部门沟通协调奠定了基础。

2013 年 6 月，根据农业部要求，下发了《北京市农业局关于开展动物诊疗机构专项执法检查工作的通知》（京农发〔2013〕29 号），要求 6—7 月在全市范围内组织一次动物诊疗专项执法检查活动，按照“深入调研、准确决策、周密部署、以查促改”的原则，对兽医主管部门推进执业兽医制度建设情况、动物诊疗机构诊疗活动情况和执业兽医从业活动情况进行专项检查。检查分动员部署、自查整改、重点抽查三个阶段，内容涉及实施行政许可、监管职责履行、重点工作落实、违法行为查处等多个方面。2013 年 7 月，下发了《北京市农业局关于组织开展兽药行业和动物诊疗机构专项检查的通知》，于 7 月 22 日至 8 月 2 日期间，组织四个市级检查组对各区县动物诊疗机构监管情况进行了全面检查，针对检查中发现的监管不到位、宣传力度不够、信息系统使用管理不规范等问题，提出了整改要求。通过检查，全市动物诊疗机构和执业兽医管理得到了进一步规范。

（张佳艳）

【继续加强兽医实验室管理】

1. 组织开展兽医系统实验室比对工作。按照农业部要求，下发了《北京市农业局关于做好 2013 年兽医系统实验室检测能力比对工作的通知》（京农发〔2013〕146 号），制定了《2013 年北京市兽医实验室检测能力比对工作方案》。通知结合全市动物疫病诊断、检测和监测的工作需求和兽医实验室专业技术发展方向，确定了比对范围、比对内容、组织方式、时间安排和工作要求。在市级比对中，市动物疫病预防控制中心按要求完成了农业部组织的全国兽医实验室检测能力比对，4 个检测项目 21 个检测盲样，比对检测结果全部准确、无偏差。参与市级比对的 13 个区县实验室，有 12 个检测结果在允许误差之内，仅有 1 个区县的 1 个检测结果存在较大误差。对于此次检测结果存在误差的区县，通过采取市疫控中心专家现场指导、区县分批派遣人员到市疫控中心学习等措施，切实提升实验室人员业务能力。

2. 强化兽医实验室安全监管。2013 年，兽医实验室生物安全监管以生物反恐为核心，强化人防、物防、技防三项防控措施，全面提升兽医实验室生物反恐水平，为十八届三中全会及重大节日活动提供了安全保障。全市有 35 个实验室设立单位，设立 55 个兽医实验室，2013 年，全市共组织 92 次现场检查活动，出动执法人员 325 人次，发现并整改违规行为 5 起，组织签订“兽医实验室生物安全责任书”55 份，并指导海淀区成功开展了首次实验室生物安全突发事件应急处置演练，为突发事件的应急处置积累了经验。

（张佳艳）

【依法办理兽药行政许可事项】依据《兽药管理条例》及其配套规定，审查办理兽药行政许可申报材料 936 件，其中新兽药临床试验审批 17 件、兽药生产企业审核 4 件、兽药产品批准文号审核 458 件、兽药经营企业审批

21 件、进口兽药通关单核发 415 件、兽医微生物菌毒虫（种）认定 16 件、兽药广告审查 5 件。未发生一起复议或投诉。

（张佳艳）

【组织开展兽药行业专项整治】 为深入落实《农业部办公厅关于加强兽药使用监管工作的通知》（农办医〔2012〕71 号）和《农业部办公厅关于加强兽药生产经营监管工作的通知》（农办医〔2013〕2 号）要求，下发《北京市农业局关于进一步加强兽药行业监管工作的通知》（京农发〔2013〕21 号），并结合《农业部关于加强兽药监督执法工作的通知》（农办医〔2013〕10 号）的部署安排，强化兽药生产、经营和使用环节监督执法工作。2013 年，全市共组织兽药监督执法检查 1 301 次，出动执法人员 3 331 人次，联合执法检查 37 次，共查办案件 9 起，其中一般程序案件 9 起，罚没金额 1.5 万元。

（张佳艳）

【推进兽药质量抽检和兽药残留监控】 依据农业部兽药质量抽检、兽药残留监控计划，制定并实施了《2013 年北京市兽药质量抽检计划》和《2013 年北京市动物及动物产品兽药残留监控计划》。组织市动物卫生监督所开展动物产品官方抽样，组织市兽药监察所开展兽药质量检测，组织中国兽医药品监察所、农业部畜禽产品质量监督检测中心和市兽药监察所开展兽药残留检测。

圆满完成农业部及北京市下达的兽药质量检测任务共计 300 批，合格率为 96.5%（不包括非标称企业生产兽药产品 17 批、非法企业生产产品 1 批）。其中农业部 2013 年兽药监督抽检下达任务 150 批，已完成 150 批，合格率 95.7%；北京市农业局 2013 年度兽药质量监督抽检下达任务 150 批，已完成 150 批，合格率 97.2%。

圆满完成农业部及北京市下达的兽药质量检测任务抽检样品 1 402 个，完成检测 1 402 个，检测项目涉及 β-受体激动剂、硝基呋喃类代谢物、β-内酰胺类、氟喹诺酮类、磺胺类、氨基糖苷类、氯霉素、己烯雌酚、同化激素、四环素类、头孢噻呋等，检测结果全部合格。监控结果均以市农业局文件形式向全市通报，强化了监控结果运用效果，提升了兽药残留监控结果影响力。

（张佳艳）

【推进动物防疫体系建设】 2013 年，全市动物防疫体系建设规划各项工作稳步推进，取得阶段性成效。

1. 市级建设项目。 按照“保竣工、保验收、保入驻”的工作要求，截至 2013 年年底，市动物疫病预防控制中心工程已完成竣工验收，实现了搬迁入驻和试运行目标。市动物及动物产品留检中心、市非犬类动物收容中心项目建议书已编制完成，相关手续的办理工作已完结，项目建议书已提交到市发展改革委，正等待项目评审。

2. 区县级建设项目。 2013 年，市农业局组织召开 5 次项目建设协调会，要求已获批复区县每季度上报项目建设进展情况，严格按照市发展改革委批复的建设内容，加快项目建设进度，保质保量完成项目建设。市、区两级发展改革部门共到位资金 4 127.94 万元，支出资金 3 636.43万元。房山、顺义、平谷和密云 4 个区县已完成项目竣工验收；昌平和通州 2 个区县正在开展项目验收工作；大兴区已完成项目建设内容的变更手续办理工作，正等待发展改革部门审批。此外，海淀、丰台、石景山、门头沟、怀柔、延庆和首农集团务按照《北京市农业局关于抓紧完成动物防疫体系建设规划项目申报工作的通知》（京农发〔2011〕236 号）的指示要求，将项目建议书提交到市发展改革委，并完成相关手续的办理工作，正等待项目评审。

3. 仪器设备采购资金下拨和使用。 2010 年市财政局投资的通州、昌平、大兴和密云 4 个区县均已完成 5 万元以下仪器设备采购工作，设备采购资金共计 1 692.552 万元，其中市财政拨付 846.276 万元，区县自筹 846.276 万元。2013 年市财政局投资的门头沟、房山、怀柔和延庆 4 个区县正在进行 5 万元以下仪器设备采购工作，设备采购资金共计 1 288.72 万元，其中市财政拨付 644.36 万元，区县自筹 644.36 万元。

4. 无害化处理厂建设项目。 按照《农业部关于印发建立病死动物无害化处理长效机制试点方案》（农医发〔2013〕31 号）和市人民政府专题会议纪要（2013 年第 125 号）精神，积极探索病死动物无害化处理机制，制定了《北京市建立病死动物无害化处理长效机制试点实施方案》。2013 年 9 月 16 日，在顺义区召开了病死动物无害化处理体系建设工作现场会，参观了北京鹏程食品有限公司的高温高压处理车间，并部署了下一步重点工作。2013年11月6日，市农业局召开了专项协调会议，各区县汇报了建设进展情况，市发展改革委通报了病死动物无害化处理厂建设的投资原则和比例，提出了相关建设要求。2012年12月4日，就病死动物无害化处理长效机制建设工作向市政府有关领导进行了专题汇报。

为更好地配合病死无害化处理长效机制建设工作，起草了《北京市财政局、北京市农业局关于做好本市动物无害化处理补助相关工作的通知》《北京市病死动物无害化集中处置技术导则》和《动物无害化处理工作责任书》等配套文件。

10个远郊区县制定了初步建设方案。在建设模式方面，顺义区和昌平区采取与企业合建的形式，其余8个区县采取自主建设方式；在建设选址方面，昌平、顺义、通州、大兴和房山5个区县已拟定选址，其余5个区县选址待定；在资金投资方面，10个区县的病死动物无害化处理厂基础设施建设资金初步估算10 984万元，设备采购资金初步估算10 703万元。

（张佳艳）

【落实国家中长期动物疫病防治规划】 根据《国家中长期动物疫病防治规划（2012—2020年）》要求，组织制定了《北京市中长期动物疫病防治规划（2013—2020年）》（代拟稿），并已经由市政府办公厅印发。根据规划要求，以考核目标为导向，注重动物疫情监测预警、突发疫情应急管理、动物疫病强制免疫、动物卫生监督执法、动物疫病防治信息化、动物疫病防治社会化服务6大能力提升，立足软件和硬件建设并进，设定5大重点工程和10个配套子项目作为抓手予以落实。在规划发布之前，召开多次专题研讨会议，对动物卫生精细化管理工程、养殖生物安全提升工程、人畜共患病防治工程、种畜禽疫病净化工程、动物疫病区域化防控工程进行梳理和调研，制定相应实施计划和方案，尽快落地实施。

（张佳艳）

【配合完成动物防疫地方立法相关工作】 为了确保动物防疫地方立法工作按时、高质量完成，起草了条例草案及说明，多次征求各区县、各有关部门意见，并进行修改完善。6月，《条例（送审稿）》及说明按规定时限报送市政府法制办，征求公众意见和建议。7—11月，按照市政府法制办要求市农业局编写了条例涉及的主要问题说明和条款释义，按照市人大、市政府法制办要求组织有关人员赴顺义、朝阳、房山、西城等区县针对动物无害化处理、兽医管理体系和队伍建设、狂犬病防控、动物诊疗机构管理、动物产品安全监管等重点和难点问题进行专项调研。11月，《条例（草案）》顺利通过一审，按照市人大要求，市农业局对人大一审中提出的32条问题逐条进行了研究，并提出了回复意见。

（张佳艳）

林 产 业

【林下经济成果展】 6月14日，在景山公园成功举办2013年北京市林下经济成果展，组织12个区县，57家林下企业、166种特色的林下经济产品参展，开通北京林下经济精品网，为林下经济产品的销售开拓更广阔的市场和渠道。在12个区县示范推广林菌、林药、林花、林粮等林下模式1万公顷。结合平原造林工程，积极开展林下经济模式示范建设，在保护景观效果和巩固生态建设成果的同时，提高林地综合效益，推动当地农民增收与绿岗就业，重点示范推广林花、林草、林粮等林下经济建设模式，种植面积突破0.47万公顷；编制《北京市林下经济发展总体规划》相关基础数据调查统计等前期准备工作。开展山区林下野生中草药及食用菌扩繁试验示范项目，引进示范种植桔梗、射干、知母、旱半夏等中草药，完成示范栽植365万株，面积23.33公顷；引进林下野生菌，完成猪苓、松蘑等菌种的栽植工作。

（齐庆栓）

【全市果树发展】 年内，全市春

季完成果树发展 0.4 万公顷、699.5 万株，其中，新发展果树 0.23 万公顷、532.7 万株，这其中有 0.07 万公顷新植果树是按照“矮化密植现代化果树种植管理”模式完成的，占新发展果树面积的 29%，在面积比 2012 年减少 15%的情况下，株数反而增长 28.0%。全市大力推广矮密高效现代化果园建设，每公顷地种植 3 330 棵或 4 755 棵，与传统的大冠稀植或密植相比，单位面积种植棵树大幅度提高，在面积有所减少的情况下，种植株数反而大幅增加。在新发展果树中，鲜果 0.19 万公顷、509.5 万株，其中：苹果 483.27 公顷、85.4 万株，同比增长 1.3 倍、3.6 倍，主要集中在顺义、昌平和密云；梨新发展 308.4 公顷、78.8 万株，面积同比略有增长，株数同比增长 3.3 倍。全年新发展干果 370.67 公顷、23.2 万株。全市更新老杂劣果树 0.1 万公顷、121.8 万株；品种改良、高接换优果树 0.07 万公顷、45.0 万株。其中，传统硬肉桃高接水蜜桃等优良品种 275.67 公顷、14.5 万株，板栗改造 158.13 公顷、13.1 万株。全市共完成野生资源嫁接果树 22.7 万株。其中，酸枣嫁接大枣 21.1 万株，山杏嫁接仁用杏 1.6 万株。

（齐庆栓）

【全市投资 721.0 万元新建设施果树 7.33 公顷】年内，各区县共新发展设施果树 7.33 公顷、106 个棚室，其中，砖钢结构的温室 3.33 公顷、49 个；钢架大棚 3.73 公顷、56 个；联栋式温室 0.27 公顷、1 个；共涉及农户 24 户。总投资 721.0 万元，其中农民自筹 406.0 万元、市级补助 315.0 万元。

（齐庆栓）

【全市设施果品总收入达 2.4 亿元】年内，全市共有设施果树面积 770.2 公顷（草莓除外），其中结果面积 455.27 公顷、5 652 个棚室。设施果品总产量达到 777.6 万千克，总收入高达 2.4 亿元，同比分别增长 5.9%、17.0%；结果面积的平均公顷收入达到 52.5 万元。设施果树现有面积最多的是平谷 507.73 公顷、大兴 97.87 公顷、顺义 37.13 公顷、房山 36.6 公顷、延庆 31.13 公顷。从树种来看，全市大桃的设施面积最多达 540.8 公顷、葡萄 157 公顷、樱桃 22.53 公顷、无花果 15.87 公顷、杏 10.27 公顷，还有少量的李子、桑葚等。设施桃中有 275.83 公顷结果，产量 592.4 万千克，收入 1.5 亿元；设施葡萄有 141.53 公顷结果，产量 160.1 万千克，收入 6 505.8 万元；樱桃有 12.93 公顷结果，产量 6.5 万千克，收入 1 463.8 万元。

（齐庆栓）

【设施果品采摘收入达 376.22 万元】年内，五一小长假与陆地果树花期相遇，吸引大量游客去果园踏青赏花，同时采摘设施果品。全市五一期间设施果品采摘量为 5.75 万千克，采摘收入 376.22 万元。京郊果园共接待游客 37.08 万人次，观光旅游收入 1 667.82 万元。市民采摘主要集中在平谷、密云和怀柔，这 3 个区县的采摘量为 5.68 万千克，占全市的 98.78%；采摘收入为 360 万元，占全市的 95.69%。设施栽培向游人提供桃、樱桃、杏、桑葚等果品采摘，且观光采摘效益显著。温室桃的采摘量居果品首位，全市合计 5.37 万千克、采摘收入 313.90 万元，分别占全市的 93.39%和 83.44%；樱桃位居第二，采摘量 2 910.00 千克、采摘收入 49.00 万元。

（齐庆栓）

【观光采摘系列旅游文化工程】6 月 1 日，在景山公园举办“北京首届微信樱桃文化节”；6 月 18 日至 7 月 18 日，在海淀举办“蓝梦庄园第三届蓝莓文化节”；6 月 26 日至 7 月 16 日，在北寨举办“红杏文化节”；8 月 18 日至 10 月 30 日，举办“香味葡萄大观园首届微信采摘节”，向陆续市民推出 64 个香味葡萄品种；9 月 4 日至 30 日，举办“春华秋实——第 11 届梨王擂台赛”，在大兴区幸福果园评比；10 月 19 日至 11 月 18 日，举办“第 10 届昌平苹果文化节”，建立昌平苹果网并与北京市园林绿化局政务网、首都之窗、搜狐实现链接。

（齐庆栓）

【蜂产品加工总产值超过 9 亿元】年内，全市蜜蜂饲养总量为 23.6 万群，蜂蜜产量 1 000 万千克，蜂王浆产量 9.5 万千克，蜂胶产量 4.3 万千克，蜂蜡产量 30 万千克，全市共有蜂业专业合作组织 79 个，有蜂业产业基地 56 个，有养蜂户 1 万户，养蜂万元户超过 3 000 户，售蜂收入 471 万元，蜂授粉收入 1 500 万元，养蜂总产值 1.5 亿元，蜂产品加工产值超过 9 亿元，出口创汇超过1 000万美元。

（齐庆栓）

【各区县产业扶持保障措施积极

出台】年内，各区县将蜂产业列为该区县年度重点产业发展项目和重点发展工程，打造富有活力的“空中产业”。其中，密云县连续九年出台产业扶持政策，扶持蜂产业发展，该县养蜂业已由单纯的发展蜂群数量向扩大蜂场规模和蜂产品深加工方向复合发展；房山区将蜂产业列为“十百千”工程，加大产业扶持力度，2011—2013年，共投入资金1 500多万元扶持蜂产业发展；怀柔区连续3年将蜂产业列为区政府折子工程，制定出台相应的扶持政策，鼓励养蜂户大力发展养蜂。

（齐庆栓）

【道边蜂场现代化改造】年内，在怀柔区和密云县试点开展道边蜂场现代化改造工作。修建集蜂产品销售、养蜂和旅游为一体的“蜂彩小屋”，共计24间，投入资金150万元，小屋每间占地15～20平方米，有统一的LOGO，每间小屋分为生产区、休息区和储存区三大功能区域，并对小屋周边进行绿化美化。

（齐庆栓）

【蜂产业基地建设】年内，在7个区县建立20个无公害成熟蜂蜜生产基地并挂牌，蜂群3万群，年实现经济效益2 000万元。其中密云县3个，12 000群；门头沟区3个，5 000群；平谷区3个，3 000群；昌平区3个，3 000群；延庆县2个，2 000群；怀柔区3个，3 000群；房山区3个，2 000群。在密云县石城镇和房山区蒲洼乡建立2个中华蜜蜂成熟蜂蜜生产基地，发展中华蜜蜂2 000群。

（齐庆栓）

【国家蜂产业技术体系示范基地建设】年内，北京继续参加农业部第二批现代农业产业技术体系建设项目——全国蜂产业技术体系建设，承担北京市综合试验站工作。通过西方蜜蜂规模化转地饲养技术的试验应用，形成示范蜂场蜂群管理技术规范，蜂场人均蜜蜂饲养量达到118群，蜜蜂单产量提高25%，由原来的群单产50千克提高到60～80千克，且全部达到成熟蜜标准；王浆产量提高60%，由原来的群单产0.5千克提高到0.8千克；平均生产效率提高40%。完成北京地区蜜蜂主要病虫害流行病学调查，协助开展小蜂螨采样，在本地区示范、推广绿色蜂药1 000群以上，每群蜂每年节约用药20元，产品均达到无公害标准。

（齐庆栓）

【蜂产品可溯源监控技术示范基地建设】年内，在昌平、密云、门头沟、顺义建成4个蜂产品安全可溯源监控技术示范基地，示范可追溯蜂群2 000群，收集荆条蜂蜜样品30份以上，举办蜂产品溯源管理培训班3期，推行蜂产品质量安全标准化技术。

（齐庆栓）

【蜜蜂授粉富民工程】年内，以顺义区为核心建成1个蜜蜂授粉繁育基地，发挥北京市10支蜜蜂授粉专业队的作用，以草莓、西瓜、大桃三个作物品种为重点，大力开展蜜蜂授粉，实施蜜蜂授粉富民工程，与各区县果办和果蔬产业协会联合，实现蜂农、果农、瓜农的多赢。2013年，北京市蜜蜂为大田作物、有机果品和设施农业大棚等作物和果树授粉达333.33公顷，增产1 100多万元。

（齐庆栓）

【授粉蜂科普示范基地建设】年内，在顺义区“农之翼”养蜂场建成北京市首个授粉蜂科普示范基地。基地建筑面积1 000平方米，占地5 000平方米，包括授粉专用蜜蜂蜂群饲养场地，熊蜂商业化、规模化生产车间，授粉蜂群组装车间，质量监控与研发实验室等。基地外墙设立北京开展蜂授粉20多年的成果展板。年供与销售授粉专用蜜蜂蜂群5 000余群，熊蜂商品蜂群10 000群，用于北京及周边省市蜂授粉。

（齐庆栓）

【蜂业合作与交流】年内，先后接待来自巴西、韩国、美国、德国、澳大利亚、孟加拉国6个国家的客人考察访问北京蜂产业，参加第43届世界养蜂大会、海峡两岸蜂业信息交流会、北京科技周展览、2013年全国蜂产品市场信息交流会暨中国（上海）蜂业博览会等展会活动，与世界各国的养蜂学者、企业家进行贸易洽谈、市场合作及学术交流活动。

（齐庆栓）

【林下经济持续发展】年内，完成林下经济示范推广建设1.42万公顷，涉及延庆、怀柔、密云、平谷、昌平、门头沟、房山、顺义、通州、大兴、海淀、丰台等区县，示范推广包括林菌、林药、林花、林下特色养殖等模式。截至2013年年底，全市林下经济累计完成建设面积达3.79万公顷，林下经济累计产值近28亿元，林农参与林下经济累计达12万户，带动就业人数36万人。年内林下经济产值突破8.5亿元人民币，参与林下经济建设的林农为3.29万户，带动就业人数 5.84 万人，参与林下经济建设的农户户均增收 1.4 万元。

（齐庆栓）

【平原林地林下经济示范建设】年内，结合平原地区造林工程，探索平原造林地林下经济发展模式，提高林地综合价值，推动当地农民增收与绿岗就业，示范推广林花、林草、林粮等林下经济建设模式面积突破 0.67 万公顷。

（齐庆栓）

【林下经济社会效益】年内，加快社会主义新农村建设，带动农民增收与绿岗就业，推动北京农村经济可持续发展。林下经济丰富百姓“菜篮子”，加快当地发展方式转变，产出林下仿野生食用菌、蔬菜、香草、养殖等为主的特色产品 100 余种。这些产品源于天然或仿野生，生态、无污染，品质好，符合现代人们消费心理和需求，市场紧俏，供不应求。林下经济带动当地旅游、采摘、特色民俗游等产业发展，实现第一产业和第三产业有机融合，拓宽绿色产业发展空间。

（齐庆栓）

花卉产业

【全年花卉种植面积 5 369.56 公顷】2013 年，全市花卉产业工作坚持以推动科学发展为主题，以转变发展方式为主线，按照三个园林行动计划的总体要求，以落实《市政府关于促进本市花卉产业发展的意见》和花卉产业“十二五”发展规划为重点，全力推进花卉产业各项工作再上新台阶。全年花卉种植面积 5 369.56 公顷，同比增长 8.8%，产值 13.5 亿元，同比下降 10%。设施花卉生产面积 821.14 公顷，同比减少 5.6%，其中智能温室面积 160.67 公顷，同比增加 5.6%。全市大中型花卉交易市场 40 个，花卉零售店 1 500 个，花卉生产企业 255 家，花农 1 100 余家。鲜切花产量 2 725万支，产值 8 603 万元；盆栽植物 20 473 万盆，产值 6.4 亿元；观赏苗木 1 251 株，产值 3.5 亿元；食用及药用花卉 142.5 万千克，产值 1 400 万元，工业及其他用途花卉 2 943.6 万千克，产值 3 336 万元；花卉种球、种子、种苗产值 1.24 亿元。

（齐庆栓）

【认真研究 2019 年世界园艺博览会筹备工作】3 月 18 日，市政府召开专题会议，研究 2019 年中国北京世界园艺博览会（以下简称世园会）筹备等工作。市委副书记、市长王安顺主持会议。会议同意世园会办会主题和组织机构初步方案，年内，向国际展览局递交相关程序文件，圆满完成国际组织进行实地考察的接待工作，国务院正式批复世园会组委会、执委会组织机构方案。总体策划、园区规划、法律体系以及重大基础设施建设正在抓紧推进。园区拟选于延庆县城西、妫河沿岸。已会同市交通委、市规划委、延庆县，扎实推进京张高铁、国道 110 二期、兴延路等世园会对外交通基础设施规划建设，并开展园区周边交通保障体系和市政基础设施规划方案研究。

（齐庆栓）

【迎春年宵花展活动】1 月 19 日至 2 月 24 日，由北京市园林绿化局、市公园管理中心、北京花卉协会等单位举办以“美丽北京　美丽生活”为主题的 2013 迎春年宵花展。通过组合盆栽大赛、佩华花艺演出季—魅力中国年、球根花卉室内应用流行趋势发布会等多项活动，展会推出年宵花主流产品，便于市民选购适合自己的花卉。

（齐庆栓）

【第四届郁金香文化节】4 月 18 日至 5 月 10 日，由北京市园林绿化局、市公园管理中心、北京花卉协会等单位，在北京国际鲜花港举行第四届郁金香文化节。节庆期间，室外集中展示 100 个品种 400 万株郁金香，规划 26 个重点观赏区，打造七大主题景观。室内展出 208 个花卉优良品种，近 50 万株球根花卉打造景观。接待游客 17 万人，收入 800 多万元。

（齐庆栓）

【第五届北京月季文化节】5 月 14 日至 6 月 28 日，由北京市园林绿化局、市公园管理中心、北京花卉协会等单位，在北京植物园、天坛公园、陶然亭公园、纳波湾园艺、繁华世金玫瑰谷和蔡家洼玫瑰情园六大会场同期举行，为期45天。本届文化节共组织主题活动四十余项，包括月季主题展览、万盆月季进社区、玫瑰采摘等；展出月季1 200余个品种、150万株，展出面积100万平方米；接待游客180万人，收入1 526万元；推出北京月季文化节主题花——“燕妮”，参加2013年香港花卉展，北京市参展作品分获最佳展品大奖和最佳展品金奖。

（齐庆栓）

【成功举办第十一届中国菊花展】 9月26日至11月16日，以“菊韵北京，美丽中国”为主题的第十一届中国菊花展览会在北京顺义国际鲜花港隆重举办。来自全国40个城市的80余家单位参展。1个主会场、3个分会场和9个市属公园集中布展。共展出室内外菊花造型景观150个，其中主会场室外景观和室内景观各39个，造型艺术精湛，地域特色突出，文化内涵丰富。主会场室内展览面积1.8万平方米，集中展示塔菊、大立菊、案头菊、造型菊、悬崖菊等精品菊花1万余盆，百菊赛则汇聚全国知名菊艺大师培育的1 000多个品种4 200余盆展品，其中新品种102个。本届菊展共有39个城市参加室内景观展览，其中武汉、荆门、苏州、杭州、重庆、深圳、广州等城市的14个室内特装景观属本届菊展首创，深受广大游客好评。成功举办国际学术论坛和13项菊艺评比活动。来自美国、俄罗斯、韩国、德国、荷兰、澳大利亚等国的150余名学者参会；专项评比活动共评出559个奖项，组织编著出版《中国菊花全书》。共使用各种花卉2 000万盆，其中菊花670万盆；累计接待游客310万人次。本届菊花展北京市共荣获30个奖项，其中：包揽室内外景点布置及百菊赛三个团体项目大奖（第一名）；在单项评比活动中，获金奖5个、银奖11个、铜奖11个。

（齐庆栓）

【北京参展第八届中国花卉博览会】 9月28日至10月27日，由中国花卉协会主办的第八届中国花卉博览会在常州市举办。室外展面积2 500平方米，以“幸福流淌的花溪”为设计构思，借鉴中国传统造园手法，以北京特色植物景观为主，表现北京的园林和花卉文化；室内展区面积280平方米，设计主要结合“鸟巢”特装风格，整体布局以“花开京城”为主题，各类展品布置现代、简约，充分展现北京特色和北京文化。北京参展团获得团体金奖、总分第一的好成绩。其中室外展园和室内展区均获得组委会特等奖。在各单项评比中，北京市共报送参赛展品501项，科技和出版物成果69项，经八博会组委会专家评审，共获各类奖项352项。

（齐庆栓）

【筹备2016年世界月季洲际大会】 年内，经与中国花协沟通，按照市领导及大兴区领导分工，对组委会、执委会主要领导成员进行调整和补充完善，上报市政府审批，在大兴区设立专职综合办公室，负责执委会日常工作。完成大会总体策划方案编制，确定大会总体布局分为核心区、拓展区、辐射区。确定大兴核心区“三园一馆一中心”（三园：月季主题园、月季品种园和月季文化园；一馆：月季博物馆；一中心：会议会展中心）展会布局。截至2013年年底，产业用地完成流转373.33公顷。推进各种专项方案设计。月季主题园、月季博物馆、会议会展中心设计方案和产业规划方案初稿完成。启动宣传推介工作，借助北京月季文化节、第25届西瓜节、北京侨洽会等其他大会平台对大会进行宣传推介。

（齐庆栓）

【花卉新品种培育与良种引进】 年内，开展百合、菊花、月季、兰花、火鹤、彩色马蹄莲六类适合设施生产花卉品种，以及用于环境布置和绿化美化的花坛花卉及观赏花灌木的育种研发工作。18支育种研发团队在多年研究积累的基础上，共培育出40余个具有自主知识产权的新品种，其中12个新品种通过国家新品种保护初审，13个通过北京市良种审定初审，还有10余个新品种进行国际登陆。以上品种需经扩繁、中试后逐步推向市场。全市共引进100余个花卉优良品种。

（齐庆栓）

【花卉生产示范基地建设】 年内，建成通州区蕨类种苗繁育、房山区切花红掌、顺义区切花红掌3个花卉生产示范基地。其中：通州区蕨类项目建成后，可带动200户农户种植蕨类花卉和蕨类药材，平均每个大棚每年增加收入5 000元；切花红掌可年产65万支切花等。

（齐庆栓）

【花卉地方标准制定与推广】 年内，编写制定切花红掌、盆栽菊花、盆栽凤梨、月季4项北京市产品等级地方标准。自 2008 年以来，全市共制定 26 项花卉地方标准，其中 18 项技术规程、8 项产品等级标准，涉及 40 余个北京市大宗生产花卉种类。

（齐庆栓）

农产品成本效益

【农产品生产效益】 2013 年，郊区 26 个品种平均单位产品收入 15 299.6 元，比上年增长 2.8%。其中：15 个品种单位产品收入增加，占 57.7%，单位产品收入增长幅度最大的是蔬菜，同比增长 65.1%；11 个品种单位产品利润减少，占 42.3%，单位产品收入减少幅度最大的是花生，同比减少 22.6%。

26 个品种平均单位产品成本费用 9 038.8 元，比上年减少 2%。其中：18 个品种单位产品成本费用增加，占 69.2%，单位产品成本费用增长幅度最大的是食用菌，同比增长 40.5%；8 个品种单位产品成本费用减少，占 30.8%，单位产品成本费用减少幅度最大的是花卉，同比减少 41.2%。

26 个品种平均单位产品利润 6 260.80 元，比上年增长 10.4%。其中：14 个品种单位产品利润增加，占 53.8%，单位产品利润增长幅度最大的是蔬菜，同比增长 119.8%；12 个品种单位产品利润减少，占 46.2%，单位产品利润减少幅度最大的是观赏鱼，同比减少 89.9%。

第一，16 个种植品种亩均利润同比增长 11.2%，亩均利润增加和减少的品种各占 50%。16 个种植品种的亩均利润为 9 045.67 元，同比增加 911.41 元，上升 11.2%。其中亩均生产（销售）利润同比增加和减少的品种各有 8 个。

从亩均利润绝对数值来看，16 个种植品种中，花卉的种植效益位居第一，亩均利润实现 24 221.53 元。亩均利润在 20 000 元以上的还有西瓜苗、草莓和食用菌三个品种。亩均利润最低的是小麦，实现 219.80 元。

从亩均利润的增长速度来看，蔬菜亩均利润增长 119.8%，增幅最高，其次是柿子，同比增长 84.5%，西瓜苗同比增长 65%，西瓜、花卉、白薯同比增幅为 20.6%～30.5%。亩均利润减少最多的是花生，降幅为 54.4%，其次是小麦、苹果、草莓和梨，同比分别降低 30.4%、20.5%、19.9%和 16.2%。

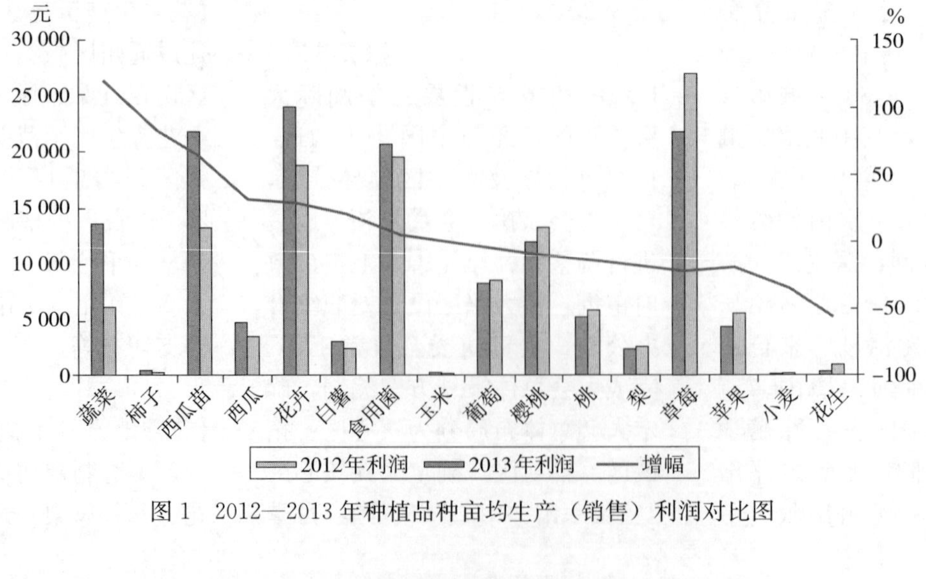

图 1　2012—2013 年种植品种亩均生产（销售）利润对比图

表 1　2013 年种植品种亩均产品效益排序

序号	指标 / 品种	亩均生产（销售）量（千克）	亩均生产(销售)收入（元）	售　价（元/千克）	亩均生产（销售）成本（元）	亩均生产(销售)期间费用（元）	亩均生产(销售)成本费用（元）	亩均生产（销售）利润（元）
1	花卉	14 974.55	49 254.82	3.29	22 277.74	2 755.55	25 033.29	24 221.53
2	西瓜苗	75 191.3	79 020.00	1.05	57 222.44	0.00	57 222.44	21 797.56
3	草莓	1 663.61	53 514.87	32.17	30 865.83	888.13	31 753.00	21 760.92
4	食用菌	12 213.53	55 133.3	4.51	34 247.35	930.50	35 177.85	20 808.78
5	蔬菜	9 372.2	22 344.04	2.38	8 403.11	169.45	8 572.56	13 771.48
6	樱桃	258.5	16 285.00	63.00	4 090.19	125.00	4 215.19	12 069.81
7	葡萄	909.27	13 006.04	14.30	4 439.90	169.50	4 609.40	8 396.65
8	桃	2 794	11 930.50	4.27	6 565.00	0.00	6 565.00	5 365.50
9	西瓜	3 651.25	7 901.93	2.16	3 118.67	25.00	3 143.67	4 758.26
10	苹果	1 186.43	10 575.21	8.91	5 764.08	376.29	6 140.37	4 434.84
11	白薯	2 246.96	4 827.54	2.15	1 582.06	57.18	1 639.24	3 188.30
12	梨	1 111.27	4 158.40	3.74	1 705.70	89.81	1 795.51	2 357.33
13	柿子	522	1 013.60	1.94	390.20	0.00	390.20	623.40
14	花生	167.18	1 730.63	10.35	1 176.75	16.50	1 193.25	537.38
15	玉米	469.43	1 002.70	2.14	571.86	11.71	583.57	419.13
16	小麦	367.53	844.91	2.30	616.79	8.31	625.10	219.80
平均		7 943.69	20 783.97	9.92	11 386.52	351.43	11 737.95	9 045.67

注：西瓜苗、草莓苗的产量以棵计算，售价单位为元/棵；花卉产量以枝（盆）计算，售价单位为元/枝（盆）。

第二，10 个养殖品种平均单位产品利润同比增长 4.7%，6 个品种同比增加，4 个品种同比减少。10 个养殖品种的平均单位产品利润为 1 805.03 元，同比增加 80.44 元，增长 4.7%。其中：单位产品利润同比增加的品种有 6 个，占 60%；单位产品利润同比减少的品种有 4 个，占 40%。

从单位产品实现利润绝对值来看，10 个养殖品种中，淡水鱼亩均销售利润 6 119.83 元，位居第一；其次是奶牛，每头奶牛的牛奶销售利润 5 081.14 元。单位产品销售利润在千元以上的还有观赏犬和肉牛，分别为 2 732.6元和 2 652.57 元。肉羊、蜂蜜、生猪、观赏鱼的单位产品销售利润分别为 563.35 元、558.32 元、269.51 元、51.43 元。蛋鸡和肉鸡的每只销售利润为 18.94 元和 2.57 元。

从单位产品实现利润增长速度来看，10 个养殖品种中，单位产品销售利润同比增长增幅最高的是蜂蜜，同比增长 90.8%；其次是肉牛、肉羊、观赏犬和奶牛，增幅均为两位数，同比分别增长 24.2%、15.4%、13.4% 和 12.1%，生猪增长幅度最低，为 5.1%。除观赏鱼患鱼病严重导致利润大幅下降 89.9% 外，淡水鱼、蛋鸡和肉鸡销售利润同比稍有下降，分别为 7.3%、6.2% 和 1.2%。

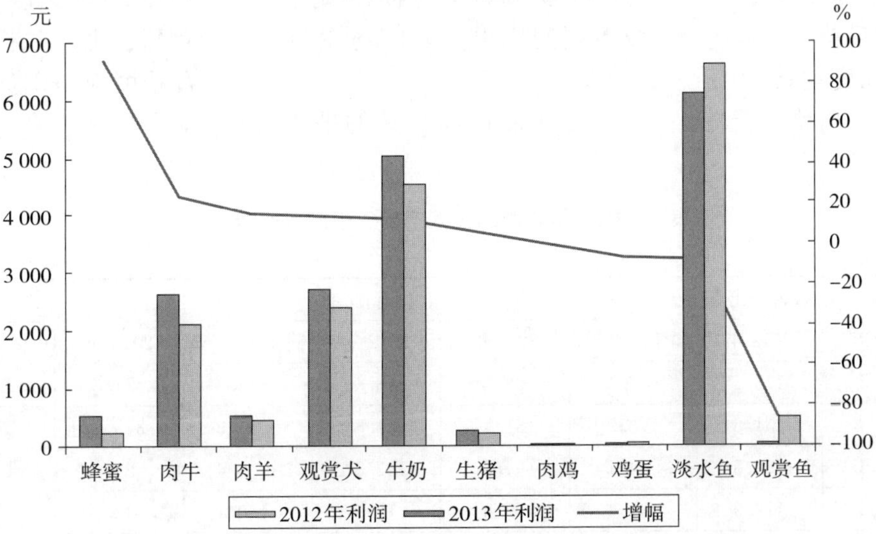

图 2　2012—2013 年主要养殖品种单位销售利润对比图

表 2　2013 年养殖产品每单位已售产品成本效益情况排序

指标 品种	计量单位	单位产品销售量 （千克）	单位已售产品收入 （元）	单位产品售价 （元/千克）	单位已售产品成本 （元）	期间费用 （元）	单位已售产品利润 （元）
淡水鱼	亩	2 006.41	29 129.27	14.52	22 271.73	737.71	6 119.83
奶牛	头	3 871.87	12 417.01	3.21	7 079.30	256.58	5 081.14
观赏犬	只		3 971.60		1 195.90	43.10	2 732.60
肉牛	头	509.20	13 177.73	25.88	10 525.16	0.00	2 652.57
肉羊	头	31.00	893.96	28.84	323.10	7.51	563.35
蜂蜜	箱	83.91	1 153.64	13.75	530.87	64.45	558.32
生猪	头	100.13	1 666.92	16.65	1 386.22	11.19	269.51
观赏鱼	亩	122.00	2 672.00	21.90	2 620.58	0.00	51.43
蛋鸡	只	14.58	136.99	9.40	116.58	1.47	18.94
肉鸡	只	2.44	27.00	11.07	24.29	0.14	2.57
平均		749.06	6 524.61	16.09	4 607.37	112.22	1 805.03

第三，26 个品种综合经济效益水平有所提高，11 个品种投入产出率和成本利润率同比上升，16 个品种劳动生产率同比上升。26 个农产品品种的平均投入产出率（亩均收入/亩均成本）为 169.3%，与上年的 161.5%相比，提高了 7.8 个百分点，同比提高 4.8%。投入产出率同比提高的品种有 11 个，占 42.3%。提高最快的品种是柿子，由上年的 179.9%提高到 259.8%，同比提高 44.4%；蔬菜和花卉同比分别提高 40%和 36.4%；蜂蜜、西瓜苗、肉羊的投入产出率提高幅度均在 10%以上；西瓜、奶牛、白薯、蛋鸡和肉鸡的投入产出率增幅为 0.1%～8.5%。

26 个农产品品种的平均成本利润率（亩均利润/亩均成本）为 69.3%，与上年的 61.5%相比，提高了 7.8 个百分点，同比提高 12.6%。成本利润率同比提高的品种有 11 个，占 42.3%。提高最快的品种是花卉，由上年的 44.3%提高到 96.8%，同比提高 118.6%；柿子、蔬菜和西瓜苗同比分别提高 100.1%、86.4%和 80.8%。此外，蜂蜜、肉羊、西瓜、奶牛的成本利润率提高幅度均在 10%以上。

26 个农产品品种的平均劳动生产率（亩均收入/亩均用工）为 321 元/日，与上年的 252.9 元/日相比，提高了 68.1 元，同比提高 26.9%。劳动生产率同比提高的品种有 16 个，占 61.5%。提高最快的品种是柿子，由上年的 225.9 元/日提高到 448.5 元/日，同比提高 98.6%；西瓜苗、肉牛、蔬菜和肉羊同比分别提高 74.2%、58.8%、41.4%和 35.1%；樱桃、草莓、奶牛、西瓜、食用菌和淡水鱼的劳动生产率提高幅度均在 20%以上；白薯、观赏犬、葡萄、桃、玉米的劳动生产率提高幅度为 3.2%～14.2%。

表 3　2013 年农产品投入产出、生产效益情况

单位：%，元/日

指标 品种	投入产出率			成本利润率			劳动生产率		
	2013 年	2012 年	同比±（%）	2013 年	2012 年	同比±（%）	2013 年	2012 年	同比±（%）
草莓	168.5	178.4	−5.5	68.5	78.4	−12.6	321.6	253.8	26.7
西瓜	251.4	231.8	8.5	151.4	131.8	14.9	345.2	274.4	25.8
白薯	294.5	282.8	4.1	194.5	182.8	6.4	551.1	482.7	14.2
柿子	259.8	179.9	44.4	159.8	79.9	100.1	448.5	225.9	98.6
梨	231.6	250.2	−7.4	131.3	149.9	−12.4	255.1	279.6	−8.7

（续）

品种＼指标	投入产出率			成本利润率			劳动生产率		
	2013 年	2012 年	同比±（%）	2013 年	2012 年	同比±（%）	2013 年	2012 年	同比±（%）
葡萄	282.2	290.9	－3.0	182.2	190.9	－4.6	322.5	301.5	7.0
花生	145.0	211.5	－31.4	45.0	111.5	－59.6	174.1	233.3	－25.4
苹果	172.2	191.5	－10.0	72.2	91.5	－21.0	183.4	196.2	－6.6
蔬菜	260.6	186.2	40.0	160.6	86.2	86.4	316.0	223.4	41.4
西瓜苗	138.1	121.1	14.1	38.1	21.1	80.8	258.6	148.4	74.2
小麦	135.2	152.9	－11.6	35.2	52.9	－33.5	334.0	338.1	－1.2
玉米	171.8	176.7	－2.7	71.8	76.7	－6.3	263.2	255.1	3.2
桃	181.7	206.6	－12.0	81.7	106.6	－23.3	231.2	217.9	6.1
樱桃	386.3	454.3	－15.0	286.3	354.3	－19.2	499.1	385.8	29.3
食用菌	160.6	179.9	－10.7	60.6	79.9	－24.1	303.6	251.7	20.6
花卉	196.8	144.3	36.4	96.8	44.3	118.6	407.5	484.8	－15.9
淡水鱼	126.6	134.9	－6.2	26.6	34.9	－23.8	544.4	452.6	20.3
牛奶	169.3	162.5	4.1	69.3	62.5	10.8	572.2	453.5	26.2
观赏犬	320.5	326.0	－1.7	220.5	226.0	－2.4	287.2	263.3	9.1
肉牛	125.2	128.3	－2.4	25.2	28.3	－11.0	845.8	532.7	58.8
肉羊	270.4	238.8	13.2	170.4	138.8	22.7	235.9	174.6	35.1
蜂蜜	193.8	166.7	16.3	93.8	66.7	40.7	135.1	140.4	－3.8
生猪	119.3	119.5	－0.2	19.3	19.5	－1.0	740.9	874.0	－15.2
观赏鱼	102.0	123.1	－17.1	2.0	23.1	－91.5	103.2	152.2	－32.2
鸡蛋	116.0	114.8	1.0	16.0	14.8	8.1	570.8	601.1	－5.0
肉鸡	110.5	110.4	0.1	10.5	10.4	0.9	1 350.0	1 376.5	－1.9
平均	169.3	161.3	4.8	69.3	61.5	12.6	321.0	252.9	26.9

表 4　2013 年农产品主要作物亩成本效益对比

单位：千克，元，%

品种＼指标	亩产量	亩收入	亩人工费用	亩物质费用	亩成本费用	亩利润	成本利润率
1. 小麦	367.5	844.91	195.03	421.77	625.10	219.80	35.16
2. 玉米	469.4	1 002.70	290.47	281.39	583.57	419.13	71.82
3. 蔬菜	9 372.2	22 344.04	6 330.08	2 073.03	8 572.56	13 771.48	160.65
其中：大棚蔬菜	12 705.5	31 796.40	8 691.81	2 692.38	11 622.62	20 173.78	173.57
露地蔬菜	4 151.0	7 473.89	2 521.83	1 046.80	3 636.10	3 837.80	105.55
4. 白薯	2 247.0	4 827.54	802.88	779.18	1 639.24	3 188.30	194.50
5. 食用菌	12 213.5	55 133.30	12 087.80	21 306.22	34 324.52	20 808.78	60.62
6. 西瓜	3 651.3	7 901.93	1 940.71	1 177.95	3 143.67	4 758.26	151.36
7. 花卉	—	49 254.82	10 044.24	12 233.51	25 033.29	24 221.53	96.76

注：花卉有按盆、按棵之分，故无法计算产量。

（张文华　刘鑫）

【农产品生产特点】

1. 克服不利天气影响，农产品亩均产量稳中有升。2013 年北京春季回暖缓慢，上半年低温、汛期降水量总体比常年偏多，农作物生长环境不利。针对以上农业生产不利因素，广大农户采取应对措施，抓住有利时机，提高播种质量，加之后期管理得当，促进了粮食、蔬菜等农作物生长，保证了农产品生产的产量和品质，虽有部分农作物出现减产，但总体来看实现了增产。16 个种植品种亩均产量 7 943.69 千克，与上年的 7 119.88千克相比，增加 823.81 千克，同比增长 11.6%。食用菌亩均产量增长 85.3%，蔬菜增长 60.7%，花卉增长 50%，柿子增长 12.8%，玉米、西瓜苗、桃和西瓜等品种增幅在 10%以内。

2. 农产品市场销售价格上涨，导致收入、利润均实现同比增长。由于市场供需及价值规律因素，农产品平均售价同比上涨 6.7%。16 个种植品种平均售价同比上涨 8.4%，上涨的品种有 13 个，占 81.3%。西瓜销售价格上涨 22.7%，增幅最高；白薯销售价格上涨 22.5%，柿子、梨和葡萄销售价格增幅均在 10%以上，其余 8 个品种销售价格增幅为 0.1%～9.2%。9 个养殖品种（观赏犬售价计算方式与其他品种不同，不包括在内）平均售价同比上涨 3.6%，上涨的品种有 4 个，占 44.4%。肉牛销售价格每千克增加 7.53 元，上涨 41%，增幅最高；牛奶、肉羊和生猪销售价格分别同比上涨 11.4%、8.7%和 2.4%。

3. 面对劳动力用工价格日益增长之势，经营者采取控制用工总量降低经营成本。农村劳动力市场价格快速增长，活劳动成本已成为农产品总成本主体。2013 年 25 个农产品品种（其中西瓜苗品种变动异常数据未采用）平均工值由上年的 68.87 元/工日增加至 81.28 元/工日，增幅达 18%；单位产品人工费用占单位产品总成本的比重由上年的 38.7%提高到 41.4%，上升了 2.7 个百分点。科学合理节约用工总量是降低生产成本的有效途径，经营者节约人工成本意识日益增强，采取多种措施控制用工数量。有的经营者通过租用蜜蜂授粉节省人工授粉从而减少用工量，有的通过先进机器设备代替人工操作，有的通过减少外雇工而由自己直接劳作降低人工费用支出。平均单位产品人工费用增长 7.5%，比劳动力工值上涨 18%的增长幅度低 10.5 个百分点。与上年相比，平均单位产品自用工日数由上年的 24.6 个增加至 28.8 个，增长 16.9%；雇工工日数由上年的 16.2 个减少至 8.6 个，下降 46.9%，雇工工资支出下降 34.8%；总用工量由上年的 40.8 个减少至 37.4 个，下降 9.1%。

4. 经营者采取多种手段加强产前、产中、产后科学管理，努力提高综合效益。在生产环节，平谷区果农加大了果园生产资料的投入量，以实现产量和效益的最大化；在销售环节，对大桃采取分级销售策略，高、中、低档产品迎合了市场消费群体的不同需求，同时推广安全无公害生产技术，改善大桃品质，进而提高了大桃的销售价格。昌平区继开展草莓大会提升知名度外，采取大棚直销、定点销售和网络销售相结合的多种营销方式，采用优良品种和精品包装，提高草莓的销量和美誉度；在蔬菜种植方面，生产经营者注重发展特色种植，适时调整种植结构，建立特色农业园区，采取集农业观光、自由采摘、生产销售于一体等经营模式。延庆县蛋鸡饲养提倡科学养殖，准确计算和投入饲料数量，合理确定养殖成本，以提高蛋鸡的养殖效益。顺义区在繁育西瓜苗方面，以南瓜为砧木进行嫁接，不仅降低了成本，预防了疾病，还增加了产品的成活率。

（张文华　刘鑫）

农 业 投 入

【集体经济组织资产投入】近几年，北京郊区深化农村改革、积极转变经济增长方式、盘活农村集体资产，郊区集体资产规模进一步扩大。截止到 2013 年年底，乡村两级集体经济组织累计资产投资达 5 049 亿元，比 2012 年年底的 4 524.8 亿元净增 524.2 亿元，同比增长 11.6%。

1. 固定资产投资。截至

2013年年底，北京郊区集体经济组织累计固定资产投资达1 109.2亿元，占累计资产投资总额的22%。其中：乡镇级累计固定资产投资399亿元，占固定资产投资总额的36%；村级累计固定资产投资710.2亿元，占64%。

2. 流动资产投资。截至2013年年底，乡村两级集体经济组织各项流动资产总规模达到3 481亿元，占累计资产投资总额的68.9%。其中：乡镇级1 474.7亿元，占42.4%；村级2 006.3亿元，占57.6%。

（闫建苹）

【公益事业及基础设施投入】北京郊区公益事业与基础设施规划与建设迈出新步伐。郊区农村统筹安排水、电、路、通讯等基础设施建设项目，优化农村环境整治工作，重点建立完善农村信息网络体系，为农村经济发展和农民增收致富创造良好的环境条件。北京市农村经济收益分配统计结果显示，2013年北京郊区乡村集体经济组织及其所属企业共获各级财政各种补贴达23.3亿元，有88个农民专业合作经济组织获各级财政扶持资金2 797.3万元。北京郊区乡镇级集体经济组织当年用于公益事业方面的支出为6.8亿元，用于村镇建设的有4.4亿元；当年财政对农业投入金额为2.4亿元，其中基础设施投入2.3亿元，生产性投入306万元。

（闫建苹）

【全社会固定资产投资及新增固定资产】全社会固定资产投资中，农、林、牧、渔业合计173.4亿元，占全社会固定资产投资额的2.5%。其中，中央投资额0.6亿元，地方投资额172.8亿元。从行业看，农业投资额22亿元，林业投资额139.1亿元，畜牧业投资额2.7亿元，渔业投资额0.2亿元，农、林、牧、渔服务业投资额9.5亿元。新增固定资产中，农、林、牧、渔业合计108.6亿元，占新增固定资产投资的3.4%。其中，中央投资额0.07亿元，地方投资额108.5亿元。从行业看，农业新增固定资产13.8亿元，林业85.5亿元，畜牧业2亿元，渔业0.1亿元，农、林、牧、渔服务业7.2亿元。

全社会固定资产投资及新增固定资产

单位：万元

行业	投资额			新增固定资产		
	合计	中央	地方	合计	中央	地方
合计	70 321 895	9 792 533	60 529 362	31 638 183	5 704 123	25 934 060
农、林、牧、渔业	1 734 307	6 398	1 727 909	1 085 835	715	1 085 120
农业	219 397	4 447	214 950	137 850		137 850
林业	1 391 228		1 391 228	855 115		855 115
畜牧业	26 806		26 806	20 060		20 060
渔业	1 690		1 690	1 060		1 060
农、林、牧、渔服务业	95 186	1 951	93 235	71 750	715	71 035

（闫建苹）

郊区二、三产业

综　述

2013年，郊区二、三产业加速发展，农村产业结构调整已经进入了加快转变发展方式的关键阶段。郊区实体经济快速发展，10个远郊区县的工业总产值已占到全市的57.9%。郊区一、二、三产业相互融合，充分体现人文、科技、绿色特征的低碳产业正在努力发展。农产品加工业规模化、布局园区化进行，产品质量品牌效应提升。农产品流通体系建设进一步加强，鲜活农产品市场网络正在形成。郊区旅游“三年行动计划”正在进一步落实，创建了10个市级休闲农业与乡村旅游示范乡镇。全市观光园、民俗旅游总收入37.6亿元，较上年增长4.5%。

农产品加工业

【农产品加工业主营业务收入达到1 391亿元】年内，北京市农产品加工业企业主营业务收入达到1 391亿元，比上年增长10.9%；农产品加工业利润总额85.3亿元，比上年增长22.2%；税金总额108.2亿元，比上年增长16.6%；整体经济效益较好。在主要行业中，北京农副食品加工业和食品制造业的主营业务收入分别达到405.8亿元和429.8亿元，分别比上年增长6.6%和17.9%，而酒、饮料和精制茶制造业主营业务收入为177.9亿元，比上年减少0.65%。

（田亦平）

【农产品加工业区域分布趋于合理】截至2013年年底，北京市农产品加工企业共508家，其中农副食品加工企业135家，食品制造业122家，酒、饮料和精制茶制造企业36家。农产品加工业主要集中在通州、顺义、大兴、昌平四个区县。北京市充分发挥各郊区县劳动力和土地优势，不断加大用地、税收等政策扶持和道路、通讯等基础设施建设力度，持续提高社会化服务水平，结合园区建设重点和城镇化发展的重要方向，吸引农产品加工企业落户园区、进驻小城镇，促进农业现代化与工业化和城镇化同步发展。京郊已建立15个基础设施完备、优惠政策多、一条龙服务到位、以食品生产为主的国家级农产品加工业示范基地，形成13家农产品加工创业基地。42个重点小城镇已成为农产品加工业的重要聚集区。

（田亦平）

【农产品加工业品牌影响力不断提高】年内，北京市大力发展唯一性特色农产品，打造都市型现代农业品牌，对获得北京市著名商标与中国驰名商标的企业给予政策支持与奖励，企业品牌影响力不断提高，形成了一批具有总部经济特征的企业。截至2013年年底，通过ISO9000、HACCP、GAP、GMP等质量认证体系的龙头企业有142家，获得省级以上名牌产品或著名（驰名）商标的龙头企业有73家，获得“三品”认证的产品数量有501个。北京市农产品共有中国驰名商标32个、北京市著名商标115个。华都肉鸡、鹏程肉食、三元牛奶、汇源果汁、牵手果汁、燕京啤酒、牛栏山二锅头等品牌知名度不断上升。

（田亦平）

【农产品加工业带动本地农户48万户】年内，农产品加工业原料基地建设卓有成效，惠农效益持续提高。北京市形成了一批以央企与市属龙头企业为代表、辐射带动能力强的农产品加工龙头企业，吸纳就业能力进一步加强，初步建立了畜禽、奶业、蔬菜、果品、花卉、牧草、中药材等种养殖原料生产基地，带动北京本地农户48万余户，农民直接年增收6.5亿元。此外，农产品加工企业突破北京郊区发展空间限制，立足首都，带动周边，长期与张家口、承德等地建立了紧密的合作关系，在河北、山东、内蒙古、山西、黑龙江等省区建立原料与生产基地，为首都企业对外扩展、占领外埠市场、增强辐射能力、提升国内和国际影响力奠定基础。

（田亦平）

【农业产业化组织总数达到3 904个】年内，农业产业化发展进一步增强了农产品应急保障能力。农业产业化经营组织快速发展，成为农业生产和农产品市场供应的重要主体。2013年，北京市有效运营的农业产业化组织总数为3 904个，带动全国生产基地面积1 278万亩，牲畜饲养量1 133万头，禽类饲养量1.8亿只，养殖水面面积4万亩。近年来，北京市蔬菜、猪肉、禽肉、鸡蛋、鲜牛奶、水产品等主要“菜篮子”产品供给充足、价格稳定，其中龙头企业提供的农产品及加工制品占“菜篮子”产品供给的2/3以上，为首都农产品的应急保障提供了有利支撑。

（田亦平）

【农业产业化龙头企业204家】年内，龙头企业积极开展科技创新，不断加大研发投入，注重加强知识产权和产品品牌建设，不断做大做强，有效提升了首都农业的核心竞争能力。截至2013年，北京市共有区级以上农业产业化龙头企业204家，其中市级101家、国家级38家。龙头企业固定资产1 105.9亿元，销售收入3 595.2亿元，净利润80.5亿元，出口创汇18.3亿美元，上缴税金122.7亿元。全市已有10家农业上市企业，40多家拟上市企业。

（田亦平）

【农业龙头企业核心竞争力增强】年内，全市农业龙头企业中有74家建有专门研发机构，拥有农业科技人员3.2万人，企业年科技研发投入达到19亿元。德青源公司于2012年2月将具有自主知识产权的生物质能利用技术输出到美国，共建“未来农场”产业模式。峪口禽业“京红”“京粉”种蛋鸡占全国市场的50%，销量世界第一。佳沃、新西兰农场等一批高科技、高投入企业进军北京农业，这充分说明北京农业是朝阳产业，魅力无限。

（田亦平）

【农业产业化组织带动能力提高】年内，全市各类产业化经营组织通过订单收购、利润返还、股份分红等方式，组织农户生产，吸纳农民就业，并为基地农户提供生产性服务，不断完善与农民的利益联结机制，带动农民增收，实现企业与农民共享产业化发展成果。2013年，全市农业产业化组织从业人数29.8万人，带动本市与外地农户705万户，农户从事产业化经营增收总额127.7亿元。密云康顺达公司联合36家合作社形成了以“公司＋合作社＋农户”为经营模式的合作社产销联盟，年销售蔬菜等农副产品，实现年销售收入1.03亿元。御食园公司在怀柔区建立大枣、红薯、山楂、板栗种植基地23 000亩，带动农户8 500户，每户年均增收2 100元。

（田亦平）

【农产品质量安全水平提升】年内，全市各类产业化经营组织注重农产品质量和食品安全建设，积极按照国家各类标准组织生产，北京农产品连续多年质检合格率在全国名列前茅，居四直辖市首位。2013年，北京农业龙头企业获得“三品一标”认证的生产基地面积58万亩，占总面积的5%；牲畜饲养量325万头，占牲畜饲养总量的38%；禽类饲养量8 437万只，占禽类饲养总量的52%。获得出口备案的生产基地 40 万亩，占总面积的 3%。龙头企业在质检、检疫等方面的投入 11 亿元，建有专门质检机构的龙头企业 147 个，占龙头企业总数的 72%；通过 ISO9000、HACCP、GAP、GMP 等质量体系认证的龙头企业 175 个；获得省以上名牌产品或著名（驰名）商标的龙头企业 59 个，三元牛奶、天安农业、德青源鸡蛋等品牌知名度不断上升，品牌价值超过 1 000 亿元。

（田亦平）

【农业产业融合深化】年内，农业龙头企业不断创新产业形式，将传统生产与精深加工、生态休闲、文化创意等结合起来，推动构建一、二、三产业高度融合的产业发展体系。近年，全市涌现出了一批以融青、金福艺农等为代表的融合性产业，其依托生产基地，在发展精深加工的同时，打造特色休闲旅游，促进了一、二、三次产业的高度融合。2013 年，首届北京农业嘉年华在北京举行，以企业为载体，以科技为支撑，以产品和项目为形式，体现了集生产、生态、休闲、教育、示范等多功能于一体的都市型现代农业产业化发展新探索。其间，300 家国内外农业企业展示了 400 多种种植模式、700 多种优质农产品、30 多项体验农业创意项目、40 多项娱乐游艺项目，60 多家企业带来了中华传统特色美食。昌平区则借助世界草莓大会、农业嘉年华的影响力大力发展会展农业和休闲采摘，有效延长产业链条，提升了产品附加值，年均接待游客达 300 万人次，销售收入 2.4 亿元，创造了一产种植业与现代服务业深度融合的成功模式。

（田亦平）

【农业产业化政策支持力度加大】年内，农业产业化是都市型现代农业发展的重要抓手，各级主管部门遵循农业部“树立扶持农业产业化就是扶持农业，扶持龙头企业就是扶持农民”的理念，不断加大政策支持力度。2013 年 7 月，市政府下发了《关于支持农业产业化龙头企业发展推进农业产业化经营的实施意见》，各农业产业化联席会议成员单位按照职责分工积极落实，市财政局安排农业产业化扶持资金 4 000 多万元；市发改委推动京粮集团发行企业债券融资 7 亿元；市科委认定了 37 家高新技术企业、7 家工程技术研究中心，支持了 70 家龙头企业的科技项目；市国税局对农、林、牧、渔业企业所得税税收优惠，共减免所得额 24.98 亿元；市商务委加快推进北京鲜活农产品流通中心规划和建设工作；人民银行营业管理部下发《关于持续深入开展“金融惠农工程”建设进一步做好“三农”金融服务工作的通知》；市地税局、市农业局、市经信委、市园林绿化局、市供销社也从各自角度给予龙头企业大力的扶持。

（田亦平）

【推进农业龙头企业规模化发展】年内，北京市大力支持推动龙头企业做大做强，促进农业规模化、集约化。大力培育和发展农业产业化总部经济。支持龙头企业利用先进适用的生产加工设备，改造升级贮藏、保鲜、烘干、清选分级、包装等设施装备，发展农产品精深加工，带动区域主导产业发展。对原料采购以当地农产品为主、带动农民增收效果明显的龙头企业，其当年新增固定资产规模达到 3 000 万元以上的重大项目，按照一年期银行贷款基准利率 50%的标准，给予一年贴息支持，单项贴息奖励不超过 500 万元。列入年度市级重大项目或行业示范项目的，加大扶持力度。支持龙头企业通过兼并、重组、收购、控股等方式，组建大型企业集团。支持企业完善法人治理结构，建立现代企业制度。扶持龙头企业向优势产区集中，推动企业集群集聚发展。开展市级农业产业化示范基地评定，对获得国家级、市级农业产业化示范基地称号的单位给予奖励。引导龙头企业向优势农产品产区集中。支持园区加快实现产业结构优化升级，大力培育农业总部，对新引入符合区域功能定位、带动产业发展和农民就业增收效果明显的农业产业化国家重点龙头企业或上市农业企业总部给予奖励，同时对企业入驻所在乡镇政府或园区管委会给予奖励。

（田亦平）

【加强龙头企业的金融服务】年内，大力培育后备上市企业，加快直接融资步伐，培育上市板块。建立拟上市企业资源库，培育后备资源。引导证券公司、会计师事务所、律师事务所等中介机构为龙头企业上市提供服务。对直接融资、首次公开发行股票的龙头企业给予支持，培育北京农业上市板块。畅通融资渠道，扩大金融支持领域。引导金融机构增加对龙头企业的信贷投放，在企业固定资产投资、并购、农产品收购、“走出去”等方面加大支持力度，根据企业生产经营的特点合理确定贷款期限和偿还方式，在人民银行规定的贷款利率浮动范围内进行差别定价。对参与市级平台债券（或股债混合）融资的龙头企业，给予融资费用补贴。农村信贷、农业投资、农业担保、农业保险等政策积极向龙头企业倾斜。对支持龙头企业发展的金融机构优先办理再贴现，对金融机构提交的涉及企业票据优先办理再贴现。北京地区A股上市公司已经达到183家，首发累计融资7 418亿元。其中，农业板块企业10家，注册地在郊区的镇村企业26家，上市农业企业及镇村企业合计36家，占全市上市企业总数的19.6%。

（田亦平）

【支持龙头企业开拓市场】年内，北京市大力发展唯一性特色农产品，打造都市型现代农业品牌，积极引导和帮助龙头企业用好用足中小企业国际市场开拓资金、出口信用保险、拥有自主知识产权和自主品牌、外贸转型升级示范基地和外贸公共服务平台等支持政策，增强出口农产品的竞争力。支持有条件的龙头企业开展对外农业合作。支持龙头企业申请商标国际注册，申报和推介驰名商标、名牌产品、著名商标、原产地标记、农产品地理标志。对获得农业产业化国家重点龙头企业称号、北京市农业产业化重点龙头企业称号的企业，以及产品新获得国家级、市级品牌认证的龙头企业，分别给予奖励。加快技术创新，增强竞争实力。鼓励龙头企业建立研发机构或与科研院所、高校组建科企联合体或产业技术联盟。支持龙头企业申报北京市或国家重点实验室和工程技术研究中心。鼓励支持符合条件的龙头企业申请高新技术企业认定。支持符合条件的龙头企业申请市级或国家级各类应用研究与成果转化类科技专项，各类农业技术推广项目要将龙头企业作为重要的实施主体。落实国家“千人计划”及北京市“海聚工程”“高聚工程”等人才引进政策，对符合条件的高端人才给予政策倾斜。鼓励龙头企业参与现代农业产业技术体系创新团队建设，为农民开展技术指导、技术培训等服务。

（田亦平）

【强化龙头企业提高农户增收能力】一是完善与农户利益联结机制。鼓励龙头企业发展订单农业，资助订单农户参加农业保险。引导龙头企业创办或领办各类专业合作组织，支持农民专业合作社和农户入股企业，支持农民专业合作社兴办企业，实现龙头企业与农民专业合作社深度融合。鼓励龙头企业采取股份分红、利润返还等形式，将加工、销售环节的部分收益让利给农户，共享农业产业化发展成果。二是增强社会责任意识。支持龙头企业围绕产前、产中、产后各环节，积极为基地农户提供农资供应、农机作业、技术指导、疫病防治、市场信息、产品营销等各类服务。鼓励企业承担公共服务义务，遇有自然灾害、突发事件、特殊情况时，积极做好农产品生产供应的应急保障。完善企业社会责任报告制度。

（田亦平）

镇村企业

【基本情况】2013年北京镇村企业149 544家，同比减少3.2%，其中：规模以上企业2 514家，同比减少4.3%，规模工业企业1 441家，同比减少17.5%；从业人员1 229 627人，同比减少4.9%；完成营业收入52 718 678万元，同比增长6.6%；完成利润总额3 085 543万元，同比增长14.8%；实现增加值9 475 626万元，同比增长6.5%；实现工业增加值5 276 077万元，同比增长5.6%；完成出口产品交货值1 210 724万元，同比下降16.6%；上缴税金2 121 555万元，同比增长0.2%；提供劳动者报酬3 518 539万元，同比增长7.8%；人均劳动者报酬28 615元，同比增长13.3%；私营以上企业资产总额66 328 088万元，同比增长16.9%；私营以上企业负债总额44 445 224万元，同比增长21.5%；私营以上企业资产负债率67%，同比升高2.5个百分点。

（廖沛　李倩）

【经济总量稳步增长】2013年镇村企业经济总量总体保持稳步增长态势。全市镇村企业累计完成营业收入5 271.9亿元，同比增长6.6%，其中工业营业收入2 708.6亿元，同比增长3.6%；实现增加值974.6亿元，同比增长6.5%，其中工业增加值527.6亿元，同比增长5.6%。

（廖沛　李倩）

【经济效益有所提高】2013年镇村企业经济效益有所提升，利润总额和利润率均明显增长。全年镇村企业累计实现利润总额308.6亿元，同比增长14.8%，增幅高于营业收入增幅8.2个百分点；镇村工业企业实现利润总额159.3亿元，同比增长22.7%，增幅高于工业营业收入增幅19.1个百分点。镇村企业利润率为5.9%，同比提高0.5个百分点；镇村工业利润率为5.9%，同比提高0.9个百分点。

（廖沛　李倩）

【二产主体地位明显】2013年，北京镇村企业（私营以上）完成增加值811.6亿元，其中：一产增加值3.1亿元，占0.4%，所占比重与上年持平；二产增加值601.1亿元，占74.1%，所占比重同比提高2.8个百分点；三产增加值207.4亿元，占25.5%，所占比重同比降低2.8个百分点。与上年相比，一产比重持平，二产比重略有上升，三产比重略有下降，二产各项主要经济指标所占比重均在60%以上，保持着较为显著的主体地位（表1）。

（廖沛　李倩）

表1　2013年北京镇村企业（私营以上）主要经济指标产业分布情况

单位：个，人，亿元，%

	增加值	企业个数	职工人数	营业收入	利润总额
合计	811.6	17 937	726 159	4 660.3	246.1
一产	3.1	270	8 200	18.8	0.7
比重	0.4	1.5	1.2	0.4	0.3
二产	601.1	11 022	512 122	3 116.2	170.8
比重	74.1	61.5	70.5	66.9	69.4
三产	207.4	6 645	205 837	1 525.3	74.6
比重	25.5	37.0	28.3	32.7	30.3

【工业占据主导地位】2013年京郊镇村工业企业19 974家，同比减少5%；职工人数538 973人，同比减少6.5%；完成营业收入2 708.6亿元，同比增长3.6%；实现增加值527.6亿元，同比增长5.6%；实现利润总额159.3亿元，同比增长22.7%。镇村工业企业数、职工人数、营业收入、增加值和利润总额分别占镇村企业总量的13.4%、43.8%、51.4%、55.7%和51.6%，在镇村企业产业结构中继续占据主导地位（表2）。

（廖沛　李倩）

表2　2013年北京镇村工业企业主要经济指标完成情况

单位：个，人，亿元，%

	企业个数	职工人数	营业收入	增加值	利润总额
私营以上	10 221	438 351	2 536.4	497.4	146.5
个体户	9 753	100 622	172.2	30.2	12.8
合计	19 974	538 973	2 708.6	527.6	159.3
所占比重	13.4	43.8	51.4	55.7	51.6

【空间布局更加合理】2013年，随着首都城市功能布局调整的深入进行，北京镇村企业空间布局和区域结构更加趋于合理。城市发展新区（通州、顺义、大兴、昌平、房山）作为全市镇村经济的主体，各项主要经济指标所占比重均在60%以上，工业增加值和出口产品交货值所占比重达到80%以上，主导地位显著（表3）。

（廖沛　李倩）

表3 2013年京郊镇村企业主要经济指标区域分布情况

单位：亿元，%

	营业收入	利润总额	增加值	工业增加值	出口产品交货值
合计	5 271.9	308.6	947.6	527.6	121.1
城市功能拓展区	753.9	49.7	129.8	23.2	3.2
所占比重	14.3	16.1	13.7	4.4	2.6
城市发展新区	3 648.1	213.2	652.0	426.3	100.0
所占比重	69.2	69.1	68.8	80.8	82.6
生态涵养区	869.9	45.7	165.8	78.1	17.9
所占比重	16.5	14.8	17.5	14.8	14.8

【规模企业带动增长】2013年，北京镇村规模企业呈现出良好的发展势头，成为引领和带动郊区经济发展的主力军。全市2 514家规模以上镇村企业完成总收入3 948.3亿元，同比增长11.9%，增幅高于镇村企业总收入增幅5.3个百分点；占镇村企业总收入的74.9%，所占比重比上年提高3.6个百分点。规模以上企业完成利润总额201.1亿元，同比增长15.7%，增幅高于镇村企业利润总额增幅0.9个百分点；占镇村企业利润总额的65.2%，所占比重比上年提高0.5个百分点。规模以上企业实现增加值628.8亿元，同比增长9.9%，增幅高于镇村企业增加值增幅3.4个百分点；占镇村企业增加值的66.4%，所占比重比上年提高2.1个百分点。1 441家镇村规模以上工业企业实现工业增加值404.4亿元，同比增长7%，增幅高于镇村工业增加值增幅1.4个百分点；占镇村工业增加值的76.6%，所占比重比上年提高0.9个百分点。镇村规模企业各项主要经济指标增速均高于镇村企业整体水平，充分发挥了龙头带动作用；规模企业在镇村企业经济总量中所占比重进一步提高，主导地位更加显著。

（廖沛　李倩）

【产业集聚持续提升】2013年北京各类镇村企业园区91个，比上年增加16个，增长21.3%；园区内年末实有企业2 280家，比上年增长2.1%，占私营以上镇村企业总数的12.7%，所占比重比上年提高1.4个百分点；园区内年末从业人员197 693人，比上年增长11.1%，占私营以上镇村企业从业人员总数的27.2%，所占比重比上年提高4.4个百分点；园区内企业总产值1 752.9亿元，比上年增长28.4%，占私营以上镇村企业总产值的41.3%，所占比重比上年提高6.9个百分点。园区的产业集聚和辐射带动作用更加显著。

（廖沛　李倩）

【节能减排成效显著】近年来，北京郊区着力转变经济增长方式，调整产业结构，推进产业升级，淘汰落后产能，大力发展资源节约型和环境友好型的绿色低碳产业，节能减排工作取得显著成效，能源结构趋于合理，资源消耗量明显下降。2013年全市1 441家镇村规模工业企业消耗水资源2 513.7万吨，同比减少9.2%；消耗电能25.7亿千瓦时，同比减少7.6%；消耗原煤114.4万吨，同比减少16.4%；消耗焦炭10 712吨，同比减少18.6%；消耗成品油26.8万吨，同比增加15%；消耗液化石油气8 095吨，同比减少24.7%；消耗天然气13 542万立方米，同比增长6.8%。

（廖沛　李倩）

【企业“融资难”有所缓解】2013年，各级镇村企业主管部门与银行、担保公司等各类金融机构加强合作，积极搭建融资平台，多方拓宽融资渠道，千方百计解决镇村企业“融资难”问题。2013年度镇村企业金融机构贷款总额160.9亿元，比上年增长31.7%；年末金融机构贷款余额187.6亿元，比上年增长30.2%。企业“融资难”进一步缓解。

（廖沛　李倩）

【外向型经济取得新发展】2013年，北京镇村企业加强对外经贸交流与合作，大力发展外向型经济，取得效果显著。截至2013年年底，共有133家京郊镇村企业在境外创办企业，比上年增加110家，增长4.8倍；境外办企业累计投资额34 303万元，比上年增长97%。

（廖沛　李倩）

【职工收入明显提高】镇村企业的发展有效带动了农民增收。2013年京郊镇村企业总计支付职工劳动者报酬351.9亿元，同比增长7.8%；镇村企业职工人均报酬28 615元，同比增长13.3%。

（廖沛　李倩）

【镇村经济实力增强】2013年郊区镇村整体经济实力进一步增强。镇村企业营业收入超过50亿元（含）的乡镇34个，比上年增加5个，占全市187个乡镇总数的18.2%，所占比重同比提高2.9个百分点；镇村企业营业收入超过100亿元（含）的乡镇13个，比上年增加2个，占全市乡镇总数的7%，所占比重同比提高1.2个百分点。

（廖沛　李倩）

【社会贡献不断加大】2013年京郊镇村企业上交税金212.2亿元，同比增长0.2%。镇村企业在自身规模实力不断增强的同时，对社会贡献也进一步加大，镇村企业税收增长，增加了国家财政收入，有力地支援了郊区农业生产和农村各项事业的建设和发展，为社会主义新农村建设和推进首都城乡一体化进程做出了应有的贡献。

（廖沛　李倩）

【镇村企业经济运行主要问题】

1. **外贸出口形势严峻。**2013年北京镇村出口企业431家，比上年减少20家，同比减少4.4%；其中，年出口交货值500万元（含）以上企业255家，比上年减少18家，同比减少6.6%。全年累计完成出口产品交货值121.1亿元，同比下降16.6%；其中，年出口交货值500万元（含）以上企业出口交货值111.2亿元，同比下降15.2%。

2. **吸纳就业能力弱化。**2013年京郊镇村企业数为149 544家，同比减少3.2%，其中镇村工业企业数为19 974家，同比减少5%；镇村企业职工人数1 229 627人，同比减少4.9%，其中工业企业职工人数538 973人，同比减少6.5%。

3. **固定资产投资下降。**受国家宏观调控和产业结构调整影响，2013年京郊镇村企业固定资产投资大幅下降。全年施工项目444个，比上年减少167个，同比减少27.3%；新开工项目211个，比上年减少92个，同比减少30.4%；投产项目191个，比上年减少120个，同比减少38.6%；完成固定资产投资额204.4亿元，同比下降24.2%。

4. **资产负债率有所上升。**2013年京郊私营以上企业资产总额6 632.8亿元，同比增长16.9%；负债总额4 444.5亿元，同比增长21.5%。负债增速快于资产增速4.6个百分点，资产负债率为67%，比上年升高2.5个百分点。

（廖沛　李倩）

农产品流通业

【加强农产品流通体系建设】一是农产品流通法制化进程加快。《北京市蔬菜零售网点建设管理办法》于2013年9月24日正式发布，从2014年1月1日起施行，弥补了北京市农产品流通立法工作空白，确立了“市抓批发、区抓零售”的工作体制。二是农产品市场“双核”保障格局建设稳步推进。北京鲜活农产品流通中心一期开发授权已经完成，一期开发各项工作接近尾声。三是巩固发展蔬菜零售新模式。全市新增蔬菜直营直供店47家，蔬菜直营直供店累计达到125家，车载车售新模式进入130个社区，新模式网点累计超过300个，为稳定蔬菜零售终端价格发挥积极作用。

（叶卫东）

【深入推进“农超对接”工作】一是积极搭建平台。组织物美、超市发、永辉、华堂、城乡超市等参加“昌平草莓流通季”“大兴西瓜流通季”“平谷大桃流通季”“房山金梨流通季”等全市农产品流通活动，组织本地合作社与超市进行对接，扩大优质果蔬农产品进入超市销售渠道。二是扩大对接规模。北京周边11省（自治区、直辖市）保供单位加大对超市蔬菜的供应，全市10多家超市与外埠农业合作组织建立了稳定的直采关系，新增10家骨干农业合作组织为北京市农超对接采购基地，每天近300吨河北、山东等地的蔬菜源源不断地供应超市，满足京城居民的消费。三是加强区域合作。落实市政府与河北省签订的区域合作协议，与市农委一起组织承德近100家农业合作组织负责人培训，支持家乐福、沃尔玛和超市发等超市对河北等地2 000家农民专业合作社培训。组织超市企业参加新疆、河北、山东、内蒙古等特色农产品对接活动，通过“精品对接”“特色对接”，将全国各地高品质的果蔬、水产等农产品引入超市。四是解决“卖难”问题。积极帮扶周边蔬菜生产区县解决叶类蔬菜“卖难”问题，畅通农产品销售渠道，确保农民利益不受损失。组织超市参与首都蔬菜保供行动，缓解因灾害等引发首都市场蔬菜供求紧张的问题，稳定市场供应。

（于文）

【完善蔬菜产销合作机制】市商务委指导批发市场、连锁超市、直营直供企业加强与供京主产地农合组织对接，组织货源保障市场供应。2月2日至3月31日，市商务委和市农委、中国蔬菜流通协会开展了“十一省区市服务产区菜农服务首都市民蔬菜保供联合行动”，其间累计增加蔬菜供应总量约14.9万吨，日均增加3 170吨，增幅10.2%。

（叶卫东）

【首次启动蔬菜网点建设区县绩效考核评价】落实农产品流通“市抓批发，区抓零售”新体制要求，市商务委首次启动蔬菜网点建设区县绩效考核评价。按照五大类近30项指标综合评价，西城区和东城区、昌平区和顺义区、门头沟区和房山区分别为中心城区、新城地区和郊区前两名。城六区在全市排名前六位。

（褚志磊）

【推进肉菜流通追溯体系试点建设】在“放心肉”工程试点建设实施的基础上，推进肉菜流通追溯体系建设。猪肉追溯已覆盖全市11家生猪定点屠宰企业、8家大型批发市场、21家大中型连锁超市、城六区111家规范化菜市场等流通节点，基本实现从屠宰到批发、零售环节可追溯；蔬菜追溯在1家批发市场、2家连锁超市及石景山区主要零售终端完成试点建设。6月，市政府办公厅转发《北京市肉类蔬菜流通追溯体系建设试点工作实施意见》。2013年年底，初步建立了全市肉菜流通追溯体系管理平台。

（赵虹珍）

【加强生猪屠宰管理工作】强化日常监管，确保屠宰安全，年内，全市定点屠宰企业屠宰生猪861.4万头，其中无害化处理约4万头。针对有关媒体报道定点屠宰厂收购注水猪事件，启动食品安全突发事件应急预案，开展集中整治行动。

（赵虹珍）

【农村市场联合采购平台采购规模达6.9亿元】引入更多供应商进入联合采购平台，吸引更多零售店铺加盟网络。在2012年实施“农商通”试点的基础上，增加“农商通”小额取现、空中充值等功能。年内，郊区商业连锁网络用户达到10 423家。联合采购商品订单14.8万份，增长35.8%；联合采购金额6.9亿元，增长4.1%。

（彭峰）

【商标助农富农服务增效见成效】市工商局制定涉农产品商标注册计划和帮扶措施，把帮扶涉农龙头企业、争创驰名著名商标、农产品地理标志保护等纳入商标日常管理的重要内容。截至2013年年底，全市累计有效注册商标已达43万件，位居京、津、沪、渝直辖市首位，居全国前列；涉农商标达3万余件，证明商标百余件，集体商标近百件，地理标志8件。北京中国驰名商标达157件，居4个直辖市首位，著名商标601件。

（汪凌波）

农产品市场行情

【食品价格上涨4.7%】

1. 全年食品类价格总体上涨4.7%，高于居民消费价格（CPI）的总体涨幅。2013年北京市居民消费价格（CPI）比上年上涨3.3%，涨幅与上年持平。食品类价格上涨4.7%，在八大类生活消费中涨幅居中。在食品类中，菜上涨9.6%，干鲜瓜果上涨5.7%，肉禽及其制品涨幅同上年持平，为6.7%。油脂略有下降，为1.2%。

2. 蔬菜价格一直运行在较高的水平。2013年（截至12月

20 日）北京市批发市场蔬菜平均价格为每千克 2.88 元，同比上涨 8.3%，日均上市量为 2.31 万吨，同比降幅 1.5%。从单品种来看，部分月份蔬菜价格普涨现象明显，以 10 月为例，在监测的 54 个品种中，价格同比上升的品种有 51 个，其中同比升幅超过 50%的品种有 34 个，同比翻番的品种有 18 个，生姜和部分叶类蔬菜价格同比升幅超过 200%（图 1）。

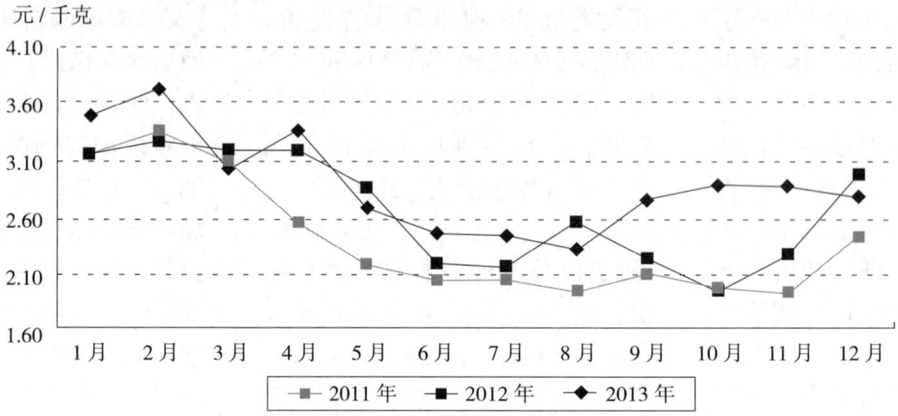

图 1 2011—2013 年蔬菜月度批发价格走势

2013 年以来北京市蔬菜价格一直运行在较高的水平，突出表现在三个阶段：一是春节期间，二是 6、7 月，三是 9 月以后。通过这三个阶段蔬菜市场的运行可以看出，无论是在蔬菜供应的淡季或者旺季，2013 年蔬菜价格高位运行的特点都非常突出。尤其是进入 9 月以后的 3 个月，蔬菜价格受生产和流通环节影响大幅上升，单日价格水平同比增幅超过 50%。这几个月蔬菜价格走势与 2010 年较为相似，但价格水平比 2010 年还要高。

2013 年上半年蔬菜价格虽然高位运行，但是同比上年及近 3 年平均价格水平，仅在 1、2 月价格增幅较大，而到了下半年，蔬菜价格走势与往年出现明显不同，自 9 月开始大幅上升，此后价格环比升幅减缓，但价格水平一直维持高位运行的走势，均比 3 年同期平均价格高 20% 以上。11、12 月蔬菜价格稳中有降。

北京市蔬菜 80%都是由外埠供应，蔬菜市场受生产供应不足和天气影响导致供需不平衡，造成价格上涨。

3. 猪肉价格稳定，上市量高于往年。从批发市场监测来看，2013 年批发市场猪肉上市量为 27.7 万吨，同比上升 5.6%，平均价格为每千克 19.09 元，同比下降 1.5%（图 2）。

2013 年全市批发市场白条

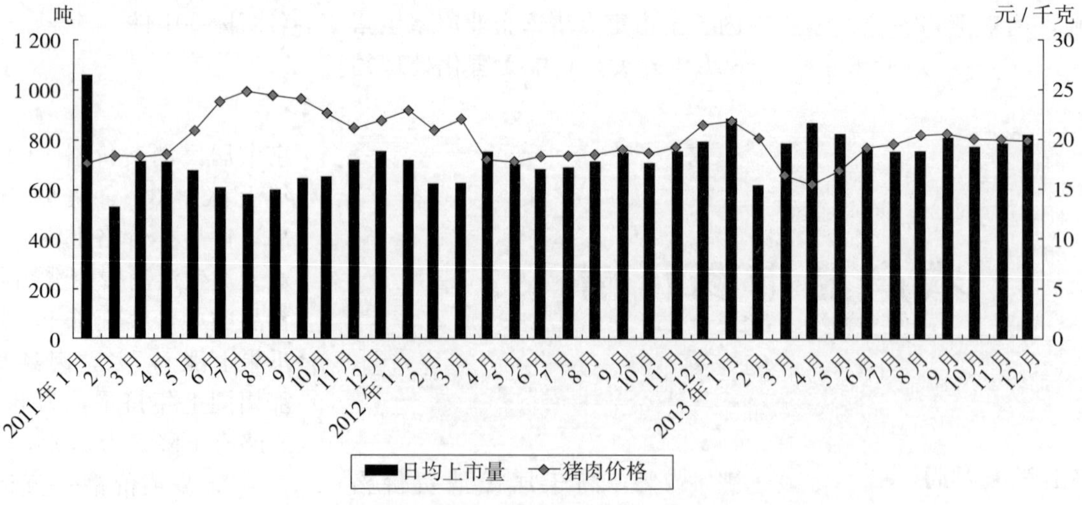

图 2 2011—2013 年猪肉市场走势

猪价格呈“前抑中扬后稳”的走势，市场供应充足，全年上市量明显高于2011年和2012年。

从生产监测情况来看，2013年前11个月全市生猪出栏量163.55万头，同比增长16.9%；11月末全市生猪存栏量为127.76万头，同比增加5.0%。2013年全市生猪收购价格为每千克15.06元，同比下降1.1%；按全国主要批发市场玉米价格每千克2.40元计算，北京市全年猪粮比价为6.28∶1，处于盈亏平衡线以上，生猪养殖企业效益略有盈余。

4. 肉鸡市场低迷，受禽流感疫情影响严重。2013年，北京市批发市场白条鸡价格为每千克12.04元，同比上升0.58%。价格最高点为3月的12.84元/千克，最低点为5月的10.36元/千克，价差达到2.5元，为历年之最。

从月度价格走势看，1—3月，白条鸡价格持续上行，3月达到12.84元/千克。禽流感疫情出现后，消费意愿下降，白条鸡价格迅速回落，5月降至最低点10.36元/千克。从6月开始，鸡肉市场价、量持续缓慢回升，9月回升到上年同期水平。批发市场上市总量3.98万吨，日均上市量111.06吨，同比下降31.9%。四季度，白条鸡价格为每千克12.36元，同比下降0.88%。批发市场上市量0.96万吨，日均上市量112.8吨，同比减少27.72%。

2013年，北京市白条鸡市场价格和消费量波动都较大，主要原因是受禽流感疫情影响。综合全年价格看，仅有疫情前的2月和3月明显高于上年同期，其余月份或低于或持平于上年同期。消费量方面，也只有1月与上年持平，其余月份都低于上年同期水平（图3）。

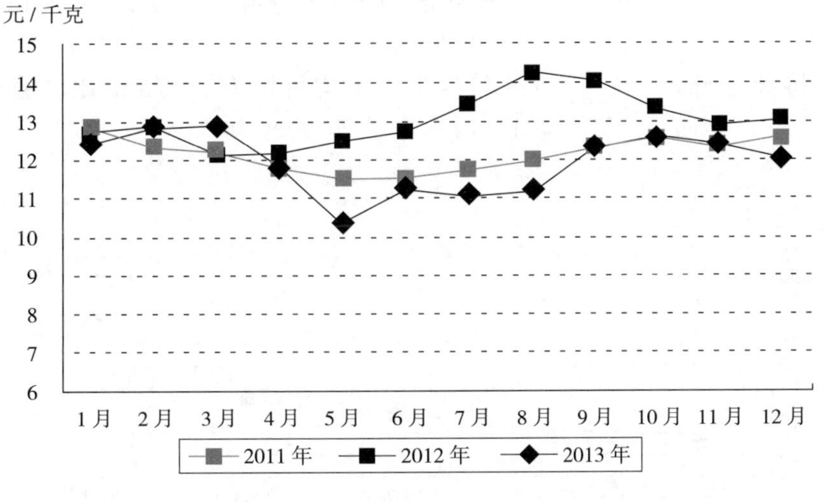

图3　2011—2013年鸡肉月度批发价格走势

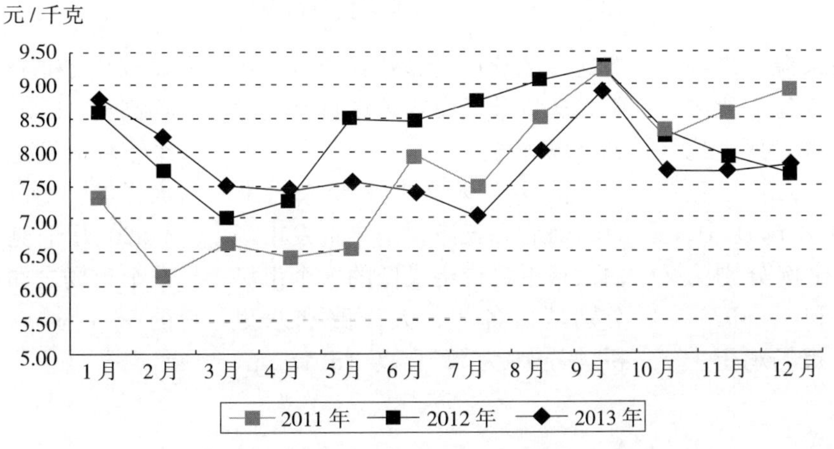

图4　2011—2013年鸡蛋月度批发价格走势

5. 鸡蛋供应充足，低价位运行，价格波动频繁。2013年，北京市批发市场鸡蛋平均价格为每千克7.82元，同比上升2.22%。全年上市量20.63万吨，日均上市量576.16吨，同比下降2.2%。市场供应充足，上市量较上年略低。2013年鸡蛋价格走势大体可分两个阶段：一个是前6个月的价格持续下行阶段，另一个是从7月份起的季节性波动阶段。平均价格略高于上年。四季度平均价格每千克7.59元，同比下降11.5%，其他三个季度中，一、二季度价格高于上年同期，三季度低于上年同期。四季度上市总量5.66万吨，日均上市量665.57吨，同比增加16.2%（图4）。

6. 牛羊肉价格持续上涨，供需矛盾非常突出。2013年四季度，北京市批发市场牛肉平均价格为每千克51.64元，环比上升1.6%，同比上升26.7%；上市量为1.86万吨，日均21.8万千克，环比减少5.6%，同比减少10.4%。2013年度牛肉平均价格为每千克50.18元，比2012年上升36.2%；上市量为7.61万吨，与2012年持平。

2013年四季度，北京市批发市场羊肉平均价格为每千克39.65元，环比下降2.1%，同比上升5.8%；上市量为1.67万吨，日均19.6万千克，环比减少6.3%，同比减少8.0%。2013年度平均价格为每千克40.06元，比2012年上升10.0%；上市量为6.62万吨，与2012年持平。

2003年度牛肉平均价格为每千克14.74元，直至2006年度平均价格为15.34元，但自2007年开始小幅上涨，年度平均价格为每千克19.41元，而2008年度平均价格则上涨至25.38元，之后一路上涨，至2013年度平均价格已高达50.18元，较2012年相比，涨幅为36.2%，较10年前也就是2003年相比，涨幅为240%。

2003年度羊肉平均价格为每千克11.89元，直至2006年度平均价格为13.64元，但自2007年开始小幅上涨，年度平均价格为每千克18.19元，至2008年度平均价格则上涨至22.46元，之后一路上行，至2013年度平均价格已高达40.06元，较2012年相比，涨幅为10.0%，较10年前也就是2003年相比，涨幅为236.9%（图5）。

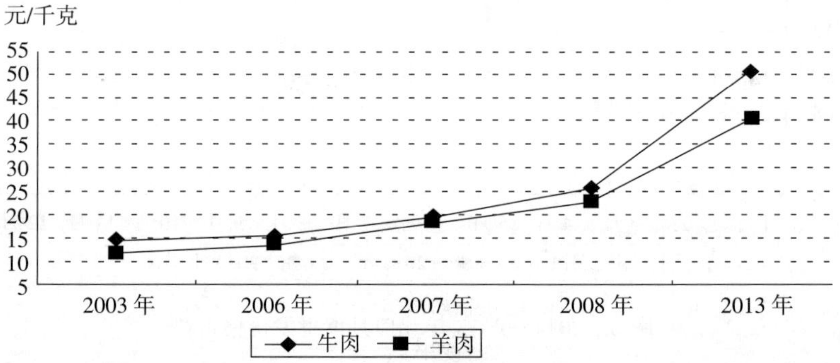

图5 2003—2013年牛羊肉价格走势

7. 主要农产品来源。来源分布上，2013年白条鸡主要来源于河北、北京和天津，所占比例分别为46.05%、34.5%和19.45%。全年鸡蛋来自辽宁、内蒙古以及河北的比例分别为57.14%、24.57%和9.49%，本市比例为8.8%。市场鸡蛋主要通过经营户去养殖场拉货、经纪人送货及规模养殖场直接配送到市场等方式。

批发市场猪肉主要来自北京、河北和天津。全年批发市场白条猪平均价格最低的3个市场分别是岳各庄、大洋路和八里桥，分别为每千克18.47元、18.74元和18.88元，其余市场均高于19元；上市量最大的3个市场分别是新发地、岳各庄和大洋路，分别为6 640万千克、4 820万千克和4 390万千克，三个市场之和占到了全市上市量的56.6%。

（卢月静　张春林）

郊区旅游业

【乡村旅游收入37.6亿元】2013年，北京旅游业坚持“政府主导、市场运作、企业主体、社会参与”发展的思路，突出投资消费双轮驱动、城市郊区两个市场、区域合作共赢发展，部门横向联动，市区上下合力，北京旅游业持续健康较快发展。全市乡村旅游接待户1.6万户，同比增加708户，从业人员7万人，同比增长3.5%。接待乡村旅游人数3 750.9万人次，同比增长3.2%；乡村旅游收入37.6亿元，同比增长4.5%。至2013年年底，经市旅游委认定的市级民俗村有227个，共9 970户。

（杨慧艳）

【假日旅游接待形势好】春节黄金周接待。2013年春节7天假期，全市乡村民俗旅游接待61万人次，同比增长7.2%，旅游收入6 328万元，同比增长15.5%。

清明节旅游接待。清明假期，乡村民俗户接待游客69.5万人次，同比增长5.8%，旅游收入达6 860万元，同比增长14.8%。

五一假期旅游接待。五一小长假，乡村民俗游接待人数167.3万人次，同比增长3.2%，旅游总收入1.67亿元，同比增长12.1%。

端午节旅游接待。端午节假期，京郊民俗旅游接待116.7万人次，同比增长1.8%；京郊旅游总收入1.28亿元，同比增长13.9%。

中秋假期旅游接待。中秋假期，全市乡村民俗游接待人数84.4万人次，旅游总收入8 568万元。

国庆假期旅游接待。国庆假期，全市乡村旅游接待游客390万人次，同比增长12.7%，乡村旅游收入约4.04亿元，同比增长16.1%。

（杨慧艳）

【国家生态旅游示范区评估工作启动】2月25日，市旅游委、市环保局共同启动国家生态旅游示范区评估工作，成立评估专家组。专家组成员包括第二外国语学院旅游管理学院、北京联合大学旅游学院、中国科学院地理科学与资源研究所、市环境保护科学研究院专家。专家组将对丰台区南宫生态休闲旅游区、海淀区凤凰岭自然风景公园等10家申报单位开展考核，依据《国家生态旅游示范区建设与运营规范》（GB/T 26362—2010），从示范区规划、生态旅游资源、生态环境质量、传统文化保护、基础设施、服务设施、安全、卫生、区域统筹、公共环境与社区参与、市场营销、综合管理、培训与教育、认定与检查等方面进行综合评价并形成评估报告。

（杨慧艳）

【北京美食参展2013餐博会】5月9—11日，第八届中国（北京）餐饮·食品博览会在北京展览馆举行，市旅游委承办的“北京旅游”馆设置了北京旅游特色餐厅展示区、乡村旅游农家美食展示区和“北京礼物”旅游食品展示售卖区，集中展示北京美食，近5万名观众参观，市旅游委副主任曹鹏程出席开幕式，并与参展企业进行深入交流。

（杨慧艳）

【市旅游委推出39家设立旅游开放日的社会单位】5月19日，市旅游委推出39家设立旅游开放日的社会单位。39家单位是：北京曼可顿食品科技有限公司、首都牛奶科普馆（北京三元食品股份有限公司）、北京麋鹿生态实验中心、小汤山国家精准农业教育基地（北京农业信息技术研究中心）、北京七彩蝶创意文化有限公司、北京张裕爱斐堡国际酒庄有限公司、燃气户内安全科普体验中心（北京市公用事业科学研究所）、G20创新成果科普基地、北京DRC工业设计创意产业基地、平谷国家气象观测中心、北京通信电信博物馆、北京奥林匹克公园管理委员会、怀柔影视基地、“垃圾的归宿”环保科普公园、延庆新能源科普展示中心（中国科学院电工研究所太阳能热利用科技园）、北京松山国家级自然保护区、北京延庆野鸭湖湿地自然保护区、北京地铁安全教育中心、联想品牌体验中心、北京市观象台、北京市水生野生动植物救护中心、首云国家矿山公园、中国气象科技展厅、北京排水科普馆、北京邮电大学信息通信动态新技术科普展厅、北京新能源汽车体验中心、北京老爷车博物馆、中国科学院奥运村科普教育园区、地铁 14 号线—园博园专线、北京 1 号小卫星地面测控接收站、国家纳米科学中心、北京国际鲜花港、蔡家洼休闲观光工业园、润西山都兰堡景区、绿纯（北京）生物科技发展中心、中国铁道博物馆（东郊馆）、北京晋商博物馆、北京励志堂科举匾额博物馆、北京市什刹海体育运动学校。

（杨慧艳）

【京郊旅游品质提升与发展现场观摩会举办】 8 月 23 日，市旅游委在密云县北庄镇干峪沟村、古北口镇司马台新村、古北口村召开了京郊旅游品质提升与发展现场观摩会，组织区县旅游委主管领导、民俗科长、民俗村（户）从业人员代表、部分旅行社负责人、媒体记者约百人参观学习。活动旨在全面贯彻落实《关于加快推进京郊旅游发展的指导意见》，结合市新农办《关于加快城乡发展一体化进程推进土地流转起来、资产经营起来、农民组织起来的意见》文件精神，推广密云县在推进京郊旅游品质提升，加快实施农村“新三起来”工作中的成功经验。

（杨慧艳）

【“走进怀柔”北京高端旅游资源考察活动举行】 8 月 20—21 日，市旅游委组织北京日报、Time Out Beijing（英文版）、环球时报（英文版）、商旅圈、TTG 旅业报、21 世纪会展、中国贸易报等中外媒体及两位北京会议大使对怀柔区高端旅游资源进行实地考察。考察线路涉及白河湾湿地公园、八宝堂民俗村、皇后镇休闲度假村、栖湖饭店、红螺园饭店、小园村、瓦厂酒店、人济建国酒店、益田影人花园酒店、中影影视基地等。

（杨慧艳）

【北京市旅游行业协会汽车露营旅游分会成立】 8 月 22 日，北京市旅游行业协会汽车露营旅游分会成立大会召开。北京市旅游行业协会汽车露营旅游分会是由北京汽车露营旅游组织自愿结成，经北京市旅游主管部门批准，北京市民政局备案成立的具有联盟性、非营利性的二级地区性旅游社会团体。会议选举产生第一届理事会和常务理事会。宣布了汽车露营旅游分会组织机构、负责领导、工作职责和发展目标。首旅集团董事长、市旅游行业协会会长段强，市旅游委常务副主任宋宇、委员方泽华，北京市社团办朱娟，北京市旅游行业协会秘书长徐薇等领导，各区县旅游委领导和市旅游行业协会汽车露营旅游分会的全体会员以及汽车露营旅游爱好者代表 100 多人参加成立大会。

（杨慧艳）

【2013 年社区居民京郊休闲游春季启动仪式举行】 4 月 26 日，由市旅游委、市民政局主办，市社区服务中心承办的“京郊美景邀您赏，旅游服务进万家”2013 年社区居民京郊休闲游春季启动仪式举行，各区县旅游委在启动仪式上公布了春季旅游项目；旅行社发布了最新旅游线路及对社区居民的优惠政策。智慧社区“便民通”触摸屏配备到社区，方便社区居民就近查询实惠的旅游产品路线等旅游最新信息。启动仪式现场还设置了展台，为居民提供旅游和社区服务咨询。部分区县旅游委、旅行社和社区居民 200 人参加了活动。

（杨慧艳）

【“百万市民游京郊”活动启动】 5 月 11 日，由北京市郊区旅游实业开发公司主办的“百万市民游京郊”活动启动仪式在北京城乡贸易中心广场举行。活动旨在整合开发旅游资源，推广精品旅游线路。通过引入电子商务模式搭建北京郊区旅游网，发售郊区旅游卡，筹建郊区旅游集散中心，拓展销售渠道，带动京郊农民增收致富，构建京郊旅游发展的新平台。市旅游委副主任于德斌出席仪式并应邀向首批发往各区县的旅游车辆颁发线路牌匾。启动仪式结束后，参与活动的 400 多名游客从城乡贸易中心广场出发，赴北京郊区旅游。

（杨慧艳）

【京郊旅游“百千万”培训工程启动】 4 月 16 日，京郊旅游“百千万”培训工程启动，市旅游委主任鲁勇出席并致辞，市旅游委副主任安金明主持启动仪式，市农委、市农业局、市农业观光休闲协会、市农业技术推广站等相关单位领导及 138 名乡镇长、区县分管京郊旅游和培训工作的负责同志和 86 名讲师团成员参加。启动仪式上还举办了“北京旅游业培训系列教材·京郊旅游”首发仪式，有关领导为 13 个京郊旅游区县赠书。市旅游委主任鲁勇就旅游业在国民经济中的作用、新发展及未来趋势、北京市旅游产业近年来的发展等方面内容做首场主题讲座。

（杨慧艳）

【重点景区周边一公里综合整治工作启动】 4 月 23 日，市旅游委组织召开专题工作部署会，正式启动对故宫博物院等六个重点景区及周边一公里综合整治工作。这是贯彻落实市政府《关于进一步加强首都环境建设的工作意见》精神与北京市生态文明和城乡环境建设动员会议要求，进一步改造优化重点景区周边一公里范围内的旅游环境、设施，提升旅游公共环境质量的实际举措。会议旨在进一步统一认识，明确分工，落实责任，加强人员管理、制度管理和资金管理，建立多部门、多层级、顺畅高效的综合推动机制，确保此项工作可执行、可约束、可监控，逐步建立起长效机制。市市政市容委等11个委办局，东城区、海淀区、昌平区、怀柔区、延庆县相关领导，相关区县旅游委、相关街道以及故宫、天坛、颐和园、八达岭、十三陵、慕田峪六个重点景区负责人共60余人参加会议。市旅游委委员邹伟南部署了2013年重点景区及周边一公里环境秩序综合整治工作具体措施办法，相关区县、景区和相关街道负责人交流了整治工作方案，市旅游委鲁勇主任和市市政市容委罗宏义处长分别讲话，对综合整治工作提出明确要求。这次环境秩序综合整治工作分为旅游秩序治理和公共服务设施提升改造两方面内容，一是依法治理景区门口周边无照游商尾随兜售、散发旅游小广告、占道乞讨、倒卖景区门票、售卖非法导游图，黑旅游车、黑导游活动，黑“一日游”站牌，私搭乱建，环境卫生差，路边招手揽客行为，餐馆食品卫生，厕所保洁等。二是改造更新陈旧破损的售票房、游客中心、旅游商品售卖亭、旅游商户牌匾、旅游标识牌、综合服务站、游客休息坐椅、垃圾箱、停车场、厕所等设施设备，提升整体公共服务设施质量，提高旅游接待服务水平，整合美化旅游环境。

（杨慧艳）

【市旅游委向两家景区颁发4A旅游景区标志证牌】4月24日，市旅游委副主任于德斌向北京汽车博物馆和通州大运河森林旅游区两家旅游景区颁发国家4A级旅游景区标志牌和证书。至此，北京市等级景区增至206家，其中4A级景区达64家。

（杨慧艳）

【旅行社分社和服务网点清理整顿专项工作】4月，市旅游委会同各区县旅游委、工商、人力社保等主管部门启动“北京市旅行社分社和服务网点清理整顿专项工作”。对全市1 851家旅行社分社和服务网点（分社190家，服务网点1 661家）进行全面清理整顿，内容涉及旅行社分社和服务网点的经营资质、登记备案、内部管理、经营范围、劳动用工、合同管理等方面。截至6月底，共检查旅行社分社和服务网点620家，出动执法检查力量310人次，其中石景山、门头沟区、房山区、通州区、顺义区、昌平区、大兴区、平谷区、怀柔区、密云县、延庆县11个区县，属地内旅行社网点数量在100家以下，已完成检查工作；东城区、西城区、朝阳区、海淀区、丰台区5个区县的旅行社网点数量在150～700家，检查持续到年底，对旅行社分社和服务网点存在的主要问题依据《旅行社条例》及有关法律法规的规定，80家违规的旅行社分社和服务网点受到警告、限期整改、停业整顿等相应处罚。

（杨慧艳）

【2013年北京市休闲农业与乡村旅游示范乡镇公布】为促进休闲农业与乡村旅游的规模化、集聚化发展，推进休闲农业与乡村旅游集聚区建设，加快京郊旅游发展步伐，带动农民就业增收，市农委、市旅游委、市水务局、市园林绿化局、市农业局联合组织开展了北京市休闲农业与乡村旅游示范乡镇创建工作，并下发了《关于创建北京市休闲农业与乡村旅游示范乡镇的通知》（京政农函〔2013〕26号）。经基层申报、现场考察、专家评审、网上公示、市有关部门认定，确定门头沟区斋堂镇，房山区长沟镇、十渡镇，通州区台湖镇，顺义区龙湾屯镇，昌平区十三陵镇，大兴区庞各庄镇，平谷区熊儿寨乡，密云县石城镇，延庆县旧县镇10个乡镇为2013年北京市休闲农业与乡村旅游示范乡镇。

（范子文）

【2013年度全国休闲农业与乡村旅游示范县、示范点名单公布】为促进休闲农业与乡村旅游产业发展，农业部、国家旅游局2013年继续开展了全国休闲农业与乡村旅游示范县和示范点创建活动。通过基层单位申报、地方主管部门审核、专家评审、网上公示、农业部和国家旅游旅游局认定，全国有38个县（市、区）被认定为全国休闲农业与乡村旅游示范县（以下简称示范县），83家单位被认定为全国休闲农业与乡村旅游示范点（以下简称示范点），并以《农业部国家旅游局关于认定全国休闲农业与乡村旅游示范县、示范点的通知》（农企发〔2013〕6号）公

布。其中，北京市延庆县被认定为示范县，北京市怀柔区白河湾沟域经济产业带、门头沟区妙峰山镇涧沟村被认定为示范点。

（范子文）

【北京市延庆县四季花海等四家单位获“中国美丽田园”称号】为响应国家“建设美丽中国”的号召，培育中国美丽田园品牌，促进休闲农业健康发展，2013年农业部乡镇企业局牵头组织开展了“中国美丽田园”推介活动。经过地方推荐、网民投票、专家评审和网上公示等程序，共认定108项农事景观为“2013中国美丽田园”。其中，北京市有4项农事景观榜上有名，分别是：延庆县四季花海、朝阳区蓝调薰衣草园、房山区贾河梨园、房山区长沟镇向日葵园。

（范子文）

【北京市密云县蔡家洼村被评为中国最有魅力休闲乡村】为促进休闲农业集中村的发展，农业部组织开展了中国最有魅力休闲乡村评选活动。评选标准为：以农业为基础、农民为主体、乡村为单元，围绕农业生产过程、农民劳动生活和农村风情风貌，因地制宜发展休闲农业，功能特色突出，文化内涵丰富，品牌知名度高，具有很强的示范辐射和推广作用。魅力主要体现在：多元的产业功能、独特的村容景致、良好的精神风貌。经各地休闲农业行政管理部门初选推荐、大众投票评选、专家评审、网上公示、农业部认定，北京市密云县蔡家洼村等10个村被评为2013年中国最有魅力休闲乡村。

（范子文）

【《北京市休闲农业与乡村旅游发展报告（2013）》出版】《北京市休闲农业与乡村旅游发展报告（2013）》由中国农业科学技术出版社正式出版，公开发行。全书共分6个部分：第一部分是总报告，对2012年全市休闲农业与乡村旅游发展情况进行了梳理，对发展阶段与特征进行了总结，对2013年发展形势进行了展望；第二部分是分报告，以区县为单位，对全市13个郊区县的休闲农业与乡村旅游发展状况进行了整理、汇集；第三部分是专题研究，内容包括市农委、市农村经济研究中心、观光休闲农业行业协会围绕2012年度重点工作开展调研形成的调研报告，以及部分关注北京休闲农业与乡村旅游的专家，从不同的视角研究所形成的学术论文；第四部分是典型案例，收录了2012年度郊区休闲农业与乡村旅游实践中涌现出来的、对全市产业发展具有示范性、代表性、趋势性、创新性的典型案例与发展模式，包括创意农业、景观农业、乡村旅游商品开发、优秀观光休闲农业园区、民俗旅游村、乡村旅游带、重点乡镇等；第五部分是媒体报道，摘录了2012年度报纸、杂志对京郊休闲农业与乡村旅游典型事件的一些报道；第六部分是文件汇编，收录了2012年度市农委、观光休闲农业行业协会颁发并实施的部分休闲农业与乡村旅游文件。

（范子文）

【圆满成功举办首届北京农业嘉年华活动】3月23日至5月12日，根据市委、市政府的统一部署，市农委与市委宣传部、市科委、市教委、市文化局和昌平区政府共同举办首届北京农业嘉年华活动，取得圆满成功。该活动在全市呈现了集农业生产、生态、休闲、教育等多功能于一体的都市型现代农业盛会，诠释了“自然、融合、参与、共享”的主题，展示了都市型现代农业成果，引导了都市型现代农业走进城市、走进家庭、走进生活，实现了“兴业、惠民、创品牌”的目标，成为首都都市型现代农业的新品牌和昌平转型发展的新亮点。展会运行51天，累计接待游客101.7万人次，园区直接经济收入超过3 300万元。活动期间，拉动周边农产品销售超过同期，周边草莓采摘园共接游客230余万人次，实现草莓销售收入1.8亿元，草莓价格比同期增长20%。带动民俗旅游超过同期，昌平区兴寿镇、小汤山镇等周边地区，实现民俗旅游收入1.17亿元，同比增长10%以上。带动农民就业增收，昌平区紧抓举办农业嘉年华活动契机，借势推进绿色就业，展会活动及关联项目累计提供就业岗位2 000多个。

（范子文）

郊区生态与基础设施建设

综 述

2013年北京郊区农村生态环境建设工作紧紧围绕加快推进城乡发展一体化步伐的思路，继续加强村庄环境整治力度，深入推进国家生态区、市级环境优美乡镇和生态村创建活动，继续实施平原百万亩造林、京津风沙源治理等重点生态工程，全力推进城乡绿化美化建设。全年共完成950个村庄的环境重点治理工作，新增5个市级环境优美乡镇、138个市级生态村；建成34条生态清洁小流域，治理中小河道280公里；新增造林绿化面积44.25万亩，其中平原造林36.4万亩，森林覆盖率达到40%，人均公共绿地面积达到15.7平方米；结合《北京市2013—2017年清洁空气行动计划》实施“减煤换煤、清洁空气”行动，完成减煤换煤80万吨。

农村生态环境建设

【部署全年生态环境建设工作任务】3月，市农委组织各郊区县生态示范创建和环境建设工作主管部门召开了“2013年北京郊区农村环境建设工作会议”。会议明确了2013年全市郊区“5个环境优美乡镇和100个生态村”的创建任务，并下发《2013年北京郊区生态示范创建和复查实施方案》，对各区县做好这项工作提出了具体要求。会议同时还下发了《2013年郊区农村环境整治方案》和《2013年北京郊区村庄环境建设任务书》，对郊区村庄环境整治工作的开展方式和主要内容进行了部署。

（邱昕）

【继续加强节假日和重要活动期间农村环境保障】为做好传统节假日和重要活动期间的农村环境保障工作，市农委下发了《关于切实做好“两节”“两会”期间北京郊区农村环境保障工作的通知》，先后组织开展了“两会”五一、中秋、国庆、元旦、春节等节假日和重要活动期间的环境专项治理活动。据统计，全年共发动20余万人次参与环境整治，调用大型作业车辆1.5万余台次，清理积存垃圾近30万吨，清理各类乱堆乱放近10万处，捡拾白色污染390余千克，清除各类非法小广告1.7万余条。

（邱昕）

【组织北京市郊区村庄环境整治大检查】根据《2013年北京郊区村庄环境建设任务书》的安排，按照“提升先进典型、整顿后进村庄、抓好重点区域”的工作思路，确定了950个村庄为2013年环境重点治理对象。截至2013年年底，所有整治任务已全部圆满完成，其中，累计硬化破损道路150余万平方米，整修道路边沟1 230余千米，更换垃圾箱（筒）5 160余套，新增绿化美化面积367余万平方米。

（邱昕）

【进一步加强日常村庄环境检查力度】为了督促各区县认真抓好环境建设各项任务的落实，市农委加大对村庄日常保洁等工作的检查和暗访力度。按照“不提前通知、不预定名单、不设定路线”的原则，采取日常巡查与每月暗查相结合的方式，共计组织专项活动检查5次，日常抽查暗访9次。每季度组织召开一次由各区县环境工作主管部门负责人和郊区环境联络员参加的例会，就巡查过程中查找的问题进行点评，各区县主管部门根据实际情况并按照督办通知书的要求，对问题及时整改，并将处理后的结果进行反馈。全年累计抽查乡镇123个、村庄1 321个，查找出问题347项，下发村庄环境整改督办通知书53份。

（邱昕）

【召开2013年北京郊区生态示范创建工作培训会】为了保证创建工作的完成质量，5月28日，市农委会同市环保局组织昌平、怀柔、延庆等8个远郊区县环境工作主管部门、拟申报创建的乡镇和村负责人共计350余人进行了培训。原国家环保总局环境与政策研究中心的专家对示范创建工作的基本要求、流程、技术规范等和验收工作的具体安排、验收方式进行了详细的说明。

（邱昕）

【生态示范创建复查工作顺利进行】为了保证郊区生态环境的良性、可持续发展，按照《2013年北京郊区生态示范创建和复查实施方案》的要求，市农委会同市环保局以各镇村环境现状、近年来在生态环境建设方面开展的主要工作和取得的成效等为主要内容，对2007和2008年度完成创建的35个镇、338个村进行了复查。按照现场随机抽查的方式，最终确定13个乡镇、53个村参加复查工作，占比分别为37%和15.7%。从复查镇、村环境综合情况评价结果看，总体环境保持良好。

（邱昕）

【市级生态示范创建工作圆满完成】2013年，通州区西集镇等5个乡镇和门头沟区清水镇双涧子村等138个村通过市级验收专家组的审核和实地检查，分别获得“北京郊区环境优美乡镇”和“北京郊区生态村”的称号。截至2013年年底，全市已有2个国家生态县、11个国家生态示范区（含密云县和延庆县）、91个国家级生态乡镇（含原全国环境优美乡镇）、2个国家级生态村、141个北京郊区环境优美乡镇和2 001个北京郊区生态村（含原生态文明村、文明生态村）。

（邱昕）

【延庆县推行垃圾分类，规范过程管理】按照“户分类、村收集、县运输、县消纳”的模式，延庆县继续推行垃圾的“两类粗分”和“五类细分”。即在全县农村普遍推行生活垃圾与渣土的“两类粗分”，同时选取100个村庄作为“五类细分”村庄，推行保洁员入户收集垃圾的模式。经验收，100个村庄中，保洁员入户收集垃圾的模式达到96%，垃圾房规范运行率达到93%，全部村庄都设置了指定的渣土点。入户收集垃圾的模式，使村庄实现了生活垃圾不落地，有效地保障了村庄的环境质量，减少了环境污染。农村垃圾分类工作取得了新的突破。

（邱昕）

【进一步完善农村保洁员队伍建设】2013年部分区县继续加大农村保洁员队伍的建设和投入。丰台区为了迎接“中国国际园林花卉博览会”，专门成立了由279人组成的专职保洁队伍，所有人员统一着装，按照每人500延米或1 000延米的标准确定岗位，依据“一扫两保”（清扫、保洁、保障）进行作业。海淀区2013年在农村地区环境卫生日常运行管理工作中投入4 000多万元，其中区级财政项目投入1 640万元；按照每30户设置1名保洁员的标准，全区共有保洁岗位3 913个，主要负责村域内的日常保洁和生活垃圾的定时定点上门收集。门头沟区共有469名保洁员、180名农村保洁巡视员从事农村地区生活垃圾的处理与管理。房山区现有农村保洁员1 933人，全年补助资金和保险费用共计约1 180万元。截至年底，已形成村内专职保洁、镇域白色污染专项治理的农村保洁责任体系。顺义区各镇村在农村地区环境卫生保洁工作中积极引入专业保洁公司，并建立相应的规章制度与考核机制加强管理，全区19个镇已全部实现卫生保洁专业化运作。

（邱昕）

绿化建设与管理

【超额完成平原地区造林工程】年内，按照市委、市政府完成平原造林任务35万亩（2.33万公顷）的部署，超额完成造林任务，共造林36.4万亩（2.43万公顷），植树1 700万株。2012—2013年，全市完成平原造林61.7万亩（4.11万公顷），植树3 300多万株，平原地区的森林覆盖率提高了6%。平原造林按照“两环、三带、九楔、多廊”（“两环”，即五环路两侧各100米的永久性绿化带，形成平原区第一道绿色生态保障，六环路两侧绿化带外侧1 000米、内侧500米形成平原区第二道绿色生态保障；“三带”，即永定河、北运河、潮白河每侧不少于200米的永久性绿化带；“九楔”，指的是九个楔形限建区；“多廊”，即重要道路、河道、铁路两侧的绿色通道，以及贯通各区域森林景观、公园绿地的健康绿道）的规划布局，集中打造“一园、三带、三廊、五区、四片”（“一园”，即一个东郊森林公园；“三带”，即永定河、北运河、潮白河三条生态景观带；“三廊”，即京平高速平谷段、104国道、大广高速榆垡段三条生态廊道；“五区”，即六环路内通州台湖、丰台槐房、中关村森林公园、锦绣大地、朝阳东坝环铁五大特色区；“四片”，即房山燕化周边、昌平西部沙坑煤场、延庆蔡家河、密云西田各庄四个大型绿色板块）等16处大规模城市森林区域。截至2013年年底，平原地区千亩以上生态片林已达到119块，形成11处万亩以上大型绿色板块。共实施拆迁352万平方米，营造生态景观林10万多亩（0.67万公顷）、湿地森林1.6万亩（0.11万公顷）。

（齐庆栓）

【城市绿色空间持续拓展】年内，推进规划建绿和补绿插绿，全年新增绿地1 100公顷，改造绿地583公顷，新建城市休闲公园27处。全年新建公园、道路、居住区等各类规划绿地563公顷，丰台园林博览园、南大荒城市休闲公园绿化建设完成，正式对游人开放；怀柔雁栖湖生态发展示范区公共景观绿化工程年内开工绿化面积152公顷，栽植乔木1.2万株、花灌木2.8万株；永定河莲石湖景观提升工程完成绿地改造35公顷，为“五园一带”（城滨水公园、麻峪水源净化工程、永定河文化公园、晓月文化休闲园、园博园，滨河风景带）项目的实施奠定基础；昌平未来科技城、门城滨水公园项目启动工程建设。

（齐庆栓）

【北京健康绿道建设】年内，以“服务市民健康生活，推进滨河、郊野公园绿道建设”议案办理工作为契机，编制《北京市级绿道建设总体方案（2013—2017）》，确定北京市级绿道“三环、三翼、多廊”（“三环”：沿二环路的环城公园绿道、第一道绿化隔离带的郊野休闲环绿道、第二道绿化隔离带的森林公园环绿道；“三翼”：以三环、多廊绿道为中心向郊区延伸的东翼大河绿道、西翼山水绿道、北翼山水绿道；“多廊”：沿昆玉河、永引渠、凉水河、通惠河等城市水系，由中心城向外辐射与三环绿道相连通的多条绿道）的总体布局；完成《北京市绿道建设工作意见》《北京绿道设计建设导则》《绿道标识系统设计方案》等文件要求；启动海淀三山五园绿道、丰台园博绿道、环二环绿道、温榆河滨水绿道等示范建设，其中三山五园绿道、园博绿道获市发展改革委批复，开始施工建设；区县级绿道规划编制工作正在展开，其中顺义、丰台、大兴、通州等区级绿道规划区率先完成。

（齐庆栓）

【开展全民义务植树活动】4月2日，党和国家领导人习近平、李克强、张德江、俞正声、刘云山、王岐山、张高丽等来到北京市丰台区永定河畔参加首都义务植树活动，激发了首都广大人民群众绿化美化首都的热情；3月25日，中共中央政治局委员、中央军委副主席范长龙，中共中央政治局委员、中央军委副主席许其亮，中央军委委员张阳、赵克石、张又侠、马晓天、魏凤和及中央军委、四总部和驻京部队的百名将军，来到大兴区南海子公园参加义务植树活动。中共中央政治局委员、北京市委书记郭金龙，市委副书记、市长王安顺，市委副书记吉林等市领导陪同植树；3月31日，来自中直机关、中央国家机关各单位的186名部级领导，在海淀区苏家坨镇平原造林工程项目区参加一年一度的共和国部长义务植树活动，市领导王安顺、吉林、叶青纯、李士祥、牛有成、赵凤桐、鲁炜、柳纪纲、张工、林克庆、张延昆、夏占义、闫仲秋等陪同植树；4月10日，全国人大常委会副委员长兼秘书长王晨，副委员长沈跃跃、吉炳轩、张平、艾力更·依明巴海、陈竺和全国人大常委会、各专委会部分组成人员，来到丰台区北宫国家森林公园参加义务植树活动，市人大常委会主任杜德印陪同；4月12日，全国政协副主席罗富和、张庆黎、苏荣、马飚、马培华和全国政协机关工作人员400余人，来到北京昌平区参加义务植树活动，市委副书记、市政协主席吉林，市政协副主席陈平、赵文芝、王永庆、马大龙、闫仲秋参加植树劳动。在义务植树活动中，16个区县、各街道乡镇共组织500多次主题义务植树活动，参与义务植树活动人数达58.3万人次，植树69.3万株；石景山区、西城区、海淀区组织碳汇宣传和购买主题活动，全市共有37个单位、3 427人，通过购买碳汇的形式履行植树义务，共购买林业碳汇58.3万元。

（齐庆栓）

【第29个首都义务植树日活动】 4月6日，首都第29个全民义务植树日期间，各区县、各系统、各单位绿化委员会（领导小组）以“弘扬生态文明、建设美丽北京”为主题，组织本区县、本系统、本部门干部群众开展形式多样的义务植树和绿化美化活动，全市共有150.1万人参加了形式多样的义务植树劳动。共动土方282.2万立方米，挖树坑158.2万个，栽植各类树木149.6万余株，养护树木491.2万株，清扫绿地1 630.5万平方米，设立宣传咨询站944个，发放宣传材料738万份，出动绿色小信使6.3万名，悬挂宣传标语2 788幅。

（齐庆栓）

【山区生态建设扎实推进】 年内，推进京津风沙源治理、“三北”防护林建设、太行山绿化等国家级生态工程，完成人工造林0.75万公顷、封山育林3万公顷、彩色树种造林0.15万公顷。完成森林抚育4万公顷，启动7个山区县森林健康经营示范区建设。完成区县、乡镇级公路河道绿化300千米。积极推进京冀生态合作，完成生态水源保护林建设0.67万公顷。

（齐庆栓）

【造林营林建设】 年内，完成造林营林面积8.67万公顷，其中：人工造林3.03万公顷，栽植各类乔灌木2 324万株，超额完成3万公顷任务；营林任务中，森林健康经营林木抚育3.2万公顷、封山育林2.44万公顷，全市林木绿化率由2012年年底的55.5%提高1.9个百分点达到57.4%，森林覆盖率由38.6%提高1.4个百分点达到40%。

（齐庆栓）

【国家重点生态工程】 年内，国家京津风沙源治理、“三北”防护林建设、太行山绿化工程，完成人工造林0.73万公顷；封山育林2.45万公顷；“三北”防护林工程完成造林0.04万公顷、封山育林0.03万公顷，植树30万株；太行山绿化工程完成造林0.08万公顷、封山育林0.2万公顷，植树90万株。

（齐庆栓）

【市级重点通道绿化】 年内，重点绿色通道111国道一期完成绿化面积0.08万公顷，植树34万株。同时，区县、乡镇级公路河道绿化完成300千米，植树180万株。

（齐庆栓）

【湿地保护恢复力度不断加大】 年内，推进野鸭湖、汉石桥和松山、百花山等重点湿地和国家级自然保护区建设，完成湿地恢复建设318公顷，推进3个湿地公园和2个湿地保护小区示范建设，结合平原造林工程，在通州、大兴等区县启动湿地恢复建设1 066公顷。

（齐庆栓）

【森林火灾防控】 年内，加大森林防火投入，市、区县两级财政投入森林防火经费均超过亿元，全市森林防火数字通讯网完工，森林防火阻隔系统建设持续推进；完善森林防火联防机制，在军地联防上，武警森林指挥部机动支队第四次实施“靠前驻防”；在省市联防上，筹办京津晋冀内蒙古华北五省（自治区、直辖市）联席会议，制定京津晋冀内蒙古交界区森林火灾联合处置应急预案；严格森林防火队伍管理，全市113支专业森林消防队统一挂牌，专业森林消防队员实行统一考试，持证上岗，各山区县开展以水灭火专项演练；强化重点防控，制定专项方案，有针对性地加强部署、检查，圆满完成园博会及十八大期间森林防火工作。森林防火重点时段租用直升机开展空中巡护，在重点森林防火区域喷洒阻燃剂 100 000 千克，并开设隔离带、清理林下可燃物超过 8 万公顷。2013 年度森林防火期，共接报火警 57 起，同比 2012 年下降了 61%；形成一般森林火灾 1 起，与 2012 年持平，未发生较大以上森林火灾。

（齐庆栓）

【开展野生动物保护执法和专项行动】年内，森林公安系统以查处野生动物案件作为重点，对野生动物非法交易的上下线链条全程打击，开展“天网行动”，破获多起野生动物非法贸易重大案件；强化区域警务合作，逐步启动跨派出所、跨区县乃至跨省市警务合作，在“5·20”专案行动中，联合天津、河南、广东三地森林公安协同作战，抓获犯罪嫌疑人 10 名，查扣象牙制品 390 千克；全市开展区域性专项行动 2 次，协同破获刑事案件 13 起；稳步推进执法规范化建设，制定《森林公安工作规范》，明确对本市野生动植物案件的刑事管辖权，并强化内部培训，构建全新考评体系，严格执法质量。年内，全市共受立案 428 起，较 2012 年同期 366 起增加 17%，办理刑事案件 67 起，林业行政案件 361 起，刑事拘留 83 人，行政处罚 490 人次，涉案单位 55 个。其中，破获案件 43 起，同比 2012 年 19 起增加 126%，包括重大案件 6 起，特别重大案件 13 起。

（齐庆栓）

【野生动物救护】年内，共接收市民救护和执法罚没的野生动物 133 种，2 616 只（条）；其中直接救护动物 363 只（条），市场罚没动物 2 253 只（条）。救护鸟类 102 种，2 419 只；哺乳类 11 种，34 只；两栖类 4 种，9 只；爬行类 16 种，154 只（条）。国家一级保护野生动物 8 种，27 只；国家二级保护动物 42 种，267 只。本地放归 3 次，怀柔喇叭沟门放归鸳鸯 6 只；西山国家森林公园放归 2 次，共放归金雕 3 只、猎隼 2 只、鹏鸮 2 只；赴云南红河州异地放归 1 次，放归蜂猴 11 只、蟒蛇 6 条，全年共放归各类野生动物 1 682 只（条），放归成功率为 64.30%。救护中心饲养康复区还有正在康复的动物 155 种，1 320只；鸟类 85 种，957 只；两爬类 53 种，281 只（条）；哺乳类 17 种，82 只。

（齐庆栓）

【珍稀野生动物繁育工作】年内，共繁育出国家一级保护动物褐马鸡 2 只、黄腹角雉 2 只，国家二级保护动物红腹锦鸡 6 只、红腹角雉 3 只、鸳鸯 6 只、白枕鹤 2 只、草原雕 2 只，北京市二级保护动物斑头雁 4 只、鸿雁 4 只、斑嘴鸭 4 只。

（齐庆栓）

【动物治疗和实验室工作】年内，为动物医院新添置 X 光机 1 台，CR 光片处理系统 1 套，ICU 动物护理病房 1 台，超低温冰箱 1 台。实验室共进行血检样本检测 118 个，粪检 450 例，病理剖检动物 245 例，共临床治疗 431 只（含中心饲养），经过救治成活 305 只，治愈率 70.77%。共储存 FTA 卡样本 99 个，器官组织样本 171 份，保留寄生虫样本 45 份，生化样本 16 份，保留各类动物血清样本 1 220 份。

（齐庆栓）

【动物笼舍的维修改造及功能提升】年内，实施对现有基础设施的完善改造。其中新建野生动物繁育笼舍 1 500 平方米，对动物笼舍屋顶进行防雨处理，对猛禽笼舍防腐木饲养观察走廊、猛禽避风防腐木围挡、猛禽笼舍防撞设施和遮阳板、大型鸟栏笼网、二级路、配电、给排水等基础设施进行功能完善。对笼舍进行维修改造，满足动物笼舍饲养康复功能的需要，便于人员操作和动物生活。

（齐庆栓）

【圆满完成日常监测任务】年内，全市共监测到野生鸟类 2 776.54 万只，其中雁鸭类 226.83 万只、鸻鹬类 4.67 万只、鹭类 30.53 万只、鸥鹈类 2.12 万只、小鸟类 2 510.98 万只、猛禽 1.41 万只。监测到野生鸟类异常情况 37 次，异常数量 68 只，死亡 68 只。死亡鸟类经动物防疫部门检测，未发现携带高致病性禽流感病毒。

（齐庆栓）

【完成 H7N9 禽流感防控工作】3 月，上海、安徽、江苏、浙江等地连续发生人感染 H7N9 禽流感病毒的确诊病例。4 月 12 日，北京市发现 1 例疑似感染病例，13 日凌晨确诊为人感染 H7N9 禽流感病例。按照国家林业局和市政府统一部署，园林绿化局积极开展以防控 H7N9 禽流感为重点的野生动物疫源疫病防控工作，及时启动全市野生动物疫源疫病监测应急机制。依据《北京市突发陆生野生动物疫情应急预案》，成立由园林绿化局局长任组长的防控 H7N9 禽流感疫情工作领导小组，局党副局长任副组长，局有关单位等 12 个部门的主要领导为成员，采取一系列强化措施：认真研究，积极应对，做好事前布置；认真落实，精心组织，做好防控的各项工作；组织采样工作，开展主动监测；加强宣传工作，提高公众的防范意识。印制防控H7N9禽流感宣传折页4万份，宣传野生动物疫病防控知识。利用“爱鸟周”“5·12”、野生动物保护执法检查等活动现场进行发放；加强野生动物保护执法工作和检查工作；认真做好H7N9禽流感信息的报送。

（齐庆栓）

【林木有害生物防治】年内，累计完成防治作业面积111.33万公顷次，无公害防治率达到100%，测报准确率达到98.45%，种苗产地检疫率达到100%，成灾率0.03‰，全市未发生美国白蛾灾害，完成国家林业局下达的“四率”（林业有害生物的成灾率、无公害防治率、测报准确率、种苗产地检疫率）指标和美国白蛾防控任务。多层次争取防控资金，强化防控物资储备；加强重点地区、重点部位、重点路段、重点树种林业有害生物发生情况的检查、巡查和抽查工作；狠抓监测测报站点和测报基础设施建设与管理，重新修订《北京市林业有害生物监测预报管理办法》，并于2013年7月15日起正式施行；全力做好绿化造林工程林业植物检疫和园博会参展植物及其应检展品的检疫报关和服务保障工作；采取无公害防治技术措施，加大环境保护力度；探索承包防治、应急防控等社会化防治新模式，推动林业有害生物社会化防治试点工作。

（齐庆栓）

【公园景区分级分类管理】年内，加强公园景区分级分类管理，启动公园精细化管理三年行动计划，在26个试点公园建立“一制度六台账”（“一制度”，即公园管理制度；“六台账”，即年度工作台账、运营基础台账、绿化养护台账、安全管理台账、检查整改台账、游客投诉处理台账）管理模式；围绕治理会所中的歪风，开展公园高档餐饮和私人会所专项整治，引起较大反响。争取旅游资金对八达岭、百望山森林公园进行配套设施提升改造，完成颐和园、天坛等一批历史名园的景观提升和环境改造。全市注册公园达到387个，精品公园达到100个，免费开放比例达到87%。

（齐庆栓）

【第九届中国（北京）国际园林博览会成功举办】5月18日至11月18日，第九届中国（北京）国际园林博览会在北京丰台永定河畔举办。本届园博会“化腐朽为神奇”，在原永定河建筑垃圾填埋场的基础上，因地借势实施最大规模的生态修复工程，建成永定塔、园博馆和主展馆三大标志性建筑、128个城市展园和公共展园，国内最大的下沉式花园——锦绣谷，整个园区总面积达到513公顷，绿化面积达到349公顷，为北京这座历史文化名城增添新的厚重文化底蕴，带动区域经济社会跨越发展，开园以来，共接待国内外游客610多万人次。

（齐庆栓）

【首届“国际森林日”植树纪念活动举办】3月21日，全国绿化委员会、国家林业局在北京市东郊森林公园举办以“保护发展森林资源，携手共建美丽中国”为主题的首个“国际森林日”植树纪念活动，全国绿化委员会副主任、国家林业局局长赵树丛，联合国副秘书长吴红波，北京市政府党组成员、市平原地区造林工程建设总指挥部总指挥夏占义分别致辞，联合国森林论坛秘书长简·麦凯尔平等出席活动并参加植树。此次纪念活动由全国绿化委员会、国家林业局主办，首都绿化委员会办公室、通州区人民政府承办。参加首个“国际森林日”植树纪念活动的有来自联合国、外国使领馆和国际组织的代表，国家和北京市相关部门的干部职工，群众代表，驻京部队指战员，整个植树活动共栽下2 000株银杏、白蜡、雪松和楸树等树木。

（齐庆栓）

【森林旅游业蓬勃发展】3月28日至10月31日，在北京西山国家森林公园举办森林文化节活动，文化节期间共举办48项活动，分别在相关森林公园进行，内容包括浏览观光、科普教育、休闲健身、森林体验、森林医疗等，北京电视台新闻频道给予报道，并在首都园林绿化网上开辟专栏。年内，全市各类森林公园累计接待游客650万人次，实现综合经营收入3亿多元。

（齐庆栓）

【第31届“爱鸟周”宣传活动】年内，开展主题为“关爱鸟类，保护湿地，建设美丽北京”的第31届“爱鸟周”和“保护野生动物宣传月”宣传活动。在元大都城垣遗址公园主办启动仪式，100多名首都师范大学和东城区东高房小学师生及100余名野生动物保护志愿者参加了活动。

（齐庆栓）

【京津风沙源治理工程】 年内，京津风沙源治理工程林业项目建设造林营林总任务3.3万公顷，其中，人工造林0.47万公顷、爆破造林0.07万公顷、封山育林2.76万公顷。为确保工程顺利完成，各项目区县提早落实地块，组织专业队伍整地，采购优质苗木，准备造林辅助材料，全市7个工程区县共专业施工队伍147支、施工人数7 217人。全市共栽植各类苗木570万株，施用有机肥407.80万千克，保水剂2.4万千克；修建作业道路22.8万延米、防火道4万延米，配备水泵684台，铺设管线53.57万米。

（齐庆栓）

【召开北京园林绿化科技创新大会】 8月8日，召开北京园林绿化科技创新工作会，会议发布《北京市园林绿化科技创新行动计划（2013—2020）》和《关于加快首都园林绿化科技创新工作的意见》，提出2013—2020年期间加快首都园林绿化科技创新体系建设的14个重点行动，为90名创新团队专家颁发证书，对北京市园林绿化2012年度科学技术奖获得者进行表彰和奖励，为8个北京园林绿化创新团体、17个北京园林绿化科技创新示范区、27家北京园林绿化科普教育基地颁发聘书和奖牌。

（齐庆栓）

【举办园林绿化科技创新暨科学普及活动月】 4月28日至5月24日，举办“绿色科技 多彩生活——2013园林绿化科技创新暨科学普及活动月”活动，活动由市园林绿化局、北京科学技术委员会和北京科学技术协会共同举办，活动月主要由“园林绿化与百姓生活”“园林绿化与森林体验”“园林绿化与防灾减灾”和“园林绿化与文化感知”4个活动周组成。集中展示园林绿化在生态建设、产业发展、安全保障、防灾减灾以及文化、民生和健康等各个方面的科技成果116项，开展内容丰富、形式多样的科普活动27项。活动以园林绿化科技创新和文化创新相结合，以科普的形式，展示首都园林绿化科技创新成果，普及园林绿化科技、文化知识，以带领公众进入森林，开展各种体验活动，来感知、深化和丰富森林文化的内涵。

（齐庆栓）

【完善政策法规支撑体系】 年内，发布《北京市级绿道建设总体方案（2013—2017年）》，确定“三环、三翼、多廊”的总体空间布局，并制定出台相关配套的指导性文件，14个区县政府全部完成县级林地保护利用规划的批准实施工作，完成城市中心区8 500余公顷公共绿地的绿线划定工作。八达岭—十三陵国家级风景名胜区总体规划得到国务院批准，详细规划启动，出台《关于2013年实施平原造林工程的意见》，制定出台公园精细化管理、风景名胜区管理规范、征占用林地定额管理等政策性文件。加大《北京市湿地保护条例》的宣传，开展“依法行政——湿地年”主题活动。

（齐庆栓）

【《北京市湿地保护条例》实施】 年内，为贯彻落实《北京市湿地保护条例》，以“依法行政——湿地年”为主题，市园林绿化局和中国林科院联合开展“保护湿地资源，建设美丽北京”世界湿地日学术报告会及湿地知识竞赛活动。市人大农村办、市环保局、水务局、农业局有关部门负责人，各区县园林绿化局负责人以及人大附中学生代表等近百人参加活动。活动邀请中国林科院湿地所两位专家就湿地与水、湿地与城市热岛效应作专题报告，并向人大附中的学生代表赠送《认识湿地》科普读物。

（齐庆栓）

【古树名木保护示范点创建】 年内，在东城区、西城区、昌平区和西山试验林场选择15处35株古树名木，开展地上和地下生长环境改良、围栏保护、有害生物防治、枯枝死杈清理、树洞修补、支撑加固、地被种植以及宣传标牌建立等古树保护示范。首次开展古树名木认养工作，公布古树名木认养点27处，提供可认养古树名木905株，动员社会参与古树名木保护管理工作。

（齐庆栓）

【巩固退耕还林工程】 年内，根据调整后的《巩固退耕还林成果专项规划》，2013年北京市巩固退耕还林成果专项规划（国家级）林业部分建设任务是：观光采摘示范园12个。各区县已经报送实施方案，待批复后将开展作业设计编制、施工等后续工作。

（齐庆栓）

水利建设与管理

【水资源状况】年内，全市平均降水量 501 毫米，比 2012 年的 708 毫米少 29%，比多年平均值 585 毫米少 14%。全市当年形成地表水资源量为 9.08 亿立方米，地下水资源量为 17.14 亿立方米，水资源总量为 26.22 亿立方米，比多年平均值 37.39 亿立方米少 30%。全市大、中型水库年末蓄水总量为 18.03 亿立方米，其中官厅、密云两大水库年末蓄水量为 15.01 亿立方米。全市平原区年末地下水平均埋深为 24.46 米，比 2012 年年末下降 0.19 米。2013 年全市总供水量 36.38 亿立方米，比 2012 年增加 0.5 亿立方米，其中生活用水 16.25 亿立方米，环境用水 5.92 亿立方米，工业用水 5.12 亿立方米，农业用水 9.09 亿立方米。

（刘琼）

【水功能区断面考核】年内，加大城市河湖水质监测，市水务局、市环保局联合对全市 78 条河流、18 个水库、21 个湖泊、221 个水质监测断面进行监测，通过网站向社会公布水质状况信息，在全国率先构建了水功能区水质全覆盖联合监测、发布机制；并建立跨区县水体断面水质状况通报制度，将确定的 39 个考核断面纳入市政府对区县政府绩效管理考评指标体系，按月向区县政府进行通报。

（刘琼）

【水务基本建设投资】年内，完成 29 项市级水务基本建设项目立项批复，涉及总投资 223 亿元，比 2012 年增加 81.3%。下达市级以上政府基本建设资金 108.7 亿元（含中央资金 1.6 亿元），市政府基本建设资金比 2012 年增长 35%，水务投入占市政府固定资产投资比例达到 23%。

（刘琼）

【水资源调配】年内，优化水资源配置与调度，利用南水北调中线工程从河北第四次应急调水 3.68 亿立方米，实现境外调水 3 亿立方米以上的目标。开展官厅水库、密云水库两库上游境外调水，从上游河北友谊、响水堡、云州、山西册田等水库向密云、官厅水库集中输水 8 576 万立方米。将境内密云水库上游 6 座中小水库纳入联合调度，实施从白河堡、半城子、遥桥峪等水库向密云水库输水。怀柔、平谷、房山和昌平应急水源地加强运行管理，统一调度，有效保障了全市水资源供给。在全年总体降水偏少、分布不均的情况下，通过加强联合调度，密云水库年末蓄水量 12.41 亿立方米，10 年来首次突破 12 亿立方米。

（刘琼）

【城乡供水安全】年内，以南水北调配套工程建设为重点，加快推进供水设施建设与改造，推进郭公庄水厂、第十水厂建设，完成第三水厂和第八水厂应急改扩建工程，新增日供水能力 18 万立方米。市区日供水能力达到 318 万立方米。完成城区自备井供水水质改善一期工程，共改造机井 53 眼，新建、改造供水管线 438 千米。在全市范围内开展城市供水水质督查工作。按照《北京市城市公共供水水质信息公开工作管理办法》规定，开展城市公共供水水质信息公开工作，市自来水集团各水厂向社会公布 2012 年度出厂水 106 项指标检测结果和 2013 年每季度管网水中 7 项指标检测结果。落实村镇供水属地管理责任，组织区县政府与市水务局签订村镇供水安全责任书，监督区县、乡镇、村、管水员逐级落实供水安全责任。加强村镇供水设施水质检测，组织对全市村镇供水厂水质进行检测，对 13 个区县的 1879 个村级供水站出厂水水质进行抽测。

（刘琼）

【污水处理设施建设和再生水利用】年内，落实市政府出台的《北京市加快污水处理与再生水利用设施建设三年行动方案（2013—2015 年）》，全年新建和续建污水处理和再生水利用设施 29 个，16 个完成主体工程，其中清河、酒仙桥污水处理厂升级改造，丰台河西再生水厂，东坝、五里坨、垡头污水处理厂等工程投入试运行。完成新改建污水管线 359 千米，再生水管线 119 千米，新增日污水处理能力 26 万立方米，再生水生产能力 78 万立方米。截至 2013 年年底，全市共建成乡镇污水处理厂 44 座，村级污水处理站 1 007

处。2013年，全市污水处理量13亿立方米，污水处理率达到84%；再生水利用量8亿立方米，同比增长0.5亿立方米。

（刘琼）

【中小河道治理】年内，落实市政府印发的《北京市水利工程建设实施方案（2012—2015年）》，完成第一阶段中小河道34条（段）280千米治理，任务涉及14个区县，流域面积5 800平方千米，累计完成土方2 000余万立方米，混凝土16万立方米，建设截污管线30千米，新建改建桥梁49座、涵72座、排水口422个，完成绿化及生态护坡141万平方米，已治理河道周边地区未出现内涝和积水。

（刘琼）

【水环境整治】年内，贯彻落实市政府印发的《加强河湖生态环境建设与管理工作的意见》，加大水环境整治力度，2013年8—11月，开展以“治脏、治乱、治臭”为重点的河湖“百日整治”行动，集中治理群众最关心、问题最突出的昆玉河、北护城河等20条段、200千米河道。“治脏”主要是清理河湖垃圾渣土、打捞水面漂浮物，100天时间里，完成了全市河湖管理范围内集中垃圾、渣土、水面漂浮物清理任务，共清理垃圾渣土16.2万立方米。“治乱”主要是治理乱建违法建设、乱采砂石、乱倒垃圾渣土、乱排污水、乱捕鱼、乱游泳等违法行为，市水务、环保、市政市容、城管执法、农业、体育等部门通力配合，共出动执法巡查人员5万人次，劝阻违法行为3.9万起，行政处罚75起，拆除违法建设12.1万平方米，无新增违法建设。“治臭”主要是治理向河湖违法排放污水，开展截污治污，加强污水处理厂和处理设施运行监管，增加河湖环境用水量，增加河湖流动，改善河湖水质。通过采取污水处理厂优化挖潜、建设临时治污工程、截流污水管线、封堵违法排污口等措施治理污水直排入河问题，每日减少黑臭污水入河14万立方米。昌平、朝阳等区加快推进入河湖排污口综合治理，7处河道临时治污工程投入运行，50处水质较差河段通过投撒生物制剂、加强水循环等措施，基本祛除了臭味。落实市政府出台的《北京市地下水保护和污染防控行动方案》，各区县积极推进非正规垃圾填埋场清除、畜禽养殖场治理、废弃机井封填等工程，遏制地下水水质恶化趋势，进一步保障首都供水安全。

（刘琼）

【生态清洁小流域建设】年内，以服务首都生态文明建设为主线，以源头保水为重点，通过政策集成和项目整合，深入推进生态清洁小流域建设，建成生态清洁小流域34条，治理水土流失面积400平方千米，实现了水源保护、面源污染控制、产业开发、人居环境改善、新农村建设有机结合，推动了全市水资源的可持续利用、生态环境的可持续维护、经济社会的可持续发展，提升了11万郊区农民的发展空间。截至2013年年底，全市建成生态清洁小流域253条，治理面积3 232平方千米，为山区经济发展提供了水资源和水环境支撑。延庆县被水利部授予“国家水土保持生态文明县”称号。

（刘琼）

【防汛安全保障】年内，加强防汛指挥体系建设，确立了“1+7+5+16”防汛指挥体系（1是市防指、7个专项分指、5大流域、16区县），根据北京防汛工作特点，新设立防汛宣传、住房和城乡建设、道路交通秩序、城市地下管线、地质灾害、旅游景区、综合保障7个防汛专项分指挥部，强化了行业统筹和专业化处置，推进实施城区防汛网格化和郊区防汛流域化管理，实现了指挥体系的全覆盖。修订防汛预案171个，清掏2 000公里雨水管线和23万座雨水井，安装3.5万个雨水井防坠网，落实抢险人员23万人，汛前储备冲锋舟、大型发电机组、泵站等65种市级防汛物资，价值2 917万元，消除河道障碍、危险房屋、易积水点等安全隐患2万多处，制定城区低洼院落、山区泥石流易发区和采空区以及蓄滞洪区等多个避险转移方案。组织密云、延庆等区县完成13座小型水库除险加固工程建设，完成1 962座塘坝、坑塘、鱼池隐患排查，实施工程消隐333座，组织房山等区完成15条小流域实施防洪设施水毁修复工程建设，确保了农村地区防汛安全。2013年汛期，在降水场次多、局地性强、多种灾害天气并发的情况下，全市没有出现重大灾情，实现了“确保人民生命安全、确保城市运行安全”的既定工作目标。

（刘琼）

【实行最严格水资源管理制度】年内，严格用水总量控制制度，强化计划用水管理，实现工业用新水零增长、农业用新水负增长、生活用水控制性增长。严格用水效率控制制度，加快工业节水改造，推广工业再生水利用，加大农业节水力度，进一步提高生活用水效率。严格水功能区限制纳污制度，加强水功能区监督，严格入河排污口管理。严格水资源管理责任和考核制度，将用水总量、万元GDP水耗、污水处理率等指标纳入市政府绩效考核。2013年，全市总用水量控制在38亿立方米以内，其中新水用量控制在30亿立方米以内。

（刘琼）

【节水型社会建设】年内，采用经济、科技、行政和法律等多种措施促进节水，开展节水型单位创建工作，加快节水型社会建设步伐。怀柔区通过全国节水型社会建设试点中期评估，大兴区完成全国节水型社会建设试点验收准备工作。全年共完成280个市级节水型单位（企业）、66个节水型小区、100个节水型村庄的创建工作。进一步推广普及节水器具，按照《2013年度节水目标责任书》的要求，组织各区县节水管理部门对本辖区居民家庭节水器具进行改造，2013年完成推广节水器具15.3万套件，全市居民家庭节水器具普及率达到95%。

（刘琼）

【农业高效节水】年内，大力发展高效节水灌溉，完成延庆、顺义、房山等中央小型农田水利重点县年度建设任务，改善3 333公顷农田灌排设施条件。围绕都市型现代农业发展，以世界葡萄大会和蔬菜基地为重点，推动全市基本建设资金投入农业高效节水灌溉工程建设，新增改善农业节水灌溉面积6 667公顷。截至2013年年底，全市建成高效节水灌溉面积18.7万公顷，1 767个村实现整村高效节水灌溉，为农业生产、农村经济发展提供水资源支撑。落实市政府出台的《关于进一步加强城市雨洪控制与利用工作的意见》，建成200处农村雨洪利用工程，增加蓄水能力120万立方米。2013年万元GDP水耗较2012年降低4%。农业用清水量持续下降，农业灌溉水利用系数达到0.699，比全国平均水平高出近40%，节水工作继续保持全国领先水平。4月23日，中国水利报报道北京农业节水工作是“中国都市现代农业节水的一个样板、走出农业节水工作的新路子”，市委常委牛有成对此充分肯定，作出批示要求进一步加大节水工作力度。

（刘琼）

【水务行政审批制度改革】年内，按照市政府统一部署，组织开展行政审批事项清理工作，取消水利工程开工审批、水文资料使用审批等4项行政许可，取消开发建设项目水土保持方案备案、组建公益性水利工程建设项目法人审批等4项非行政许可，下放占用农业灌溉水源、灌排工程设施审批2项行政许可，出台了《关于加强和规范水文行业管理的通知》《关于修改部分水务行政规范性文件的公告》等相应配套管理措施，加强监督管理。进一步精简、合并投资项目涉水行政审批事项，合理调整部分审批事项的办理环节：一是将“建设项目水资源论证（评价）报告审批”“生产建设项目水土保持方案审查”“非防洪建设项目洪水影响评价报告审批”3项行政许可整合为“水影响评价审查”1项行政许可，作为建设项目立项的前置条件；二是将“节水设施方案审查”作为办理建设工程规划许可证的前置条件；三是将水务部门出具水资源方面供地条件纳入土地储备和一级开发项目办理流程。改革方案在朝阳、丰台、海淀、通州、大兴5区进行试点。

（刘琼）

【水行政执法体制机制建设】年内，整合涉水事务执法资源，配合市政府出台《关于加强首都城市管理综合行政执法监管的实施意见》，明确由市水务局负责涉水事务水政监察工作，依法监管各项水事活动，集中行使水资源、节约用水、河湖保护管理、供水、排水、自来水厂水源地保护、水环境保护、水土保持等涉水事务行政执法权，依法查处各类违法水事案件以及河湖保护和管理范围内的违法建设。门头沟区水政监察大队经区编办批准正式组建，东城区、西城区明确了节水执法队伍，初步形成覆盖全市城乡的水务专业综合执法体系。

（刘琼）

【水行政执法】年内，围绕水务改革发展中心工作和群众关心的水务热点、难点问题，加强涉水事务监管，组织开展水资源与节水、河道清障、河湖、排水等专项行政执法活动，统筹执法力量、突出工作重点，对重大典型案件实行挂牌督办，市水务局、市环保局、市城市管理综合行政执法局、城市排水集团等相关单位建立并完善案件移送、信息交流、工作例会、联合检查等行政执法协调工作机制，提高执法效能。2013年，全市共查处违法水事案件339起，罚款512万元，分别比2012年同期增长46%和70%。

（刘琼）

【水务改革发展】年内，完成市级水务融资平台组建，成立了北京水务投资中心，为中小河道治理和中心城区污水处理与再生水利用设施建设等提供资金保障。海淀等区探索将中小河道治理投资纳入土地一级开发成本；各区县积极探索市场化、专业化运营管理模式和政府购买水务公共服务模式，委托专业公司运营，实现污水处理设施所有权、运营权、监管权分离，为加快水务设施建设与运营进行了有益尝试。市水务局、市编办、市财政局联合出台《关于进一步健全完善区县及基层水务管理体制的指导意见》，根据区县功能区划，按照“理顺体制、健全职能、完善政策、强化服务”的方针，从防汛、水资源管理、基层水务、执法、水行政审批等方面入手，健全区级水行政机构设置，强化水务事业单位公益职能，完善基层水务服务体系建设，分类推进水管单位改革，健全完善区县及基层水务管理体制。

（刘琼）

【水利工程管理】年内，开展水利工程建设领域诚信体系建设与管理，制定了《北京市水利建设市场主体信用评价管理办法（试行）》，建立市场主体信用档案数据库，组织开展北京市水利建设市场主体信用评价工作。制定信用等级评价应用实施细则，将市场主体守信激励和失信惩戒措施落实到招投标具体工作中。加强工程招投标管理，开展了水利工程建设领域信用体系建设试点。加强水利工程建设质量管理，制定印发了《北京市水利工程见证取样和送检管理规定》和《关于加强北京市中小河道治理等水利工程质量管理的通知》。开展工程建设质量隐患大排查，组织对全市 82 座水库进行了拉网式排查。完成大红门闸消力池汛前清淤、凉水河桥梁安全检测等工程。加强水利工程日常维护管理，全年落实市属水利工程维修养护费用 1.3 亿元，全部通过公开招标选择养护队伍，确保工程安全度汛，实现了安全生产“零事故”目标。

（刘琼）

【科教外事】年内，在北运河上游建设示范畜禽养殖废水处理和人工湿地，在中游开展旁路净化、生态修复、补水水质深度净化，推动水务科技创新。推广雨洪控制与利用技术，建设 48 处雨洪利用示范工程，新增透水铺装地面 12 万平方米。举办培训班 265 期，培训 8 000 余人次，其中处级以上人均 110 学时，公务员 100 学时，专业技术人员 72 学时，均达到规定时间。组织全市水务专业 310 人高级职称评审和 527 人中级职称评审。加强因公出入境管理工作，全年共组团 10 个 35 人次，其中自组团 6 个 31 人次，随团 4 个 4 人次。接待境外代表团共计 18 个 130 人次，与法国塞纳大湖流域管理局签署防汛管理合作备忘录，同巴黎大区排水管理局签署排水管理合作备忘录。

（刘琼）

【水库移民】年内，开展大中型水库移民后期扶持农业人口和无固定职业农转非移民人口核定登记，共核定农业户口移民 123 137人，发放后期扶持资金 7 389万元；核定农转非移民 32 243人，兑现扶持补贴资金 1 805万元。支持移民接收村发展，为库区和移民安置区硬化道路 24.5 万平方米，铺设供水管网 4.82 万米，铺设污水管道 1.5 万米，建设灌溉管道渠道 4.01 万米，河道清淤 8 000 立方米。组织开展对密云、延庆、房山、怀柔、平谷、昌平、顺义、通州、门头沟 9 个区县后期扶持政策实施情况的监测评估，完成房山、怀柔、平谷、通州 4 个区县的专项稽查。

（刘琼）

公路建设与运输

【郊 82 路新增公交车辆】1 月 12 日，郊 82 路（平谷汽车站—密云汽车站）新增 4 辆公交车辆，每日发车班次由 4 班次增加到 16 班次，进一步满足出行需求。

（曹莹　高峰）

【房山公交应对冻雨天气】1 月 31 日，北京出现冻雨天气，导致地面结冰，路面湿滑。房山区内凯捷风公交公司启动雨雪天气应急预案，对房12、13、14、15、16、17、18、18支1、18支2、19、20、21、22、23、24、25、26、31、31支、41、45、46、47、48、49路共25条线路采取临时停运措施，调整房11、29、28、32、33、35、37、40、42路9条线路部分路段运行区间，同时派出安全、调度人员上路查看道路情况，达到通行条件及时恢复正常运营。

（刘玉东）

【加强货车超限超载治理工作通告发布】 3月11日，市交通委、市公安局、市国土局、市水务局、市住建委、市经信委、市质监局、市安监局、市工商局九部门联合发布通告，从严肃整治货运源头违法行为、非法改装车辆行为、违法超限超载运输行为、逃避查处的暴力抗法行为、奖励对违法超限超载行为的举报五个方面，重申了市政府对治超工作的决心。

（刘金鹏）

【昌平区做好农业嘉年华交通运输保障】 3月23日至5月12日，首届北京农业嘉年华在昌平区草莓博览园举行。昌平区交通局组织更换博览园周边及沿线公交设施112个候车亭、69个站牌架宣传画，抛光翻新候车亭71个、站牌架69个、护栏556延米，喷漆翻新候车亭32个。活动期间，组织P8、P9停车场社会车辆停放2.47万辆，摆渡车共发车2 728班次、运送10.63万人次；清理摆渡车站社会车辆乱停车4 322辆，指路2.6万人次；组织发送志愿者班车350班次，运送志愿者1.49万人次；嘉年华公交客流共8.21万人次，其中537路（天通苑北站—草莓园）3.29万人次、昌59路（昌平城区—草莓园）4.92万人次；巡查、更换活动场所周边及沿线167个公交设施宣传画，清理小广告1 439张。

（李娟）

【顺义区新开就业班车线路】 3月，顺义区交通局在满足城乡居民日常出行的基础上优化、调整公交线网，组织空港开远客运公司开通山里辛庄（龙湾屯镇）—T3航站楼、李家史山（北石槽镇）—T3航站楼的就业班车线路，加强顺义区与首都机场的经济联系，促进偏远乡镇居民就业。

（白海鹏）

【门头沟路改建完工】 4月22日，门头沟路（门支线）改建全线完工。起点门头沟河滩地区城子大街，终点门头沟圈门（370公交总站），设计标准为城市主干路，设计时速60千米/小时，道路全长3 955米，2006年9月开始分两期实施。

（郭成建　侯学敏）

【108国道一期通车】 4月29日，108国道一期（南村—石门营）改建工程竣工并正式通车。该工程位于门头沟区，进京方向沿途经过潭柘寺镇到永定镇，起点为南村，终点为小园，道路全长6.8千米。设计标准为整体式路基全宽23米、分离式路基全宽11.25米，双向隧道4座3 069米，主路为双向四车道，技术标准一级公路，设计车速60千米/小时。

（郭成建　侯学敏）

【安达木河大桥建成通车】 4月底，位于101国道104千米处的安达木河大桥建成通车。在原址上重建的新桥，全长182.04米，跨径7×25米，桥梁净宽10米，两侧各设置全宽1.12米钢护栏人行道，全宽12.24米。安达木河大桥是去往密云新城子镇、古北口镇及云岫谷景区、司马台长城景区、金山岭长城景区和承德方向的重要旅游路线。

（郭成建　侯学敏）

【沙阳路改建工程竣工】 5月4日，沙阳路改建工程竣工，全线正式通车。沙阳路改建工程全长12.6千米，技术标准为城市主干路，设计车速60千米/小时，道路红线宽为50～60米。

（郭成建　侯学敏）

【拆解违法改装车辆现场会召开】 5月9日，房山区在长沟综合检查站卸载场召开拆解违法改装车辆现场会，区治超办组织对查扣的非法改装车辆进行依法拆解。市公安局、公安交管局，市交通委，委路政局、运输管理局，市交通执法总队，市治超办，10个远郊区县，房山区治超成员单位主管领导和70余名执法人员参加。

（刘玉东）

【密5路延长运行线路】 5月13日，密5路公交车终点站由东康各庄延至前厂村，延长里程2.3千米，日发车6班次，解决巨各庄镇前厂村村民出行难问题。

（曹莹　高峰）

【通州区新开客运线路】 5月20日，通州区交通局新开通41、42、43路3条郊区客运线路，解决漷县、西集两镇14个行政村百姓和园区员工以及于家务乡仇庄、枣林等4个行政村村民出行不便问题。

（陈颖）

【通州区加强轨道公交接驳】 5月30日，通州区交通局协调公交集团公司和属地郊区客运企业，新开582、583、587、819路4条轨道交通6号线一期接驳线路，开通823路袖珍公交线路，调整435路终点站延至八通线临河里站，调整通6路西延至6号线草房站。

（陈颖）

【宋郎路南延道路工程完工】 5月，起点位于北运河大堤杜陈路路口、终点位于京津公路与石毛路交叉路口的宋郎路南延工程项目完工。道路全长1.712千米，近期规划为二级公路，路基宽12米，路面宽10.5米。工程包括北运河大桥、杜兴沟中桥两座桥梁。宋郎路南延后，将原胡郎路断头路向南打通，跨越运河与京津公路相接，缩短西集和漷县两个乡镇之间的行车距离，改善当地交通状况和百姓出行条件。

（郭成建　侯学敏）

【门头沟区乡村公路水毁恢复工程完成验收】 6月19日，门头沟区"7·21"乡村公路水毁恢复工程首批45条路115.6千米完成交（竣）工验收工作。10月1日前，门头沟区清水镇黄百环路、灵九路水毁恢复工程组织竣工验收，门头沟区143千米乡村公路"7·21"水毁后恢复工程全部完工。水毁恢复工程涉及全区9个镇，共47条路，主要包括浆砌工程9万立方米、土石方工程8万立方米，路面恢复23万平方米。

（郭成建　侯学敏）

【密云县安装公路桥梁中心桩号标志牌】 6月，密云公路分局完成对市、县级公路桥梁中心桩号标志牌的设计安装工作。标志牌设计采用厚度为3毫米的黄色亚克力材料雕刻而成，具有耐磨、防腐、抗高温、抗寒等功能，标识的字体颜色采用国标通用标准，即国道为红色、市道为蓝色、县道为黑色。同时，密云公路分局采用GPS定位系统完成对县域内国、市、县级公路、桥梁的数据校对和调整工作，涉及道路共计62条644.404千米。

（郭成建　侯学敏）

【鲁坨路建成通车】 7月15日，鲁坨路（京原公路旧路—鲁家山生物质能源厂）道路工程建成通车，对完善地区规划路网，促进周边经济增长以及沿线地区旅游业的发展起到重要作用，同时为丰台、门头沟、石景山等区域的垃圾运输提供交通保障。该项目为一期工程，是鲁家山生物质能源厂的外场附属设施，起点为门头沟区潭柘寺镇区与京原公路旧路相接，终点为首钢鲁家山石灰石矿场东侧，与现况路相接，路线全长4.2千米。道路设计标准为山区二级公路，设计速度为60千米/小时，道路红线宽30米，路基宽10米，路面宽8.5米，桥梁设计荷载标准为公路Ⅰ级。

（李江　郭成建　侯学敏）

【白浪河桥建成通车】 7月17日，昌平区秦北路白浪河桥建成通车。该桥位于秦北路，建于1997年，2011年评定为五类桥梁。此次工程于4月15日开工，新桥上部结构为3×20米预应力混凝土简支T梁，下部结构为柱式墩、台，钻孔灌注桩基础，桥梁全长66.08米，桥梁全宽9米。白浪河新桥建成，恢复了兴寿镇东部地区和小汤山镇的交通联系，该区域南北向的交通压力得到缓解，作为规划秦北路跨白浪河的西半幅桥，为秦北路改建工程创造条件。

（郭成建　侯学敏）

【密6路公交支线开通】 8月1日，密云县檀营地区正式开通密6路支线公交车，起点清水潭，终点檀营国际生态城，运营里程17.4千米，日发22班次。

（曹莹　高峰）

【京津冀联合治超专项行动启动】 8月1日至10月31日，北京市、天津市、河北省治超办开展为期三个月的"保安全、保稳定、保畅通、促发展"京津冀联合治超专项行动，旨在推动京津冀联合治超机制常态长效发展，有效打击跨区域超限超载运输行为，坚决遏制违法超限超载运输行为引发的交通安全事故，确保公路桥梁的安全运行。

（刘金鹏）

【大兴区修缮农村候车亭】 8月16日，大兴区正式开工修缮农村候车亭，120个候车亭涵盖黄村镇、庞各庄镇、北臧村镇、榆垡镇、魏善庄镇、西红门镇、采育镇、长子营镇、安定镇、礼贤镇、瀛海镇、青云店镇12个镇，覆盖区内40条公交线路。项目共占地1 083.6平方米，包括候车亭的更新重建、站牌更新、站台地面处理等内容。根据实际需要，区交通局选择了A型（带有灯箱型）和B型（多座位实用型）两种设计方案。11月底，完成全部候车亭重建。

（张伟）

【延琉路改建工程完工】 8月底，连接延庆县和怀柔区的市级公路延琉路部分路段改建工程完工。改建起点为八里店村，终点为永宁镇，全长11.9千米，道路等级为一级公路，路面宽度10.5～21米。工程于2006年开工，

2011年11月主体工程完工，遗留路段600米。延庆分局协调当地政府解决征地拆迁问题，清理后迅速组织施工。该工程对完善县域路网结构、促进区县间沟通交流具有重要作用，其中延庆香村营水库桥的修建，避开事故多发点段，改善道路线形，有利于提高行车安全水平。

（郭成建　侯学敏）

【门头沟区调整公交线路】 9月22日，960路公交车线路长度由12.4千米调整为13.6千米，营业时间为首站石厂村6：00—21：30，末站西辛房西6：00—21：30。设24站，配车20部，配双班20组，单班10组，计划日班次134次。调整后，原路线由981路替代。931路公交车增设双峪环岛西1站，线路走向由首站至侯庄子后直行，经双峪路到京煤集团再至苛罗坨，经108国道隧道至门头沟南村恢复原路线。线路长度由30.5千米调整为24.1千米。营业时间为首站地铁苹果园站6：15—19：00，末站潭柘寺6：00—18：00。设28站，配车20部，配双班20组，单班10组，计划日班次300次。调整后，原路线由892路、891替代。同时，开通石门营至戒台寺的通勤班车。

（王元媛）

【房山区整治建筑垃圾和砂石料运输】 9月，房山区交通局、公安分局联合交通支队、公路分局等部门，开展为期一个月的建筑垃圾和砂石料运输专项整治行动。以建筑垃圾和砂石料运输为重点，全面清理和打击超限超载运输、道路遗撒以及建筑垃圾乱存、乱放、乱倒等严重违规行为，累计出动执法人员3 400人次、执法车辆1 000余台次，检查车辆9 734台次，查处违法车辆430台。

（刘玉东）

【通香路二期改建工程完工】 10月上旬，通香路二期改建工程完工。该项目西起通州区西集环岛，东至市界，全长5.8千米，建设标准为城市次干路。改建后，通州东部地区的道路通行环境得以优化，与河北省周边市县的联系得到加强。

（郭成建　侯学敏）

【41座乡村公路危病桥改造完成】 10月21日至11月5日，市交通委组织对全市乡村公路五类桥进行检查。各区县对五类桥进行拆除或采取限行措施，并按照计划进行改造。全年共完成危桥改造41座，其中四类桥33座，五类桥8座。

（印良智）

【怀柔区桥梁限高限载标志设置完成】 11月5日，怀柔区148座乡村道路桥梁的限高限载标志安装完成，并通过验收。区交通局协调公路分局、住建委和各镇乡政府，完成桥梁摸底调查、资金筹集、标志设置和安装等工作，历时两个月。

（刘永宽　王彦钧）

【房山区设置省际长途经停站】 11月13日，房山区在长阳设置全市郊区县首个省际长途经停站，新国线7条省际客运线路首批实现配载。

（刘玉东）

【怀长路联络线改造工程开工】 11月15日，怀长路联络线改造工程开工。该项目为雁栖湖生态发展示范区重要配套工程，是2014年APEC会议交通保障路线。起点与北台路相交路口，向东经石厂环岛与京密路相接，道路全长3.9千米。北台路至石厂环岛段为新建工程，石厂环岛至京密路段为现况道路整治工程。设计标准为城市主干路，设计车速60千米/小时，新建桥梁2座。

（郭成建　侯学敏）

【南菜园桥改建工程完工】 11月16日，南菜园桥改建工程完工。该桥位于延庆县城中心，由南向北跨越妫水河。旧桥建于1979年，因多年超负荷运营，桥梁存在安全隐患，检测评定为三类桥。4月，延庆公路分局对南菜园桥进行改建。

（郭成建　侯学敏）

【印发促进农村交通工作指导意见】 11月18日，市交通委会同市财政局、市农委联合印发《关于进一步促进本市农村交通工作的指导意见》。分析全市农村交通工作面临的形式和任务，明确以安全为主线，以乡级道路建养、危病桥改造、危险点段改造以及郊区客运场站建设为工作重点，以绩效考核为抓手，建立农村交通工作政策保障长效机制，实现农村交通可持续发展的工作思路，并提出进一步促进全市农村交通工作的17条措施。

（印良智）

【康张路扩建工程完工】 11月20日，康张路扩建工程全部完工。康张路位于延庆县城西部，是2014年世葡会重要的道路保障。扩建项目全长1.89千米，通过对局部路段调整纵断高程、优化平面线形，使往来行车更加顺畅；新建北延段将110国道与古龙路连接，更好地承载世葡会、京藏高速、110国道的交通转换功能。

（郭成建 侯学敏）

【篱笆房客运站开工建设】 11月，房山区篱笆房客运站正式开工建设。项目位于房山新城良乡组团北部，京良路以南，长于路以西，规划二路、规划一路夹角处地块内。工程占地约46 500平方米，总建筑面积约14 481平方米，公交车驻车位51个，出租车到发车位12个，自行车位350个，小汽车停车位218个。

（刘玉东）

【顺平路、平程路提级改造工程主体完工】 11月，顺平路、平程路改造工程主体完工。顺平路提级改造工程起点为岳各庄桥，终点至918汽车站，全长3.85千米；平程路提级改造工程起点为顺平路，终点至平谷大街，全长1.4千米。工程于9月中旬开工，主要包括拆除绿化隔离带，主路由双向4车道拓宽为双向6车道，同时全部管线入地。两项工程均处于平谷区重要穿城路段，有助于缓解城区交通拥堵，提高道路通行能力。

（郭成建 侯学敏）

【平谷区开通学生公交专线】 12月13日，平11路总站由畅观楼调整到平谷二中，并增设公交站点，每周五下午和周日下午增加班次。该线路是平谷区交通局和区教委调研后开通的第一条学生公交专线，为中小学生提供乘车服务，解决区内北部山区、半山区中小学生上下学乘车难问题。

（王浩）

【密云县新建农村候车亭】 12月30日，涉及密云县10个镇的166个农村候车亭全部建设完成，并通过验收。

（曹莹 高峰）

【市西南交通枢纽综合管理平台建成】 12月，北京市西南交通枢纽综合管理平台建成并投入试运行。平台集信息收集、处理、分析、交换、共享、发布和辅助决策功能于一体，由西南区域交通运输应急指挥系统、交通道路视频监控系统、西南区域路网交通流量监测系统、视频会议系统组成，共接入监控视频200个，应用系统12套，覆盖行业监管、执法监控、路网监控和应急指挥四大方面。通过市、区两级交通信息联动，形成平战结合、多网联动、快速响应、处理有效的房山交通应急指挥调度平台。

（刘玉东）

【门头沟区“村村通”公交】 年内，门头沟区农村客运线路网基本形成，全区下辖9个镇、178个行政村基本实现“村村通”公交。区内“村村通”公交线路23条，配车58部，日计划发车172班次。其中21条线路号统一为892路，通达草甸水的线路与931路公交车混合运营，通达香峪的线路与961路公交车混合运营。门头沟区浅山区（最远至妙峰山）客流高峰日可满足约3.84万人公交出行，深山区客流高峰日可满足约2.43万人出行到门城地区。

（王元媛）

【门头沟区新建五级客运场站】 年内，门头沟区新建完成2个农村五级客运场站，分别是雁翅镇马套客运站、妙峰山镇樱桃沟客运站。

（王元媛）

【顺义区新建公交基础设施】 年内，顺义区交通局新建天竺、后沙峪、高丽营、牛栏山、李遂、北务、木林、龙湾屯等14座农村公交首末站，新建100座候车亭，更新57座，建设完成顺密路便民公交换乘站（一期）工程。

（白海鹏）

【密云县优化公交线网】 年内，密云县新延伸密2、密5、密15路三条公交线路，开通密6路公交支线，迁移980路光阳站、沙河站站牌和涉及县域内12条公交线路的京客隆站点。

（曹莹 高峰）

【延庆县优化调整公交线路】 年内，延庆县新开通南菜园—永宁南关—偏坡峪、南菜园—四海—下花楼2条公交线路，解决4个行政村通车问题。将延10与延3路两条公交线路优化整合为延10路，与现有延9路公交环线形成城区两大环线格局，线路始发延庆火车站北广场，进一步增强县域公交与S2线接驳功能。

（王亚娜）

【房山区更新公交站亭站牌】 年内，房山区新建公交站亭31个；更新建设公交站亭25个；在新城良乡、房山主城区和京周路、房易路、107国道等主干路及部分次干路建设1 644个标准化公交站牌；区交通局组织巡查房山城关、良乡2个城区，5个重点乡镇和9个旅游景点的公交站点5 000余处，清洗站亭4 800处，站牌18 000处，维修193处，拆除旧站亭78处。

（刘玉东）

【怀柔区完成公路绿化造林工程】 年内，怀柔区公路绿化造林工程全部完成，涉及京加路、滦赤路、中高路、宝碾路四条路线，绿化里程96千米。工程以加厚、加密、加大路域绿带为主，路树更新为辅，坚持“见缝插绿，土不露天，以树为主，三季有花，四季常青，乔灌花草搭配有序”的原则。作为北京市平原造林工程建设的一部分，累计完成新植乔木 4 830 株、灌木 24 517 株、攀援植物 25 075 株、地被 1 970 平方米，达到乔、灌、花相结合的立体绿化效果。

（郭成建　侯学敏）

【推进乡村公路抽检工作】 年内，市交通委采取多项措施推进乡村公路抽检工作，委托相关单位利用现代通信、计算机网络等技术集成创新，建立远程督查系统，对检测车运行情况实时监测，提高督查效能，确保检测结果真实可靠。根据全市乡村公路特别是水泥路实际情况，采用科学的评价指标，合理确定路面使用性能指数（PQI）各项参数权重，确保检测结果客观公正。

（印良智）

【推进乡村公路建养标准化】 年内，市交通委着手制定《乡村公路路面养护技术要求》《乡村公路路面养护定额标准》《乡级公路建设技术规范》等标准化文件，通过技术手段破解乡村公路管养难题。

（印良智）

【超限超载源头源尾及重点道路桥梁台账建立】 年内，市治超办建立全市超限超载源头源尾及重点道路桥梁台账，确定了混凝土搅拌站 169 个，砂石料场站 126 个，沥青、水泥等无机料搅拌场站 73 个，固体矿类 44 个，构件厂 52 个和建材企业 37 个。同时，还对全市易发生超限超载违法运输路段、市属道路桥梁情况和乡村道路桥梁情况进行统计。

（刘金鹏）

气候概况和气候评价

2013 年，北京市大风偏少，雾日、沙尘日数略多，高温日数偏多，霾日偏多，为 1981 年以来最多。汛期多次出现强降水事件，其中，7 月 15 日出现年内最大一次暴雨过程，3 测站日降水量超建站以来 7 月中旬日降水量极值。7、8 月份连续出现高温闷热天气，使得全市供水量及电力负荷连创新高。

【气温】 年平均气温接近常年。北京地区 2013 年平均气温为 11.3℃，接近常年（11.4℃）及近 10 年均值（11.6℃），比 2012 年偏高 0.3℃。高温日数偏多，观象台高温日数 10 天，比常年同期（8.3 天）和 2012 年（7 天）偏多，接近近 10 年均值（9.2 天）。

高温天气主要出现在 7 月上旬 4 天、下旬 3 天。观象台极端最高气温为 38.2℃，出现在 7 月 24 日；极端最低气温为 −14.1℃，出现在 1 月 5 日。

季节差异明显，上半年气温以偏低为主，下半年以偏高为主。1—4 月平均气温明显偏低，5 月份回暖，7—8 月气温偏高，9—10 月气温基本正常，11—12 月偏高。

（曹冀鲁　舒文军）

【降水】 年降水量略偏少。北京地区 2013 年降水量为 508.4 毫米，比常年（545.9 毫米）、近 10 年均值（545.3 毫米）和 2012 年（758.7 毫米）分别偏少 6.9%、6.8% 和 33%。降水空间分布不均匀，东南部和西南部地区降水量超过 500 毫米，西南部的霞云岭最多，为 644.6 毫米；斋堂最少，仅为 410.1 毫米。

多数月份降水偏少。除 1、3、6、7、9 月降水偏多外，其余各月降水均偏少，其中 4、5、11、12 月降水比常年偏少 5 成以上。大范围强降水过程主要集中在 7 月前半月：分别是 7 月 1—2 日、8—10 日、15—16 日。其中，7 月 15—16 日出现年内最大降水过程，全市平均降水量为 58.1 毫米，达暴雨量级。

年降水日数接近常年。观象台年降水日数为 71 天，接近常年（69.6 天）及 2012 年（74 天），比近 10 年均值（66.6 天）偏多。其中暴雨日数 1 天，比常年（1.7 天）及 2012 年（3 天）偏少，接近近 10 年均值（1.1 天）。观象台最大日降水量为 84.2 毫米，出现在 7 月 8 日。

（曹冀鲁　舒文军）

【日照】 日照时数正常。北京地区 2013 年日照时数为 2 360.5 小时，比常年（2 504.0 小时）略少，接近近 10 年均值（2 353.0 小时）和 2012 年（2 395.2小时）。

冬季北京地区日照时数为455.2小时，比常年（555.9小时）偏少近二成。春季日照时数为709.1小时，比常年（719.9小时）略少。夏季日照时数为563.9小时，比常年（626小时）偏少近一成。秋季日照时数为565小时，比常年同期（601小时）略少。

（曹冀鲁　舒文军）

【高影响天气】

雾日接近常年。2013年观象台出现14个雾日，接近常年（13.1天），比近10年均值（9.0天）偏多。

霾日偏多。2013年观象台出现125个霾日，比常年（27.0天）、近10年均值（58.7天）和2012年（124天）均偏多。

大风偏少。2013年观象台仅有1天出现大风，比常年（12.6天）、近10年均值（7.8天）明显偏少，为1951年以来最少年份。

沙尘略多。2013年观象台沙尘日数为12天，略多于常年（10.1天），比近10年均值（5.5天）及2012年（1天）明显偏多。沙尘日数多数出现在秋季，共为9天，为1961年以来同期最多。

雷暴日数偏少，初雷日期偏晚。2013年观象台雷暴日数为19天，比常年（32.9天）、近10年均值（28.2天）及2012年（28天）偏少。2013年观象台初雷日为5月24日，比常年推迟近1个月。

【主要天气气候灾害事件及影响】风沙。2月28日北京市出现大风、强沙尘天气，全市20个气象站有12个测站记录有浮尘或扬沙天气。朝阳站该日极大风速达20.2米/秒。28日一早出现了霾，中午前后出现沙尘，两种天气现象叠加使得空气质量急剧下降，据环保监测中心的监测数据，PM10瞬时值接近1 000微克/立方米。

雷电灾害。年内全市共发生雷电灾害29起，其中人身伤害3起，2人死亡、1人受伤；单位电子设备等遭雷击15起；居民区电器设备等遭雷击7起；直击雷造成树木、高压线、民居等受损4起，雷击灾情共造成直接经济损失近百万元。6月4日15时左右，1名14岁的深圳男孩在攀登慕田峪长城途经14号烽火台时，被雷击伤短时休克；7月7日23时左右，大兴区黄村镇周村一村民家房屋遭雷击倒塌，砸死屋内1人；8月11日8时30分左右，首都机场T3航站楼的626机位因雷击造成1人死亡，1人受伤。

（曹冀鲁　舒文军）

【气候对农业的影响】年内主要气象灾害为大风、冰雹、暴雨、低温。其中以暴雨造成的损失最大，7月31日至8月1日出现局地暴雨天气，导致京郊大面积玉米、果树、蔬菜受损，农田被淹，2.5万人受灾。总体上气象灾害较常年偏轻。

3月9日10时至20时，大兴区出现5、6级左右偏北风，阵风7、8级，其中庞各庄镇最大瞬时风速达到11级（29.6米/秒）。大风造成礼贤镇、庞各庄镇等7个镇的87个村的184公顷农业设施的棚膜及部分设施主体受到损坏，同时两家养殖场的畜禽舍遭到大风破坏，造成家禽死亡1 600只，共计造成经济损失1 384.55万元。

3月下旬气温普遍较常年偏低，日照偏少，使得返青起身期推迟，春季恢复生长缓慢。据调查，全市麦田返青期为3月13日，较常年推迟5天，起身期为4月10日，较常年推迟5天。

6月11日下午，北京市城区普遍降雨，昌平区延寿镇海字村、慈悲峪村发生冰雹灾害；夜间21时至21时20分，怀柔区普降大雨，并夹杂着冰雹。琉璃庙镇、汤河口镇等地共计34个村遭受冰雹灾害，最大粒径15毫米，两区直接经济损失1 987.4万元。

6月24日，大兴区出现冰雹，灾害涉及黄村镇、青云店等8个镇，146个村，造成设施及农作物受损，受灾总面积1 743.3公顷。经济损失1 750.16万元。

7月1日夜间，大兴区局地大到暴雨，受灾面积910公顷；7月15—16日，密云县出现暴雨过程，农作物受灾面积616.6公顷。

7月31日至8月1日，大兴区暴雨，受灾面积达5 032.5公顷，经济损失达4 733.91万元。

8月4日，大兴区出现雷雨大风天气，受灾面积达1 984.9公顷，经济损失达2 248.234万元。平谷区受灾面积达4 209.2公顷，经济损失达3 598.5万元。

（曹冀鲁　舒文军）

【气候对水资源的影响】2013年夏季北京降水量为384.8毫米。密云站降水量为480.6毫米，比常年同期（447.8毫米）偏多约1成；延庆站降水量为418毫米，比常年同期（273.7 毫米）偏多五成。截至 9 月 1 日 8 时，官厅和密云水库可利用来水量分别为 7 811 万立方米和 32 441 万立方米，官厅水库可利用来水量比上年同期偏少 119 万立方米，密云水库可利用来水量比上年同期偏多 22 182 万立方米。

（曹冀鲁　舒文军）

【气候对供电、供水的影响】7 月下旬，北京连续出现高温天气，7 月 25 日，城区日供水量创出北京百年历史新高，达 289.2 万立方米，超过 2010 年 288.4 万立方米的历史纪录。7 月 30 日 16 时 34 分，北京地区电网最大负荷达到 1 679.7 万千瓦，突破了 2010 年出现的历史最高纪录 1 666 万千瓦。

8 月中下旬北京地区出现闷热天气，使得北京城区日供水量及电力负荷连创新高。8 月 15 日，北京地区电网最大负荷达到 1 775.95万千瓦，再次突破历史最高纪录。8 月 26 日城区日供水量创出历史新高，达 298 万立方米。

（曹冀鲁　舒文军）

山 区 建 设

综 述

2013年山区建设按照生态涵养发展区功能定位，以沟域经济建设和山区农民搬迁为切入点，进一步改善山区农民的生产生活条件，山区农民收入快速增长，全面提升山区生态文明水平，山区建设取得明显成效。

1. 加大生态文明建设力度。继续推进京津风沙源治理、“三北”防护林建设、太行山绿化等国家级生态工程，完成人工造林10.95万亩、封山育林45万亩，彩色树种造林2.18万亩。完成森林抚育60万亩，启动了7个山区县森林健康经营示范区建设。完成区县、乡镇级公路河道绿化300公里。大力推进野鸭湖、松山、百花山等重点湿地和国家级自然保护区建设。建成34条生态清洁小流域，做好山区水土保持工作，增强山区生态屏障功能。

2. 加大对绿色产业的扶持力度。重点沟域实施产业类项目38个，完成投资6亿元。传统林业产业加快提质增效。全市果品、花卉、种苗、蜂业等传统林业产业加快优化升级，总产值达到100多亿元，已成为促进农民就业增收的重要载体和支撑。新型林业产业发展迅速。全年新发展林下经济21万亩，累计达到50多万亩，产值达到20多亿元，带动10万户、30多万农民就业。7个山区县农业观光园接待13 652 036人次，经营总收入167 921.1万元。民俗旅游接待17 565 095人次，总收入99 060.6万元，占全市的97.2%。

3. 加大对山区旅游品牌的培育。房山贾河梨园、延庆四季花海、房山长沟镇向日葵园3个园区获得“中国美丽田园”称号。密云县蔡家洼村被农业部授予“中国最有魅力休闲乡村”称号，延庆县荣获2013年“全国休闲农业与乡村旅游示范县”称号，怀柔白河湾沟域经济产业带、门头沟涧沟村荣获“示范点”称号。门头沟斋堂镇，房山长沟镇、十渡镇等10个乡镇被评为“市级休闲农业与乡村旅游示范乡镇”。

4. 加大山区农民搬迁力度。2013年是《北京市人民政府关于实施新一轮山区地质灾害易发区及生存条件恶劣地区农民搬迁工程的意见》的第一年，山区搬迁无论是从扶持力度上还是实施规模上都有了提升。从补助政策上看，对农民的建房补贴由上一轮的每人1.3万元提高到1.8万元，对基础设施补贴由每户3万元提高到4万元；从实施规模上看，2013年启动搬迁1.4万余人，将近2012年的3倍。山区搬迁对于改善山区农民生产生活条件、发展山区民俗旅游业具有重要意义。2014年搬迁农民6 890户14 829人，涉及门头沟、昌平、平谷、怀柔、密云、延庆6个区县27个乡镇66个行政村。

5. 提高社会事业补助标准。农村低保最低标准从家庭月人均380元调整为460元。城乡居民基础养老金从每人每月357.5元提高到390元，福利养老金从每人每月277.5元提高到310元。低收入农户、低收入村增收成效显著。通过制订发展规划、促进就业、加强帮扶等多方面手段加快提高农村经济薄弱地区的农户生产和生活水平。全年低收入户人均收入 8 052 元，同比增长 14.7%，比全体农民高 3.4 个百分点。全市农村地区社区服务站实现了全覆盖，公共卫生服务项目逐步实现覆盖城乡。

沟域经济

【沟域重点实施五大工程】市沟域经济联席会议确定了年度重点沟域名单，分别是房山上方花海沟域、门头沟田庄沟域、昌平延寿沟域、平谷九里山沟域、怀柔满韵汤河沟域、密云酒乡之路沟域、延庆冰川绿谷沟域。7 条沟域总面积 814 平方公里，涉及 9 个乡镇，129 个行政村，7.3 万人。沟域重点实施以下五大工程：一是生态建设工程。包括宜林荒山绿化，小流域综合治理，废弃矿山及裸露山体生态修复，太阳能、沼气、秸秆气化等清洁能源的推广利用等。二是环境整治工程。包括道路、河道两侧和村庄的治脏治乱，绿化、美化、净化等。三是基础设施建设工程。包括沟域内路网、供电、上下水、通讯，旅游咨询接待站、商品销售亭、停车场、厕所、观景台、各种标示等公共配套服务设施的建设完善。四是产业建设工程。包括特色一产、观光采摘园、农产品加工包装企业、重要景区景点、餐饮服务业、休闲养生会所，企业总部、研发中心的建设和引进等。五是村庄和新民居建设工程。包括搬迁新村、农村新社区、新民居的建设，民俗旅游村打造等。

（王景辉）

【7 条重点沟域投资 15.4 亿元】全年对 7 条重点沟域实施了环境整治、生态建设、基础设施、新村民居和特色产业五项工程项目 201 个，完成投资 15.4 亿元。其中，公益类项目 163 个，完成投资 9.4 亿元；产业类项目 38 个，完成投资 6 亿元。一是生态环境得到改善。7 条沟域全年实施生态环境项目 88 个，完成投资 4.8 亿元，其中造林种草 2.4 万亩，抚育和改造近 5 万亩，整治沟域 474 处，种植花卉 3 600 亩，酒乡之路玫瑰情园、冰川绿谷亚洲最大冰臼和慈母川步道公园均已建成，房山区上方花海经过一年建设改变了“7·21”水毁和脏乱差的面貌，打造出大地花海景观。二是基础设施不断完善。沟域景观标识系统、停车港湾、观光步道、公厕等 220 处项目陆续实施，密云学府路等景观道路投入使用，沟域的公共基础设施不断完善，旅游服务设施实现规范化。山区搬迁、新民居改造与沟域经济协同推进，7 条沟域内，15 个搬迁新村工程项目启动实施，酒乡之路的水树峪村结合搬迁打造特色民俗旅游新村，满韵汤河的二道河村建设彰显满族传统民居旗营古貌和特色文化，搬迁新村中榆树店村，后续产业发展良好，国庆期间 48 户民俗户家家爆满，出现了“农户腾自己房供游客居住”的场面。三是特色产业形态初显。酒乡之路葡萄产业一、二、三、四产业融合步伐加快，仅葡萄产业就实现税收 5 600 万元。九里山沟域大桃、核桃等林果产业已初具规模。上方花海发展油菜花、彩葵 1 500 亩，安置就业 621 人，实现土地流转收益和花卉收益 900 余万元，创造了“土地流转收入＋就业工资收入＋花卉产业确权分利收入”的增收模式，接待游客 30 万人，实现旅游综合收入 2 200 万元，户均增收 7 000余元。初步统计，7 条重点建设沟域，有 3 条沟域农民人均纯收入同比增长超过 20%，其余均超过全市山区平均增长水平。

以“新三起来”为重要举措，采取租赁、股份合作等形式，推动土地流转起来，扩大沟域市场吸引力。密云县酒乡之路先后流转土地 7 000 亩，发展葡萄园区 14 个，以张裕爱斐堡为龙头，集葡萄种植、加工、休闲旅游、文化创意四次产业为一体，沟域经济特色更加鲜明。盘活村落、自然山水等存量资源，实现优质要素流动，推动资产经营，释放沟域发展活力。门头沟田庄沟域依托白瀑寺和南石洋大峡谷项目，吸引社会投资 2.5 亿元。建立起旅游、特色种养和民间工艺等农民合作组织，把农民组织起来，实现收入倍增。平谷区九里山沟域闫式葫芦产销专业合作社吸纳农民 113 人，开发葫芦烫画艺术品 200 余种，每个葫芦由原来的两三元增加为二三百元，户均增收 2 000 多元。

（王景辉）

【典型沟域介绍】

1. **延庆县冰川绿谷沟域。**位于县城东南部大庄科乡，距北京城区 68 公里，总面积 126.57 平方公里，涉及 29 个行政村，2 682户，5 853 人。2013 年冰川绿谷沟域本着高起点规划、高品质建设、高水平经营的标准，通过产业发展、生态提升、环境整治、基础设施建设、新村民居打造等工程，构建一条健康养生休闲产业为主导，生态文化旅游、有机立体农林经济为支撑的综合型沟域经济发展带。一是环境整治及生态提升工程。实施小流域治理、森林健康经营、道路两侧、村庄节点绿化美化等项目，共建景观水面 13 处，清淤 3 000 立方米，栽植花草 9.2 万株，外立面粉刷 166 万平方米，中幼林抚育 3 800 亩。二是高标准进行停车场、观景台、公厕等基础设施建设。建景观山门 3 座、停车场 4 处、文化广场 1 处、旅游咨询接待站 2 处、公厕 2 处；安装标识宣传牌 295 个；进村路拓宽硬化 5.5 公里；铁泰路建设 3.1 公里路基整理完毕。三是新村民居工程，启动沙门、黄土梁、铁炉 3 个村的搬迁工作。完成慈母川村慈孝文化建设。四是特色产业工程。按照冰川绿谷沟域发展总体规划，以产业富民为目的，大力发展三层立体循环农业。引进优良种蜂，全乡蜂群达到8 500群；新种植板栗燕红、燕丰 500 亩；引进红油香椿 3 万株，新增栗蘑 70 亩，林下累计种植香椿、杂粮、栗蘑共计 3 000 余亩；积极开展有机食品的申报认证工作，板栗、核桃、红果、栗蘑、蜂蜜等 7 种农产品已经获得了有机转换认证。在平北红色第一村沙塘沟，结合本地区革命历史，修建一座红色场馆。慈母川村以慈孝文化为主题，被推荐为北京最美乡村候选村。已经对钟离古庙进行恢复，完成了二十四孝浮雕镶嵌、慈孝堂建设，把文化元素融入到沟域建设中。依据“冰川绿谷”沟域整体规划设计，加大招商引资力度，引进有实力的企业参与沟域的开发建设。北京莲花山蜂产品专业合作社与中科院微生物研究所合作筹建的有机蜂蜜营养酒厂已经能够批量生产，年产量 60 吨。沟域建设取得明显成效。

2. **密云县酒香之路沟域。**位于密云县巨各庄镇，距县城 7.5 公里，以新密兴路和久黄路为主线，西起蔡家洼村，东抵前厂村，北至査子沟村，全长约 30 公里，面积约 80 平方公里，涉及 26 个行政村，12 876 户，24 585 人。2013 年由中标单位中国建筑技术集团有限公司设计了《北京市密云县巨各庄镇“酒乡之路”沟域经济规划》。巨各庄镇打造酒乡之路，围绕密云“绿色国际休闲之都”发展定位，以新密兴路为主轴，以葡萄酒庄产业带暨“酒乡之路”为主题，打造集精品农业、农产品加工业、旅游休闲业、文化创意产业于一体的“精致乡村生活的体验地，国际休闲梦想的实现地”。为确保“出形象、有进展、见成效”，在酒乡之路的建设，围绕葡萄产业主题，实施了“三个双”措施：一是“双保障”夯实沟域建设基础。县、镇两级政府高度重视，从组织、资金两个方面，给予了坚实保障。二是“双驱动”助力五项工程实施。针对沟域经济、环境、交通等条件良好的镇情域情，酒乡之路沟域建设采取了公益性项目和产业性项目双轮驱动的模式。三是“双要素”构筑特色产业模式。巨各庄镇位于北纬 40.22°，为葡萄种植最适宜纬度。酒乡之路围绕葡萄主题，大作特色文章，借势张裕爱斐堡酒庄，“两条腿”走路，调动社会、农民“双要素”，实行高端项目、农民主体相结合。与张裕爱斐堡葡萄酒庄园等企业合作，形成万亩葡萄的基地规模，投资 7 800 万元建设巨丰欣悦酒庄、橡树堡酒庄、骏熙伟业等 8 家精品葡萄酒庄，流动管护用房等项目配套跟进。另一方面，发挥农民主体作用，引导丰各庄、水峪等 11 个村 3 700 户农民中发展庭院经济，栽植葡萄种苗 14 800 株。“龙头辐射、农民参与、梯次分明、优势互补”的葡萄特色产业模式初步形成。

3. **房山上方花海沟域。**“上方花海”沟域位于韩村河镇西部，沟域面积 65.4 平方公里，涉及 10 个村，5 047 户，13 799 人。沟域以上方山国家森林公园景区为带动，以“花”文化为主打产业，以万亩“天开花海”建设为核心区，努力打造北京西南特色沟域产业带。一是合理规划，明确沟域建设主题。北京农学院园林学院设计完成的韩村河镇“上方花海”沟域规划方案突出三个特点。首先，确立以“花”文化为沟域发展主题，实现了规划设计与政府发展思路的有机结合；其次，以万亩“天开花海”建设为主体，形成连接上方山国家森林公园和“全国十大名村”韩村河村的新结点；第三，通过“一沟两湖五产业，三线八区十二景”的空间布局，形成了以“花海—农业景观—山水景”和“寺庙—佛塔”为载体，自然景观和人文景观相融合的新特色，形成探古、寻幽、赏花、览奇为特色的沟域产业带。二是统筹协调，形成沟域建设合力。2013年韩村河镇“上方花海”沟域被列为区政府实事工程之一。区委书记、区长等主要领导先后多次到沟域进行专题调研，建立职能部门协调联动机制。成立由主管副区长任组长，区17个职能部门为成员单位的沟域经济发展工作领导小组，建立联席会议制度。韩村河镇党委、政府把实施“上方花海”沟域建设列为“一号工程”。成立由镇党委书记任政委，镇长任总指挥的沟域建设指挥部，全面落实沟域建设工作。三是美化环境，夯实沟域建设基础。通过小流域治理、绿化造林等大规模生态工程建设，营造了山青水美的大环境，先后完成小流域治理10公里，绿化造林7 395亩，形成万亩森林景观带；重点对村庄周围环境进行综合整治，全面清理垃圾、渣土、治理乱堆乱放、拆除违章建筑，对沿线全部村庄进行外立面粉刷，绘制外墙宣传画和标语；实施道路两侧绿化，建设路边花园，安装绿篱、护栏；在沟域入口、龙门生态园、“天开花海”等主要道路、重点地段及景点醒目位置，设立大型宣传牌、灯箱广告、指示牌、道旗等标识标牌。四是突出特色，打造沟域建设的产业支撑。沟域依托特色优势，抓龙头、连农户、拓市场，打造出“两个一万、三个一千”特色产业工程，带动沟域内10个村农村经济总收入、农民人均收入、劳动力就业同比分别增长13%、12%、8%。现已建成对外收售门票的花海景区2 000亩。景区农户1 020家，每年可获土地流转费318万元，花海经济效益70%分红，户均增收5 000元左右。同时，带动周边新发展“上方人家”民俗户63家；借助“太湖牌上方山香椿”品牌和“罗家峪红薯”传统种植经验，建设圣水绿洲万亩香椿种植园和薯香苑千亩红薯种植园，在扩大产业规模的基础上，开发农产品深加工、特色餐饮、休闲体验等相关产业；引入北京尚大沃联福生态农庄，通过电子商务、DIY活动、儿童拓展训练项目等时尚销售方式，带动有机蔬菜产业发展；采取“QQ果场”经营模式，推出“游客亲手入园采摘，最好的果子论个儿卖”的新型营销模式，带动果品种植业发展，种植面积扩大到1 500亩；引入龙门生态园、韩建集园开发建设湿地养老公寓、夕阳红小镇休闲养老产业等新型业态。

4. 平谷九里山沟域。沟域涉及熊儿寨乡7个行政村，1 680户，4 122人，沟域面积59.2平方公里。树立生态有为发展理念，按照沟域建设景区化、景观打造生态化发展模式，以农民增收致富为目标，围绕“一轴两带八个园区”，整合树上树下资源，建设生态果园，发展生态旅游，促进一、三产业融合，构建山区农业产业和旅游产业和谐发展的良好格局。一是花园果园同时建，让沟域成为城市后花园。率先实现垃圾分类常态化管理，并将环境治理上升到环境保护层面，每年投入几十万元，实现垃圾分类常态化。垃圾无害化处理率100%，垃圾桶使用率97%，垃圾总量减少95%以上，形成了户分类、村运输、乡收集的垃圾分类模式，农民养成了垃圾日产日清的好习惯。大力实施房前屋后是菜园、道路两旁花果园和全乡是个大公园的“三园工程”，对“一轴两带”主干路和进村道路进行绿化美化，建设最美乡村大道。平程路两侧栽植二月兰和波斯菊观光走廊400亩，垒花墙3 200米，栽种花木5万多株。鼓励农户在庭院种植葫芦、丝瓜、南瓜、葡萄等农作物，还对全乡妇女开展葫芦烫画培训，提高农民就业技能。经过葫芦烫画加工，形成具有较高经济价值和观赏价值的手工艺品。尤其以东沟葫芦烫画最为有名。现已成立闫式葫芦产销专业合作社，社员113人，开发葫芦烫画艺术品200余个。二是树上树下一起管，让特色农业成为摇钱树。充分利用树上树下资源，加大技术指导和服务力度，制定奖励扶持政策，壮大特色农业产业发展。加大园区基础设施投入力度，发展北土门村薄皮核桃基地、熊儿寨村百亩杏园、魏家湾村红果园和南岔村桃园四大果品园区，并多方筹措资金，给予农民种植政策补贴，对老旧果树品种进行改良升级，提高果品质量。已建标准化果园2个、特色果品基地2个，年产干鲜果品1万多吨，实现树上果品产值4 000余万元。充分利用树下资源，种植苜蓿、二月兰等牧草，既美化环境，又为养殖业提供饲料。沟域内已建成林间空地单元式养殖小区10个，山场散养柴蛋鸡22户，规模猪场4个，实现了树下牧草促养殖、养殖粪便促果品种植的绿色循环经济产业链条，树下经济减少了畜牧饲料和果树肥料开支，户均增收千余元。三是生态旅游相结合，让都市慢生活深入人心。沟域发展民俗旅游接待户100户，有床位1 400个，重点推出大煎饼、鸽子宴、萝卜丸子汤等农家美食，深受游客喜爱。该沟域年接待游客40万人次，实现旅游收入1 500多万元，民俗旅游业已成为该乡农民致富的朝阳产业。东沟村充分利用修剪下来的桃枝资源，推出了主打菜——鸽子宴，尤其是桃木熏鸽，远近闻名。先后建设四大高端旅游景区，其中老泉口西山景区是由老泉口村集体与北京汇金谷签约合作，共同成立了北京老泉绿谷旅游开发有限公司，村集体占30%股份，现已投入6 000多万元，吸纳50多名村民就业。该景区已成为游客到沟域旅游的首选休闲纳凉之地。2013年以来，景区接待游客5万余人次，实现旅游收入150万元。

5. **门头沟田庄沟域**。田庄沟域位于门头沟区西部深山区，以南雁路和高芹路为轴线形成延绵60余公里的沟域环带，沟域总面积82.47平方公里，行政隶属雁翅镇管辖。沟域范围内有15个行政村，1 897户，3 618人。大力实施五项工程，累计完成投资47 357.8万元，其中：公益性项目市区专项资金1 000万元，集成整合资金9 222万元，经营性项目投资37 135.8万元。田庄南山、高台青泉、淤白天盛、淤白白瀑寺沟、泗家水黑港沟等流域治理效果明显，田庄沟域的环境质量明显提升，初步形成了天蓝、草绿和水清的生态环境。农民增收效果显现。建设香椿基地1 600亩，解决了劳动力就业450人，农民人均增收2 000元。建设大村3 170亩核桃，2 370亩杏扁，1 860亩黄芩，解决了劳动力就业480人，农民人均增收3 100元。同时，农产品加工业直接带动当地150余人就业，带动上千农民种植黄芩间接就业。南石洋大峡谷景区建设项目直接安置当地劳动力80余人，农民租赁增收60余万元，产业带动增收120万元。田庄村进行土地整理项目，安置本村劳动力40余人；生态综合治理项目，安置当地劳动力50余人，带动当地农民劳务增收60万元。旅游服务质量提升。北京国际自行车赛的举办，南石洋大峡谷景区、白瀑寺景区、天盛湖景区等的建设，京西山区中共第一党支部红色旅游的开展，北京青泉观光园、泗家水香椿文化园等农业园区的发展，苇滋水明清古村落的修复，苇滋水秧歌戏、田庄村的聒子鼓、淤白村蹦蹦戏、《大河之舞》等文化活动的开展，沟域形成了浓厚的文化艺术氛围和较大的影响力。2013年，月均接待游客3万人次，年累计可达36万人次。

6. **怀柔满韵汤河沟域**。总面积396.24平方公里，共涉及汤河口、长哨营乡、喇叭沟门3个镇乡，30个行政村，15 000余人。该沟域历史悠久、人文独特，其中长哨营和喇叭沟门满族乡是北京市仅有的两个整建制满族乡，拥有360多年的满族文化底蕴。各项工程进展顺利。环境综合整治工程：通过实施环境治理、绿化美化、统一风貌、名称标识、景观节点等工程，使沟域内达到整体环境清洁美观，公路沿线整齐划一，绿化整洁，村庄建筑风貌和外观形成统一风貌。生态治理工程：加强生态治理建设，有效提高沟域内生态环境。完成后沟小流域综合治理工程，治理水土流失面积20平方公里，建设内容包括疏浚河道1 500米，栽植果树18 000棵等。基础设施建设工程：完成东岔新村街坊路建设2.7万平方米；完成西府营二类公厕建设，新建二类公厕2座；完成北辛店农业综合开发建设；完成避险场所项目建设。新村民居工程：对沟域内二道河、老西沟、孙栅子、胡营村实施泥石流搬迁工程，共计522户、1 188人。同时结合山区搬迁等政策，沟域内通过升级改造新发展民俗户78户，为农民增收致富拓宽了渠道。特色产业工程：3个镇乡计划对370栋鸡舍进行维修改造，改造后肉鸡出栏可保持在700只，可实现产值1.8亿元，效益可达600万元。喇叭沟门乡与和牛北京生物科技（北京）有限公司合作，在西府营村开发建设和牛原种场，使特色养殖业与山区民俗旅游业有机融合，创造超过300个就业家庭，实现农民增收200万元。汤河口镇以养生文化特色为主，大力发展金银花、刺五加等中药材为主的特色种植产业，长哨营已经逐步形成设施蔬菜和食用菌专业生产基地，喇叭沟门形成了太平果等特色果品专业生产基地。围绕山水实施生态建设工程，2013年满韵汤河沟域内累计完成绿化造林 3 850 亩，林木绿化率达到 76.42%；完成清洁小流域 20 平方公里；地表水质达到Ⅱ类标准，空气质量达到二级和好于二级的天数为 297 天。沟域内现有民俗旅游村 7 个，民俗户 255 户，2013 年累计接待游客 54 万人次，实现旅游综合收入 2 648万元。其中长哨营乡三天满族风情节期间，共接待游客 1.7 万余人，实现旅游综合收入 100 余万元。

7. **昌平区延寿沟域**。地处燕山军都山生态屏障区，交通较发达，生态良好，著名的银山塔林、大杨山国家森林公园、延寿寺等旅游景点均坐落在沟域内。建成了 17 处以“寿”命名的大小景观节点，形成了沙岭村迎寿园、黑山寨长寿园、慈悲峪望寿园三处知名景观节点，其间巧妙地布设了寓意深刻的 17 个“寿文化”石刻。培育新型产业，北京海疆栗蘑产销专业合作社，现有社员 318 户，带动周边 500 余农户，入社林地 5 万亩，年总产值近 800 万元。合作社以农户为基础、以林业为依托、以提高农民组织化程度为途径，积极为社员做好产前、产中、产后服务，大胆探索栗蘑从实验室自行培育到科学化种植，再到产品深加工的“栗蘑研产加一体化”模式。延寿沟域现有栗蘑种植户 800 余户，种植规模已经达到 130 万袋，年总产值有望突破 1 000 万元。

（夏胜银　王景辉）

地质灾害易发区农户搬迁

【全年搬迁农户 6 890 户】 2013 年是北京市新一轮山区农民搬迁工程的启动之年，搬迁工作纳入市政府为民办实事工程。全年搬迁农民 6 890 户，14 829 人，涉及门头沟、昌平、平谷、怀柔、密云、延庆 6 个区县（房山区搬迁工程纳入“7·21”安置房建设计划），27 个乡镇，66 个行政村，其中有 30 个地质灾害易发村、20 个受洪水威胁村和 22 个低收入村。

（李源茂　王景辉）

【搬迁工程管理进一步规范】 年初，市农委、市财政局、市国土局等 7 部门联合印发了《北京市新一轮山区地质灾害易发区及生存条件恶劣地区农民搬迁工程管理办法》。针对搬迁新村用地问题，市国土局出台了《关于落实地质灾害易发区紧急避险搬迁用地有关问题的通知》（京国土征〔2013〕306 号），解决了搬迁新村建设紧急用地和手续办理周期长的矛盾。市园林绿化局到平谷进行实地调研，简化林业用地审批程序。针对新村选址难、前期费用高的问题，平谷区安排 3 000万元专项资金，由区国土局牵头，年内统一完成了全区地质灾害易发区搬迁村选址地质灾害评估工作。怀柔区国土分局率先完成了新一轮山区搬迁需要调整土地利用总体规划的 51 个搬迁村选址，并对不符合 2006—2020 年土地利用总体规划的 34 个搬迁村进行了修编；规划分局和相关镇乡政府对不符合村庄规划的 11 个搬迁村进行了村庄规划的调整。创新工作方法，盘活农村资产，搬迁新村通过科学规划合理布局，节约村庄建设用地，用于村集地产业发展。如怀柔区二道河村通过搬迁工程建设“满族镶黄旗”文化新村，全面展现满族传统民居旗营古貌和生活习俗。

（李源茂　王景辉）

【整合搬迁资金】 年初，市财政按每人 1.8 万元建房补贴、每户 4 万元基础设施补贴的标准，将 90%的专项补助资金拨付到区县。区县政府也分别提高了配套政策资金补贴标准，并集成市建委农宅抗震节能改造政策资金 1.3 亿元，市发展改革委安排巩固退耕还林成果生态移民政策资金 2 300 万元，延庆县白河堡村获得水利部 3 000 万元政策资金支持，密云县对泥石流易发区搬迁新村建设涉及的地上物补偿和基础设施建设费用按 50%给予补助，并结合节能减排，安排 1 100万元为搬迁农户安装红辐源电热供暖系统。怀柔区喇叭沟门满族自治乡形成了以农民为主体的成功搬迁模式。全乡 15 个行政村，已完成搬迁 11 个，据乡镇统计，共享受政策资金补贴 1.7 亿元，农民自筹资金近 1 亿元。

（李源茂　王景辉）

【出台新一轮山区搬迁工程管理办法】由北京市农委、市财政局、市国土资源局、市发改委、市规委、市住建委和市水务局联合印发了《北京市新一轮山区地质灾害易发区及生存条件恶劣地区农民搬迁工程管理办法》（京政农函〔2013〕44号），对搬迁的背景、时限、范围、原则和方式进行了规定，按照“政府主导、农民主体、部门联动、分级负责”的方式组织实施，年度计划一经批复，原则上不得变更。工程实施2013年4月，搬迁新村陆续启动开工建设，在第2年汛期前，全面完成新民居内外装修及新村基础设施配套工程，搬迁农户全部入住。集成市、区（县）有关部门的生态移民、农宅抗震节能改造、新农村基础设施转移支付、村级“一事一议”、道路交通、水利工程等建设项目的资金，集中用于搬迁新村建设。

（李源茂　王景辉）

【实施搬迁政策的好典型】

1. **密云县不老屯镇史庄子村。**史庄子村位于密云县不老屯镇北部的三棱山脚下，属深山区，坐落在依山傍水的不老湖畔，地势东高西低，村域地形为东西方向，共有4个自然村，农业人口320人，148户。2009年，史庄子村依托得天独厚的自然资源条件，提出了打造国际化宜居人家的发展目标，根据泥石流搬迁政策，史庄子村投资2 000多万元，实施宜居工程建设。到2013年，建成新式欧式别墅131栋，每栋建筑面积141平方米，使用面积133平方米，入住131户，建储物间131栋。村里建立了垃圾处理的长效机制，确保了良好的环境。作为密云县的“民俗旅游示范村”，史庄子村发展旅游业，依托不老湖、三棱山、万亩油松次生林等景观，打造旅游文化新品牌。加强民俗户的接待水平，邀请了全聚德、眉州东坡酒楼的特级厨师为村民举办“不老养生宴”厨艺培训，手把手地现场教学，进一步提高了民俗户的接待档次。

2. **延庆县井庄镇北地村。**位于延庆县井庄镇东南部山区，距县城16.5公里，距市区55公里。现有人口56户，100人。区域面积1.1万多亩，山场面积9 911亩，耕地面积29亩。2012年被确定为山区搬迁村，根据市县搬迁政策开始实施整村搬迁工程，同时整合了发改委生态移民项目和新农村抗震节能保温项目共同用于新村建设。在获得了政策支持后，北地村开始稳步推进搬迁工作。工程于2012年5月8日开工建设，2012年11月30日基本完成，建楼房2栋，4 170多平方米。共投入资金975万元，其中政策资金563万元，村集体投入282万元，农民自筹资金130万元。2013年10月，全体村民迁入新居。特别是彻底解决了6户20人的居住安全问题，往年每到汛期有极端天气，村干部都要提前做好险户村民的劝解和安全转移工作，牵扯很大精力，迁入新居后险户的居住安全问题得到永久解决。

3. **门头沟区斋堂镇法城村。**法城村地处门头沟深山泥石流易发区，是新一轮山区险村搬迁村。村域面积6.98平方公里，有村民81户，135人。法城村以搬迁工程和产业转型升级为契机，充分发挥农民主体作用，把村民组织起来，全力推动整村搬迁工作。到2013年年底，搬迁配套的水、电、路、挡墙、沟道等基础设施正在有序推进中，建房工程已经完成85%。法城村在这次搬迁工作中，首先征求村民意愿做出保护村民利益的搬迁方案，严格实施。村民签约率和房屋拆除率均达到95%以上。同时，法城村搭建搬迁平台，全力打造精品旅游村庄，科学规划蜜蜂养殖和休闲旅游产业，为农民就业创业的提供新环境。

（李源茂　王景辉）

农　业　科　技

综　述

2013 年，郊区农村把农业科技放在突出位置来抓。现代农业技术创新团队建设加快进行，逐步形成科技创新合力。“种业之都”建设推进提升种业发展水平。农业科技推广服务能力提高，基层农技推广工作条件改善，农技推广体系项目建设实现远郊区县覆盖。村级农业综合服务站点建设得到加强。农业信息化服务水平明显提高。

科技推广与科技成果

【农业科技示范推广成果显著】 在籽种产业、观光休闲、高端高效生产、生态循环节约农业等重点领域组织实施科技项目 90 项，其中试验示范项目 54 个，重点项目 2 项，科技新星项目 30 项，国际科技合作项目 4 项，科委重大项目 2 项，落实资金 3 500 多万元。批复 948 项目 3 项；市农委批复支农资金科技项目 20 项，总资金 1 500 万元。项目涵盖了蔬菜、种子、花卉、畜禽、水产等产业的科技创新，体现了首都农业高端、高效、高辐射的发展方向。

（武山）

【村级全科农技员队伍建设卓有成效】 进一步深入推进村级全科农技员队伍建设工作，在全市 10 个远郊区县 133 个乡镇设置村级全科农技员，涉及 2 820 个行政村，累计聘任全科农技员 2 831名。全年统计，全市 2 831 名村级全科农技员入户技术指导次数达 38.6 万次，解决农民实际问题 4.7 万个。服务全市 10 个区县 62 万农户，服务设施农业面积 33 万亩，大田面积 225 万亩，养殖场 7 477 家、畜禽 2 000万头（只）。年内，村级全科农技员已实现全市 10 个远郊区县全覆盖、农业主导产业村全覆盖的目标，村级全科农技员已成为农民身边留得住的技术员，实现了农民足不出户就能就近解决农业生产等问题。

（武山）

【北京市创新团队达到 10 个】 年内，在果类蔬菜、生猪、观赏鱼、家禽、食用菌、叶类蔬菜、奶牛、鲟鱼和鲑鳟鱼 8 个创新团队基础上，新增粮食作物、西甜瓜两个团队，创新团队总数达到 10 个。聘任首席专家 10 人，岗位专家 97 人，合作专家 45 人，综合试验站站长 49 人，农民田间学校工作站站长 248 人，参与创新团队建设人员达 1 500 人。年度组织各类技术观摩活动 32 次，9 542 人次参加；组织技术培训活动 1 583 次，培训农民 75 000人次。农民田间学校工作站组织农民活动日 2 400 余次，培训农民学员10 000余人。开展技术研发 240 项，建设示范点 500 个，示范新品种 128 个，示范新成果 329 项，推广新品种 70 余项，推广新成果 242 项。媒体宣传 340 余次，网络宣传 570 余次。

（武山）

【农民田间学校“参与式”培训平台形成】 按照《关于“十二五”期间推进农民田间学校建设的指导意见》要求，针对蔬菜、瓜果、草莓、食用菌、生猪、奶牛、肉羊、鱼、粮食作物、花卉、中草药等主导产业，开办农民田间学校 827 所，围绕农民需求，每月开展农民田间学校活动日常规培训 1～2 次，培养农民乡土专家、科技示范户、新型农民近 2 万人，推广新技术、新产品、新品种 200 个。重点抓 30 所市级示范校建设，主要围绕蔬菜、瓜果、草莓、食用菌、生猪、鱼等产业开展示范校的观摩培训，培训 50 期次，培训学员 900 人。

（武山）

【基层农技推广体系改革与建设项目取得显著成效】 10 个远郊区县级农技推广机构保持稳定，乡镇级农技推广机构（农业综合服务中心）得到健全，改革后机构总数 163 个，平均每个机构人员编制 10.6 个，内部人员实际到位率 98.4％，机构 100％实现全额拨款。通过项目搭建起都市型现代农业基层农技推广服务平台，一是支撑 16 个优势主导产业发展，筛选确定主导品种 152 个，主推技术 136 项，主导品种、主推技术推广规模 135.1 万亩，新品种、新技术到位率 95％以上，区（县）产业覆盖率 90％以上。二是遴选组建了 350 名县、乡两级农技推广人员、2 770名科技示范户的骨干农技推广团队。按照“岗位专家＋岗位技术指导员＋全科农技员（科技示范户）”的产业技术推广服务团队的形式，下乡分片包村推广技术，分户技术指导，解决产业技术难题，服务农民技术需求。三是开展基层推广服务能力提升培训。共开办各级各类培训班 387 期，培训基层农技人员 13 688人次、科技示范户 48 334 户次。在 10 个远郊区县重点建设 40 个农业科技推广示范基地，项目统计基地共展示项目新品种、新技术 602 项（个）。为 149 个农业乡镇配备了 1 400 台（套）土肥水监测设备、植保设备及 1 600 台套农业信息化综合服务设备。联合国家现代农业技术培训基地举办补助项目高级研修班 6 期，培训 500 人次。四是涌现了以魏荔为代表的一批扎根基层的优秀技术人才和推广工作骨干，和以齐立秋为代表的在农民身边、解决农民难题的全科农技员（科技示范户），受到了农业部和市政府表彰，成为了基层农技推广战线的主力军。

（武山）

【深入开展农业科技国际合作与交流】 建设番茄现代化温室工厂化生产示范基地 1 个，产量达 40 千克/平方米，达到了国内领先水平。邀请荷兰园艺业、畜牧业专家来华开展基地建设技术指导，其中 2 名技术指导专家已获得了国家外专局和市外专局的资助。组织举办和参加各类国际交流论坛 15 个，涉及种植、畜牧、水产等方面，参加人数 174 人次；接待来访考察 22 批次，接待人数达 44 人次，涉及荷兰、西班牙、美国、日本等 8 个国家（地区）的技术专家和驻华大使馆官员等；邀请外国专家 6 批次共 11 人来华进行技术指导或开展技术培训，参加培训人数达 300 余人。与荷兰驻华大使馆、荷兰食品加工与包装机械制造商协会共同组织中荷园艺企业北京对接会；组织了“阿根廷—中国第二届公立—私营科技与技术革新研讨会”、北京—澳大利亚新州企业论坛等。

（武山）

【依托阳光工程项目培养新型职业农民】 召开新型职业农民培育研讨会 5 次，重点依托阳光工程，开展新型职业农民培育，推进大兴区、密云县两个首批国家试点县进行探索。2013 年培训资金 668.4 万元，培养新型职业农民 6 400 人，重点开展病虫专业防治员、村级动物防疫员、植保员、蔬菜园艺工、畜禽养殖员、水产养殖员、农机操作员、农机维修员、农民信息员、农产品经纪人、农民专业合作社骨干人员、乡村旅游服务员、太阳能工等 20 个工种和 100 多个专业的技术专题培训，着力培育新型职业农民。其间举办了“阳光工程杯”延庆县珍珠山水玫瑰修剪技能大赛，通过前期预赛，珍珠泉乡下水沟等 11 个村中评选出的 40 位参赛选手闯入决赛。

（武山）

【转基因生物安全管理工作】 年内，实施了转基因生物安全管理科技项目，结合日常监管工作，分别从档案管理、备案分级、转基因田间试验系统监测、制度建设、程序规范、宣传培训等方面创新工作方法、提高监管效率。

完成了北京市转基因生物安全责任承诺书的制定，监管方面：①备案管理：建立年度监管档案，对在京研发单位进行备案；②分级管理：对在北京市实施转基因安全评价项目的单位进行信用分级管理；③规范管理：规范监管程序，制定针对试验田温室等实验场所的规定以及执法人员的执法要求；④宣传培训：开展科普宣传与培训。

在监测方面：①开展研发项目材料的真实性检测，清除非法试验；②对安全措施不到位的试验项目进行周边环境的监测，避免基因飘移；③对在北京参试或审定的所有作物进行全面的转基因筛查。组织召开了北京市2013年转基因生物安全管理工作会。受理研发项目行政审批20项；与研发单位和研发项目负责人签订转基因生物安全承诺书，逐一检查北京市开展的研发项目105项；检测转基因检测样品1 008个；组织安全管理培训班2期，培训基层农业转基因执法人员和研发单位管理人员、项目负责人100余人；协助农业部调查玉米种子转基因成分监测中存在问题结果企业，对北京中农作科技发展有限公司生产的“绿色超人”“中糯304”杂交玉米种子和北京福泽种业经销的“白玉甜糯”进行检查。对北京中农作科技发展有限公司生产的“绿色超人”现场采样并检测，根据监测结果，“绿色超人”玉米品种为非转基因玉米，并将结果反馈农业部。

（武山）

【圆满完成市农业技术推广奖推荐评审工作】为调动广大农业科技人员的积极性和创造性，加快农业科技成果转化与推广应用，提高都市型现代农业发展水平，奖励在农业技术推广工作中做出突出贡献的个人，市农委会同市人力社保局开展了2011—2013年度北京市农业技术推广奖推荐评审工作。市有关行政主管部门、科研、教学单位和国有企业以及区县农委共推荐130余项科技成果。经组织专家评审、公示并报市政府批准，共评审出一等奖14项，二等奖25项，三等奖40项科技成果。

（董艳华）

2011—2013年度北京市农业技术推广奖获奖成果名录

序号	成果名称	获奖名称及等级	主要完成单位
1	京科968玉米品种示范推广	北京市农业技术推广奖一等奖	北京市农林科学院玉米研究中心
2	“京葫”系列西葫芦品种的推广应用	北京市农业技术推广奖一等奖	北京市农林科学院蔬菜研究中心
3	优质高产蛋鸡配套系及产业化技术示范推广	北京市农业技术推广奖一等奖	北京市华都峪口禽业有限责任公司
4	生猪标准化健康养殖技术的研究与推广	北京市农业技术推广奖一等奖	北京市农林科学院畜牧兽医研究所
5	高致病性蓝耳病防控关键技术的研究与应用	北京市农业技术推广奖一等奖	北京市动物疫病预防控制中心
6	设施农业高效节水技术研究与示范推广	北京市农业技术推广奖一等奖	北京市水科学技术研究院
7	生菜高产安全生产技术示范与推广	北京市农业技术推广奖一等奖	北京农学院
8	都市型现代农业养分区域调控技术推广应用	北京市农业技术推广奖一等奖	北京市土肥工作站
9	设施蔬菜根结线虫病综合治理技术研究与应用	北京市农业技术推广奖一等奖	北京市植物保护站
10	奶牛繁殖调控技术集成与推广应用	北京市农业技术推广奖一等奖	北京市畜牧总站
11	农业物联网技术在京郊农业应用示范	北京市农业技术推广奖一等奖	北京农业智能装备技术研究中心
12	北京市深松机械化技术示范推广	北京市农业技术推广奖一等奖	北京市农业机械试验鉴定推广站
13	桃优质安全生产生态调控关键技术的应用与推广	北京市农业技术推广奖一等奖	北京农学院
14	北方设施南果优质高效技术研究与示范推广	北京市农业技术推广奖一等奖	北京市农业技术推广站
15	京郊玉米高产创建技术集成创新与示范推广	北京市农业技术推广奖二等奖	北京市农业技术推广站
16	都市农业新品种四百千万展示工程	北京市农业技术推广奖二等奖	北京市种子管理站
17	硬肉型桃新品种示范与推广	北京市农业技术推广奖二等奖	北京市农林科学院林业果树研究所
18	北京山区森林健康经营关键技术示范与推广	北京市农业技术推广奖二等奖	北京市园林绿化国际合作项目管理办公室
19	观赏鱼产业化提升关键技术研究与应用	北京市农业技术推广奖二等奖	北京市水产科学研究所
20	农田景观构建技术示范推广	北京市农业技术推广奖二等奖	北京市农业技术推广站

（续）

序号	成果名称	获奖名称及等级	主要完成单位
21	番茄黄化曲叶病毒病防控技术研究与推广应用	北京市农业技术推广奖二等奖	北京市植物保护站
22	北京有机板栗生产关键技术推广	北京市农业技术推广奖二等奖	北京农学院
23	芳香植物及植物源营养液产业化开发与推广	北京市农业技术推广奖二等奖	北京农学院
24	北京山区林业碳汇关键技术示范与推广	北京市农业技术推广奖二等奖	北京市林业碳汇工作办公室
25	樱桃优良砧木繁育和高效栽培技术集成及示范工程建设	北京市农业技术推广奖二等奖	北京市海淀区植物组织培养技术实验室
26	北京市奶牛布鲁氏菌病防制新型配套技术应用推广	北京市农业技术推广奖二等奖	北京市兽医实验诊断所
27	北京鸭质量安全控制体系建设与推广应用	北京市农业技术推广奖二等奖	北京金星鸭业有限公司
28	奶牛高效安全养殖技术示范与推广	北京市农业技术推广奖二等奖	中国农业科学院北京畜牧兽医研究所
29	宜渔水体水质净化系统构建关键技术研究与应用	北京市农业技术推广奖二等奖	北京市水产科学研究所
30	小麦高产指标化技术体系集成与示范推广	北京市农业技术推广奖二等奖	北京市农业技术推广站
31	设施西甜瓜新品种选育与周年配套栽培技术试验示范推广	北京市农业技术推广奖二等奖	北京市农业技术推广站
32	奶牛良种扩繁配套新技术推广应用	北京市农业技术推广奖二等奖	北京奶牛中心
33	奶牛蹄病与变形蹄综合防治新技术的推广	北京市农业技术推广奖二等奖	北京三元集团畜牧兽医总站
34	北京 12316 农业信息综合服务平台推广应用	北京市农业技术推广奖二等奖	北京市农业局信息中心
35	食用菌优良品种及高效栽培技术推广应用	北京市农业技术推广奖二等奖	北京市农林科学院植物保护环境保护研究所
36	养殖鱼类疾病监测与防控技术应用推广	北京市农业技术推广奖二等奖	北京市水产技术推广站
37	基于便携式信息化产品-“U 农蔬菜通”的蔬菜适用技术推广与应用	北京市农业技术推广奖二等奖	北京市农林科学院农业信息研究所
38	绿地节水技术研究与示范推广	北京市农业技术推广奖二等奖	北京市水科学技术研究院
39	北京市小麦品种更新换代	北京市农业技术推广奖二等奖	北京市种子管理站
40	食用菌周年高效栽培技术示范与推广	北京市农业技术推广奖三等奖	北京市农业技术推广站
41	大兴区设施蔬菜高产高效技术集成与推广	北京市农业技术推广奖三等奖	北京市大兴区蔬菜技术推广站
42	百合栽培标准化示范区	北京市农业技术推广奖三等奖	北京盛景苑花卉有限责任公司
43	鸡马立克氏病 CVI988 冷冻活疫苗科技产业化及示范推广	北京市农业技术推广奖三等奖	北京市农林科学院畜牧兽医研究所
44	种猪育种管理系统研究与应用	北京市农业技术推广奖三等奖	中国农业大学
45	沟域农林复合生产技术示范推广	北京市农业技术推广奖三等奖	北京市农林科学院农业综合发展研究所
46	北京山区河沟道生态修复技术示范与应用	北京市农业技术推广奖三等奖	北京市水土保持工作总站
47	林下食用菌仿野生栽培关键技术推广	北京市农业技术推广奖三等奖	北京农学院
48	京郊经济型（粮油）作物新品种引进、示范、推广	北京市农业技术推广奖三等奖	北京市农业技术推广站
49	昌平区草莓生产关键技术研究与应用	北京市农业技术推广奖三等奖	北京市昌平区农业服务中心
50	蔬菜高效配送保鲜关键技术集成与推广	北京市农业技术推广奖三等奖	北京市农业技术推广站
51	延庆地区主要蔬菜病虫害绿色防控技术研究与推广应用	北京市农业技术推广奖三等奖	延庆县种植业服务中心
52	干旱山区良种核桃早实丰产精细管理技术示范与推广	北京市农业技术推广奖三等奖	北京市门头沟区科技开发实验基地
53	利用种养废弃物生产园艺基质和有机肥关键技术示范推广	北京市农业技术推广奖三等奖	北京农学院
54	三种血清型口蹄疫联合免疫程序及其免疫效果评价指标的研究与示范推广	北京市农业技术推广奖三等奖	北京市动物疫病预防控制中心
55	养殖业生产微环境净化消毒技术示范推广	北京市农业技术推广奖三等奖	北京农业职业学院
56	奶牛健康养殖技术创新与集成推广	北京市农业技术推广奖三等奖	北京农业职业学院

（续）

序号	成果名称	获奖名称及等级	主要完成单位
57	农村污水低成本生态处理技术研究与示范应用	北京市农业技术推广奖三等奖	北京市水科学技术研究院
58	鸡马立克氏病活疫苗（814 株）的产业化与推广应用	北京市农业技术推广奖三等奖	北京华都诗华生物制品有限公司
59	2BFM-4 型四行玉米免耕播种机的应用推广	北京市农业技术推广奖三等奖	延庆县农业机械研究所
60	遥感监测技术在京郊小麦生产中的研究与应用	北京市农业技术推广奖三等奖	北京农业信息技术研究中心
61	门头沟区黄芩规模化种植及黄芩茶加工技术推广	北京市农业技术推广奖三等奖	北京市门头沟区农业局
62	设施瓜果蔬菜优质高产新技术集成与示范推广	北京市农业技术推广奖三等奖	北京市顺义区种植业服务中心
63	北京枣恢复发展与示范推广	北京市农业技术推广奖三等奖	北京农学院
64	红色梨高效栽培技术集成与信息化管理	北京市农业技术推广奖三等奖	北京农业职业学院
65	生态涵养区蜂产业科技示范与产业化促进工程建设	北京市农业技术推广奖三等奖	北京市蚕业蜂业管理站
66	高产奶牛产品质量安全控制技术集成与示范	北京市农业技术推广奖三等奖	北京农学院
67	小公猪 5 日龄双切口去势技术示范与推广	北京市农业技术推广奖三等奖	北京市通州区动物疫病预防控制中心
68	甘薯特色新品种引进及高效栽培技术研究与推广	北京市农业技术推广奖三等奖	延庆县种植业服务中心
69	设施农业熊蜂授粉应用技术示范推广	北京市农业技术推广奖三等奖	北京市农林科学院农业科技信息研究所
70	小管出流节水灌溉技术在林果生产中应用	北京市农业技术推广奖三等奖	北京市共青林场
71	大兴低效林更新改造关键技术研究与应用推广	北京市农业技术推广奖三等奖	北京市大兴区林业工作站
72	规模化生态养鸡综合配套技术	北京市农业技术推广奖三等奖	中国农业大学
73	饲用天然物促生长剂的研究与应用	北京市农业技术推广奖三等奖	中国农业科学院饲料研究所
74	无线智能网络水质动态监测系统研究与推广	北京市农业技术推广奖三等奖	北京市水产科学研究所
75	新型养蜂生产机具设备研发推广	北京市农业技术推广奖三等奖	绿纯（北京）生物科技发展中心
76	庞安路设施西瓜观光采摘产业带关键技术集成与推广	北京市农业技术推广奖三等奖	北京市大兴区农业技术推广站
77	早熟春甘蓝品种铁头八号的选育与推广	北京市农业技术推广奖三等奖	北京华耐农业发展有限公司
78	工厂化循环水养殖系统及技术的示范与推广	北京市农业技术推广奖三等奖	中国水产科学研究院
79	农田秸秆资源清洁饲料化技术研究与示范推广	北京市农业技术推广奖三等奖	北京市农业机械试验鉴定推广站

【荣获 2011—2013 年度北京市农业技术推广奖一等奖、二等奖的农业技术推广项目介绍】

1. 京科 968 玉米品种示范推广。该项目选育出具有完全知识产权的突破性玉米新品种京科 968，该品种在国家东华北区试和生试中列第一位，比郑单 958 可增产 10%以上；容重高，品质达国标一级，淀粉含量超过 75%，属高淀粉品种；高抗玉米螟、大斑病等多种主要病、虫害；适宜在北京及东华北区推广；实现大面积制种亩产 500 千克以上，质量超过国标一级，达到单粒精量播种要求；两亲本为自主选育，与郑单 958 和先玉 335 属不同杂优模式，创新性突出。组建京科 968 玉米新品种推广开发联合体，积极探索新品种推广新模式，实现快速大范围示范和大面积推广；研究应用高产优质制种技术，示范以“早播、适密、防倒”和“单粒精量播种”为核心的高产高效栽培技术，并加强指导和培训；连续 2 年被农业部推荐为主导品种，被北京市列为更新换代新品种和高产创建主推品种。在京郊推广 30 多万亩，约占春播玉米面积的 1/3，在全国推广约 600 万亩，居新品种前列，推广前景广阔，社会经济效益显著。本项目被评为 2011—2013 年度北京市农业技术推广奖一等奖。

2.“京葫”系列西葫芦品种的推广应用。该成果选育出具有自主知识产权的“京葫”系列西葫芦 9 个，该系列品种具有类型丰富、适合多茬口、高产优质、抗性强等优点。2009 年通过了北京市种子管理站品种鉴定。其中，早熟、耐寒、耐贮运品种京葫 1 号、3 号已成为北京早春茬的主栽品种；京葫 5 号、8 号抗病高产、商品性好，已成为北京春秋露地主栽品种；京葫 12 耐低温弱光，高产，已完全替代了进口品种冬玉，是北京冬温室种植的第一大品种；特色品种京珠、京香蕉品质好、效益高，成为北京各类园区的主要生产类型。近3年，京葫西葫芦品种在全国已推广107.05万亩，累计为农民新增收益3.27亿元，总经济效益107.7亿元。在北京推广6.35万亩，占种植规模的85.2%，为农户新增收益2 675万元，总经济效益8.36亿元。京葫系列品种抗病、高产、优质、类型多，产业化规模近5年一直居全国首位，已成为我国优良品种的主要源头，有力地阻击了国外品种对我国的入侵，对促进京郊和全国西葫芦品种的更新换代起到了关键作用，推广前景广阔。本项目被评为2011—2013年度北京市农业技术推广奖一等奖。

3. **优质高产蛋鸡配套系及产业化技术示范推广。**该成果适用于国内规模化、集约化的蛋（种）鸡养殖场（户），主要内容为示范推广自主培育且2009年3月通过审定的优质高产蛋鸡配套系“京红1号”“京粉1号”及其产业化技术。其主推品种及其产业化技术通过“建立示范基地、技术集成、再由点到面推广”的方式进行推广。推广过程中以“农民的需求”为立足点，以“立足北京，辐射全国”为实施宗旨，结合北京蛋鸡养殖特点，采用“一对一”“田间学校”“流动蛋鸡超市”等推广方式，并以北京为中心，采用“点面”结合的方式向全国辐射推广。“京红京粉”已连续三年（2011—2013年）入选农业主导品种名单，成为我国最适合规模化、集约化饲养的蛋鸡品种，其核心技术在推广养殖户中覆盖率达到100%，在北京地区覆盖率达到70%以上。品种审定至今累计推广父母代种鸡、商品代雏鸡2 800万套、5.41亿只，实现销售收入16.45亿元，利润2.44亿元，其中北京累计推广父母代、商品代雏鸡868万套、3 000万只。年可为北京市增加收益1.176亿元，可为全国社会增加产值38.8亿元。本项目被评为2011—2013年度北京市农业技术推广奖一等奖。

4. **生猪标准化健康养殖技术的研究与推广。**该项目针对北京及全国养猪业的共性突出问题（养殖方式落后、技术不规范、病害多、生产效率低等），开展了生猪标准化健康养殖技术研究与推广工作。①从“养殖方式转变”入手，研究出了“生猪标准化规模养殖综合技术”，形成了4项国家标准和9项猪场不同生产阶段的技术规程，2011—2013年连续3年被农业部推荐为全国农业主推技术。②从“肠道健康”入手，研究出高效益生菌制剂的制备方法和使用技术，获得了3项国家专利，制定出1项菌剂筛选与使用技术规范。③从“饲料营养与安全”入手，为猪场开展了一对一测料配方技术服务，保障了饲料安全与高效利用。通过“科研院所与农业主管部门及猪场技术需求联动”新模式，深入猪场现场指导，举办培训班30期，出版技术图书3部，发行22万册，发表论文34篇，印发技术明白纸2万份，培训技术人员9 500人次。技术推广后，猪腹泻率下降15%以上，生长速度提高8%以上，年出栏率提高14个百分点，京郊规模猪场出栏比重提高12个百分点，京郊年均推广面积248.3万头，占生猪年出栏量的80.1%，近3年累计增加产值21亿元，增加纯收益6.3亿元，促进了养猪业的转型升级。本项目被评为2011—2013年度北京市农业技术推广奖一等奖。

5. **高致病性蓝耳病防控关键技术的研究与应用。**该项目以防控高致病性猪蓝耳病为核心，通过采取流行病学调查、病原分离、疫苗免疫效果检测等方法形成了一套防控措施，并在267个猪场进行了推广应用，控制了高致病性蓝耳病的发生和流行。主要成果如下：①完成了流行病学调查及病原分离，在90余个猪场流行病学调查的基础上，摸清了高致病性蓝耳病在北京市的流行情况，并分离到了4株高致病性蓝耳病病毒；②完成了高致病性蓝耳病疫苗临床效果评价；③完成了JXA1-R株活疫苗临床效果评价；④制定了合理的免疫程序。根据免疫效果、免疫持续期和仔猪被动免疫保护效果试验结果，并结合蓝耳病的流行特点和猪场受污染程度的不同，制定了不同的防控措施和免疫程序；⑤推广了高致病性蓝耳病防控措施。将制定的高致病性猪蓝耳病防控措施在8个区的23个受不同程度污染的规模猪场进行示范应用，取得了预期效果后，在全市范围内进行了全面推广应用。同时，开展市、县两级培训31次，培训基层技术人员2 400人次，有效防止了高致病性蓝耳病的暴发流行，三年中为全市养猪行业创造产值23 285万元，增加效益3 725.6万元。本项目被评为2011—2013年度北京市农业技术推广奖一等奖。

6. **设施农业高效节水技术研究与示范推广**。该项目系统开展了设施农业灌溉决策技术、高效灌水技术、智能用水监控技术等研究与示范推广工作。系统提出了20种设施蔬菜、花卉、西甜瓜、草莓等农作物耗水规律，揭示土壤水分与根冠发育、产量品质之间的响应关系，提出了灌水定额、灌水次数、灌水频率、计划湿润层等关键灌溉决策参数与调控阈值；明确了设施农业施肥器、过滤器、灌水器等关键微灌设备的流量—水动力特征响应关系，研发了设施花卉潮汐式灌水技术，建立了设施农业微灌首部、田间管网系统、监控系统优化选型配套关键技术参数；研发了便携式土壤墒情监测设备、一体式灌溉控制器和自动灌溉施肥机，开发了现代农业园区智能水管理系统和北京市农业用水管理信息系统，构建了田块、园区、区域等不同尺度农业水管理应用模式；构建了基于灌水决策技术、高效灌水技术、智能水管理技术等关键技术的设施农业高效用水技术集成模式，提出了设施农业微灌管网“30逆向布置模式”，建立了面向全市（区县）政府、企业、农户的多层次、多方面的技术推广体系。获发明专利3项、实用新型专利1项和软件著作权1项，编制技术标准、技术指南、工程定额等4项，出版专著2部，发表论文22篇。建设示范区11处，面积达到7 211亩，成果累计推广面积达到39.58万亩，技术覆盖率69.4%，增产17 863.5万千克，实现节水8%～12%，节约增收27 812.2万元，经济、社会效益显著。本项目被评为2011—2013年度北京市农业技术推广奖一等奖。

7. **生菜高产安全生产技术示范与推广**。该项目的主要推广核心内容为：推广国外引进筛选的“射手101”“皇帝”“玉湖”等生菜主要栽培品种和自主选育的“北生1号”“北生2号”“北散生1号”“北散生2号”4个耐热生菜品种，良种良法配套，推广生菜适种茬口和高产栽培模式。以产品安全为前提，推广综合绿色防控技术。引进消化与原创结合，推广生菜优化集成技术。成果具有自主知识产权。应用“产学研推用”相结合，“市、区（县）农技推广＋企业＋农户”模式，建立了30个生菜技术示范基地，通过农民田间学校、举办技术培训班、现场观摩、发放技术资料等方式，推广生菜新品种、高产栽培、病虫害绿色防控、产品采后保鲜等技术，累计推广种植面积20.538万亩，增产31 701.03万千克，新增总产值155 119.22万元，新增效益139 607.27万元。实现了生菜由特菜向为大众化消费的转变，取得了良好的经济、社会和生态效益。本项目被评为2011—2013年度北京市农业技术推广奖一等奖。

8. **都市型现代农业养分区域调控技术推广应用**。该项目根据北京都市型现代农业发展和生态文明建设的要求与需要，针对北京土壤养分、有机养分、化学养分和农业有机废弃物的巨大变化与养分流动的不合理性，及其对生产环境带来的巨大危险，及时实施了都市型现代农业养分区域调控技术推广应用。项目成果主要有三项：在开展大量区域养分调查分析的基础上，研究开发了区域土壤养分、农业有机废弃物养分和化学养分的利用技术，建立了养分区域调控高效利用技术体系；通过政策引导、标准管理、分区调控、信息化服务等措施手段，建立了养分区域调控管理体系；通过推广方法机制创新，构建了政策引导、资源整合、资金聚焦、技物结合、多元服务的常态化、长效化推广服务工作机制。2010—2012年累计推广1 454.64万亩，技术覆盖率达97%，总增产60.22万吨，节肥（纯养分）3.47万吨，增收节支13.54亿元，处理有机废弃物1 002万立方米，很好地带动了全社会力量参与京郊养分科学管理。本项目被评为2011—2013年度北京市农业技术推广奖一等奖。

9. **设施蔬菜根结线虫病综合治理技术研究与应用**。该项目针对蔬菜根结线虫病害防控，做了大量系统深入的工作，成效显著。开发出病原种类分子检测试剂盒，明确南方根结线虫为京郊优势种，掌握了其侵染循环和发病规律；率先研发出臭氧消毒机、太阳能蒸汽和太阳能热水消毒设备；提出并示范应用利用臭氧、太阳能高温结合玉米（高粱）鲜秸秆杀灭土壤中有害生物的方法，田间防效分别为60%～85%和100%。开发出田间防效达100%的“国禧”抗线辣椒品种、“勇砧”等5个抗性砧木品种，田间防效90%以上；研发出生物熏蒸剂“辣根素”平均防效70%以上；制定出技术规程21项；获发明专利8项，公开4项；获实用新型专利2项；出版发行技术光盘 2 套；发表文章 28 篇，出版专著 2 部；制作技术挂历 1 套。累计培训技术人员和农民 19 万人次，推广应用 94.95 万亩，核心技术覆盖率 95%以上，增产 109.24 万吨，新增效益总额 278 572.23 万元。成果的推广应用有效解决了困扰北京多年的设施蔬菜根结线虫病问题。本项目被评为 2011—2013 年度北京市农业技术推广奖一等奖。

10. 奶牛繁殖调控技术集成与推广应用。该项目以“七个一”为抓手，通过对奶牛生产涉及的发情鉴定、定时输精、早期妊娠诊断和性别控制等关键技术进行配套集成熟化，并结合高效的组织服务模式，开发了具有自主知识产权的奶牛繁殖调控应用技术方法，建立了一套国内领先的奶牛繁殖调控技术体系，开展奶牛繁殖调控技术推广应用。在构建“专家—研发企业—农技推广人员—科技示范牧场—规模场（户）”成果快速转化通道的基础上，建立并依托“全方位、零距离、多形式、高质量”的技术推广服务模式，结合 34 家标准化示范场的示范带动，全面推进奶牛场繁殖调控技术普及应用，覆盖北京 13 个区（县），256 个规模牛场和 95%以上牛群，使产犊率增加 20%，母犊率增加 9%，缩短配种期 5～6 天/次/头。成果应用 7 年，累计新增经济效益 12.77 亿元，开展各种形式的培训 280 余场，培训人员 7 638人次，培养技术骨干 199 人，组建一支扎根基层的技术队伍，推动奶牛繁殖调控技术应用，有效提升奶牛繁殖效率，加快奶牛遗传改良，提高全市牛群生产水平，保障首都奶源的稳定供应。本项目被评为 2011—2013 年度北京市农业技术推广奖一等奖。

11. 农业物联网技术在京郊农业应用示范。该项目针对北京市耕地资源日益减少、水资源严重短缺、人口不断膨胀等日益突出的问题，综合利用信息传感设备、传感网、互联网和智能信息处理技术，研制出了一批具有自主知识产权的农业物联网信息技术产品，形成适应不同生产规模和经营方式的农业物联网系列技术产品，搭建了农业物联网综合技术服务平台。产品性能指标达到国际同类产品水平，成本降低 50%～70%，节能 20%～30%。成果申请发明专利 18 项，授权发明专利 7 项、实用新型 9 项，授权软件著作权 16 项，发表相关学术论文 25 篇。成果在北京市的顺义区、大兴区、通州区等 10 个区县设施、果园、大田等农业生产中得到了大面积推广应用，改变了农业生产过程中的粗放管理方式，使农民根据不同作物不同生长阶段的实际需要对作物进行灌溉、施肥、环境调控等精细化管理，避免水资源浪费和土壤污染，提高了农产品的品质。截至 2012 年年底，累计推广各种产品设备 10 000 余套，在全市累计应用面积总额为 14.2 万亩，累计增加农业产量 875 万千克，累计节约用水 320 万立方米，增收节支总额达 9 800万元。成果的实施产生了良好的经济、社会和生态环境效益。本项目被评为 2011—2013 年度北京市农业技术推广奖一等奖。

12. 北京市深松机械化技术示范推广。深松机械化技术特别适用于实施保护性耕作的耕地区域。土壤深松对地表扰动小，基本保持农田秸秆覆盖状态，可吸附大量浮尘，减少农田扬尘，改善空气质量，是实施保护性耕作的保障技术措施；土壤深松可打破板结层，使土壤容重下降，通透性提高，蓄水能力增加，风蚀、水蚀减少，有效改善空气的湿度，降低环境温度，给城市带来一个清新的环境；土壤深松可提高土壤有机质含量，改善土壤结构，减少水分蒸发，促进作物生长，提高作物产量，促进农民增收。通过点面互动、部门联动、政策推动、上下齐动、培训带动等技术推广方法，推广深松作业 63.4 万亩，核心技术覆盖率达到了 63.4%。累计投入深松机具 1 054 台，配套动力机具 392 台。共召开技术研讨会 8 次，举行大型现场会和技术培训 24 次，累计培训 3 000 余人，发放培训教材 6 000 多册，培育农机服务组织 104 个。深松和未深松比，单位规模新增纯收益 193.68 元/亩，累计新增纯收益 12 279.31万元，节水 1 000 多万吨，经济、社会、生态效益明显。通过技术推广，确定了北京市深松作业质量标准、作业规范和管理办法，制定了作业补贴政策；形成了适宜北京地区技术推广应用的 3 种机具配套方案及技术模式。本项目被评为 2011—2013 年度北京市农业技术推广奖一等奖。

13. 桃优质安全生产生态调控关键技术的应用与推广。该项目为了提高北京市桃的品质和质量，保证优质、生态安全的有机桃产品的生产，增加京郊果农的收入，自 2010 年开始在平谷区开展北京市桃优质生态调控集成技术的研究示范与推广。主要技术内容：①生态桃园增施有机肥和生草栽培方法培肥地力技术；②桃树不同类型营养液配置技术；③生态桃园有害生物生菜调控技术。申报国家发明专利 15 项，授权 7 项，发表论文 18 篇，出版著作 5 部；3 年来，累计建立示范区 29 个，示范面积 3 万亩，推广 40.3 万亩。核心技术覆盖率达 75%。平均亩产提高 160 千克，平均亩新增效益 567.83 元，累计增产 6 459.6 万千克，累计新增总产值 22 883 万元，新增纯收益 20 631 万元。项目的实施促进了优质生态安全桃生产面积的扩大，降低了化学农药和化肥的使用量，经济、社会和生态效益显著。本项目被评为 2011—2013 年度北京市农业技术推广奖一等奖。

14. **北方设施南果优质高效技术研究与示范推广**。该项目适用于北方设施农业生产。主要推广核心内容：筛选出 13 种适宜北方设施种植的南方果树，研究形成栽培技术体系并在京郊设施进行推广，包括：①建立了一套设施南果引种评价指标；②掌握了一套环境参数，确定不同树种与设施配置；③改进栽培方式，推广火龙果架式密植技术和番木瓜斜栽技术；④优化设施环境，推广光温调节提升果实品质技术；⑤规范田间管理，推广整枝修剪、肥水精准管理、人工授粉、疏花疏果、果实套袋和完熟采摘等技术，提高果实产量和品质。3 年累计推广 1 330 亩，新增总产值 9 222.15 万元，新增纯效益 6 433.37 万元。核心技术覆盖率（北京）100%。本项目被评为 2011—2013 年度北京市农业技术推广奖一等奖。

15. **京郊玉米高产创建技术集成创新与示范推广**。按照农业部关于开展玉米高产创建活动的要求，组织实施了北京市玉米高产创建示范工程，取得显著成效：①集成创建推广了京郊玉米高产创建技术体系。针对北京市玉米生产存在的技术问题，以合理增密为核心，配套耐密品种、单粒精播、增钾施肥、土壤深松、科学抗灾减灾等关键高产技术示范推广，并对现代新型增密技术、后续新品种、滴灌施肥技术等新型高产技术开展了研究，集成创建了京郊玉米高产创建技术体系，为高产创建提供了技术支持。②形成了京郊玉米高产创建技术推广模式。整合行政、推广、科研、企业等部门资源，以“建核心示范区、以点带面辐射、开展综合技术服务、实施高产竞赛、气象灾害预警、统一测产”等方法，保证了技术推广应用取得实效。③取得显著经济生态社会效益。累计示范、推广 646.1 万亩，核心技术覆盖率 83.3%，玉米平均单产 474.4 千克/亩，带动全市单产比 2007 年增 10.1%，与全国比，单产从实施前 5 年低 1.5%发展到高出 8%；累计增产 4.34 亿千克，总增收 8.69 亿元；有效促进了北京市粮食产业发展，并在改善首都生态环境上发挥了重要作用。本项目成果技术水平属于国内领先，适用于北京市及其周边地区，应用前景广阔，成果归属主要完成单位所有。本项目被评为 2011—2013 年度北京市农业技术推广奖二等奖。

16. **都市农业新品种四百千万展示工程**。该项目针对都市农业的多种需求，引进 29 种作物新品种 6 955 个，按照“四季展示、区域展示、系列展示”的原则，结合区域优势主导产业发展，把新品种划分为丰产、采摘、生态、观光、功能 5 个系列进行展示，对品种丰产性、商品性、抗逆性进行考察，筛选推介 101 种类型新品种 1 008 个。以建设示范基地、良种良法配套、组织高产竞赛、多种形式宣传等途径，以点带面，示范推广新品种。建立新品种示范田 6.8 万亩，组织观摩、培训 431 次，人数超过 3 万人次，累计推广新品种 61.50 万亩，总增产 19 947.66万千克，总经济效益 3.54 亿元。项目的核心技术覆盖率达到 79.6%，在同类领域中达到国内领先水平。本项目被评为 2011—2013 年度北京市农业技术推广奖二等奖。

17. **硬肉型桃新品种示范与推广**。本项目通过有性杂交育种的途径，选育出品质优良的中、晚熟，适合我国栽培的硬肉型桃系列新品种，并在生产中示范推广。成果的取得在很大程度上解决了生产上原有品种果实成熟时较软或硬度较低，贮运性、商品性差等问题。通过建立示范基地、加强宣传、培训、提供苗木等多种方式，采用科研单位→区县林业局→乡镇林业站→村技术员和村果树协会→农户的硬肉型桃新品种推广体系。在北京地区推广了通过北京市认定的“京玉”和审定的“早玉”“华玉”3 个具有自主知识产权的硬肉型桃新品种。到目前为止，3 个硬肉桃新品种推广面积达到 3.95 万亩，其中2011—2013年间，累计增产2.65亿千克，新增纯收益10.54亿元。年均增产8 834万千克，年均亩收益9 053元，年均总收益3.51亿元。推广的硬肉型桃品种数量占北京市硬肉型桃品种数量的75%，应用面积占硬肉型桃面积的85%以上。研究水平居国内领先，具有广阔的发展前景。本项目被评为2011—2013年度北京市农业技术推广奖二等奖。

18. 北京山区森林健康经营关键技术示范与推广。该项目针对北京山区水资源短缺、土壤瘠薄，人工林结构单一、效益低下，存在较高生态安全隐患等问题，以北京市重大科技计划及科技部国际科技合作专项等为支撑，在全市范围开展了森林健康经营关键技术示范和推广。主要技术内容：首次将森林健康理念引入北京山区公益林经营，建立了森林健康监测、诊断评价与预警技术体系，完成1 000万亩山区森林健康评价与预警；提出人工林、次生林、灌木林和高保护价值森林4类功能导向型森林健康经营技术体系，首次将土壤健康经营和生物多样性保护纳入森林健康技术体系；集成了城郊生态游憩林、景观型水源涵养林、水土资源保护型退化森林、生物多样性保护森林4种山区森林健康经营技术模式。编制《森林健康经营与生态系统健康评价规程》等6部行业和地方标准；获专利1项、软件著作权4项，出版专著11部，发表论文167篇；培养研究生38名，培训技术人员3 600人，发表科普文章159篇，发放宣传册5万册；与美国、WWF等23个国家和组织开展技术交流800人次，扩大了中国林业影响力；全市应用推广450万亩，新增纯收入5.7亿元，节支1.36亿元，累计间接经济效益149.5亿元，138万农户从中受益。本项目被评为2011—2013年度北京市农业技术推广奖二等奖。

19. 观赏鱼产业化提升关键技术研究与应用。该项目通过与7个区县农业局、农委、动物卫生监督管理局、养殖企业等合作，建立2个示范基地，在224个示范户中开展锦鲤、金鱼等品种示范，带动农户730户。示范推广草金鱼、琉金、兰寿、红白锦鲤、大正三色锦鲤、昭和三色锦鲤等观赏鱼品种25个，推广与良种相配套的技术、产品52项，使示范基地及示范村的养殖水平大幅提高，锦鲤、金鱼苗种挑选率提高50.3%、78.4%，良种病害的发生率由2010年的24%降低到了2012年的19.7%，治愈率由2010年的65.8%提高到了2012年76.5%，实现京郊良种覆盖率93.5%。在北京市3年累计通过156次观摩会、培训班、入户指导等，培训8 000余人次，3年累计推广观赏鱼苗种1.74亿尾，推广面积2.5万余亩，农民新增纯收益15 593万元，新增产值14 489万元，总经济效益36 890万元。本项目被评为2011—2013年度北京市农业技术推广奖二等奖。

20. 农田景观构建技术示范推广。该项目通过推广以适应性、观赏性和丰产性为指标评价体系的景观作物品种筛选技术，筛选出59个景观作物品种进行示范推广；示范推广了以延时性、整齐性、观赏性、多样性和丰产性为切入点的配套景观栽培技术21项；示范推广了色彩、区域和文化视角3种类型农田景观构建设计技术，并建设了密云石城云梦花香、房山长沟水岸花田、雾灵西峰彩葵园等一批典型农田景观示范点。本成果鉴定了3个景观作物品种，出版了4部书籍，发表了10篇科普文章。3年来，在京郊重点建设了6个乡镇，宣传推介农田景观示范点192个，示范区面积达到1.45万亩，辐射带动26.93万亩，核心技术覆盖率达78.2%，实现总产值56 108.8万元，实现新增纯收益27 161.2万元。本项目被评为2011—2013年度北京市农业技术推广奖二等奖。

21. 番茄黄化曲叶病毒病防控技术研究与推广应用。该项目的主要技术内容：查明番茄黄化曲叶病毒病在京郊的分布和对番茄产业的危害；明确传毒媒介烟粉虱生物型、病毒优势株系、寄主范围和初侵染源及发生规律与特点，确定夏秋为防控关键季节、苗期为防控关键生育期、传毒媒介烟粉虱为防控重点。建立了快速诊断技术，制定了采样和检测技术规程。申报2项国家发明专利，发表文章6篇。根据发病规律与特点，开展了抗病品种评价、苗期防虫网室防护、不同目数防虫网比较、复合信息素黄板诱虫效果和高效低毒低残留药剂筛选等试验研究，并在此基础上建立了以“防虫治病”为原则，综合应用调整播期、选用抗病品种、网室培育无毒苗、60目防虫网全程防护、黄板监测诱杀、药剂防控等技术为一体的综合防控技术规程，该规程被农业部纳入全国番茄黄化曲叶病毒病防控方案。累计建立示范点139个，核心示范面积1.26万亩；举办培训700余期次，培训2.2万余人次；推广应用黄板170余万块，防虫网550万平方米。项目成果在全市累计推广应用13.94万亩次，挽回损失3.46亿元，技术覆盖率达96.2%，实现了毁灭性病害的可防可控，取得了显著的经济、社会和生态效益。技术被辐射到全国14个发病省市，对我国烟粉虱传播的病毒病防治具有重要的示范和带动作用。本项目被评为2011—2013年度北京市农业技术推广奖二等奖。

22. 北京有机板栗生产关键技术推广。该项目根据板栗有机生产以及京津生态屏障建设的需要，建立并推广了如下关键技术：①建立并推广了无灌水山地栗园的自然生草间作体系。确定自然生草—天敌栖息—天敌与害虫平衡、提高主要天敌数量、减少害虫发生的自我调控机制。②建立并推广了树体高效生产潜能提高关键技术。利用菌根化技术培育苗木（获国家发明专利1项），提高根系难溶性养分的吸收能力，菌丝吸收磷贡献率可达板栗总磷量的39%～54%。③建立并推广了有机栗园害虫综合防治技术。确定释放天敌胡瓜钝绥螨和巴士钝绥螨防治红蜘蛛，防效为60%～81.6%。确定桃蛀螟杀虫灯诱杀每8～10亩1台或每亩投放性诱芯30～40个，配合每亩种20～30株向日葵的农林系统，虫果率由20%～25%降低到9.9%。④形成"高校技术指导＋政府政策引导＋合作社（企业）带动产业＋农民增收致富"的推广模式。主要通过会议培训和现场指导的方式推广板栗有机生产关键技术。核心技术累计推广43.7万亩，占北京市板栗总面积（62万亩）的70%。有效地提高了北京板栗有机生产技术水平，促进北京生态环境建设；实现了板栗平均增产54千克/亩，按照近3年平均收购价10元/千克计算，亩增收540元，累计增收23 765万元。本项目被评为2011—2013年度北京市农业技术推广奖二等奖。

23. 芳香植物及植物源营养液产业化开发与推广。该项目针对北京市有机果品生产和观光果业的需要，主要做了以下工作：①引进60余种芳香植物，建立资源圃，筛选适合果园间作和观光农业开发需要的种类，优化其景观栽植、果园间作等技术，配套引进76套芳香植物精油提炼设备以及十余套自制精油提炼设备，开发了精油、香包、香囊、香草茶等旅游保健产品。②以芳香植物为主要原料，结合果园生产性废弃物和果园间作物残体，通过快速发酵原理，创新性地开发了以果园落花落果、芳香植物间作物残体为主的植物源营养、杀虫、抑菌制剂的简易制作技术，形成了19种不同种类的植物源营养、杀虫、抑菌制剂及其配方，确定了制剂的微生物优势种、营养成分和生理活性物质等。③确定了以芳香植物为主的植物源营养液促进果树生长发育、调节光合与蒸腾、矫正缺铁症状、提高果实品质、提高叶片养分、趋避害虫、引诱天敌、抑制病害的作用。④采用"政府支持＋专家指导＋技术与产品示范＋示范入户＋规模基地"的推广模式，编制技术标准1个和技术规程3个，开发授权专利3个，建立示范推广点840个，推广面积120万亩，扶持技术示范户150户，培训果农15 000余人次，直接经济效益累计17.5亿元。有效提升了果园生态调控能力和果品安全品质，改善了观光果园的景观质量和环境质量。本项目被评为2011—2013年度北京市农业技术推广奖二等奖。

24. 北京山区林业碳汇关键技术示范与推广。该项目通过对北京地区不同林地类型固碳增汇功能与经营管理方式相互关系的探讨与研究，将林业碳汇理念引入北京市园林绿化行业，构建了林业应对气候变化技术体系，提出了首都园林绿化应对气候变化发展框架；研究建立了北京地区林业碳汇计量监测基础参数模型，并完成了城市绿地、山区森林以及平原人工林和果园系统的碳储量和碳汇能力评价；提出了山区森林、平原人工林和生态果园增汇经营关键技术，实现了成果的技术集成创新；通过上述研究并总结以往经验，优化集成人工林和经济林增汇管理技术模式，完成了增汇经营、平原造林和碳汇计量监测技术规范/标准，并进行了技术示范；基于基础数据模型，采用芯片和网络技术研发林业碳汇宣传网络平台及碳计量电子产品，开展行业培训及科普宣传工作。取得国家专利7项、软件著作权2项；碳汇相关技术标准及指南3项；发表论文20篇，其中SCI收录5篇，EI收录2篇；出版专著1部；培养研究生10多名，培训各类管理及技术人员3 000余人次，与10多个省市开展了技术交流。形成的碳汇营造林技术、杨树速丰林和果园增汇技术成果推广应用87.2万余亩，新增纯收益总量7 126万元，多渠道宣传受众累计上亿人次。本项目被评为2011—2013年度北京市农业技术推广奖二等奖。

25. **樱桃优良砧木繁育和高效栽培技术集成及示范工程建设**。该项目针对樱桃产业发展过程中存在的问题，重点开展了甜樱桃和樱桃砧木优良品种引进优选、种苗繁育、高效栽培技术集成及示范工程建设等方面的工作，取得了显著成效。主要推广的核心内容和成果包括：优选并获新品种证书的樱桃优良砧木“海樱1号”“海樱2号”，自主建立的国内先进水平的高效樱桃砧木组培快繁技术、扦插繁殖技术、樱桃砧木苗的产业化生产技术；研究集成的樱桃优质丰产高效栽培技术（圃内大苗培育技术、起垄栽培技术、高光效树形修剪技术、樱桃矮化密植和架式栽培技术）和参与制定的北京市地方标准《有机农产品樱桃生产技术规程》。建立了核心示范基地4 340亩，在海淀、顺义、通州和门头沟等樱桃主要种植区累计推广应用面积达到29 400亩，核心技术覆盖率达到47.42%，2011—2013年累计新增纯收入11 495.685万元。本项目被评为2011—2013年度北京市农业技术推广奖二等奖。

26. **北京市奶牛布鲁氏菌病防制新型配套技术应用推广**。该项目为有效遏制奶牛布鲁氏菌病疫情的蔓延扩散，在借鉴国外成功经验及对布鲁氏菌病控制新技术进行有效探索的基础上，将优化制定的奶牛布鲁氏菌病防制新型配套技术在北京市14个区县推广应用，成效显著。主要技术内容为：在国内率先引入荧光偏振技术用于奶牛布鲁氏菌病控制与净化的大规模检疫，将新型检测技术与传统经典方法有机结合，实现了布鲁氏菌病的高通量、准确、快速、有效诊断与防控；率先大规模推广应用了布鲁氏菌病自然感染和人工免疫的鉴别诊断技术，将竞争ELISA引入接种S2菌苗的牛群进行免疫和感染的鉴别诊断，将布鲁氏菌病的检疫净化时限从免后18个月提前到免后6个月，在现有技术条件下最大限度地实现了免疫和感染的鉴别诊断。3年来，对14个区县的6 978个养殖场次成功推广了涵盖检疫、监测、生物安全控制等内容的奶牛布鲁氏菌病区域性疫病综合防控新技术，经济社会效益显著。累计覆盖奶牛46万头，检测样本384 442头份。培训学员2 760人次，现场技术指导5 100人次，考核合格率达到95%以上。推广区内奶牛布鲁氏菌病得到了有效控制，非免疫群体布鲁氏菌病自然感染阳性率已达到国家规定的稳定控制标准（0.2%以下），产生经济效益1.02亿元。本项目被评为2011—2013年度北京市农业技术推广奖二等奖。

27. **北京鸭质量安全控制体系建设与推广应用**。该项目成果适用于北京鸭孵化—养殖—屠宰—仓储运输的全过程质量安全控制，源于北京鸭健康养殖、疫病防控、药残控制、产品全程追溯等技术集成与示范，形成了包括《北京鸭质量安全控制技术规范》《北京鸭质量追溯系统操作规范手册》等一套完整的北京鸭质量安全控制技术成果，率先建立“金三角”科技推广模式。在肉鸭质量安全保障体系建设和“金三角”推广模式方面具有创新性，对维护“北京烤鸭”这一世界品牌形象具有重要意义，达到国内领先水平。成果在北京及周边区县690个规模养殖场（户）、5个屠宰加工厂进行了示范与推广，覆盖种鸭678万只和商品肉鸭4 935万只，累计实现经济效益9.38亿元，共带动北京鸭养殖农户1 800户，户均年纯收入达到6万元，核心技术覆盖率达92%，产生了显著的经济和社会效益，对北京及周边乃至全国北京鸭主产区具有很好的辐射带动作用。本项目被评为2011—2013年度北京市农业技术推广奖二等奖。

28. **奶牛高效安全养殖技术示范与推广**。该项目针对奶牛饲养管理与繁育问题、牛奶质量安全问题等制约奶业发展的重要因素，开展以下技术内容：在北京市大兴区应用推广《热应激对奶牛营养代谢的影响及其缓解技术的研究》《中国良好农业规范关键点分级及符合性验证技术研究与示范》成果。在推广过程进行了技术研究与示范，包括棉籽和棉粕营养价值评价和利用、饲料霉菌毒素吸附剂开发、奶牛“优质干草＋全株玉米青贮＋低精料”全混合日粮（TMR）配方技术等，并与已有成果技术集成后应用于奶牛TMR饲养体系中，形成了高效饲养技术；同时应用奶牛良好农业规范成果，形成了牛奶安全生产技术。应用推广奶牛性别控制精液，提出X、

Y精子分离纯度检测技术，形成了性别控制技术。在大兴区示范推广过程中将上述技术组装集成了“奶牛高效安全养殖技术示范与推广”成果。本成果3年累计在大兴区6.9万头奶牛推广应用，与推广应用前相比，成母牛平均单产提高10%以上，乳脂率和乳蛋白率分别提高至3.5%和3.1%以上，体细胞数控制在45万以下，饲料利用率提高10%以上，采用性控精液技术的母牛产母犊率在90%以上。累计新增纯收益5 347.5万元。本项目被评为2011—2013年度北京市农业技术推广奖二等奖。

29. **宜渔水体水质净化系统构建关键技术研究与应用**。该项目针对北京水资源极度紧张、水体污染严重和水产养殖排水氮磷超标等问题，通过对密云水库系统开展“水质实时动态监测—鱼类资源现状调查—人工增殖放流—水质净化效果评估”等技术的研究与示范，构建了以人工增殖放流为主体的饮用水源地水质净化系统，保障了北京居民的饮用水安全。通过对典型城市河湖——陶然亭湖和龙潭西湖开展水质净化系统构建关键技术研究与集成示范，构建了一套原位和旁路城市河湖高效水质净化系统。通过系统开展水产养殖水体水质净化系统构建研究与示范，建立了一套由组合人工浮床和生物絮团技术为核心的池塘水质高效净化系统和一套“源头净化—过程消减—尾水深度处理”的山区流水养殖水体水质净化系统。3年来，该成果已累计在通州、房山、平谷、顺义、昌平、丰台、大兴、密云和延庆等区县推广应用49.925万亩，核心技术覆盖率达到57.2%，实现新增产值1.977 2亿元，新增利润9 112.5万元，并开展了大量的技术培训与服务工作。该成果产生了显著的经济、社会和生态效益，具有广阔的推广应用前景。本项目被评为2011—2013年度北京市农业技术推广奖二等奖。

30. **小麦高产指标化技术体系集成与示范推广**。该项目的主要技术内容为：试验示范推广了农大211等4个矮秆耐密抗倒品种，播期密度、整地播种、肥水运筹、一喷多用和防灾减灾等7项高产配套技术，集成了以增密为核心的小麦高产指标化技术体系；创建了小麦主要气象灾害等3种农业气象服务指标体系；开发研制了小麦信息管理平台、小麦镇压器等软硬件设备，获得1项实用新型专利和2项软件著作权。2008—2012年共培训6 242人次，发放资料12万余份，短信800余条，接受咨询2 430次，媒体指导58次。2012年核心技术覆盖率达到73.3%，首次在北纬40°创造了604.8千克的单产纪录。示范区连年增产，全市小麦单产止跌回升，5年累计推广264.9万亩，增产1.4亿千克，增收2.9亿元，生态效益78.2亿元。本项目被评为2011—2013年度北京市农业技术推广奖二等奖。

31. **设施西甜瓜新品种选育与周年配套栽培技术试验示范推广**。该项目针对当前设施西甜瓜产业设施化、优质化、小型化和周年化发展趋势以及生产存在的设施专用品种少和周年生产配套栽培技术不完善的问题，开展了“设施西甜瓜新品种选育与周年配套栽培技术试验示范推广”研究，主要技术内容为：①育成并通过审（鉴）定具有自主知识产权的西甜瓜品种20个，在京郊市场占有率达26.8%（2012年）；补充引进筛选出设施西甜瓜品种21个。②集成、推广了低温期“双幕覆盖”抢早栽培技术，适温期高产、省工栽培技术，高温期安全越夏栽培技术，延长供应期的多茬栽培技术共6项，组装构建形成设施西甜瓜周年生产配套栽培技术体系。采用“高产创建”“骨干农民培训”等实用推广方法，累计开展各类培训63期次，培训4 065人次，发表技术论文31篇、技术简报53篇，发放技术资料5万余份；3年来，全市累计推广171 150亩，较同期常规生产平均总增产7 225.24万千克，总增收19 677.62万元。本项目被评为2011—2013年度北京市农业技术推广奖二等奖。

32. **奶牛良种扩繁配套新技术推广应用**。该项目针对奶牛群体单产提高缓慢、良种扩繁效率不高、优质原奶供需矛盾日益突出的问题，综合运用国内外先进的奶牛良种繁育领域新技术，推广奶牛基因组选择、性控冻精高效生产与人工授精、现代奶牛高效繁殖等良种扩繁配套新技术成果，实现奶牛良种的快速培育和高效扩繁，不断满足首都市民日益增长的优质原奶需求。2010年以来，该成果在北京地区得到大面积推广应用，核心技术覆盖率达96%。推广基因组选择优秀种公牛冻精45.04万剂、性控冻精10.55万剂；获得改良后代母牛10.09万头，较常规冻精多获得良种母牛13 679头；平均单产提高382千克；年总受胎率提高4.2个百分点，产犊间隔缩短29天；种公牛CVM遗传缺陷基因携带率从推广前的14.1%下降到0；累计获得经济效益10.7亿元。本项目被评为2011—2013年度北京市农业技术推广奖二等奖。

33. **奶牛蹄病与变形蹄综合防治新技术的推广。**该项目通过开展蹄病和变形蹄发病原因调查，总结出蹄病发病规律；总结、修订奶牛肢蹄保健技术操作规程；录制奶牛修蹄与护蹄教学片1部，发放技术录像光盘127张；编制了奶牛安全生产技术手册1部，分发6 000余份。在实施过程中对规模化奶牛场兽医技术人员进行培训，先后举办培训班42次，共培训技术人员1 150人次。经过3年的努力，项目在绿荷牛业的34个牛场及大兴、密云、房山、怀柔、昌平等65个牛场进行推广应用，覆盖奶牛81 057头，占全市奶牛头数51.3%；参试牛场奶牛变形蹄发病率从18.5%降至9.2%，蹄病发病率从10.1%降至4.4%，因蹄病淘汰的病牛从7.8%降至3%，共减少损失1 425.84万元。带动全市其他养殖场（户）饲养的奶牛达到11 102头。本项目被评为2011—2013年度北京市农业技术推广奖二等奖。

34. **北京12316农业信息综合服务平台推广应用。**该项目针对北京市农业信息服务存在着信息资源建设不足和农业信息服务落地不足的问题。依托北京12316农业服务公益热线，按照顶层设计的理念，着力加强信息资源、技术及服务渠道的综合。资源方面，平台融合了农产品市场行情、农业科技、政策法规、农业专家、农业企业等资源，建成了全市首个农业信息资源中心；技术方面，平台集成了自动语音、三方通话、视频流媒体传输等交互式技术，建成了以12136呼叫中心为核心的信息服务系统；渠道方面，平台集成了电脑网络、移动终端、视频系统、信息服务一体机等现代化的信息传播渠道，实现了海量信息资源的自主订制、自助式分发，为北京都市型现代农业生产经营提供了针对性的服务。该成果取得8项软件著作权，具有自主知识产权。在全市13个区县、400多个乡镇、700多个生产经营主体进行了推广应用，受理假劣农资投诉举报3 937次，提供农业信息技术咨询52.8万次，热线推广农业新技术60多项，累计发布各类服务信息26 000多万条次，辐射受众达到1 600多万人，直接和间接经济效益累计达到2.8亿元，取得了良好的经济和社会效益。本项目被评为2011—2013年度北京市农业技术推广奖二等奖。

35. **食用菌优良品种及高效栽培技术推广应用。**该项目针对食用菌优良品种缺乏、生产周期长、产量低等关键问题，推广应用了食用菌优良品种6个，其中白灵菇10号为自主选育，获国家发明专利授权（ZL200510084215.7），在北京地区覆盖率达66.7%；杂交培育获得杏鲍菇13号（学术期刊），占北京地区工厂化栽培的80.2%；杏鲍菇17号为杂交培育，获国家发明专利授权（ZL200610114134.1），占北京地区设施栽培的85.3%；杏鲍菇14号为杂交培育，获国家发明专利授权（ZL200610114135.6）；选育出2个平菇优良品种，其中双抗黑平适宜低温季节栽培，CCEF-99适宜周年栽培，占北京地区设施栽培的75.6%。推广应用了白灵菇高效栽培技术，其中瓶式栽培获国家发明专利授权（ZL200410038013.4），首次将液体菌种及新型消毒剂应用于白灵菇生产，单瓶产量高达150克，并制定出企业标准，该项技术处国内领先水平；推广应用了杏鲍菇高效栽培技术，获4项实用新型专利授权，生产周期缩短20天，实现“单袋双菇”的高产目标，产量达450克，居国内最高；推广应用了平菇高效栽培技术，出菇潮次增加1～2茬。实施“科企及科社”合作，培养专业技术骨干，打造典型示范基地，构建“科研院所＋龙头企业（合作社）＋示范基地＋农户”的高效产业组织模式，促进了成果快速转化，3年累计推广21 481.7万袋/瓶，总经济效益73 838.8万元，新增纯效益14 880万元。本项目被评为2011—2013年度北京市农业技术推广奖二等奖。

36. **养殖鱼类疾病监测与防控技术应用推广。**该项目主要技术内容：①筛选形成适合北京渔业特点的鱼类疾病检测技术。②构建监测体系，实施疫病监测。③试验推广鱼病控制措施。针对SVC、KHVD、GV等重大疫病，重点监控苗种场，制定疫区划定及处理技术规范。针对细菌性败血症等细菌病，形成水产养殖科学用药模式。针对水质问题，筛选出3种生物制剂产品用于养殖水体生态修复和鱼类抗病力提高。建立了市级诊断实验室，通过计量认证；建立了鱼病病原库；开发出SVCV、KHV快速检测技术，形成药敏选药技术；为全国各省实验室培训95名检测技术骨干；制定16个检测规程、3个地方标准等技术资料。形成鱼病监测工作机制。SVCV等重大病毒病被有效控制，没有蔓延；细菌性败血症等细菌性疾病能够被及时发现、及时控制。推广累计5.8万亩，新增总产值达4 900万元。本项目被评为2011—2013年度北京市农业技术推广奖二等奖。

37. **基于便携式信息化产品——“U农蔬菜通”的蔬菜适用技术推广与应用。**该项目为了解决最新的农业科技成果与先进技术难以通过有效手段传递到农户手中、农业科技人员在开展技术推广时缺少配套的教材、全科农技员在开展技术服务时没有现代化工具等问题，改变传统的农业科技推广方式，将现代信息技术应用于农业技术推广与应用，通过对先进的蔬菜种植技术的筛选、凝练、组织与挖掘，开发出便携式农业信息化产品——“U农蔬菜通”，并以此为媒介，在京郊9个区县开展了蔬菜先进适用品种与技术的推广工作，满足了广大农民对农业科技信息资源的需求，促进了农业技术的推广和效益的最大化，对京郊蔬菜产业的发展起到了一定的推动作用。产品以U盘为介质，汇集了150类蔬菜的近3 000个品种、2 100项先进技术，重点凝练了满足北京都市型农业定位，满足休闲观光、精品农业需求，适合设施栽培的优新蔬菜品种110种，先进适用栽培技术55项，以及病虫害防治技术60项。产品融物种分类导航、自然语言检索、在线远程更新、咨询服务功能于一身，具有“一插即用、一看就懂、一学就会、一键更新”的傻瓜型特点。成果实施期间，推广产品5 000个，适用技术推广5万亩，直接受益人数超过5 000人，辐射带动农民达5万人，累计带动菜农增收达2 000万元。本项目被评为2011—2013年度北京市农业技术推广奖二等奖。

38. **绿地节水技术研究与示范推广。**该项目在国家科技计划支持下，系统开展了绿地耗水规律与节水灌溉制度、绿地再生水安全利用模式、绿地节水灌溉组装配套技术、绿地智能水管理技术等研究与示范推广工作。主要技术内容为：①系统提出了北京地区常见草坪草和乔灌木耗水规律，揭示了再生水灌溉对常见草坪草的影响规律，提出了绿地非充分灌溉技术与调控阈值，提出采用景观系数计算复合植被蒸散发（ET）的方法；②提出了再生水灌溉条件下不同类型过滤器的水动力学特征、组合过滤效率，揭示了灌水器抗堵塞性能与流道长度、截面积的相关关系，提出了绿地再生水灌溉系统选型配套方案和复合植被滴灌系统设计方法；③建立了绿地绿量遥感识别方法和蒸散发（ET）监测技术，构建了绿地生态效益定量估算方法，研发了集成灌溉决策模型的绿地智能水管理系统，实现了灌溉信息实时监测与灌溉远程监控；④构建了基于非充分灌溉技术、再生水灌溉技术、高效节水灌溉技术、蓄水保墒技术、智能水管理技术等为核心技术的绿地灌溉“清水零消耗”技术模式。项目获得国家发明专利2项、实用新型专利1项和软件著作权1项，出版专著1部，发表论文18篇，编制标准1项，示范面积177.2万平方米，研究成果在中心城和新城得到规模化推广应用，累计推广面积1 009.4万平方米，节工、节水、节能效益十分显著，实现累计节水227.1万立方米，累计直接经济效益2 284.8万元。本项目被评为2011—2013年度北京市农业技术推广奖二等奖。

39. **北京市小麦品种更新换代。**该项目针对京郊小麦生产上存在的主栽品种种性退化、产量水平下降、生产田混杂严重等问题，在京郊推广优良小麦新品种，实现小麦品种更新换代。通过项目实施，筛选出一批综合性状优良的小麦新品种，形成了以中麦175、农大211、京9843、轮选987等高产稳产品种为主栽品种，搭配中优206、京花9号、烟农19等优质品种以及农大3432、农大212、中麦12等节水品种的品种格局，实现了京郊小麦品种更新换代，优化了小麦品种布局，大幅度提高了全市小麦生产产量，带动了小麦籽种产业的发展，提高了小麦生产田品种纯度，减少了麦田“三层楼”现象，促进了都市农业的发展。几年来，项目累计推广新品种263.97万亩，新增总产1.13亿千克，促进外销良种2 352.6万千克，共获得经济效益2.39亿元。项目的核心技术覆盖率达到了86.8%。本项目被评为2011—2013年度北京市农业技术推广奖二等奖。

（董艳华）

【北京市农业技术推广工作再获新进展】2013 年，市农业技术推广站紧密围绕都市型现代农业发展，以不断提高土地产出率、水肥资源利用率、劳动生产率和打造生态景观农业为目标，推进科技创新，坚持农作物高产竞赛与创建，建立优质高产试验与示范典型，继续多形式技术培训和现场观摩，服务于郊区农业生产，做出了七大成绩。

1. 主要作物单产再创新纪录。

（1）冬小麦高产。全市设立小麦高产示范点 20 个，面积 7 311亩，平均亩产达到 443.3 千克，比 2012 年高产点亩产增产 28.6%。

（2）玉米高产。全市设立春玉米高产示范点 14 个，面积 1 810亩，平均亩产达到 925.3 千克，较 2012 年高产点亩产增产 3.1%；设立夏玉米高产示范点 9 个，面积 970 亩，平均亩产达到 673.9 千克，较 2012 年高产点亩产增产 0.5%。40.58 万亩春夏玉米高产创建万亩方平均亩产 726.1 千克，较 2012 年亩产增产 0.7%，为 2008 年以来万亩方创建最高产量。

服务于全市农业生产，在全市建立了 140 个粮食作物苗情监测点，覆盖面积 8.22 万亩，通过苗情监测、分类指导、高产竞赛带动、农民培训等多项举措，2013 年全市 54.4 万亩小麦平均亩产达到 344.7 千克，在灾害天气之年实现了稳产丰收；全市 175 万亩玉米平均亩产达 437.8 千克，较 2012 年全市亩产增产 3.7%，实现 21 世纪以来玉米最高单产。

（3）设施蔬菜高产。2012—2013 年越冬茬口番茄高产点 15 个，面积 13.8 亩，平均亩产达到 11 334 千克；最高示范点亩产达到 23 912 千克，较上年最高亩产增产 59.7%，再创北京市单产新纪录。越夏辣椒高产点 5 个，面积 3 亩，平均亩产 12 518千克；最高示范点亩产达到 16 543 千克，创造了北京越夏辣椒亩产新纪录。

（4）设施食用菌高产。2013 年建立秋冬茬平菇高产点 20 个，面积 55.4 亩，平均亩产 35 327.6千克；示范点最高亩产达到 5.2 万千克，比全市平均产量提高 56.6%，亩产值 15 万元。

（5）设施草莓优质高产。2013 年全市设立草莓优质高产点 15 个，面积 132 亩，平均亩产草莓 2 527 千克；最高示范点亩产 3 440 千克。

（6）设施西瓜高产。2013 年全市设立春大棚小西瓜高产点 13 个，面积 65 亩，平均亩产达到 4 502.3 千克；最高示范点亩产 7 336.1 千克，较上年增产 12.9%。

2. 高产示范点水肥资源利用率不断提高。

（1）粮食作物资源利用率。2013 年，高产示范点小麦肥料（纯养分）产出率 12.3 千克/千克，比上年提高 2.5%。春玉米肥料产出率达到 28.8 千克/千克，比上年提高 4.7%；水分生产效率 2.9 千克/立方米；落实单粒播种技术，人工作业成本大幅下降，劳动生产率达到 383.9 千克/（工·日），较上年提高 107.3%。夏玉米肥料产出率 20.9 千克/千克，因 2013 年玉米拔节期高产点遭遇强降水发生倒伏，为确保植株快速恢复，相应增加了追肥量，故肥料产出率较上年降低 8.8%；水分生产效率 2.2 千克/立方米，较上年提高 18.9%；实行机械化收获等简化栽培措施，劳动产出率达到 334.0 千克/（工·日），较上年提高 24.0%。

（2）设施蔬菜水肥利用率。越冬日光温室黄瓜化肥产出率 49.1 千克/千克，比上年提高 17.5%；灌溉水生产效率 62.1 千克/立方米，较上年提高 55.3%。越冬日光温室番茄化肥产出率 53 千克/千克，较上年提高 23.3%；灌溉水生产效率 58 千克/立方米，较上年提高 20.8%。

（3）设施草莓水肥利用率。化肥产出率为 20 千克/千克，与上年持平；灌溉水生产效率 13 千克/立方米，较上年提高 44%。

（4）设施西瓜资源利用率。春大棚小西瓜有机肥产出率 713.5 千克/立方米，化肥产出率 45.7 千克/千克，灌溉水产出率 31.77 千克/立方米；劳动产出率 150.08 千克/（工·日）。

3. 景观农业发展取得新进展。

（1）继续开展北京农田观光季活动。以“游快乐农田，品瓜果鲜蔬”为主题，遴选推介了 110 个观光点，举办了第三届北京农田观光季活动。房山长沟金秋葵海、朝阳区蓝调庄园、延庆四季花海 3 个观光点被农业部评为中国美丽田园。景观农业示范镇房山长沟镇、密云石城镇被评为北京市休闲旅游示范镇。2013 年农田观光季活动 110 个观光点取得了 4.75 亿元的种植效益，吸引了 675.46 万市民前去观光，休闲旅游收入达到了 2.71 亿元，带动旅游人数和旅游收入分别比第二届农田观光季增加 64.6%和 170.0%。

（2）继续合作开展屋顶农庄建设。联合北京市屋顶绿化协会在史家胡同开展了小学生互动种植活动，启动史家胡同小学空中小农庄示范建设，新开辟了“中草药区”“互动试验种植区”两个区域，为学生提供了更多学习和参与的机会。

（3）继续开展农业进社区活动。在密云县果园街道开展了“城市微田园 家庭小农庄”农业进社区活动。

4. 节水农业发展呈现新局面。2013 年围绕粮食、蔬菜和果树三大产业，推广实用高效节水技术模式，实现总节水 1 240 万立方米。大田作物以喷灌技术为核心，节水品种、水肥一体化、秸秆覆盖、深耕深松、化学抗旱等技术跟进，推广高效节水技术 15.0 万亩，节水 541.4 万立方米。蔬菜以膜下微灌和覆膜沟灌技术为核心，水肥一体化、地膜覆盖、膜面集雨、有机培肥保墒等技术跟进，推广高效节水技术 8.7 万亩，节水 681.9 万立方米。果树以环绕式滴灌技术为核心，水肥一体化、枝条粉碎覆盖、果园生草覆盖、有机培肥保墒等技术跟进，推广高效节水技术 0.3 万亩，节水 16.7 万立方米。

研发并引进新型灌溉系统，实现了精量控制灌溉。研发了蔬菜精量灌溉施肥系统，实现了水肥液 EC、pH 和养分比例精确控制和自动化定时定量灌溉施肥，技术获得国家专利并在房山区良乡镇官道村进行了示范应用；引进了小麦时针式喷灌机，研发了配套的施肥系统，实现了小麦自动控制喷灌施肥，在顺义区赵全营镇去碑营村进行了示范应用；引进了果树物联网智能灌溉系统，基本实现果园灌溉全自动化管理，在昌平区南邵镇营坊村进行了示范应用。

5. 产品加工增值成为新亮点。2013 年，市农业技术推广站开展了甜（辣）椒、生菜、豆角、西兰花和胡萝卜等蔬菜产后保鲜储运、减损增值等关键技术研究；综合应用耐贮品种、适时采收、产地分级、预冷、保鲜包装、低温贮运等多项技术，可延长甜（辣）椒保鲜期至 40 天以上，生菜、豆角贮藏保鲜期达 16 天以上，胡萝卜贮藏保鲜期达 170 天以上。建立蔬菜高效贮运技术示范点 32 个，示范规模 1 500 吨，推广规模 4 200 吨，使蔬菜产后减损增值平均每吨折合 1 200 元，总效益 504 万元。示范推广黄瓜、西葫芦和茄子等蔬菜套袋技术 300 亩，成品率提高约 20%，亩增效益 6 000 元。同时，开发了符合有机蔬菜要求的专用袋，套袋有机黄瓜亩增效益 10 000 元。示范推广新型保鲜膜和保鲜袋 5 万千克，保鲜盒 100 万个，保鲜箱 10 万个，可有效保鲜包装蔬菜 5 万吨，减损约 750 万千克，增加经济效益 4 000多万元。示范推广产地分级、预冷、保鲜等产后加工技术，综合耗率由 25% 下降到 14%。

6. 骨干农民培养提供新动力。2013 年，以产业发展和生产需求为导向，采取理论培训＋实操练习、集中式讲座＋参与式讨论、分期培训＋关键指导、示范＋观摩、市内＋外埠培训、境内＋境外培训等多种形式，市农业技术推广站组织“菜篮子”骨干农民研修市内培训班 6 期，培训蔬菜、食用菌、草莓和农产品贮藏加工方面的骨干农民 402 人。组织骨干农民提升培训班 2 期，培训 155 人；组织生产观摩与交流活动 16 次，1 255 人次；组织 5 个外埠培训班，培训骨干农民 155 人，平均 40 学时。组织境外培训班 4 个共 53 人。通过培训，骨干农民掌握了系统栽培知识和技术，清洁生产、资源循环、食品安全、环境保护、协作生产等意识均得到提升，并具备一定的示范和辐射带动能力，成为一支活跃在农村的技术传播队伍。

7. 技术集成研究取得新突破。

（1）小麦高产指标化技术体系进一步完善。一是明确了小麦获得亩产 450～500 千克产量的最佳整地方式，重耙＋耕翻＋旋地的方式产量最高。二是明确了在京郊有效磷含量 30 毫克/千克的中高产田，底施 10 千克/亩五氧化二磷可获得亩产 500 千克的产量。

（2）玉米育苗移栽技术研究提前夏玉米生育进程。在顺义开展了夏玉米育苗移栽技术研究试验，选用郑单 958 和京单 68 两个品种，通过集中育苗、机械化移栽，最终实现夏玉米生育进程提前 7～10 天，收获时两个品种籽粒含水量分别降低 26.9%和 31.3%，单产分别增加 12.3%和 10.4%。

（3）番茄玻璃温室现代化生产水平达到国内领先。2012—2013 年对小汤山特菜基地 3 500 平方米玻璃连栋温室进行结构改造，将温、光、湿、气控制系统、水肥一体化管理系统、环境隔离净化及病虫害综合防控系统、新型作业装备设备、智能监控管理平台等进行集成创新，并开展了番茄工厂化生产示范。番茄于2013年3月10日拉秧，平均坐果43穗，采收36穗果，平均每平方米采收31.5千克，达到目前国内连栋温室生产领先水平。

（4）日光温室番茄无土栽培技术研究取得初步成果。2013年在顺义、大兴开展了大跨度日光温室番茄无土栽培生产试验示范。集成应用日光温室保温增温技术，引进示范日光温室配套省力化设备，综合应用日光温室番茄周年生产综合配套技术，平均每平方米采收16.5千克，较园区常规土壤栽培增产34.1%。

（5）集约化育苗技术研究和示范推广带动作用显现。2013年度小汤山育苗工厂采用集约化育苗方式生产蔬菜种苗24个品种，650万株。黄瓜、番茄、甜（辣）椒、茄子四种主要果类蔬菜秧苗95%以上达到优质壮苗标准。在京郊10个区县64家用苗单位示范推广应用。在田间生产中增产增收效果明显，表现出定植后缓苗快、成活率高达99.5%以上、秧苗整齐一致、生长速度快、抗病性强、收获期提前等优势。2013年全市采用集约化育苗方式的专业育苗场35家，较2012年增加29.6%；50亩规模以上蔬菜园区的育苗点175个，较2012年增加35.7%；全市蔬菜穴盘集约化育苗量约为1.21亿株，较2012年增加51.3%。

（6）不同级别草莓子苗成熟期和产量差别大。定植不同级别草莓子苗（裸根苗）进行生产，第三级子苗缓苗快，果实成熟期比第二级子苗提前3天，比第一级子苗提前6天且产量分别高于第一级子苗和第二级子苗27.5%和27.3%。

（7）筛选出适宜北京地区栽培的食用菌品种。双孢菇品种A15单产最高达10.30千克/平方米，产量其次为品种w192、20、36；品种36的菌盖直径最大，平均达4.93厘米，市场比较认可；引进8个灰树花品种，筛选高产品种，生物转化率为52%，比对照增产7%；引进东北的黑木耳“小孔单片出耳技术”，产出的木耳单片无根，食用方便，口感好；林下春耳地摆式栽培，试验点干耳最高单产达1 082.25千克/亩，亩收入达10万元左右。

（8）在第25届“东正杯”全国西甜瓜擂台赛上，北京市农业技术推广站育成的西甜瓜品种喜获8个奖项。“梦想6号”“超越梦想”囊括了小型西瓜综合组前4名；小西瓜“传奇4号”“梦想4号”获新品种奖。

（聂青）

信息化建设

【网络终端、科研装备等基础设施建设进一步加强】网络终端。2013年《北京统计年鉴》数据显示，北京市拥有电脑的农村家庭达到了66%。移动电话和固定电话普及率分别达到了91%和73%，移动电话已超越固定电话成为农村家庭最主要的信息获取终端。2013年北京移动农网共有信息机188台，农信机4 902台，手机用户38万余人。

科研装备。低成本、便捷化、智能化的农业信息服务产品受到广泛好评。面向全科农技员、信息站点管理员等重点用户的信息产品达到2 000多套，继“U农蔬菜通”后，2013年又研发了“U农果树通”“U农花卉通”“U农旅游通”和“U农畜禽通”等便携式信息服务系列产品。基于移动终端的信息服务产品的研发也扩展到农业生产、农产品流通、农产品价格监测、城市休闲农业等多个领域，相继开发了“掌上农庄”“阳台农业课件资源APP”“农价新时空”“农产品二维码展示平台”“蔬菜信息推送系统”等软件产品。

（刘军萍　马俊强　常剑　丛蕾）

【信息资源建设进一步深化】初步建立涉农信息资源目录体系。北京市农委系统继续组织各单位开展《涉农业务目录》和《涉农信息资源目录》的编制工作。通过对市农委系统各单位涉农网站、业务系统、信息资源进行摸底，形成2 346条北京市涉农业务目录和 12 124 条北京市涉农信息资源目录。初步摸清了信息资源的种类与分布，为业务工作提供了有效的信息化支撑。

农业生产信息资源。以北京“221 信息平台”为核心，进一步深化农业生产信息资源的集成与共享。北京“221 信息平台”进一步整合了市属相关单位和各郊区县农业资源数据，形成了土壤、气象、水、地貌等自然资源条件和人口、劳动力、经济发展状况等社会经济条件，以及科技资源、市场供应、金融政策等方面的涉农信息资源，数据容量 36GB。更新区县粮食作物、经济作物、蔬菜种植、特色作物种植、牲畜饲养及畜产品、林果、花卉等 29 类数据信息 18 840 条。北京市“菜篮子”工程信息系统集成了农产品自给率、控制率、农产品质量安全监管、农产品供应保障等信息资源，实现了“菜篮子”工程数据资源的集中管理。拥有涉及全市规模化畜禽养殖场、水产养殖场、基本菜田地块的地理空间数据和属性数据；“农产品进京路线图”“农产品来源流向”、河北省环北京蔬菜主产县的蔬菜产地及生产信息，农产品来源地分布信息；农产品质量安全监管信息；全市蔬菜、水产和畜牧行业生产数据；“菜篮子”产品供需形势等。北京市农业生态环境质量评价系统集成整合农业生态环境信息资源，建立了北京市农业生态环境信息资源基础数据库，农业生态环境综合信息展示门户。可以提供农业再生能源建设、农业废弃物综合利用、农业大气污染减排、农业环境监测、畜禽环境监测与评价、土壤环境监测与评价、渔业环境治理监测与评价、面源污染控制等相关资源。

农业农村管理信息资源。以北京农村“三资”监管平台为主体，整合了 14 套涉及农村管理信息资源系统，包括农村集体资产管理、农村土地承包与流转管理、农村财务与收益分配管理、农村经济审计管理、农民专业合作社管理、涉农（补贴）资金监管、农村集体产权交易管理、党务村务公开管理、农村劳动力就业与家庭经营管理、在线学习等内容。北京农村“三资”监管平台实现跨部门应用和信息资源共享。平台汇集了大量的农村社会经济发展信息和农村人口、劳动力、农户家庭经营信息，新增了北京农村基层组织和北京市一事一议财政奖补等信息资源。通过建设网管平台，实现了专网系统跨部门应用，实现了信息资源共享。

惠民服务及预报预警类信息资源。以北京移动农网为依托，构建了区、乡镇、村三级信息传递网络。通过气象预报、预警、提示短信、气象信息显示屏和气象预警信息机将信息发布到镇、村。特别是大雪、大风、高温、雷电、暴雨、雾霾以及地质灾害等各类预警信息，为全市应对极端气候、防灾减灾提供了有力的支持保障。2013 年北京移动农网共发送实用信息 1 603 万条，同比增长 4.8%。大兴区、昌平区、通州区、密云县月均发送数量均在 10 万条以上。6 月全市进入汛期以来，移动农网信息发送数量增幅明显，6—8 月全市共发送信息数量 459 万条，同比增长 7.92%；市气象局向各郊区县发送各类预警信息 32 余万条。

农业休闲类信息资源。以市农委网站、北京现代农业信息网（“221 信息平台”公众服务版）为引领，各类涉农综合网站、政府网站、行业网站等为公众提供全方位、多样化、多渠道的涉农信息资源。北京“221 信息平台”公众服务版——北京现代农业信息网改版试运行，创造性地开发了通用版、农民版、市民版三个版本，为公众提供设施农业、休闲农业、会展农业、创意农业、农产品加工、籽种农业、智慧农业 7 大类近 80 个栏目的反映北京都市型现代农业建设与应用成果的信息资源。

GIS 地图信息资源。市城乡经济（农委）信息中心与北京信息资源管理中心合作，在新改版的北京现代农业信息网的基础上建设完成了 16 个专题3 600多条 GIS 地图展示与查询信息。

多媒体信息资源。利用二、三维动画、电子书、全景展示、视频等多媒体手段，建设了全面展示都市农业建设成果的信息资源。北京现代农业信息网为公众提供了最美乡村、古村风情、小城镇、政策解读、网上课堂、阳台农业、信息化改变生活 7 大类 150 多个视频信息；大美田园、美丽乡村、都市农业、关注“三农”等近 10 种电子书刊以及蟹岛、蓝调庄园等 17 个农业园区的虚拟体验。

农业科技信息资源。北京农业数字信息资源中心维护更新北京农业数字信息资源中心数据 56 444 条。重点开发了包括 5 大类 2 925 种常见品种的园林花卉品种数据库和 4 大类 277 种常见花木害虫数据库，累计更新数据

21 136条，满足了京郊花卉产业发展需求。

（刘军萍　马俊强　常剑　丛蕾）

【农业农村信息化建设工作亮点突出】

1. 开展了信息化示范基地的评选认定工作。2013年上半年推荐申报的北京农业信息技术研究中心、市农经办“三资”监管平台、通州国际种业园区全部被农业部认定为国家级农业农村信息化示范基地。下半年开展了市级农业农村信息化示范基地认定工作。认定工作得到了各相关单位、各区县的高度重视，经过各区县、各相关单位的推荐和实地考察及专家评定，23家单位被认定为北京市农业农村信息化示范基地。这些示范基地涵盖了整体推进、生产应用、经营应用、政务应用、服务创新、技术创新6大类型，覆盖了郊区13个区县，包括了农业管理部门、事业单位、教学科研单位、企业、农民专业合作社等生产经营主体。该工作得到了农业部、工业和信息化部、中国科学院、中国农业科学院、市经济和信息化委员会等部门单位领导和专家的充分肯定和一致好评。专家组认为：北京市农业农村信息化示范基地认定工作标准高、方法科学、程序合理，所认定的3家国家级示范基地和23家市级示范基地类型全面、注重应用、成效突出，这些基地也反映出北京市农业农村信息化建设工作基础好、发展势头好、发展环境好、应用成效好，在全国处于先进地位。

2. 开展北京市农业农村信息化发展战略研究。市城乡（农委）经济信息中心联合北京市政府研究室共同开展了北京市农业农村信息化发展战略研究，旨在摸清北京市农业农村信息化的现状和需求。研究提出了北京市农业农村信息化发展的战略框架，从保证基础工作、提升常规工作、加强重点工作、探索创新工作四个方面指出了全市农业农村信息化建设的战略任务。

3. 全方位对“221信息平台”内外网进行优化和改造。本着好看、好用、实用、有用的原则，内网功能上实现平台由原来的演示为主向应用为主的转化；外网探索新技术、新手段的应用，基于云平台，创造性地开发了通用版、农民版、市民版三个版本近80个栏目，其中，20多个栏目通过数据接口传输实现了信息共享。

4. 开展智慧乡村的试点建设工作。市级层面：智慧乡村是智慧北京建设的重要组成部分，但目前明显是短板。市城乡（农委）经济信息中心选取了平谷区西柏店村和顺义区北郎中村，启动了智慧乡村的试点示范建设，探索和建立智慧乡村的建设标准。区县层面：丰台区制定了《“智慧王佐”建设工程实施方案及计划安排》，开展了卢沟桥乡张仪村试点建设，利用信息平台，创新房屋出租“物业式”服务管理模式，破解城乡结合部社会管理难题。大兴区建设了村庄社区化管理信息平台，覆盖13个镇364个实施社区化管理的村庄。

（刘军萍　马俊强　常剑　丛蕾）

农村改革与管理

综　　述

2013 年，郊区农村坚持推进农村改革，稳定完善农村土地政策，保护农户家庭土地承包经营权，依法、自愿、有偿，鼓励、引导农户流转土地承包经营权，195 个乡镇、3 958 个村完成农村集体土地所有权确权登记发证工作，确权登记率达到 97.05%。农村集体资产管理全面加强，村级完成产权制度改革的比例达到 96.9%。1 267 个村集体经济组织实现股份分红，分红总金额 34.8 亿元。扶持农民合作社发展，对 23 家示范社的 36 个项目给予 329 万元诚信贴息奖励。农村金融创新发展，大兴区农村金融改革试验区建设进行农业保险保单质押贷款工作，实现保费收入 5.48 亿元，较上年增长 7.59%。

农村土地承包与管理

【家庭承包土地中林地面积持续增长】 2013 年，全市农村土地家庭承包关系总体稳定，土地流转继续稳步发展。全市确权面积 446 万亩，其中，确权确地 256.3 万亩，确权确利 138.1 万亩，确权确股 51.6 万亩。土地流转 222.7 万亩，流转率 49.9%。对外租赁面积达到 77.3 万亩，外部企业、组织或个人已成为家庭承包经营以外的第一大经营主体。五河十路、一二道绿隔、平原造林等各类林地（工程）等生态林使用农民确权土地共 55.4 万亩，再加上果园、散生果树等经济林 60.5 万亩，各类林地共 115.9 万亩，占确权土地的 26%。与完成确权时相比，在确权总面积减少 32.9 万亩的情况下，各类林地总面积增加 33.6 万亩，增长 40.8%。

（陈娟）

【组织开展了郊区家庭农场调查】 根据农业部办公厅《关于开展家庭农场调查工作的通知》（农办经〔2013〕6 号）要求，组织各区县对家庭农场发展情况进行了调查，确定了本次调查中家庭农场的规模标准，即：从事粮食作物的，租期或承包期在 5 年以上的土地经营面积达到 50 亩（一年两熟制地区），其他种植业经营面积在 50 亩以上（含 50 亩），其中经济作物在 20 亩以上（含 20 亩）；养殖业中大牲畜在 100 头以上（含 100 头），家禽在 5 000只以上（含 5 000 只），水面在 20 亩以上（含 20 亩）；种养结合的，按养殖业标准计算，若养殖业不达标而种植业经营面积达标的，按种植业计算。按此标准统计，全市家庭农场的基本情况是：①家庭农场以养殖业为主。1 688 个家庭农场中，养殖业 1 052 个，占 62.3%，在家庭农场中占最大比重。种植业 579 个，占 34.3%。其中，生产粮食的家庭农场 52 个，占家庭农场总数的 3.1%，占种植业的 9%。②家庭农场经营面积以 50 亩以下为主。1 688 个家庭农场中，50 亩以下的 1 157 个，占 68.5%；100 亩以上的 163 个，占 9.7%。家庭农场平均规模 94.1 亩。从各业别看，家庭农场发展养殖业的用地需求量最小，平均规模 13.2 亩；种植业用地需求量最大，平均规模 245.7 亩，其中粮食经营规模 92.5 亩。③家庭农场 2012 年平均收入 20.9 万元。从经营效果看，2012 年经营总收入 10 万元以下的家庭农场 967 个，占 57.3%；10 万～50 万元的 576 个，占 34.1%；50 万元以上的 145 个，占 8.6%。从业别看，养殖业和种养结合业的收入最高，分别达到每个家庭农场 25.9 万元和 24.1 万元，效益较好，可考虑作为今后全市家庭农场发展的重要方向。④家庭农场中种植业用工量最大。从用工量看，家庭农场用工量最大的是种植业，平均每个家庭农场需要劳动力 3.6 人，家庭劳动力与常年雇工的比例是 3.5∶1；养殖业用工量最小，需要 2.1 人，家庭劳动力与常年雇工的比例是 2.4∶1。从事种植业的家庭农场更多依靠本家庭成员的经营。通过调查，当前发展中存在的一些问题是：农村土地流转困难，资金、技术、销售渠道支撑困难，农户对发展家庭农场缺乏认识，管理服务机制薄弱等。

（任玉玲）

【完成了 2012 年农经平台中土地承包管理的数据上传、汇总及分析工作】根据各区县向“北京农村‘三资’监管平台”土地承包管理模块上报的数据，对 2012 年郊区农村土地承包经营及管理情况进行了统计分析，具体结果是：①农村土地确权及构成。2012 年，全市农村土地应确权的村 3 692 个，与 2011 年村数一致。少数村的部分土地因土地征占或城镇拆迁改造、开发区扩建等原因，面积有所减少。2012 年全市已确权面积 462.2 万亩，比 2011 年年底的 463.1 万亩减少了 0.9 万亩。确权面积中，实行确权确地的 264.9 万亩，占 57.3%；确权确利的 147.4 万亩，占 31.9%；确权确股的 49.9 万亩，占 10.8%。各确权方式均保持相对稳定的发展态势。②土地流转面积和流转方式。2012 年，郊区农地流转面积 224.3 万亩，比 2011 年增加 4.4 万亩，流转率达 48.5%，同比增长 1%。其中确利流转 147.3 万亩，占 65.7%；确股流转 49.9 万亩，占 22.2%；确地后流转 27.1 万亩，占 12.1%。③农村土地经营情况。确权土地中，基本农田和其他耕地共 324.8 万亩，占 70.3%；果园和散生果树共 60.2 万亩，占 13%；绿化隔离带、平原造林等各类林地共 38.3 万亩，占 8.3%；其他用地 38.8 万亩，占 8.4%。流转土地中对外租赁占 31.1%，居首位，集体经营 61.3 万亩，占 27.3%；大户承包 58.1 万亩，占 25.9%；专业合作社直接经营 0.5 万亩，占 0.2%；其他经营方式 34.7 万亩，占 15.5%。④农地流转收益兑现情况。2012 年，涉及确权确利、需要兑现流转收益的村数为 1 841 个，比 2011 年减少 31 个，主要原因是确权方式发生改变，由确权确利改为确权确股。2012 年确利流转收益亩均 453 元，人均 405 元，分别比上年增长 9.4%和 12.5%。⑤合同签订与证书发放情况。到 2012 年年底，全市应签家庭承包合同 125.8 万份，已签家庭承包合同 123.7 万份，签订率达到 98.3%，比 2011 年提高 0.6 个百分点。全市应发放土地承包经营权证书和确权证书 117.3 万份，已发放 112.5 万份，发放率 95.9%。与 2011 年基本持平。

（任玉玲）

【继续开展农村土地流转价格动态监测工作】土地流转价格动态监测实行半年报制度。完成了《2013 年上半年全市农村土地流转监测点平均价格 1 531 元》和《2013 年全市农村土地流转监测点平均价格 1 610 元》两篇分析报告。2013 年，全市 53 个监测点共上传土地流转信息 3 365 条，农地流转面积 123 443.1 亩，农地流转平均价格 1 610 元。与 2012 年相比，因平原造林工程带动，土地流转面积有较大幅度增加，平均每个监测点达到 2 329 亩，较上年每个监测点面积 1 198 亩增长 94.4%。农地流转平均价格与 2012 年上半年 1 633 元基本持平，主要原因是平原造林工程面积较大，占全部监测点流转面积的 86.1%，对土地流转均价有较大影响。

（任玉玲）

【认真完成农村土地承包经营纠纷调解仲裁工作情况报告】按照农业部经管司的要求，农村土地承包经营纠纷调解仲裁实行半年报制度。完成了《2013 年上半年北京市农村土地承包经营纠纷调解仲裁工作报告》和《2013 年北京市农村土地承包经营纠纷调解仲裁工作报告》及相关报表。2013 年，全市共发生农村土地承包经营纠纷 888 件，其中，土地承包纠纷 544 件，占 61.3%；土地流转纠纷 138 件，占 15.5%；其他纠纷 206 件，占 23.2%。已调处解决 864 件，调处成功率为 97.3%。其中，乡镇调解 705 件，村民委员会调解 119 件，仲裁委员会调处 40 件。从仲裁案件的解决情况看，仲裁裁决的 13 件，占仲裁调处总件数的 32.5%。主要完成了以下工作：①进一步完善农村土地承包经营纠纷调解仲裁体系。全市涉农区县共计 13 个，已全部建立了土地承包仲裁委员会。其中：有正式批文的 11 个，已纳入财政预算的 11 个，聘用仲裁员 20 人以上的共计 2 个。13 个涉农区县均成立了由主管区县长为主任的土地承包仲裁委员会，制定了章程，仲裁委员会组成人员从 8 人至 25 人不等，均在区县经管部门设立办公室，配备了专职工作人员。②开展仲裁员聘任、培训与资格认证工作。从 2009 年市经管站陆续组织开展仲裁员培训工作，已获得《农村土地承包经营纠纷仲裁员资格证书》的 97 人。2012 年 11 月下旬，举办了市级仲裁员培训班，共培训仲裁员、土地承包管理人员 160 人次。培训结束后，市农经办对学员进行了考核，为成绩合格且符合《中华人民共和国农村土地承包经营纠纷调解仲裁法》第十五条的有关规定的 104 人发放了《仲裁员资格证书》。③向市人大提出加强仲裁法制建设的建议。2013 年 5 月，市人大召开立法规划工作座谈会，邀请市农经办、房山、大兴、密云等区县负责仲裁工作的有关领导参与讨论未来 5 年农村土地承包及纠纷调解仲裁工作的立法需求。市农经办汇报了近年来的农村土地承包及流转情况、农村土地承包经营纠纷情况、农村土地承包仲裁机构建设情况、开展农村土地承包经营纠纷仲裁指导所做的主要工作，总结了当前工作中存在的主要问题，并对下一步开展立法提出了建议。房山、大兴、密云也从开展农村土地承包纠纷仲裁工作的实践出发，提出了当前工作中的存在的经费、编制、人员素质等方面的困难，建议在立法工作中给予基层更多的支持。④积极推动仲裁工作在区县间均衡开展。到 2012 年年底，13 个涉农区县实际开展仲裁工作的有房山、大兴等 6 个区县。通过加大培训工作力度，各区县仲裁员队伍实力不断增强，业务水平也有了很大提高。2013 年上半年，朝阳区、顺义区首次开展了纠纷案件的受理工作。

（任玉玲）

【开展平原造林工程中土地流转情况的调研】为推进首都生态文明建设，加快转变经济发展方式，推动经济与人口资源环境协调发展，2012 年市政府制定下发了《关于 2012 年实施平原地区 20 万亩造林工程的意见》（京政发〔2012〕12 号），决定在北京市平原地区新增造林面积 20 万亩（后扩大到 25 万亩）。由于新增平原造林面积涉及了大量农村土地、农民确权土地，关系到广大农民的切身利益，因此对 2012 年平原造林工程中土地流转的情况进行了调研，具体结果是：①平原造林中使用农民确权地的情况。2012 年，全市 25 万亩造林面积中，使用村级土地造林的共 96 个乡镇，600 个村。其中，使用农民确权地造林的共 87 个乡镇，540 个村。在 25 万亩造林面积中，村级完成 20.4 万亩，占 81.6%。农民确权地用于平原造林的 17.7 万亩，占平原造林总面积的 70.8%，占村级造林面积的 86.7%。②平原造林中土地流转情况。平原造林中，使用农民确权地主要分为两种做法：一是从农民手中将土地流转出来，由村集体经营，或统一流转给村集体后由村集体发包给某些具有资质的单位，这种做法占平原造林总面积的 75%；二是不流转土地，仍由原经营者（包括农户或大户、专业队组、外部单位或个人）继续经营，但调整土地用途，改为种树，这种做法占平原造林面积的 11.7%。平原造林中，共流转农民确权土地 15.3 万亩，其中，确地后流转 10 万亩，占 65.2%；确利流转 2.9 万亩，占 18.8%；确股流转 2.4 万亩，占 16.0%。③平原造林中土地流转补助资金落实情况。《北京市人民政府关于 2012 年实施平原地区 20 万亩造林工程的意见》（京政发〔2012〕）中规定，“实行种植结构调整用于造林绿化的土地，不改变承包关系，按照现行流转政策，市政府每年给予生态涵养发展区补助1 000元/亩，其他地区补助1 500元/亩”。据统计，540个使用农村确权地造林的村中，435个村填报了土地流转补助资金的情况，占80.6%。从435个村的填报金额看，应发土地流转补助资金2.43亿元，已发2.31亿元，兑现率95.3%；应发确权农户流转资金1.79亿元，已发1.67亿元，兑现率93.3%。④平原造林中合同签订情况。本次造林中，根据确权土地当前的实际经营情况，采取了以下三种不同的合同处理方式：一是将土地从确权农民或当前的经营者手中流转过来，双方签订土地流转合同。据统计，2012年平原造林中应签土地流转合同34 576份，已签34 230份，合同签订率99%；二是造林后土地仍由确权农民经营管理，不流转土地的，对原确权合同中的土地用途、土地补助款给付、地上物归属等条款进行调整。这类合同应签8 962份，已签8 554份，签订率95.4%；三是土地已流转给大户或外部单位、个人经营，暂无法收回土地的，约定仍由原接转方经营管理，对其他方式承包合同中的土地用途、土地补助款给付、地上物归属等条款进行调整。这类合同应签1 488份，已签1 393份，签订率93.6%。调研中发现的主要问题是：土地流转补助款缺乏监管，且土地流转补助款的归属存在矛盾和纠纷。

（任玉玲）

【建立适度规模经营主体监测制度】为掌握全市农地适度规模经营情况，加强农村土地流转规范化管理，促进农村土地流转持续、健康、有序发展，设计了建立农地适度规模经营（新型经营主体）监测制度方案。包括：①监测项目。该项目的主要统计内容包括各种适度规模经营主体的用地情况、经营情况和效益情况。②监测范围。农地适度规模经营主体的组织形式包括：专业大户（单个）、联户经营、家庭农场、农民合作社、农业企业、其他组织。适度规模经营的标准是：租期或承包期均要求在5年以上。粮食：土地经营面积达到50亩（一年两熟制地区）或100亩（一年一熟制地区）以上；果树：50亩以上；经济作物（粮棉菜油）：20亩以上。③监测点设置。10个远郊区县。即门头沟、房山、大兴、通州、顺义、昌平、平谷、怀柔、密云、延庆。④工作流程。各乡镇负责对监测信息进行采集、录入，区县、市对数据进行统计、分析和汇总。通过每年对监测点的经营效益情况进行统计分析，向有关部门发布本市农地适度规模经营情况，为有效引导农村土地承包经营权流转，促进农村土地适度规模经营，发展都市型现代农业提供决策依据。

（任玉玲）

农民专业合作组织

【全市农民专业合作社稳步健康发展】近年来，全市认真贯彻《农民专业合作社法》，在各级党委、政府的引导扶持下，农民专业合作社持续稳步健康发展。截至2013年12月底，全市工商登记注册的农民专业合作社发展到5 666家，比2012年增加487家。在13个区县中，密云、平谷两县区最多，分别达到了1 149家和986家，其余分别为：怀柔区720家，大兴区568家，延庆县548家，房山区548家，昌平区410家，门头沟区268家，通州区262家，顺义区195家，朝阳、海淀、丰台三个区12家。合作社正式登记注册的合作社成员15.4万名，辐射带动农户46万户，占全市从事一产农户总数的75%。合作社资产总额65.4亿元，其中成员出资额24.6亿元。2013年合作社总收入108.3亿元，实现盈余8.5亿元。盈余返还总额4.6亿元，分红1.6亿元，未分配盈余1.2亿元，成员户均纯收入1.3万元。

经过多年的培育发展，全市农民专业合作社已经具有一定的基础和规模，在发展过程中形成了自己的特色：①以种植业和畜牧业为主，多元化产业共同发展。5 666家合作社中，以种植业为主业的3 251家，占57.4%；以畜牧业为主业的

1 500家，占26.5%；以服务业为主业的306家（其中农机服务135家，民俗旅游138家），占5.4%；以渔业为主业的115家，占2%；以林业为主业的167家，占2.9%；以手工业为主业的55家，占1%；综合性合作社272家，占4.8%。②以农民领办为主体，多方带动共同发展。5 666家合作社中，领办人为农民的合作社有5 090家，占89.8%；领办人为企业法人的有318家，占5.6%；领办人为村集体经济组织的有188家，占3.3%；领办人为事业和社会团体代表的有70家，占1.3%。③成员以村域内为主，跨乡镇、区县的相对增加。成员分布在村域范围内的合作社有3 290家，占58.1%；成员分布在乡镇域范围内的有1 708家，占30.1%；成员分布在区县范围的有554家，占9.8%；成员分布在全市以及跨省范围的有114家，占2%。④以产加销一体化服务为主，服务功能日益增强。实行产加销一体化服务的合作社4 969家，占总数的87.7%；以生产为主的合作社347家，占6.1%；以信息技术服务为主的合作社192家，占3.4%；以购销服务为主的合作社125家，占2.2%；以农产品加工为主的合作社33家，占0.6%。2013年，合作社为成员统一购买农业生产投入品总值25.7亿元，统一销售农产品总值73.4亿元。有83家合作社开展内部资金互助服务，互助资金总额5 356.84万元。通过集中授课，观摩学习、示范指导等方式培训成员35.6万人次。⑤生产规模逐步扩大，农业标准化生产水平不断提高。2013年，合作社种植农作物总面积168.6万亩，比上年同期的153.6万亩增加了15万亩，增长了9.8%。全市拥有注册商标的合作社308个；实施农产品生产质量标准的合作社194个；19家合作社获得专利技术；552家合作社拥有各类农产品质量认证，其中得到有机产品认证的114家、无公害产品认证216家。⑥示范社带动作用明显，规范化程度不断提高。截至2013年年底，全市共培育创建市级示范社149家，占全市合作社总数的2.6%。示范社成员总数30 629个，社均206个；带动社外农户57 529个，社均386个；资产总额9.1亿元，社均610.7万元；经营收入35.5亿元，社均2 382.6万元。比非示范社分别高3.7倍、10.4倍、5.3倍和12.5倍。示范社在建立健全“三会”制度，规范财务管理、生产基地建设、标准化生产、统一各项服务等方面规范程度高，引领作用显著，大多数示范社达到了“可学、可看、可比”的示范标准。

（王宇新）

【完成了北京市农民专业合作社联合会的各项筹备工作】4月启动了北京市农民专业合作社联合会筹备工作。先后完成赴浙江省考察、专家研讨、组织区县申报、起草相关筹备申请文件、准备成立大会等各项工作。共召开各类筹备会议5次，起草并完成联合会组建方案、报送农经办和民政局筹备申请、联合会成立大会主持词、新闻通稿、领导讲话稿等各种文稿80余篇，为联合会的顺利组建做好了充分准备。

（王宇新）

【指导基层合作社特别是示范社、联合社的组建】对门头沟清水腾达乡村旅游专业联合社、怀柔蓝天白鸽农业发展专业合作社联合社、平谷挂甲峪资金互助合作社的组建工作给予专门指导。为房山、怀柔、密云、顺义、平谷等区县合作社培训班辅导授课6次，为区县辅导员、基层示范社提供各种咨询服务90余次。

（王宇新）

【进行了“新三起来”和京台合作社培训班典型案例总结】按照市农委和市农经办总结一批“新三起来”典型和京台合作社培训班的要求，深入基层调研，主持完成了北京泰华芦村种植专业合作社、北京井庄柳沟乡村旅游专业合作社、密云县板栗联合社、平谷互联农机专业合作社、手牵手养殖专业合作社、通州草场食用菌合作社、北京北菜园农产品产销联合社、北京京纯养蜂专业合作社、北京灵之秀生态农业专业合作社、北京荣涛豌豆产销专业合作社、北京石塘路民俗旅游专业合作社和北京鑫城缘果品专业合作社12篇典型案例的撰写。

（王宇新）

【开展了农民专业合作社的统计监测和汇总分析工作】组织各区县对2013年农民专业合作组织情况进行了2次网上统计，撰写了《2013年北京市农民专业合作社统计分析报告》。截至2013年12月底，北京市工商登记注册的农民专业合作社发展到5 666家，比2012年增加487家。正式登记注册的合作社成员15.4万名，辐射带动农户46万户，占全市从事一产农户总数的近75%。

（王宇新）

【**完成了《北京市农民专业合作社融资问题研究》课题**】该课题通过问卷调查的方式，选择了北京市103家市级和区县级示范社作为样本，综合分析合作社资金需求特点、银行贷款情况、对合作社融资的建议等，并针对合作社融资的资金供给方和需求方进行成因剖析。通过实地调研的形式，总结概括出北京市合作社融资实践的6种模式，分别是农业担保公司模式、合作社联保贷款模式、合作社成员联保贷款模式、合作社内部资金互助模式、林权抵押贷款模式和农村发展基金模式。

（王宇新）

集体经济管理

【**全市有乡（镇）级合作经济组织195个**】截至2013年年底，全市共有乡镇级合作组织195个，村级合作经济组织3 985个。乡村集体经济组织总资产（含所属乡村集体企业资产，下同）达到5 049亿元，比上一年度的4 524.8亿元增加了11.6%；乡村集体经济组织净资产达到1 751.5亿元，比上一年度的1 587.6亿元增加了10.3%。

（吴汝明）

【**扎实推进农村集体经济合同清理工作**】2013年是“农村集体经济合同清理年”，全市农经系统扎实开展了农村集体经济合同清理工作。通过清查，摸清了农村集体经济合同底数，掌握了农村集体“三资”的经营现状，初步解决规范了集体经济合同中存在的突出问题，建立完善了农村集体经济合同电子台账管理系统和合同管理的相关制度。以2012年12月31日为时点，共清查农村集体经济合同119 463份，合同总金额1 485.5亿元。对5 622份问题合同进行了规范，涉及合同总金额81.2亿元。通过清理规范增加合同总金额8.2亿元，有效地维护了集体和农民的收益。

（吴汝明）

【**全面加强农村集体资产监督和财务管理**】按照农业部要求，组织开展了农村集体“三资”管理示范县创建工作，朝阳区和房山区被认定为首批全国农村集体“三资”管理示范县。完善村级会计委托代理服务，全市实行村级会计委托代理的村3 837个，占全市总村数的96.4%。其中实行财务与资金双代理的村2 930个，占全市总村数的73.6%。全市有122个乡镇、2 517个村完成了规范化建设任务，分别达到69.3%和63.2%。村级普遍实行了民主理财、财务公开，其中按月和按季公开的村占全市总村数的70%。全面完成农民专业合作社财务管理情况调查。

（吴汝明）

【**积极培育农村产权交易市场**】11个区县建立了产权交易办事处或服务中心，7个区县出台了指导规范产权交易的文件。发挥市场配置资源作用，解决土地流转价格、承包租赁、资产交易的价格问题，促进资产公开透明交易。完成市农经办“北京市农村集体资产管理网”与农交所产权交易系统的对接与联网，将产权交易纳入集体“三资”监管体系。全年通过产权交易平台实现产权交易98笔，成交金额6.75亿元，流转土地21 911亩，分别比2012年增长345%、610%和263%。

（吴汝明）

【**深入开展农村集体经济审计监督工作**】2013年，全市经管系统共对10 050个单位进行了审计，审计金额2 000亿元，查出违纪违规金额532万元，查出损失浪费金额112.5万元，促进增收节支319.5万元。大力推广农经在线审计，在线审计系统已在全市9个区县推广应用。

（吴汝明）

集体经济产权制度改革

【稳步推进产权制度改革工作】 截至 2013 年 12 月底，全市新完成改革单位 50 个，累计完成改革的单位 3 873 个，其中村级 3 854个，乡镇级 19 个，村级完成改革的比例已经达到 96.9 %。正在进行改革的单位有 94 个，其中：村级 85 个，乡镇级 9 个。总体进展是：处于改革起步阶段 17 个，清产核资和成员身份界定阶段 64 个，资产量化和登记注册阶段 13 个。城乡结合部 50 个重点村现已有 44 个完成产权制度改革，余下 6 个村中，处于清产核资和成员身份界定阶段 5 个，资产量化和登记注册阶段 1 个。

（吴汝明）

【宣传推广股份分红成果】 对全市已经完成产权制度改革村的股份分红情况进行分析，分析结果表明：改革明晰了农村集体资产产权，激发了农村集体经济组织的发展活力，农民从新型集体经济组织得到的股份分红已经成为农民财产性收入的重要来源，享受集体股份分红的农民股东逐年增加。2 月，组织召开了门头沟区永定镇白庄子、东辛称村股份经济合作社 2012 年度分红大会，林克庆副市长参加。

（吴汝明）

【规范收益分配机制】 市农经办下发《关于认真做好 2013 年度新型集体经济组织收益分配工作的通知》，进一步规范新型集体经济组织收益分配行为，保障农民集体资产股份收益权，逐步提高收益分配水平，增加农民财产性收入。积极引导新型集体经济组织由福利分配为主逐步向按股分红为主、福利分配为补充的分配方式转变。

（吴汝明）

【开展产权制度改革情况调研】 按照农业部办公厅《关于开展全国农村集体产权制度改革情况调研的通知》文件要求，各区县积极开展农村集体经济产权制度改革情况调研，通过深入调查研究，形成了北京市农村集体经济产权制度改革情况报告。积极整理产权制度改革案例，上报了昌平区北店村、大兴区狼垡二村、延庆县石佛寺村三个典型案例，以及市级和区县级出台的有关产权制度改革的法规政策文件。

（吴汝明）

农村金融创新

【首都“十农”金融服务体系不断深化发展】 全市农村金融工作在全国率先构建了农业信贷、农业保险、农业投资、农业担保、农业产业基金、农村信用、农村要素市场、涉农企业上市培育、农村金融改革试验区、农村基本金融服务村村通“十农”金融服务体系。这个适应“三农”特点，多层次、广覆盖、可持续的农村金融体系得到了国家发展改革委、农业部的高度认可。

（徐菁）

【构建农村信贷体系，支持农业农村发展】 切实推进农村新型金融组织设立，构建多元化、多层次的农村金融组织体系。在鼓励引导政策性金融、商业性金融、合作性金融支持“三农”发展的基础上，着眼农村金融市场的实际情况，加快新型农村金融组织的设立进程。全市批准设立 9 家村镇银行、71 家小额贷款公司、1 家“三农”信贷专营机构。针对农村金融需求的结构性特点，建立起了针对农户、农民合作社、涉农企业的有区别、分层次的涉农贷款支持体系，涉农贷款余额2 402.3 亿元，有力地支持了城乡经济社会一体化的发展。

（徐菁）

【政策性农业保险为“三农”发展提供风险保障】采取“政府引导、政策支持、市场运作、农民自愿”的方式全面推进政策性农业保险，农业保险管理体系日臻完善，涉农保险稳步发展。2013年政策性农业保险范围达21大类主要农业品种，在全年保费收入5.48亿元的情况下，实现总保险金额142.91亿元，参保农户18.14万户次。简单赔付支出5.13亿元，较上年增长8.78%，赔付率达到93.61%，有效降低了农业风险，解决了农民的后顾之忧。

（徐菁）

【农业投资平台引领社会资本支持“三农”发展】为构建农业投资体系，市财政出资10亿元设立了市农业投资公司（以下简称市农投公司）。市农投公司将创新型农村金融服务作为第一主业，坚持探索政府支农资金“企业化管理、市场化运作”的新模式，财政资金撬动社会资金效果明显。市农投公司资本金达24.5亿元，累计完成投资21.33亿元，带动社会资金超过80亿元，预计可带动150亿元支持“三农”发展。

（徐菁）

【农业产业基金促进龙头企业做大做强】市农投公司出资2亿元与中石基金共同设立了农业产业基金，主要投资于农业现代化、产业化和新农村建设所涉及的相关产业链。基金募集资金合计6.2亿元，已投资北京中地种畜有限公司等9个农业龙头企业，投资额4.3亿元，较好地支持了农业龙头企业做大做强。

（徐菁）

【农业担保架起“三农”融资桥梁】为解决“三农”贷款担保难问题，2009年3月，市农业投资公司和门头沟等8个区县共同出资组建了市农业担保公司，注册资本6.1亿元。通过开发丰富多样的融资服务产品，涉农增信服务效果显著。截至2013年，已累计批准担保项目2 183个，批准担保规模104亿元，有效提升了“三农”融资服务成效。

（徐菁）

【农村“三信”工程改善农村金融生态环境】加强农村信用体系建设，积极开展“信用户、信用村、信用乡镇”评定。全市信用户评定面达到26.84万户，共评定信用户12.69万户，信用村284个，信用乡镇12个。组织区县乡镇领导干部金融培训，实施农民观念提升工程，鼓励开展农民专业合作社信用合作，农村金融发展生态环境持续改善。

（徐菁）

【资本市场引领涉农企业发展】对拟上市企业实行动态管理和分类指导，支持涉农企业做大做强，倾力打造资本市场“北京农业”板块。北京地区A股上市涉农企业49家，其中，农业企业10家、镇村企业39家，首发募集资金425亿元。12家涉农企业在全国中小企业股份转让系统挂牌。发行三期农业题材集合票据，规模10.94亿元，拓宽企业融资渠道，优化融资结构。

（徐菁）

【涉农要素市场优化农村资源配置】已初步建立了北京全国粮食交易中心、全国棉花交易所、中国林权交易所、北京农村产权交易所、北京农副产品交易所等涉农要素市场体系，引导社会资本向农村流动。北京农村产权交易所合作机构已实现远郊区县全覆盖，累计成交项目159个，成交总金额8.44亿元，项目涉及农村土地承包经营权流转、集体林权、实物资产等。北京农副产品交易所共签约15家授权机构，发展交易商963个，积极开展现货交易及货押速效、仓储服务、资讯服务等增值服务。农村资源市场化配置机制日趋完善，成效凸显。

（徐菁）

【农村金融改革试验区稳步推进】大兴区2011年年底被农业部、中国人民银行、中国银监会、中国保监会批准为国家农村金融改革试验区以来，在显著增加农村金融供给、鼓励创新农村金融产品、全面提升金融服务水平、建立健全政策支持体系、优化提升农村金融生态环境5大类17个方面进行了积极探索，农村金融组织、制度、产品和服务创新发展成效明显。

（徐菁）

【农村基本金融服务“村村通”工程惠及万户千村】北京市自2012年开始在农村地区组织实施农村基本金融服务村村通工程，为农户提供小额取款、账单查询、汇兑、结算、缴纳公共费用等基本金融服务。村村通工程已惠及491个行政村，146.7万人口，切实满足了当地农户的基本金融服务需求，方便了群众的生产生活，受到农民的普遍欢迎。

（徐菁）

【北京农商银行持续改善农村地区金融支付环境】

1.“村村通”工程建设有新进展。2013年，北京农商银行继续按“北京市农村基本金融服务村村通工程”模式推进乡村便利店（“村村通”全功能模式）和银行卡助农取款服务点（“村村通”简易模式）的建设。对农村地区临时停业银行网点在条件具备的前提下，以乡村自助店形式进行替代，已停业银行网点以自助店或自助区形式恢复营业，满足了当地客户的金融服务需求。2013年，北京农商银行在原有乡村便利店的基础上，继续扩大乡村便利店的建设规模，全年共建设55家，使乡村便利店的总数达到78家。乡村便利店全年累计交易笔数6.46万笔，交易金额2.78亿元，其中，小额取现8 540笔，交易金额571.47万元。截至2013年年末，北京农商银行累计建立助农取款服务点336个，全年实现助农取款交易1 088笔，金额47.6万元。

2. **银行卡发卡增长快**。借记卡发卡情况：截至2013年年末，10个郊区银行卡发卡量达到419.1万张，其中，实现凤凰福农卡（借记卡）新增发卡4.64万张，同比增长134.6%；实现凤凰惠民卡新增发卡3.94万张，同比增长203.48%。

推出福农信用卡产品。2013年，北京农商银行致力于解决农村地区农村经营户、个体户、小微业主生产经营的短期资金需求，经过充分的市场调研，结合目标群体的经营特点，成功研发了福农信用卡产品。该产品一次审批，3年有效，用款期限灵活，支持最短1天、最长180天，并可随借随还，最大限度方便农村小微群体，同时还可节省融资成本。该产品已于2013年11月正式对外发行。

此外，2013年，北京农商银行为凤凰乡村游特约商户安装POS机1 200余台，培训农村客户金融知识5 000人次，带动约670万人次赴京郊刷卡消费，引领17.45亿元城市资金到农村地区。截至2013年年末，北京农商银行在农村地区累计布放ATM和存取款一体机台数达到739台，其中2013年新增96台。北京农商银行在农村地区发展个人网银客户15.3万户，同比增长65.94%。在农村地区发展手机银行6.55万户，同比增长409.73%。

3. **银政惠民账户开立及相关业务的资金收付工作情况**。2013年北京农商银行新开银政惠民账户9.19万户，截至12月末，结存258.43万户，主要代收付业务包括：代发北京市社保中心无保障福利养老金959.10万笔，金额14.47亿元；代发北京市社保中心城乡居民养老保险713.80万笔，金额16.25亿元；代收城乡居民养老保险108.10万笔，金额10.85亿元；代发北京市计生委计划生育扶助金5.65万笔，金额0.88亿元；代发北京农委粮食直补11.66万笔，金额3.06亿元。

4. **城乡居民养老保险代收付工作情况**。2013年，北京农商银行对城乡居民养老保险业务的核心系统入账和扣款功能进行了优化，实现了对同一个人15位和18位身份证号在符合升位规则下的系统入账和扣款处理，确保客户能够及时足额领取到养老保险。

（郑海峰）

【北京农商银行支持首都城镇化建设】 2013年，北京农商银行继续探索建立了包括重点村改造贷款、保障性农民回迁安置房建设贷款、旧村改造贷款、集体产业建设贷款、资产量化贷款5款产品在内的“新农村建设贷款”产品体系，累计为各类新农村建设项目提供近500亿元的授信支持，已投放资金300余亿元，有效支持了首都城镇化建设不同阶段的资金需求。截至2013年年末，累计为大兴、丰台、朝阳、顺义、海淀等区县的20余个旧村改造项目提供近180亿元的授信支持，贷款余额为93.4亿元。累计为海淀、通州、怀柔、大兴、丰台5个区县的6个保障性农民回迁安置房建设项目提供了64.8亿元的授信支持，累计放款29.4亿元。为石景山、海淀2个区县的6个资产量化项目提供4.8亿元的授信支持。为丰台区的2个集体产业建设项目提供16.85亿元的授信支持，已发放贷款3.36亿元。为朝阳、丰台、昌平、顺义4个区县的12个重点村改造项目（包括白盆窑、槐房、新宫、周庄子、西局、龙爪树、小瓦窑、夏家胡同、梅沟营、马连店、贺村、中滩村）提供135.6亿元的授信支持，累计放款112.6亿元。

（郑海峰）

【北京农商银行涉农贷款投放总量稳步发展】 2013年，北京农商银行按照“不唯大小、只唯优劣”的信贷原则，紧抓鼓励涉农业务发展的有利契机，不断加大涉农贷款投放力度，积极推动涉农贷款投放工作。

1. **涉农贷款投放完成监管指标要求**。2013年，北京农商银行在宏观经济增速趋缓的情况下，紧抓城镇化建设契机，不断创新支持“三农”金融产品，着力加大涉农贷款投放力度，全年累计投放涉农贷款459亿元，截至年末，涉农贷款余额约为591.84亿元，较年初增加87.91亿元，增长17.44%，高于全行各项贷款平均增速0.98个百分点，完成了监管部门关于涉农贷款“一个不低于”的考核要求。

2. 涉农款资产质量持续改善。2013年，北京农商银行高度重视涉农业务资产质量的提高，坚持严控新增不良与清收存量不良同抓并重，有效实现了涉农贷款的不良双降。截至2013年年末，涉农贷款五级不良余额较年初下降3.8亿元，五级不良率为1.7%，较年初下降1.05个百分点；其中，农户贷款不良下降较为明显，五级不良余额较年初下降2.1亿元，五级不良率为34.81%，较年初下降4.86个百分点。

3. 涉农贷款客户结构实现逐步优化。北京农商银行在巩固涉农业务原有市场占比的基础上，大力拓展国有大中型高端涉农企业等重点营销工作思路，新增了燕京啤酒集团等多家大型涉农企业客户，通过核心客户群的优化实现了贷款结构的有效调整。截至年末，北京农商银行的城市企业及各类组织涉农贷款余额为567.57亿元，比年初增加91.06亿元，增长19.11%。

（郑海峰）

私营个体经济发展和改革

【私营企业户增长12.16%】截至年底，全市私营企业户累计67.34万户，比上年增加7.3万户，增长率12.16%；私营企业从事第一产业的有3 411户，占总户数的0.51%；从事第二产业的有47 777户，占总户数的7.09%；从事第三产业的有622 248户，占总户数的92.4%。户数在前三位的分别是朝阳区（16.2万户）、海淀区（13.81万户）、丰台区（7.11万户）。

（李萌垚）

【私营企业从业人员增长4.23%】截至年底，全市私营企业从业人员累计527.9万人，比上年增加156.81万人，增长率42.3%。

（李萌垚）

【私营企业注册资本金增长30.62%】截至年底，全市私营企业注册资本金累计17 855.18亿元，比上年增加4 185.76亿元，增长率30.62%。

（李萌垚）

【个体工商户减少3.87%】截至年底，全市个体工商户累计66.43万户，比上年减少2.68万户，减少率3.87%；个体工商户从事第一产业的有29 195户，占总户数的4.39%；从事第二产业的有22 585户，占总户数的3.4%；从事第三产业的有612 526户，占总户数的92.21%。户数在前三位的分别是朝阳区（8.94万户）、丰台区（7.36万户）、昌平区（7.05万户）。

（李萌垚）

【个体工商户从业人员增加5.34%】截至年底，全市个体工商户从业人员累计112.38万人，比上年增加5.69万人，增长率5.33%。

（李萌垚）

【个体工商户注册资金增长8.29%】截至年底，全市个体工商户注册资金累计185.42亿元，比上年增加14.19亿元，增长率8.29%。

（李萌垚）

【完善促进非公经济发展政策环境建设】年内，市发改委完善促进私营个体经济发展政策环境，研制北京市战略性新兴产业发展指导性文件，开展新一代信息技术、生物等战略性新兴产业的八大重点领域专项规划编制工作。

（李萌垚）

【推进重点区域建设行动计划编制工作】年内，市发改委推进重点区域建设行动计划编制工作，借助中关村国家自主创新示范区建设的重大契机，加快形成科技创新与文化创新“双轮驱动”发展格局，会同相关部门研究制定《北京科技商务区（TBD）发展建设规划》《怀柔文化科技高端产业新区发展规划》，打造高端新兴城市综合体和产业功能区，为企业发展提供新的发展空间。

（李萌垚）

【引导吸引非公有制企业参与国家新兴产业创业投资】北京市在电子信息、云计算、物联网、高技术服务业等领域参股设立 11 支新兴产业创投基金，累计投资项目 56 个，投资金额达 10.6 亿。市发改委在新能源、生物医药、节能环保、智能电网、科技商务服务等领域推荐 8 个创投机构作为参股国家新兴产业创投计划合作投资机构，更好地引导非公有制企业投身于新兴产业。

（李萌垚）

【积极推进非公有制企业创新能力建设】年内，市发改委开展了面向新一代信息技术、生物、新能源和新材料等战略性新兴产业重点领域的市级工程研究中心、市级工程实验室的认定和创新能力建设项目的支持工作。共认定市级工程实验室 70 家、市级工程研究中心 37 家，并对 2012 年 32 个创新能力建设项目安排补助资金 3.25 亿元。

（李萌垚）

【完善重大科技成果转化和产业项目统筹机制】市发改委牵头建立北京市重大科技成果转化和产业项目统筹工作机制，年内，制定了《北京市重大科技成果转化和产业项目统筹资金管理工作细则》，健全组织管理框架，完善决策程序，增强决策的科学性和规范性，共安排了三批重大科技成果转化和产业项目共 97 项，安排资金 104 亿元，支持了以私营个体企业为主的各类创新主体加快战略性新兴产业重大项目的产业化。

（李萌垚）

【加强科技企业孵化器建设】市科委为科技型民营企业创新创业提供低成本、专业化服务，推动孵化机构向专业化、市场化方向发展，通过专项资金引导孵化机构提升专业服务能力，并开展公共技术服务平台建设，与科技中介机构和金融服务机构建立合作关系，初步构建了科技企业创新创业服务网络。截至年底，全市各类孵化机构达到 130 家，在孵企业超过 8 000 家，向社会提供就业岗位近 17 万个，入驻企业总收入超过千亿元。

（李萌垚）

【技术市场规模逐年扩大】年内，市科委充分调动民营科技企业的积极性，北京市场认定技术合同成交额达到 2 851 亿元，比上年增长 16%，占全国总量的 38.2%。

（李萌垚）

【支持个体私企参与产业技术创新战略联盟】年内，市科委与科研院所、高校以及行业内龙头企业开展技术研发、标准创制、市场推广等交流合作，截至年底，全市各类较为活跃的产业技术联盟约 100 余家，其中 62 家成为科技部国家级试点联盟，占全国总数的 43%，数量居全国首位。

（李萌垚）

【加强科技型中小企业创新资金支持力度】市科委牵头设立创新资金，引导企业加强与科研院所、高校和行业内大中型企业的合作，增强企业的创新能力和水平，并在科技成果实现转化应用、为人才施展创业才华提供空间等方面起到积极的作用。年内，共有 480 家企业技术创新项目获得立项支持，其中有 172 个项目获国家创新基金立项支持。创新资金立项项目总数达 2 958 项，资助总金额 8.8 亿元，争取国家创新基金以及带动企业自筹经费和社会投资 88 亿元。

（李萌垚）

【开展高新技术企业认定】市科委落实高新技术企业认定、技术先进型服务企业认定、企业研究开发费用加计扣除等税收优惠政策，引导企业将税收优惠减免的税费投入到企业科技研发和技术升级改造上。近年来，累计对超过 30 000 家企业进行了政策培训，并开设专门的辅导服务窗口和咨询电话，开展政策宣传和讲解。年内，全市高新技术企业总数突破 9 300 家，数量居全国首位。被认定的高新技术企业中，民营企业占总数的 95%以上。

（李萌垚）

【开展新技术新产品（服务）认定】年内，全市共认定新技术、新产品（服务）536 项，累计认定 577 家企业的 1 274 个产品、32 家企业的 42 项服务为新技术新产品（服务）。政府采购金额累计 246.12 亿元，已完成“十二五”规划采购总额目标的 80%。

（李萌垚）

【落实支持小型微型企业发展的意见】年内，市经信委贯彻落实《北京市关于进一步支持小型微型企业发展的意见》，一是将市级中小企业发展专项资金的支持重点转向公共服务平台、小企业创业基地、创新融资等服务环境建设，支持比例达到 50%；二是设立中小企业发展基金，初期规模 20 亿元；三是建设市级中小企业公共服务平台，设立服务大厅，目前已完成平台软件开发及系统集成、信息化建设监理、硬件和基础软件采购等项目招标采购工作；四是协同市各级政府及职能部门出台 40 余个促进中小微企业发展的政策文件，促进中小企业发展的政策环境持续完善。

（李萌垚）

【**中小企业融资额稳步增长**】年内，在直接融资方面，集合融资产品融资额58.30亿元。其中，集合信托融资额37亿元，发行中小企业私募债20.37亿元，融资租赁0.93亿元。截至2013年年底，中小企业创新融资额累计已达到129.38亿元。

（李萌垚）

【**规范引导基金运作，促进双轮驱动战略实施**】年内，市经信委与市财政局完成第六批引导基金合作创业投资机构公开征集、专家评审、社会公示、政府决策等工作。至年底，引导基金以参股方式分6批设立26家参股创投企业，注资42.2亿元，并对77家中小企业进行股权投资，投资额超过11亿元，主要集中在北京市战略新兴、文化创意类企业。

（李萌垚）

【**开展扶助小微企业专项行动**】年内，市经信委制定了《北京市扶助小微企业专项行动实施方案》，从加快政策落地、推动服务体系建设、提升融资服务水平、支持企业创新发展、加大创业服务力度、切实做好企业减负六个方面的重点开展工作。与市财政局共同组织开展了《小企业会计准则》宣传贯彻；与市地税局合作，向小微企业免费发放《中小企业税收优惠政策辅导手册》；与市知识产权局共同开展中小企业专利试点、示范工作；与市质监局合作举办了“企业领导者质量管理培训班”“质量免费课堂”“低压电器认证培训班”“环境管理体系认证知识培训班”等活动。利用社会资源，围绕管理提升、市场拓展等主题，组织开展了“营改增专项培训”“中小企业管理升级系列行动”等系列公益活动。

（李萌垚）

【**安排中小企业发展专项资金**】年内，中央安排中小企业发展专项资金共计2.47亿元，助推中小企业特别是小型、微型企业加快结构调整、产业升级、技术进步，促进中、小、微型企业健康发展，促进北京市融资担保机构为中小企业提供融资担保服务。

（李萌垚）

【**建立小微企业担保风险补偿全覆盖机制**】年内，出台《北京市小微企业担保风险补偿资金管理暂行办法》，当北京市担保机构从事小微企业担保业务，单户贷款担保额在500万元以内的，如果发生代偿，由风险补偿资金提供不超过20%比例的风险补偿。全市所有的融资担保机构开展小微企业担保，发生的代偿均可以申请该风险补偿资金补偿。

（李萌垚）

【**投入多项专项资金鼓励科技领域建设**】年内，市财政局投入北京市科技型中小企业技术创新资金、中关村企业专利和技术标准资助资金、中关村开放实验室工程与产业技术联盟发展支持资金等专项资金，共2.68亿元；投入科技金融专项资金、中小企业创业投资引导资金、中关村天使投资及创业投资企业风险补贴资金、中关村股份代办转让试点及企业改制上市资助资金、中关村高成长科技企业贷款促进及信用保险支持资金等，共2.7亿元；投入首都科技条件平台建设专项资金、大学科技园及孵化器企业支持资金、中关村创新集群及国家产业化基地建设贷款贴息资金、中关村公共服务专项支持资金等，共1.8亿元。多项资金的投入为北京市高新技术产业发展和产业结构调整提供了持续的推动力，为科技型企业提供全方位的服务，创建企业创新的良好环境。

（李萌垚）

【**政府采购活动保障私营个体经济发展**】年内，市财政局严格贯彻落实《政府采购法》要求，对所有企业参与政府采购活动一视同仁，保障私营个体经济与其他经济体公平竞争。明确要求预算单位预留30%以上的政府采购市场份额给中小企业，其中预留给小微企业的不低于60%。目前，全市90%以上的政府采购合同授予中小企业供应商。

（李萌垚）

【**落实支持小微企业发展的税收政策**】按照国务院常务会议的决定，8月1日起，对小微企业月销售额不超过2万元的，暂免征收增值税和营业税。

（李萌垚）

【**开展员工制家政服务企业试点**】市人保局首批认定五家员工制家政服务试点企业均为私营个体经济组织，这五家企业分别享受培训补贴、社保补贴、免征营业税、中小企业发展专项资金补贴等福利。截至年底，试点企业共与1 200余名家政服务从业人员签订了劳动合同，按规定缴纳了社会保险，340名家政服务员取得了资格证书。

（李萌垚）

【**拓展人才服务新领域，加大人才引进力度**】年内，市人保局采取多种措施优化人才发展环境。一是将高端人才职称评审直通车试点拓展到中关村“一区十六园”，共82名高端人才获得教授级高工资格。同时，为获得教授级高工的高端人才与在京高校搭建人才合作平台，目前有 39 名高端领军人才与北京邮电大学等 8 所高校达成初步合作意向；二是为各类私个经济体引进人才 1 400多人，办理北京市工作居住证近 1.2 万人，积极落实“外专千人计划”；三是面向创业初期的留学回国人员给予创业补助，60 名在中小企业创业工作的留学人员获得总计 394 万元的资助金。

（李萌垚）

【鼓励私个企业转型发展】 年内，市环保局会同市经信委发布《北京市经济和信息化委员会关于印发不符合首都功能定位的高污染工业行业调整、生产工艺和设备退出指导目录（2013 年本）的通知》，提出了一系列应立即退出的重点生产工艺和设备目录，继续推进了高耗能、高耗水、高污染产业退出，严格控制建材、化工等过剩产能和“两高一资”行业盲目发展。研究制定了《不符合首都功能定位的工业企业调整退出奖励资金管理办法》，在原有的《关于鼓励退出“高污染”、“高耗能”、“高耗水”企业奖励资金管理暂行办法》的基础上，进一步提高了奖励资金的额度，有利于支持私营个体企业利用奖励资金及时转型发展。

（李萌垚）

【简化环保核查手续】 年内，市环保局制定并颁布实施了《北京市环境保护局关于进一步规范上市环保核查工作的通知》和《北京市环境保护局关于规范出具环保守法情况证明工作的通知》，适当简化了企业上市融资环保核查、环保守法证明等办理手续，进一步精简了工作环节，适当缩短了工作时限，提高了办理效率，有利于私营个体企业上市、生产许可证等工作的后续办理。

（李萌垚）

【整顿市场环境促进私营经济发展】 年内，市规划委积极落实促进私营个体经济发展的责任，通过着力打造开放、多元的市场环境，促进了从事规划设计、勘察测绘和工程咨询等方面的私营个体企业健康发展。北京市规划设计勘察测绘单位合计已达 1 700 多家，从业人员达到 20 多万人，人员素质、技术装备均处于全国领先水平。

（李萌垚）

【加强设计资质审批和从业人员注册服务】 年内，市规划委积极受理私营个体企业设计资质申请审批。共受理行政许可事项 1 395件，受理各类注册师注册事项 4 925 件；受理建设工程招投标项目 948 项；办理勘察设计测绘企业出京承接任务证明 3 595件；办理外埠勘察设计企业备案 267 项。完成建设项目施工图设计文件审查 1 422 项，通过服务水平的提升带动行业发展。

（李萌垚）

【落实各类税收政策调整】 为鼓励个体经济发展，减轻纳税人负担，市地税局下发了《北京市地方税务局关于进一步加强个体工商户税收征管工作的公告》，对个体工商户个人所得税核定征收标准进行了调整，规范个体工商户定额征收管理流程，完善个体定额核定工作；落实《财政部国家税务总局关于暂免征收部分小微企业增值税和营业税的通知》《国家税务总局关于暂免征收部分小微企业增值税和营业税政策有关问题的公告》，自 2013 年 8 月 1 日起，对营业税纳税人中月营业额不超过 2 万元的企业或非企业性单位，暂免征收营业税。8 月 1 日至 11 月 30 日，累计 50 679户次小微企业享受了免征营业税政策，累计免征营业税额 2 253.17万元；落实地方各税政策，11 月起，对于在建制镇范围内的农民家庭成员利用自家住房及农副产品，季节性经营“农家乐”的个体工商户，经主管税务机关批准，给予房产税和城镇土地使用税三年定期免征。

（李萌垚）

【推进网络开票系统】 年内，市国税局继续推行集贸市场网络开票系统，全市在 614 个委托代征集贸市场实现计算机网络开票系统，通过集贸市场网络系统代开发票 13.72 万户次，代开发票共计 498 万份，代开发票金额 140 亿元，集贸市场代开发票超定额补税 14 800 万元。

（李萌垚）

【深入推进个体工商户转型升级】 年内，市工商局深入贯彻《个体工商户转变为企业组织形式登记规程》，已有 8 个区县出台了促进个体工商户转换组织形式的鼓励措施，为个转企提供政策支持。截至 2013 年年底，全市完成个转企 8 300 余户，同比增长 29.69%。同时，加强源头服务，制定《引导个人投资者选择企业组织形式创业的指导意见》，积极引导符合条件的个人投资者选择企业组织形式投资兴业。全市累计引导投资者直接申办企业 2 000余户。

（李萌垚）

【加强中小微型企业质量管理知识培训】 年内，市质监局对部分中小微型企业从业人员开展培训，举办了“企业领导者先进质量管理方法”培训班、“质量免费课堂”系列活动、计量检定员基础知识、加油站加油员岗位知识、制造计量器具生产许可证知识、实验室资质认定内审员培训等培训内容，有效提升全市中小企业从业者的生产管理水平。

（李萌垚）

【增加非公经济数据测算发布频率】 年内，市统计局为了满足社会各界对非公经济统计信息的需求，按照《北京市中小微型企业和非公经济统计和发布制度》增加了非公经济数据测算发布频率，从以往年度5次数据汇总，增加到每年12次，并以多种形式发布数据汇总结果。

（李萌垚）

【积极为小微企业提供金融服务】 年内，人民银行营管部积极引导辖内金融机构为首都小微企业和私营个体经济提供实实在在的金融服务，着力推动小微企业融资环境改善，促进小微企业健康发展。截至2013年年底，小微企业人民币贷款余额3 571.2亿元，占全部企业人民币贷款余额的13.65%，同比增长18.45%，分别比大、中型企业人民币贷款同比增速高8.56个、14.2个百分点。小微企业人民币贷款比年初增加605.48亿元，同比多增395.29亿元，其中，小型企业比年初增加444.7亿元，同比多增333.92亿元。私营个体经济贷款余额2 307.4亿元，同比增长24.4%。

（李萌垚）

【贯彻中小企业融资服务措施】 年内，人民银行营管部进一步贯彻中小企业融资服务措施：一是有效利用货币政策工具引导银行为中小微企业和私营个体提供融资服务，累计办理再贴现154.44亿元，同比增加22亿元；二是加强对辖内金融机构中小微企业金融服务的信贷政策指导，人民银行营业管理部向辖内银行印发了《关于大力推进2013年科技金融和文化金融工作的通知》（银管发〔2013〕107号），通过15条具体措施引导辖内银行进一步加大对首都科技型、文化创意型中小微企业的信贷投入力度。

（李萌垚）

【推进信用体系建设】 年内，人民银行营业管理部会同有关部门推进海淀区中小企业信用体系试验区企业信用评级工作，协助北京信用协会遴选，并由海淀区管委会审批了5家合格信用服务机构在试验区开展信用评级工作。9月，推荐海淀区和中关村国家自主创新示范区申报人民银行总行小微企业信用体系建设试验区。全年累计为74 650家中小企业建立了信用档案。

（李萌垚）

农民生活与农村社会保障

综　述

2013年，郊区以促进农民就业增收为中心任务，进一步加大农村社会保障和劳动就业工作力度，加快推进城乡基本公共服务均等化，加快改善农村民生。2013年，全市农民人均纯收入达到18 337元，同比增长11.3%，扣除物价因素实际增长7.7%，高于城镇居民0.6个百分点。

一是加快推进农民转移就业。坚持就业优先战略，开展“春风行动”就业服务专项活动和充分就业创建活动。做好城市化建设地区农村劳动力就业失业管理工作，认定615个行政村为城市化建设地区，对涉及的30.2万名农村劳动力实行城乡统一的就业失业管理制度。单位招用就业困难人员补贴办法等多项积极就业政策相继实施，实现6.66万名登记农村劳动力转移就业。促进绿岗就业，平原造林与管护中吸纳3.2万农民就业。同时，积极提高农民就业质量，农村劳动力就业由一产、二产加快向三产转移，优化就业结构，郊区农村就业结构由2012年的27.2∶22.4∶50.5调整为2013年的26.7∶22.2∶51.1。

二是低收入农户增收帮扶工作扎实推进。低收入农户增收帮扶工作扎实推进，低收入农户收入增长加快。全面落实《关于推进农村经济薄弱地区发展及低收入农户增收工作意见》，明确帮扶对象和范围，健全了帮扶工作机制，加大产业帮扶和对口帮扶力度，对农民增收较快的低收入村建立奖励制度。市级层面推出百村万户设施农业“一户一棚”援助工程、帮扶低收入农户未就业大学毕业生就业、明确“一事一议”财政将补资金重点用于支持低收入村，以及提高社会救助水平等积极措施，区县相继实施区直属单位与低收入村协议共建、龙头企业与低收入村结对帮扶等因地制宜的帮扶措施。2013年，20%相对低收入组农户人均现金收入8 052元，增长14.7%，比上年加快0.4个百分点，高于农民总体平均水平4.5个百分点，农村内部收入差距进一步缩小。

三是继续提升农村社会保障水平。加快完善城乡一体的社会保障制度，不断提高农村社保的各项标准，2013年，城乡居民基础养老金和福利养老金标准分别由2012年的357.5元/月和277.5元/月提高到390元/月和310元/月，分别增长了9.1%和11.7%。

四是大力提高农村社会救助水平。全市城乡低保一体化加快推进，除朝阳、海淀、丰台、顺义外，2013年，大兴、通州也实现了城乡低保标准一体化。农村低保标准继续大幅提高21.05%，最低标准由380元调整为460元。同时，以农村居民最低生活保障制度为基础，医疗、教育、住房等专项救助相配套，灾害救助、临时救助等应急救助和社会互助为补充的社会救助体系进一步完善。

五是农民生活质量不断改善。农村消费环境进一步完善，农民的消费理念不断升级，提升生活便利、改善生活质量、农民健康休闲等消费支出较快增长。2013年，京郊农村居民人均生活消费现金支出为13 553元，同比增长14.1%。其中，人均衣着支出、家庭设备用品及服务支出、文化教育娱乐用品及服务支出等生活质量改善型消费获得较快增长，同比分别增长了23.7%、16.2%、15.4%。

农村劳动力就业

【农村参加分配劳动力基本状况】 农村参加分配劳动力包括农业户籍劳动力和虽然已转为居民户，但国家未分配工作，仍在乡、村集体经济组织和企业工作或从事农户经营的劳动力。2013年，郊区农村参加分配劳动力185.3万人，同比减少9 553人，下降0.5%。其中，已就业劳动力173.7万人，同比减少7 655人，下降0.4%。已就业劳动力占劳动力总数的93.7%，就业率同比增加0.1个百分点。外出务工人数为148 404人，占已就业劳动力的8.5%。

（闫建苹）

【农村劳动力从事三大产业构成】 郊区农村从事一产的劳动力46.3万人，占已就业劳动力的26.7%，同比降低0.5个百分点；从事二产的劳动力有38.6万人，占22.2%，同比降低0.2个百分点；从事三产的劳动力有88.8万人，占51.1%，同比提高0.7个百分点，郊区农村参加分配劳动力就业岗位继续由一产向三产转移、就业结构进一步优化。

（闫建苹）

【农村劳动力从事各行业构成】 郊区农村从事农业的劳动力33.1万人，占已就业劳动力的19.1%；从事林业的劳动力6.5万人，占3.7%；从事牧业的劳动力6万人，占3.5%；从事渔业的劳动力0.8万人，占0.5%；从事工业的劳动力24.3万人，占14%；从事建筑业的劳动力14.3万人，占8.2%；从事交运业的劳动力14.9万人，占8.6%；从事商饮业的劳动力13.7万人，占7.9%；从事服务业的劳动力46.6万人，占26.9%；从事其他行业的劳动力13.1万人，占7.6%。

（闫建苹）

【三大功能区农民就业产业】 城市功能拓展区农村从事一、二、三产的劳动力分别为2.4万人、3.1万人和18.7万人，所占比重分别为10%、12.9%和77.1%；城市发展新区农村从事一、二、三产的劳动力分别为25.5万人、25.8万人和44.7万人，所占比重分别为26.6%、26.9%和46.5%；生态涵养发展区农村从事一、二、三产的劳动力分别为18.4万人、9.7万人和25.5万人，所占比重分别为34.3%、18.1%和47.6%。城市功能拓展区第三产业就业比重高出城市发展新区30.6个百分点，高出生态涵养发展区29.5个百分点。

（闫建苹）

【农业户籍劳动力就业率同比提高】 2013年郊区农业户籍劳动力共计166万人。其中，男性劳动力88万人，女性劳动力78万人。农业户籍劳动力中，具有就业能力的劳动力142.9万人，占农业户籍劳动力总数的86.1%；学生、现役军人、残疾、两劳人员为23.1万人，占13.9%。郊区积极开展劳动力培训，引导劳动力向二、三产业转移就业，政府出资购买公益性就业岗位，新农村建设优先安排本地劳动力，这些助农就业措施促进了劳动力就业率的进一步提高。2013年，全市已就业劳动力128.7万人，就业率（即已就业劳动力与具有就业能力劳动力的比值）为90.1%，同比提高了0.2个百分点。

（闫建苹）

【农业户籍劳动力文化程度构成】 劳动力中，初中学历最多，占72.9%；本科及以上学历的占0.3%；大专学历占1.7%；中专和中技占4.1%；高中学历占12.5%；小学及以下占8.5%。郊区农村劳动力文化素质还不高。

（闫建苹）

【农业户籍劳动力就业产业优化】 随着农业劳动力向非农产业的逐渐转移，郊区农村劳动力就业结构逐渐优化。2013年，已就业劳动力中从事第三产业的劳动力最多，为68.4万人，占53.1%；其次是第一产业劳动力，数量为35.1万人，占27.3%；从事第二产业的劳动力数量和比例分别为25.2万人和19.6%。

（闫建苹）

【农业户籍劳动力收入不均】劳动力年均收入与文化程度呈正比，即学历越高，收入水平越高。本科及以上学历的已就业劳动力年均收入为 20 215.1 元，大专学历的为 17 826.1 元，中专（含中技）学历的为 14 625.3 元，高中学历的为 13 733.1 元，初中学历的为 12 130.6 元，小学学历的为 10 100.9 元，文盲的为 7 558.6元。本科及以上学历的年均收入是文盲的近 3 倍。从事二、三产业的劳动力收入高于第一产业。从事第三产业的劳动力年均收入最高，为 14 041.1 元；第二产业次之，为 13 759.1 元；第一产业劳动力年均收入最低，为 8 180.5元，与第二、三产业的差距分别为 5 578.6 元和 5 860.6 元。

（闫建苹）

【各功能区劳动力就业产业差异大】各功能区劳动力就业产业类别存在较大差异。城市功能拓展区从事第三产业的劳动力比例达 76.8%，高出全市平均水平近 23.7 个百分点，而城市发展新区和生态涵养发展区分别为 51.8%和 47.5%，比城市功能拓展区分别低 25 个百分点和 29.3 个百分点。生态涵养发展区一产劳动力比例为 33.8%，城市功能拓展区和城市发展新区分别为 11.6%和 26.6%，比生态涵养发展区低了 22.2 个百分点和 7.2 个百分点。

（闫建苹）

【劳动力就业地区以当地为主】已就业劳动力中，就业所在地为本村的有 55.4 万人，占已就业劳动力总数的 43%；就业所在地为本乡镇的 20.1 万人，占 15.6%；就业所在地为本区县的有 31.8 万人，占 24.7%；就业所在地为本市的有 20.9 万人，占 16.2%，就业所在地为外埠的有 0.5 万人，占 0.5%。由此可见，在本县地域范围内就业的占已就业劳动力的 83.3%，劳动力就近就业特征明显。

（闫建苹）

【未就业劳动力就业意愿】2013 年，全市农业户籍劳动力中未就业劳动力共计 12.4 万人。其中，就业意愿强烈的有 2.1 万人，所占比例为 16.9%；就业意愿一般的有 5.3 万人，占 42.7%；无就业意愿劳动力为 5 万人，所占比例达 40.4%。未就业劳动力就业意愿不强，一方面是由于各种原因客观上无法就业，但也有相当一部分人就业意识淡薄，小富即安思想严重。

（闫建苹）

农民人均所得

【农民人均所得 15 736 元】2013 年，郊区农民人均劳动所得为 15 736 元，同比增长 9.4%。

（闫建苹）

【产业构成情况】2013 年，农民人均从第一产业获取的所得为 2 666元，占农民人均劳动所得额的 16.9%，同比下降 0.4 个百分点；从第二产业获取所得 3 145元，所占比例为 20%，同比下降 0.5 个百分点；从第三产业获取的所得为 9 925 元，所占比例为 63.1%，同比提高 1.1 个百分点。各行业中，从服务业获取的人均劳动所得最多，为 4 298.2 元，所占比重为 27.3%。

（闫建苹）

【不同功能区情况】从三大功能区看，城市功能拓展区的农民人均所得突破 2 万元大关，为 21 795元，比北京市平均水平高出 38.5%；城市发展新区为 14 891元，相当于北京市平均水平的 94.6%。生态涵养发展区为14 604元，相当于北京市平均水平的 92.8%。三大功能区中，生态涵养发展区的增速最快，达 10.2%，城市功能拓展区和城市发展新区的增速分别为 8.5%和 9.6%。

（闫建苹）

【14 区县情况】从各区县看，14 个区县的农民人均所得均在万元以上，其中，石景山、朝阳和海淀三个区的农民人均所得超过了 2 万元，分别为 32 232 元、25 225元和 20 083 元，位居郊区县前列；农民人均所得增速最高的是通州区，达 12.3%；增速在 10%以上的有丰台、通州、平谷和密云 4 个区县。

（闫建苹）

【乡人均劳动所得分组情况】通过对 195 个乡镇级集体经济组织的农民人均劳动所得分组显示，人均劳动所得低于 5 000 元的有

2个，占乡镇级集体经济组织总数的1%；位于5 000～10 000元的有19个，占9.7%；位于10 000～15 000元的有69个，占35.4%；位于15 000～20 000元的有68个，占34.9%；位于20 000～30 000元的有30个，占15.4%；30 000元以上的有7个，占3.6%。

（闫建苹）

【村人均劳动所得分组情况】通过对3 985个村级集体经济组织人均劳动所得分组显示：人均劳动所得低于5 000元的有52个，占村级集体经济组织总数的1.3%；位于5 000～10 000元的有498个，占12.5%；位于10 000～15 000元的有1 564个，占39.2%；位于15 000～20 000元的有1 343个，占33.7%；位于20 000～30 000元的有434个，占10.9%；超过30 000元的有94个，占2.4%。

（闫建苹）

农村居民收入水平

【农村居民收入水平】北京农村居民人均纯收入18 337元，比上年增长11.3%，扣除价格因素后，实际增长7.7%。全国农村居民人均纯收入8 896元，增长12.4%，扣除物价因素，实际增长9.3%。北京农村居民人均纯收入在全国居于第二位，是全国平均水平的2.06倍；京、津、沪、渝4个直辖市的农民收入，同比增速分别为：11.3%、13.5%、10.4%、12.8%，天津增速高于北京和上海（表1、表2）。

（冯学静）

表1　2013年全国和直辖市城乡居民收入对比

单位：元

	城镇居民	农村居民	城乡居民收入比值
全国	26 955	8 896	3.03
北京	40 321	18 337	2.20
天津	32 658	15 405	2.12
上海	43 851	19 208	2.28
重庆	25 216	8 332	3.03

表2　2013年全国和直辖市农村居民收入构成对比

单位：%

	全国	北京市	天津市	上海市	重庆市
人均纯收入	100	100	100	100	100
工资性收入	45.2	65.6	—	64.4	49.1
家庭经营收入	42.6	4.5	—	4.8	37.6
财产性收入	3.3	11.0	—	8.3	2.8
转移性收入	8.8	18.8	—	22.5	10.5

表3　2013年全年北京市农村居民人均纯收入

单位：元,%

指标名称	2013年	2012年	增长
人均纯收入合计	18 337	16 476	11.3
（一）工资性收入	12 035	10 843	11.0
（二）家庭经营收入	833	1 318	−36.8
1. 一产现金收入	268	731	−63.3
其中：农业现金收入	230	517	−55.5
牧业现金收入	−28	98	−128.6
2. 二产现金收入	39	−40	—
其中：工业现金收入	9	−80	—
3. 三产现金收入	526	627	−16.1
其中：交通运输业现金收入	251	236	6.4
批零贸易业、饮食业收入	259	286	−9.4
社会服务业收入	30	81	−63.0
（三）财产性收入	2 023	1 717	17.8
其中：租金收入	1 562	1 120	39.5
集体分配股息和红利	311	368	−15.5
转移土地承包经营权收入	92	170	−45.9
（四）转移性收入	3 446	2 598	32.6
其中：农村外部亲友赠送	126	92	37.0
离退休金、养老金	2 314	1 740	33.0

（冯学静）

【城乡收入差距突破20 000元，绝对额持续拉大】北京市在经济增长、收入提高、城市化进程加快的同时，收入分配中的差距呈现扩大迹象，收入差距高于全国。城镇居民人均可支配收入由1996年的6 886元增加到2013年的40 321元，增长5.9倍；农村居民人均纯收入相应由3 563元增加到18 337元，增长5.1倍。尽管农民收入增幅连续5年超过城镇居民，但由于基础较低，两者收入的绝对差已经从1996年的3 323元拉大到2013年的21 984元，差距额平均每年扩大1 098元，平均每年递增11.8%，农村居民人均纯收入平均每年增加869元，城镇居民人均可支配收入平均每年增加1 967元。2000年城乡收入差距达到5 000元，2006年突破10 000元，2013年突破20 000元（表3）。

（冯学静）

【郊区低收入农户人均可支配收入8 075.4元】2013年度郊区23.3万户低收入农户人均可支配收入达到8 075.4元，年均增长率为16.7%，比全市郊区农民人均所得的平均递增速度高出7.1个百分点。低收入农户集中在山区。由于地理位置相对偏僻、经济发展滞后、生态环境脆弱等原因，山区集中了152 009户低收入农户，占全市低收入农户总数的65.1%。低收入农户数量集中的村也多位于山区，其中，低收入农户超过1 000户的2个村，全部位于山区；低收入农户超过700户的15个村中，有13个位于山区；低收入农户超过500户的41个村中，有36个村位于山区。低于低收入标准的农户数量大幅减少，46.5%的低收入农户人均可支配收入超过7 750元的标准线。低收入农户中人均可支配收入低于7 750元的有124 899户，比年初确定的233 333户减少108 434户，即接近半数农户已超过低收入农户标准线。人均可支配收入低于4 500元的有25 402户，占10.9%；4 500～7 750元的有99 497户，占42.6%；7 750～10 000元的有63 925户，占27.4%；10 000～15 000元的有33 770户，占14.5%；15 000～20 000元的有6 906户，占3%；

20 000 元以上的有 3 816 户，占 1.6%。

（冯学静）

【农村居民人均纯收入中工资性收入所占比重最大】首先，郊区积极安排劳动力就业。如位于生态涵养发展区的密云县和延庆县利用生态林管护政策，积极开发公益就业岗位。其中，延庆县有 1.2 万名劳动力在公益岗位实现稳定就业。门头沟区清水等镇大力推动农村基础建设和重点工程建设来增加农民的就业岗位。其次，是加强培训，提高低劳动力的竞争力。如平谷区结合农户的需求，对其开展技术和实用技能免费培训。再次，是工资水平的提高也是工资性收入增加的重要原因。如郊区蔬菜种植的一个工由上年的 67 元增加到的 84 元。另外，全市最低工资标准也逐年提高。2012 年最低工资标准由 1 160元上升到 1 260 元，2013 年又从 1 260 元增加到 1 400 元。

（闫建苹）

【农村居民人均纯收入中转移性收入增长快】社会保障水平的提高拉动转移性收入快速增长。转移性收入同比增长 32.6%，高出人均纯收入增速 21.3 个百分点。转移性收入的增加，主要得益于社会保障水平的提高：首先是低保标准大幅增加。2013 年 1 月全市农村低保标准从 380 元提高到 460 元，增幅达 21.1%。其次是基础养老金日益提高。2013 年，城乡居民基础养老金由每人每月 357.5 元调整为 390 元。再次是福利养老金逐年增加。2013 年 1 月，全市无社会保障老人每月领取的福利养老金从 277.5 元调整为 310 元。

（闫建苹）

【农村居民人均纯收入中股金分红力度促进财产性收入增长】首先，随着农村集体经济产权制度改革的推进，郊区农民逐渐从改革中获得了持续、稳定的收益。2013 年郊区有 1 267 个村集体经济组织进行了分红，分红总金额达到 34.8 亿元，获得分红的股东数达 133 万，人均分红 2 611元，均比 2012 年实现大幅增加。其次，林权改革全面启动，郊区获取了较多的公益林补偿金。全市建立了生态公益林生态效益促进发展机制，对山区集体所有生态公益林按照每亩 40 元的标准进行补贴。各区县林权改革已经完成，生态效益补贴也发放到山区农民手中。据悉 2013 年全市发放山区生态公益林补偿金额 2.6 亿元，人均 236 元。另外，一些农民也获得了较高的土地流转收入。35 万亩平原造林工程造成郊区农户土地流转，家庭经营纯收入也随之减少。

（闫建苹）

农村消费

【农村居民收入水平和消费能力提高】据市农调队 3 000 户农民家计调查资料显示，2013 年农村居民人均纯收入为 18 337 元，比上年增长 11.3%。其中，20%低收入户实现人均纯收入 8 052 元，同比增长 14.7%；20%高收入户实现人均纯收入 32 036 元，同比增长 7.2%。收入水平的高低和前期收入积累的多少是决定消费能力高低的最直接因素。因此，收入水平的提高无疑会使农村居民的消费能力得到相应提高。从消费支出看，2012 年农村居民人均生活费支出 13 553 元，比上年增长 14.1%，比农村居民人均纯收入增速高出 2.8 个百分点。农村居民恩格尔系数为 34.6%。

（闫建苹）

【农村居民工资性收入是影响农民消费水平的基础性因素之一】近年来，郊区加强农村劳动力培训工作，积极安排劳动力就业。另外，工资水平也日益上涨，这些因素促进了农民工资性收入的增长，而工资收入的货币特征是影响农民消费水平的基础性因素之一。据市农调队 3 000 户农民家计调查资料显示，2013 年北京市农村居民人均工资性收入达到 12 035 元，比 2012 年的 10 843元增加 1 192 元，同比增长 11%，工资性收入在人均纯收入中的比重达 65.6%。

（闫建苹）

【农民人均生活消费支出同比增加 1 674 元】2013 年，农村居民人均生活消费支出为 13 553 元，增长 14.1%。其中，食品支出 4 696元，增长 19%；衣着支出

1 173元，增长 23.7%；居住支出 2 387 元，增长 8.5%；家庭设备用品及服务支出 898 元，增长 16.2%；交通和通讯支出 1 452元，增长 3.8%；文教娱乐用品及服务支出 1 331 元，增长 15.4%；医疗保健支出 1 167 元，增长 3.7%；其他商品及服务支出 449 元，增长 33.6%。

（闫建苹）

【海淀区农民人均生活消费支出最高，大兴区增速最快】从数额看，海淀区农民人均生活消费支出最高，达 19 307 元，其次是朝阳区，为 18 593 元，丰台区也超过了 15 000 元，为 16 896 元。延庆县农民人均生活消费支出最少，为 10 091 元，比最高的海淀区低 9 216 元。从增速看，大兴区农民人均生活消费支出增速最快，达 18.8%，门头沟区、昌平区、怀柔区、密云县、延庆县、平谷区和丰台区增速均超过 10%（表 1）。

表 1　人均生活消费支出

单位：元，%

区　县	2013 年	2012 年	增长速度
全 市	13 553	11 879	14.1
朝阳区	18 593	18 381	1.2
丰 台 区	16 896	15 340	10.1
海 淀 区	19 307	18 172	6.2
房 山 区	11 840	10 934	8.3
通 州 区	11 625	10 623	9.4
顺 义 区	11 634	10 830	7.4
昌 平 区	13 954	11 932	16.9
大 兴 区	11 523	9 703	18.8
门头沟区	11 456	9 750	17.5
怀 柔 区	10 167	9 046	12.4
平 谷 区	11 867	10 708	10.8
密 云 县	11 153	9 962	12.0
延 庆 县	10 091	9 017	11.9

（闫建苹）

【高收入农户人均生活消费支出是低收入户的 2.3 倍】从不同收入群体看，20%的高收入农户人均生活消费支出达 21 230 元，是全市平均水平的 1.6 倍；20%中高收入农户为 15 169 元，是全市平均水平的 1.1 倍；20%中等收入农户为 12 943 元，是全市平均水平的 95.5%；20%中低收入农户为 10 483 元，是全市平均水平的 77.3%；20%低收入农户为 9 223 元，是全市平均水平的 65.9%。20%高收入农户人均生活消费支出比 20%低收入农户高出 12 007 元，前者是后者的 2.3 倍（表 2）。

表 2　农户人均生活消费支出

单位：元

项　目	全市平均	低收入户 20%	中低收入户 20%	中等收入户 20%	中高收入户 20%	高收入户 20%
生活消费支出	13 553	9 223	10 483	12 943	15 169	21 230
食 品	4 696	3 476	3 890	4 476	5 580	6 375
衣 着	1 173	670	865	1 072	1 550	1 838
居 住	2 387	1 670	1 901	2 099	2 108	4 456
家庭设备用品及服务	898	520	757	856	1 043	1 404
医疗保健	1 167	1 097	1 010	1 162	974	1 634
交通和通讯	1 452	799	1 001	1 571	1 540	2 515
文教娱乐用品及服务	1 331	772	808	1 320	1 786	2 127
其他商品及服务	449	219	251	387	588	881

（闫建苹）

农村社会保障

【调整城乡居民养老保障相关待遇标准】 2013年1月1日起，调整城乡居民养老保险基础养老金和城乡居民老年保障福利养老金标准。基础养老金从每人每月357.5元提高到每人每月390元；福利养老金从每人每月的277.5元提高到310元。

（冯晓晴）

【确定和发布2013年缴费标准，建立居民养老保险缴费标准适时调整机制】 依据北京市城乡居民收入增长情况，城乡居民养老保险缴费最低标准调整为1 000元，比历年小幅增长40元，最高缴费标准维持不变，仍为7 420元。

（冯晓晴）

【制定并出台城乡居民养老保险与城乡低保、农村五保和优抚制度的衔接政策】 结合北京市城乡居民养老保险制度实施情况，北京市人力资源和社会保障局会同北京市财政局、北京市民政局制定了《关于做好城乡居民养老保险与城乡居民最低生活保障农村五保供养优抚制度衔接有关问题的通知》。此项制度的落实，既兼顾了以往全市政策的连续性，又实现了国家要求的“各项制度待遇只叠加、不扣减、不冲销并兼顾现行政策”的原则。同时，此项制度的完善，将有助于提升城乡居民特定人群参加居民养老保险的积极性。

（冯晓晴）

【城乡居民养老保险工作运行正常】 城乡居民养老保险参保累计人数180.05万人，其中农村居民168.68万人；领取养老金人数33.15万人，其中农村居民为30.47万人，城镇居民为2.68万人。

（冯晓晴）

【城乡无保障老年人养老制度实施平稳】 享受福利养老金人数为52.09万人，比上年底减少3.03万人，呈下降趋势。全年发放福利养老金19.94亿元。

（冯晓晴）

【农村社会救助工作再上新台阶】 2013年，首都农村社会救助工作以保障和改善基层困难群众基本生活为目标，认真贯彻落实党的十八大、十八届三中全会和北京市第十一次党代会精神，以《国务院关于进一步加强和改进最低生活保障工作的意见》为依据、不断健全完善社会救助制度，确保农村基层困难群众低收入家庭面临的各项基本生活困难得到及时解决和有效保障。

1. 扎实开展农村低保和农村五保工作。适时调整农村低保和农村五保供养保障标准。按照现行社会救助相关标准调整机制，经市政府批准，从2013年1月1日开始，全市农村低保最低标准由家庭月人均380元调整到460元，上调80元，调整幅度为21.05%。各区县政府在此基础上制定了本区县农村低保标准调整方案，其中，大兴区、通州区实现了城乡低保标准统一，朝阳区、海淀区、丰台区、大兴区、顺义区、通州区农村低保标准均为家庭月人均580元；门头沟区为家庭月人均500元；房山区、平谷区为家庭月人均480元；昌平区、怀柔区、密云县和延庆县为家庭月人均460元。10月，平谷区、房山区农村低保标准从家庭月人均480元调整为500元；11月，密云县、怀柔区农村低保标准从家庭月人均460元调整为500元。依据《北京市实施〈农村五保供养工作条例〉办法》，全市各区县农村五保供养标准从2013年7月1日起按照上年度本地区农村居民消费性支出水平统一上调，全市13个郊区县农村五保供养标准最高为年人均18 381元，最低为年人均9 017元，平均供养标准为年人均11 879元。其中，朝阳区18 381元；海淀区18 172元；丰台区15 340元；门头沟9 750元；房山区10 934元；通州区10 623元；顺义区10 830元；昌平区11 932元；大兴区9 703元；平谷区10 708元；怀柔区9 046元；密云县9 962元；延庆县9 017元。截至2013年年底，北京市共有农村低保对象38 746户、63 641人，其中含农村五保对象4 073人（集中供养2 033人、分散供养2 040人），全年共支出资金3.25亿元。认真进行城乡低保家庭生活状况调查分析，城乡低保家庭生活状况及经济特征是：低保家庭就业人口少，就业负担重，行业不稳定，劳动报酬低，收入来源单一，缺乏增长动力。主要依靠社会救济收入，其经营净收入和财产性收入的绝对额和增长速度要远低于其他收入群体；受教育程度低，大部分家庭成员文化程度在高中及以下；消费结构不合理，生活质量不高。收入的低水平，刚性支出（食品、教育、居住、医疗）有增无减，导致了低保家庭的消费支出结构不合理、生活质量不高。

2. **农村低收入家庭保障工作持续稳定。**2013年，低收入家庭认定标准未做调整，仍为家庭月人均740元。各区县依据《北京市低收入家庭认定暂行办法》开展低收入家庭认定的具体工作。并按照救助对象的救助申请需求，民政、住房、教育等部门均及时按照程序给予救助，缓解了低收入家庭面临的临时性和暂时性生活困难。截至2013年年底，全市经认定的城乡低收入对象共2.83万人。

3. **积极推进医疗救助创新发展。**一是开展重大疾病医疗救助。为缓解城乡特困群众罹患重大疾病的医疗负担，市民政局会同相关部门印发了《关于进一步加强城乡特困人员重大疾病医疗救助有关问题的通知》。同时，为扩大政策影响，使特困群众及时知晓、掌握政策并获得救助，市民政局与北京电视台、北京日报等主流媒体开展合作，提高了重大疾病救助政策的透明度和知晓度，营造了良好的社会舆论氛围。截至2013年，全市共救助贫困重大疾病患者3 242人，支出救助金1 655.36万元。二是梳理整合医疗救助政策。北京市于2001年和2004年分别建立了城（乡）特困人员医疗救助制度。但随着首都社会经济不断发展，现行医疗救助政策在救助比例和救助额度等方面逐渐暴露出不足。为此，于2013年年初着手对现行的17个医疗救助政策文件进行全面梳理整合，并对照国家“十二五”期间医改目标任务，研究起草了《关于进一步完善城乡特困人员医疗救助制度的意见（征求意见稿）》，初步提出了政策调整方案。根据财政部、民政部下达北京市2013年中央财政补助城市、农村医疗救助资金的要求，拨付区县农村医疗救助资金717万元。三是有序开展日常医疗救助工作。继续实施资助参保、参合政策。经统计，2013年共有64 634名农村特困人员分别享受了资助参合待遇，进一步提高了困难群众医疗保障水平；持续推进城乡特困人员住院押金减免和出院即时结算。经统计，全市定点医疗机构共为特困群众减免住院押金369.46万元；通过“一站式”服务获得医疗救助779人次，支出医疗救助资金166.19万元，初步缓解了困难群众的资金垫付压力。截至2013年年底，全年累计医疗救助219 191人次、支出资金14 726.96万元。

4. **继续实施冬季燃煤自采暖和清洁能源分户自采暖救助。**为缓解城乡低保家庭冬季取暖的实际困难，保证困难群众正常过冬，各级认真落实《关于提高城乡低保家庭冬季燃煤自采暖救助标准的通知》精神，当年救助依靠燃煤自采暖过冬的城乡低保家庭53 558户，支出资金3 043. 32万元。同时，为依靠清洁能源分户自采暖过冬的城乡低保家庭发放补贴552. 30万元、惠及4 216户。

5. **持续抓好农村住房救助工作。**有序落实农村特困家庭住房救助制度，全年共为农村住房困难的社会救助家庭翻建维修危旧房屋1 318户、4 194间，其中翻建1 126户、3 560间，维修192户、634间，总共支出资金5 655.08万元。

6. **教育救助稳步推进。**认真落实《北京市学前教育资助管理办法》，低收入家庭中的子女进入公办和民办普惠幼儿园，可获得政府资助。其中，低保家庭的儿童，免交保教费。低收入家庭的儿童，免交50%的保教费。继续开展高等教育新生入学救助工作，全年共救助贫困大学生3 270人，支出资金1 449.409 3万元。按《关于修订实施北京市中等职业教育免学费及国家助学金政策的通知》，免除全日制中等职业学校就读的城乡困难家庭中的学生学费，并按有关规定给予国家助学金，全市共为6 562名贫困学生免除学费，同时发放国家助学金共计1 523万元。

7. **临时救助政策落实及时有效。**在全面落实城乡低保和实施专项救助政策的同时，继续开展多种形式的日常临时救助工作，确保实现城乡困难群众“应保尽保”的目标要求。经统计，全市全年共实施救助30.7万人次，支出资金10 287.89万元。此外，按时发放中央和市级一次性生活补贴。根据民政部、财政部《关于2013年春节前为城乡困难群众发放一次性生活补贴有关问题的通知》要求，在2013年春节为城乡困难群众发放中央一次性生活补贴。此次补贴发放范围包括城乡低保对象、农村五保对象、享受定期抚恤补助的优抚对象和建国前入党的农村老党员，以及未享受离退休待遇的城镇老党员。标准是城市低保对象每人300元，农村低保对象和农村五保供养对象每人200元，优抚对象和建国前老党员每人360元。经初步统计，补贴发放惠及北京市22.32万城乡困难群众，支出资金6 295.662万元，所需资金全部由中央财政负担。根据《北京市民政局关于春节前为本市城乡困难群众发放市级一次性生活补贴的通知》（京民社救发〔2013〕41号）精神，为城乡低保、农村五保及享受生活困难补助人员、享受定期抚恤补助的优抚对象及孤残儿童发放市级一次性生活补贴，标准为每人200元。在2013年春节为包括城乡低保对象在内的22.44万困难群众发放了市级一次性生活补贴，支出资金4 488.08万元。

（张贵国）

【农村防灾减灾和救灾能力全面提升】2013年入汛以来，北京市气候出现异常，大部分远郊区县不同程度的遭受了风雹、洪涝灾害和强降雨袭击，给人民群众生命财产带来较大损失。据统计，2013年以来灾害共造成房山、平谷、怀柔、大兴、密云等9个区县231 291人受灾，因灾死亡1人，紧急转移安置2 033人，农业受灾面积30 770.06公顷，其中，绝收面积3 986.3公顷；倒塌房屋48间，严重损坏9间，造成直接经济损失7.013 2亿元，部分受灾地区损失较为严重。面对严重的灾情，全年共下拨中央、市两级救灾资金2 500万元，受灾村民群众得到有效救助，有力地保障了人民群众的基本生活和首都社会的稳定。

1. **积极推进本市应急救助指挥部组建工作。**市编办已批准成立北京市突发事件应急救助指挥部。市民政局正在按照市应急办的有关工作要求，进一步确认成员单位领导名单，进行成立市突发事件应急救助专项指挥部及常设办公室的组建工作。

2. **逐步规范和完善防灾减灾政策法规。**研究制定《北京市自然灾害生活救助资金管理暂行办法》《物资保障能力建设方案》《2013年防汛工作方案》和《自然灾害救助条例实施办法（草案）》和《关于探索推进农村住房保险工作的通知》等政策法规，为防灾减灾工作提供坚实的法律保障。其中，《自然灾害救助资金管理办法》已下发、《关于探索推进农村住房保险工作的通知》已完成制定工作，正在加紧协商出台实施工作。

3. **扎实做好防汛救灾工作。**成立了北京市防汛综合保障专项分指挥部，制定了《市防汛综合保障专项分指挥部工作方案》、《北京市防汛综合保障专项分指挥部启动条件及响应程序》；研究制定《北京市民政局2013年防汛工作方案》，组建防汛领导机构和灾情评估、转移安置和物资保障等若干应急保障小组；召开区县防汛工作会议，下发《北京市民政局关于做好2013年安全度汛工作的通知》（京民救发〔2013〕181号），签订“安全度汛责任书”；召开市防汛综合保障专项分指挥部联席会议，研究建立快速联络机制、灾情数据统计会商机制和与部队合作的应急救助工作保障机制等；建立汛期值班制度，加强应急值守，及时掌握灾情并发布预警信息，提高应急处置救援的能力。

4. **举力推进救灾物资储备建设。**2013年，积极开展新增可应急保障4万人的救灾储备物资招投标工作，价值近亿元的相关救灾储备物资已于6月30日前入库，市级救灾物资储备的应急保障能力由可救助14万人提高到18万人的规模，救灾储备物资的种类扩大到11大类、30小项，进一步提升了北京市灾害应急救助的处置能力。新增补充采购的指挥帐篷、场地照明灯、淋浴车、净水车等物资也在生产完成后陆续入库。同时，将区县级，救灾储备物资应急保障能力提高到2 000人，全市救灾物资储备的应急保障能力已达到可救助20万人的规模。深入延庆、密云调研设立市级救灾储备物资分中心库的可行性，并在延庆县设立代储市级救灾储备物资库，完成调拨可应急保障1万人的救灾储备物资工作。

5. **大力加强城乡基层防灾减灾能力建设。**2013年汛期前，专门开发救灾工作人员基本信息统计数据应用程序，开展全市救灾工作系统平台建设和灾害信息员有关信息采集工作，与市气象局进一步加强合作，确保及时将预警信息发布到市、区县、街乡镇民政救灾工作人员和社区居（村）委会灾害信息员等1万余人的手机，提供信息保障；研究北斗终端设备应用的可行性，努力推动在市、区县、街乡应急管理人员和7个山区县的灾害信息员中应用北斗便携终端相关工作，发挥其在重大灾害发生时的通信保障作用。圆满完成本市综合防灾减灾社区紧急广播系统项目的试点工作，在北京市5个社区安装使用发射装置5台、接收装置10 000台，提高了试点社区的防灾减灾能力。同时，门头沟区在全市率先开展灾害预警紧急广播系统试点建设工作，在4个社区试点应用社区紧急广播系统和建设应急避难场所。继续开展“综合减灾示范社区”创建工作，50个社区获得“全国综合减灾示范社区”荣誉称号、183个社区创建“市级综合减灾示范社区”。全市创建“综合减灾示范社区”的总数已达到600个。

6. **提前超额完成灾害信息员培训工作**。根据《民政部办公厅关于进一步加强灾害信息员队伍建设的通知》（民办函〔2011〕172号）关于在“十二五”期间，要力争村（社区）级灾害信息员培训全覆盖的要求，从2009年开展灾害信息员培训以来，北京市民政局与市民政干部教育管理学院共同开展全市灾害信息员职业技能培训工作。2013年，昌平区、怀柔区等也相继开展了灾害信息员培训工作，至此全市所有区县均开展了灾害信息员职业技能培训工作。10月下旬，市民政局针对因调换工作岗位的近200名新任乡镇级灾害信息员，组织开展培训工作，保证了灾害信息员队伍持续稳定发展，不断提高救灾工作的科学管理水平。全市已累计培训鉴定具有职业资质的各级灾害信息员万名以上，实现了村（社区）级灾害信息员全覆盖，提前两年多时间、在全国率先完成“十二五”期间的村（社区）级灾害信息员培训任务。同时，按照北京市突发事件应急委员会《实施〈北京市“十二五”时期应急体系发展规划〉重点工作分工方案》，提前完成培训鉴定7 000名以上灾害信息员的任务指标。

7. **积极开展防灾减灾宣传教育活动**。结合全国“防灾减灾日”，与市应急办组织开展了多种形式的防灾减灾宣传和演练活动，积极组织各区县民政部门相应开展辖区防灾减灾宣传和演练活动。据统计，全市共组织专场活动200多场次，参与活动的市民超过200多万人，展出防灾减灾展板3 000余块，悬挂横幅4 000多条，发放各种宣传资料和张贴防灾减灾挂图200多万份，播放宣传教育片200余场次，全市各大媒体组织采编、刊发、播出相关稿件、专题300余条，在全市范围内营造了浓厚活动氛围，取得良好的社会效益。10月13日是第24个“国际减灾日”，主题是“面临灾害风险的残疾人士”。上午10时，由门头沟区政府主办，民政部国家减灾中心和北京市民政局协办的社区灾害预警及应急救助综合演练在北京市门头沟区城子街道华新建社区举行，本次演练模拟暴雨洪涝灾害，共分三个场景，全程实施了灾害预警、转移安置和应急救助工作流程，演练节奏紧凑，注重实效，组织有序，来自市区两级民政部门和街道、社区的工作人员以及普通社区居民、相关社会组织和企业的志愿者300余人参与其中，充分运用北京市民政局和金广通科技有限公司联合开发的紧急广播系统，通过启动应急救助预案、启动救灾应急响应、启动紧急广播预警系统和应急避难场所，共同演练大灾来临时的灾害预警、转移安置和应急救助全过程，取得了增强社区居民防灾减灾意识和能力的预期效果。此次演练中，北京市紧急救援基金会提供的专门用于提高防灾减灾能力建设的“紧急救援站（亭）”在门头沟区首次亮相。

（许林）

【继续推进农村居家养老服务工作】2013年，北京市农村地区养老服务工作紧密围绕首都建设和发展大局，结合党的群众路线教育活动，切实改进工作作风，加强城乡制度之间的衔接与整合，增强制度公平性与可持续性，优化社会养老资源配置，保障城乡老年人共享经济社会发展成果。

1. **落实老年人社会优待**。印发《北京市人民政府办公厅关于转发市老龄工作委员会办公室北京市老年人社会保障和社会优待办法的通知》和《关于为常住外埠老年人办理北京市老年人优待卡（证）的通知》，落实常住外埠老年人享受本市社会优待工作。常住外埠老年人与本市户籍老年人同等享受免费乘坐市域内地面公交车，参观市属公园、风景名胜等旅游区，社区卫生服务机构“三优先”服务等9项老年优待政策。截至2013年12月，在10个郊区县共办理老年人优待卡91 026张，办理老年人优待证25 530张，其中，共为49 446名常住外埠老年人办理了优待卡和优待证。

2. **整合社区养老服务功能，规范社区（村）托老（残）所服务**。2013年，农村地区发展养老（助残）餐桌2 052个，托老（残）所2 346个，有效满足了老年人用餐和托养服务需求。下发实施《关于给予社会办托老所全托型床位运营补贴有关事项的通知》，对2012年9月至2013年9月期间符合要求的托老所进行运营补贴，其中，向10个郊区县的47家社会办全托型托老所发放补贴439.29万元。

3. 落实民政部、财政部《关于做好2013年度中央专项彩票公益金支持农村幸福院项目管理工作的通知》要求。对全市233个项目点拨付中央专项彩票公益金699万元，帮助实现农村老年人老有所养，为农村老年人提供就餐、文化娱乐等照料服务。

4. 开展老年人精神关怀服务。各级老龄工作部门整合和开发辖区心理咨询服务资源，开设96156社区老年心理咨询热线，充分发挥各类心理咨询专业组织和社区市民学校、老年学校的作用，组织专业人员为老年人及其家庭成员提供心理咨询服务和相关知识培训。动员和组织城乡社区（村）志愿者、特别是社会工作者，为老年人提供聊天、读书（报）等志愿服务。在全市16个区县对3 000名老年人进行了精神需求和心理健康状况调查，确定了老年人精神关爱的工作重点和政策支持。

5. 实行老年人社会保障。截至2013年12月底，在10个郊区县，向11.7万名老年人发放1.4亿元养老（助残）券。加大对特殊困难老年群体的专项救助力度，重阳节期间开展慰问活动，为10个郊区县的2 131名高龄困难老年人发放127.86万元救助金。

6. 做好95周岁以上老年人医疗补贴制度的落实工作。督促指导区县严格按照政策规定落实补贴制度，按时上报相关信息。2013年年内，为10个郊区县591人次95周岁及以上老年人补助医疗费用147.9万元。

（赵琳琳）

【农村社会福利事业创新发展】 2013年，市、区两级民政部门以政策创制为先导，全力推进社会福利创新发展，出台多项惠及农村老年人和儿童的发展政策，开创了全国社会福利一流水平。

1. 出台低保失能老人入住机构补助办法。为推进北京市基本公共服务均等化，在全国率先出台低保家庭失能老人入住养老机构补助办法，按照每人每月1 100元标准给予补助，为解决低保家庭老人，尤其是大量农村低保老年人养老问题提供了有力的经济支持。补助政策的出台，标志着民政社会福利工作领域从侧重机构管理向关注不同社会群体福利政策需求方向转变。2013年，为全市入住养老机构的249名低保家庭失能老人发放补助139.315万元。

2. 提高农村敬老院建设资助标准。为加快农村敬老院建设，市民政局按照城乡一体化原则，对农村敬老院建设资助政策进行了调整和提高。根据《北京市人民政府办公厅印发关于加快本市养老机构建设实施办法的通知》（京政办发〔2013〕56号），对区（县）政府投资建设的养老机构，按照单床成本20万元的标准为基数，依据城市功能拓展区、城市发展新区、生态涵养发展区分类，市政府固定资产投资分别给予50%、70%、90%的资金支持，对农村养老机构建设完善提供了支撑。2013年，支持养老机构新建9所、改扩建14所、设备购置费32所，全年共下拨资助经费3 061.5万元。

3. 积极推进养老机构服务质量星级评定。为促进包括农村地区在内的全市养老机构管理服务优质化，市、区两级民政部门强化配套激励措施，积极推进养老机构星级评定。市民政局出台养老机构星级评定以奖代补政策，对获评1～5星级的机构分别给予2万～32万元不等奖励。在此基础上，朝阳区对辖区内评定为1～5星级的机构，分别给予1万、3万、5万、8万、10万元的区级以奖代补资金。2013年，市福彩对通过评定的星级养老机构以奖代补194万元。市养老机构星级评定委员会全年共评定星级机构59所。其中，在市社会福利事务管理中心支持下，北京市老年社区通过四星级审定，成为全市第3家四星级养老机构。

4. 推进农村五保供养服务机构等级评定。根据民政部部署要求和评选标准，为规范农村五保供养服务机构规范化建设，不断提高供养水平，2013年组织158所农村五保供养服务机构参加了等级评定工作，62所机构通过等级评审。其中，一星级10所、二星级31所、三星级21所。

5. 提高社会办机构运营资助标准。为有效降低社会办养老机构运营成本，对原有运营资助标准进行调整，从每人每月200～300元提高到300～500元。全年共对216所城乡社会办养老机构进行资助，下拨资助金0.75亿元。

6. 加强农村养老机构医疗设施建设。街乡敬老院资助政策专设新建、改造医务室专项资金，扶持敬老院完善内设医疗服务设施。截至2013年年底，全市有57所养老机构内设医疗机构通过卫生局设置审批，33所养老机构被市人保局授予医保定点资质，成为医保定点单位，缓解了机构老年人看病难、报销难的问题。

7. **加快农村敬老院经营模式转变**。继续提高农村“五保”供养机构管理机制改革，以提高经济和社会效益为目标，盘活农村敬老院存量，引入社会力量和资金，结合和发挥社会力量主动、灵活特点，增强其经营活力。2013年，门头沟区社会福利中心、顺义区张全营镇敬老院成为民政部公办养老机构改革试点。市民政局将养老机构公办民营改革纳入绩效考核，进一步推进养老机构社会化建设。2013年，有11所敬老院开展了公办民营改革，全市实现“公办民营”运营模式的街乡敬老院已达57所。

8. **积极推进儿童福利服务事业稳步发展**。加强北京市孤儿保障工作，落实社会散居孤儿每月1 400元、福利机构内儿童每月1 600元的养育标准，实现城市与农村标准统一。

（李树丛）

【积极推进农村绿色殡葬，不断促进殡葬事业发展】2013年，全市农村殡葬工作按照积极推进绿色殡葬、生态殡葬，促进生态文明和精神文明建设的总体要求为出发点，大力加强首都农村殡葬工作，举力推进农村殡葬事业发展：一是殡葬设施水平得到提升，较好地服务于广大农村。顺义区新殡仪馆于2013年3月正式投入使用，设备设施处于全国领先水平，新建15家农村公益性公墓。房山区对殡仪馆实施大范围的基础设施改造，新建火化车间，新安装了带消烟除尘设备的7台火化机。门头沟、昌平、平谷、延庆殡仪馆进行了部分设备更新和环境整治。二是农村公益性墓地稳步推进，满足了农村居民的安葬需求。2013年，顺义区建成了13家农村公益性公墓，全区建成的农村公益性公墓达65家，覆盖161个村。平谷区18处建设了区镇级公益性公墓，门头沟区建设区级公益性墓地，出台《门头沟区公益性公墓管理办法》。大兴区积极进行利用林间空地建设生态墓地的规划和落实，采育镇生态墓地已建成并启用，礼贤、榆垡两镇完成选址。延庆县新建5家公益性墓地，制定完成了《延庆县农村公益性公墓管理暂行办法》。三是积极推行绿色生态殡葬，促进了农村美化绿化环境。开展骨灰墙、骨灰撒散、植树葬、草坪葬等在内的生态安葬服务，生态安葬的比例得到提升，顺义区已建成的65家农村公益性公墓，实现生态安葬率达43%。平谷区18处区镇级公益性公墓，全部按照“一平米一棵树一块碑”的标准进行建设，达到了生态葬中植树葬的要求，生态安葬占整体安葬的比例达到了68%，公墓绿化率为75%，绿地率为45%。四是对散坟乱葬进行整治，倡导殡葬改革，保障农村清明祭扫安全。全市农村对区域内散埋乱葬、封建迷信活动等进行管理，一级抓一级，分级管理，各负其责，并积极倡导殡葬改革，宣扬殡葬新风尚，现代的殡葬新风在广大农村得到推广，浓丧厚葬观念逐步改变，丧事简办，文明节俭得到提倡。清明祭扫安全顺利，没有发生因农村上坟祭扫引起严重的火灾现象，保障了清明节期间农村的安全和社会稳定。

（李勇）

农村社会事业

综述

2013年，农村社会事业取得新进展。全市公共文化服务设施向农村地区倾斜，乡镇文化站建设加快，城乡公共文化建设服务均等化水平提高。“三下乡”“农民艺术节”“乡村大舞台”等活动开展得好。农村中小学教学设施建设加强、农村卫生事业和合作医疗投入增加，农民得到实惠。集中支持低收入村和美丽乡村建设奖补项目达到354个，2.8亿元，受益人口28.5万人。完善村级公益事业专项补助资金制度，保证了村级公益事业的正常运转。

宣传工作及精神文明建设

【强化新闻宣传，创造有力的舆论支持】坚持团结鼓劲、正面宣传为主的方针，牢牢把握正确舆论导向，为“三农”科学发展提供有力的舆论支持。组织召开新闻发布会2次、实地集中采访22次，结合重要活动策划宣传活动50余次，形成季度报道汇编和专题报道汇编6册，全年直接提供素材和服务的新闻报道超过1 000篇次。

一是结合重大会议，突出成就宣传。在2013年北京农村工作会前，梳理总结一年来全市新农村建设和城乡一体化取得的成就，形成新闻素材汇编，面向中央及市属主要媒体发布，协调媒体首都“三农”领域重点工作、经验做法进行了集中宣传报道，形成了《北京：建设中国特色世界城市的现代农业》（《农民日报》3月20日头版）等重头报道。2014年中央农村工作会议前后，协调各级媒体以“新三起来”为核心内容，宣传报道北京在深化农村改革过程中的探索实践和成功经验，形成了《北京积极引导农村以多种方式流转土地——“活”了土地富了农家》（《经济日报》12月23日头版）、《北京全面进入“三农”发展新时代》（《农民日报》12月24日头版），《北京积极探索农村集体经济改革》（《中国之声》12月25日“新闻和报纸摘要”栏目）等一系列重头报道。

二是围绕中心工作，突出重点宣传。牢牢抓住今年“三农”工作的最大亮点——“新三起来”工程，会同市新闻办，专门举办了“新三起来”工程新闻发布会，结合现场工作会、观摩会等，策划组织集体采访3次。各级各类新闻媒体高度关注并积极聚焦，对全市“土地流转起来、资产经营起来、农民组织起来”的总体思路、典型案例和经验做法进行了集中宣传，形成了《北京“三农”进军“新三起来”》（《农民日报》10月12日头版）、《土地流转起来　资产经营起来　农民组织起来——北京推进城乡一体化纪实》（新华网10月6日）等深度报道。十八届三中全会前后，协调《北京日报》在头版开辟了“关注‘新三起来’”宣传专栏，以长篇通讯的形式连续报道北京的生动实践，以点带面地折射出“新三起来”在提高土地产出率、资产收益率、劳动生产率等方面释放出了巨大的能量，为引导各区县、乡镇、村更好更快地深入推进“新三起来”工程营造了良好的舆论氛围。

三是围绕亮点工作，突出典型宣传。全年围绕山区搬迁、农宅抗震节能改造、沟域经济、休闲农业、“减煤换煤、清洁空气”行动等重点工作组织媒体开展深度采访10余次。紧跟首届农业嘉年华、中国草莓文化节、农产品系列流通季、百万市民游京郊、生猪价格指数保险启动仪式、第二十一届种子大会等市级重大活动进度，组织集中采访40余次。协助市委宣传部策划、组织了中央主要媒体及市属新闻媒体集体采访两委“进村入户”活动，反映两委群众路线教育实践活动经验的新闻报道《北京：干部进村同吃住　帮百姓解难题》在中央电视台《新闻联播》播出。

四是利用现有阵地，突出动态宣传。继续与《农民日报》合办“都市型现代农业”专版（全年刊发48个专版），与北京人民广播电台合办《生态北京》栏目（全年播出104期），与北京电视台合办《京郊大地》栏目升级改版为《美丽乡村》（全年播出50期）。密切关注“三农”各项重点工程的进展，加大动态宣传力度，及时、准确、主动地发布信息。

五是加强舆情监控，突出应对宣传。对办公平台中的“舆情监控”模块运行进行了优化，调整了舆情快报结构，着重突出了“敏感信息”部分，针对涉农舆情中的142条敏感信息，及时上报并协调相关部门进行了有效应对。

（马一为）

【组织开展2013—2014年度“寻找‘北京最美的乡村’宣传评选活动”】继续以“共建美丽乡村，共享美好生活”为主题，组织开展2013—2014年度“寻找‘北京最美的乡村’宣传评选活动”。修改完善了“生产美、生活美、环境美、人文美”四大方面12项标准，下发《关于2013—2014年度“寻找‘北京最美的乡村’宣传评选活动”的安排意见》，召开了活动部署会和观摩培训会，公示确定了32个候选村庄。

2013—2014年度“北京最美的乡村”候选村：

1. 门头沟区清水镇八亩堰村。八亩堰村位于国家级自然森林保护区百花山脚下，是百花山地区规模最大、经营历史最长的民俗旅游专业村。村子海拔752米，依山傍水，群山环绕，清水河支流划村而过，是融入大自然、体验新农村、畅叙情怀、休憩身心的理想之地。

2. 平谷区镇罗营镇大庙峪村。大庙峪村位于镇罗营镇西北部，西峪水库的上游，多路公交从村口经过，交通便利。2005年开始，逐步实施“德米特”有机大桃示范园项目、整村新农村改造等，2012年申报了北京市民俗旅游专业村，民俗旅游事业正逐渐步入正轨。

3. 昌平区十三陵镇上口村。上口村地处世界文化遗产明十三陵保护区内，是举世闻名的世界文化遗产明十三陵陵域十口之一。全村打造以“马武寨”为品牌的汉文化农家乐，包括：马武驴打滚、马武炖菜、马武红烧肉、马武山药饼等。

4. 顺义区南法信镇三家店村。三家店村现有230户，550人，村域面积61.16万平方米。先后获评全国巾帼示范村、北京市生态文明村、北京市“五个好”村党组织、北京市先进基层党组织、顺义区廉政模范村等荣誉称号。

5. 延庆县千家店镇下湾村。下湾村下辖下湾、照山洼、苍米道三个自然村，村域面积8.4平方公里，山场面积1万亩，林木绿化率达到86%。村域内山峦重叠，湖、泉、瀑、溪等水景众多，坐拥优越的生态环境和地质景观，其中国家AAAA级风景区百里山水画廊最重要的空间节点——滴水壶就坐落于下湾村内。

6. 昌平区流村镇长峪城村。长峪城村素有昌平“小西藏”之称。海拔880米以上，具有独特的凉爽气候和优美的自然风光，有利于盛夏人们休闲避暑；植被茂密，花草树木植物众多，而且还生存着各种野生动物；天然泉水，清凉甘甜，新中国成立初期修建的大坝造就了高山出平湖的景观；自然山体，怪石林立，使沟壑更显神秘；具有“昌平第一峰”之称的黄花草甸景观引人入胜。

7. 怀柔区喇叭沟门乡中榆树店村。喇叭沟门满族乡中榆树店村是北京市市级民俗村。位于白桦林景区必经之地，环境优美，交通便利，是百花谷沟域经济产业带及喇叭沟门自然保护区的重要组成部分。全村256口人，满族约占67%，林木覆盖率高达93%。

8. 丰台区长辛店镇东河沿村。东河沿村有和尚塔、刘炳权墓、参天古树等文物古迹；有中华第一名枣、地地道道的北京农家饭。紧邻北宫国家森林公园、园博园，如今的东河沿村是一个三季有花，四季常绿的优美村庄。

9. 房山区蒲洼乡东村。林下蘑菇（菌）成排成行，鲜艳的菊花被端上了餐桌，冬天里在高山上摘草莓。在位于北京市西南的房山区蒲洼乡东村，这一切的不可能都变为了可能。在这里可以亲手采摘并品尝美味的蔬果花，感受现代农业带来的非凡感受。

10. 顺义区大孙各庄镇东华山村。东华山村是新农村建设整体推进型村庄。青山环抱下，错落有致的粉墙黛瓦，郁郁葱葱的绿色景致，炊烟袅袅的悠闲民居，尽显北京市生态村的美誉。依托水质甘甜，土壤肥沃的优势，成立了北京华特果品产销专业合作社，并注册《东华山》商标。400余亩红提和苹果完全使用沼渣、沼液灌溉，果品口感宜人，吸引各地来客采摘。

11. 大兴区青云店镇东辛屯村。东辛屯村环境优美、交通便利，主打以“面条唱戏，文化搭台”为主导的新农家乐旅游方式。最有代表性的是“老娘们”手擀面，以民间传统手工工艺，经过几十道工艺加工而成，体现了饮食文化的魅力和艺术所在，有绿色食品美称。

12. 顺义区牛栏山镇兰家营村。兰家营村位于101国道西侧，距顺义城区15公里。该村牢固树立低碳环保、绿色生态理念，着力打造公园绿地精品，村内乔灌花草有机结合，高低错落有致，三季有花，四季常绿，形成了村在林中、路在绿中、房在园中、人在景中的园林景观。此外，兰家营村村史“博物馆”已落成，记录了村庄的变迁历史。

13. 通州区西集镇史东仪村。史东仪村在新农村建设中，发展设施农业、循环农业，继而延伸为观光农业，建立了史东仪村农业观光园；村民生活趋向城市化的同时不失乡村特色，村庄面貌生态化、景观化。

14. 密云县不老屯镇史庄子村。史庄子村紧邻不老湖畔，是天然的养生休闲之地，天然氧吧。自2012年完成新农村建设后，全面发展民俗旅游业。旅游景点有三棱山徒步游、不老湖垂钓、云峰山景区、吉祥寺、野长城。

15. 密云县古北口镇司马台村。司马台村位于密云县城东北部，以长城为背景，融自然观光、民俗接待、休闲度假、文化体验等为一体。按照村庄产业布局，以生产发展为目标，富裕农民为宗旨，遵循“一个民俗村就是一个乡村酒店”的发展理念。

16. 通州区台湖镇外郎营村。外郎营村街道整齐、环境优美，周边基础设施齐全。村东有星湖园度假村和采摘、垂钓齐全的第五生产队；村北有观光、旅游、有机农业于一体的金福艺农和千亩花卉大棚；村西有亚洲最大的国际图书城、樱桃采摘园和鹿园。

17. 大兴区长子营镇朱庄村。朱庄村位于北京市大兴区长子营镇南部，村距离北京市中心约40公里。安大路、朱大路和马大路都由此经过，交通便利，区位条件优越。走进村庄，一眼可见平坦的道路、整洁的街道、漂亮的路灯、干净的庭院、盎然葱茏的绿色、功能完备的文化大院，让人豁然开朗。

18. 大兴区安定镇杜庄屯村。杜庄屯西与星明湖度假村相连，东与安定镇御林古桑园为邻。杜庄屯村有着20多年的大桃种植历史，大桃生产是该村的特色产业，村民种植积极性较高，且具有丰富的种植经验。全村桃树种植面积达1 841亩，果林覆盖面积60%以上。

19. 怀柔区杨宋镇花园村。花园村位于杨宋镇小城镇规划区内，2002年成立了苗木花卉协会。鼓励农民利用现有庭院、房前屋后种植花卉，种植花卉苗木380亩。2007年，建设58栋具有完善供水、供电等配套设施的日光温室大棚。2013年，引导村民在大棚内种植各式蔬菜、水果、七彩瓜、草莓等，取得了可观的经济收益。

20. 海淀区上庄村李家坟村。李家坟村空气清新，绿柳成荫，风景秀丽，先后成立了海淀区上庄镇榆河社区书画协会、上庄地区民间工艺文化发展中心和上庄镇李家坟村残疾人温馨家园，以“文化搭台、经济唱戏”

为发展思路，开创了“支部＋协会＋民非”的新农村发展模式。

21. **昌平区兴寿镇麦庄村。**麦庄村毗邻昌金路、安泗路、京承高速路，交通十分便捷。2012年，全村经济总收入实现2 940万元，人均劳动所得达到11 862.2元，草莓种植为村民主要经济来源。麦庄村的特色资源就是种植草莓，可以说麦庄村已然成为了北京市草莓种植的一个重要“据点”。

22. **朝阳区黑庄户乡郎各庄村。**郎各庄村距五环有2公里。近年来，郎各庄村以本村文化活动中心为阵地，为流动人口和本村村民享受同等的公共文化服务搭建文化平台，共享乡村文化资源。不仅延续了快板刘文化大院、舞蹈队、空竹队等多项文体活动，还把法律知识等带到了群众中间。

23. **门头沟区潭柘寺镇赵家台村。**赵家台村坐落在潭柘寺和戒台寺之间，为市级民俗旅游接待村。老村素有“纸糊的北京城，铁打的赵家台”之说，现存明清时期的古地道、崇祯年间的古钟、五百余年的古宅老院，诉说着历史的沧桑。新村整齐的乡间别墅，干净的街道，文明有礼的民风让人感受到新农村巨变。

24. **海淀区苏家坨镇柳林村。**柳林村靠近北京西山旅游风景区，紧邻京密引水渠，林木茂盛、土地肥沃、风景秀丽、民风淳朴，是苏家坨地区著名的农业大村。近年来，柳林村被评为首都文明村、“五个好”村党支部，并曾多次荣获北京市交通安全文明村、海淀区“平安村”“先进基层党组织”“北京市健康促进示范村”等光荣称号。

25. **丰台区南苑乡南苑村。**古时的皇家苑囿，今日的休闲乐园，老北京新南苑，休闲活力无极限。在“中国民俗旅游文化街”，中国美食、书画、自行车博物馆，可以体验中国传统文化。到农民公社“一分地”，可以休闲、锻炼和解压。“宝贝当家体验农场”是孩子们实践农业科普知识的基地。在“房车露营地”，观花赏木看蝴蝶飞舞，充分享受露营低碳生活。

26. **延庆县旧县镇盆窑村。**盆窑村村东“独山”早在明、清时期就被列为妫川八景之一——“独山夜月”。明永乐十二年成祖朱棣北巡曾驻跸此处。盆窑村现有古窑遗址现存80余处，有五百年的制陶历史，村民多年来以烧制瓦盆、猫头、滴水、云瓦、筒瓦等古建筑材料为主导产业。

27. **门头沟区妙峰山镇炭厂村。**炭厂村位于门头沟区妙峰山镇西北部，海拔高度465米，地势北高南低，主要产业有百亩苹果园、70亩核桃园、800亩仁用杏基地，还有花椒、海棠、樱桃等，盛产薄皮核桃、红头香椿等。炭厂村利用闲置的沟域和山场资源打造休闲生态旅游娱乐一体的景点——北京神泉峡。

28. **房山区琉璃河镇贾河村。**贾河村西邻小清河，东壤永定河，村内产业以梨树为主，梨树的历史长达300多年，目前梨树面积3 000多亩，主要为京白梨、子母梨等。近两年，贾河村又引进了多个东北优质秋子梨品种，现村内梨的品种多达128种，兴建“京白梨大家族主题公园”并成功举办了6届梨花文化周和采摘节。

29. **怀柔区宝山镇超梁子村。**超梁子村位于怀柔区宝山镇西北部，环境优美，空气清新，整个村庄干净整洁，是一个三季有花、四季常青的美丽乡村。2011年，成功推出“天河兔宴”，所食用兔肉全部产自本村怀宝宏达养殖专业合作社。该村曾多次获得“环境整治先进村”“北京市生态文明村”“首都文明村”“区级先进治保村”等荣誉称号。

30. **延庆县大庄科乡慈母川村。**慈母川村位于延庆县东南部，交通便利，地理位置优越。全村满族人口占60%以上，是典型的少数民族村。生态环境优美，依山傍水。探索五彩甘薯、紫花生、栗蘑等特色林下经济，生产多种绿色有机食品。慈孝文化积淀沉厚，满族文化特色突出。

31. **房山区窦店镇窦店村。**窦店村因隋末农民起义领袖窦建德在此筑城屯兵而得名。全村地域面积6.188平方公里，居住着汉、回、满、蒙古四个民族。按照“优化发展现代农业，稳步发展现代制造业，大力发展特色服务业”的总体思路，加快民族村建设，“一寺一街，内服外工”的新民族村初见端倪，新建清真大寺、在建民族文化活动中心具有浓厚的伊斯兰教建筑风格。

32. **密云县新城子镇遥桥峪村。**遥桥峪村四面环山，处于遥桥峪水库下游，水资源丰富，土壤肥沃，空气宜人，自然条件十分优越。以民俗旅游业作为主导产业。村内有雾灵西峰、云岫谷、遥桥峪水库、遥桥古堡等景区，是北京第一个民俗旅游接待村。在2013年建成北京市第一个高山滑水水上项目——西峰高山滑水项目。

（马一为）

【首次开展“北京最美乡村故事”主题征文展播活动】与北京故事广播联合创办了“北京最美乡村故事”主题征文展播活动，以“聆听最美乡村故事、品味美好幸福生活”为主题，分为“乡村里的美丽梦想”“乡村里的北京精神”“乡村里的历史传说”三个板块，面向全体市民征集了1 600多篇原创故事，从中择优编辑整理了105篇故事开设专栏进行了连续展播，受到了各类媒体的大量转载，在广大观众中起了强烈的反响。经过综合评选，昌平区杨波、王悦撰写的《历史中挖出的金点子》获评一等奖；延庆县马春莲撰写的《柳沟豆腐宴背后的故事》和平谷区李永明撰写的《光棍儿村变迁记》获二等奖；密云县刘翠平撰写的《大伯，如今咱们村的街道更洁美》、平谷区毛朋举撰写的《我敬佩的女人》、昌平区韩慧撰写的《山里的邮递员》获得三等奖。

（马一为）

【组织开展了北京市第二十四届农民艺术节】围绕“文化让乡村更美丽”的主题，设计了“乡村大舞台”群众文艺汇演、“美丽乡村”文化主题展播、“美丽乡村”艺术作品展示三个板块。活动贯穿于农村文化活动开展的全过程，向基层延伸，向四季延展，通过统分结合、形式多样的活动安排，带动农村群众文化活动的蓬勃开展，展现乡村新景象，反映农村新生活，展现农民的美好希望与梦想，弘扬健康文化，抵制陈规陋习，促进乡风文明，为美丽乡村增添文化内涵。按照群众路线教育实践活动“立改立行”的要求，取消了花费较大的电视晚会，将资金和精力转向支持最基层的农民群众。

作为全年性农村群众文化活动的重要平台，“乡村大舞台”设置了逐级展开的“乡镇初赛”“区县复赛”“市级决赛”三级擂台赛环节，引领、带动13个涉农区县开展群众文化演出78场，10余万农村群众登台表演，辐射观众近百万，原创节目比例高达73%。今年还推出了文化志愿者下乡活动，以“乡村大舞台”为切入点，深入13个涉农区县，开展节目评选选拔，对富有特色的农村基层文化活动进行指导编排，提升农村原创文艺作品质量和群众表演水平。

“画”说美丽乡村活动创作了80多幅作品，第四届“北京美丽乡村”书法大赛征集了200多幅作品，第四届聚焦“美丽乡村”摄影大赛收到了10 000多幅稿件，精选出来的“北京美丽乡村”书法、绘画、摄影作品在天安门附近的三品艺术馆展出了5天，吸引了近万名市民和游客参观。

（马一为）

【积极推进“首都文明村镇测评体系”建设】会同首都文明办，研究制定了由《首都文明村镇创建管理办法》、《2013版首都文明村镇测评体系》研制说明、《首都文明村镇测评体系》及操作手册组成的完整测评体系。测评指标涵盖了“领导班子坚强有力”“创建活动扎实有效”“环境优美生态宜居”“文化建设成效显著”“社会风尚积极向上”“经济发展民生改善”6个方面、18个指标、43项内容，正式实施后将有效促进农民素质的提升和文明乡风的培育。

（马一为）

【组织开展了“美丽乡村追梦人”主题宣传活动】为了用“中国梦”凝聚共识、团结力量，引导广大干部群众志存高远，脚踏实地，投身美丽乡村、奉献美丽北京建设，在市农委系统和郊区农村组织开展了“美丽乡村追梦人”主题宣传活动。综合“区县宣传部推荐”“机关处室推荐”“系统单位推荐”情况，选定了100名“美丽乡村追梦人”；在《京郊日报》开辟“美丽乡村追梦人”宣传专栏，在头版头条宣传报道先进人物带领农民“追梦圆梦”的感人故事，2013年重点宣传了41位先进人物。

1. 支芬　朝阳区高碑店村党总支书记

2. 王全　怀柔区渤海镇北沟村党支部书记

3. 张进来　房山区霞云岭乡党委委员、乡第一联合党总支书记

4. 金镇锡　北京金福艺农农业科技集团有限公司董事长

5. 宋立滨　密云县古北口镇古北口村党支部书记

6. 胡国卿　顺义区马坡镇石家营村党支部书记

7. 王双林　延庆县井庄镇柳沟村党支部书记

8. 闻宝恒　顺义区赵全营镇北郎中村党支部书记

9. 张玉华　大兴区长子营镇留民营村党总支书记

10. 于广云　门头沟区清水镇洪水口村党支部书记

11. 刘自海　平谷区金海湖镇黄草洼村党支书

12. 赵玉忠　北京绿菜园蔬菜专业合作社理事长

13. 柳显苍　顺义区龙湾屯镇柳庄户村村支书

14. 李定顺　北京奥金达蜂产品合作社理事长

15. 李广荣　荣涛豌豆产销合作社理事长

16. 刘云东　京华东乐器有限公司董事长

17. 喻永强　平谷区果品办公室工程师

18. 常俊英　怀柔区劳模山庄总经理

19. 赵正义　北京九鼎同方技术发展有限公司总经理

20. 张凤银　顺义区北石槽镇良善庄村劳务合作社负责人

21. 孙皓　华都峪口禽业有限责任公司总裁

22. 路河　昌平区农业技术推广中心副主任

23. 寇红艳　北京山农生态农业有限公司董事长

24. 张运涛　北京市林果研究所教授、农业部草莓公益项目首席科学家

25. 张建武　顺义区北石槽镇良善庄村党支部书记

26. 孙兆峰　密云县石城镇石塘路村党支部书记、村主任

27. 任志怀　北京四海种植专业合作社理事长、北京四季花海农副产品加工有限责任公司董事长

28. 哈玉民　延庆县康庄镇东关坊满族村党支部书记

29. 赵谦　平谷区大兴庄镇西柏店村党支部书记

30. 张志文　通州区张家湾镇苍上村党支部书记

31. 彭宏光　大兴区大营宏光肉鸭专业合作社理事长

32. 刘成军　北京百年栗园生态农业有限公司董事长

33. 刘宝平　北京方圆平安食品开发有限公司董事长

34. 赵凤利　延庆县张山营镇龙聚山庄党支部书记

35. 周顺海　延庆县香营乡新庄堡村村民

36. 侯宝龙　朝阳区崔各庄乡文化站广场舞工作室负责人

37. 蒋正超　原怀柔区庙城镇孙史山村大学生“村官”

38. 王庆国　房山区阎村镇大董村党支部书记

39. 张进刚　房山区周口店镇黄山店村党支部书记

40. 汤秀双　通州区台湖镇外郎营村党支部书记

41. 张伯　顺义区北小营镇榆林村党支部书记

（马一为）

农村文化工作

【开展设施评估，不断推进基层公共文化设施服务能力】继续推动“三馆一站”公益服务、公益演出、公益展览免费开放，以首都图书馆联盟为平台，继续推动便民阅读工程。稳步推进数字化社区建设，对于已建成的100个数字文化社区，加强其运营管理和服务推广，大力推进200个“数字文化社区”建设。继续开展第三方对北京市基层公共文化设施服务效能评估工作。启动了第一次全国乡镇综合文化站评估定级工作，推动全市乡镇综合文化站“建管用”迈上新台阶。完成全国第五次图书馆评估工作，以此为契机全面提升全市图书馆体系建设。完成全市500个社区文化中心标识牌的安装工作。建立基层文化建设考评机制，将公共文化建设列入区县政府绩效考核指标中，促进公共文化服务效能提升。

（张悦）

【强化队伍建设，加大基层文化管理和业务人员培训力度】积极组织参加全国基层文化队伍示范性培训，包括地市社文科长培训班、省级文化馆、图书馆师资培训班等8个班次共计21人次。举办“2013年全市基层文化骨干培训班”，完成10期500名基层文化组织员培训工作，涉及全市16个区县，普及率100%。加大对基层业务干部培训工作的力度，举办全市文化馆工作人员包括合唱指挥、声乐、美术、摄影等方面共计11个培训班。组织文化志愿者培训师为东城等14个分中心以及首图的文化志愿者进行培训，派遣培训师20人次，接受培训学员约300人。积极实施“春雨工程”，邀请新疆和田市玉都文工团58人来京进行为期23天的演出和培训，促进内地与边疆文化交流。

（张悦）

【广泛开展活动，推进基层群众文化活动常态化健康发展】注重加强引导，深入挖掘、培育、宣传特色品牌群众文化活动，提升公众参与率和覆盖面。全市全年围绕传统民俗节日和重要节庆日，开展群众文化活动千余场。

北京公园群众文化活动巡礼、“爱北京　唱我家　我的北京我的家”大型群众歌曲演唱电视竞赛活动、第九届园博会“北京周”活动、第十届中国艺术节群星奖惠民展演、“舞动北京——群众舞蹈大赛”原创精品节目展演、2013京津沪渝四直辖市“都市风采”主持人大赛和器乐大赛、北京市群众原创艺术精品节目展演、首都图书馆建馆100周年纪念会等大型的文化活动，群众参与面广，社会反响良好。各区县、各街乡、各社区和村都有品牌活动，群众文化活动遍布基层、遍布城乡，业余文艺团队门类越来越丰富，参与人群越来越广泛。

针对老年人、妇女儿童、残疾人、来京务工人员和少数民族等各类特殊群体，积极开展文化信息资源共享工程、电影放映工程、益民书屋等多种形式的文化惠民活动，并注重将这些群体的文化权益保障工作纳入公共文化服务体系中。文化志愿活动丰富多彩，全年开展了‘大地情深’——国家艺术院团（馆）志愿服务走基层活动、“传递书香　见证成长”首都图书馆志愿服务活动、“精彩生活　幸福使者”文化馆（站）志愿服务活动、“共享历史　感受快乐”博物馆志愿服务活动等两大系列8个主题文化活动，为公共文化建设发挥着越来越大的作用。

（张悦）

【制定政策，搭建平台，首都公共文化的发展环境明显优化】为了推动首都公共文化服务体系科学发展，市文化局认真落实中央和市委、市政府关于文化事业发展的重要部署，先后制定出台政策，保障人民群众基本文化权益。

1. **探索建立政府部门之间的联动机制，加强不同人群的文化权益保障。**市文化局为保障农民、老年人、未成年人、妇女、残疾人和来京务工人员的基本文化权益，与市农委、老龄委、教委、妇联、残联和人力社保局密切沟通，以特殊人群为服务重点，结合行业部门工作重心，利用四级公共文化设施，有针对性地提供文化服务和活动，活跃特殊人群的精神文化生活。

2. **整合首都文化资源，吸收文化志愿者，鼓励社会力量投入公共文化建设，壮大公共文化建设主体。**市文化局制定了《关于加快推动北京市文化志愿服务工作的意见》，组建北京市文化志愿者管理中心和区县分中心，做好对文化志愿者的吸收、培训、管理和使用工作，向社区、农村提供文化志愿服务；制定了《北京市百姓周末大舞台、周末场演出计划、农村文艺演出星火工程公益惠民演出管理办法》，鼓励符合条件的各类文艺表演团体和社会力量参加公益文化惠民演出。通过这些扶持政策，优化首都公共文化的发展环境，吸引社会力量向群众提供公共文化活动和服务，促进公共文化发展结构性调整。

（张悦）

【借力科技，助推文化，首都公共文化信息化水平明显提高】市文化局将现代科技发展成果引入公共文化建设领域，使科技与文化有机融合，提升公共文化服务的信息化和数字化水平，为群众享受公共文化服务提供更为便捷的条件。首都图书馆对图书资源进行整理、分类和补充，通过电视提供40万册数字图书、160余种期刊，更新共享工程网站资源380部，北京市文化信息共享工程网站点击率超过1 500万次；馆属政府信息查阅中心接收各类文件500种995份，其中市政府所属各委办局327种649份，18家区县政府173种346份，市民可以查阅政府公开的相关信息。在朝阳、东城、西城、海淀、大兴区实施200个数字文化社区建设，把300万册电子书、万种期刊、万集讲座通过电视数据网络输入到社区文化室，极大地扩充了社区文化室的服务内容和资源。在大型社区、上班族聚集区、大型商场超市和主要街道等公共场所设置146台24小时街区自助借书机，推动形成全市性、全天候、免费开放的新型图书馆服务体系，使上班族在路途中就能借还图书和期刊。借助互联网，全市140家图书馆实现联网合格，有56家成员馆开通了通还服务，“一卡通”服务覆盖全市街道图书馆。在农村文化室实施“四网合一”工程，将有线电视、数字电影、全国文化信息资源共享和远程教育进行融合，实现多元共享，丰富服务内容，借助科技的翅膀，公共文化的服务半径得到充分延展，服务内容更为丰富，服务水平明显提升，群众满意度得到大幅提高。

（张悦）

【万场演出下基层】市文化局继续开展面向全市的“万场演出下基层”活动。包括中央院团、市属及改制院团、民营院团在内的116家专业文艺表演团体参与，完成演出11 000余场。

（张悦）

农村基础教育工作

【召开村办幼儿园建设工作推进会】2013年3月13日，市教委召开北京村办幼儿园建设工作推进会。会议介绍全市村办幼儿园建设情况，部署本年建设工作。6月1日前有11个区105所村办幼儿园建成，新增学位4 000个；至年底，全市还将投入2亿元建设142所村办幼儿园，项目已经列为市政府实事项目，市政府及相关部门根据实际加大投入，支持村办幼儿园的师资配备和教育管理。会议听取顺义区、通州区、密云县、房山区经验汇报。各区县教委主管学前教育工作的副主任、主管基建工作的副主任及学前教育科科长参加会议。年内，北京将村办幼儿园建设纳入学前教育三年行动计划，制定《关于加强北京市学前教育三年行动计划中村办园建设工程项目的管理指导意见》，建立和完善推动县、乡、村三级学前教育服务网络，加快村办园的建设步伐。

（彭兴蕊）

【召开北京市农村成人教育教学工作培训会】2013年3月13—14日，北京教育科学研究院召开北京市农村成人教育教学工作培训会。会议听取北京教科院、房山区教委、北京市农广校、延庆县职教中心领导分别介绍农村职业教育工作情况以及工作思路。教育部、市教委、各区县教委、社区教育中心、职成科、职业学校、农广校、市级示范乡镇成人学校的领导及教师等200人参加会议。

（禹治斌）

【制定招聘农村中小学音、体、美学科教师三年行动计划】2013年4月3日，市教委、市人力社保局联合发布《公开招聘农村中小学音、体、美等学科教师三年行动计划（2013—2015年）》。该计划目的是为解决北京市农村中小学音、体、美等学科教师紧缺的问题。计划实施范围包括门头沟、房山（含燕山）、通州、顺义、昌平、大兴、平谷、怀柔、密云、延庆10个远郊区县（含城镇中小学）以及朝阳区、海淀区、丰台区的农村地区中小学，预计2013—2015年，累计招聘中小学音乐、体育、美术、历史、地理等学科教师1 000人，重点招聘小学相关学科教师。招聘面向北京地区全日制普通高等学校应届本科及以上学历毕业生，其中，非北京生源毕业生引进工作列入专项计划，按照现行引进渠道办理。要求受聘的毕业生在本学校本岗位服务期不少于5年，具体服务期限由各区县教委根据实际情况确定。

（张晓兰）

【发布城乡新区一体化学校经费使用细则】2013年6月6日，市教委、市财政局联合印发《北京市城乡新区一体化学校经费使用细则（试行）》。细则适用于《北京市中小学建设三年行动计划》实施中推进城乡新区一体化学校建设工程里按照“一个法人、一体化管理”运行的学校，对建设内容和资金分配原则、职责分工、经费管理、监督检查做出相关规定。其中，对优质资源输出学校每校每年市财政给予200万元经费支持，对输出学校派出教师给予交通补贴和通讯补贴。其中，对区县内或城六区之间输出学校派出教师交通补助每人每月不超过600元、通讯补助每人每月200元；对城六区向远郊区县输出校外派教师交通补助每人每月不超过1 000元、通讯补助每人每月200元。细则6月10日起施行。

（张晓兰）

【建设30所城乡一体化学校】至2013年年底，市教委完成30所城乡一体化学校建设。该项工程重点选择在学位紧张、优质资源紧缺的城乡结合部、中心城市人口疏解区及城市功能拓展区建设。市财政总投入6.18亿元，新建学校覆盖东城、朝阳、丰台等13个区县，总学位数41 610个，包括新增学位数24 881个。

根据规定，资源输出学校原校区和新校区实行“一个法人、一体化管理”模式，两个校区的办学经费、教师编制通融共享。校长在两个校区拥有同等的人事、财务、教育教学安排、校园文化建设等各项权力。

（周晓宇　张晓兰）

【加强新型农民培养】 至2013年年底，市教委加强社会主义新型农民培养。市教委大力开展农民学历教育，深入开展“技能+基础”农民成人中等职业教育实验，积极开展农村实用生产技术培训，全年共开展各类培训115万人次，提高农民综合素质，努力培养一大批懂生产、会经营、善管理的新型农民。

（张晓兰）

【加强农村教师队伍建设】 至2013年年底，市教委加强农村教师队伍建设。通过建设农村中小学教师研修工作站、京郊教师“绿色耕耘”培训等项目，培训农村教师6 000人次。中小学、幼儿园市级学科带头人和骨干教师评选工作向农村教师倾斜，设立200个农村骨干教师专项指标。

（周晓宇）

农村卫生、新型农村合作医疗

【提高新农合筹资标准及补偿水平】 2013年，全市新农合统一人均筹资标准为年人均680元，较上年提高40元。其中，个人缴费不低于100元，政府年补助不低于580元。全市参合254.36万人，参合率98.03%。全年总筹资22.7亿元，总支出22.8亿元，补偿人次562.9万人次，住院实际补偿比50.86%，门诊实际补偿比36.83%，15类大病实际补偿比达60%。

（朱文伟）

【商业保险参与新农合经办】 采取“共保联办”的方式，共同开展新农合经办管理工作。“共保”即政府将当年新农合基金筹集额的50%作为保费向保险公司为全体参合人员进行投保，双方各自按照50%的保障责任为参合农民进行补偿，补偿资金按原运行方式执行，不增加参合农民补偿环节负担；“联办”即保险公司派出专业管理人员与政府新农合管理部门联合办公，优势互补，共同管理经办新农合各项工作。2013年，增加密云县、门头沟区进行“共保联办”签约。

（朱文伟）

【试点综合支付方式改革】 为进一步提高新农合基金使用效益，控制医药费用不合理上涨，逐步引导居民到基层首诊，促进基层医务人员由“管疾病”向“管健康”意识的转变，结合县级公立医院改革试点工作，市卫生局印发了《北京市卫生局关于北京市区县新型农村合作医疗综合支付方式改革试点工作的指导意见》，并选择平谷区为此次改革的试点区。改革主要内容包括结合家庭医生式服务以及对现有绩效工资的调整，在社区卫生服务机构开展按人头付费；对短期危急重症住院，采用按疾病分组（DRGs）付费方式；对长期住院患者，采用按床日付费。2013年年初，试点工作全面启动。

（朱文伟）

【推进乡村医生开展签约服务】 为促进乡村医生转变服务模式，推动家庭医生式服务在农村地区深入开展，北京市积极推进乡村医生开展签约服务，印发了《关于推进乡村医生参与开展签约服务工作的指导意见》（京卫基层字〔2013〕19），在自愿的基础上，乡村医生既可与辖区村民单独签约，也可纳入社区卫生服务团队开展签约服务，并按照全市及本区县开展家庭医生式服务的总体要求和服务标准，为签约村民提供规范的健康管理服务。

（李志敬）

【开展乡村医生后备人才需求调研】 针对部分郊区县反映的乡村医生年龄老化、后继乏人的问题，市卫生局基层处与相关处室加强合作，本着自愿、定向、实用、留住的原则，委托首都医科大学开展乡村医生后备人才需求调研，为下一步与市教委争取政策开展乡村医生后备人才培养奠定基础。

（李志敬）

【培养农村卫生人才】 根据乡村医生岗位职责，不断完善教学组织管理网络，组织进行现状与培训需求调研，制订培训计划和培训大纲，加强师资队伍建设和培训督导工作。2012 年，共在全市 13 个有乡村医生的区县（东城区、西城区、石景山区没有乡医）建立了 175 个岗位培训教学点，培训并建立师资队伍 310 人，对在村卫生室执业的乡村医生免费培训不少于两次，累计培训时间不低于两周，共培训乡村医生 4 922 名（其中具有乡村医生执业证书并在村卫生室执业的人员 4 745 名，具有助理和执业医师证书并在村卫生室执业的人员 280 名），占培训管理系统内注册总人数 5 025 人的 98%，基本做到了应培尽培。培训了四大慢性病（高血压、糖尿病、冠心病、脑血管疾病）的防治、常见病症的诊断思路与处理、儿科常见病的诊治、应时传染病的防治及乡村医生医疗差错的防范；技能培训内容包括：体格检查（心肺听诊）、中医适宜技术治疗常见病和急诊急救等适宜技术。

（叶纯）

【面向远郊区县定向培养医学专业学生】2012 年，北京市卫生局采取定向招生、定向培养、定向就业的方式，依托首都医科大学为北京市房山、平谷、密云等 7 个远郊区县培养卫生人才。2012 年，全市共招收各类定向生 310 人，其中，三年制临床医学专业（山区、半山区定向班）85 人，五年制临床医学专业（远郊定向）70 人，三年制临床医学专业（远郊定向）126 人，三年制医学影像技术专业（远郊定向）29 人。2012 年，全市共有 218 名定向生顺利结业，其中，三年制临床医学专业（山区、半山区定向班）100 人，五年制临床医学专业（远郊定向）60 人，高职定向生 58 人。

（叶纯）

【培养区县级医院学科骨干】为加强对区域医疗中心人才培养的扶持，组织安排区（县）级医院学科骨干到三级医院进行“一对一”的导师制培养，针对某一项专业技能进行系统、规范的培训，提高其临床技能水平和科研能力。2012 年，共完成 128 名区县学科骨干培训任务，有 131 名学科骨干开始接受培训。

（叶纯）

【助理全科医师规范化培训】为加强以全科医生为重点的基层卫生人才队伍建设，北京市于 2013 年 1 月在通州、大兴、房山、平谷、怀柔、密云、延庆 7 个区县启动助理全科医师规范化培训试点工作。7 个区县已在或将在基层社区卫生服务机构（包括乡镇卫生院）从事社区卫生服务工作的 2012 年临床医学专业专科应届毕业生均需到经认定的培训基地参加为期两年的全日制脱产培训，已从事社区卫生服务工作的往届临床医学专科毕业生，可根据用人单位需要酌情选送。同时，将临床医学（专升本）成人学历教育与助理全科医师规范化培训并轨进行，培养学制为 2.5 年，采取“3＋X”的招生考试政策，单独划线录取。2012 年，有 122 名新毕业分配到基层社区的医学专业大专毕业生也开始进行为期两年的临床技能规范化培训。

助理全科医师规范化培训是提高全科医生技能水平的重要举措，将会为不断缩小城乡人才差距、进一步健全和巩固基层卫生服务网络、为构建“小病在社区、大病不出区县”医疗卫生体系的新格局、推进城乡一体化协调发展的进程提供重要的医学人才支撑。

（叶纯）

农村人口和计划生育工作

【积极推进首都人口综合管理和创建幸福家庭工作】深化“特大城市人口规模调控”课题成果，将“人口规模调控”指标正式纳入市政府考核区县政府的绩效指标体系。结合首都发展特征，对《北京市区县人口和计划生育工作考核评估方案》进行调整完善并发布执行。积极推进实有人口管理体系建设。以 2013“信息化推进年”为契机，建立完善全市人口综合信息平台，在部门整合、服务大众、服务决策上起到重要作用。创新服务管理，积极推动流动人口有序融入。出台《关于进一步加流动人口计划生育服务管理工作的意见》。积极推进流动人口计划生育公共服务均等化试点工作，探索为流动人口提供公共服务的有效途径和方式。将流动人口免费技术服务率、全员流动人口个案信息准确率等指标纳入北京市区县人口和计划生育工作考核评估指标。继续完善“北京市12345非紧急救助服务中心市人口计生委分中心”，建立16个区县分中心。加大对计划生育特殊困难群体的帮扶力度。完成了2013年奖励扶助、特别扶助工作，各项扶助金于7月底前注入个人账户。继续开展针对失独家庭的“暖心计划”，投入保险费2 449万元，为8 781名失独家庭成员提供保障。继续开展农村长效节育户籍已婚育龄群众免费健康体检项目，全年体检15万人。加强药具发放宣传力度，努力实现药具发放社区全覆盖，为基层配置网络版自助发放机600台，使全市自助发放机达到1 200台，计生免费药具固定发放点增至22 205个。大力推进创建幸福家庭工作。2013年，有1.2万人次婴幼儿和3 800个家庭参与“宝贝计划”并从中受益。青春健康基地不断扩大，在怀柔等区相继建立了市级青春健康示范基地共计30余家，累计接待人数百余万人次。

（赵艳侠）

【人口和计划生育形势分析】一是常住人口总量持续增长，增速增幅趋于下降。2013年，全市常住人口达到2 114.8万人，比上年末增长了45.5万人，增长2.2%，增速比上年下降0.3个百分点。其中。常住外来人口802.7万人。从近年人口增长趋势看，2001—2010年北京人口总体保持较大幅度、加速增长态势，2010—2012年北京人口增幅和增速均呈明显下降态势，但是由于人口基数较大，年均人口增长幅度仍然较大。二是常住外来人口增速呈现出下降态势。从北京市常住外来人口变化趋势来看，“十一五”期间，外来人口增长步入一个较快的时期，特别是2010年较2009年增长了将近200万人。但“十二五”以来，北京市外来人口虽然继续保持增长态势，但增速有所下降。三是人口分布向发展新区集聚的趋势进一步增强。近年来，从各功能区人口比重变化总体趋势看，拓展区的人口比重稳定在49%左右，一直居四功能区首位；核心区和涵养区的人口比重趋于缓慢减少；值得注意的是发展新区的人口比重明显上升，从2000年的1/4左右上升到2012年的近1/3。从四个功能区人口增速看，发展新区人口增长最快。四是人口出生继续处于高位，低生育水平保持稳定。2013年，北京市常住人口出生19.1万人，与去年持平，继续保持2000年以来的“新高”，其中户籍13万人，来京流动人口6.1万人。综合考虑近年来全市育龄妇女年龄结构、婚姻登记及实际出生等情况，2014年全市常住人口出生在20万人左右，其中户籍人口出生为13万人左右，在京流动人口出生在7万人左右。五是人口和计划生育惠民服务力度逐年增大。近年来，北京市政府投入人口和计划生育的惠民服务主要包括农村部分计划生育家庭奖励扶助制度、计划生育家庭特别扶助制度。政府财政出资为全市育龄群众提供公共服务主要包括“北京市健康生育计划”，对农村长效节育户籍已婚育龄群众免费健康体检（市政府为市民办实事项目）等。项目自实施以来，力度逐年增大，取得了很好的社会效益和经济效益。农村部分计划生育家庭奖励扶助制度自2005年1月1日实施以来，惠民力度不断加大，全市13个涉农区县的扶助对象全部获利。全市发放奖励扶助金额从2005年的432.8万元，增长到2013年的4 136万元，累计发放近1.6亿元，受益人群达34 464人。计划生育家庭特别扶助制度自2008年9月实施以来，至2013年，全市16个区县共发放死亡、伤残扶助金已达2亿元，共有22 042人受益。

（赵艳侠）

【2013年北京市人口计生工作会议召开】会议于1月17日召开，市人口计生委党组书记、主任刘志作了《深化人口战略研究 着力服务保障民生　促进首都人口长期均衡发展》工作报告。刘志指出，2013年，全市人口计生系统要继续按照“打基础、转职能、抓宏观、重实效”工作要求，坚持以“幸福家庭、和谐人口”为主线的“836”工作思路，强化首善意识、大局意识、创新意识、团队意识，加强学习、加强体制机制建设，加强协调沟通，稳中求进，开拓创新，突破难点，务求实效，进一步提升工作水平，促进首都人口长期均衡发展。

（赵艳侠）

【举办“生殖健康伴你行”走进密云县活动】2013年1月22日，市人口计生委开展“生殖健康伴你行”走进密云县活动。活动以“健康人口，幸福家庭—生殖健康伴你行”为主题，由市人口计生委耿玉田副主任率队，来自北京协和医院等 4 名专家作生殖健康知识讲座并为育龄群众进行专项体检。

（赵艳侠）

【市人口计生委出台《关于进一步加强流动人口计划生育服务管理工作的意见》】 2013 年 9 月，出台《关于进一步加强流动人口计划生育服务管理工作的意见》，将流动人口免费技术服务率、全员流动人口个案信息准确率等指标纳入北京市区县人口和计划生育工作考核评估指标。在 8 个户籍人口、流动人口倒挂村开展体检、咨询、药具发放等宣传服务活动，不断提高流动人口计划生育基本公共服务政策的知晓率和参与计生服务管理的积极性和主动性。

（赵艳侠）

【《关于进一步加强和统筹全市人口信息化工作的意见》印发全市】 2013 年 10 月，市政府办公厅正式印发了市人口计生委牵头制定的《关于进一步加强和统筹全市人口信息化工作的意见》（京政办函〔2013〕83 号）。以“信息化推进年”为契机，建立完善全市人口综合信息平台，在部门整合、服务大众、服务决策上起到重要作用。

（赵艳侠）

【启动“人口评估”试点工作】 为贯彻落实“建立重大规划、重大政策、重大项目的人口评估机制”的全市重点改革任务，经市政府批准，按照试点先行的思路，从首都功能核心区、城市功能拓展区、城市发展新区分别选取首都核心演艺区（天桥演艺区）项目、海淀北部研发服务和高新技术产业集聚区项目、北京（房山）高端制造业基地项目作为人口评估工作第一批试点，通过事前预警、过程跟踪、后期比对，全过程评估项目可能导致区域人口规模、结构等人口要素方面的变动，以及对经济、社会、资源、环境所带来的相应影响，为科学决策提供参考。10 月 15 日，人口评估试点工作全面启动。

（赵艳侠）

【市人口计生委积极推进实施“婚育健康服务包”发放项目】 在服务包设计过程中，充分考虑到群众的需要，涵盖了从新婚到孕育过程各环节应掌握的科学知识，包括《新婚性健康指南》《孕育健康指南》《完全避孕宝典》等，规范便捷受益群众多。以规范的流程完成婚育健康服务包招标和监督制作、发放等工作，统一配送到 16 个区县，并委托各区县婚登处向新婚夫妇发放。自 2010 年项目开展以来，累计已发放服务包 44.6 万个，投入资金 1 928.5 万元。社会效益好、满意度高。在 2013 年市财政局项目绩效考评中获得优秀，项目服务对象满意度调查结果显示满意度为 100%。

（赵艳侠）

【按照中央要求，依法稳妥启动单独两孩政策】《中共中央关于全面深化改革若干重大问题的决定》提出了“启动实施一方是独生子女的夫妇可生育两个孩子的政策”。按照中共中央、国务院《关于调整完善生育政策的意见》和国家卫生计生委的统一部署要求，北京市坚持稳定有序、城乡统筹、分类指导、协调发展的原则，研究确定以《北京市人口与计划生育条例》修正案形式依法依规启动单独两孩政策，将于近期公布实施。（赵艳侠）

农民体育工作

【积极推进《全民健身条例》的落实】 国务院颁布的《全民健身计划（2011—2015）》是继《全民健身计划纲要》《全民健身条例》之后，又一部由政府制定的全面健身发展的纲领性文件，对引导和推动农村地区全民健身事业的发展，推动农村群众全民健身公共服务体系建设，维护农民群众的体育利益，坚持农村全民健身事业的公益性和基础地位提供了法律保障。提高农民体育工作者和广大农民群众对全民健身的认识，是做好农民体育工作的根本性保障。为此，全市开展了各种形式的宣传学习活动，举办农民体育工作研讨会，乡镇体育骨干培训班，象棋、围棋、秧歌等培训和比赛，宣传讲解《全民健身条例》同时又以《全民健身条例》为指导做好各项农村体育工作。

（许胜卓）

【广泛开展“亿万农民健身活动”】 农民体育工作的对象是农民，重点是乡镇，目的是健身强体、丰富和提高农民的精神生活。基层农民健身活动的广泛开展和全民参与离不开扎实的推动，落实举措。年初，召开了北京市农民体育工作会议，对各区县农民体协干部进行了集中培训，深入研究讨论开展“亿万农民健身活动”的创新做法，组织体协干部认真分析、研究农民体育工作存在的问题及原因，为更好地开展农民体育工作奠定了基础。并与相关部门联合推动农民体育活动，与市体育局共同举办农村社会体育指导员和毽球培训班，充实健身活动的骨干队伍。

（许胜卓）

【重点组织传统体育比赛】 开展丰富多彩的贴近农民群众生活、方便农民群众参与的村镇体育活动和小型比赛，如象棋、围棋、毽球比赛，跳绳健身秧歌赛。同时，推进“一区一品”工作的开展，激发农民群众参加体育活动的积极性，丰富了农民业余生活。

（许胜卓）

少数民族乡村工作

【全市少数民族乡村农民持续增收】 据市经管站统计，2013 年，全市民族乡、民族村农民人均劳动所得均超过 1.7 万元，连续第 5 年数额、增幅高于全市平均水平。达到全市或所在区县平均水平的民族村 96 个，占全市民族村比例的 83.5%；新增 10 个民族村达到所在区县平均水平，达标民族村 87 个，占全市民族村比例的 75.7%，“十二五”规划和全市民族乡村考核指标年度达标任务均超额完成。

（沙海涛）

【市民委、市农委、市财政局共同完成 2012 年度少数民族乡村经济发展专项资金以奖代补考评工作】 2013 年年初，市民委、农委和财政局从重视程度、工作力度和专项资金扶持项目完成情况等方面对 2012 年度有关区县、乡镇促进少数民族乡村经济发展工作情况进行了以奖代补考评。经综合评定，怀柔、密云等 6 个区县获得区县政府主体作用发挥优秀奖，顺义区后沙峪镇回民营村和房山区青龙湖镇大马村等 29 个民族村分获经济发展示范奖和进步奖。2013 年还首次对乡镇促进民族乡村经济发展工作进行了考评，怀柔区长哨营满族乡等 10 个乡镇获得乡镇政府主体作用发挥优秀奖。

（沙海涛）

【市委、市政府连续第五年召开全市少数民族乡村经济工作会议】 2013 年 5 月 14 日，市委、市政府在密云县古北口镇古北口村召开北京市少数民族乡村经济工作会议，组织参观了密云县太师庄和古北口两个民族村的产业发展情况，总结表彰了 2012 年度全市少数民族乡村经济工作发展先进单位，部署了 2013 年的工作。市委、市政府连续五年召开大会专题总结和部署工作，充分体现了对少数民族乡村经济发展工作的关心和重视。会议由副市长程红主持，市委常委、统战部部长牛有成出席会议并作了重要讲话。会上，市民委主任池维生作了全市少数民族乡村经济发展情况工作报告。大会对获得 2012 年度主体作用发挥优秀奖的怀柔、密云等 6 个区县政府和怀柔区长哨营满族乡等 10 个乡镇政府，以及获得 2012 年度经济发展示范奖和进步奖的顺义区后沙峪镇回民营村等 29 个民族村进行了表彰。密云县政府作了典型发言。市委常委牛有成充分肯定了近年来少数民族乡村经济发展所取得的可喜成效。副市长程红就贯彻落实会议精神提出了明确要求。

会议后，市委常委、统战部部长牛有成和副市长程红带领市委统战部、市民委、工商联等相关部门负责人，到怀柔区喇叭沟门满族乡帽山村调研少数民族乡村发展情况。

（沙海涛）

【市民委、市科委携手共促少数民族乡村科技发展】 2013 年 9 月 23 日，为深入贯彻落实党的群众路线教育实践活动，市民委副主任范宝、市科委委员张虹带队组成联合调研组，前往延庆县大庄科乡慈母川满族村，专题调研近年来两委密切协作、共同开展科技帮扶民族村产业发展的情况。调研组实地考察了慈母川村村庄建设、板栗种植及林下经济示范园等发展情况，听取了市农科院农业综合发展研究所有关科技扶持慈母川村产业发展情况的汇报，并与延庆县民委、科委、大庄科乡和慈母川村等有关同志进行了座谈。市科委通过“北京少数民族乡村经济发展科技服务工程”等6个绿色通道课题，共投入1 000万元资金用于提升少数民族乡村科学发展能力，科技引领与支农政策、民族政策密切结合，已成为加快少数民族乡村经济发展的重要推手。

（沙海涛）

【市级相关部门开展对口帮扶少数民族乡村经济发展活动】至“十二五”末，各民主党派北京市委、市工商联和18个市民委委员单位等27个市级相关部门与3个民族乡和29个农民人均劳动所得低于所在区县平均水平的民族村开展结对帮扶活动，其中，市发改委对口帮扶怀柔区喇叭沟门满族乡及乡内2个民族村、市农委对口帮扶怀柔区长哨营满族乡及怀柔区内2个民族村、市财政局对口帮扶通州区于家务回族乡及怀柔区内1个民族村，其他24个市级相关部门则分别对口帮扶1个民族村。根据活动安排，27个市级相关部门将按照“发挥优势、尽力而为、务求实效”的原则，从智力引进、资源推荐、市场对接、群众路线实践教育活动联系点等方面，采取多种形式对民族乡村经济发展进行帮扶，为民族村办实事、解决困难、促进发展，真正帮出实效。

（沙海涛）

【少数民族村特色发展取得新成效】北京市在少数民族乡村积极推进“三特一创”（即民族特色产业培育、民族特色民居保护、民族特色文化发展和民族团结进步创建）工作取得新成效。顺义区后沙峪镇回民营村、怀柔区长哨营满族乡西沟村和二道河村、密云县古北口镇古北口村、延庆县大庄科乡慈母川村等5个民族村已通过审核列入国家民委“十二五”时期全国少数民族特色村寨保护与发展名录，其中3个民族村已被推荐参加首批中国少数民族特色村寨命名挂牌评选工作。

（沙海涛）

农村社会管理

综　述

2013年，按照市委、市政府及“两委”的工作部署和要求，认真学习践行党的群众路线，始终坚持以维护农民利益、化解矛盾问题、保证安全稳定为出发点和落脚点，深入开展信访维稳专题调研活动，科学推进农村社会服务管理、社会稳定风险评估、涉农矛盾纠纷应对调处工作创新，为进一步推动社会管理事业发展指明前进方向；有效畅通群众诉求渠道，健全完善领导包案、基层信访干部队伍建设、网络办信工作机制，为进一步排查化解涉农矛盾纠纷、保障农民群众切身利益奠定坚实基础；全面落实安保维稳责任，紧紧围绕农村地区消防安全宣传教育、农委系统安全生产大检查、农机安全监管服务工作重点，为进一步维护市农村地区和农委系统持续安全稳定提供有力保障。

维护稳定

【积极维护全国“两会”期间安全稳定】召开了系统安全维稳工作专题会议，印发了《关于做好春节、“两会”期间安全稳定工作的通知》和《关于启动全国“两会”维稳情报信息战时会商机制的通知》，及时启动了市农委系统“两会”维稳情报信息战时会商机制，进一步明确了工作任务、细化了工作方案、落实了工作措施。各单位及时提高安全防控等级，增强应急保障能力，全力加强对特殊人群、“新疆班”学员、“法轮功”等邪教组织人员、人影炮点、科研站所、试验基地、学生宿舍、批发市场、演播大厅、出租房屋等重点人员、重点场所的监管力度，实现了全国“两会”期间大事、小事都不出。

（陈志国　李旭辉）

【努力做好重点时期安保维稳工作】按照市委、市政府关于做好元旦、春节、国庆、十八届三中全会等重点时期安全稳定工作的统一部署，多次组织召开系统安全稳定工作会议，会商研究各单位在综治、维稳、公共安全方面的突出问题和隐患，全面部署重点人员管控、安全生产、消防安全等重点工作。各单位积极从安全稳定工作制度上查漏补缺，进一步加强对各类安全隐患和薄弱环节的排查整治力度，实行一事一招、一人一策的重点时期维稳举措，杜绝了安全事故和涉稳突出情况发生。

（陈志国　李旭辉）

【扎实开展涉农重大决策社会稳定风险评估工作】 为认真贯彻落实重大决策社会稳定风险评估机制，会同北京农学院就风险评估对象、程序、方法和指标体系等内容进行了课题研究，不断推进风险评估工作科学化、专业化、规范化。委托第三方通过分析文献、收集数据、走访调研农业企业、村委会及村民等多种方式，组织开展了《关于支持农业产业化龙头企业发展推进农业产业化经营的实施意见》和《关于加快城乡发展一体化进程，推进土地流转起来、资产经营起来、农民组织起来的意见》及其配套的《关于开展农村土地承包经营权登记试点工作的意见》《关于做好本市农村集体经济组织投资兴办企业有关工作的通知》等政策的社会稳定风险评估，为促进涉农重大决策更加科学、合理，预防和减少矛盾纠纷提供了有力保障。

（陈志国　李旭辉）

信访工作

【涉农信访整体情况】

1. **到市上访情况**。2013 年 1—12 月，郊区县到市以上部门集体访共 477 批 6 921 人次，与去年同期 508 批 7 121 人次相比，批次和人次分别下降了 6.1%和 2.8%。反映的主要问题有：①占地拆迁安置及补偿分配问题 152 批 2 366 人次，占 31.9%；②劳资纠纷（劳动社保）问题 57 批 764 人次，占 11.9%；③住房（回迁房、违法建设）等问题 36 批 384 人次，占 7.5%；④土地征占引发的问题 34 批 453 人次，占 7.1%；⑤违法违纪（基层换届选举）问题 34 批 420 人次，占 7.1%；⑥反映农村基层干部管理问题 32 批 258 人次，占 6.7%；⑦转非转工安置 26 批 548 人次，占 5.5%；⑧反映农村管理（产业调整）问题 22 批 268 人次，占 4.6%；⑨反映土地承包及流转纠纷 15 批 209 人次，占 3.1%；⑩农村集体资产分配问题 14 批 412 人次，占 2.9%；⑪山区搬迁问题 8 批 93 人次，占 1.7%；⑫平原造林补贴不到位问题 4 批 20 人次，占 0.8%；⑬产权制度改革 3 批 50 人次，占 0.6%；⑭社员身份界定问题 2 批 15 人次，占 0.4%；⑮其他（纠纷）等社会管理问题 38 批 661 人次，占 8.0%。

从 1—12 月到市的集体访来看，反映占地拆迁安置补偿、回迁房安置违法建设、违法违纪、农村基层干部、转非转工问题突出，与当前全市深入推进城乡结合部地区拆迁腾退形势和农村换届年的特点相一致。

2. **到市农委上访情况**。2013 年 1—12 月直接到市农委上访共计 72 批 239 人次与上年同期 103 批 408 人次相比，批次和人次分别下降 30.1%和 41.4%。反映的主要问题有：①社员身份待遇问题 10 批 30 人次，占 13.9%；②农业保险咨询类问题 7 批 60 人次，占 9.7%；③土地承包矛盾和纠纷问题 13 批 47 人次，占 18.1%；④山区搬迁问题 4 批 6 人次，占 5.6%；⑤农村基层干部问题 6 批 9 人次，占 8.3%；⑥设施农业问题 7 批 53 人次，占 9.7%；⑦土地征占补偿问题 5 批 5 人次，占 6.9%；⑧资产处置问题 2 批 10 人次，占 2.8%；⑨其他各类纠纷问题 17 批 18 人次，占 23.6%。

从 1—12 月到市农委直接来访的情况看，社员身份待遇、农业保险、土地承包纠纷问题较为突出，这与全市深入推进全权制度改革大背景、全市灾后生产恢复以及深入推进土地流转的大方向密切相关。

3. **网络信箱来信情况**。2013 年，市农委网络信箱共接收群众来信 201 封，同比减少 120 封、下降 37.4%；其中，领导信箱共接收群众来信 45 封，同比下降 51.6%；咨询信箱共接收群众来信 93 封，同比下降 30.1%；投诉信箱共接收群众来信 41 封，同比下降 16.3%；农村法律咨询信箱共接收来信 22 封，同比下降 52.2%；咨询信箱、领导信箱接收群众来信数量约占全部群众来信数量的 68.7%，是群众来信的主要渠道。网络信箱反映的主要问题有：农村土地征占类来信 45 封，占来信总量的 22.4%；农村民生类来信 22 封，占来信总量的 11.0%；农村民主管理类来信

18封，占来信总量的9.0%；农村基础设施建设类来信18封，占来信总量的9.0%；农村土地承包类来信10封，占来信总量的5.0%；农村产业发展类来信4封，占来信总量的2.0%；农村经济管理类来信16封，占来信总量的8.0%；涉农行政审批类来信2封，占来信总量的1.0%；其他各类咨询来信66封，占来信总量的33.0%。

从全年网络信箱来信可以看出，其他类涉农各类咨询、农村土地征占、农村民生、农村基础设施建设、农村民主管理、农村经济管理来信居多，约占来信总数的92%。随着农村基层民主建设的稳步推进和农民参与民主决策意识的提高，农民对事关切身利益的问题开始愈发关注，反映农村土地征占、事关农民直接利益的民生类、民主管理、基础设施建设等问题较为集中。如农村改造整治、违法占地、宅基地、农村土地征用的问题虽不属于农委的职责范围，而在区县政府或土地部门的职责范围，但也需要给予关注并通过有关渠道继续向相关部门和领导反映；反映土地承包、集体资产处置、村民待遇方面的问题，有的还呈现明显上升趋势。此外，随着城乡统筹的快速推进，各项强农惠农等民生政策的落地，广大农民对涉及切身利益的政策关注度高，咨询各类支农政策、旧村改造、环境整治、节能改造的来信数量也呈明显上升趋势。

4. 政风行风热线办理情况。按照市纠风办和政风行风热线信件办理有关要求，结合两委下半年开展的党的群众路线教育实践活动，工作中注重从细节入手，从办好每一件信件做起。会同监察处对市纠风办交办信件进行认真办理。全年共办理政风行风热线交办件（人民来信）共11封，同比2012年4封上升175%。从来信内容看，涉及政策咨询9封，业务建议1封，投诉举报1封。在信件办理过程中，严格信件从签收、办理到回复每一个程序，特别是政风行风热线信件签收（两天内必须签收）和回复时限（一般咨询信件7天）的工作要求，做到每天上班、下班前必须查看是否有未处理的信件，对已签收的信件，切实加强信件的跟踪督办，全年办理信件没有出现答复时间超时的情况，同时对涉及群众利益的热点难点问题，会同业务处室反复沟通研商办理信件的答复意见，确保信件办理质量，有效维护了群众利益和社会关切。

5. 土地承包经营纠纷调解仲裁工作情况。从全市情况看，农村各级土地承包经营纠纷调解仲裁委员会积极开展调解仲裁工作，妥善化解土地承包经营纠纷，为稳定农村土地承包关系，促进农村经济发展和社会和谐稳定发挥了重要作用。2013年，共发生农村土地承包经营纠纷888件，其中，土地流转纠纷354件，占39.9%。已调处解决864件，调处成功率为97.3%。其中，乡镇调解491件，区县调解333件，仲裁委员会调处40件。从仲裁纠纷的类别看，因订立、履行、变更、解除和终止农村土地承包合同发生的纠纷17件，因农村土地承包经营权转包、出租、互换、转让、入股等流转发生的纠纷10件，因确认农村土地承包经营权发生的纠纷10件，因侵害农村土地承包经营权发生的纠纷5件。从仲裁案件的解决情况看，仲裁裁决13件，占仲裁调处总件数的32.5%。

从群众来信、来访涉及的主要问题来看：占地拆迁安置补偿及分配、农村土地征占、回迁房建设（违法建设）、社员身份待遇、农村基础设施建设类来访来信数量居多，特别是在产权制度改革过程中因户籍变化导致集体经济组织成员身份认定问题，以及集体资产收益分配量化等问题突出。

（陈志国　李旭辉）

【认真落实领导干部接待群众来访制度】坚持把信访和维稳作为和系统各单位签订的维稳责任书的一项重要内容，强化对化解矛盾纠纷工作的督导检查。工作中坚决贯彻落实《关于领导干部定期接待群众来访的意见》《中央联席会议关于深入推进领导干部接待群众来访的意见》。坚决按照全市开展领导干部接访的要求和部署，继续完善落实好领导接待群众来访工作，结合市委农工委、市农委自身工作特点，变群众上访为主动下访，并将下访贯穿于基层调研的全过程。2013年，市农委结合年度工作推进计划，共开展领导下访8次，有力推动了事要解决的工作力度，促进了郊区农村和谐稳定。全面排查的基础上，特别是对直接涉农的矛盾和问题积极会同有关部门从源头研究化解矛盾的治本之策。市委农工委书记、市农委主任王孝东先后5次召开办公会定期研究矛盾纠纷化解和维稳等工作。

（陈志国　李旭辉）

【积极推动矛盾纠纷排查化解工作】按照全市联席会议的统一部署和要求，在定期排查和专项排查的基础上，结合自身工作特点，在系统内部认真开展矛盾纠纷排查化解等工作。工作中，更加注重借鉴奥运会和国庆60周年矛盾纠纷排查化解的成功经验和做法，将矛盾纠纷排查化解工作经常化、动态化。注重从建立工作台账，实施动态跟踪管理、定期通报、销账报备等制度入手，从体制机制上将矛盾纠纷纳入经常性工作，始终做到底数清、情况明。为涉农决策出台更加科学，更加贴近实际，最大限度地减少因决策失误和不当引发的矛盾和问题，为构建和谐奠定坚实基础。

（陈志国　李旭辉）

【认真做好两委网络信箱群众来信办理工作】充分发挥网络办信工作的基础性作用，全面落实《北京市信访办关于进一步加强人民来信办理工作的意见》，大力发展网上信访，推进网上受理、办理、答复、反馈，提升受理群众诉求信息化水平和办理效率。两委机关尊重民意，善于“把群众来信当家书，把群众反映的问题当家事，把群众工作当家业”的工作要求，把群众呼声作为落实各项工作的直接动力。2013年以来，将网络信箱人民来信办理结合办公自动化OA推广应用为切入点，进一步提高了网络信箱的办理效率，答复过程还注重和网民的互动，得到了网民一致好评。

（陈志国　李旭辉）

【加强信访工作业务培训】按照国务院和北京市新时期加强信访工作的意见和信访干部队伍建设意见的要求，为了进一步夯实信访维稳的工作基础，为进一步提升郊区农村基层信访干部涉农信访维稳工作水平，有效应对化解各类涉农突出问题和矛盾纠纷，切实保证“两会”及敏感期间郊区农村和谐稳定，市委农工委12月4—6日举办全市农村信访维稳培训班。来自区县农委、经管站和部分乡镇负责信访维稳工作的领导干部和具体工作人员参加培训。会上围绕当前京郊地区涉农主要矛盾问题，从农业系统上访状况、特点、处理方法和原则以及做好新形势下群众工作和信访工作的思考请有关领导和专家进行现场授课，并现场交流在化解矛盾中的经验和体会，通过学习提高基层单位负责涉农信访维稳干部的知识水平和工作技能，进一步提高农村基层干部化解矛盾纠纷的能力，取得了良好的培训效果。

（陈志国　李旭辉）

【深入推进涉及群众利益的重大决策进行信访维稳风险评估制度】按照市委农工委、市农委《关于对涉及群众利益重大决策进行信访风险评估的意见》和市委农工委、市农委关于印发《贯彻落实北京市重大决策社会稳定风险评估机制实施办法》的通知对需要进行风险评估的决策事项及评估要求、程序和步骤作出了明确规定。对涉及群众权益的重大决策广泛听取群众意见，特别是注意倾听农民群众对新农村建设的意见和建议。为涉农决策出台更加科学，更加贴近实际，更好地反映民意提供了制度保证。对各项涉农重大决策，特别是对新农村建设各类政策出台前，充分发挥群众参与的工作机制，进一步突出农民的主体地位，最大限度地减少因决策失误和不当引发的矛盾和问题，为构建和谐社会奠定坚实基础。2013年，选取了北京市《新菜地开发建设基金征收管理办法社会稳定风险评估报告》，还对《关于支持农业产业化龙头企业发展，推进农业产业化经营的实施意见》进行了社会稳定风险评估。通过对涉农政策项目的风险评估，使政策项目出台前更加符合实际情况，做到源头预防在先，从源头上减少矛盾和不稳定问题的发生。

（陈志国　李旭辉）

【加强涉农信访工作调研】按照市联席会议的有关要求，区县农委和有关部门开展了三项涉农信访工作专题调研，汇总分析了当前涉农突出矛盾和倾向性问题，研究提出应对措施和对策建议。一是针对当前农村地区存在的土地纠纷、集体资产分配、干群关系、产权制度改革等突出问题，开展了“关于做好新时期涉农信访工作的几点思考”专题调研，围绕转变思想观念、转变农村管理体制、转变涉农信访工作作风和转变涉农信访部门职能等四方面内容，提出做好新时期涉农信访工作的意见建议。二是针对当前农村土地流转的客观环境和矛盾冲突，开展了“北京市农村土地流转中的潜在矛盾与社会管理应对研究”专题调研，提出规范偏远山区农村土地流转合同、建立农村土地流转收益的持续增长机制、加强无地农民和“转非”农民群体的配套政策保障等有效应对措施。三是认真开展了涉农矛盾纠纷多元调解工作调研。会同体改处、法制处、两委政务公开办公室、经管站深入开展调查研究，对农村土地纠纷、集体资产分配、干群关系、产权制度改革等突出问题及形成原因进行分析，初步形成了涉农矛盾多元调解组织、队伍、经费保障机制建设的意见建议。

（陈志国 李旭辉）

综合治理

【农村社会服务管理工作调研实现新突破】 按照市委关于推进深化平安北京建设工作的具体要求，会同清华大学社会学系在以往推进村庄社区化服务管理工作的基础上，继续探索研究适应不同农村形态的社会管理综合治理模式，全面推动农村地区管理与服务水平双提升。从5月开始，会同高校师生先后深入农业村（房山区琉璃河镇南洛村、二街村）、工业村（密云县十里堡镇十里堡村、程家庄村）和山区村（延庆县刘斌堡乡周四沟村）进行走访调研，分别采取与镇、村领导干部座谈，进村入户访谈，发放调查问卷等形式，详细了解了当地自然环境、经济发展、人口状况、社会关系和治理结构、历史传统与文化特色等重要情况信息，分析探讨了当地社会管理及社会建设面临的产业发展、土地流转、设施建设、公共安全、干群关系、就业保障、养老服务、村民教育、宗教群体、流动人口等问题和挑战，并就如何进一步提升农村社会服务管理水平进行了深度交流。

（陈志国 李旭辉）

【综治基层基础工作水平进一步提高】 一是精心组织开展科技创安工作，有重点、分层次地推进农委系统安全技术防范体系建设，不断增强治安防范整体能力；认真部署开展了技防系统建设应用大普查，摸清了系统各单位现有技防系统底数，数据翔实，准确无误。二是认真谋划部署涉农矛盾纠纷多元调解工作调研，深入调查研究农村地区土地纠纷、集体资产分配、干群关系、产权制度改革等突出问题及形成原因，初步形成了调处化解涉农矛盾纠纷和加强涉农矛盾多元调解组织、队伍、经费保障机制建设的意见建议。三是深入部署开展房屋违法出租问题治理工作，要求系统各单位全面摸排出租房屋、流动人口底数，建立出租房屋安全隐患台账，并逐一落实整改责任单位和责任人，及时消除安全隐患。

（陈志国 李旭辉）

安全生产

【农村消防宣传工作稳步推进】 按照市政府办公厅《关于印发消防工作考核实施办法和考核责任分工的通知》要求，会同市公安局、市农业局制定了《关于加强农村地区消防安全宣传教育的实施意见》，并于2013年11月7日在昌平区联合举办了以“增强农民群众消防安全整体素质，维护农村地区消防安全形势稳定”为主题的农民田间学校消防安全宣传日活动，广泛传播了消防安全知识和防火灭火方法，利用消防体验车现场进行了火灾逃生演练，有效提高了农民群众消防安全意识和自防自救能力，受到社会、媒体、农民群众广泛好评。

（陈志国 李旭辉）

【系统安全保障水平持续提升】 按照市政府、市安委会和市防火委的有关部署，印发了《关于印发〈2013年市农委系统安全生产大检查实施方案〉的通知》和《关于印发〈2013年市农委系统“安全生产月”活动方案〉的通知》，面向系统各单位迅速部署开展了安全生产大检查、消防安全大排查、大整治和安全生产宣传教育等工作，重点加强了对中央农产品批发市场、农职院学生宿舍、家属院、食堂等人员密集场所、郊区县人影炮点、科研站所、试验基地、化学实验室等易燃易爆危险品储存场所和建筑施工工地、出租房屋、彩钢板建筑、影视机房及道具库等其他事故易发场所的安全检查整治力度，集中清除了一批安全隐患，并广泛地宣传普及了安全生产法律、法规及专业知识，在全系统营造出良好的安全氛围。12 月 4 日，市委农工委书记、市农委主任王孝东亲自带队到北京农产品中央批发市场检查消防安全工作，就进一步增强市场管理人员及从业人员安全意识、切实做好市场内各类安全隐患排查整治工作提出具体要求，批发市场已对存在的问题隐患进行了彻底整改。

（陈志国　李旭辉）

【农机安全生产工作成效显著】 为进一步提升农机安全监管服务水平，会同有关部门印发了《关于印发〈2013—2015 年北京市“平安农机”创建活动实施方案〉的函》（京政农函〔2013〕12 号）和《2013 年北京市农机安全生产联合行动实施方案》，深入推进“平安农机”示范单位创建，组织开展农机安全隐患治理、宣传教育、执法检查等联合行动，并积极探索推进村级农机安全员队伍建设，有效确保了全市农机安全生产形势持续稳定。

（陈志国　李旭辉）

农村法制建设

综　述

2013年，农村法制建设有新进展。依法行政工作扎实推进，对涉农行政规范性文件和政府规章进行了认真清理，对报送给市政府审核的涉农重大决策事项进行了合法性审核，努力做到立法准确，无误。开展依法行政专项考评工作。部分涉农文件法规出台。农村法制宣传教育活动进一步展开。市农业局、司法局加强在郊区农村的法制宣传工作力度，评选出各郊区依法行政的好典型。

依法行政工作

【推进依法行政】 根据全市2013年推进依法行政工作要点的精神要求，制定了《市农委2013年推进依法行政工作要点》，明确了全面推进依法行政工作的指导思想、基本原则和基本要求。市农委主任任组长、主管法制工作的领导任副组长，各处室处长为成员的依法行政领导小组作为推进依法行政工作的领导机构。领导小组定期召开会议，研究和部署推进依法行政工作的具体任务和措施，加强对依法行政工作的组织领导。认真贯彻落实国务院《全面推进依法行政实施纲要》和市政府推进依法行政工作要求，开展了依法行政调研工作。2013年年底前起草完成了2004—2013年市农委依法行政调研报告，报告认真全面总结了近10年农委围绕建设法治政府宏伟目标，贯彻落实纲要精神，积极推进依法行政工作情况。

（李淑娟）

【行政规范性文件、重大决策事项合法性审核】 按照《市农委重大行政决策和行政规范性文件合法性审查工作实施意见》的要求，对报请市政府审批或提请市政府会议审定决定的事项以及拟以市政府和市政府办公厅名义印发的政策措施等报市政府法制办审核。对市委一号文件、《北京都市型现代农业基础建设及综合开发二期规划（2013—2017年）》等文件进行了合法性审核并报市法制办审核。对市农委的《新一轮山区地质灾害易发区及生存条件恶劣地区农民搬迁工程管理办法》和《北京市特色产业村认定管理办法》等文件进行了合法性审核。

（李淑娟）

【行政规范性文件和政府规章清理】 根据《北京市人民政府办公厅关于开展本市行政规范性文件清理工作的通知》及补充通知精

神，认真组织开展了文件和政府规章清理工作，对2012年12月31日前市农委起草以市政府、市政府办公厅名义制定、印发的16份行政规范性文件进行了清理，对合法且符合实际工作需要的15份行政规范性文件予以保留。对1份文件《北京市人民政府办公厅转发市农委关于实施新一轮山区泥石流易发区及生存条件恶劣地区农民搬迁工程意见的通知》（京政办发〔2008〕5号）因时效已过，予以废止。对2012年12月31日前市农委制定、印发的37份行政规范性文件进行了清理，认定所有文件合法且符合实际工作需要，决定予以保留。对市农委执行的一部政府规章《北京市农业承包合同纠纷仲裁办法》进行了清理，决定予以保留。

（李淑娟）

【依法行政专项考评工作】市政府2012年度依法行政专项考评工作中，市农委在加强依法行政工作组织领导、建立完善决策机制、提高制度建设质量以及信息报送等方面较好地完成了各项任务措施。针对市政府绩效考评领导小组对提出的，一是各处室提出的依法行政工作目标不够明确；二是领导干部和公务员学法培训方面力度不大等两项整改建议，提出了相应的整改措施，制定了《2013年市农委依法行政工作要点》，加大了对领导干部和公务员学法培训力度，增加了两委理论中心组学法次数。制发了2013年依法行政工作评估指标体系，同时把开展法制宣传工作纳入了考评范围，加大对有关处室考核验收的力度。

（李淑娟）

【《北京动物防疫条例》（草案送审稿）如期提交市政府法制办】按照市人大、市政府立法进度要求，上半年市农业局要完成《北京动物防疫条例》（以下简称《条例》）的调研起草和报送工作，时间紧，任务重。在局领导的直接指导下，法规处会同兽医处等相关部门，抓紧《条例》的调研起草，保证按时完成任务。一是局系统内部起草小组召开多次立法起草讨论会。反复研究制度设计，逐字斟酌《条例》内容，形成《条例》征求意见稿。二是坚持开门立法，广泛征求意见。书面征求16个区县兽医行政主管部门、24个委办局和相关行业协会的意见。对收集的173条意见，组织了专题研讨，对《条例》草案进行了修改完善，提高立法的民主性与科学性。三是多次专题向市人大、市政府法制办汇报立法思路和进展情况，争取有力支持。四是多次邀请市人大、市政府法制办主管领导参与立法讨论起草，对立法工作进行具体指导，确保立法的质量与方向。经过半年紧张工作，最终形成《条例》送审稿和起草说明，提交局办公会审议后，于2013年6月中旬正式报送市政府法制办审查。

（王梁）

【《北京市农业植物检疫办法》正式出台】积极配合市政府法制办开展《北京市农业植物检疫办法》（以下简称《办法》）的起草审议工作。2013年4月11日，《办法》经市政府第6次常务会议审议通过，4月26日予以公布，并于7月1日起实施。

（王梁）

【开展政府规章清理】根据市政府法制办要求，市农业局对《北京市农业植物检疫办法》等4部政府规章进行清理，对2部提出保留、1部提出修改、1部提出废止的建议。

（王梁）

【加强行政规范性文件管理】根据市政府法制办的要求，组织开展2013年度行政规范性文件的清理。经过清理，对涉及市农业局职能，以市政府、市政府办公厅名义印发的3件规范性文件提出废止的建议；对市农业局制发的规范性文件，提出拟保留、拟废止的行政规范性文件分别为39件和12件，均按时予以公布并报送市政府法制办。

（王梁）

【加强农业行政执法队伍建设】一是组织执法人员考试，严把执法人员准入关。2013年，组织完成对申办农业行政执法资格人员的考试，参加考试人数372名，合格人数315名，合格率84%。二是深入开展行政执法人员培训。全年全市统一组织三期执法人员培训班和一期申办执法证件人员考前培训班，计533名人员参加。培训重点为依法行政、两法衔接、案卷评查、执法礼仪等内容，深化执法人员依法行政意识和执法技能的增强，提升农业执法人员的素质与水平。

（王梁）

【完善农业行政执法程序】强化行政程序意识，细化农业行政执法流程。根据有关涉农法律法规规章和规范性文件、相关标准的要求，组织制定《全市农业行政执法技术操作规程》和《全市农业行政执法程序规范》，依法明确执法环节和步骤，做到职责分明、流程清楚、要求具体、期限明确、程序公正。年内，已经完成初稿的草拟，计划下一步在全市农业系统范围内征求意见后正式印发。

（王梁）

【推进行政审批制度改革】根据国务院和北京市关于推进行政审批制度改革的要求，认真做好行政审批事项的清理、确认工作。市农业局原有行政许可事项79项，其他非许可事项38项。2013年提出两次大的清理意见，共下放9项（行政许可7项，其他非许可事项2项）；取消12项（其中行政许可9项，其他非许可事项3项）的建议，合并8项行政许可为3项，调出非许可事项25项的建议。总体来看，提出取消、下放、合并和调出建议涉及的行政许可事项占原事项总数的32%，非许可事项占原事项总数的79%。年底，实施的行政许可62项，非许可8项。

（王梁）

【规范行政审批目录】按照市审改办要求，为规范保留的行政审批目录，对70个行政审批事项，逐一梳理，从事项名称、子项、事项类别、设定依据、审批对象等21个指标进行细化完善，并及时报送市审改办，规范行政审批流程。

（王梁）

【开展“放心农资下乡进村”宣传活动】全市“放心农资下乡进村”活动共计出动执法和科技人员2 330人次，印发宣传资料37.7万份，举办现场咨询培训230场次，接待咨询群众4万人次，受理投诉举报400人次，案件回访130余件，收到良好效果。

（王梁）

【组织农资打假专项治理行动】认真贯彻落实全国农资打假专项治理行动电视电话会议精神，按照农业部《2013年全国农资打假专项治理行动实施方案》，市农业局印发了《2013年北京市农资打假专项治理行动实施方案》，对全市农资打假工作提出指导性意见，明确农资打假工作要突出重点品种、重点季节、重点单位、重点区域，强化市场监管。3月初，会同发展改革、工商、质量技术监督、公安、经济信息、供销社七个部门联合召开了“2013年北京市农资打假专项治理行动暨红盾护农工作会议”，对做好2013年的农资打假和监管工作进行了动员部署。全市各级农业行政主管部门按照会议要求，迅速行动，认真组织开展了种子、农药、肥料、兽药和打击非法添加剂等专项治理行动，开展了农资打假春季行动、夏季百日行动、秋冬季农资打假行动、质量安全月及“打击假冒伪劣、打击侵犯知识产权”等行动，严厉打击各种制售假劣农资产品的违法行为，有力地维护了农资市场秩序和农民的合法权益。

（王梁）

【深入开展“绿剑护农”系列执法活动】2013年，全市农业系统共出动执法人员68 435人次，组织执法活动16 729次，检查门店（单位）41 718个次，印发宣传资料96.38万份，新闻媒体报道546篇次，做出行政处罚802次，罚款金额170.28万元。特别是加大执法力度，罚款额度5万元以上的大要案有6起，有力地维护了市场秩序和农民的合法权益。

（王梁）

【组织行政处罚案卷评查和优秀说理式文书评选】为规范执法行为，继续组织开展2013年度全市农业系统内行政处罚案卷评查，对2012年7月1日至2013年6月30日办理并已结案的一般程序行政处罚案卷进行评查。评查分自查、区县抽查、集中评查和总结四个阶段。从案卷数量上看，集中评查的案卷共有67份。从评查的总体成绩看，60分以上的合格卷有63份（合格率94%），其中90分以上的优秀卷有61份（优秀率91%），不合格卷有4份（不合格率6%）。积极参加农业部组织的案卷评查，选送的2个案卷均被评为优秀卷；组织5个案卷参加市政府法制办的案卷评查，均取得优异成绩。同时，积极推行行政处罚说理式文书制作。组织专家对各区县和市级各执法单位上报的66件说理式行政处罚决定书进行评选，并从中挑选出部分文书通报表扬，汇编成册后下发至各区县。

（王梁）

【强化种植业执法监督力度】行政执法和处罚方面。种子执法。共出动执法人员3 200人次，检查种子经营单位2 400家（次），印发宣传资料14万份，新闻媒体报道52篇，调解种子纠纷101起，调解达成的补偿金额总计近120万元，查处案件12起，罚没款9.2万元。其中，市种子管理站立案查处5起，罚没款8万元，没收问题种子4 400千克。农药执法。共出动执法人员5 544人次，检查生产企业217

个次，检查农药经营单位 6 131 个次，发放各类宣传资料 9.4 万份，立案查处 40 起，简易处罚 244 起，罚没款合计 6.09 万元。植物检疫执法。全年累计进行种子苗木市场检查 584 次，出动执法人员 2 036 人次，检查门店 2 869个次，实施简易程序行政处罚 34 件，一般程序行政处罚 2 件，共计罚没款 6.3 万元。肥料执法。全年组织执法活动次数 544 次，出动执法人员 1 758 人次，检查肥料生产、销售企业 2 259家次，整顿市场 278 个次，发放宣传材料 6.05 万份。检查中发现违规案件 3 起，由所在区县肥料执法机构依法查处，按简易程序罚款3 000元。

种子质量监管。组织开展了“北京市 2012 年冬季种子企业监督抽查行动”“北京市 2013 年春季农作物种子市场专项检查行动”。两次行动共检查了种子生产经营企业及销售门店 52 家，抽取玉米种子样品 69 份。其中，冬季督查 42 个种子样品，合格率达 95.2%，春季市场抽检 27 份样品，合格率为 92.6%。组织相关区县对辖区内的繁种田进行检查，其中检查小麦种子繁种企业 13 家，繁种面积 32 274 亩（原种繁种田 1 560 亩、大田用种繁种田 30 714 亩），涉及地块 75 个，品种 17 个，小麦繁种田种子纯度均符合国家农作物种子质量标准要求，且大田用种繁种田种子纯度平均值达 99.6%以上，高出国家标准 0.6 个百分点。玉米制种企业 5 家，涉及 16 个品种，面积为 4 820 亩，田间检验结果全部合格。发布了北京市第四批主要农物件品种退出公告，对 2007 年（含）以前审定的农作物品种及未提交标准样品的品种进行逐一筛查，经北京市第八届农作物品种审定委员会各专业委员会审议并报主任委员会审核，最终 50 个主要农作物品种实行退出，包括小麦 11 个、玉米 13 个、大豆 1 个、大白菜 8 个、西瓜 17 个。品种退出工作进一步净化了种子市场，为强化种子市场管理创造了良好的条件。

农药质量监管。制定并印发了《2013 年北京市农药监管暨农资打假专项治理行动实施方案》（京农发〔2013〕70 号）。组织开展了重点时段的专项检查，一是在春节及两会期间，组织区县开展了拉网式检查，重点是违法销售和使用国家禁用高毒农药等严重违法违规行为；二是在春耕到来之际，组织区县开展春季农药市场专项检查，在麦田除草高峰期到来之前，重点开展了麦田除草剂专项检查；三是在夏季到来之际，组织全市农药管理部门开展了卫生杀虫剂和杀鼠剂专项检查行动。按照新修订的《北京市食品安全条例》，市农业局负责制定《北京市农药经营者名录管理办法》，作为《条例》配套的规范性文件。由粮经作物管理处牵头起草，经局 2013 年第 4 次办公会审议通过，并报市法制办备案，于 2013 年 4 月 3 日印发了《北京市农药经营者名录管理暂行办法》（京农发〔2013〕74 号）。依据《办法》，粮经处组织有关区县编制了《北京市农药经营者名录（第一批）》（京农发〔2013〕165 号），并于 2013 年 9 月 5 日向社会进行了发布。北京市现有农药经营者 1 172家，进入第一批名录的共 659 家，占 56%。

肥料质量监管。组织 12 个区县肥料管理部门于 4—6 月对北京市内的有机肥料、有机—无机复混肥料及水溶肥料进行了监督抽检，共抽取有效样品 85 个，合格产品 62 个，合格率为 72.9%，与 2012 年的 75.3%相比略有下降。主要原因：一是肥料产品的执行标准变动，企业跟进速度比较慢；二是对不合格肥料管理和查处手段有限，缺乏法律依据和支撑。组织开展了肥料打假“夏秋百日行动”。以大型肥料生产企业和批发市场，以及群众举报投诉多的肥料生产和经营企业为重点部位；以生产用肥数量较大的复混肥料、有机肥料、水溶肥料等品种为重点对象；以未经登记、一证多用、假冒伪造登记证、产品标示具有农药功能等为检查重点内容。对检查发现的 21 起违法行为进行严格查处，其中，责令 2 家企业暂停生产不合格肥料产品的处罚，并要求企业整改直至该产品质量合格后再恢复生产；责令 3 家经销企业就地封存、并退回未取得肥料登记肥料 80 多吨；对 5 家生产和经营违反包装标识肥料的企业予以口头警告，计 13 个品种，并责令其立即进行改正。

（申永锋）

农村法制宣传

【农村法制宣传教育活动展开】 按照全市“六五”普法规划要求，从推进法治政府、服务农村的高度出发，将法制宣传教育工作作为新农村建设体系中的重要组成部分，高度重视、统筹规划、全力推进。制定了《2013年市农委法制宣传教育工作要点》，部署全年普法工作。在区县广泛开展了农民专业合作社法和农村土地承包法贯彻落实宣传活动，使广大干部群众知法、懂法，为首都“三农”工作营造了良好的法治环境。落实法宣工作责任制，制发农委“六五”普法规划责任分解书，强化谁主管谁负责原则，进一步明确了各处室的职责和任务。2013年5月开始进行了自查，6月起草了“六五”普法中期自查报告，提交市普法领导小组办公室。为不断提高机关干部依法行政的意识和能力，更好地督促两委处级以下公务员结合本职工作学好涉农以及与公务员相关的法律法规，制发了《关于在两委领导干部及公务员中开展“学法用法 依法行政”主题宣传教育活动的实施意见》，在全委开展了主题宣传教育活动。为贯彻落实好《中华人民共和国农村土地承包经营纠纷调解仲裁法》，进一步提高仲裁质量水平，12月举办了一期仲裁法培训班，邀请专家学者进行专题讲座，收到了良好的宣传效果。

（李淑娟）

【举行文化科技卫生“三下乡”集中示范活动】 1月16日，2013年北京市文化科技卫生“三下乡”集中示范活动在通州区潞城镇东堡村举行。北京市司法局与通州区司法局为活动提供法制宣传和法律咨询服务，为群众发放法制宣传资料2 000余份、解答群众法律咨询20件。

（吴俊桃）

【命名首批北京市法治文化建设示范点】 2013年，市法制宣传教育领导小组办公室在全市组织开展“北京市法治文化建设示范点”创建推选活动。经过初评、复评、实地查看等程序，通州区于家务回族乡仇庄村、平谷区平谷镇西寺渠村、延庆县张山营镇西五里营村被评为首批农村类“北京市法治文化建设示范点”。

（吴俊桃）

【顺义区426个村级人民调解委员会换届工作完成】 2013年，顺义区换届共选出调解委员1 106名，人民调解员3 314名，其中，党员调解员1 712人，占调解员总数的52%，比上届提高2.3个百分点；女性调解员870人，占调解员总数的26%，比上届提高1.8个百分点；具有高中以上学历的调解员达1 678人，占总调解员总数的51%，比上届提高3.5个百分点。

（吴俊桃）

【平谷区围绕大桃销售季开展法律服务】 2013年，针对果农在售桃过程中出现的买卖合同不规范、雇佣关系不合规等矛盾较为突出的问题，区司法局工作人员深入到果树地、路边摊、市场及农户，进行《民法通则》《合同法》《农产品质量安全法》等法律法规的宣传，对农贸市场内出现的法律问题进行现场解答。同时，加强走访排查工作，针对大桃销售中易出现的矛盾纠纷及时发现、及时调处。

（吴俊桃）

【延庆县推进“法治民俗户”创建工作】 2013年，延庆县在柳沟、卓家营、南湾等60个民俗村，建立以文明旅游、食品安全为主要内容的漫画墙和“法治文化长廊”，宣传法律知识；为民俗户免费提供法治剪纸、普法漫画、法治门帘，把法治元素融于民俗户外观装饰，搭建村民和游客参与法治创建活动的平台；培养500名“民俗法律明白人”，担任普法志愿者，为村民和游客提供法律帮助。

（吴俊桃）

【门头沟区拓展农民工维权工作站职能】 2013年，门头沟区司法局聘请律师为特邀法律顾问，以案件指派和每周坐堂的方式，为农民工提供免费的法律咨询、代拟法律文书等服务；深入建设工地，对外来务工人员的法律服务需求进行调查；与区劳动监察大队职能衔接，及时介入涉及个人劳务雇佣关系、工伤、人身损害赔偿等监察大队职责范围之外的案件。截至5月底，工作站共接待法律咨询500余人次，受理农民工申请法律援助 36 件 320 人，涉案金额 300 余万元。

（吴俊桃）

【昌平区多项措施服务村委会换届选举工作】 2013 年，昌平区精选与选举法律法规知识有关典型案例，编印法律知识读本 20 000册，制作法制展板 1 000 块，发放到全区各镇（街道）；与《昌平报》合作，开设《昌平区村民委员会换届选举法律法规解读》栏目，连续刊载 6 期；全区 17 个镇（街道）在辖区开展“坚持公正依法选举”主题法律咨询活动，及时宣传选举法律知识。

（吴俊桃）

【平谷区“司法大讲堂”活动服务村委会换届选举工作】 2013 年，平谷区以“北京司法大讲堂”为依托举办选举专题讲座，同时利用法制橱窗、法律服务室宣传《村民委员会组织法》和《村民委会员选举办法》等选举相关法律法规。将“司法大讲堂”与“疑难纠纷评理团”和“人民调解专家库”重大疑难纠纷调解力量相结合。将“司法大讲堂”设到选举现场，配合选举委员会做好相关工作，在现场进行法律咨询。截至 5 月，“司法大讲堂”共举办换届选举专题法制讲座 26 场，解答群众相关咨询 500 人次，调解纠纷 100 余件。

（吴俊桃）

【顺义区北小营司法所推进化解矛盾纠纷新模式】 2013 年，顺义北小营司法所发挥党员模范带头作用，由 1 名党员、1 名村民代表对口负责联系本村 15 户百姓，并担任法律法规讲解员、信息收集员、矛盾排查化解员，就近为群众排忧解难，消除矛盾隐患。

（吴俊桃）

【延庆县多项措施推进全国法治县创建工作】 2013 年，延庆县全面落实行政执法责任制和执法过错责任追究制，建立完善行政处罚执法资格管理、自由裁量权的监督程序和制度。开展“法治村（社区）”创建工作，建成 35 个法治文化活动中心、237 个民主法治示范村（社区），培养“法律明白人”3 613 人。开拍普法微电影、实施“法制广播村村响”、绘制漫画普法墙等。构建县、乡镇、村（社区）三级法律服务体系，实现律师、公证员与全县 402 个村（居）一对一法律帮扶，为全县 248 个行政村的村民自治章程进行了重新修订。3 月，延庆县被全国普法办评为“全国法治城市、法治县（市、区）创建活动先进单位”。

（吴俊桃）

【密云县服务村委会换届选举工作】 2013 年，密云县开展以“认真负责行使选举权，推进基层民主与法制建设”为主题的法制宣传活动。通过“普法讲堂”、法律大集等形式，进行法制宣传。共开展法制宣传活动 30 余场次，发放宣传资料 1 万余份，张贴宣传挂图 500 余张，受教育群众 5 万余人次。针对本辖区矛盾纠纷特点，开展矛盾纠纷大排查活动。利用人民调解员、法制宣传员、维稳信息员等有效力量，及时收集社情民意，给予疏导解决。利用“148”法律服务热线，开通“律师坐诊”服务，针对换届期间群众关心的热点、焦点问题邀请执业律师进行现场解答。

（吴俊桃）

【昌平区编发法制案例读本和展板】 2013 年，昌平区精选 31 个与选举工作有关的典型法制宣传教育案例，编印《北京市昌平区村民委员会换届选举法制案例读本》，同时制作图文并茂的依法选举法制展板，在东小口镇举行“昌平区第九届村委会换届选举法制案例读本和展板发放仪式”，组织全区 17 个镇（街道）、3 个办事处主管领导和选举工作人员及村民代表百余人参加。现场发放 20 000 册《村民委员会换届选举法制案例读本》和 1 000 块法制案例展板。

（吴俊桃）

【怀柔区开展换届选举主题法制宣传】 2013 年，怀柔区开展“以案说法”反面典型宣传活动，开办近 200 平方米的农村“两委”换届警示教育基地，在怀柔电视台《法治时刻》栏目，录制案例专题节目 8 期，播出 48 期次。举办相关培训活动 58 场次；针对“人户分离”的村民，通过手机平台发送飞信、短信、手机报等信息 2 395 条次。利用电视、广播、公开栏、广告牌、板报等进行法律法规宣传。在《怀柔报》开办《怀柔区第九届村民委员会换届选举专版》，播出动态消息 7 条。在北京市民政信息网、怀柔信息网、怀柔区民政信息网等网络媒体刊发换届选举信息 96 条。在农村集市、交通节点等人流密集地，开展宣传教育活动 14 场次，累计下发“致广大村民的一封信”57 851 封，宣传折页等 1 500 余份。14 镇乡全部成立驻村工作站，设立换届选举宣传政策咨询台，对群众提出的有关换届选举问题及时解答。

（吴俊桃）

人大建议、提案办理

【承办建议提案 89 件】市农工委、市农委共承办市十四届人大一次会议代表建议、政协十二届一次会议委员提案、全国“两会”代表建议提案 89 件，其中：人大建议 50 件（单办 4 件、分办 3 件、主办 24 件、会办 19 件）、政协提案 33 件（单办 7 件、分办 1 件、主办 11 件、会办 14 件）、党派团体提案 4 件（主办 2 件、会办 2 件）、全国“两会”代表建议 2 件（主办 1 件、会办 1 件）。主要集中在农村产业发展、城乡一体化建设、农产品质量安全和农村改革四个方面，数量较 2012 年增加 41%。

（郑桐富）

【人大代表和政协委员普遍关注的热点问题】一是关注农村产业发展。代表和委员关注了农业基础设施建设、产业扶持政策、农业科技成果转化、农业生态文明建设、循环农业发展、农业信息化服务、沟域经济发展、工商资本投资农业等问题，旨在通过进一步加强基础建设，完善政策体系，加大资金投入、发挥科技引领，以进一步提高北京都市型现代农业的应急保障、生态休闲、科技示范功能，为首都经济社会可持续发展提供坚强保障。如张崇国代表《关于加大农村农业基础设施投入的建议》、仉锁忠代表《关于加大对肉牛肉羊养殖业的扶持力度的建议》、孙宝启委员《关于推广杂交小麦、增加农民收入、保护生态环境的提案》、杨永慧代表《关于健全发展循环经济的法规与政策，促进循环经济产业发展与技术创新的建议》、宋文月代表《关于加快沟域经济发展的建议》、张崇国代表《关于山区乡镇经济沟建设的建议》、王晓宁代表《关于进一步发展生态农业的建议》、徐践委员《关于着力推进北京市农业信息化资源整合的提案》、马荣才委员《关于加快规范工商资本投资北京农业的提案》等。这些建议提案对都市型现代农业发展提出了很好的意见，将对进一步夯实农业发展基础，转变农业发展方式，实现都市型现代农业功能定位产生重要影响。

二是关注城乡一体化建设。城乡一体化的加快推进，为促进城市优质公共资源向农村转移，实现城乡统筹发展提供了机遇，是代表和委员关注的热点和焦点。如侯秀荣委员提出《关于“三化同步”是促进北京城乡一体化发展的重要思路的提案》、仉锁忠代表提出《关于加强新型农村社区试点建设，加快推进农村城镇化进程的议案》、连玉明委员提出《关于加快小城镇功能建设，促进首都新型城镇化的提案》，孙连玉代表提出《关于加快土地储备涉及行政村整建制转工转居的建议》、宋文月代表提出《关于加大养老服务事业发展的议案》、张崇国代表提出《关于农村五项基础设施后期维护管理费用应纳入市政府长效机制的建议》、王东晖代表《关于整治郊区农贸市场，推进城市精细化管理的议案》、唐俊杰委员提出《关于建立环京农产品仓储物流基地的提案》等。这些建议和提案，从城乡一体化的推进形式、实施主体、实现途径、政策保障、创新模式等方面提出了很多思路，为推进城乡一体化、促进农村发展提供了借鉴、凝聚了共识。

三是关注农产品质量安全。农产品质量安全是关乎民生的重大问题，影响到北京都市型现代农业的形象，始终是代表和委员关心的热点问题。如董敏代表提出《关于严格控制京郊土地投入品的使用，谨防农业、类农业对土地、水源污染的建议》、孙杰代表提出《关于提升食品安全管控水平推动首都食品产业健康发展的议案》，徐践委员提出《关于启动全面食品安全问责的提案》、薛继连委员提出《关于进一步加强食品安全管理的提案》，边彩霞代表提出《关于加强肉鸡产品的市场准入管理的建议》、张福平代表提出《关于加大投入科学治理快速提升首都规模化畜禽场生态环境水平的议案》，刘芳委员提出《关于建立北京市食品安全培训基地的提案》等，从生产、流通、市场准入、检测、人员培训等环节，提出了加强对农产品质量安全全程监督的措施建议，为打造北京安全农业品牌提供了有力支撑。

四是关注农村改革工作。农村经济体制改革涉及农民的切身利益，是当前“三农”工作的重点和难点，也是实现好、维护好、发展好最广大农民根本利益基础。代表和委员从农村用地、资产管理、运行保障等方面出发，提出了稳步推进农村经济体制改革的建议和措施。如王晨代表提出《关于农村集体建设用地管理使用方面的建议》、张明智代表提出《关于提高村级公益事业专项补助资金的建议》，李惠英委员提出《关于保障乡联社、村合作社农村集体资产经营权落实乡联社、村合作社投资主体地位的提案》、李辙委员提出《关于农民土地可上市买卖流转，房屋商品化的提案》、雷达委员提出《关于逐步解决社会分配不公的议案》等，这些建议提案从农民的生产资料、基层机构的管理运行、农民资产的实现形式、农合作组织的发展等角度，提出了很多有价值的建议和措施，为加快推进农村改革步伐提供有力的智力支持。

（郑桐富）

【精心组织提案办理工作】按照市政府办公厅《关于办理市十四届人大一次会议代表建议和政协十二届一次会议委员提案的通知》要求，市委农工委、市农委精心组织、依法办理、狠抓落实，圆满地完成了人大建议、政协提案办理工作，代表和委员对办理结果满意率达100%，部分代表委员所提的问题得到有效解决。市委农工委、市农委领导高度重视人大建议、政协提案的办理工作，始终把办理人大建议政协提案的工作当作了解社情民意的重要途径、当作加强和改进机关工作的重要方式。为进一步落实好建议提案办理工作，重点抓了三项工作：一是认真分析。结合建议提案办理要求，对89件建议提案进行了综合分析，梳理出代表、委员普遍关注的农村产业发展、城乡一体化建设、农产品质量安全和农村改革四个方面问题，并认真吸取代表委员的建议意见，将部分代表委员的意见和建议，吸收到《2013年北京市社会主义新农村建设折子工程》和《坚持改革创新深入推进城乡发展一体化的建议》中，成为2013年新农村建设的重点项目，为建议提案办理打下良好基础。二是规范程序。为确保建议提案办理效果，始终把“办理及时不及时、答复认真不认真、落实到位不到位、代表满意不满意”作为衡量办理工作的标准。一方面，加强对承办人员的培训，采取集中学习、领导讲解、工作部署等方法，围绕办理程序、答复方法、撰写报告等内容，对承办人员进行集中培训，提高承办人员的素质；另一方面，针对往年办理过程中存在问题，对“交办、分析、承办、答复、审查、上报”程序进行了规范，有效地提高了办理效率。三是严格时限。各承办单位严格按照建议提案办理工作时间节点的要求，制订工作计划，合理安排办理各环节工作。督查处加强督促落实，定期分析建议提案办理形势，准确掌握工作进度和遇到的难题，及时调整办理力量，积极研究解决问题，确保了建议提案办理工作顺利实施。

（郑桐富）

【确保提案有效解决】在全面分析建议提案总体形势的基础上，结合年度任务，主动与代表委员沟通，制定办理方案，凡是有条件解决的，抓紧时间全力解决；对短期内不能解决的问题，列入年度计划，在工作中逐步解决；对部分综合性、前瞻性强的建议提案列入年度调研课题，明确了时间节点，拟定落实计划，通过完善政策体系加以解决，并邀请代表委员全程监督，确保了答复与落实统一。例如：代表和委员们提出的提高村级公益事业专项补助资金的建议和增加山区行政村级运转资金的建议，会同市财政局、市民政局进行了反复认真研究，提出了完善意见，并列入了2013年新农村折子工程，进行督查办理。为确保建议提案所提的问题真正落实到位，结合督查工作，建立与绩效管理工作相统一的考核机制，采取向代表委员发公开信、让代表委员评议办理情况、召集相关人员评选优秀办理报告等形式，按照“答复态度、能力素质、工作作风、满意程度、问题解决”五个方面进行考评，用评比竞赛和考评促进建议提案办理水平的提高，真正实现从单纯答复向工作落实转变。

（郑桐富）

组 织 建 设

综 述

2013年，以学习贯彻十八大以来中央和市委一系列重要精神为主线，以开展群众路线教育实践活动为重点，以村“两委”换届选举为契机，积极开拓创新，狠抓工作落实，夯实基层基础，强化责任体系，不断提高党建工作科学化水平，为推动城乡发展一体化提供了坚强保证。坚持围绕中心、聚焦发展，充分发挥党建工作的引领服务保障作用。农村基层党组织引领发展功能明显增强。坚持把引领发展作为推进基层党建工作的首要任务，找准党建工作与“新三起来”、城乡环境建设、新型农村社区建设、低收入农户增收等中心工作的结合点，充分发挥基层党组织和党员的作用，有力地推动了农村经济社会发展。村两委换届选举工作圆满完成，探索基层干部队伍建设新机制。党风廉政建设深入推进。

领导班子建设

【市委农工委、市农委机关系统单位干部队伍建设取得新成效】采取竞争上岗、民主推荐等多种方式，选任了24名处级干部。扎实开展轮岗交流，对7名处级干部进行了交流。采取考录、遴选、转任等多种形式，调入了8名干部。加大系统局处级干部教育培训力度，做好干部调训工作，推动了干部队伍整体素质和工作能力提升。健全完善日常考核评价机制，制定了《市委农工委市农委公务员平时考核工作实施办法（试行）》。

（席俊克 刘显春）

【市委农工委、市农委机关和系统单位群众路线教育实践活动成效显著】紧紧围绕“为民务实清廉”主题和“照镜子、正衣冠、洗洗澡、治治病”的总要求，以贯彻落实中央八项规定精神和市委15条意见为切入点，认真抓好活动3个环节的各项规定动作，同时开展了“进村入户”等自选动作，教育实践活动取得了明显成效。通过开展教育实践活动，对两委的职能和定位有了新的认识，两委领导班子建设得到进一步强化，机关党员干部服务群众的意识和水平有了新提升，两委机关整体建设得到进一步加强，有力地促进了“三农”工作实现新发展。

（席俊克 刘显春）

【基层组织和民主政治建设】探索党的基层干部队伍建设的新机制。在选拔培养上，制定下发了《关于加强村级党组织后备干部队伍建设的意见》，推广平谷区选派机关事业干部回村任职等经验，促进了农村人才匮乏问题的解决。在教育培训上，健全“市级示范培训、区县重点培训、乡镇普遍培训”的工作体系，全市共培训乡镇、村干部12.4万人次。在激励保障上，落实《关于建立正常离任村党组织书记生活补贴机制的实施办法》，为全市7 479名正常离任村党组织书记发放补贴4 107.64万元，切实解决了离任村党组织书记的后顾之忧。在管理监督上，建立健全任期目标责任制和述职述廉等制度，推动了农村基层干部更好地履职尽责。拓展激发党员队伍活力的新途径。把好入口关，加大在青年农民、致富带头人、退伍军人、大学生“村官”等群体中发展党员力度，推广外出务工人员入党“双联系双培养双发展”机制，探索破解党员队伍老化问题，促进了农村党员队伍结构不断优化；突出纯洁性，健全党员活动日、党性定期分析、民主评议等制度，增强了党员队伍的生机活力。推行基层民主建设的新举措。全面试行乡镇党代会年会制，同步推进乡镇党代表任期制，建立健全党代表联系党员群众、提案提议、述职评议等制度，进一步发挥了党代表参政议政、联系群众、民主监督的作用。村“两委”换届选举首次实现应选尽选，村党组织换届选举全部采用“公推直选”，村委会换届选举依法实行“海推直选”。

（席俊克　刘显春）

【建立正常离任村党组织书记生活补贴机制】2013年，全市各级共7 479名正常离任村党组织书记发放补贴4 107.64万元。

补贴对象——所在村2012年12月31日以前正常离任且连续任职1届或3年以上，男年满60周岁、女年满55周岁的村党组织书记。2012年12月31日以前去世的村党组织书记不享受本补贴。已享受机关事业单位退休待遇或基本养老保险待遇的人员不再纳入补贴范围。

补贴标准——连续任职满1届或3年的，每人每月发放300元生活补贴。在此基础上，累计任职时间每增加1届或3年，补贴增加100元，以此类推，最高每月补贴700元（累计任职5届或15年及以上）。

经费渠道——根据本办法补贴标准发放所需的经费，由市财政与区县财政按照1∶1的比例分担。市级所需资金通过专项转移支付资金渠道安排，专款专用。区县提高补贴标准的，超出部分由区县财政承担。

（席俊克　刘显春）

【进一步推进农村基层政权建设】

1. 北京市第九届村民委员会选举工作圆满完成。根据《中华人民共和国村民委员会组织法》和《北京市村民委员会选举办法》的有关规定，2013年，北京市进行了第九届村委会选举工作。按照市委、市政府的统一部署，本次换届选举从3月开始，经过选举准备、全面实施、总结验收三个阶段，于8月底圆满完成。全市13个涉农区县共有3 938个村委会，其中3 690个村参加本次换届选举，占总数的93.7%，有248个村因整建制农转居或整体拆迁等原因，经民主讨论决定，由区县政府批准不参加本次换届。截至7月底，3 690个村全部完成换届选举，共选举产生村委会成员13 046人，其中主任3 690名，副主任775名，委员8 581名；依法推选产生新一届村民小组长23 909名、村民代表118 558名，推选产生村务监督委员会成员12 635名。此次村委会换届选举工作取得了明显的成绩：一是村委会班子结构进一步优化。新一届村委会成员平均年龄47岁，比上届上升1岁，其中41～60岁的有10 265人，占78.7%；具有高中以上学历的8 818人，占67.9%，比上届提高6.6个百分点；党员10 085人，占77.3%，比上届上升了1.1个百分点。3 690名村委会主任中，有1 151人属新当选，占31 %。从年龄来看，老中青梯次结构基本合理，40岁以下的有264人，占22.9%；41～60岁的有867人，占75.3%；61岁以上的20人，占1.7%。从学历来看，整体文化水平有了提高，具有本科以上学历的113人，大专学历的295人，高中学历363人。从来源来看，来源渠道更加广泛，其中复转军人50人，机关企事业单位离退休人员8人，非本市流动人口10人，大学生“村官”1人。从身份来看，有党代会代表39人，人大代表169人，政协委员1人。这些优秀“能人”进入村委会班子，为村干部队伍增加了新生力量。二是“两保持、两降低”目标顺利实现。全市共有2 423名村党组织书记兼任村委会主任，“一肩挑”比例为65.7%，比上届提高3.2个百分点；村“两委”交叉任职有7 257人，占村委会成员总数的55.6%。村委会主任不是党员的

444人，占村委会主任总数的12%，比上届降低4.5个百分点。村委会班子中无党员的村有4个，占0.1%，比上届降低1.4个百分点。农村基层党组织领导核心作用进一步加强，党组织的执政基础进一步巩固。三是妇女和流动人口的民主权利得到有效保障。妇女专职专选工作措施有力，新当选妇女委员4 149人，占委员总数的31.8%，保证了每个村至少有一名女委员。有47.2万名原为本村户籍，现已转居，但仍在本村居住或工作的人员，经民主程序被登记为参加选举村民，有7 691名外地来京人员经民主程序参加了选举，71名大学生“村官”当选为新班子成员，村级组织成员呈现出多元化发展趋势。四是村民群众的民主法制意识显著增强。农村广大村民群众参政议政热情普遍高涨，积极参与选举工作全过程，依法竞争和理性竞争氛围更加浓厚。全市共有288万村民进行了参加选举村民登记，参加投票选举的村民共有279万人，参选率96.9%；一次选举成功率79.2%。村民的民主法制意识显著增强，能够自觉依法行使选举权、监督权等各项民主权利，村委会选举竞争更加激烈。通过本次选举，村民群众受到了深刻的民主法制教育，提高了村民群众的民主参与意识和运用法律武器维护民主权利的能力和水平。

2. 认真贯彻落实《北京市实施〈中华人民共和国村民委员会组织法〉若干规定》和《北京市村民委员会选举办法》。新修订后的《中华人民共和国村民委员会组织法》颁布后，北京市迅速成立了市人大内司办、市人大法制办、市委组织部、市委农工委、市政府法制办、市民政局等多个部门参加的地方性法规立法修订小组，经过近一年的立法调研、座谈讨论、专家论证和多方共同努力，于2012年9月28日，市第十三届人大常委会第三十五次会议全票通过了《北京市实施〈中华人民共和国村民委员会组织法〉若干规定》和《北京市村民委员会选举办法》，并于2012年11月1日正式实施。为搞好北京市第九届村民委员会选举工作，北京市民政局、北京市司法局《关于第九届村民委员会选举期间开展主题法制宣传教育活动的通知》（京民基发〔2013〕69号），全市13个涉农郊区县积极掀起了认真学习贯彻“两法”精神的热潮，通过多形式、多渠道、多途径，大力开展宣传教育活动，使农村广大基层干部群众掌握“两法”精神，熟知“两法”要求，珍惜自己的民主权利，正确行使自己的民主权利，为确保2013年北京市第九届村民委员会选举工作圆满完成，积极维护首都农村社会稳定夯实了坚实基础。

3. 村务监督委员会规范化建设进一步推进。为全面加强村务监督委员会规范化建设，进一步推进村级民主监督工作，积极促进农村基层党风廉政建设，市纪委、市民政局共同研究制定了《北京市村务监督办法（试行）》，并于2013年5月23日，以中共北京市委办公厅、北京市人民政府办公厅的名义（京办发〔2013〕17号）下发各区县贯彻执行。为认真贯彻落实京办发〔2013〕17号文件精神，市纪委、市委组织部、市委农工委、市民政局，结合首都农村实际，在深入调研、广泛征求意见、反复研究、不断完善的基础上，制定了《北京市村务监督委员会工作规则（试行）》（京民基〔2013〕484号），并于12月26日下发各区县遵照执行。这两个文件的制定，为北京市村务监督委员会规范化建设，进一步加强村级民主监督工作，全面推进首都农村基层民主建设，积极维护农村社会和谐稳定奠定了坚实的基础。

4. 继续深入推进村务公开和民主管理工作的开展。市民政局对全市开展村务公开和民主管理工作情况进行检查指导，发现问题，及时纠正，并将村务公开和民主管理工作纳入年终农村基层党组织建设“三级联创”考核内容，一并检查验收。对村务公开的内容、程序、形式、时间等都做出了进一步规范和完善，切实提高了村务公开和民主管理工作质量和水平。重点规范和完善了会议制度。认真落实以村民会议、村民代表会议等为主要形式的村级民主决策制度，坚持民主决策“八步法”工作程序，各区县结合自身实际，积极创新民主决策形式，拓宽民主决策渠道，丰富民主决策内容，扎实做到凡涉及村民自治、村集体经济和村民群众利益等重大问题，都必须提交村民会议或村民代表会议讨论决定，充分发挥了村民群众的民主决策权。对民主理财进行制度创新。强化民主理财制度，严格财经纪律，积极推行村级重大经济事项和重要问题事前咨询咨商制度，凡涉及村集体经济和村民群众利益等重大问题，都必须广泛征求村民群众的意见建议，充分发挥了村民群众的参与权，加强村级财务规范化管理，实行财务收支逐笔公开，增加村级账目的透明度，继续实行村级财务由乡镇“托管”制度，积极预防村集体资产资金的流失。大力加强村级事务民主管理、民主决策和民主监督的规范化、制度化建设，进一步规范和完善村“两委”联席会议、村委会会议、村民会议、村民代表会议、村委会定期报告工作、村干部述职述廉和民主评议及“民主日”活动等制度，村务重要岗位管理人员的选用，实行任人唯贤，民主推荐，公开选聘制度。积极指导各区县在农村基层广泛开展“民主日”活动，每年的1月和7月是全市农村基层普遍开展的两次“民主日”村民自治实践活动，市民政局组织相关工作人员全面指导各区县认真制订活动方案，确定“民主日”的主题，拓宽活动形式、丰富活动内容，明确活动重点，确保活动的真实性和时效性。通过“民主日”这一村级民主实践活动的平台和载体，推进了农村基层民主政治建设的不断发展，进一步健全完善了基层党组织领导的充满活力的村民自治机制，夯实了党在农村基层的执政基础，提高村民群众的民主法制意识和民主参与意识，切实保证了广大村民群众的民主权利和利益诉求，有力地促进了农村基层党风廉政建设。

5.《北京市村民代表会议规则》重新修订。为全面贯彻落实新修订的《中华人民共和国村民委员会组织法》和《北京市实施〈中华人民共和国村民委员会组织法〉的若干规定》，进一步规范和完善村民代表会议制度，努力推进首都农村基层民主建设，结合农村基层工作实际，2013年，北京市民政局组织相关工作人员深入基层、深入群众，积极开展调研，广泛征求农村广大基层干部群众的意见和建议，经过市相关部门的大力支持和各涉农区县的举力配合，重新修订了《北京市村民代表会议规则》（京民基发〔2013〕330号），并于2013年9月11日下发各涉农区县执行。

6. 深入扎实开展村务公开和民主管理“难点村”治理工作。本轮村务公开和民主管理“难点村”治理工作，从2013—2015年，力争再用三年的时间进行专项治理，使本市“难点村”面貌从根本上实现突破性转变。2009年，中纪委、中央组织部、民政部等12部委联合下发了《关于开展村务公开和民主管理“难点村”治理工作的若干意见》（民发〔2009〕20号）。按照中央要求，经过近三年的治理，本市顺利完成了首批105个“难点村”治理工作任务。2012年以来，中央要求继续加大村务公开和民主管理“难点村”治理力度。按照全国村务公开协调小组2013年工作要点关于建立“难点村”治理动态工作机制的要求，结合首都农村实际，各涉农区县可对存在以下问题的村，如村级组织不健全，村级班子软弱涣散，村干部能力不强问题没有从根本上解决的；政策法规不落实，村务不公开或假公开，村务管理不民主现象存在比较突出的；村民委员会、村务监督委员会、村民代表选举问题多，造成村民群众上访的；群众对村干部意见多，党群干群关系紧张，经济社会发展落后等，作为“难点村”治理对象，特别是上一轮经过专项治理后又反弹的村作为“难点村”治理的重点对象，各区县也可结合本区域农村基层的实际情况，确定治理工作重点。经过各区县普通排查，综合分析，全面衡量，全市共确定“难点村”122个。

7. 表彰2013年度北京市先进村民委员会、先进村民委员会主任。全市村民委员会和广大村民委员会干部在各级党委和政府的领导下，坚持以党的十八大、十八届三中全会和市第十一次党代会精神为指导，认真贯彻落实《中华人民共和国村民委员会组织法》和《北京市实施〈中华人民共和国村民委员会组织法〉若干规定》、《北京市村民委员会选举办法》，以积极推进改革创新、加强农村社会治理为主题，圆满完成了全市第九届村民委员会选举工作，继续深入推进村务公开和民主管理工作的开展，村务监督委员会建设进一步规范，村民自治机制建设进一步健全完善，农村社会和谐稳定，有力的促进首都农村经济社会的发展，全面提升了首都农村基层民主建设的水平。为进一步调动全市农村基层群众性自治组织和广大基层干部工作积极性，北京市民政局、北京市人力资源和社会保障局决定：授予朝阳区高碑店乡高碑店村村民委员会等110个单位“先进村民委员会”荣誉称号；授予朝阳区崔各庄乡东辛店村民委员会主任韦智等60名同志“先进村民委员会主任”荣誉称号。

（甘国再）

党风廉政建设

【突出抓好贯彻落实中央八项规定和市委 15 条实施意见】市委农工委、市农委下发《关于改进工作作风、密切联系群众的实施意见》（京农发〔2013〕2 号），从改进调研指导、精简会议活动、精减文件简报、规范出国（境）学习考察、加强督促检查五个方面提出了 15 条规定措施；制定了《关于不准收受基层赠送农副产品的规定》（京农发〔2013〕11 号）；严格执行中央和北京市有关厉行勤俭节约、制止奢侈浪费的有关规定。2013 年，全年预算出国（境）费用压缩 10%，会议费压缩 10%，培训、印刷费压缩 5%，接待费压缩 20%。

（张迪飞）

【强化党风廉政建设责任制落实】市委农工委、市农委把推进党风廉政建设任务与贯彻落实市委、市政府重大决策部署，以及两委承担的市委、市政府的涉农重大项目、折子工程等业务工作紧密结合。市委农工委、市农委印发《关于 2013 年党风廉政建设工作的意见》（京农发〔2013〕5 号）和《2013 年党风廉政建设和反腐败工作主要任务分工》（京农发〔2013〕6 号），对两委机关和市农委系统党风廉政建设工作进行全面部署，涉及党风廉政建设任务 47 项，涉及牵头处室 17 个。2013 年全年，市委农工委委员会研究党风廉政建设和反腐败议题 3 项，两委办公会研究党风廉政建设和反腐败议题 13 项，召开机关处室负责人述职述廉汇报会 2 次。

（张迪飞）

【召开全市农林水系统党风廉政建设工作会议】2013 年 5 月 23 日，全市农林水系统党风廉政建设工作会议在北京会议中心召开，市委常委、市纪委书记叶青纯出席会议，市委常委、市新农村建设领导小组组长牛有成、副市长林克庆作了重要讲话。市委农工委、市农委印发《关于进一步加强党风廉政建设的工作意见》（京农发〔2013〕9 号），针对加强对党员干部的教育管理、严格遵守廉政准则、加强专项资金使用监管、加强两委支持项目跟踪检查、深化廉政风险防控、落实民主集中制、加强机关行政效能建设、严格执行中央八项规定和北京市实施意见、完善领导干部调查研究制度等方面提出了 17 条具体措施。

（张迪飞）

【加强反腐倡廉宣传教育】2013 年 8 月 9 日，市委农工委书记、市农委主任王孝东结合市农委系统党风廉政建设和反腐败工作实际，亲自为两委机关干部和市农委系统副处级以上干部集中讲党课；8 月 26 日，结合党的群众路线教育实践活动，组织全体机关干部参观了市反腐倡廉警示教育基地。结合反腐败工作的新形势、新任务，市农村纪工委书记尚延华到市农委系统单位讲廉政党课。下半年，市委农工委、市农委机关组织召开了 35 岁以下的青年干部座谈会，对参会的 25 名青年干部进行集体廉政谈话。2013 年全年，市委农工委、市农委主要领导与市农委系统单位党政主要负责人谈话 15 人次；市农村纪工委对两委机关新提拔任职的处级领导干部进行了任前廉政谈话 26 人次。

（张迪飞）

【抓好“四风”突出问题专项整治】市委农工委、市农委在党的群众路线教育实践活动中，坚持边查边改、立行立改，确定了 9 大类 20 项专项整治重点任务，提出了 60 条整改措施，明确了目标任务、实施步骤、完成时限、牵头领导和责任处室。对照市纪委、市监察局和市统计局面向全市进行的调查问卷梳理出来的当前全市党员干部群众反映比较强烈的诸如行政审批、公款吃喝、行政不作为、违规收受赠送礼品、公车私用、领导干部多占住房、公款旅游、简报刊物过多、评比达标表彰活动泛滥、超标准修建办公场所等 10 个方面突出问题，积极开展专项治理。对节庆论坛展会进行了认真的摸底普查和规范。对超标准购车、借占用其他单位车辆问题进行了清理，共清理问题车辆 4 辆。组织开展了会员卡清理工作，两委机关每名干部都进行了严格自查，切实做到零持有、零报告。认真开展了办公用房核查工作。

（张迪飞）

【加强对权力运行的制约和监督】 按照中央有关“建立不敢腐的惩戒机制，不能腐的防范机制，不易腐的保障机制”的要求，市委农工委、市农委不断加强对权力运行的制约和监督。坚持工委委员会和两委办公会议事规则，对涉及重大方针政策和部署、干部任免以及民生利益等重大问题，均由集体讨论研究决定，实行民主科学决策。坚持两委机关处长和市农委系统单位主要负责人列席两委办公会制度，促进了领导班子决策科学化、民主化和规范化。2013年全年，共召开两委办公会26次，议题97项；工委委员会21次，议题28项。确定了局级领导干部廉政风险防控年度重点项目16项，内容涉及落实“三重一大”决策制度、郊区生态文明建设、干部选拔任用、沟域经济建设、减轻农民负担、专项资金使用等，进一步促进了领导干部带头防控廉政风险，带头制定防控措施，带头落实防控责任，自觉接受干部群众的监督和评议，拓宽自上而下、自下而上之间的监督渠道，增强了对领导干部监督工作的有效性和可操作性。

（张迪飞）

【编制领导班子集体决策事项目录和机关处室职权目录】 市委农工委、市农委机关处室按照“职权法定、权责一致”的原则，根据处室职能和职权事项，明确各处室职权的实施依据和工作流程，共梳理涉权事项69项，查找权力实施依据84项（条），规范权力运行流程81项，进一步完善了处室职权目录，初步形成了权力范围有边界、权力行使有依据、权力运行有制约的权力结构和权力运行体系。将研究制定有关“三农”工作的重大决策意见、干部选拔任用、安排重大项目、使用大额资金等共计4大类9小项内容纳入领导班子集体决策事项范围。在重大事项决策方面，形成了党政正职不直接分管人、财、物及副职分管、处室实施、正职监督、重大事项集体决策的权力运行监督机制。

（张迪飞）

【开展监督检查提高行政效能】 按照市监察局工作部署，市监察局驻市农委监察处对市农委承担的郊区生态环境建设工作开展了立项效能监察，结合听取汇报、专项检查、列席会议、查阅资料等多种方式，强化风险防控，促进干部廉洁从政；围绕山区沟域经济建设，加大监督检查力度，对7条沟域建设情况开展了行政检查，纪检监察部门对市农委牵头，财政、发改、园林、水务等部门参与的沟域经济考评工作进行了全程监督。

（张迪飞）

【举办乡镇纪检监察干部培训班】 为深入学习贯彻落实党的十八大、全国“两会”精神以及中央纪委、市委、市政府和市纪委反腐倡廉总体工作部署，3月19—29日，市委农工委、市纪委共同举办了两期全市乡镇纪委书记轮训班，全市涉农区县纪委及182个乡镇纪委书记共190多人参加了培训。这次培训班安排的培训内容比较全面，综合性比较强，涵盖了对新时期新形势下农村党风廉政建设和反腐败工作形势的把握，北京市城乡发展一体化进程中的热点、难点问题及有关政策解读、农村基层信访、案件的特点分析及对策、农村基层干部廉洁履职、廉政风险防控向农村基层延伸、村务公开民主管理、农村集体“三资”管理和监督等方面。在讨论交流和课外联络交流活动中，参加培训的学员对这期培训班的效果给予了充分肯定，全市乡镇纪委书记的政策理论水平和业务能力进一步提高。

（张迪飞）

【加强农村集体“三资”监管】 为进一步加强农村集体“三资”管理和监督工作，发展农村集体经济，促进农村党风廉政建设和农村社会和谐稳定，根据有关法律、法规和政策，在前期调研的基础上，市纪委、市委农工委、市监察局、市农委联合下发《关于进一步加强农村集体资金资产资源管理和监督工作的意见》，进一步明确加强农村集体“三资”管理的总体要求、重点工作和监管职责。

（张迪飞）

【纠正涉农领域不正之风】 作为减轻农民负担联席会议牵头单位，市农委组织开展了春秋季农民负担专项检查，重点对农村一事一议筹资筹劳规范化管理、一事一议财政奖补政策执行落实、村级公益事业补助资金的拨付到位及使用情况、涉农乱收费等突出问题和重点领域开展专项检查，坚决纠正乱收费、乱罚款以及各种集资摊派等问题。2013年7月4日，市农委有关领导及处室负责同志围绕北京市农民负担监督管理问题，参加了全市政风行风热线直播间访谈活动，收到良好效果。

（张迪飞）

【开展农委系统党风廉政建设责任制专项检查】 2013年年底，

市委农工委主要领导带队，组成5个检查组，通过听汇报、查阅相关工作资料、召开座谈会、实地走访基层单位等方式，对2013年市农委系统单位落实党风廉政建设责任制的情况进行专项检查，并就检查情况向市纪委报告。

（张迪飞）

老干部工作

【离退休干部队伍建设取得新成效】北京市农工委系统老干部工作部门紧紧围绕党的十八大精神，通过举办党支部书记培训班、形势报告会、情况通报、座谈讨论、专题讲座等形式，加强离退休干部的政治理论学习和形势政策教育。重点学习了党的十八大和十八届二中、三中全会精神，特别是习近平总书记系列重要讲话精神，引导广大老干部加深对十八大确定的重要理论观点和重大战略部署的理解；在全市第一批党的群众路线教育实践活动中，在两委领导下，各单位组织离退休党员积极参加，以开好离退休干部党支部支部动员会、组织生活会和支部总结会为重点，使离退休干部党员受教育，为加强作风建设做贡献。这些学习活动进一步加强了离退休干部思想政治建设和党支部建设，老干部精神面貌积极向上，对十八大以来党中央提出的各项方针政策和改革目标高度认同，对国家和首都发展充满信心。

（王岚）

【进一发挥离退休干部的作用】为在更多领域、更大范围有效发挥离退休干部作为党的宝贵财富和重要执政资源的作用，市委农工委在继续坚持以往组织离退休干部发挥作用的一些好做法、好经验的基础上，按照市老干部局的要求，在北京农业职业学院部署组建老党员先锋队、成立农工委系统老干部十八大精神宣讲团、组织有宣传工作经验的老同志开展网络监督和网上宣传工作。较好地满足了广大老同志继续运用自身经验和智慧，为加强基层党建、服务人民群众、构建社会主义和谐社会做贡献的愿望，产生了积极的政治影响和良好的社会效果。

（王岚）

【强化服务，离休干部生活质量改善】积极协调配合相关部门进一步加大了对老同志关心、关爱和关怀的力度。完成了《关于调整高龄离休干部护理费标准的通知》、《关于调整本市去世离休干部无工作配偶生活困难补助费标准的通知》等有关离休干部医疗待遇提高、离休干部遗属困难补助费等文件的贯彻落实工作。根据市老干部局2013年为离休干部做实事的要求，市、本系统共投入6.7万元，为67位离休干部安装了家庭无障碍设施，改善了老同志的居家养老条件。农工委系统各老干部工作部门都加大对特殊困难离休干部的帮扶力度，做好重大节日和离休干部重病期间的走访慰问工作，春节及七一前后共走访慰问离休干部、远郊区县四套班子老领导200余人次，看望重病住院老干部10余人。

（王岚）

【积极搭建平台，组织老同志活动】2013年结合纪念建党92周年，以“学习贯彻十八大，共建小康乐晚年”为主题，开展多种形式活动，丰富离退休干部的精神文化生活。一是开展“我的退休生活”征文活动，组织老同志撰写学习十八大精神心得体会，鼓励老同志为《北京老干部》杂志积极投稿。二是举办了老同志书画摄影手工作品展，展出作品100多件，这些作品主题鲜明、格调高尚、思想性强、内容丰富，赢得了大家的好评。三是为庆祝党的十八大胜利召开，组织了农工委系统老干部“喜迎中秋国庆暨庆祝建党92周年”文艺演出，远郊区县及农工委系统各直属单位的600多名离退休干部参加了演出。

（王岚）

【利用社区资源做好离退休干部工作】加大“四就近”工作协调指导力度，进一步总结、交流利用社区资源做好离退休干部服务工作经验，推动了这项工作规范化制度化，提高了利用社区资源做好离退休干部服务工作的水平。各区县充分发挥乡镇和街道的作用，为老同志就近学习、就近活动、就近得到关心照顾、就近发挥作用创造条件。完善社区老干部健康档案、家庭病床，为老干部提供个性化服务。对“四就近”服务项目、服务标准、考核办法、服务经费等都做出明确规定，实现“四就近”服务规范化、制度化。充分利用不同社区的资源优势开展特色服务。使利用社区资源做好离退休干部服务工作得到深入开展。

（王岚）

【落实老干部工作的领导责任】 各级党委进一步加强对老干部工作的领导，各单位领导班子普遍认真贯彻执行离退休干部工作领导责任制，发挥了很好的示范作用；各区县、各单位贯彻落实老干部政策的手段措施更加规范完善。各单位老干部工作领导小组成员密切配合，积极为老干部办实事，主动研究解决老干部工作的重点难点问题，指导和推进老干部工作有序开展。一年两次市委农工委分管领导向本系统老同志通报全市农村经济建设情况已形成制度。

（王岚）

区县农情

朝阳区

概述

朝阳区总面积470.8平方公里，农村地区面积350.5平方公里，占全区总面积的74.4%，辖19个乡（地区办事处）、154个行政村、171个社区。农村地区常住人口170.5万人，其中户籍人口64.7万人。2013年，朝阳农村在区委、区政府的正确领导下，农村地区广大干部群众坚持农村城市化发展方向，着力破解深层次矛盾和发展难题，各项工作取得积极进展。农村地区全年实现经济总收入1 184亿元，同比增长11%；利润总额53.6亿元，同比增长9.3%；税金总额38.1亿元，同比增长9.0%；形成区级财政收入73亿元，同比增长20.6%；农民人均纯收入达到2.4万元，同比增长10.3%。

城乡发展一体化

【概况】朝阳农村城市化进程取得积极进展，农村经济实现稳中向好，城市建设管理水平不断提升，农村社会建设不断加强，党的基层执政能力不断提高。

【城乡经济发展水平】农村地区全年实现经济总收入1 184亿元，同比增长11%；利润总额53.6亿元，同比增长9.3%；税金总额38.1亿元，同比增长9.0%；形成区级财政收入73亿元，同比增长20.6%；农民人均纯收入达到2.44万元，同比增长10.3%。

【土地储备和重点村整治】孙河、来广营等4个乡15个上市地块完成腾退。三间房、东坝2个乡回迁安置房竣工140万平方米，土储区域安置房项目累计竣工453.6万平方米，回迁5.82万人，农民回迁安置任务基本完成。

农业经济发展

【概况】落实国家补贴、惠农政策，加强农用地调研，加大基本农田保护力度，保护农民种粮积极性；巩固和发展都市型现代农业，丰富群众菜篮子，为群众休闲提供好去处；加强动植物检疫防疫，保证动植物食品安全。

【农业用地调研】完成农业用地调研工作。全区农业用地面积共计23 018.1亩，其中蔬菜2 731.7亩、粮食1 005亩、果树4 695.7亩、苗木12 152.6亩、花卉1 556亩、商业草坪877.1亩。

【三夏三秋及秸秆禁烧】三夏、三秋农机作业投入机具32台次，培训农机操作人员45人次。机播玉米61公顷，机播小麦3.3公顷，机收玉米61公顷，机收小麦3.3公顷。三夏三秋作业期间，技术人员深入田间作业现场督导、检查秸秆禁烧执行情况。

【农机购置补贴】落实市级工作补贴资金13.84万元，购置大中型拖拉机4台。

【粮食直补】落实国家的惠农政策，粮食直补工作实现全过程公开、透明，确保粮食直补资金足额发放到农户手中。全区小麦直补发放补贴资金共计1.44万元，玉米直补发放补贴资金共计6.35万元。

【蔬菜普查】对涉及蔬菜生产的6个乡开展了蔬菜普查工作，全区菜田总面积182.11公顷、其中设施蔬菜面积81.38公顷、露地蔬菜面积100.73公顷。全区蔬菜播种面积257.25公顷，其中春播面积 51.37 公顷、夏播面积 37.67 公顷、秋播面积 129.68 公顷、冬播面积 38.53 公顷。

【农残检测】共检测农贸市场、基地及配送企业、超市的 20 090 个蔬菜水果样品，合格率 99.9%（农贸市场合格率 99.9%，农产品生产基地及配送企业合格率 99.9%，超市合格率 100%），定量检测 121 个蔬菜水果样品，合格率 100%。

【植物检疫】在相关作物上进行黄瓜绿斑驳病毒病、果斑病、番茄溃疡病、美国白蛾、扶桑绵粉蚧、红火蚁、稻水象甲、大豆疫病等危险性有害生物普查，没有发现危险性有害生物。

【春防秋防】在全区开展春、秋防工作。对全区奶牛进行牛结核、布病检疫净化，对马属动物进行马传贫、马鼻疽的检疫净化，无阳性；加强抗体监测，经检测抗体水平均在有效保护范围；集中发放消毒药品 39.21 吨，同时对各街乡防疫人员和 530 名村级（社区）防疫员发放毛巾、手套、消毒液等防护用品 2 500 余套。

【全国两会、北京两会淡水鱼供应】为全国“两会”供应草鱼 6 431.8 千克，鲫鱼 485.65 千克，花鲢 836.75 千克，罗非鱼 1 036.4 千克，鲤鱼 1 315.4 千克，合计 10 106 千克；为北京“两会”供应鲜活鱼共计 1 759 千克，其中草鱼 1 377.5 千克，鲫鱼 10.5 千克，罗非鱼 222.5 千克，花鲢 148.5 千克。

【疫病防控】设立 23 个流动免疫点、45 个固定免疫点。全年结合免疫，全区狂犬病免疫 49 992 条，应免率 100%。全区口蹄疫、禽流感等疫病免疫率 100%。与疾病预防控制中心开展布病防控，监测了 4 个牛场的 40 名饲养员，未发现布病阳性病例。检测 2 572 头奶牛，未发现阳性。

【动物及动物产品检疫】共检疫各类动物 6.5 万头（条、只、羽、匹），对肉类批发市场和京客隆生鲜配送中心实行 24 小时全程监管。对外埠进京动物和动物产品的检验检疫，实行 24 小时昼夜值守，把好门户关，认真查证、验物和消毒。检疫外埠进京猪肉 3 500 万千克、鸡肉 780 万千克、鸭肉 190 万千克、牛肉 1 750 万千克、羊肉 700 万千克。

【景观水域调研】对全区景观水域进行调研，景观水域 40 处，面积 175.6 公顷。其中，市属景观水域 4 个，区属景观水域 8 个，郊野公园 14 个，度假村、村属景观水域 14 个。

【增殖放流】在奥林匹克森林公园、大望京公园、将府公园等 5 个景观水域开展春季增殖放流活动，放流面积 77.6 公顷，共放流 13 100 千克鱼种，其中白鲢 10 000 千克，花鲢 2 900 千克，草鱼 200 千克，约折合 16 万尾。

【农产品质量安全自检】全区 12 家生产、加工配送、销售单位全年自检农产品样品 165 939 个，合格率 99.0%；其中，蔬菜样品 134 547 个，合格率 98.8%；水果样品 10 703 个，合格率 99.9%；畜禽样品 19 209 个，合格率 99.9%；水产样品 1 480 个，合格率 100%。较上年自检样品合格率增加了 0.1 个百分点，杜绝不合格农产品上市，实现全年无一例重大农产品质量安全事故发生。

【农产品质量安全监管追溯体系】对 14 个项目监控点检测室运行情况做到每日电询、每周抽查、每月普查，确保三级管理高效通畅。累计检查基层检测点 100 人次，解决数据传输、登记书写、样品记录等各类情况 115 个次。执行日报、周报、月报工作制度，提供及时、准确、翔实检测数据。迎检接待相关部门 100 余人次。

非 农 产 业

【概况】朝阳区积极探索以工促农、以城带乡、城乡互促共进的工作机制，不断调整和优化产业结构，发展和壮大文化创意产业、现代服务业、高新技术产业等二、三产业。

【乡镇企业】朝阳区共有乡镇企业 398 家，其中，农业企业 14 家，工业企业 115 家，建筑业 60 家，交通运输仓储业 11 家，居民服务和娱乐业 64 家，其他企业 30 家。实现总收入 617.37 亿元，同比增加 163.91 亿元，增长 36.1%；利润总额 27.33 亿元，同比增加 8.64 亿元，增长 45.7%；税金 18.42 亿元，同比增加 2.95 亿元，增长 19%；劳动者报酬 16.9 亿元，同比增加 3.2 亿元。

【农村企业发展】农村地区规模以上企业达 603 家，其中，收入超亿元企业 212 家，同比增加 26 家。亿元企业全年实现经济总收入 957.2 亿元、利润 47.7 亿元，分别比上年增长 18.8%和 15.4%，对农村地区经济总收入、利润总额的贡献率分别达到 128.8%和 139.2%。

【产业项目建设】推进南磨房东郊市场、十八里店乡西直河村和豆各庄乡京津高速以南地块产业升级改造试点，农村产业转型升级取得积极进展。强化产业准入和退出机制，建立产业用地和低级次市场清理腾退项目库，进退有序的产业发展态势初步形成。重点项目实现投资13.5亿元，八里庄创意产业园等10个项目建成开业，朝来科技园二期、平房公租房、田华集团总部等14个项目加紧建设。

村镇建设

【概况】按照城乡一体化的发展要求，加快推进新农村建设，通过加强基础设施建设、加大绿化美化力度，着力改善村容村貌、村居环境，初步营造了“乡风文明、村容整洁”的和谐农村氛围。

【生态环境和新农村建设】完成平原绿化造林8 654亩，形成东坝大环景观生态林等两个绿化精品。健全环境监管激励机制，实施环境建设惠民“3＋1”工程。开展黑庄户优质煤替代和王四营“煤改电”试点，减煤换煤工作扎实推进。6处“三起来”工程和40个新农村基础设施项目全部完工，高碑店村东区600户农宅完成抗震节能改造，黑庄户、定辛庄等3个村被列为市级新型农村社区试点。

【“新三起来”工程】为进一步提高农村资源循环利用水平，组织启动了以清洁能源利用、民居抗震节能改造、村级公共浴室建设和雨洪利用工程等为主要内容的“新三起来”工程建设。

【农民住宅抗震节能工作】高碑店村已建成400栋农民新居。

【农村社区建设】加快提升社区服务功能，完成33个村级服务站、50个星级服务站建设和71个社区用房改扩建项目，11个新社区获批成立，全面完成33个“六型社区”创建工作。创新社区管理模式，积极推动23个“三社一体化”建设试点，高碑店兴隆家园、将台梵谷水郡等8个社区被评为首批全国社会工作服务标准化建设示范社区。

【村庄社区化管理】30个村庄完成社区化建设任务，77个村（社区）落实民警驻区制，可防性案件和矛盾纠纷大幅度减少。

【环境整治】对违法建设保持高压态势，完善分类台账登记制度，拆除违法建设246万平方米。加大人口管控力度，结合地下空间、房屋违法出租清理，拆除出租大院71处、23.4万平方米，调减流动人口12.1万人。

【文化文明建设】完成8个乡情村史陈列室和26处室外文化广场建设，活动总面积达9.22万平方米，实现乡、村文化中心（室）100％覆盖、100％达标。举办农村地区健身秧歌大赛等文体活动，群众文化生活更加丰富。推行志愿服务项目申报制，来广营“一站一队助一家”等服务品牌脱颖而出。成功举办农村地区健身秧歌大赛等文体活动，农村地区原创歌曲合唱音乐会获市唯一组织金奖。

农村改革与管理

【概况】扎实推进农村产权改革、农村集体“三资”管理、政策研究等工作，农经改革与管理工作迈出了重要步伐。

【产权制度改革】黑庄户、豆各庄、东坝3个乡改革方案及配套文件经区委区政府批准启动乡级产权制度改革，其所属37个村产权制度改革工作稳步推进，其中东坝乡所属9个村劳龄统计工作进行了两榜公示。来广营乡所属4个村劳龄统计工作进行了一榜公示。截至年底，全区累计完成或基本完成改革的单位103个，其中完成改革的村98个，占村级总数的68％。

【“三资”管理】规范资金监管，17个乡、144个村集体收支项目纳入预算管理，完成154个村306名村干部经济责任审计。狠抓合同联预审机制的落实，调整清理不规范合同1 200份，集体收益累计增加2.2亿元。农村三资在线监管平台初步建成。黑庄户、豆各庄等4个乡41个村集体产权制度改革扎实推进。

【集体经济合同管理】利用GIS定位测绘技术，完成全区19个乡7 668份经济合同定位测绘工作，采取一卡一账对三图模式，实现合同文本电子备案，健全完善土地资源管理电子信息系统，提高经济合同管理辅助决策水平。利用土地资源电子信息系统对经济合同进行清理规范，截至年底，全区累计调整不规范合同1 200份，增加集体收益2亿元，解除合同115份，收回土地7 652亩。规范乡、村两级合同签订程序，统一合同文本，推进合同签订联预审工作机制，对新签续签387份合同实施联预审，从源头上把控土地资源合理和有效利用。

【集体资产管理】全区19个乡全部成立了乡集体资产监督管理委员会及其办公室，其中，王四营、南磨房等9个乡正式对外挂牌办公。全区19个乡154个村完成集体经济组织重新登记工作，健全完善了村级社员代表大会制度。对19个乡级集体经济组织、154个村级集体经济组织进行集体资产产权登记年检工作，截至年底，全区集体资产总额655.2亿元，负债总额419.7亿元，所有者权益173.6亿元，集体净资产总额 142.7 亿元，土地面积23 852 公顷。

【集体资金管理】全区 19 个乡 154 个村完成 2013 年度和 2014 年度收支预算的编制工作，按照预算控制、分级审批、集体决策、民主监督、依法依规、规范操作的原则，健全完善大额资金管理制度。对 19 个乡 154 个村干部进行任期和离任经济责任审计，审计村干部 306 名，审计对象包括村党支部书记、村委会主任、村经济合作社社长，审计内容包括村集体经济组织财务收支合法性、经营成果真实性、财政资金和专项资金使用规范性等，审计覆盖面达 100%。审计金额 298.5 亿元，审计合同 7 948 份，审计出各类问题 4 201 项，提出审计建议 1 292 条。

【土地确权与流转】全区 13 个乡 121 个村农用地实行确权确利落实农民土地承包经营权，签订确权确利协议书 52 983 份，涉及农民 116 840 人，土地面积 8 745 公顷，确权确利收益 5 928.7 万元。

农 民 生 活

【概况】坚持以人为本，完善社会保障机制，加大就业培训安置力度，丰富群众业余文化生活，群众的生活条件和生活环境得到极大改善。

【社会事业】推进王四营等 6 个乡、12 所乡（村）中心幼儿园建设，十八里店小武基幼儿园等 7 所幼儿园开工建设，其余已完成地堪和招投标，建成后预计可解决 6 135 名幼儿入园问题，有效分散取缔自办园后所带来的入园压力。

【社会保障】农村地区 8.6 万农民参加养老保险，保险覆盖率由 2005 年的 40%提高到 96%；新型农村合作医疗保险筹资标准由 820 元增加至1 140元，参合人数 9.9 万人，参合率达到 99.78%。

【转居转工情况】崔各庄乡东营村，金盏乡楼梓庄村，太阳宫乡十字口、牛王庙、太阳宫 3 个村，豆各庄乡全乡 12 个村，共计 4 个乡 17 个村办理了农民转居工作，其中除崔各庄乡东营村以外的其余 16 个村均为全村整建制转居，共计实现农转居 7 606人。

【安全稳定】坚持部门联动、属地统筹、标本兼治，开展城乡结合部地区专项整治，一批潜在安全隐患得到消除。强化农业行政执法效能，金盏等 9 个农产品质量安全管理站挂牌运行，“1855”监管追溯体系全面建立，H7N9 禽流感等重大动物疫病防控扎实有效，农村地区食品和农产品安全得到切实保障。结合“千名干部下基层”活动，加大矛盾纠纷排查调处力度，一批维稳重点问题得到解决。30 个村庄完成社区化建设任务，77 个村（社区）落实民警驻区制，可防性案件和矛盾纠纷大幅度减少。

基层组织与民主政治建设

【概况】朝阳区农村共有 1 290 个基层党组织，其中乡党委（地区工委）19 个，村级党组织 154 个，社区级党组织 161 个，党员 37 702 名。2013 年是全面深入贯彻十八大精神的开局之年，面对农村地区经济社会结构调整、基层社会矛盾凸显、社会服务管理难度加大等特殊形势，朝阳区农村系统“三级联创”工作始终按照中央决策部署，深入贯彻落实党的十八大和十八届三中全会精神，围绕推进“新四区”发展战略，以争创“五个好”为目标，以有效破解深层次矛盾、推动农村地区科学发展为突破口，统一思想、凝聚力量、大胆创新、攻坚克难，全力提升农村基层党建工作的科学化水平，为朝阳区城乡一体化建设提供了坚强的组织保障。

【基层干部队伍建设】深入开展解放思想大讨论和理想信念教育活动，各级班子把握政策、驾驭复杂局面的能力不断提高。加强乡级班子整体建设研究，农村二级班子运行长效机制进一步完善。深化人才发展战略研究，加强村干部梯次选拔培养，后备干部队伍结构持续优化。

【社区党组织换届】参加换届选举的 63 个村委会，圆满完成换届选举工作。

【民主政治建设】提升各级党组织党务公开的深度和广度，规范公开内容、程序、时限和形式，增强各项工作透明度。探索建立了崔各庄乡党代会常任制制度，完善基层党代表任期制制度，拓宽了基层党代表在党代会闭会期间参与监督、议事、决策的有效途径。健全基层群众自治机制，完善群众自治组织，拓宽自治范围和形式，以提高组织化程度、扩大有序参与、推进信息公开、加强议事协商、强化权力监督为重点，保障群众享有更多更切实的民主权利。

【党建阵地建设】推进 400 余处乡、村（社区）党员服务中心（站）建设，充分发挥宣传政策的窗口、传授知识的课堂、凝聚党员的阵地和联系群众的桥梁作用，探索建立了“上级党组织服务基层党组织，党组织服务党员，党员服务群众”三位一体的服务管理模式，坚持做好“建阵地”与“用阵地”的统一，构建开放性、共享性、融合性的区域化党建工作阵地，实现资源利用效率最大化。

【党建创新】以党建工作项目化管理为抓手，创新党组织、党员服务群众的服务载体，细化出台《关于进一步推进党建项目化管理的实施意见》，针对87个党建项目，从规范立项、检查验收、结题考核、服务成效等关键环节入手，严密程序，规范管理，通过项目带动，整体提升了基层党建服务水平。研究起草进一步加强和改进流动党员服务教育和管理工作的实施意见，通过采取合理设置组织、完善服务载体、搭建发挥作用平台等措施，切实加强流动党员的服务教育管理，充分发挥流动党员在融入驻地、参与建设、服务群众方面的示范引领作用。

【党风廉政建设】坚决贯彻中央“八项规定”和区委“两个从严”“四个坚决不允许”的要求，加强日常巡查和定期督查，基层班子作风进一步转变。细化农村地区“三重一大”决策制度，领导干部决策规范化、科学化、民主化程度不断提高。农村系统专项资金管理信息平台投入使用，资金管理更趋透明、规范。开展农村系统党员干部“七个一”系列学习教育活动，完善立项监察互查互评和重点工作监督检查制度，防腐倡廉工作机制不断完善。加大对违反“四风”和中央八项规定的案件查处力度，着力精减会议和文件，党风政风进一步好转。开展廉政风险防控分权管权试点，清理涉权事项1.5万项，制定防控措施1.1万项，规范权力结构配置和运行监督工作取得新进展。

【基层组织建设】落实区委深化聚合力工程“1＋4”文件精神，党组织的领导核心作用得到强化。加强阵地建设、打造项目品牌，基层党组织和党员服务群众的渠道进一步拓宽。分类探索流动党员服务教育管理的新机制，流动党员融入驻地、参与建设的积极作用日趋显现。开展农村系统“十佳道德模范”宣传评选活动，通过典型示范带动群众共谋发展。

“三农”工作部署和实施

【召开农村城市化工作会议】2013年2月25日，区四套班子出席朝阳区社会建设和农村城市化工作电视电话会议。区委常委、副区长陈涛做了题为《转变发展方式　破解发展难题　努力开创农村城市化工作新局面》工作报告。

【农村城市化工作目标】2013年，农村城市化的总体目标是：农村经济总收入、乡村集体收入、区级财政收入增长9%；农民人均纯收入增长8%以上；违法建设、流动人口、治安案件、安全事故、非正常群体访减少；社会事业不断进步，党建科学化水平进一步提升。

朝阳区领导名录

区委书记	程连元
副书记	吴桂英（女）　陈宏志　刘小宁（挂职）
常委	陈　涛　谢　莹（女）　陶　晶　张　革　宋铁健　甘靖中　贾彦翎　刘军胜
区人大常委会主任	佟克克
副主任	李　国　王亚贵　张富生　朱春霞（女）　曾原纪
区长	吴桂英（女）
常务副区长	甘靖中
副区长	陈　涛　王　春　张立新（女）　苑文新　汪　洋　张维刚
区政协主席	辛燕琴（女）
副主席	郑　煌　张树安　陈合庄　邢念增　高向宇　连玉明
区委农工委书记	胡良森
区农委主任	赵红伟

朝阳区各地区办事处（乡）党政正职领导

	工委（党委）书记	办事处主任（乡长）
高碑店地区（乡）	李云飞	郭光辉
南磨房地区（乡）	郑　勇	张启顺
将台地区（乡）	连文胜	于　瀛
太阳宫地区（乡）	张宏明	贾恩松
小红门地区（乡）	李贺清	刘大庆
十八里店地区（乡）	米振华	郭　亮
王四营地区（乡）	李世喆	张　奎
平房地区（乡）	马国勇	寇　晔（女）
东坝地区（乡）	安永存	黄宏春

金盏地区（乡）	于志刚	孙玉辉
来广营地区（乡）	左景全	王　刚
东风地区（乡）	张士华	龙连柏
孙河地区（乡）	张树宝	吴晓军
崔各庄地区（乡）	吴选辉	李　华
三间房地区（乡）	张小峰	张军茹（女）
常营地区（乡）	吉广平	王　刚（回）
豆各庄地区（乡）	陈　杰	蒋东燕（女）
黑庄户地区（乡）	路　军	李　欣
管庄地区（乡）	高永荣	周卫东

（朝阳区农委　曹义）

海　淀　区

概　　述

海淀区总面积430.77平方公里，农村地区面积261.11平方公里，占全区总面积的60.6%，辖7个镇、7个地区办事处、84个行政村，农业人口8.21万人。2013年，海淀区农村在区委、区政府正确领导下，深入学习贯彻党的十八大和习总书记系列重要讲话精神，积极推进城乡发展一体化，集体经济实力显著增强，地区发展规划顺利实施，现代农业新形态逐步丰富，民生投入力度不断加大，公共服务和社会保障水平实现新提高，社会管理体制机制进一步健全，改革发展各项工作取得显著进展。全区农村经济总收入实现238.8亿元，比上年增长7.2%。农林牧渔业总产值5.79亿万元，同比增长1.0%，农村居民人均纯收入2.5万元，同比增长10%。

城乡发展一体化

【村庄腾退及一镇一园建设】完成5个村庄搬迁腾退工作，165万平方米农民安置房竣工入住，上万居民回迁入住新居。一镇一园建设扎实开展，温泉起步区租赁房部分楼座即将结构封顶，唐家岭集体产业园项目正在抓紧施工，西北旺起步区租赁房项目完成场地平整。

【推进土地整治】制定土地整治项目管理实施办法，申报唐家岭森林公园、北坞公园、翠湖湿地3个土地综合整治项目，新增耕地3 500亩；以上庄为试点，开展高标准基本农田整治和农用地整治项目。

【完善配套设施及生态环境建设】建成苏家坨镇东路等16条道路，通车里程20公里。清华附中永丰分校、唐家岭新城配套小学和幼儿园竣工投入使用，翠微小学温泉分校已完工。北部文化中心、101中学温泉分校开工建设。按照近期过渡与远期规划相结合的原则，海淀区北部平台牵头编制了《海淀区北部地区园区配套设施近期建设方案》，从餐饮、购物、娱乐、健身、交通等方面进一步完善园区配套服务设施。2013年推进的17项任务已全面完成。此外，永丰、翠湖两大城市商业综合体也在抓紧推进。

农村经济发展

【农情数据】全年粮食面积6 963亩，总产量294.9万千克，菜地面积5 800亩，果树面积2.9万亩，产量514万千克，同比减少20%，减少原因主要是果树成熟期间连遭阴雨天，总收入7 004万元，同比减少11.2%，樱桃依然是海淀区果品主导产业。

【推进“菜篮子”工程】开展“设施农业”转作他用专项整治工作，拆除唐家岭村300栋38 318平方米，土井村438栋34 435平方米，永丰屯25栋1 370平方米。确保农地农用、种满种严，提高设施农业利用效率。加大资金投入，确保5 800亩菜田保有量。1 000万元支农资金用于菜田补贴、提升土壤肥力，鼓励蔬菜基地规模化建设、标准化生产。补贴2 483亩基本农田菜田和1 581亩规模菜田，拨付资金406.478万元，建设2个蔬菜标准化基地，在上庄、西北旺、苏家坨和温泉4个镇建立了8个高产高效示范点。

【农业标准化基地建设】经过三年基础完善建设、标准完善和材料收集整理，一品香山国家级休闲观光采摘园标准化示范区通过验收。2013年，海淀区新建标准化基地4个，已累计建设标准化基地79个，累计建设面积为12 522.49亩，由于政府征占土地、品种更新等原因，现保留标准化基地46个。

【提升海淀农业品牌】创新农业宣传方式，应季举办产品上市信息、特色项目开业信息新闻发布会。成功举办海淀区第十三届樱桃文化节暨春夏季果品推介新闻发布会、金秋采摘节，推荐休闲采摘游线路、小菜园认养地块，40余家新闻媒体进行了报道。举办杏、蓝莓的特色精品农产品的宣传推介活动。蓝莓总产量达到2万千克，繁育优质蓝莓种苗100万株，销售12万株。

【申报市级特色农业活动情况】宣传海淀区域内苏家坨镇杏花赏花路线，上庄蘑菇宴、大道农业京西稻美食以及苏家坨庄户人家农家菜三条美食田园线路。组织上庄镇申报北京都市型现代农业（高效农业）示范镇。推荐四季青玫瑰谷申报中国美丽田园。组织全国休闲农业与乡村旅游示范县申报材料。申报上庄稻香小镇为北京市休闲农业与乡村旅游五星级农业园区；申报上庄度假村为北京市四星级农业园区；申报西北旺镇百旺种植园、西山凤凰岭樱桃生态园等园区为二星、三星级农业园区，目前已完成对北京市休闲农业与乡村旅游星级园区的评审。推荐苏家坨镇为2013年北京市休闲农业与乡村旅游示范乡镇，完成材料整理、申报、组织检查、验收等工作。组织两个企业，参加北京农业嘉年华活动。配合市林业站、市徒步协会举办了“北京林果乡土专家创业果园徒步行活动”。

【推进农田保护】按照国土资源局海淀分局和海淀区农委联合下发的《关于印发海淀区设施农用地审批工作流程的通知》文件精神，对“香山玫瑰谷文化产业园”等8个农业附属设施项目进行审核管理。为鼓励农田向集体流转，落实区级农田保护与流转补偿机制政策，经勘测及统计，农田面积62 415.33亩，流转面积43 299.38亩，拨付资金3 675.691 2万元。

【智慧农业展示基地建设】建设东升科技园农业高新技术展示基地，在一期大棚主体结构完成的基础之上，进行二期升级改造，包括温湿度系统、通风系统、光照自动控制设备、雨水利用工程投入使用，以达到“专业化、精细化、智能化”的展示基地效果。同时，计划利用园区先进技术和销售市场，实施智慧农业产业化发展平台搭建项目，带动北部地区农民就业增收。

【推广新品种新技术】2013年重点推广5种蔬菜30多个优良品种，新技术6项，自主培育的草莓、樱桃砧木脱毒苗，已生产3万余株，并投入农业生产。“甜（辣）椒未成熟小孢子直接诱导萌发成植株的方法”获得了国家专利授权。“一种辣椒花药直接获得植株的培养方法及培养基”申报国家发明专利，初审合格。

【项目资金管理】建设支农项目库，对支农项目进行动态管理。安排36 566万元支农资金用于农田保护、水利、“菜篮子”工程建设等项目。已完成小麦直补等政策性、事务性项目资金拨付。

【推行政策性农险工作】2013年，参保面积5 588.39亩，278户次，保额10 975.112 7万元，保费总收入134.792 8万元。

【养殖业】全区有猪场5个、总存栏17 173头，牛场3个、总存栏3 563头，羊散养户129户、存栏羊3 834只；全区养禽场3个、养禽户475户，总存栏禽173 949只。全区养殖水面859亩，养殖户数61户，年产量约420吨。

【加大农民专业组织扶持】全区有农民专业合作组织23个。其中专业合作社7个，专业协会16个。下拨专项扶持资金180万元；用于采购76套印有宣传标语的遮阳伞、塑料桌椅以及中小型农机具，发放给各合作组织，为加大对农民专业合作组织的宣传力度，分两期为专业合作组织发布产品邮政广告34万份。

【农产品安全监管】申请资金300万元，在5个镇农产品质量管理站、3个农产品批发市场和36个取得“三品”认证的农业标准化生产基地建立农产品快速检测系统，仪器设备共计310台。对各基地生产的每批次农产品进行快速检测，确保上市农产品质量安全，该项目已于11月完成。加强“三品”（即无公害、绿色和有机食品）基地认证管理。全区“三品”认证基地38家，认证品种116个，认证面积8 405亩，规模化农产品生产基地已全部通过无公害农产品认证。共组织执法检查576次，出动执法人员1 877人次，制作现场检查笔录1 003个，行政处罚55起，没收违法所得2 520元，罚款88 998元。

村镇建设

【概况】按照城乡一体化的发展要求，继续实施新农村“三起来”工程，加强农村基础设施建设，加大绿化美化力度及环境综合治理，农村地区村容村貌、居住环境得到极大提升。

【继续推进“三起来”工程】在16个观光采摘园、

2个种植基地和1个文体公园安装太阳能路灯842盏，在四季青镇域建设雨洪利用工程2处，投入资金共计2 503万元。

【农村基础设施建设】在农村地区建立村邮站40个，垃圾资源化处理站6座，达标公厕172座，公共旱厕430座，街坊路44.8万平方米。落实农村基础设施养护资金7 340.32万元，以各镇为主体组建管理队伍2 461人，确保农村基础设施正常运转。

【新农村建设试点工作】积极推进苏家坨镇车耳营、七王坟两个村就地改造试点工作，已完成摸底排查、总体规划、实施方案和农民动员组织，为建成具有海淀特色的美丽新农村奠定良好基础。

【落实宽带北京行动计划】加强农村信息基础设施建设，扩大光纤到户比例，农村地区已光纤接入4 200户，无线带宽覆盖农村地区4万户。84个行政村以光纤方式接入政务外网，每条网络带宽为2M，为农村党员干部现代远程教育提供方便。

【文化设施建设】投入资金2 700多万元，完善7个镇的8个文化活动中心配套设施建设，拓展了农民文化活动空间。推动农村地区文化设施达标工程，对东升镇文化活动中心等15个达标项目进行补贴，补助资金共计542.45万元。

【大气污染防治工作】推动农村地区燃煤锅炉改用清洁能源，改造燃煤锅炉122蒸吨，减少2.4万吨燃煤使用量；开展渣土遗撒专项整治行动，对北部地区2家混凝土搅拌站、80余个在施工地进行排查；集中开展了燃煤、机动车、扬尘、工业、汽修、餐饮共6个专项整治行动，对露天烧烤及经营性小煤炉进行排查和取缔；对燃煤锅炉超标排放、露天喷漆、烤漆房废气超标排放违法行为予以处罚；针对非法经营性砂石厂加大排查整治力度，要求尽快取缔关停；对海驾、龙泉、远大等11家驾校开展教练车排放污染专项检查，对61辆超标车进行了处罚并责令其限期整改。

【农村社区建设】以创建农村社区建设典型示范社区为契机，投入资金3万元为7个镇、84个村配发了农村社区建设系列丛书，提升社区工作人员管理水平。2013年，有7个农村社区创建典型示范社区。积极推进镇级社区服务中心建设任务的落实，目前，7个镇均已基本确立了中心选址及建设方式，为"十二五"末实现每个镇建成1 500平方米社区服务中心的目标奠定了基础。

【农村绿化美化】农村街坊路绿化主要是针对农村地区村镇内部或周边地区实施的绿化建设，旨在美化村民生活环境，提高村民生活质量。各镇加大对街坊路绿化管理，组织专业队伍进行绿地的建设与养护，全年共实施街坊路绿化面积127.3万平方米。集体生态林补偿机制政策管理的林地面积10.53万亩。

【河道保洁与维护】将区管河道保洁经费纳入财政预算。镇管河道纳入农村基础设施管理范畴，每季度组织检查考核，将考核结果作为区、镇拨付农村基础设施补贴资金的重要依据。坚持开展河湖水环境"百日整治"行动。

【河湖水系治理】统筹考虑治污及河道治理、防洪等工作，多种举措实现规划污水管线建设和农村拆迁后新建区域污水管网建设；对现有不满足处理规模的污水处理站进行扩建改造。目前，实施方案补充资料已交，环评已上报市环保局。

【农村卫生人才队伍建设】全区注册乡村医生313名，分布在9家社区卫生服务中心及乡镇卫生院，其中享受政府乡村医生补助的医师55人，在村卫生室工作；其他在册乡村医师均有医师执业证、助理医师证或护士执业证、药师执业证等。2013年，对全区在职在岗的204名乡村医生进行了岗位培训和考核。

农村改革与管理

【产权制度改革】按照《海淀区农村集体经济产权制度改革工作方案》的总体要求，对尚未完成改革的难点村、重点村加强指导、加大督导，分析研究具体情况。全区村级改革基本完成，温泉镇完成镇级改革，海淀镇正在进行份额确认和流转工作，四季青镇的清产核资工作已到扫尾阶段。本次改制工作，涉及农村集体资产约750亿元，人员30万人，核实查阅50多年的历史资料。

【土地确权工作】按照市土地颁证领导小组要求，区农委与国土分局一起参加全市土地颁证工作检查。积极开展农村集体建设用地确权颁证前期工作。已有九成以上的农村集体土地颁发所有权证。农村集体建设用地已经完成指界签字，完整的申请材料已提交至区国土局。

【平原造林工作】区农委、区园林局、区农经站及有关镇多次座谈，研究平原造林的土地流转问题，起草了全区统一的平原造林工程土地流转合同。2013年3月，完成了土地经营权的流转。全区共有 5 504.9 亩平原造林工程用地享受土地综合补偿，补偿资金 27 524.5 万元。镇政府可利用该项资金收回已承包土地的经营权。

【合同清理工作】按照市农经办《关于开展农村集体经济合同清理工作的通知》要求，区农委与区农经站在全区范围内开展农村集体经济合同清理工作，清理工作从 2013 年 4 月开始 10 月结束。共清查镇级单位 8 个，镇级直管企事业单位 32 个，村级和二、三级公司 326 个。纳入区农村集体经济合同管理电子台账系统的合同 11 029 份，涉及金额 335.8 亿元。清理出的问题合同 449 份，主要表现在：合同期限超过法定最长期限，合同内容的条文不规范，履行期限、地点和方式约定不明确，没有约定违约责任等方面。对问题合同，各镇做到了边清理、边规范、边记载、边录入。

【加强“三资”管理】为了加强农村集体经济组织征地补偿费管理，严格执行专户存储、专账管理制度，制定了《海淀区农村集体经济组织征地补偿费监管协议》，协议中明确专户资金使用程序、各方承担的监管责任、开户银行应提供的服务事项等内容。对全区 7 个镇及玉渊潭总公司进行征地补偿款专户情况检查，除了四季青镇，其余村与银行、镇政府签订了监管协议。

【审核股份经济合作社注册登记】对海淀区已经完成农村集体资产处置，拟改建为农村股份合作经济组织的农村集体经济组织进行注册登记工作，对因增资扩股、股权流转等发生股权变动的股份社积极做好相应的变更登记工作。全年共审核完成 19 家单位的股份经济合作社注册登记工作，办理农村经济组织登记证书年检 76 个。

【建立健全农村集体财务管理制度体系】制定《关于进一步加强我区农村集体经济组织财务管理工作的指导意见》，从加强预算管理、加强资金资产管理、明确监管责任等 7 大项内容明确了规范要求。编写完成《海淀区农村会计核算手册》《农村财务会计管理法规政策汇编》《农村财务管理十要十不要》《海淀区农村会计人员管理办法》等下发各镇村，规范农村财会人员依法理财的自觉性。

【农村管理信息化与统计工作】进一步完善涉农基础数据管理系统，建立村级统计台账，实现了村级数据信息资源共享，解决了数出多门、口径不一、浪费人力物力的状况。完成 8 个乡镇（总公司）及 92 个村的《村管系统》和《农经平台》数据备份工作。上传了农村人口数据表 246 294 张，农经统计资料数据 1 289 张，社会综合管理数据 505 张，农民负担管理数据 187 张，农村土地承包与合同管理数据 18 452 张。

农 村 民 生

【农村文化、教育事业】以承接国家级教育改革课题为契机，积极开展城乡教育一体化实验，建成清华附中永丰学校、翠微小学温泉分校。清华附中永丰学校已于 2013 年 9 月 1 日正式投入使用。构建农村公共文化服务体系，满足人民群众日益增长的精神文化需要。开展“五月的鲜花”、夏日文化广场、农村电影放映、星火文艺演出、非物质文化遗产保护和文化设施建设，共计组织农村地区群众文化活动 600 余场；“送福下乡”慰问演出近 200 场；公益电影放映 4 052 场；为农村文艺骨干举办培训班 11 次，免费培训 1 000 余人。

【劳动就业】城乡就业“1＋10”政策深入实施，全年帮扶 5 997 名农村劳动力实现就业，促进、稳定就业 8 271 人。通过政策引导、开展精细化就业援助、加强农村基层就业服务平台建设、提升农村劳动力职业技能、搭建用人单位与农村劳动力用工需求平台等方式，帮助农村劳动力通过单位招用、自主创业、灵活就业和公益性安置等方式实现就业。

【社会保障】基本实现城乡多层次、可衔接、全覆盖的社会保障政策一体化目标，适龄农民参保率不断上升；为 1 380 名农转居人员办理了趸缴社会保险手续，趸缴总金额达到 154 609 147.44 元，险种涉及养老、失业、医疗等；新型农村合作医疗参保人数 74 327 人，参合率为 94.66％；全年农村低保救助累计 2 808 户、4 200 人次，支出救助金 241 万元。

【农村安全稳定】深入推进网格化工作意见，农村地区全面推行网格化管理。进一步明确和完善城乡交叉地区管理机制，建立了区、街镇、村居三级议事协调机制。以农村环境综合整治为切入点，强化流动人口聚集地等区域的环境卫生管理。全面排查农村地区防汛重点部位，落实专项经费，做好农村地区防空洞、危房早期勘察工作，确保安全防汛。启动 H7N9 禽流感应急防范机制，未发生疫情。加强种子、农药、肥料、渔政监管等农业行政执法。开展平安村镇建设，农村社会保持和谐安定。

基层组织与民主政治建设

【农村基层党组织建设】制定《海淀区关于“五个

好”镇党委、“五个好”村党组织评比办法》，细化“五个好”镇党委、“五个好”村党组织在组织领导、班子和干部队伍建设、村级党组织建设、民主政治建设和经济社会发展等方面的检查细则，明确评比步骤，对7个镇14村7个社区开展“三级联创”自查，推进党的建设“三级联创”工作。组织开展农村基层党组织分类定级、晋位升级，农村地区84个行政村党组织，82个被评为“好”的等级，39个社区党组织全部被评为“好”的等级。从各镇申报的47个项目中确定东升镇马坊村党总支部“以点带面，党员推动集体企业文化建设、村庄文化建设”项目、西北旺镇西北旺村党支部“党员温馨家园330计划”项目、苏家坨镇周家巷村党支部“党员爱心基金”等10个项目作为2013年度农村系统党建创新项目。

【基层干部培训】全年举办了全区农村干部培训班、全区大学生村官培训班、农村基层干部廉政教育专题班、新一届农村基层干部异地挂职培训班和农村党组织副书记和支委培训班共计380余人次，一些后备干部经过培养进入村两委班子，部分村官因表现优秀进入支委，为农村发展输送了新鲜血液。

【强化干部的管理与考核】制定《海淀区关于进一步加强村级班子管理与考核的指导意见》，通过对全区重难点工作的完成情况、党建工作、廉政履职等内容进行考核，提高村级干部队伍的整体素质能力。制定《海淀区关于加强村级组织后备干部队伍建设的意见》，进一步明确加强后备干部队伍建设的思路、目标任务、选拔程序、培养方式、加强管理等几个方面的要求，解决后备力量匮乏状况。

【农村实用人才建设】制定《2013年海淀区农村实用人才工作要点》，从人才开发培养、工作方法创新、工作机制健全、服务体系完善、表彰机制建立、配套政策制定、舆论氛围营造、乡镇作用发挥等方面完成了2013年度农村实用人才考核验收工作。评定133名初级农村实用人才，推荐7名高级实用人才和1名“北京市有突出贡献农村实用人才”并都获得批准。2013年新增实用人才实训示范基地4个。

【村务公开管理工作】完善村民自治章程和村规民约为重点的民主管理制度，深入推进村务公开、政务公开和党务公开工作。推行村级民主决策“票决制”，探索以村民或村民代表无记名投票表决的方式对村级重大事务进行决策。

【党风廉政建设】组织举办农村干部廉洁履职专题培训班，区委常委、纪委书记芦育珠和区纪委常委、宣教室主任王文赞分别为农村干部讲专题党课。举办“构建廉洁社会体系，助推文明城区建设”反腐倡廉案例巡展。组织开展区级廉政文化示范点创建活动，挖掘农村地区廉政文化资源，四季青镇李墨林纪念馆、西北旺镇文化服务中心获“海淀区廉政文化示范点”称号。

【加强廉政风险防控管理】成立区农村集体资产监督管理委员会办公室，进一步加强对农村专业合作经济组织经营管理和农村集体资产的监管，突出在农村集体资产清查、处置、产权登记的管理，农村集体经济组织财务会计和村账托管，镇、村两级资产监管等方面的作用，较好地避免了农村资产资源的流失，维护了农民利益。认真落实“一把手”不直接分管人、财、物等事项的规定，变集权为分权，科学配置班子内部权力结构，不断健全完善“副职分管、正职监管、集体领导、民主决策”的权力运行机制。积极探索行政审批、工程建设、重大资金使用等重点领域的权力配置方法，建立审办分离、建管分离、管用分离的分权制约模式。

“三农”工作部署和实施

【召开城乡一体化工作会】4月19日，召开海淀区2013年城乡一体化工作会，四套班子领导出席。会议总结2012年全区城乡一体化工作，部署2013年工作任务。副区长龚宗元代表区委、区政府作工作报告，区委常委李彦来宣读《关于2012年度海淀区城乡一体化建设先进集体和先进个人的通报》，区农委书记、主任王桐慧对涉农文件进行说明，区委书记隋振江做总结讲话。区委、区政府相关委办局、街道、企事业单位的主要领导，各镇科长以上干部，农服中心主任，村书记、主任，各镇的派出所所长、工商所长、城管分队长参加了会议。

【成立海淀区农资委】2013年11月20日，区政府下发《关于进一步加强海淀区农村集体资产管理工作的实施意见》（海政办发〔2013〕80号），成立海淀区农村集体资产监督管理委员会，12月30日举行了挂牌仪式。海淀区农资委为农村集体资产监管的议事协调机构，主任由主管副区长龚宗元兼任，区农委书记王桐慧、主任刘涵、区农经站站长王彩霞任副主任。区农资委办公室设在区农经站，负责区农资委的日常工作。全区7个镇及玉渊潭农工商总公司为农资委成员单位。

海淀区领导名录

区委书记 隋振江
副书记 孙文锴 刘 鸿（女）
常委 杨智慧 尹燕京 李彦来
吴祖安 芦育珠（女）
刘长利 穆 鹏 陈名杰
区人大常委会主任 关成启
副主任 王鲁豫 臧桂武 朱春生
杨 莉（女）
区长 孙文锴
副区长 穆 鹏 刘长利 陈 双（女）
孟景伟 傅首清 徐永全
龚宗元
区政协主席 彭兴业
副主席 刘 恪（女） 丁志明 肖熙之
区委农工委书记 王桐慧
区农委主任 刘 涵（女）

海淀区各镇党政正职领导

	党委书记	镇 长
四季青镇	胡淑彦（女）	苏国斌
东升镇	高念东	武 凯
海淀镇	李景奇	赵 寒
西北旺镇	刘小云（女）	魏 星
温泉镇	方海强	林 航（女）
苏家坨镇	祝的春	张春明
上庄镇	魏怀中	杜陈生

（海淀区农委 王茹萍）

丰 台 区

综 述

丰台区总面积305.87平方公里，农村地区面积169.81平方公里，占全区总面积的55.56%，辖5个乡镇、16个街道（地区）办事处、65个行政村，其中卢沟桥乡19个行政村，花乡15个行政村，南苑乡12个行政村，长辛店镇9个行政村，王佐镇8个行政村，宛平城地区办事处2个行政村。2013年年底全区常住人口226.1万人，户籍人口111.4万人，其中农业户籍人口105 006人。2013年，丰台区上下充分发扬“顾大局、讲奉献、能吃苦、敢创新”的园博精神，认真贯彻落实区委、区政府决策部署，农村发展方式进一步转变，农村城市化程度进一步提高，农村民生进一步改善，农民收入进一步增加。全年实现农村经济总收入329.8亿元，同比增长3.2%；实现税金14.2亿元，同比增长10.8%；实现利润21.6亿元，同比下降2.9%；实现农林牧渔业总产值3.6亿元，同比增长5.6%；村居民人均纯收入20 442元，同比增长10.5%。

城乡发展一体化

【概况】丰台区以“土地流转起来、资产经营起来、农民组织起来”为重点，通过重点功能区和重点项目带动、绿隔政策实施、重点村城市化推进、整建制农转居及征地转非等途径，稳步推进城乡结合部地区城市化进程。

【城乡经济发展水平比较】全年城镇居民人均可支配收入37 886元，比上年增长10.8%；农村居民人均纯收入20 442元，增长10.5%。城镇居民恩格尔系数为31.0%，比上年下降1个百分点；农村居民恩格尔系数为35.9%，上升1.5个百分点。全区城镇居民人均住房建筑面积29.68平方米，农村居民人均住房面积31.24平方米。

【农村城市化发展水平】完成了四合庄村、西铁营村等10个村和夏家胡同整建制农转居，郭公庄村等4个村转居获得市政府批复，造甲村等3个村完成转居民主程序，城市化率提高8.7个百分点。区政府出台了《加快推进建设征地补偿安置工作的实施方案》，积极推进征地转非工作。全年13 901名农民转为居民，5 416名超转人员纳入民政部门保障。

【农村征（占）地项目及农转非】共批准征（占）地项目14个，征（占）集体土地面积198.720 3公顷，应农转非2 239人，其中农转工1 472人，超转人员231人。

【重点村城市化建设】丰台区8个重点村旧村改造

项目总规模约1 444公顷，其中建设用地396公顷、代征用地385公顷、代拆用地663公顷，涉及拆迁人口约4.5万。年内，8个重点村回迁房全部开工，西局等4个村实现回迁。重点村完成100公顷上市土地供地准备，夏家胡同、石榴庄一期和西局一期、二期实现上市交易。

农村经济发展

【概况】农村经济实现稳步发展，完成总收入329.8亿元，同比增加10.4亿元，增长3.2%，其中主营业务收入313.7亿元，同比增长3.5%。农村经济第一、二、三产业分别完成收入6亿元、62.9亿元、244.8亿元。农村经济实现利润21.6亿元，受部分企业搬迁、成本费用增加、收入下降等影响，经营效益下降，比上年同期减少0.6亿元，下降2.9%。实现税收14.2亿元，同比增加1.8亿元，增长14.5%。实现税收12.4亿元，同比增加1.2亿元，增长10.8%。第一、二、三产业分别实现税金0.1亿元、3.2亿元、10.9亿元，分别占税金总额的比重为0.8%、22.3%、76.9%。农民人均所得达到19 231元，同比增加1 813元，同比增长10.4%。其中，农民人均所得从集体所得为14 896元，比上年同期增加2 357元，增长18.8%。农民从集体所得占人均所得的77.5%，比上年提高5.5个百分点。

【农村集体资产运营情况】农村集体资产总额达到1 073亿元，首次突破千亿元大关，比上年同期增加256亿元，同比增长31.4%。在农村集体资产中，乡镇级集体资产总额为102亿元，比上年同期增加15亿元，同比增长17.7%；村级集体资产总额为971亿元，比上年同期增加241亿元，同比增长33%，村级集体资产在农村集体资产中占90%。西局等6个村集体资产总额进入全市十强。农村集体所有者权益为301亿元，比上年同期增加90亿元，同比增长42.5%。其中，乡级集体所有者权益为40亿元；村级集体所有者权益为261亿元，同比增长41%。人均所有者权益超过40万元的村有10个，比上年增加3个村，花乡六圈村最高，为198.8万元；超过10万元的村共有33个，比上年增加3个村，其中卢沟桥乡11个、花乡10个、南苑乡10个、王佐镇1个、太平桥街道1个；人均所有者权益在万元以下的村有11个村，比上年减少1个，其中卢沟桥乡1个、花乡3个、长辛店镇5个、王佐镇2个。

【乡镇企业概况】乡镇企业共计398家，其中，集体企业249家，股份合作企业63家，联营企业5家，有限责任公司69家，私营企业1家，港澳台商投资企业1家，外资投资企业1家。乡镇企业总产值721 068万元，营业收入1 005 941万元，利润总额123 147万元，税金49 283万元。

【促进农村经济发展】投资3 800余万元用于种业发展、农村产业发展、促进农民就业增收及民生工程等方面项目共23个。卢沟桥乡探索C9项目土地、建设、收益、管理统筹模式，实现土地资源向功能区集中、集约利用和效益最大化。协调银行发放重点村项目及棚户区改造项目信贷资金共计51.2亿元，支持范围覆盖卢沟桥乡、花乡和南苑乡等3个乡的7个行政村。出台了《丰台区农村地区产业项目准入规定》和《丰台区农村地区产业项目准入指导目录》，引导农村产业高端、高效发展。全年丰台区农村地区引进亿元以上企业8家。北京国家现代农业科技城物流科技园落户丰台，国家数字出版基地落户榆树庄。

【都市型现代农业】农林牧渔业总产值完成36 377.1万元，同比增长5.6%。其中，农业产值完成10 440.8万元，比上年下降24.8%；林业产值完成20 367.7万元，同比增长41.2%；牧业产值完成2 613.1万元，比上年下降19.8%；渔业产值完成1 658.1万元，比上年下降1.5%；农林牧渔服务业产值完成1 297.4万元，同比增长8.5%。全区农业设施2 031个，比上年下降33.9%，设施农业产值8 179.2万元，下降14.1%，其中温室产值为7 960.6万元，大棚产值为218.6万元。

【种植业】全区粮食播种面积3 752亩，比上年下降18.6%；粮食产量1 012吨，增长0.8%；蔬菜产量6 072吨，增长50.2%；全区农机总动力5.17万千瓦。拖拉机158台，配套农具91台，种植业机械137台，农用排灌机械1 017台，植保机械210台，收获机械8台，畜牧养殖机械22台，渔业机械18台，林果业机械237台，运输机械416台，农田基本建设机械41台。

【养殖业】全区畜禽养殖130户，水产养殖场7个；禽蛋产量721.2吨，下降15.4%；牛奶产量893吨，下降70%；生猪出栏4 948头，增长3.2%；水产品产量644吨，增长3.4%。

【花卉干果业】花卉产量383.4万盆，产值0.5亿元，下降 48.6%。干鲜果产量 1 571 吨，增长5.4%。

【林业】市区两级对丰台区生态林共投入资金2 519.552万元，其中人员工资909.312 0万元，人身意外保险 10.24 万元，林地养护费 1 600 万元。完成平原造林 9 032 亩，在平原造林工程的拉动下，林业实现产值 2 亿元，同比增长 41.2%。完成山区生态林抚育面积 4.2 亩，松土扩堰 379 426 个，割灌除草 34 418 亩，清理林地 31 189 亩。

【观光休闲农业】全区 12 个农业观光园共接待63.3 万人次，比上年下降 45.7%；采摘产量为15.3 万千克，下降 4.8%；实现总收入 2 283.4 万元，下降 15%。市级民俗村南宫村和御景山庄村共接待 80.61 万人次，收入 9 388.72 万元。

【成功举办第九届中国（北京）国际园林博览会】本届园博会以“园林城市、美丽家园”为主题，打造了主展馆、园林博物馆、永定塔等标志性建筑，建设了 128 个各具特色的展园。通过全面展示中国及世界园林历史、文化和艺术成就，让人民群众、中外朋友体验了一届有特色、高水平的国际园林博览盛会。5 月 18 日至 11 月 18 日，历时 185 天，共接待游客 615 万人次，日均接待 3.3 万人次，单日最高游客接待量 10.6 万人次，均创历届园博会之首；共举办 5 大类 21 项文化活动，累计演出1 200余场次，28 个国家、48 个城市派出演出团队参加活动，首次开设园博会夜场，有效应对中秋、国庆等节日客流高峰，实现了“安全、顺畅，游客满意”的目标。

【推进籽种产业发展】国际种子检验实验室被列为市科委“农科城种子检测 ISTA 认证与服务平台建设”重大项目，完成了 1 800 平方米的检测室改扩建工程，建成了 12 个功能检验室、60 平方米低温低湿种子标准样品库和 100 亩田间种植鉴定圃，该项目于 3 月初启动，9 月 27 日正式揭牌启用。庄户籽种展示基地升级改造工程年底进入建设竣工收尾阶段。启动了种子交易所筹建工作。落实了《丰台区种业发展专项资金管理暂行办法》，对新引进规模种子企业给予一次性 10 万元补贴。

【举办第二十一届北京种子大会】9 月 25—28 日，举办第二十一届北京种子大会，主会场设在大成路九号酒店，分会场在丰台体育中心和新品种展示基地。共举办 6 项主题活动：种业发展座谈会、高品质鲜食果蔬品尝会、贸易洽谈、企业形象特装展示、现货交易、品种展示观摩。大会总交易金额达5 亿元，参展企业 577 家，覆盖全国 31 个省、直辖市、自治区，同时有台湾种苗改进协会、广州种子商会、广西南宁种子协会、哈尔滨种子会、深圳种子商会等数家企业及行业协会参加，大会交易品种5 000余个，展示品种 520 个，累计参会人数 4 万人次，日高峰人数 1 万人，直接带动餐饮、住宿、旅游收入 2 亿元以上。

【农产品质量安全监管】共查扣动物产品 1 053 千克，查扣活禽 269 只；行政立案 33 起，罚没款共计 6 万余元；全面落实产地检疫工作制度，共发放各类检疫证明 19.6 万份，发放检疫标志 126.8 万枚；产地检疫各类动物 75 544 只，动物产品12.6 万余吨；共采集饲料、蛋、乳、尿液样本427 份，进行三聚氰胺、克伦特罗、莱克多巴胺、沙丁胺醇、硝基呋喃、黄曲霉素、苏丹红、链霉素、磺胺类、卡那霉素、林可霉素、庆大霉素、红霉素、氯霉素、佛喹诺酮类检测 1 401 项，经检测全部样本均未发现问题。开展创建农产品质量安全示范区县和示范乡镇建设工作，王佐镇获得北京市农产品质量安全示范乡镇称号。组织“三品”认证，1 家企业获得市优级标准化和无公害农产品基地认证。

【动物防疫】动物诊疗机构 51 个，饲料生产企业 4 家，大中型动物产品经营性冷库 7 家，兽医实验室1 家，乳制品加工企业 1 家，兽药经营企业 4 家。对高致病性禽流感、口蹄疫、猪瘟、鸡新城疫实施强制免疫，免疫率达 100%，采样 1 376 份，监测3 106项次，检疫净化 1 588 头（只、匹）家畜，全区未发现重大动物疫病阳性病例。累计向各乡镇和养殖场户发放强制免疫疫苗 52 万毫升，防疫物资8 000余件；组织开展养殖场环境消毒、除虫、灭鼠 4 次，发放消毒药 3.6 吨。出动防疫人员 125 人次入户检查、指导。圆满完成各大节日、会议及园博会等重要时期动物卫生安全保障。配合公安部门开展无主动物收容。

【行政许可审批工作】全程办事代理室共受理办结许可案件 353 余件，按时办结率 100%。完成对全区动物诊疗、执业兽医师、兽药经营、饲料生产、生鲜乳收购、动物防疫等证照年检备案 170 份。

【农村法制宣传工作】组织执法单位开展年度农资打假专项治理、“病死动物无害化处理专项整治”、“饲料、兽药、农药及肥料等投入品安全监管和专项检查行动”“无公害农产品及地理标志农产品标志使用专项检查”“夏季食品安全专项整治”、农资打假“夏季百日行动”“2013年农产品质量安全专项整治”“打击侵犯知识产权活动和制售假冒伪劣商品”等专项行动。开展了“食品安全宣传周”“放心农资下乡进村宣传周”等宣传活动，同时深入农村、社区、田间开展宣传指导。共发放宣传手册、宣传材料2万余份。

【农村金融】 农业政策性保险投保总保费480.62万元，其中区级补贴资金96.12万元，涉及5个乡镇的14个保险品种。开展金融安全知识宣传活动，共发放《金融知识进社区丛书》《百姓金融知识读本》等宣传书籍6 300余册，《金融安全知识宣传折页》等宣传材料近万份，组织丰台区大学生村官参加金融知识培训。卢沟桥乡东管头村、西局村、张仪村、郑常庄村、菜户营村和郭庄子村6个村共同发起设立北京丽泽创投小额贷款有限公司，7月5日正式获批设立，注册资本7.9亿元，整体规模列全市第二位，是全市规模最大的完全由村集体经济组织发起的小额贷款公司。

村 镇 建 设

【概况】 按照城乡一体化的发展要求，实行新型农村社区管理，加强基础设施建设，继续实施“三起来”工程，着力改善村容村貌，为2013年中国北京园林博览会营造了优美整洁的环境。

【村庄社区化管理】 进一步完善了地区办事处职能，分类实施转居村社区建设，积极推进农村社区化服务管理活动，开展了网格化社会服务管理试点，农村管理逐步向城市管理转变，葆台、新发地等10个农村社区被命名为“北京市农村社区建设典型示范社区”。

【基础设施建设】 地铁14号线（西局至张郭庄段）实现通车，地铁16号线（丰台段）进场施工，地铁8号线三期（丰台段）取得规划方案复函。梅市口路西延、北宫路、园博大道（京周公路新线）等主干路均按时通车；北宫南路完成了主体结构建设。园博园110千伏变电站投入运行，郭公庄、动漫城110千伏输变电工程实现开工。河西再生水厂投入运行，郭公庄水厂、槐房（郑王坟）再生水厂开工建设。

【继续实施“三起来”工程】 投入669万元在槐房德馨嘉园、长辛店镇采摘园、花乡看丹生态公园新建三座太阳能光伏发电站。在庄户、赵辛店和大灰厂等村新装、维修节能路灯及太阳能路灯共计1 500盏。

【加强环境综合治理】 拆除违法建设211处、66.3万平方米。实施了马草河、丰草河等中小河道综合治理。对13个郊野公园环境进行了综合整治。“减煤换煤、清洁空气”行动消减劣质燃煤4.43万吨。规模化畜禽养殖场全部停产或转产，提前完成“十二五”畜禽污染物总量削减任务。

农村改革和管理

【概况】 村级产权制度改革全面完成，加强农村集体三资管理，加大对农村财务管理和审计力度，规范合同管理，提高农村管理信息化水平。

【农民专业合作社】 丰台区共有三家农民专业合作社，全部在长辛店地区，分别是北京长辛店金秋家峪大枣专业合作社、北京长辛店红缘大枣专业合作社和北京东颐庄园农产品合作社。合作社现有成员103人，带动当地农户260户。合作社总资产250.09万元，销售总收入61万元，可分配盈余11万元。

【农村集体产权制度改革】 完成长辛店镇大灰厂村、张郭庄村和张家坟村产权制度改革工作，大灰厂农工商联合公司改制为北京大灰厂投资管理公司，张郭庄农工商联合公司改制为张郭庄投资管理公司，张家坟农工商联合公司改制为张家坟投资管理公司。至此，丰台区历时20年的村级产权制度改革工作全面完成。

【林权制度改革】 丰台区林改工作共涉及长辛店镇和王佐镇2个乡镇17个村，林改面积25 017亩，其中，生态林面积20 074亩，经济林面积4 943亩，参改人员17 153户、40 103人。长辛店镇以“确权确股”的方式、王佐镇以“确权确利”的方式明晰了集体林地产权。

【土地确权和流转情况】 农用地确权共107 613亩，涉及50个村，共119 368人。其中，确权确股68 278亩，涉及40个村，共90 330人；确权确利36 047亩，涉及8个村，共26 054人；确权确地3 288亩，涉及3个村，共2 984人。

【农村土地确权登记发证工作验收】 基本完成了丰台区农村集体土地所有权确权登记发证工作任务并通过验收。丰台区共有集体土地900宗，面积14 079.40公顷，完成确权登记816宗，登记率为

90.67%；完成确权登记面积 12 976.85 公顷，登记率为 92.17%。

【农村集体“三资”管理】区委、区政府出台了《丰台区关于进一步加强农村集体资金资产资源管理和监督工作的意见》和《丰台区农村集体租赁合同管理办法》。完成了全区农村集体资产清产核资工作。通过清产核资对资产的所有权进行了梳理和明晰，对会计差错进行了调整，并提出了相关建议。被市农经办授予“全市清产核资工作先进单位荣誉称号”。

【农村审计工作】聘用三家社会中介机构参与农村经济责任审计，全年共完成 26 个村的村干部经济责任审计。对全区 70 个村级集体经济组织开展了 2012 年征地补偿费专户存储管理使用情况专项审计。开展了 66 个行政村的专项资金审计和 50 个已完成产权制度改革的乡村集体经济组织年度审计。

【农村集体合同清理规范工作】把 2013 年确定为“农村集体经济合同清理规范年”，在全区范围内开展了对乡镇、村及其下属企业的合同清理工作，全区农村集体经济组织共 2 059 份合同录入农经系统，涉及合同总金额 170.3 亿元。对 12 个村的经济合同进行检查，共清理规范合同 35 份，其中，对条款不全、约定不合理或存在重大隐患的合同，以规范文本重新签订 11 份；调整租金 18 份，清理拖欠租金合同 6 份。清理规范的 29 份合同年租金增加共计 1 281 万元，合同期内租金增加近 1.27 亿元，收回拖欠租金 1 636.5 万元。

【农村征地补偿费管理工作】在对农村征地补偿费实行专储账户管理的基础上，创新“制度＋科技”的管理形式，研发了征地补偿费动态监管软件，使农村征地补偿费动态管理实现了操作过程自动化、提示报警智能化、日常管理常态化的预期管理目标，确保了数据的准确，提高了工作效率。

【村级会计委托代理工作】长辛店镇“三资”监管中心正式挂牌，9 个村的账务交接工作全部完成。村账托管工作是在村集体经济组织“四权”不变的前提下，推行的一种新的农村财务规范管理模式。村账托管对于规范村级财务，尤其是货币资金管理，减少由农村财务问题引起的干群矛盾，促进基层党风廉政建设，维护农村社会稳定方面发挥了重要的作用。

【农村管理信息化工作】对 80 余名农村信息化工作人员进行培训，完成 2013 年度农村管理信息化数据库更新，更新数据库资料 14 个，涉及报表 66 张，指标 1 000 多个，完成 2012 年报和 2013 年季报统计分析，对 36 个村的信息化硬件设备和软件系统进行更换。完成了农村管理信息系统升级，由原来的 V5.0 版本升级到现在的 V5.1 版本，共调整业务报表 47 项，新增了系统功能 9 项，修复了 10 项系统漏洞。

【农村会计人员培训工作】共培训农村财会人员 2 537人，按照在岗与不在岗分类，累计 6 个班次，进一步提高了会计人员的核算水平和管理能力。

农 村 民 生

【概况】促进农民增收，加强新型农民培养，完善农村社会、就业和医疗保障，农村民生持续改善。

【农民收入和消费】农村居民人均纯收入 20 442 元，同比增长 10.5%。增速比上年同期降低 1.3 个百分点。其中，人均工资性收入 14 595 元，增长 11.2%；人均转移性收入 3 822 元，增长 18.4%；人均家庭经营收入 40 元，下降 88.4%；人均财产性收入 1 985 元，增长 10.3%。农村居民人均生活消费支出为 16 896 元，增长 10.1%。其中，人均食品支出 6 073 元，增长 15.1%；人均衣着支出 1 747 元，增长 16.2%；人均居住支出 1 896元，下降 12.7%；人均家庭设备用品及服务支出 1 168 元，增长 4.6%；人均医疗保健支出 1 485元，增长 12.1%；人均交通和通讯支出 1 615 元，下降 4.4%；人均文化教育娱乐用品及服务支出 2 215 元，增长 23%；人均其他商品和服务支出 698 元，增长 53.1%。

【农村劳动力分布情况】农村劳动力统计数字为 89 838人，其中就业人数为 83 218 人，就业率达 92.6%，农村劳动力就业形势稳定，就业率继续保持在较高水平。在就业劳动力中，在集体就业的有 60 195 人，占就业劳动力的 72.3%，仍是农村劳动力就业的主体。其中，在乡级就业的有 3 334 人，在村级就业的有 56 861 人，分别占就业劳动力的 4%和 68.3%；在私营企业、个体工商户及农户等非公经济就业的有 23 023 人，占就业劳动力的 27.7%。

【农村劳动力非农就业】实现农民转移就业 8 034 人。将河东 48 个行政村 5.2 万名农村劳动力全部纳入城镇就业失业管理系统，使农村劳动力享受城镇就业的自谋职业、灵活就业社会保险补贴等优惠政策，促进3 502名农村劳动力实现转移就业；鼓励、指导河东村集体经济组织保洁、绿化、联防和消防等就业组织（“四队”）企业化运作，与2 012名农民签订劳动合同并为其缴纳城镇职工社会保险；在河西地区推进从业农民员工化，将在南宫世界地热博览园就业的159名农村劳动力转变为产业工人；通过发放外出就业补助、开通转移就业班车等措施，帮助1 481名农村劳动力市场就业，惠及河西地区70%以上行政村；围绕园博建设和运营，开发3 333个绿色就业岗位，同时通过组织招聘、强化培训，帮助880名河西农民通过园博成功就业；通过技能培训帮助2 756名农村劳动力提高就业技能。

【新型农民培养】完成新型农民培养5 848人，其中引导性培训3 089人，中层管理人员136人，社区工作者129人，职业技能培训1 446人，特种作业和特种设备培训1 048人。

【继续开展经济薄弱村帮扶工作】投入4 100万元支持经济薄弱村基础设施和农业产业项目建设，其中，投入750万元支持洛平精品园、赵辛店智能温室、沙锅村煤改电配套等项目建设，经济薄弱村人均劳动所得达到11 080元。

【农村文化设施建设】对农村地区10个村级文化室给予经费支持50万元，用于购置演出服装、道具、图书、乐器等文化设备；对2个镇共3个困难村的文化室进行帮扶，给予文化方面资金支持共约15万元；投资150万元新建王佐镇张各庄文化广场。

【开展农村文化活动】2013年1月15—21日，组织开展文化、科技、卫生“三下乡”活动，依托区文化馆、图书馆开展了送文艺演出、送影视光盘、送期刊、送图书等活动；4—10月，“文艺演出星火工程”为辖区68个行政（中心）村演出204场次，受众10万余人次；5—10月，“周末百姓大舞台”活动为5个乡镇各安排10场演出计划，让各乡镇自己的团队有机会在各自的露天舞台上开展演出等文化活动；5—10月，“园博百姓大舞台”活动安排6支辖区优秀的群众文艺团队利用周末时间在10个“园博文化广场”上进行40场文艺演出，其中在农村地区的卢沟桥乡郭庄子村文化广场、长辛店镇张郭庄民间花会广场和宛平地区宛平文化广场各安排4场演出，占总场次的30%。

【农民社会保障】继续实行城乡居民养老保险补贴政策；深入到村、乡（镇）、农民户中宣传居保参保政策和《社会保险法》。基础养老金形成待遇调整机制，提高了农村居民的养老待遇水平；进一步细化、优化经办工作流程，提高基础工作管理水平。截至2013年年底，参加城乡居民养老保险的农村居民为8.6万人，比上年末增加0.1万人，参保率96%以上。

【新型农村合作医疗】参合总人数116 284人，其中，由政府资助的低保人员871人，重残人员1 345人，减去未参合人群中参加“一老一小”和医保的人数，参合率为99.5%。人均筹资标准为820元，其中，个人缴费标准为150元。按照当年人均筹资标准共筹集资金为9 535.288万元。其中，个人缴费852.36万元，占筹资总额的9%；村级资助个人和村级支持资金为2 140.22万元，占筹资总额的22%；乡镇资助个人和乡镇支持资金为1 387.21万元，占筹资总额的15%；市、区级补助资金为5 062.5万元，占筹资总额的53%；中央财政补助93万元，占筹资总额的1%。2013年共计筹集资金16 110.27万元，其中2011年9种和2012年15种重大疾病“二次补偿”1 673.27万元，2012年超支追加资金3 753.57万元，2013年按人均筹资标准筹资9 535.288万元，北京市财政局追加资金697.8万元，中央财政追加93.3万元，历年资金结余260.35万元，利息收入96.69万元。2013年共计补偿153 057人次，补偿支出14 324.69万元。其中，住院（含特病门诊）补偿13 316人次，补偿支出9 637.15万元；门诊补偿139 741人次，补偿支出4 687.54万元。

基层组织与民主政治建设

【概况】继续深化“三级联创”活动，建立了书记抓、抓书记的工作机制，党组织的核心作用进一步强化。圆满完成村“两委”换届选举，着力加强干部队伍建设，严格落实党风廉政建设责任制。

【完成第九届村委会选举工作】2013年5月8日，丰台区在全市率先完成村委会换届选举工作，全区参选的47个村，共选举出村委会成员251人。其中，主任47人，副主任72人，委员132人；党员219人；女性成员67人，包括主任6人、副主任

14人、委员47人。

【基层干部队伍建设】制定了《关于加强村级后备干部队伍建设的意见》。组织新一届“两委”班子负责人培训，与清华大学联合举办了高级经理人培训。落实“一定三有”，扩大了离任村干部保障范围，提高了生活补贴标准。

【民主政治建设和组织建设】强化党组织服务功能，严格落实群众工作制度，“四权实践”“四民”活动和“四议一审两公开”深入推进，试行村级重大事项票决制，权力运行逐步规范。开展新型农村社区党建工作研究，着力构建区域资源共享、服务管理高效、工作运行规范的新型农村社区党建工作格局。

【开展园博先锋行动】区、乡镇、村三级主动和服务园博对接，区级成立“服务园博，农村党员在行动”宣讲团，深入到乡（镇）、村、企业等宣讲园博知识，在农村地区倡议大家做好“园博五员”，即：参与园博的热心员、做北京园博的宣传员、做环境秩序的维护员、做热情服务的接待员、做安全保障的监督员。全年共宣讲12次，参与的党员、群众万余人；乡、村设立园博先锋服务岗等，动员引导农村各级党组织和党员关注园博、奉献园博。

【党风廉政建设】严格落实党风廉政建设责任制，专题召开了农村党风廉政建设工作会，以“三资”管理和权力运行为重点，加强重点领域、重点环节、重点部门、重要岗位风险防控。

“三农”工作部署和实施

【召开2013年农村工作会】3月6日，召开2013年农村工作会议。会议由区委农工委书记、农委主任肖文燕主持，区委常委、副区长刘宇作题为《统筹协调加快发展，全面推进城乡发展一体化》工作报告。会议总结了2012年丰台农村地区科学发展的好成绩，深入分析了当前农村工作形势，并对2013年工作进行了部署。区新农村建设领导小组成员单位以及各乡镇、村共200余人参加会议。

【落实农业补贴政策】落实粮食直补和农资综合补贴、中央财政良种补贴资金共计30.67万元，涉及河西两镇9个村2 100多农户。购置各类农机具64台，新增农机总动力512千瓦，中央、市财政补贴资金48.145万元。落实基本农田保护和流转补贴资金共计570.46万元，涉及河西两镇14个村的1.2万亩基本农田。

【完成人大建议、政协提案办理工作】区农委共承办丰台区人大代表建议7件，政协委员提案8件，其中，政协委员提案主办3件，全部办结，人大代表和政协委员对办理结果满意率达100％。

丰台区领导名录

区委书记　李超钢
副书记　冀　岩　顾晓园（女）
常委　李　军　衡晓帆　霍连明
高　朋　孙军民（女）
刘　宇　朱继明　张建国
区人大常委会主任　王苏维
副主任　吕跃进　苗　华（女）
郭振江　李　杜　薛　明
区长　冀　岩
副区长　高　朋　刘　宇　狄　涛
张　婕（女）　刘文洪　高　峰
刘树苹（女）　吴继东
区政协主席　李昌安（侗族）
副主席　周大春（女）　李新民　邢方岭
刘占良　张兆旗　程留恩
区委农工委书记、区农委主任　肖文燕（女）

丰台区乡镇党政正职领导

	党委书记	乡（镇）长
卢沟桥乡	吴继东	李惠松
花乡	李　智	王世义
南苑乡	王振华	刘永宗
长辛店镇	王　萍（女）	钱爱平
王佐镇	吴　恒	纪亚辉
宛平城地区办事处	刘建伟	于　清（主任）

（丰台区农委　汤海丽）

门头沟区

概 述

门头沟区辖区总面积 1 448.8 平方公里，其中山地面积占 98.5%，平原面积占 1.5%。全区共有 9 个镇、4 个街道办事处，178 个行政村、119 个社区。全区常住人口 30.3 万人，比上年增加 0.5 万人。户籍人口总户数 119 464 户，总人数 248 855 人，其中非农业人口 198 593 人，农业人口 50 262 人。全区认真贯彻落实中央、市、区各项强农惠农富农政策，迎难而上促发展，坚持不懈抓落实，实现了农业农村经济稳中有进、稳中向好。初步核算，全区实现地区生产总值（GDP）124.2 亿元，按不变价计算比上年增长 8.7%。其中，第一产业实现增加值 2 亿元，比上年降低 2.6%；第二产业实现增加值 62.1 亿元，比上年增长 11%；第三产业实现增加值 60.1 亿元，比上年增长 6.5%。三次产业结构为 1.6∶50.0∶48.4。

城乡发展一体化

【概况】全年城镇居民人均可支配收入 35 141.1 元，比上年增长 8.6%；人均家庭总支出 29 561 元，比上年同期增长 9.7%，其中消费支出 22 313 元，比上年同期增长 9.2%。城镇居民家庭总收入中，人均工资性收入 23 139.3 元，比上年增长 1.6%；人均转移性收入 11 168.5 元，比上年增长 17.4%。城镇居民消费支出 22 313 元，比上年增长 9.2%。其中，受购买车辆增加带动的交通通信类支出 4 130.1 元，比上年增长 37.9%；居民装修住房和支付房租支出等带动居住类支出 2 681.1 元，比上年增长 36.4%；购买金银饰品带动的其他商品和服务类支出 1 002.8 元，比上年增长 23.7%。

【多措并举拉动投资快速增长】一是招商引资作用明显，社会投资增长迅速。完成社会投资 122 亿元，同比增长 35.3%，占全社会固定资产投资的 53%，较 2012 年提高 5.7 个百分点。二是社会事业发展良好，投资总量不断加大。以教育、卫生、社会保障、文化、体育等为主的社会事业投资快速增长，民生领域投资持续强化，全年完成社会事业投资 8.9 亿元，同比增长 10.7%。三是重点工程快速推进，投资拉动效益显著。区属重点工程完成投资 110 亿元，同比增长 18.2%，占全社会固定资产投资的 47.8%；市属重点工程完成投资 67.4 亿元，同比增长 41.9%，占全社会固定资产投资的 29.3%。区属、市属重点工程分别拉动全社会固定资产投资增长 8.9 个百分点和 10.4 个百分点。四是道路工程推进顺利，路网结构进一步优化。道路建设力度不断加大，鲁坨路、门支路三期等一批公路已全部建成投产。全年完成道路建设投资 12.8 亿元，同比增长 29.7%。

【固定资产投资较快增长】全区项目建设地全社会固定资产投资累计完成 230.1 亿元，比上年增长 20.7%。其中，区属重点工程 76 个，完成投资 110 亿元，比上年增长 18.2%。完成建筑安装投资 116.5 亿元，比上年增长 20.4%；完成社会投资 122 亿元，比上年增长 35.3%。基础设施投资完成 63.4 亿元，比上年增长 42.5%，其中城镇基础设施投资 48.6 亿元，农村基础设施投资 14.8 亿元。

【建筑业发展势头良好】一是亿元企业带动增长。全区 76 家建筑企业中，有工程量的 68 家企业累计完成建筑业总产值 80.6 亿元，同比增长 15.8%。其中，9 家产值过亿企业累计实现建筑业总产值 71 亿元，同比增长 18.1%，成为带动建筑业总产值攀升的主要力量。二是在京产值增速迅猛。全区建筑业企业累计在北京地区完成产值 50.1 亿元，占全部建筑业总产值的 62.2%，同比增长 21.9%，是支撑建筑业总产值全年保持稳步增长的基础。三是施工面积稳步增长。全区建筑业企业房屋施工面积 237.7 万平方米，同比增长 32.2%。其中，本年新开工面积 69.8 万平方米，同比增长 17.3%。

【开展地下管线排查】全区城市地下管线总长度为 2 560.73 公里，占全市城市地下管线总长的 1.81%；井盖类设施数量为 71 548 套，占全市井盖类设施总数的 3.46%。管线密度为 1.77 公里/平方公里，井盖类设施密度为 49.32 套/平方公里，万人管线保有量为 87.10 公里/万人，万人井盖类设施保有量 2 433.61 套/万人。

【城市公园建设】窑神庙公园和新桥苑公园正式完工迎接游客。全区共新建、改建、扩建城市公园 43 个，提升了门城地区人居环境。

农村经济发展

【概况】全区农村经济总收入实现86.5亿元，比上年同比增长6.3%。农林牧渔业总产值53 307.9万元，同比增长0.2%。其中，农业产值实现11 310.4万元，同比增长1.1%；林业产值实现28 381.6万元，同比增长7.4%；牧业产值实现12 796.3万元，同比下降13.9%。全区农民人均纯收入实现17 408元，同比增长10.8%。全力做好低收入村和低收入农户增收帮扶工作，全区8 524户低收入农户实现脱贫。92.2%的农村劳动力实现就业。支撑农民收入稳步增长的因素主要有两方面：一是全区外出务工人数及务工人员人均工资均有所增加，劳动力加快转移带动工资性收入增长，农民人均工资性收入为11 517元，同比增长12.6%；二是保障性政策推动农民转移性收入高速增长，在各种惠农政策影响下，农民转移性收入达3 179元，同比增长36.2%。

【旅游产业快速发展】全区坚持打基础、重培育，编制旅游产业项目用地等规划，87项重点旅游项目全面推进。旅游基础设施不断完善，完成国家步道一期工程及一批旅游标识、游客服务中心、停车场建设，整治永定河沿线旅游环境。完成永定楼旅游文化布展，将灵山景区收归政府管理，募集社会资金实施潭柘寺、戒台寺两寺文物修缮及改造工程，两寺面貌焕然一新。全年实现旅游收入19.2亿元，比上年增长14.1%。其中，住宿业实现营业收入4.1亿元，比上年增长32.8%；旅行社实现营业收入2.9亿元，比上年增长3.5%；旅游商业实现营业收入5.4亿元，增长12.1%。2013年年末，全区实际经营的观光园为61个，民俗旅游农户1 218户，全年共接待游客105.4万人次，实现经营收入1.1亿元。

【打造景观农业】采用“公司＋基地（农户）”模式，在国道沿线打造了1 000亩万寿菊农业景观，在大台沟域建设了10公里鲜花景观，吸引了各界游客观赏游玩，促进了农游融合。万寿菊种植户每吨鲜花还能获得800元收入，实现了经济和景观效益的双丰收。完成了万寿菊机械化定植技术及菊花露天存放试验，并示范种植高山雪菊等景观作物。

【开展农业废弃物处理及综合利用】推进清水镇农业废弃物加工处理厂续建工程，修建办公用房，实施厂区道路硬化和水电配套等工程。

【启动农业建设项目】启动500亩标准化菜田建设项目，实施了斋堂镇500亩口粮田施肥及畦埂修缮，申报了清水镇500亩口粮田建设项目，高标准完成了丁家滩食用菌种植基地提升改造项目设计。

【规范养殖业管理】全区生猪、禽类、特种养殖类基本完成舍饲。牛、马、驴、骡等大牲畜，除役用及清水镇一处肉牛集中舍饲、灵山98匹马将实行统一管理外，已全部退出。

【实施惠农政策补贴】发放价值258.2万元补贴农机具139台（套）、保温被3 368平方米，发放能繁母猪补贴9.28万元，申报粮食直补、农资综合补贴及农作物良种补贴116万元，落实生态作物补贴46.4万元。发放春耕大田种子7 500余千克，生物农药2 800余千克，有机肥480余吨，检验农机车辆387台，代上保险396份；引进春玉米等新品种26个，示范推广455亩；投资91万元为镇级农业综合服务机构配备18种仪器设备；加强田间学校建设，实施“阳光工程”项目；完成2012年京津风沙源治理工程有关任务，新种黄芩9 000亩，完成暖棚建设7 000平方米，启动2 000平方米暖棚续建项目；完成4处老旧肉鸡养殖小区改扩建。

【加强重大动植物疫病防控体系建设】严格常规防疫，强制免疫畜禽300万头只，采集血样2 500份，完成免疫登记注册犬7 570条，完成农田灭鼠4.31万亩。加强进京路口检查及官方兽医室建设，完成动物产地检疫243.2万头只，动物产品产地检疫0.98吨，过境动物检查17.1万头只。连续8年未发生重大动植物疫情。

【加强农业安全生产体系建设】实现了动物、农机等重点领域监管全覆盖，开展执法337次，出动人员1 000余人次，抽检样品820个，发放材料2.3万份。全年未发生劣质农资、劣质农产品伤农害农事件。

【加强农业服务体系建设】发挥区果蜂协会和科技引领作用，实施农业科技项目12项。新建成10所农民田间学校，新选聘91名村级全科农技员，使总数达到147名，涵盖9镇147个村，有效缓解科技进村入户“最后一公里”难题。村级动物防疫员扩充到85人，补贴由600元增加到1 164元。政策性农业保险覆盖面不断扩大。建立25个灾害监测站，构建联合防灾救灾工作机制。

【新能源利用】维修太阳能路灯3 000余盏次，在3

个试点村推广家用太阳能热水器 161 台，在淤白村、梁家铺村、张家庄村开展电取暖试点，安装水暖机 390 台。

【防控 H7N9 禽流感】积极发挥动物执法检疫职能，准确掌握全区养殖及防疫人员健康动态，认真实施流行病学调查，强化运输环节监督，大力加强进京路口 24 小时应急值守检查工作，严格活禽检疫审查与运输车辆消毒举措。发放了一次性禽类养殖补贴 35 万元。

【军庄镇“三结合”提高京白梨产业知名度】一是与果树生长阶段相结合。围绕京白梨各个生长阶段举办特色宣传活动，通过让游客亲身体验剪枝、授粉、采摘等劳动，使游客“零距离”接触果树生长阶段的护理工作，加深对京白梨生长习性的了解。二是与节事举办活动相结合。以梨花节、采摘节等活动为载体，邀请中央、市、区等媒体对节日盛况进行跟踪报道，弘扬京白梨悠久文化，充分展示宫廷贡品的魅力，进一步提高京白梨的知名度。三是与地区文化宣传相结合。以地区特色文化为依托，在重点宣传京白梨的同时，通过军庄锣鼓演出、电影周放映、文艺专场表演等丰富多彩的文化活动，从而实现产业发展、果品销售和旅游带动，促进地区农民增收。

【妙峰山镇积极促进特色大樱桃生产营销】一是专题会议研究。协调区相关单位，召开了“妙峰山镇樱桃产品生产销售推进会”，针对该镇特色果品大樱桃品质的提高及未来营销路径进行座谈交流。二是提升果品品质，降低包装成本。实施标准化、科学化管理，坚持无公害栽植，将产业化、机械化、自动化经营有机结合。同时，进一步改进包装，做到美观、方便、统一。三是加大宣传力度。改进镇域内旅游线路，举办主题采摘活动，并发放活动纪念品及采摘优惠券，提高消费者购买意愿。四是拓宽营销方式。实现农超对接，利用网络进行销售，进一步完善和建设“公园式采摘观光园”，打造吃住游集于一体的娱乐场所。

【乡村旅游发展情况】全区乡村旅游接待游客 105.4 万人次，同比下降 7.8%；实现总收入 11 445.9万元，同比下降 9.3%。全区 61 个观光园累计接待游客 40.4 万人次，同比下降 18.0%；实现总收入 6 289.7 万元，同比下降 18.6%。全区观光园采摘产量 23.3 万千克，同比下降 46.8%；采摘收入 999.5 万元，同比下降 38.1%；出售农产品收入 2 744.2 万元，同比下降 27.7%。全区民俗旅游农户共有 1 218 户，其中经营户 568 户，共接待游客 65 万人次，同比基本持平；实现总收入 5 156.2万元，同比增长 5.4%。

【休闲农业示范点】妙峰山镇涧沟村被评为 2013 年“全国休闲农业与乡村旅游示范点”。

【文化创意产业发展情况】一是收入稳步增长。全区共有规模以上文化创意产业单位 33 家，全年实现收入 10.5 亿元，同比增长 3.7%。二是行业构成稳定。全区文化创意产业涉及文化艺术、新闻出版等 8 个行业类别。旅游休闲娱乐业依然是全区文化创意产业的重点大类，占全区文化创意产业总收入的比重为 41%，比 2012 年上升了 2 个百分点。三是效益略有下滑。全区规模以上文化创意产业单位共实现利润总额 6 228.7 万元，同比下降了 11.4%。

【第三产业总体运行平稳】规模以上第三产业法人单位共实现收入 214.3 亿元，同比增长 14.5%；从业人员平均人数 2.1 万人，同比增长 1.5%；分别实现营业利润及利润总额 1.6 亿元和 3.2 亿元。

【农村基本金融服务“村村通”服务点业务运行平稳】累计建设“村村通”服务点 39 家，共受理业务 902 笔，交易金额 31.74 万元。其中，助农取款业务 479 笔，取款金额 30.67 万元；缴费、转账、补登折等业务 423 笔。

【科技项目稳步推进】共实施“门头沟区特色农产品产业化关键技术集成与示范”等科技计划项目 25 项，年内新立 7 项。其中，区级科技计划项目 3 项，年内新立 3 项；市级科技计划项目 22 项，年内新立 4 项。通过科技计划的实施，共引进科技经费 4 247.425 万元，培训各类技术人员和管理人员 2 000 人次。举办各种科技培训班 20 期，1 200 人次参加培训。

村　镇　建　设

【概况】四个重点镇建设步伐加快。潭柘寺镇农民安置房一期实现封顶；军庄镇被纳入全市城乡一体化发展试点，开工建设葡萄酒文化产业基地；王平镇中瑞休闲养老园一期工程基本完工；斋堂镇 1 号地块成功上市，古村落度假酒店体系初见雏形。在一般镇及重点村，通过旅游及生态产业项目组团建设、新型农村社区试点、旅游村开发、山区险村搬迁等多种措施，促进农民相对集中安置并培育产业。新农村建设工程稳步实施。启动清水镇张家庄等3个村“煤改电”能源结构调整试点。

【加强生态文明建设】 落实平原造林工程200亩，实施京津风沙源治理（后续）工程10.86万亩，启动109国道沿线绿化美化工作，建成绿化节点13处，完成彩叶树种造林2 200亩，公路绿化40公里。创建首都绿色村庄4个、生态村13个。对11个镇街27处安全隐患部位实施防洪除险工程。实施小流域治理40平方公里。加强河湖景观管护工作。积极开展永定河河道拆违和村庄环境整治，严厉打击农村违法建设行为。

【生态示范创建工作取得阶段性成果】 全区共成功创建国家级生态乡镇7个：潭柘寺镇、妙峰山镇、王平镇、斋堂镇、雁翅镇、清水镇、龙泉镇；市级生态乡镇1个：军庄镇；市级生态村143个。全区生态乡镇比例达到89%，生态村比例达到80.3%。

【积极发展果蜂产业】 区果蜂产业协会投资990万元，采用SH系矮化中间砧超高密度篱架式栽培技术，在斋堂镇和妙峰山镇新发展富士苹果基地700亩。在雁翅镇和斋堂镇新发展中华蜜蜂200箱，培育发放优质种王8 000只。为扩大“京西白蜜”中国原产地地理标志证明商标产品及品牌影响力，在北京世纪金源燕莎商城举办了第一届“门头沟京西白蜜”文化节。

【义务植树工作】 3月30日，在区四大部门领导的率先垂范和带动下，先后组织区内外17.5万人，完成全民义务植树25.2万株，完成“一树一库”抚育75.82万株。

【保护古树名木】 复壮古树130株，完成以清理地下可燃物、枯死树为重点的森林健康经营林木抚育任务7.68万亩，改善了部分古树和山区林木的生存条件。

【湿地保护】 5月1日，雁翅镇九河湿地公园规划通过论证，随即开展以“依法保护湿地，共建美丽北京”为主题的《北京市湿地日》宣传活动。制作展板10块、横幅2条、宣传材料共2 700份，接受宣传人数达到3 000人。

【应急救援工作】 区应急救援大队共5个中队，140名队员，先后参加了抗洪抢险演习2次，防汛大会1次，民兵点验1次，卫戍区维稳演练、冲锋舟演练及后勤保障演练10天，“5・12”防灾减灾启动仪式1次，第四届山地徒步大会执勤3天，参加区、局、各乡镇组织的森林防火宣传活动13次，共计动用车辆96台次，人员1 580人次。五个中队累计接警202次，出现场175次，其中扑救大小山火49起，扑救民房着火2起，参加搜救遇险游客15起，道路车辆救援29次，野生动物救助10起，共计动用人员2 392人次，动用车辆259台次。

【森林防火工作】 门头沟区森林防火指挥部办公室被国家森林防火指挥部和国家林业局授予“2010—2012年度全国森林防火工作先进单位”。

【平原造林工作】 平原地区造林工程总投资900万元，涉及三个地块共200亩，分别为108国道石门营绿色通道70亩、永定河绿色通道74亩、冯村沟中段绿色通道56亩。平原造林工程所选树种以油松、白皮松、银杏等大规格苗木为主。

【林木有害生物防治】 坚持“防治结合、以防为先”的原则，优化完善测报点500个、测报虫种41种、测报员92个，累计发放太阳能杀虫灯10台，美国白蛾、红脂大小蠹及其他有害生物诱捕器共计21种700余套。全年共出动64支病虫害防疫队伍，车辆1 300余台次，飞防100架次，防治美国白蛾、红脂大小蠹等有害生物面积5.86万亩，防治率100%，无公害防治率98%，疫情检疫率100%。

【召开公益林管护现场会】 在斋堂镇军响村抚育作业现场召开观摩及培训会，市、区、镇各级相关负责人以及施工队长30余人参加。邀请专家结合现场的施工作业效果，详细讲解了修枝、割灌、定株、抚育间伐和清理可燃物等各项措施的技术要点。

【防沙治沙先进集体】 区园林绿化局被国家林业局授予“全国防沙治沙先进集体”荣誉称号。

【开展野生动物保护法制宣传活动】 12月4日，集中开展了园林绿化法制宣传活动。宣传活动共悬挂横幅2条，展出森林防火等展板6块，发放宣传册、年历、环保袋法律法规单行本等各种宣传品40多种，逾5万份。

【水毁公路修复】 “7・21”特大暴雨水毁乡村公路恢复建设项目全部完工，共涉及47条、总长131.8公里。

【空气环境质量不断提升】 可吸入颗粒物、二氧化氮、二氧化硫浓度平均变化比率同比下降3.2%，细颗粒物PM2.5年均浓度为91.1微克/立方米。化学需氧量、氨氮、二氧化硫和氮氧化物四项主要污染物的削减比例分别为6.04%、10.14%、

2.06%和 6.34%。

【万元 GDP 能耗同比下降 8.73%】全区能源消费总量为 69.7 万吨标准煤，同比下降 0.79%；万元 GDP 能耗为 0.561 6 吨标准煤，单位 GDP 能耗降速为 8.73%。"十二五"期间，全区节能降耗目标是到 2015 年单位地区生产总值能耗比 2010 年降低 17%，截至 2013 年年底，门头沟区万元 GDP 能耗累计降低率已达 25.53%，目标的累计完成进度 158.14%，超额完成了"十二五"的计划目标。

【军庄镇东杨坨村试点物业化管理】一是完善设施。在村内主要道路、活动场所安置垃圾桶 11 个，新建垃圾池 10 处，并安排物业服务人员 6 人进行日常维护、管理。二是分类存放。根据冬季村民取暖等特殊情况，将煤渣与日常生活垃圾定点、分类存放，避免垃圾污染以及煤渣引发火情等情况。同时配备垃圾运输车 2 辆，实现了村内垃圾日产日清。

农村改革与管理

【概况】镇村农村集体经济产权制度改革完成率 99%，居全市第一位。大力推进"新三起来"工程，建立农村产权交易中心，做好"富民 1 号"和"富民 2 号"信托工作，成立了全区第一家乡村旅游合作联社——清水腾达乡村旅游联合社。充分发挥"三资"监管平台作用，完成 90 个村的村干部任期和离任经济责任审计任务和 80 个村"三资"监管定期检查。创新农村"三资"监管工作体制，在全市率先将各镇经管站和"三资"中心进行整合，实行两块牌子，一套人马，并调整上划区经管站垂直双管。

【农村产权制度改革】完成 182 个村的产改工作，除永定镇南区、北区 2 个集体经济组织正在推进产改工作外，村级应改制单位已全部完成。镇级产改 2012 年已全部完成，全区镇村共 191 个集体经济组织完成了农村产改工作，占应改制单位总数的 99%。

【集体林权制度改革】完成 2013 年林权制度改革项目。涉及集体生态公益林面积为 161.59 万亩，共向 9 个镇 167 个村 3.9 万户 7.3 万林权股民（人）兑现生态补偿金 3 878.22 万元。

【土地确权与流转】2013 年应确权的村 167 个，确权土地面积 71 655.41 亩，确权户数 28 179 户，确权人口 72 292 人。其中，确权确地的村 52 个，确权确利的村 54 个，确权确股的村 1 个，确地与确利相结合的村 60 个。确地面积 35 517.07 亩，确利面积 35 858.34 亩，确股面积 280 亩。确地后流转面积 4 933.71 亩。其中，转包 4 579.99 亩，转让 25.3 亩，出租 105.17 亩，入股 223.25 亩。

【推进产权交易中心建设】研究制定了《关于建立农村产权交易中心的意见（试行）》及《门头沟区农村产权交易管理办法（试行）》。积极与北京农村产权交易所进行对接，双方沟通座谈 7 次，制定了交易具体工作流程，明确了人员、业务对接方案等。利用现有条件，做好区农村产权交易中心办公场所装修改造、办公设施购置、人员配备等工作。11 月 29 日，门头沟区农村产权交易中心正式启动，并组织开展业务培训，为交易工作开展奠定基础。加大宣传力度，《北京日报》头版连续 4 次刊载了门头沟区农村产权交易中心工作的有关情况。

【农村集体资产管理】完成全区新型集体经济组织挂牌和换届工作。全区农村集体资产总额 75.7 亿元。

【推广集体资产信托化管理】2 月 2 日，召开"富民 1 号"信托 2012 年度分红大会，东辛称和白庄子两村村民人均分红 1.1 万元，林克庆副市长及市区有关领导参加了大会。与市农经办、北京国际信托有限公司深入研究，召开 5 次专题会、协调会和培训会，将永定镇和王平镇 16 个村共计 7.206 亿元资金进行信托（暨"富民 2 号"信托），8 299 名农民年人均增收 6 078 元。朝阳区、丰台区、大兴区、延庆县、湖南省株洲市等相关部门分别来门头沟区学习交流。

【加强农村"三资"监管】一是充分发挥"三资"监管平台作用。通过平台共查看 961 个村次、24 532笔账目，发出预警 203 次，预警金额 3.96 亿元。二是做好"三资"检查审计工作。完成 90 个村的村干部任期和离任经济责任审计任务和 80 个村"三资"监管定期检查。三是清理规范农村集体经济合同。建立区农村合同监管平台，将全区 1 679份经济合同全部纳入平台管理并逐份进行清理，开展村级合同风险评估，建立合同管理举报监督制度，印发宣传材料 1 万册。四是加强农村征地补偿费的监管。对潭柘寺、军庄、王平等镇农村征地补偿费的使用进行指导和监督。

【加强合作组织建设】成立了全区第一家乡村旅游合作联社，该联合社由 11 家专业合作社共同参与，共吸收社员 1 376 户，注册资金 1 005 万元。年内共改造提升20家农民专业合作社，整理34项合作社规章制度，统一挂牌，实现制度上墙。印发《门头沟区农民合作社服务指导工作读本》300本。

农 村 民 生

【概况】 农村居民人均纯收入17 408元，比上年增长10.8%；人均生活消费支出11 442元，比上年增长17.3%，恩格尔系数为39.5%。8 524户低收入农户实现脱贫。全区不断落实各级就业政策，就业和社保体系更加健全。城镇登记失业率为4.3%，比上年增长0.2个百分点；7 631名城镇登记失业人员实现就业，年末实有城镇登记失业人员3 966人。全区参加养老、失业、工伤和医疗保险缴费人数分别比上年增长4.7%、4.4%、4.5%和4.3%；参加新型农村合作医疗人数为44 040人，参合率达到99.87%。城乡最低生活保障应保尽保，城镇、农村居民最低生活保障人数分别达到9 199人、2 623人，农村五保户人数为296人。

【全力做好低收入帮扶工作】 做好全区64个低收入村和11 961户低收入农户的监测工作，对全区168名低收入统计调查人员就监测系统的使用和台账的填报进行培训；印发《低收入农户监测工作手册》，按照初审、复核、公示和上报四个程序确定户数。全区11 961户低收入农户已脱贫8 524户，脱贫率71.3%，人均可支配收入实现9 434元；64个低收入村共有7 074户低收入农户，已脱贫4 617户，脱贫率65.3%，人均可支配收入实现8 971元。

【农村居民收入情况】 全区农村居民人均纯收入为17 408元，比上年同期增长10.8%。在收入结构中，人均转移性纯收入增长较快，拉动收入增长5.4个百分点；人均工资性纯收入比重最大，拉动纯收入增长8.2个百分点。

【文化事业】 全区共有村居文化室229个，全年开展各类文化活动近2 000场次，其中，基层镇街开展文化活动1 600余场次。馆藏图书总量达到702 000册，当年新购入图书56 851册，办证2 001个，流通读者16 635人，馆舍面积1 200平方米。全区共有重点文物保护单位国家级5个，市级9个，区级71个。

【教育事业】 全区共有幼儿园23所，班数196个，全年入园（班）人数3 204人，在园（班）幼儿5 442人，离园（班）2 478人，教职工644人，其中专任教师406人。小学学校31所，班数384个，毕业生1 754人，招生数1 934人，在校学生总数11 100人，教职工1 326人，其中专任教师1 026人。初中阶段学校16所，毕业生数1 453人，招生数1 540人，在校学生数4 794人。高中阶段学校4所，其中普通高中3所，毕业生数872人，招生数819人，在校学生数2 490人；职业高中1所，毕业生数667人，招生数12人，在校学生数498人。全区中考及格率达到87.79%，优秀率达到17.95%。全年专科毕业214人，本科毕业170人，实考率83.91%。全年参加岗位培训、技术培训255 816人次。

【卫生事业】 全区共有医疗卫生机构265个，其中医院13个。医疗卫生机构实有床位2 842张，其中医院2 401张。全区卫生技术人员达到4 352人，其中执业医师1 026人，执业助理医师110人，注册护士1 376人。全区卫生医疗机构总诊疗量255.74万人次，出院人数30 232人。

【医改工作取得实效】 一是医疗卫生服务体系基本建成。构建了以区医院和北京京煤集团总医院为医疗龙头，以疾控中心、妇幼保健院、龙泉医院等专业机构为公共卫生龙头，以社区卫生服务中心和卫生院为枢纽，以社区卫生服务站和村卫生室为网底的基本医疗和公共卫生服务体系，逐步形成了三级医疗卫生服务网络。二是公立医院改革取得初步成效。区医院门急诊55.2万人次，同比增长14.5%；出院9 114人次，同比增长4.09%；平均住院日、转院率同比下降0.58%和23.56 %。中医医院门急诊39.59万人次，同比增长13.42%；出院1 205人次，同比增长3.08%；转院率同比下降0.67%。经统计，74%的群众看病首选区内综合医院；全区医改创新考评、社区卫生工作在全市医改综合考核中，考评均获评第一档。三是新型农村合作医疗管理水平不断提高。提高基金使用效率，引进人保健康公司，采取共保联办、风险共担模式，控制医疗费用不合理增长。提升新农合保障水平，参合农村居民49 220人，参合率98.95%，重大疾病住院补偿由9类扩大到15类，补偿率由70%提高至75%。四是基本药物制度有效落实。基层医疗机构执行《2012年北京市基本药物目录》，用药品种增至699种，开展基本药物临床应用指南和处方集中培训，用药管理不断规范。五是公共卫生服务均等化水平不断提升。孕产妇系统管理率98.65%，5岁以下儿童死亡率4.77‰，精神病患者规范管理率达到90%。

【公共卫生安全得到强化】全区无重大传染病暴发流行、无重大食品安全事故和饮水污染事件发生，无户籍孕产妇死亡，无精神病人重大肇事肇祸事件发生。传染病综合防控取得阶段性成果。全区无甲类传染病报告，乙、丙类传染病报告同比下降7.41%。及时启动H7N9流感防控应急响应，全区未发生确诊病例。圆满完成重大节假日及50余项重要活动医疗卫生保障任务。顺利通过北京市卫生应急示范区创建验收。

【健康门头沟建设持续推动】实施《2013—2015年健康门头沟工作方案》，细化指标63项，形成多部门联动机制。建成永定河文化广场等3条健康步道，滨河西区等2间健康自测小屋及新桥西区健康知识一条街，营造健康支持环境。以慢病防控为重点，开展健康科普专家巡讲等主题宣传活动，普及健康知识。组织健康之星评选等活动倡导健康生活方式。健康管理训练营、高血压患者自我管理等健康管理新模式取得成效。巩固国家卫生区成果，启动斋堂镇国家卫生镇创建工作。

【卫生人才队伍不断优化】加强重点学科人才梯队建设，引进学科带头人5名，其中博士研究生2人，副主任医师4人。加大人才招聘力度，招录公务员9人，事业单位人员59人，其中博士研究生1人，硕士研究生24人。继续与高等院校合作，签订定向培养毕业生协议24人，年内15名毕业生回区工作。推荐新毕业本科生13人参加住院医师规范化培训。举办继续医学教育培训330项，培训4.9万人次，达标率98.78%。

【法律援助工作情况】共接待咨询2 954人次，居前三位的是婚姻家庭纠纷、房屋土地纠纷和劳动纠纷，分别占咨询总量的37.2%、19.9%、18.6%；共受理法律援助案件285件，为当事人挽回经济损失962万元。其中，援助农民工案件175件，占案件总量的61.4%，为1 702人农民工追回薪金、工伤损害赔偿金等843万余元。

【创建香会博物馆】“妙峰山香会博物馆展览、展陈、景观设计”经中国环境艺术委员会专家委员会评审，荣获第四届（2013）中国环境艺术金奖。

基层组织与民主政治建设

【概况】认真做好纪念建党92周年系列活动，深入开展解放思想大讨论活动。继续推进“双向联评”工作。制定村“两委”工作目标考核工作指导意见。对全区正常离任村党组织书记发放生活补贴。开展村级党组织后备干部队伍选拔工作。全面加强政务公开、党务公开、村务公开等基础工作，落实农村党风廉政建设责任制。加强农村实用人才培养，13人被评为北京市高级农村实用人才，1人获得“北京市有突出贡献的农村实用人才”荣誉称号。

【完成第九届村民委员会换届选举工作】全区178个村登记参选村民共78 737人，实际参选73 702人，参选率达93.6%，较上届提高0.9个百分点。选举产生新一届村委会成员583人，其中村主任178人、副主任19人、委员386人；党员425人，占72.9%；女性213人，占36.5%；连选连任322人，占55.2%。

【开展村级党组织后备干部选拔工作】制定了《关于加强村级党组织后备干部队伍建设的实施意见》。村级党组织后备干部的选拔以考试、考察相结合的方式进行。村级党组织后备干部候选人通过个人自荐、群众举荐和组织推荐三种方式产生。全区175个村级党组织共选拔后备干部210名，其中党员167名，女性57名，35岁以下80名，大中专以上文化程度162名，大学生村官12名。

【建立街道“大工委”和社区“大党委”党建工作机制】4个街道全部建立了街道“大工委”、地区管委会。同时，选派122名党建工作指导员深入414家非公企业指导党建工作，实现了非公企业党建工作全覆盖，党组织覆盖率由年初的不足50%提高到87%，规模以上非公企业党组织覆盖率达100%。探索在区级“枢纽型”社会组织中建立党建联席会议制度，有效实现了社会组织党建工作全覆盖。

【建设农村基层党建全程纪实系统】在全区9个镇、4个街道及151个未拆迁村中建设了门头沟区农村基层党建全程纪实系统。通过专用软件与安装在各终端节点的网络摄像头和显示设备，利用文字、照片、视频等形式，对村级重大事项决策和党员干部队伍建设的全过程进行记录并向党员群众公开，从而进一步规范了农村“两委”干部履职行为，加强上级党组织对农村工作的监督指导，实现痕迹化管理，拓宽民主公开渠道。

【民主日活动】各镇村于1月15—21日开展了2013年第一次农村民主日活动。活动期间，共有6 000余村民直接参与到民主日活动中来，村民代表出席2 923人，代表出席率达86.76%。各镇村于7月15—20日开展了2013年第二次农村民主日活动。

共有 6 000 余村民直接参与到民主日活动中来，应到村民代表 3 431 名，实到村民代表 3 059 名，代表出席率达 89.16%。

“三农”工作部署和实施

【召开农口项目及旅游项目汇报会】 2 月 26 日，召开农口项目及旅游项目汇报会。区领导韩子荣、付兆庚、张永、彭利锋、郑伟革参加会议，听取了相关工作汇报，并围绕农口项目及旅游项目安排、资金统筹等内容进行了研讨。区委书记韩子荣就落实好相关项目提出了工作要求。

【举办新一届村党支部书记培训班】 3 月 8 日，在龙泉宾馆举办“门头沟区新一届村党支部书记培训班”。全区 174 名新一届村党组织书记和各镇党委书记、镇长、副书记、组织委员、村第一书记等，共计 219 人参加。培训班就全区农村发展基本思路、农村基层党组织建设 、农村党员干部廉洁履行职责、农村“三资”管理等内容进行了详细的讲解。培训班由区委常委、副区长张永主持，区领导韩子荣、丁勇、赵潮英参加培训并授课。

【召开落实北京市农村工作会精神分组讨论会】 3 月 21 日，区政府召开落实北京市农村工作会精神分组讨论会，会议就如何贯彻落实北京市农村工作会议精神，进一步做好全区“三农”工作进行讨论。市农委副主任王建中，区领导王洪钟、丁勇、张永、洪家志出席会议。

【区领导调研并检查防汛重点地区】 6 月 6 日，区委书记韩子荣到区水务局调研，听取了区水务局关于防汛、中小河道治理、城子水厂改扩建等工作的情况汇报，查看了大峪街道葡东社区、城子街道新老宿舍社区、龙泉镇三家店村、军庄镇灰峪村。区领导张永、郑伟革、张乐春一同调研。区委书记韩子荣要求，要超前谋划、科学防控，进一步做好防汛各项准备工作，确保安全度汛，保障人民群众生命财产安全。

【调研旅游村庄建设】 6 月 18 日，区委书记韩子荣到斋堂镇法城村、火村进行旅游村庄建设实地调研，听取了旅游村建设、村集体资产运营等情况的汇报，并提出了相关工作要求。区领导付兆庚、郑伟革参加调研。

【政协提案全部办复】 门头沟区政协九届二次大会共收到农林生态类提案 22 件，全部办复。

【召开区委十一届六次全会】 12 月 28 日，召开区委十一届六次全会，区四大部门领导韩子荣、王洪钟、罗斌、张冰、付兆庚参加会议。区委书记韩子荣做报告，并就做好 2014 年工作进行了全面部署。全会审议通过了区委书记韩子荣代表区委常委会所做的《深入落实党的十八届三中全会精神 稳中求进 改革创新 不断开创现代化生态新区建设新局面》的报告。

门头沟区领导名录

区委书记	韩子荣（女）
副书记	王洪钟　付兆庚
常委	陈国才　丁　勇　赵潮英（女） 刘群立(回族)　张　永　李庆广 彭利锋　郑伟革
区人大常委会主任	罗　斌
副主任	韩生辉　谭　杰　侯建华 许　彪　李　轶（女）
区长	王洪钟
副区长	陈国才　张　永 陈卫东（10 月任） 石　军　李　昕(女) 洪家志（土家族，10 月免） 张满仓
区政协主席	张　冰（女）
党组副书记	杲建忠
副主席	翟云峰　张乐春　冯　飞 野京城　朱德友　孙善民
区纪委书记	赵潮英（女）
区委农工委书记、区农委主任	王九中（11 月免） 耿新民（11 月任）

门头沟区乡镇党政正职领导

	党委书记	镇　长
潭柘寺镇	韩瑞昌（3 月免） 占永谦（3 月任）	杜春涛
永定镇	陈　波	李文凯
龙泉镇	索宝柱	刘军生
军庄镇	王　涛	曹宝华
妙峰山镇	卢佳强	曹子扬
王平镇	韩兴无	彭天和
雁翅镇	衣丰飞	杜　军
斋堂镇	刘贵清	杨少培
清水镇	张慧军	安　楠

（门头沟区农委　符乃清）

房山区

概述

房山区辖6个乡、14个镇、4个街道办事处、1个办事处。有居委会123个、村委会461个。到2013年年底，全区常住人口101万人，其中外来人口24.6万人。户籍人口78.6万人，其中农业人口33.5万人。全年出生8 549人，人口出生率10.87‰；死亡4 568人，人口死亡率5.81‰；人口自然增长率5.06‰。全区地区生产总值（GDP）实现481.8亿元，比上年增长10%。其中第一、二、三产业增加值分别为17.6亿元、280.8亿元、183.3亿元。财政收入192.3亿元，税收176.9亿元。全社会固定资产投资完成493.7亿元，比上年增长0.7%。基础设施投资完成145.3亿元，比上年下降11.6%。城镇居民人均可支配收入32 886.2元，农村居民人均纯收入16 916.4元，分别比上年增长9.5%和11.3%。城乡居民储蓄598.1亿元。

农村经济发展

【概况】 全区农林牧渔业总产值50.6亿元，同比增长8.9%。粮食播种面积28.4万亩，比上年减少27.3%；粮食产量9.9万吨，比上年减少23.4%。全区粮食直补面积26.2万亩，粮食直补资金3 188.2万元，全部发放到农户手中。全区农业观光园105个，比上年减少3个；市级民俗旅游村30个，市级民俗旅游接待户2 391个。推进政策性保险，参保4万余户，保险险种23个。全区牧业产值19.8亿元，同比增长4.2%；渔业产值1.7亿元，同比增长13.3%。生猪、肉牛出栏预计分别为42.2万头、1.1万头，同比分别增长4.98%、1.66%；肉禽出栏预计914万只，同比减少14.1%；鸡蛋、牛奶产量分别为1.2万吨、3.6万吨，同比分别增长17.8%、4.2%。渔业养殖面积5 067亩，同比增长15%；商品鱼产量和产值分别为2 900吨、0.89亿元，同比分别增长40.8%、48.3%。

【农业生态谷建设取得进展】 规划方案获市规划委员会批复，园区水、电、路、气等基础设施加速推进，爱氏晨曦乳制品、蒙牛乳业、5万平方米异形温室项目等陆续入园。

【菌业保持全市领先水平】 新增投资8 700万元，总产4.7万吨，实现产值4亿元，食用菌产量产值均继续位居全市首位。中国食用菌协会（房山）基地吸引18家食用菌生产大县以及全国知名企业入驻。北京首诚冷链物流基地竣工，年吞吐量3万吨的菌菇冷链物流、航天食品、虫草素生产研发全面启动，食用菌研发、生产、物流产业链初步成型。

【全区葡萄酒产业签约酒庄达到28家】 截至11月13日，全区签约酒庄28家，签约面积2.8万余亩，种植葡萄1.18万亩。其中，18家酒庄进行葡萄种植，8家酒庄开工建设并完成6家酒厂主体工程，10家酒庄开始酿酒或试酿酒，总产量208吨28万瓶，葡萄酒产业吸附劳动力就业1 600人。全市第一家葡萄酒保税庄园——中葡汇酒业文化保税园开园，浅山区百里葡萄酒庄产业带初具规模。

【农业产业化平稳推进】 305家规模农业企业资产总额达到67.1亿元，实现产值24.2亿元，出口创汇3 362万元，同比增长205%。盘活闲置资金4 400万元，建立农业担保平台，为农业企业解决贷款近亿元。

【农业品牌建设得到加强】 全区农字号商标达到557件，年内新增北京市著名商标2件，累计达到8件；有"三品一标"基地190家，认证产品541个，认证数量和覆盖率位居全市首位。

【四马台村被评为全国休闲农业与乡村旅游示范点】 通过基层单位申报、地方主管部门审核、专家评审和网上公示，最终北京市有3家示范点获此殊荣，其中房山区霞云岭乡四马台村被农业部评为全国休闲农业与乡村旅游示范点。

【12家农业企业加入北京市农业产业化龙头企业协会】 1月15日，北京市农业产业化龙头企业协会正式成立。北京卓宸畜牧有限公司等12家市级以上农业产业化重点龙头企业全部入会，其中北京卓宸畜牧有限公司、北京燕都立民屠宰有限公司为理事单位。

【"春泥行动"普法宣传培训活动举行】 3月13日，房山区"春泥行动"普法宣传培训活动在区种植业服务中心举行。活动主题是"促进农民增收、拒绝假种劣种"。此次活动由房山区种植业服务中心和房山区人民法院主办，北京市种子管理站、房山区工商行政管理局、房山区质量技术监督局协办，房山区种子管理站承办，辖区60余家种子经营者及生产大户参加。活动内容包括三项，一是现场发放农作物种子生产、经营、使用、维权等技术材料和宣传画册10种600余份；二是区人民法院法官用真实案例讲授种子诉讼案件的全过程及维权要点、市种子管理站专家讲解种子质量及如何处理纠纷案件、区种子管理站技术人员通过投诉案件实例讲解种子经营及使用注意事项、购种须知等；三是法官、专家及技术人员与种子经营企业、生产大户进行现场互动。

【食用菌新品种“房平1号”通过市级鉴定】3月22日，北京市农作物品种审定委员会组织专家在房山区农科所召开“食用菌新品种鉴定会”，对房山区选育的“房平1号”食用菌新品种进行评估鉴定。中国农业科学院、北京市农林科学院、北京农学院及北京市种子管理站的多位专家经过试验现场考察，审阅了有关资料，经过质询、讨论等环节，一致同意通过“房平1号”新品种的市级鉴定，成为全市首家非科研院所选育新品种。“房平1号”系农科所、种子管理站联合选育，该品种为中低温型食用菌品种、具有菌丝生长势强，子实体朵形美观，叶片叠生，菌盖灰褐色，菌褶纵纹较密等特点。

【重点绿色通道工程通过市联合验收组检查验收】4月7日，市联合检查验收组到房山区检查验收重点绿色通道工程。采用随机抽样方法，以小班为单位抽取一定数量面积进行核查验收，抽取面积不少于总面积的10%。对所抽地块进行逐一核查。重点核查施工质量、景观效果、苗木品种、规格数量、造林密度、成活率等。通过现场核查验收，核查结果和自查验收报告基本一致，面积、苗木成活率、保存率、密度等合乎要求，这标志着房山区重点绿色通道工程通过验收。

【释放昆虫天敌——丽蚜小蜂】5月17日，区植保站向良乡镇东石羊村和窦店镇芦村的蔬菜病虫害绿色防控示范区发放了昆虫天敌产品丽蚜小蜂，用于示范区内粉虱和蚜虫的防治。共释放1 750张蜂卡，示范防治面积70亩。

【春季飞防工作结束】5月26日，春季飞机防治林业有害生物的工作结束。共飞行89架次，防治面积12.35万亩，药剂采用除虫脲、灭幼脲和春尺蠖病毒。其中，4月18—22日采用小松鼠直升机飞行21架次，防治面积4.95万亩，5月12—25日采用小松鼠直升机飞行12架次，贝尔直升机56架次，防治面积7.4万亩。

【全区“三夏”工作完成】截至7月2日，区“三夏”工作完成，共完成夏收面积7.7万亩，夏种12.7万亩。“三夏”期间共投入主机和各类农机具1 520台，夏收秸秆实现全面禁烧，农机作业安全无事故。组织农业专家和技术人员深入生产第一线指导、帮助农民做好夏播作物的田间管理工作。

【新增涉农北京市著名商标2件】7月5日，北京市工商行政管理局公布了2012年新认定的北京市著名商标，其中房山区新增涉农著名商标2件，分别为北京市房山区窦店农牧工商总公司的“窦店”商标1件和北京波龙堡葡萄酒业有限公司的“波龍堡”商标1件。

【开展“惠农入村金融服务月”活动】7月12日，农行房山支行启动“惠农入村金融服务月”活动，采取悬挂横幅、设立展台、专人讲解产品知识等方式开展宣传，该活动涉及小微企业信贷、三农产品、惠农政策、“金穗惠农通”工程、农户贷款、“信用联保贷”等多项内容，活动首日现场发放宣传折页300余份。

【卫生杀虫剂和杀鼠剂专项检查】7月上旬，区植保站执法人员对区内华冠、美廉美、国泰、家乐福4家大型超市以及拱辰街道纸房批发市场进行了卫生杀虫剂和杀鼠剂专项检查，检查中未发现违法销售杀鼠剂行为，对于个别经营标签不合格的卫生杀虫剂产品行为，执法人员给予当事人警告，责令立即下架退货处理，确保居民用药安全。

【秋季蔬菜种子质量监督抽检】7月中下旬，区种子管理站组织开展了本辖区秋季蔬菜种子质量监督抽检工作。以大白菜、萝卜等秋季蔬菜种子为重点，种子检验人员在石楼、大石窝、张坊等乡镇抽检种子经营户11家、抽取种子样品21份，检测项目包括种子水分、净度、发芽率和部分样品的田间纯度种植鉴定等。区种子管理站依据种子法律法规的有关规定，对检测结果存在问题的种子经营单位做出了相应处理，保障全区秋季蔬菜生产用种质量安全。

【支持“7·21灾后河道治理工程”建设】农行房山支行积极参与房山区“7·21灾后河道治理工程”银团贷款项目，7月30日，作为牵头行为该项目发放贷款43 250万元，并代理国家开发银行发放贷款 2.2 亿元。除该项目外，农行房山支行还为房山区河道治理、水利基础设施项目投放贷款 3.84 亿元。

【投入 4.4 亿头赤眼蜂全面围剿玉米螟】 7 月 31 日，为有效减少农田化学农药的施用次数和施用量，全区投入 4.4 亿头赤眼蜂，对石楼镇、韩村河镇 2 个种粮大镇的 4.4 万余亩夏玉米田害虫玉米螟实施生物防治。为确保放蜂任务的完成，技术人员深入田间进行现场监督指导，通过释放赤眼蜂行动，有效防控玉米螟危害，确保玉米稳产，达到抑制虫害绿色环保两兼顾。利用赤眼蜂防治玉米螟是一项生态、绿色、安全、环保的生物技术，“以虫治虫”既可以提高防治效率又可以减少环境污染，能够为农民节支 50%，对推动区内循环农业和低碳农业的健康发展具有积极作用。

【全区小麦播种技术现场观摩会召开】 9 月 29 日，在窦店村召开秋季小麦播种技术现场观摩会，市植保站和区农科所、各乡镇全科农技员、技术骨干以及种粮大户等 40 余人参加观摩会。观摩会上，来自德国拜耳公司（中国）的技术员讲解了小麦拌种技术、拌种后播种的优势以及使用方法，并进行了现场药剂拌种操作演示。随后，区农科所专家从播前整地、农机作业效果、播种等各环节进行了逐一讲解，强调了小麦播种质量的重要性。此次观摩会使广大种植户进一步掌握小麦播种技术要点，将技术、栽培规程及时得到更正。

【通过“国家级食用菌标准化示范县”验收】 10 月 21 日，农业部农产品质量安全监管局和北京市农业局组成专家组对房山区承担的食用菌标准化实施示范项目进行了考核验收。专家组一致表示房山区在开展食用菌标准化实施示范项目工作中，发展定位准确，组织落实到位，监管措施得力，示范成效显著，综合评定达到验收标准，同意通过验收。

【创建设施蔬菜标准园和集约化育苗场项目通过市级验收】 10 月 31 日，市农业局及相关专家组一行，对房山区大石窝绿洲蔬菜种植中心设施蔬菜标准园，及长阳广阳大地农业发展有限公司、琉璃河周庄和万泉堡蔬菜种植专业合作社三家集约化育苗场创建项目进行验收。

【全国首家虫草素生产线落户房山区】 11 月 23 日，全国首家虫草素生产线在房山区落户，该项目位于青龙湖镇大苑村，由首诚农业通过引入高新技术企业“北京碧福康生物科技有限公司”与“中天神舟航天食品科技研究院”建立了长期合作关系，引进日处理 20 吨食用菌多糖提取加工技术，以生产第三代保健食品为目标，开发虫草素等系列保健食品。虫草素能够有效提高人体免疫力，恢复体力，缓解疲劳。该虫草素生产线计划总投资 1 500 万元，共两条生产线，一条 98%纯品，年产量 20 千克，产值 5 000 万元，另一条复配口服液，年产量 5 吨，产值 2 000 万元。可解决 600 余人就业，其中生产解决 100 人，营销 500 人。通过现代化生产技术，发挥首诚的农业科技孵化器功能，打造房山食用菌全产业链，带动房山区菌业增值。

【冬季植物防寒挡盐工作完工】 12 月 5 日，冬季植物防寒挡盐工作完工。色带绿篱做防寒挡盐板 135 232.3延米、树木包干 61 964 株、常绿树搭设风障 202 株、包裹常绿灌木球 731 株、木本花卉根部培土 10 009 株、树木喷洒抗蒸腾剂 1 151 株，共计出动人次 17 975 人次。

【林果及蜂产品抽样送检工作完成】 12 月 12 日，房山区完成林果及蜂蜜产品抽样送检工作。抽样送检产品主要为杏、桃、梨、枣、柿子、蜂蜜，6 种抽样送检样品总数为 163 个，未抽检出不合格样品。

【房山区组织参展十一届农交会】 12 月，房山区组织参展十一届农交会共有 10 家农业企业近 50 种产品参展，展团规模居北京展团之首，果蔬脆片、冰柿、京一根粉条等精品农产品获广泛关注，绿色环保草毯装饰成为展会聚焦关注点。共达成意向协议 17 项，预计金额超过 1.5 亿元。其中，康莱德公司与江西省、河南省达成的 3 条铁路、高速公路边坡绿化工程，意向金额 1.2 亿元。

【实施造林工程，打造绿色空间】 完成平原造林 4.61 万亩，栽植苗木 198 万株，一个 7 000 亩、两个 5 000 亩的景观生态林初步成型。完成京津风沙源治理、太行山绿化等人工造林 1.7 万亩，绿色生态屏障的建设，减少了风沙危害和水土流失，生态环境进一步改善。全区林木绿化率、森林覆盖率分别达到 55%和 27%。新发展果树 7 283 亩，栽植各类果树 69.77 万株，新建设施棚室 6 栋。推广有机化栽培 3.05 万亩、节水灌溉 3.79 万亩；果品产量 4 955 万千克、果品产值 2.55 亿元。全区 116 个观光果园采摘量 276.75 万千克，采摘收入 1 805.25 万元，接待游人 144.65 万人次。完成全区 16 个乡镇 2012 年退耕还林的年度复查验收汇总工作，经核查全区退耕地还林保存面积为 8.64 万亩，面积保存率为 98.65%。引导全区生产主要造林树种侧柏、彩叶、花灌木等 280 万株，营养杯苗木 80 万盆。完成苗木政府采购 117.54 万株。全年生产草本花卉 1 000 万盆，宿根花卉 600 万盆；年产百合切花 50 万支；完成了 40 000 平方米红掌切花的技术推广，年产切花 100 万支以上；引导花卉企业生产各类高档盆花 200 万盆。发放蜂箱及配套蜂具 15 273 套、蜂王 2 582 只。初步建立了 6 家各具特色的无公害蜂业基地。全区蜂群总数 3.36 万群，蜂蜜产量 139.2 万千克，总产值达到 2 763.52 万元。生态效益补偿资金的发放共计 3 721.7 万元。共批准征占用林地及林木、树木伐移许可 636 件，批准伐移树木 35.74 万株。

【推进生态治河，打造亲水环境】实施了小清河、刺猬河、吴店河、大石河等 6 条河道治理，治河 68.35 公里，河道的防洪排涝能力进一步提升。以生态保障和景观建设为重点，完成 23 平方公里的万景沟小流域、20 平方公里的生态小流域总体规划。重点实施了城关再生水厂、良乡中水处理、吴店沟污水管道及小清河截污纳管等工程，污水处理量完成 2 709 万立方米。建设四季房山，打造大美田园。以打造优美田园景观，服务现代休闲新城为主题，在韩村河、长沟、周口店、长阳等 10 个乡镇，在长周路、107 等主要公路沿线，构建景观农田布局，形成长沟湿地"水岸花田"、韩村河"天开花海"、琉璃河"古桥荷苑"、周口店"迎风花谷"等一批成方连片优美农田景观。

【山区新造林工程完工】完成山区新造林面积 1.7 万亩，其中包括京津风沙源治理工程续建项目 0.5 万亩，太行山三期绿化工程 1.2 万亩。栽植油松、华北落叶松、侧柏、白桦、黄栌、元宝枫、山杏等各类苗木 126.06 万株。

【市级重点沟域建设】启动韩村河上方花海沟域，进行环境清理、平原造林、小流域治理、基础设施建设，发展景观花田 3 000 亩，日均接待游客达 2 000人次。推进张坊仙栖谷市级沟域，完成造林 2 100亩，矿山修复 30 亩，建设乐谷银滩及特色产业体系。建设南窖燕山绿谷·丰饶之角沟域，恢复水毁公园 5 000 平方米，建设景观 3 处，金杏湾红酒庄园已初具接待能力。3 条市级重点沟域建设完成投资 3.61 亿元。

【打造现代农业】依托中国北京农业生态谷建设，打造国际一流全产业链农业安全食品加工区、农业物流配送核心区、户外休闲体验观赏区等。丘陵聚集一流红酒庄园。以近 30 家国际知名酒庄为代表，构筑葡萄酒文化为特色的"浅山百里红酒画廊"，建设休闲旅游、采摘观光、健康体验等产业集群。山区打造云集高端之所。以中国房山世界地质公园和北京（房山）历史文化旅游集聚区为支撑，促进精品农业、休闲旅游和现代服务产业高度融合，打造精品"第三空间"。

【农业机械化水平提高】全年共投入作业机具 5 604 台，完成玉米机播面积 18.9 万亩、机收 17.6 万亩；小麦机收 7.7 万亩、机播面积 5.2 万亩，单台机具效率为 49 亩，比 2012 年提高 53%。为高端葡萄酒产业跟进服务而研发的葡萄专用植保机第二代样机获得成功。农机上线检测率连续四年实现 100%。全年检验各类农业机械 694 台，张贴反光标识 4 500 条；新增拖拉机、联合收割机注册登记 248 台。发放各类国补农机补贴资金 1 141.93 万元，发放农机 590 台套。

【开展农业企业融资服务】协调相关部门，加大集合票据发行力度，降低企业融资成本，拓宽直接融资渠道。搭建融资担保平台，与燕鸿融资担保公司等单位合作，盘活闲置资金 4 400 万元建立担保体系，为农业企业解决贷款近亿元。建立跟进服务机制，择优扶强龙头企业，协调解决企业融资过程中遇到的难题。

【推进食用菌产业】食用菌产业新增投资 8 700 万元，总产量 4.7 万吨，实现产值 4 亿元。中国食用菌协会（房山）基地吸引食用菌生产大县及全国 18 家知名企业入驻，年吞吐量 3 万吨的冷链物流配送基地与 30 余家单位达成订购意向，与航天员健康中心合作开展的虫草素功能性健康食品试验工作完成 2 500 平方米厂房建设。

村 镇 建 设

【概况】全区共实施抗震节能改造 1.4 万户，改善农民的居住条件和农村的农村环境。开展减煤换煤工作，六环以内 7 个乡镇 40 个村庄配送优质燃煤 8.7 万吨。新型农村社区试点建设，青龙湖镇晓幼营社区完成近百户村民搬迁工作，二期工程建设启动。"三起来"工程建设，太阳能路灯维修工程、"两气"工程维修、煤改电工程全面完成。实施了大安山乡、霞云岭两个乡的"环境优美乡镇"和辛庄等 23 个村“生态村”的创建工作。

【推进新农村建设】农村基础设施计划投资 33.8 亿元，完成投资 28 亿元。农村住宅抗震节能改造、农村环境整治等新农村建设工程如期推进。完成农转非 2 278 人。实施人口迁移工程，险户搬迁 713 户 1 676 人。山区永久避险安置房开工建设 17 万平方米。

【沟域经济建设带动山区转型】建设完成 8 条沟域的规划编制，4 条沟域全面开工建设，40 多个优质项目落户山区，其中投资过亿的项目 18 个。随着绿海红歌、天梦之乡、绿野花谷、丰饶之角、上方花海等一批沟域的建设，山区转型发展步伐加快。同时，着力打造“要爬山，到房山”登山休闲品牌，投资建设了城关卧虎山、周口店坡峰岭、十渡狐狸险、霞云岭蝴蝶谷等 8 条休闲登山步道，进一步拓展了山区沟域的休闲服务功能。

【争创美丽乡村建设】全区累计有 7 个村被评为“北京最美乡村”。开展区级 5 个最美乡村、5 块最美农田、5 条最美乡村路“三个五”创建活动，有 16 个村、9 条路、9 块农田完成申报。

【供水设施修复工程实现通水】城镇供水恢复包括：修复多处水源管线及铺设给水管道、修复供水设施等工程，提高城镇供水保障能力，完成总工程量的 100%。农村供水恢复包括：新打井 3 眼，修复供水管路 38.7 万米，安装配套设备 216 台套，修建泵房 198 座。已完成总工程量的 95%，实现 100% 通水。

【吴店河应急排水工程通过竣工验收】吴店河是良乡地区主要的防洪排水河道，该河道由于长期以来未进行疏挖，目前已无法满足新调整的房山区防洪规划要求，房山区实施吴店河应急排水工程。工程建设内容主要包括疏挖河道 3 069 米，新建防洪闸 1 座，过路方涵 2 座，改建雨水口 2 处，工程总投资 2 424 万元。该工程的实施可解决吴店河应急排水问题，有效保证了良乡高教园区及周边地区平安度汛。

【2013 年计划用水指标核定完成】全区下达用水指标总量为 2.93 亿立方米。其中，工业用水指标 7 123万立方米、公共服务用水指标 3 442 万立方米、生态环境用水指标 1 499 万立方米、农业用水指标 1 亿立方米、居民家庭指导性用水指标 3 996 万立方米、再生水用水指标 3 300 万立方米。区水务局根据下达的用水指标，按双月对各用水户用水指标执行情况进行考核，对超计划用水单位严格执行超计划累计加价制度。

【区首例气盾坝落户拒马河】2012 年“7·21”特大自然灾害使房山区境内河道遭到不同程度的破坏，其中拒马河六渡及九渡橡胶坝坝袋毁损，无法蓄水形成水面。在河道水毁修复中，房山区首次引用气盾坝更替拒马河内原有的橡胶坝。气盾坝是由一组盾板、一组橡胶气囊、一排基础锚固螺栓和一套气动充排气系统组成，气盾坝的使用同时拥有橡胶坝和钢板闸两者的优点。拒马河六渡、九渡气盾坝的坝高均为 1.8 米，坝长分别为 118 米和 83 米。气盾坝保证了河道行洪安全。

【王安顺一行调研房山中小河道治理工程】5 月 1 日，市委副书记、市长王安顺一行到房山区调研中小河道治理情况，现场查看了刺猬河治理（三期）工程，并听取了房山区水务局就全区中小河道工程建设进展情况的汇报。2013 年，房山区实施河道治理工程共涉及清河、刺猬河、吴店河、大石河 4 条河道，治理河道长度 61.35 公里，4 条河道治理工程已全面实施。

【全面做好防汛物资储备】为提高防汛应急抢险和快速反应能力的需要，更新购置了大量新型防汛抢险材料和抢险设备，主要有水陆两用汽车 4 台、龙吸水 2 台、手抛式救生器 100 套、搭接式防洪子堤 200 套、防汛膨胀袋 1 000 个等。储备编织袋 246 72条、块石 7 104 立方米、救生衣 19 556 件、冲锋舟 30 艘、铁锹 4 170 把、大型作业灯 76 台等 50 余种防汛物资，为抗大洪，抢大险，救大灾做好物资准备。

【《房山区生产建设项目水土保持工作暂行管理规定》正式实行】6 月 1 日，《房山区生产建设项目水土保持工作暂行管理规定》正式施行。该《规定》的出台，明确了房山区水土保持工作的流程、水土保持各项工作的职责及开展单位的条件，符合房山区水土保持工作管理的职能要求，有利于增强建设单位的水土保持意识，减少人为水土流失，改善房山区生态环境，对建设美丽房山意义重大。

【郭金龙到房山区检查指导防汛工作】6 月 14 日，中共中央政治局委员、市委书记郭金龙到房山区检查指导防汛工作。实地察看了大石河综合治理工程河北镇三福村段施工现场、佛子庄乡英水沟沟道清理情况和陈家台村山洪地质灾害险情防控预警等工作情况，听取了相关工作汇报，充分肯定了开展的工作。

【加快污水处理和再生水利用设施建设三年行动方案正式下发】房山区共有9座污水处理厂，承担着全区污水处理任务和水污染物总量减排任务，总处理规模为19.3万吨/日，年处理规模达到7 044.50万吨。2012年，全区污水排放总量为7 272.12万吨，共处理污水5 195.13万吨，全年污水处理率为71.44%。良乡、城关、窦店和阎村4座污水处理厂均处于超负荷运营状态。方案要求：到“十二五”末，新建再生水厂9座，升级改造污水处理厂3座，新增污水处理能力13.63万立方米/日；新建污水管线211.65公里，新建再生水管线38公里；新建污泥无害化处理设施1处，新增污泥无害化处理能力120吨/日；实施窦店镇窦店沟污水治理工程和长沟镇污水处理厂改造工程，改善重点镇河道水环境质量；通过建设小型污水处理装置、收集管网、抽排、封堵等整治河道排污口；实施乡镇污水处理厂在线监测设施安装工程，实现对长阳、长沟和阎村3个乡镇污水处理厂水质、水量在线监测和远程监控。

【举行北京市南水北调配套工程房山良乡水厂项目签约仪式】6月18日，北京市南水北调配套工程房山良乡水厂合作举行签约仪式。签约仪式上，区长祁红与北京市南水北调工程投资中心总经理毕小刚签署了北京市南水北调配套工程房山良乡水厂建设合作协议。毕小刚与农业银行北京市分行副行长张君儒签署了贷款授信协议。按照《北京市南水北调配套工程总体规划》，房山区计划实施建设良乡水厂、丁家洼水厂、城关水厂。根据全区发展和配套水厂进展情况，计划首先实施良乡水厂（一期）项目建设。市水务局领导，区领导祁红、卢国懿出席签约仪式。

【举行纪念“7·21”防汛综合演练】7月21日，房山区组织全区性的防汛综合演练，本次防汛综合演练不仅是为了纪念2012年“7·21”特大自然灾害一周年，也是房山区历史性的第一次组织全区各阶层共同参与的防汛大演习。区领导刘伟、祁红、唐淑荣、曾赞荣出席活动。本次综合演练设立了1个主会场和29个分会场，由水务、公安、驻区部队、卫生、交通、民防以及辖区25个乡镇街道2 000余人参与本次综合演练，出动大型排水车、冲锋舟、警车、救护车等车辆35辆，涉及防汛通讯、群众与游客的避险转移、铁路桥下积水排除、泥石流易发区群众避险转移、堤防抢险、小清河分洪区群众避险转移、分洪区群众被洪水围困营救七个模拟科目的演练。

【市领导检查指导防汛工作】7月24日，中共中央政治局委员、市委书记郭金龙，市委副书记、市长王安顺到房山区检查指导防汛工作。市领导实地察看了拒马河十渡镇九渡村段水毁设施重建、景区生态环境恢复及十渡镇新村避险安置房建设情况，并到新村村民家中与村民代表座谈，听取了相关工作汇报。

【哑叭河治理工程完成】哑叭河位于房山新城良乡组团北部，处于房山CSD中央休闲购物区核心区。2011年，随房山新城万亩滨水森林公园工程建设，哑叭河京广铁路至小清河入河口段实现了综合治理。2013年对剩余的1.9公里进行达标治理，河道治理标准为20年一遇洪水标准，工程建设内容包括河道治理、新建跌水、改建排涝泵站，同步实施景观绿化工程等。哑叭河已实现全流域治理，提高防洪标准，确保沿河行洪安全。

【城关再生水厂投产运行】城关再生水厂位于城关街道办事处田各庄村现状城关污水处理厂东侧，占地面积54.5亩，处理规模为2万立方米/日。工程于2011年7月15日开工建设，2013年10月25日起由北京北排水务投资有限公司正式接管运营。该厂的投产运行，可有效缓解城关地区的生活污水对周边地下水的污染问题，改善水环境，同时还可节约清洁水资源，实现优水优用。

【韩村河村被评为“中国最美乡村”】11月30日，由农业部、住建部、国家旅游局等举办的2013“中国最美乡村”评选结果在江苏省张家港市揭晓，房山区韩村河入选2013“中国最美乡村”。

【企业自备井水量监控系统三期工程启动】企业自备井水量监控系统的建设包括用水户信息采集、传输、分析、预警、决策，能够全面掌握全区用水企业的用水量信息，加强水资源管理及优化配置。房山区企业自备井远传系统建设已完成两期，共安装远传水表288块，覆盖全区100余家自备井企业、单位。房山区企业自备井水量监控系统三期工程正式启动，计划安装198块远传水表，2014年5月竣工，工程竣工后覆盖全区自备井企业单位井眼数的87%。

【封填报废机井】为严格水资源管理，避免生活污水、工业污水、农业污染通过报废机井渗入地下污染地下水。房山区对全区申请报废机井实行填埋。全区有废旧机井 305 眼，分 3 年进行封填，2013 年为第一期，封填 90 眼（其中封存 72 眼，填埋 18 眼）。

【河湖百日整治行动完成】 重点对永定河、拒马河、刺猬河、小清河在内等 11 条河道开展河湖水环境整治工作，共清理集中漂浮物 2 613 立方米；累计抽排排污口 28 处，600 车、3 000 立方米，封堵排污口 12 处；查处在河道内倾倒垃圾渣土、盗采砂石、乱排污水等行为 12 起，罚款 31.4 万元。其中，盗采砂石立案 6 起，罚款 25 万元整；乱排污水 5 起，罚款 6.2 万元；河道管理范围内倾倒渣土 1 起，罚款 2 000 元。完成拆违清障 228 处，无新增违法建设。

【良乡中水处理及回用工程（二期）主体工程完成】 良乡中水处理及回用工程（二期）建设规模为 3 万吨/日。主要工程内容包括厂房、提升泵池、连续流砂反硝化滤池及输水泵房等工程。12 月底，该工程完工投产运行。良乡中水厂总处理能力达到 3.5 万吨/日，再生水可用于工业用水、景观河道补水、市政杂用和居民区中水回用等，缓解了房山区供水紧张的现状。

【安全供水水质监测平台完工】 区水务局组织实施安全供水水质监测平台项目全面完成。计划对辖区内 13 座供水厂的消毒设备进行更新，每座水厂一用一备共两套，确保供水水质安全；对 13 座水厂安装二氧化氯发生器无线集中监控管理系统。其中，吴店水厂及长阳三水厂分别安装 3 台为一用两备，其余水厂安装 2 台为一用一备；同时在房山区水务局和长阳三水厂控制室内建立 2 个集中管理平台。

【加快生态文明建设】 房山区养绿治水建沟域，加快生态文明建设。完成平原造林、京津风沙源治理、太行山绿化、废弃矿山生态修复等 11 项绿化造林重点工程。实施滨河森林公园、大石河综合治理等 17 项水务重点工程建设，强化水源保护利用。重点推进“天开花海”市级沟域建设和“绿海红歌”“天梦之乡”两个沟域规划设计，带动山区转型发展。

【打造生态休闲新城绿色空间】 绿化环境，推进 5 万亩平原造林、3.4 万亩太行山绿化等 11 项生态绿化工程。美化田园，打造韩村河上方花海、长沟音乐花田等景观农业 2 万亩，组织实施 6.9 万亩农业综合开发工程。净化水域，实施大石河、小清河、刺猬河等河道治理 61.4 公里，推广种植水生蔬菜及花卉 3.8 万平方米。强化减排，完成 230 栋标准化及 10 个规模畜禽舍治理项目，年减少用水 3 万吨、减排化学需氧量 160 吨。

【推进生态环境建设】 实施平原造林 4.6 万亩，完成人工造林 1.7 万亩，建成生态景观林 1.7 万亩，全区林木绿化率、森林覆盖率分别为 55%和 27%。治理 6 条河道 68.4 公里，污水处理 2 709 万立方米，位列环城五区第一。在 10 个乡镇及主要公路沿线构建景观农田布局 2 万亩。全区共有 7 个村被评为“北京最美乡村”；新创建区级最美乡村、最美农田、最美乡村路各 5 处。

【推进山区转型发展】 完成山区 713 户 1 676 人的搬迁工程，引进 40 个优质项目落户山区。建沟域促转型，完成 8 条沟域规划编制，4 条沟域全面开工建设。建设登山步道 8 条，拓展休闲服务功能，树立“要爬山、到房山”品牌。

【推动山区发展】 提升沟域经济带动力。加快推进上方花海、仙栖谷、燕山绿谷·丰饶之角、绿野花谷、云居仙谷 3 条市级和 2 条区级重点沟域建设，带动山区发展。提升替代产业发展力。对 11 个乡镇的 26 个项目进行资金扶持，新发展经济作物 1 687亩、干鲜果品 1 180 亩。提升特色品牌影响力。积极推进山区休闲旅游产业发展，新建登山步道 3 条，全区累计登山步道达到 10 条；在北京公共频道栏目制作节目 12 期。

农村改革与管理

【概况】 大力改善农村环境，加快推进“新三起来”工程。按照“把土地流转起来、把资产经营起来、把农民组织起来”的要求，不断深化农村改革，为全区城市化建设打好基础。促进农村改革发展。全面完成农村集体土地确权颁证工作，启动了农村集体建设用地确权颁证试点。农村产权制度改革累计完成 422 个村，占 90.6%。加速农村土地流转，完成流转面积 23 万亩。加大“三资”监管力度，对全区现有集体资产 248.8 亿元，净资产 134.9 亿元，进行了全方位监管，有 14 个乡镇实现了村级经济事项网上审核、监管，因农村“三资”引发的信访同比下降 20%。房山区被农业部认定为“全国农村集体‘三资’管理示范县”。强化农业生产保障。努力实现政策性保险全覆盖，做到愿保尽保。新增“渔业养殖”“农家乐”两项特色险种，使全区政策性保险险种达到23个，为抵御自然风险、促进农业生产起到了保驾护航的作用。截至三季度，全区政策性农业保险保费收入9 081万元，参保农户43 625户次，9 423户农户因灾得到3 400万元赔偿。年内累计理赔金额将突破7 500万元。抓好“一事一议”奖补项目的实施，确定村级公益事业“一事一议”奖补项目43个，覆盖23个乡镇，项目总投资3 990万元。提高农民组织化程度。以思想观念教育培训为重点，开展农业技术、经营管理、市场经济等各类培训5.5万人次，实现农村剩余劳动力转移就业8 000人。加大农村合作组织建设，全区农民专业合作社已发展到590家，入社带动3.5万户，提高农民组织化程度。琉璃河宏利肉鸭专业合作社被授予“全国农民专业合作社示范社”、长阳百家乐葡萄专业合作社获“全国农民专业合作社青年示范社”称号。开展基本菜田生产补贴、家庭农场建设两项全市性的试点工作，初步确定全区纳入补贴范围的基本菜田范围4.2万亩，完成5个试点建设农场的挂牌。

【完成2012年农村土地确权权益费兑现工作】1月，区经管站对各乡镇2012年农村土地确权权益费兑现工作进行检查。2012年，全区281个村18.2万亩土地应向农户兑现权益费8 925万元，比2011年增长6.2%。2012年权益费亩均489元，较2011年增长7.2%。

【建立农村集体经济合同电子台账】1—4月，依托“北京农经管理平台”，组织23个乡镇根据清查后的经济合同台账内容，为1.2万份经济合同建立电子台账和网络数据库，实现了合同信息网上时时在线查询。

【3家合作社获北京农民专业合作社先进单位】3月21日，在北京市农村工作电视电话会议上，北京琉璃河宏利肉鸭专业合作社、北京泰华芦村种植专业合作社、北京京西礼临辉农产品种植专业合作社三家合作社荣获“北京农民专业合作社先进单位”。

【北京金利农机服务专业合作社获“全国农机合作社示范社”】4月7日，农业部办公厅公布全国农机合作社示范社名录，北京金利农机服务专业合作社荣获“全国农机合作社示范社”。

【调查家庭农场发展情况】4月11—16日，对全区家庭农场发展情况进行摸底调查。调查对象为经营者具有农村户籍、家庭成员是主要劳动力、农业生产收入是家庭主要收入、从事种植业、养殖业及种养结合、经营规模达到一定标准的家庭农场。据调查，全区现有家庭农场570个，其中养殖业371个，占家庭农场总数65.1%；种植业168个，占家庭农场总数29.5%；种养结合29个，占家庭农场总数5.1%；其他业别2个，占家庭农场总数0.3%。

【低收入农户和低收入村监测工作】4月19日，区经管站召开“2013年低收入农户和低收入村监测工作会”。按照全市低收入农户和低收入村的统一标准，全区共确定低收入监测农户42 828户，低收入监测村140个。组织各乡镇依托“农村管理信息化系统”以村为单位建立低收入农户档案数据库，自2013—2015年连续三年按季度对低收入农户及低收入村进行动态监测和汇总分。

【“三资”监管实现全程网络化监管】5月，房山区利用“制度＋科技”的手段，不断创新农村“三资”监管方式，设计开发了“房山区农村‘三资’监管网络平台”，实现了农村“三资”数据电子化、智能分析实时化、电子留痕全程化、预警提示自动化、程序锁定规范化等功能。该网络平台已在全区范围内运行，通过对村级经济事项分级授权，层层审核的模式，实现了对村级“三资”事项的事前、事中、事后全过程监管。年内，全区23个乡镇“三资”监管中心共监管资金收支26.7万笔，金额439.1亿元，拒付不合理开支3 785笔，金额1.7亿元；监管资产处置2 301笔，制止不合理土地发包及资产处置54笔；全程参与招投标92次，为农村集体增收节支3 910万元；因农村“三资”问题引发的信访案件同比下降20%，委托监管效果逐步显现。

【466个村级农村管理信息化电脑设备更新完成】5月底，市农经办配发的第二批242台村级农村管理信息化电脑设备全部验收完毕并配发至各村。至此，全区466个村级农村管理信息化数据采集点电脑设备全部更新完毕。

【建设“农村基层组织信息系统”】6—9月，依托“农村管理信息系统”和“农经平台”，区经管站与区委组织部联合建设农村基层组织信息系统。系统共包括11张报表，219个具体指标。9月，农村基层组织信息系统基本建成，共录入各类基础数据46 969条，其中党员基本信息26 429条，入党积极分子基本信息1 358条。

【开展村级集体经济组织经营管理情况调查】7月29日至9月30日，房山区对23个乡镇466个村级集体经济组织经营管理情况进行调查。调查主要内容包括：村级集体经济组织建设及内部机构建设情况；村级集体经济组织对所属企业投资及合资、合作、股份经营投资情况；村级集体经济组织经营性固定资产经营管理情况。

【一事一议财政奖补项目完成】全区共开展一事一议财政奖补项目48个，总投资近3 990万元。12月上旬，区一事一议财政奖补领导小组办公室对2013年一事一议财政奖补工程项目进行验收。通过检查，各项目程序合规、质量合格。全部项目建成后，全区新增排水沟渠17.6公里，新修排水沟16.6公里，新下排水管道8.8公里，排水沟清淤9.2公里，新建护坡8.7公里，新建农桥15座，涵洞8座，小型沉淀池雨水井393座，排水沟清淤及场地整理3.5万立方米，新建挡水墙1.7公里，彩绘墙2 804米，花台1 627.2米，绿化苗木947株，新增草坪3 188.2平方米，将惠及4.65万农民群众的生产生活。

【447个村完成集体经济产权制度改革】全区累计有447个村级集体经济组织完成产权制度改革，占村级集体经济组织总数的95.9%；未完成改革的19个村中已有18个村启动了改革工作。

【"网上联合社"累计发展会员140家】全区"网上联合社"成员增至140家，展示会员产品703种，发布各类动态信息1 302篇。

农　村　民　生

【概况】全区农村居民22.3万人参加养老保险，参保率99.92%。新型农村合作医疗参合农民36.2万人，参合率连续6年达到100%。享受农村低保0.9万人，农村低保标准由家庭人均年收入4 560元提高到6 000元。

【开展充分就业乡镇、社区（村）创建工作】将充分就业创建活动纳入区政府年终考核乡镇的工作中，引导乡镇充分认识创建活动的重要性；明确创建标准及具体创建要求，进一步细化工作方案、措施、各类人员台账、总结、测评等要素；实行动态管理，对之前已认定和新申请的乡镇、社区（村）分类考察，之前已认定但目前不达标的取消原有称号，对新申请的，严格按照申请、审核、认定、公示、报备、表彰等程序进行；强化服务对象满意度调查，从就业援助情况台账中随机抽取3名就业援助最多的对象，通过电话访谈、约谈等方式，调查援助效果。

【占地农转居工作】全区累计落实5 260名转居人员实现就业，其中单位就业2 470人，占就业总人数的47%。累计完成历史和新增农转居安置指标25 866名（劳动力16 652人、超转人员5 863人、未成年人3 351人）。

【农村居民纯收入同比增长11.3%】全区农村居民人均纯收入达到16 916.4元，比2012年同期增加1 724.0元，增长11.3%。其中，工资性收入和转移性纯收入增长较快，达到11 514.3元和2 476.7元，同比分别增长14.5%和51.0%。

【农村居民生活消费支出同比增长8.3%】据农村住户抽样调查资料显示，2013年，全区农村居民人均生活消费支出11 840.3元，比2012年同期增加906.3元，增长8.3%。

【农村居民百户拥有家用汽车同比增长24.7%】据调查资料显示，受北京市小型汽车摇号政策影响，2013年房山区农村居民家庭百户拥有家用汽车24.1辆，同比增长24.7%。

【农村居民百户拥有家用计算机同比增长20.1%】农村居民家庭百户拥有家用计算机71.6台，同比增长20.1%。而城镇居民每百户拥有计算机为86.7台，略高于农村居民。

【完成城乡低保标准调整工作】1月，按照市民政局的文件精神和房山区的经济发展水平，城市低保标准由家庭月人均收入520元提高到580元，农村低保标准从月人均收入380元提高到480元。其中，农村低保标准高于北京市农村低保标准家庭月人均460元的标准。11月底，农村低保标准再次调整为家庭月人均收入低于500元。截至12月底，全区共有城乡低保户5 989户、11 082人，累计发放城乡低保资金450.43万元，保证了这部分人的医疗、住房、子女教育困难得到及时救助。

【完成农村优抚和社救对象建房工作】农村优抚和社救对象建房被列为2013年房山区政府折子工程之一，为了改善农村社救对象住房条件，房山区首次将生活在农村的居民户扩大到救助范围当中。年内完成193户579间建房工作（其中社救建房139户、社救修房34户、优抚建房20户），涉及建房资金779.4万元。

【开展医疗救助工作】全区城乡医疗救助合计1 066人次，发放救助金342.55万元，农村门诊救助4 009人次，门诊垫付医疗费金额28.33万元，住院押金减免99人，支出资金42.91万元。

【开展“进百村、走千家、访万户”活动】房山区民政局对非低保、低收入人员给予医疗救助，非低保、低收入人员发生重特大病的医疗费用，在享受基本医疗报销或新农合报销待遇后，年度内个人负担医疗费用过重的，可申请享受医疗救助。10月24日，房山区民政局召开“进百村、走千家、访万户”活动部署会，深入村居针对非低保、低收入群体当中的重特大病家庭进行走访宣传政策，使符合救助政策人员尽早得到救助，切实维护和保障群众的根本利益。全局100多名机关干部，分成10个组，班子成员带队，深入全区25个乡镇街道，对大病家庭进行全面普查，共走访583个村居委会，直接入户3 000余户，共普查出大病1 497人。全年救助大病群体1 297人，支出救助资金1 100万元。

【促进低收入农户增收】组织田间课堂和科技下乡培训活动，完成培训5.5万人次，转移劳动力就业8 000人。加大42项农业重点工程推进力度，吸纳近7 000名农民工就业，增加工资性收入。推进政策性保险愿保尽保，参保4万余户，保险险种23个，试点开展渔业养殖、农家乐特色险种。加强合作组织建设，培育典型并发挥引领示范作用。一至三季度，全区低收入农户人均可支配收入5 352.5元。

【深入实施人口迁移工程】全区险户搬迁工程快速推进，全区险户搬迁713户、1 676人。山区永久避险安置房开工建设17万平方米，其中周口店镇黄山店村一期5.7万平方米已经封顶；大石窝镇下庄村一期工程1万平方米完成基础施工，二期工程3.4万平方米完成设计；十渡一期（新村）0.46万平方米完成建设，二期6.44万平方米（7个村）全面开工。

基层组织与民主政治建设

【完成第九届村委会换届选举】完成第九届村民委员会选举工作。全区441个应参选行政村，共依法选举产生新一届村委会主任441人，其中连选连任308人，占69.8%；选举产生村委会成员1597人，其中女性成员506人，占31.7%，大学生村官5人。

【开展预防职务犯罪基层行巡展活动】反腐倡廉警示教育基地举行“廉洁乡村 美丽家园”预防职务犯罪基层行巡展活动启动仪式，全区各街道（乡镇）纪委书记参加，启动仪式结束后进行集中参观。6月25日至11月底，组织以街道（乡镇）机关干部和各村“两委”干部为重点的全区党员干部群众上万人参观“廉洁乡村 美丽家园”预防职务犯罪基层行巡展。

【完成农村基层组织信息系统应用和运行维护工作】区委组织部联合区经管站召开房山区农村基层组织信息系统应用部署会，对农村基层组织信息系统应用和运行维护有关工作进行部署。7月26日，组织召开房山区农村基层组织信息系统工作会，对各乡镇、街道相关工作人员进行数据采录及后续业务培训，9月下旬农村基层组织信息系统正式投入运行。

【开展乡镇长职位竞争性选拔工作】针对乡镇长职位空缺情况，在《正处级职位拟提拔人选名单》中，采取自愿报名，邀请现任乡镇党委书记、乡镇长担任评委，探索实施“乡镇长职位拟任职人选竞争性选拔”工作。结合选拔成绩和干部一贯表现，2人走上乡镇长岗位。

【开展农村实用人才教学参观示范点创建】10月，区委组织部在全区示范实训基地中择优选择泰华芦村、凯达恒业和福满堂3个服务能力强、帮带效果突出、带富作用明显的基地，创建农村实用人才教学参观示范点，并为3个示范点拨付帮扶资金15万元。其中，泰华芦村基地以种植为特色，凯达恒业基地以农产品加工为特色，福满堂基地以食用菌为特色。

【民主评议村“两委”班子和村级干部】12月，将村（社区）“两委”班子、村级干部（社区工作者）、村务监督委员会成员全部纳入民主评议范围。全区448个行政村参加评议，被评为“非常满意”的占96.88%，“满意”的占2.68%，“基本满意”和“不满意”的各占0.22%；120个社区参加评议，被评为“非常满意”的占100%；3 224名村干部参加评议，被评为“优秀”的占63.77%，“称职”的占34.71%，“基本称职”的占1.21%，“不称职”的占0.31%；1 068名社区工作者参加评议，被评为“优秀”的占69.19%，“称职”的占30.81%；439名村党组织书记进行“三维”考核，被评为“优秀”的占86.79%，“称职”的占12.3%，“基本称职”的占0.91%。

【深化农村基层的风险防控】下发《关于进一步加强农村集体资金资产资源委托监管工作的通知》，召开全区“三资”监管工作会议，对加强“三资”监管工作进行了再部署。继续着力提高“三资”监管信息化水平，完成15个乡镇、342个村四级联网，实现了对村级经济事项的网上审核、专项审计和账务的实时监督。共监管资金收支26.7万笔，金额439.1亿元，拒付不合理开支3 785笔，金额1.7亿元；监管资产处置2 301笔，制止不合理土地发包及资产处置54笔；全程参与招投标92次，为农村集体增收节支3 910万元。

【发放离任村党组织书记生活补贴449.77万元】制定《房山区建立正常离退职村党组织书记生活补贴机制实施细则（试行）》，将全区2012年12月31日（含）以前正常离退职且连续任职1届或3年以上，男年满60周岁、女年满55周岁的村党组织书记，纳入补贴范围。全区享受补贴人员共计1 084人，其中2013年达到领取年龄的有859人，共发放449.77万元。

【推进基层党组织晋位升级长效机制建设】对基层组织建设年活动中从严分类定级、明确整改目标、细化工作措施等晋位升级整改提高工作中好的基层经验做法进行全面总结，建立基层党组织晋位升级长效化机制。据统计，全区参与晋位升级工作的1 943个基层党组织，定级为“好”的基层党组织有1 473个，占总数的75.81%，同比提高6.21%；被确定为“较好”的有344个，占总数的17.71%，同比降低2.39%；被确定为“一般”的有123个，占总数的6.33%，同比降低1.97%；被确定为“较差”的有3个，占总数的0.15%，同比降低1.85%。

【深入开展“连心共建”工程】为进一步巩固扩大“连心共建”工作成果，区内各共建单位从以单纯的物质援助向支持培育产业项目转变，从集中走访慰问向常态化、长效化联系群众转变，从少数领导干部参与向全体机关干部共同参与转变，不断扩大“连心共建”工作范围，着力提升工程实效性和影响力。建立房山区2013年“连心共建”工程拟为群众办好事实事台账、房山区“连心共建”工程区直机关干部包户帮困情况台账和房山区“连心共建”工程“两代表一委员”包户帮困情况台账。全区各共建单位累计投入资金5 360万元，实现村集体净增收524.8万元，解决劳动力就业946人，开展各类共建活动867次，健全完善制度机制180余项。

【落实基层党组织工作和活动经费制度】全区享受活动经费党员50 684人（不含燕山工委）。其中，行政机关党员5 778名、全额拨款事业单位党员7 155名、社区党员8 436名、“两新”组织党员3 038名、农村党员26 277名，拨付经费803.46万元。

【实施乡镇机关干部素质提升工程】全区23个乡镇全面实施乡镇机关干部素质提升工程。2013年年初，区委组织部对2012年各乡镇素质提升工程完成情况进行考核验收，并根据各乡镇2013年度培训计划，对培训内容近似的乡镇划分区域进行分类指导，协助聘请高水平教授进行授课。

【完成撤村建居工作】为减轻乡镇的换届压力，区民政局对拱辰街道提出的撤销于管营村和徐庄村行政村建制的事项进行了调查审核，履行了报批手续，区政府于4月28日批复这两个村撤销行政建制。另外，针对阎村镇提出建立绿城百合社区居委会的要求，区民政局进行了审核，履行报批手续。截至12月底，全区共有行政村459个、社区居委会123个。

“三农”工作部署和实施

区人大常委会为进一步加强农产品质量安全监管和生态农业发展，专题听取和审议了全区农产品质量安全建设情况的报告，建议要扩大农业标准化基地建设，推进农产品品牌发展战略，完善农业投入品可追溯制度，有效地提高全区农产品质量安全总体水平。努力推进水环境治理，区人大常委会成立三个评议小组，分别从城镇供排水及污水处理、再生水利用，河道治理、水库、堤防管护与工程建设等方面进行了专项调研。政协提案办理“三农”类20件，占提案总数的13.2%。政协委员们关注遭受北京“7·21”特大自然灾害后，重建和防灾减灾工作。主要建议有：加大扶持力度，促进养蜂产业、食用菌产业、景观农业发展；在山区替代产业发展中，重视环境保护与修复；推进景观农业发展；推进农民专业合作社健康发展；开发利用天开水库；对农村排水系统进行规划、改造、治理；农产品加工企业经营发展过程中的经营用地；加大花卉产业扶持力度；调整温室大棚补贴范围；加快山区搬迁进度，确保山区人民群众生命和财产安全；加快发展农业循环经济，改善生态环境、发展新型农村经济；解决农村群众冬季取暖能源问题。

【推进“新三起来”工程】全区开展股份合作、产业技能、高端经济等培训活动，年内培训农民5万人次。在完成林权制度改革和420个村产权制度改革基础上，推进剩余46个村的产权制度改革。加强农村合作组织规范化管理和规模扩充，年内计划新增区级示范社15家，培育市级专业合作社5家，申报获批“全国农民专业合作社示范社”2家并争取配套政策支持。

【推进农民转移就业】启动农民思想观念培训工作，全年培训1万人次。依托农广校、农机化学校等教育培训基地，按照农民意愿和需求开展实用技能培训20期。加大42项农口重点工程推进力度，拓增生态林管护等公益性就业岗位。加强与相关银行、担保公司合作，支持龙头企业、合作组织建设。实现农村劳动力转移就业1万人。

房山区领导名录

区委书记	刘　伟
副书记	祁　红　曾赞荣
常委	王智慧（12月免） 李　江（满族） 赵佳琛（女）　鹿进宝 韩　裕（7月免）孙　强 赵　军　吴会杰 郝恭平（7月任）
区人大常委会主任	史全富
副主任	刘欣国　刘顺林　段维鹏 苗宗启　王淑红（女，不驻会）
区长	祁　红
副区长	李　江（满族）　吴会杰 卢国懿　马继业（2月免） 曹　蕾（女）　吕守军 刘胜国（7月任） 翟　东（兼，6月任）
区政协主席	唐淑荣（女）
副主席	高维魁　李惠英（女，彝族） 周文海　任振秋 赵润东（不驻会） 肖　武（女，不驻会）
区纪委书记	王智慧（12月免）
副书记	王永年（11月免）　李　学 汤连成 栗桂平（女，11月任）
区委农工委书记	郭志明
区农委主任	刘宝忠

房山区办事处、乡镇正职领导人

	党委（工委）书记	乡（镇）长、主任
燕山办事处	史全富	翟　东
城关街道办事处	陈广利	臧金凤（女）
西潞街道办事处	胡淑苹（女）	刘永玘（7月免） 肖　丹（女，7月任）
拱辰街道办事处	魏广勋	刘松华（1月任）
新镇街道办事处	孟祥友	孟祥友
良乡地区办事处、良乡镇	胡玉富（7月免） 耿纪民（7月任）	杨文淑（女，9月免） 任国强（10月任）
周口店地区办事处、周口店镇	张海生（7月免） 方玉祥（满族，7月任）	许志华
琉璃河地区办事处、琉璃河镇	陈立新	钱新宇（7月免） 周有成（8月任）
窦店镇	李光明（7月免） 李进伟（7月任）	宋爱茹（女）
石楼镇	樊会来	刘荣秀（女）
长沟镇	李　仲（7月免） 李中华（7月任）	韩继华（7月免） 隗合红（8月任）
张坊镇	慈建民	游向荣（女）
十渡镇	刘　金	许金涛
河北镇	穆建山（7月免） 胡建光（7月任）	翟凤航
大石窝镇	安保良	薛满德
阎村镇	柳铁良	张　杰
韩村河镇	豆宝才	邵志杰（满族）
青龙湖镇	苏秀春	鲍　栋（7月免） 王春年（8月任）
长阳镇	齐文东	李　军
佛子庄乡	杨生军	薛全英

大安山乡	胡建光(7月免) 韩继华(7月任)	隗合庆
南窖乡	孙建华(7月免) 刘永玘(7月任)	霍奇国
史家营乡	方玉祥(满族，7月免) 钱新宇(7月任)	吴长明
霞云岭乡	马春雷	于吉顺(7月免) 张福利(8月任)
蒲洼乡	王学峰(7月免) 于吉顺(7月任)	陈慧明

（房山区史志办公室　蔡晓东）

通　州　区

概　　述

通州区位于北京市东南部，京杭大运河北端，面积906.28平方公里。辖10个镇、1个乡、4个街道、475个行政村、111个城市建制社区、453个农村社区。2013年年末，全区户籍人口69.3万人，比上年增长1.5%。其中，农业人口31.9万人，非农业人口37.4万人。全区上下把握“稳中求进”的总基调，以务实进取的精神，在各条战线上努力拼搏、锐意进取，完成区五届人大三次会议确定的各项任务。全年地区生产总值（初步核算数）达到500.3亿元，比上年增长11%；地方公共财政预算收入实现52.9亿元，比上年增长15.1%；全社会固定资产投资额实现590.8亿元，比上年增长16.7%；社会消费品零售额实现268.9亿元，增长12.4%；城镇居民人均可支配收入实现33 661.7元，农村居民人均纯收入实现17 925元，分别增长10.5%和12.5%。“加快推进通州现代化国际新城建设行动计划”实现良好收官，发展定位日益清晰，以“一核五区”为重点的城市空间框架和产业功能布局基本形成，城乡统筹发展、融合发展的步伐不断加快，产业有序聚集进一步加速，公共服务功能逐步完善，全国文明城区创建工作扎实推进，实现了北京城市副中心建设的新跨越和经济社会的平稳较快发展。

城乡发展一体化

【概况】城市化、城镇化和新农村建设有序推进。城乡统筹发展机制基本建立，农业部正式批复通州区成为全国首个“四化同步”（工业化、信息化、城镇化、农业现代化）综合改革试验区。完成新城规划范围内一批旧村改造，转居安置、社保对接和就业促进等工作同步实施。城镇化进程不断加快，台湖镇中心区、于家务乡次中心区部分地块实现上市，重点项目启动建设。西集、马驹桥、漷县、永乐店等乡镇中心区特色化发展定位有序落实。建立全区农转居工作台账，统筹解决各乡镇农转居问题。新农村基础设施建设水平持续提升，实施农宅抗震节能改造2.7万户，安装一氧化碳报警器5.3万台，完成村庄排水工程8万延米，建设联村及重点产业园区周边道路65万平方米，安装节能路灯2.5万盏，在全市率先实现农村地区节能路灯全覆盖。全面启动农村社区建设示范区“一区一品”工程，11个农村社区被评为北京市“农村典型示范社区”，35个农村社区被评为五星级“七型农村社区”。

【城乡经济发展水平比较】通州区地区生产总值（初步核算数）、地方公共财政预算收入、全社会固定资产投资额和社会消费品零售额等主要经济指标分别增长11%、15.1%、16.7%和12.4%，城镇居民人均可支配收入、农村居民人均纯收入分别增长10.5%、12.5%，保持了稳定、向上、协调的增长势头。一产科技化、园区化、集聚化态势明显，国际种业科技园区成为北京“种业之都”建设的重要旗帜；二产汽车制造、电子通信等高端制造业拉动作用强劲；三产电子商务、现代物流等现代服务业发展迅猛，新兴产业和实体经济不断增强，产业结构优化升级快速有序推进。一批重大产业项目相继落地、竣工、达产，产业园区保持快速增长势头，乡镇经济主力军作用持续稳定发挥，功能区集聚态势明显。“十二五”规划中期国民经济和社会事业各项指标基本达到预期目标。

农村经济发展

【概况】全区农林牧渔业现价总产值55.4亿元，比上年增长7.5%。出台《关于进一步加强农业项目管理的意见》《促进农民增收的指导意见》《关于推进政策性农业保险工作的意见》等10多个政策文件，这些政策完善了通州区强农惠农富农政策体系，为推动“三农”工作营造了良好的环境、注入了强大的动力。农村经济发展势头良好。国际种业科技园获国家级农业科技园区称号，中国农业科学院、北京农林科学院新院区落户园区。国际都市农业科技园被评为国家唯一“温室设备国际科技合作基地”，农业科技展示等功能区基本建设完成。金福艺农等园区工厂化种植、养殖模式成功推广，新建工厂化生产车间2.8万平方米。科技农业、数字农业呈现新亮点，建成新型农艺、农业装备、农业新品种展示等科技应用平台，农业物联网实现重点园区全覆盖。成功举办第八届中国草莓文化节、第二届北京蘑菇文化节等活动。完成5.5万亩高标准基本农田建设。村级产权制度改革和村级集体经济组织资产清查工作全面完成；土地流转面积达到总确权面积的72%；新建农民专业合作社16家，24家合作组织加入北京市农民专业合作社联合会；首批“乡村金融便利店”投入使用。制订《促进农民增收工作指导意见》，增设农村公益岗位和农业园区就业岗位，组建平原造林、农村基础设施等工程建设和管护队伍，增加农民工资性收入，促进低收入农民平均增收30%。

【都市型现代农业】加快都市型农业转型升级，农业发展呈现新气象。一是加快园区农业、科技农业、数字农业发展。重点建设国际种业科技园、食用菌产业园、金福艺农创意农业园等85个有规模的现代农业园区，加速都市农业的转型升级；引进中国农科院、北京农林科学院等科研院所建立分院区，引进150项实用高效技术，提升都市农业的质量效益水平；新建瑞正低碳农业园、碧海农业园等6个农业物联网应用示范基地，通过对农业生产实时监控和自动化管理，实现了精准投入，降低了生产成本、提高了产出效益。二是发展上游产品、特色产品、高端产品。以于家务国际种业科技园区为核心，带动集约化蔬菜育苗、食用菌菌种、草莓育苗、林木种苗、水产品种苗等种业产业发展，育种能力与质量居京郊各区县之首；开展“张湾葡萄”“金福艺农有机蔬菜”等13个优势特色农产品品牌创建工作；累计新建食用菌、豆芽菜、水产养殖等工厂化生产车间2.8万平方米，工厂化农产品生产能力新增1.1万吨，工厂化生产能力居全市首位。三是积极培育市级农业产业化龙头企业。组织开展2013年度北京市农业产业化龙头企业申报工作，绿源永乐、中农富通等5家企业被评选为市级农业产业化龙头企业。截至2013年年底，全区国家级、市级农业产业化龙头企业达到14家。四是推进政策性农业保险工作再上新台阶。截至2013年年底，全区参保农户25 936户。签单保额总计10.09亿元，比上年同期增加15.71%。保险公司支付保险理赔金2 600余万元，1.3万多户农户受益。五是创建“会展农业”模式。2013年通州区采取“企业为主、社会参与”的模式举办了草莓文化节、番茄文化节、樱桃文化节、食用菌文化节等9项活动，数量位于全市之首。推动中国农科院、北京市农林科学院等24家国家市属科研院所在通州区建设科技创新基地；扩大通州区名优农产品的销售半径，宣传推介特色农产品，提高“朵朵鲜”食用菌、“通州大樱桃”等品牌的市场知名度。

【引进新品种、新技术，推广新机型】区科委完成引进航天工程育种新品种35个、番茄新品种60个、水蜜桃品种52个，经过试验、筛选出适宜北京地区种植的航天育种品种5个、番茄品种6个、水蜜桃品种5个，示范推广面积4 600余亩；引进设施草莓种苗繁育技术，建成草莓种苗繁育基地，每年可提供80万株优质基质苗。结合通州区的实地耕地现状，确定大众1WG—6型微耕机为推广机型，将这种先进、适用、可靠的新机型在全区范围内进行推广，从而推动通州区保护性耕作机械化进程。

【农村金融】通州区第4家小额贷款公司——北京聚隆源小额贷款股份有限公司获市金融局批准筹建。该公司注册资本1亿元，由北京市金宏林建筑公司等5家企业发起设立。公司的成立将进一步提高本区农村地区金融服务能力，在助力“三农”及中小企业发展方面发挥积极的作用。北京市首次推出的农村创新性金融产品“农保贷”，在通州区实现第一笔放款，标志着通州区金融支农惠农服务取得新突破。“农保贷”是一种以政策性农业保险为质押的银行产品，农户不需提供其他担保品和质押物，仅凭政策性农业保险单即可申请最高50万元的贷款支持。邮储银行北京分行向通州区一农户发放首笔50万元“农保贷”业务，用于支持扩大养殖规模。北京农商行通州支行首批三家“乡村金融便利店”正式落户宋庄镇尹各庄村、永乐店镇仇庄村、张家湾镇苍头村并投入使用。“乡村金融便利店”是北京农商行在网点撤并调整后，填补农村金融服务空白的一项创新举措，选址在居住人口密集、持卡客户众多、周边两公里内无任何金融机构和自助服务设备的区域。便利店内设自助终端、96198直通电话、自动取款机（ATM）等，并安排一名辅导员负责客户引导工作，通过自助服务+人工辅导的方式，使村民足不出村即可办理查询、补登存折、转账、代缴费等业务，解决了村民在办理银行业务时要奔波于网点之间和长时间排队等候的问题。

村镇建设

【概况】通州区被确定为国家级“四化同步”（工业化、信息化、城镇化、农业现代化）综合改革试验区；台湖、漷县、于家务等乡镇中心区建设扎实开展；马驹桥、西集等基础设施工程加快推进；旧村改造积极推进，新城规划155平方公里范围内旧村改造步伐加快，4个重点（永顺杨庄村、梨园高楼金、宋庄六合村、台湖北神树村）村基本完成拆迁扫尾、回迁安置、转非社保等工作，农转非工作有序开展；新农村基础设施建设和长效管护水平同步提升，实施住宅抗震节能改造2.7万户，完成联村及重点产业园区周边道路65万平方米，在全市率先实现农村地区节能路灯全覆盖，新农村建设与管护服务热线24小时开通。

【小城镇建设】2011年，北京市有182个小城镇，其中，31个纳入中心城范围，43个纳入新城规划范围，其余108个相对独立发展的小城镇中，市政府确定42个重点小城镇。其中，通州区有4个：漷县镇、台湖镇、西集镇、永乐店镇。2013年，通州区城镇化建设加速。漷县镇中心区产业用地A、B、C、D、F地块前期开发工作完成，部分地块完成上市交易；中心区经营性用地一级开发实施方案和“三定三限”安置楼方案编制完成，完成《漷县镇古城规划》《漷县镇2012—2019年花卉产业发展规划》《漷县镇休闲农业及旅游发展规划》《漷县镇林景布局和水系空间设计规划》的编制工作。台湖镇被确定为北京市城乡结合部（二道绿隔地区）——乡镇城乡统筹实施规划试点工作6个试点镇之一，对镇域总体规划进行修编，同时对全镇发展战略进行专项研究，重点研究环球影城产业对接发展战略和镇区风貌特色提升战略。西集镇镇村开发与建设全面提速，政府路项目一、二标段建成通车；建筑面积1.5万平方米的企业服务中心完成主体工程；建筑面积2 497平方米的中心区文体活动中心即将完工；天然气门站调压站完成主体建设，采通线西集段13公里完成管线铺设；总投资1.6亿元的开发区二期杜望路工程正积极协调市发改委进行评审；总投资1亿元的2号供热中心完成可行性研究报告编制，启动地上物拆迁，正在进行主管线铺设；中心区路网一期项目金辛路、杜陈路城市段道路完成定线，正在编制可研报告；总投资1.5亿元的望君疃110千伏变电站正在办理土地划拨手续，近期开工建设；总投资4 300万元、总长2 000米的京哈南辅线取得概算批复，移交区公路分局进行项目建设；总投资1亿元、总长3 100米的配套区路网一期取得立项批复，正在初设评审；市民文化广场已获立项批复。永乐店镇永德路（中心镇——京津城际铁路永乐站）南段主体工程完工，北段开工建设；永乐店中学迁址新建主体工程完成；永乐店镇文体活动中心、中心幼儿园主体工程完成；镇养老院、小务幼儿园、小务中学、柴厂屯幼儿园项目手续积极推进；中心区内全部路网及各专项管线委托规划全部完成；村民安置楼项目取得发改委立项、规划意见、土地预审意见、环评批复及人防批复、控规批复等手续；德仁务片区路网及控规调整编制完成。

【新型农村社区建设】全区农村社区有453个，与2012年持平。按照社区自荐、乡镇统筹、片区互评三星、民政局评审四星、区农村社区建设领导小组聘请第三方，按照评五星的次序依次评选确定35个区级五星级“七型农村社区”，经北京市社区服务协会全过程评估确定11个市级农村社区建设典型示范社区。此外，继续投入农村社区建设管理长效基金1 590万元，积极推进农村社区服务项目化、常态化运作，各乡镇、社区以辖区居民需求为导向，组织开展“文化照亮夕阳红”“倡廉洁建家园”“助民兴安”等122个精品和亮点项目。为进一步提升现有农村社区从业人员素质和能力，区民政局结合农村社会工作与社会政策、社区工作与服务、农村社区申报公益项目与案例分析等内容，分6期为全区11个乡镇主管干部、453个农村社区服务站站长、大学生村官等共计934名农村社区从业人员举办专题培训。此外，创建北辛店社区“农村社区科普文化服务基地”、西垡社区“农村社区信息化服务基地”、熬硝营社区“农村社区综合服务基地”、前伏社区“农村社区规范化建设基地”和首批4个“通州区农村从业人员实训基地”。

【基础设施建设与管护】新农村建设重点实施2.7万户农宅抗震节能改造工程，其中单项改造2.2万户，新翻建4 500户，公厕改造500户；推进路灯安装工程由村内向村外、联村路及国、市道延伸，实现农村地区LED照明全覆盖；修建联村路、园区路65万平方米，进一步方便百姓出行；试点实施村庄排水及雨洪利用工程，完成15处坑塘改造及8万延米村庄排水。工程的实施不仅提高了农村地区的基础设施建设，也优化了农村的人居环境。加大新农村基础设施管护力度，管护项目达到11项。完成农村公厕、太阳能浴室、“两气工程”、LED节能路灯、农村污水处理站、农村街坊路工程、农村户厕、村庄绿化管护、村邮站运行补贴等11项农村基础设施管护工作。400服务热线24小时开通，随时接受村民的咨询和举报。制定《农宅保温工程维护的实施方案》，随时准备对有维护需求的农户进行服务。同时，坚持有标准、有责任、有人员、有资金、有考核、有监督的“六有”长效管护机制，农村基础设施管护进入标准化、规范化、长效化的良性轨道，新农村建设成果得到巩固和发展。

【环境建设】深入开展城乡环境建设。以创建全国文明城区的标准和要求，全面开展城乡环境建设，狠抓各项任务的分解落实。全面开展城市管理综合执法，整治清理垃圾暴露及违规堆放、无照经营、非法运营、非法小广告、露天烧烤等城市顽疾。完成重点区域和京承铁路沿线环境达标提升工程。完成运河西大街等11条重点道路的夜景照明、牌匾整治和公共服务设施改造工程。实施老旧小区综合整治50.48万平方米，超额完成市政府下达的年度任务。完成1个环境优美乡镇与29个生态文明村创建工作。制定并实施平原造林总体规划和园林景观建设三年行动计划，完成平原造林6.7万亩，造林面积居全市各区县首位，实现道路绿化30公里，垂直绿化1.3万延米，屋顶绿化1.2万平方米。不断提升区域垃圾无害化处理水平，循环经济产业园确定选址，8处非正规垃圾填埋场完成治理工程，全区生活垃圾无害化处理率达到98.4%。

农村改革与管理

【概况】深入破除发展障碍，农村改革有新突破。一是完成“一事一议”、筹资筹劳、财政奖补工作22项，通过“一事一议”财政奖补项目争取财政奖补资金2 375万元。工作开展3年来，累计批复建设项目79项，争取财政奖补资金5 277万元，项目投资总额7 036万元，拉动村民筹资筹劳737万元，增加农民工资性收入1 100余万元，受益农村群体达10万余人，给百姓带来了真正实惠。二是加强农民专业合作社规范化建设。农民专业合作社联合会、15个市级示范社、3个联合社等24个成员加入北京市农民专业合作社联合会，对本区联合会工作起到有力的推动作用。三是全面推进村级产权制度改革。全区完成改革村469个，占村级总数的98%，在全市居于前列。

【农民专业合作组织】新发展农民专业合作社16家，累计建成261家，其中，带动100户农户以上的达到50家；指导3家联合社制定基层社产品购销协议、产品商标使用、财务管理等制度，规范了联合社管理。

【土地确权与流转】指导全区9个乡镇123个村完成平原造林土地流转工作，流转面积6.7万亩，为通州区完成平原造林工程任务发挥了重要作用。

【农村集体资产管理】清理登记418个村的农村集体经济合同8 343份，涉及金额80.2亿元，更新或调整不合理经济合同70份，为村集体每年新增收入110余万元。历时3年，清查镇、村两级集体经济组织和企事业单位665个。通过清查，明晰了农村集体资产的结构、存量及运用效益情况，保障了农村集体资产保值增值。

农村民生

【概况】民生状况持续改善。就业形势保持稳定，实现新增就业2.1万人，城镇登记失业率控制在1.86%的较低水平。社会保险覆盖范围不断扩大，城乡各项社会保险参保人数达到82万人，农转居人员参保工作稳步推进。社会救助不断加强，临时救助标准大幅提高，提前两年实现城乡低保统筹。切实提高养老助残服务水平，深入落实“九养”政策，新增养老床位320张，改造完成2家街道级、16家村（居）级居家养老服务管理中心，区养老院前期工作进展顺利。残疾人职业康复中心加快建设。超额完成市政府下达的保障性住房建设任务，建设和收购房源22 730套，竣工3 832套。不断健全完善社区服务体系，打造40个“一刻钟社区服务圈”，新建27个社区小菜园。深入实施30项为民办实事工程，切实解决了一批实际问题。

【农民收入和消费】农村居民人均现金纯收入平稳增长，达到17 925元，同比增长12.5%，增幅在全市位于前列。其中，人均工资性收入11 490元，同比增长14.6%；人均家庭经营纯收入902元，同比降低31.1%；人均财产性纯收入2 012元，同比增长19.3%；人均转移性纯收入3 521元，同比增长20.7%。农村居民人均消费性支出11 625元，同比增长9.4%，八类消费“六升二降”。其中，食品、居住、衣着占比位列前三位，分别为4 811元、1 749元和1 026元，分别占消费性支出的41.4%、15.0%、8.8%。增幅前三位为其他商品和服务、交通通讯和医疗保健，分别增长32.4%、30.0%、24.2%。文教娱乐同比减少107元，降低11.4%；居住同比减少156元，降低8.2%。农村居民年末人均拥有住房面积46.2平方米，比上年减少3.6平方米。

【农村劳动力非农就业】全区新增就业2.1万人，完成任务指标的105%；城乡劳动力就业15 059人，其中，登记失业人员就业9 096人，农村劳动力转移就业5 963人，完成任务指标的112%，城镇登记就业率达到67.23%；期末实有失业人员3 942人，城镇登记失业率为1.86%，低于控制指标0.74个百分点，同比上升0.2个百分点。

【农村社会事业】加大教育基础设施建设，投入资金5亿元，西集中学、张家湾镇中心小学等一批学校竣工投入使用；永乐店中学、贡院小学等建设加快推进；北机幼儿园、潞县镇中心幼儿园等14所幼儿园基础设施得到改善。投入资金1.75亿元，对52所农村中心园、分园予以补助。投入资金3 378万元，落实“两免一补”、职业教育经费等政策。投入资金2.09亿元，用于名师培养工程、兑现绩效奖金等，进一步加强师资力量和提高教师待遇水平。加大医疗卫生投入，统筹安排资金5.5亿元，城镇职工、城镇居民及新农合三大医保制度并举，新农合参合率达到99.5%以上，基本实现城乡居民医疗保险全覆盖。投入资金3.12亿元，潞河医院门诊综合楼主体竣工，东直门医院东区二期工程、第四区域医疗中心等项目开工建设。支持全区科技、文化、体育等事业健康发展。投入资金1.39亿元，区文化中心落成开放。投入资金3 009万元，用于高清交互数字电视应用工程。统筹安排资金保障了运河骑游节、七夕文化节等文化体育活动开展，促进全区文体事业健康发展。

【农民社会保障】加大投入保障和改善民生。落实城乡居民养老保险新政策，为40 699人支付基础养老金1.89亿元。落实城乡无社会保障老年居民的保障政策，为62 438名城乡无保障老年居民拨付生活补贴金2.36亿元。落实城乡低保、社会救助、优抚安置政策，发放保障金9 120万元，保障了13 022名城乡贫困人员的基本生活。积极推动残疾人事业发展，投入资金5 420万元，保障全区困难残疾人的基本生活和医疗。实施积极的就业政策，安排就业资金1 651万元，为543个公益性岗位拨付补贴509万元，统筹解决好城乡劳动力就业问题。

基层组织与民主政治建设

【概况】全区基层自治组织建设工作以加强与新城建设相适应的社会管理创新为目标，以第九届村民委员会选举为契机，不断推进基层自治组织建设的制度化、民主化和规范化。第九届村民委员会选举完成，城市基层民主得到进一步深化。全面落实村级重大事项“四议两审三公开”工作机制，把开展村级“民主日”活动作为加强村级民主制度化建设的重要举措，努力拓宽基层民主渠道，加大村务公开力度，规范村务监督管理，促进干部作风务实民主、执行制度严格规范，为推进农村改革发展稳定营造良好的社会氛围。积极开展2013年先进村（居）委会和村（居）委会主任评比表彰活动，评出市级先进村（居）委会19个，市级先进村（居）委会主任7名；区级先进村（居）委会12个，区级先进村（居）委会主任13名。行政区域界线管理工作有序开展，结合通州新城功能定位组织开展全区行政区划战略研究，为领导科学决策提供了依据。

【基层干部队伍建设】深入基层开展领导班子思想政治建设专题调研，及时了解掌握领导干部的思想动态、工作状态、能力素质以及领导班子的运行情况。开展民主生活会召开情况检查工作，对全区94家处级单位进行贯彻民主集中制情况专项检查，对43名党政“一把手”进行履行干部选拔任用工作职责离任、任期中检查和经济责任审计工作，切实规范用人权和用财权。实施后备干部“能力提升工程”，选派后备干部赴艰苦地区、经济发达地区、上级部门、乡镇基层、信访部门进行挂职锻炼，进一步提升后备干部的能力素质。制定《通州区2013—2015年年轻干部培养锻炼意见》，对全区年轻处级干部及部分优秀年轻科级干部进行重点培养锻炼。采取贴近式考核方式，加大对领导干部在重点工程、重点项目和急难险重任务中实际表现的考核力度，对拆违工作中各乡镇正职及分管副职的表现情况，进行专项了解，有效促进了区委、区政府中心工作和重点工作的开展。大力实施“凝心、固本、打底”工程，分批安排领导干部赴井冈山、临沂、延安等党性教育基地进行现场教学，有效增强领导干部的党性修养和宗旨意识。围绕城市建设管理、人才工作、公共舆情应对等专题，邀请高校教授、国家部委有关领导、著名专家学者进行集中授课。出台《关于在干部教育培训中进一步加强学员管理的规定》，健全完善学风督查、量化考核、培训评估等管理制度，在干部队伍中形成勤奋好学、学以致用的良好风气。

【民主政治建设与组织建设】全区11个乡镇475个行政村中的474个村级党组织参加了换届选举，产生新一届党支部（党总支部）委员1 516名，党支部（党总支部）书记474名；有466个村参加第九届村委会选举，依法选举产生新一届村委会成员1 542名，其中，主任466名。有2个乡镇的9个村因涉及征地拆迁、整村转居等原因，经村民会议讨论决定和区政府批准，未参加选举。通过换届，农村基层党组织经受了考验，凝聚力和战斗力进一步提高，农村广大干部群众的民主法制观念进一步增强，换届选举取得预期成效。为进一步加强全区农村基层民主政治建设，巩固第九届村民委员会选举工作成果，深入落实村级事务“四议两审三公开”［“四议”即：村党组织会提议，村“两委”会商议，党员大会审议，村民会议或村民代表会议决议；“两审”即：包片领导、包村干部审核，乡镇党委、政府审核；“三公开”即：决议公开（事前公开）、实施过程公开（事中公开）、实施结果公开（事后公开）］工作机制，提高村级民主决策、民主管理、民主监督水平，在民政局的精心指导下，各乡镇在1月、7月完成两次农村民主日活动。活动过程中，将区委会关于对村干部实行“双述双评”（村级干部“双述双评”考核制度是指通过年初述职、年终述职，向组织和群众汇报一年工作目标和完成情况；通过组织考评、群众测评，对村级干部的整体工作打分，测评结果各以50%的权重计入村级干部年度考核评价体系，构成衡量村级干部工作实绩的整体指标，作为村级干部年度报酬发放的主要依据和评先、评优的重要参考）的有关要求纳入民主日活动，丰富活动内容，深化民主管理，密切党群干群关系，增强广大农村群众的民主意识，逐步转变基层干部的工作作风，村民的民主决策权利得到切实保证。

【党风廉政建设】把党风廉政建设责任制作为推进反腐倡廉各项工作的有力抓手，规范责任书内容及签订形式，抓好牵头任务分解，强化监督检查，加大责任追究力度，针对区民政系统部分党员干部违纪违法案件，在全市率先启动责任追究，切实增强各级领导班子和领导干部落实责任制的自觉性和主动性。区属各部门按照“谁主管、谁负责”的原则，认真抓好牵头任务、协办任务的落实，全年55项工作任务得到较好落实；各级党委切实落实主体责任，班子成员认真履行“一岗双责”，较好地实现了党风廉政建设与业务工作同落实、两促进。全区各级纪检监察机关受理案件37件，其中，新立案29件，新立大案14件、要案2件，结案36件，给予党纪处分36人、政纪处分16人，为国家挽回经济损失2 977.51万元。严肃查处了潞城镇原党委书记严重违纪违法、中仓街道党工委副书记违法建设、区国资委下属企业北京金通资产经营管理公司违规组织职工公款旅游等案件，向全区通报6起党员干部违纪违法典型案件。

“三农”工作部署和实施

【落实惠民、惠农政策】完善财政支农投入机制，科学统筹资金，促进农村各项事业全面发展。统筹安排市、区结构调整和产业化发展资金2.6亿元，重点支持特色食用菌产业园区、国际种业园区和都市型现代农业产业发展。安排资金1.15亿元，全面落实北京市“菜篮子”工程建设方案，新发展设施农业 1 300 亩，改造中低产田 3.5 万亩，农业基础设施水平明显提升。认真落实各项强农惠农政策，发放粮食补贴、良种补贴及农作物生态补贴 3 661万元，安排政策性农业保险资金 1 200 万元，农民享受到更多实惠。积极开展村级公益事业“一事一议”财政奖补工作，拨付资金 2 375 万元，涉及村级道路翻修、排水设施改造、绿化美化等多个方面，村庄面貌得以改善。继续投入新农村建设和维护养护资金 2.15 亿元，进一步提高农村生产生活条件。投入资金 3.1 亿元，马驹桥二街村等 8 个村整建制转非安置工作得以解决，有效保护了农民利益和维护地区稳定。

【人大执法落实情况】区五届人大三次会议期间代表提出建议 107 件，闭会期间代表提出建议 2 件，全部依法办复。在代表建议办理中，常委会坚持主任、副主任督办重点建议制度，认真听取和审议代表建议办理情况报告，组织代表视察重点建议落实情况，加强办中督查和办后复查，推动办理工作取得良好实效。“关于尽快实施规划新堤路至武兴路”的建议，列为主任重点督办件。在督办工作中，深入实地视察，听取承办单位办理情况汇报，提出要高标准做好道路的总体规划设计，加快工程前期各项手续办理，加快工程建设。区公路分局协调有关部门积极工作，确保项目早日开工。“推进社区网格化管理，实现区镇两级政府职能部门和社区居委会对接”的建议，区政府成立专门领导小组及办公室，召开网格化社会服务管理工作推进大会，设立通州区社会管理服务中心，初步形成了“全区一张网”的工作格局。“加强城市道路两侧机动车停放管理”以及“治理车辆乱停乱放”的建议，区政府开展治安、交通、环境突出问题集中专项整治行动，加快建设公共自行车租赁服务系统，投放自行车 4 000 辆。“将台湖星湖农民就业基地晋升为区级经济开发区”“在街道建立社会建设专项资金”“在滨河路南段及六环辅路开通公交线路”“增加新华社区卫生服务站面积”“解决潞河中学北侧路段雨季排水困难”“加强对北机农贸市场周边卫生环境治理”等一批建议，都得到有效落实，得到代表和群众的认可。

【社会力量参与】针对“三农”及小微企业特点，通州区银行机构推出“三创新”工作模式：一是组织创新，通过设立涉农特色支行、农户贷款中心、中小企业金融服务中心、小企业专营支行等新型组织，进一步将金融服务向农户及小微企业相对集中的乡镇延伸；二是产品创新，针对农户及小微企业抵质押物不足、财务管理不规范等问题，开发出应收账款质押、农户联保、订单贷等金融产品，最大限度满足其贷款需求；三是服务创新，通过开展送贷下乡、现场审贷会、下放审批权等形式，加大市场营销力度，提高针对涉农、小微企业贷款的审查和服务效率。8 月，在市农委金融处的协调下，北京银行以集合信贷的方式给予通州区北京裕群养殖等 7 家农民专业合作社贷款额度1 000万元，每家合作社分别获得 100 万～300 万元建设贷款。

通州区领导名录

区委书记	王云峰
副书记	岳　鹏　李玉君
常委	王云峰　岳　鹏　李玉君 赵玉影　郭旭升（1 月免） 张　勇（4 月免）于世疆 张春秀（女）　李耀光　芦　峰 王杰群（女） 杨静慧（女，2 月任） 崔志成（1 月任）
区人大常委会主任	张文山
副主任	张秀余　罗明光　宋京璋 刘汝林　张晓燕（女）
区长	岳　鹏
副区长	张　勇（4 月免）　于世疆 张　华（4 月免）　崔志成 肖志刚　李亚兰（女） 刘　佳（女，10 月免） 洪　波（4 月任） 崔松光（5 月任）
区政协主席	王春元
副主席	张振泉　韩振福　季志会（女） 杜少勋　王子江　田春华（女）
区委农工委书记	杜中方（11 月免）
区农委主任	刘雪峰

通州区乡镇党政正职领导

	党委书记	镇（乡）长
永顺镇	张若冰	邓忠义
梨园镇	马峰成（6 月免）	于立东（7 月免）

	于立东（7月任）	周东振（7月任）
宋庄镇	李　霞（女）	柳德利
张家湾镇	张小艳（女,11月免） 程卫民（11月任）	杨　利
漷县镇	孙奎亮	孝　军
马驹桥镇	鲁新洪	鲁新洪（1月免） 王德松（1月任）
西集镇	张德启	孙　伟
潞城镇	王　晨（9月免） 雷晓宁(女,9月任)	雷晓宁(女,12月免) 关　平(12月任)
台湖镇	刘贵明(5月免) 倪德才(6月任)	倪德才(6月免) 曹东波(7月任)
永乐店镇	禹学河	刘德昉
于家务回族乡	甄　宇	何海龙(回族)

（通州区委党史工作办公室　张亚昆）

顺　义　区

综　　述

顺义区位于北京市东北郊，城区距北京市区30公里，面积1 019.89平方公里。区辖19个镇（地区办事处）、6个街道办事处、426个行政村。常住总人口600 734人，其中非农业人口339 380人，农业人口261 354人。完成农林牧渔业总产值68.3亿元，同比增长1.2%。其中，农业产值25亿元，林业产值7.5亿元，牧业产值32.1亿元，渔业产值2亿元，服务业产值1.6亿元，实现农林牧渔业增加值25.6亿元，同比增长1.7%。

城乡发展一体化

【顺义新城建设】 年内完成大营村拆迁遗留户的腾退工作，其中住宅4户、非住宅1户。累计拆除建筑面积约1 298.88平方米。审核通过大营村拆迁补偿协议3件，累计发放拆迁补偿款2 828 605元。审核续发西马坡、东马坡等四村及大营村期房已签协议、未签协议租房补助费3 514万元；处理因拆、回迁引发的信访事件20人次、因拆迁引发的诉讼5件。4月26日至6月8日，配合马坡政府完成大营村回迁安置工作，回迁总人数2 359人，已选房1 625套。回迁总面积为13.71万平方米。

【推进新城核心区招商】 新引进中储国际能源有限公司总部、中储银行股份有限公司总部、京华基金管理有限公司总部三个项目。协议投资总额40亿元，总占地约339亩，总建设用地约226亩，总建筑规模约26.1万平方米，三个项目均于2013年9月25日完成签约。

农村经济发展

【概况】 发挥企业市场主体作用，打造“农产品加工大区”。一是积极落实顺义区《关于扶持绿色农产品加工产业发展的指导意见》，鼓励龙头企业做大做强、提高自主创新能力。二是全年累计为区内农业企业办理农产品进京车辆通行证668张，保证了农产品按时、保质、保量的供应到北京市场。三是顺义区共有农产品加工企业83家，年销售收入1亿元以上的重点农产品加工企业突破20家，农产品加工企业销售收入突破185亿元，同比增长15.6%。目前，顺义区共有市级以上龙头企业21家，其中国家级龙头企业7家，新增“八喜”中国驰名商标1件，顺鑫农业“我鲜吃”精品店正式投入运营。加快推进种业发展，打造“籽种产业大区”。按照《关于加快推进北京种业发展方式转变的意见》和《北京种业发展规划（2010—2015年）》中提出的打造“种业之都”的目标，将发展种业作为农业发展的基础和先导，作为都市型现代农业的重要组成部分。一是实施种畜禽场设备提升工程，重点推进大孙各庄镇中地美加等3个种业项目建设；引进美国优质原种猪1 500头；全年出售种猪19.2万头，收入40 878.1万元，比上年增长10%。二是深化优质籽种更新工程，示范展示新品种200余个，示范新技术10余项，完成集约化育苗1 000万株，应用面积达到3 000余亩。三是苗木育苗面积3.9万亩，在圃苗木1.3万株。花卉产业快速发展，打造“花卉产业大区”。成功举办第十一届中国菊花展览会，展览花卉60余个系列、200多个品种，总面积达20万平方米，接待游客310万人次，开展13项评比活动，举办国际研讨会。继续深化鲜花港国家现代农业科技城项目、花卉服务产业科技促进工程、国家农业科技园区建设，在建和新建项目 10 个，申报北京国家现代农业科技城二期“球根花卉新品种选育及花卉产业链科技创新”项目。

【推动现代农业发展】全面推进村级全科农技员队伍建设，为从事农业生产、农户户数在 50 户以上、由本村农户自主经营的 337 个行政村每村选聘 1 名全科农技员，加快实现全区村级全科农技员全覆盖；继续实施“百名农业专家兴顺工程”，聘请农业专家 93 人；加强基层农技推广体系条件建设，为各镇配备土壤养分速测仪、农药残留速测仪等设备 500 余台（件）；开展农村劳动力培训阳光工程，完成顺义区农村劳动力培训阳光工程 1 319 人。积极开展政策性农业保险工作。举办北京市生猪价格指数保险启动暨签单仪式，签订全国生猪价格指数保险第一单，是顺义区农业保险由自然风险保障向市场风险保障的重大转变；制定下发《2013 年顺义区政策性农业保险实施意见》，发放《政策性农业保险简明知识百问》等宣传材料，为参保农户办理政策性农业保险理赔一卡通。2013 年保费收入 1.27 亿元，出险理赔额 7 271.1万元。

【粮食生产规模化】顺义区粮食收获面积 43.8 万亩，总产 17.4 万吨，单产 398.52 千克，机械化收种率达 98%；都市型现代农业万亩示范区工程进展顺利。积极推进“菜篮子”工程建设。加快“菜篮子”向规模化布局、园区化建设、标准化生产发展。

【设施农业项目】实施设施农业新建、改建项目共 17 个，面积 3 000 余亩，按照“本地农民使用、民主程序通过、整村连片实施、统一施工监理”的原则，重点支持老旧竹木大棚改造；新建市级蔬菜集约化育苗场 4 个；实施 7 个规模猪场标准化设施升级改造及 13 个畜禽场基础设施改造工程，购置现代化生产设备 1 624 台（套）；建设高标准渔业生产基地 340 亩，在南彩镇马建辉水产养殖场实施工厂化生产扩建项目，养殖越南巴沙鱼；落实杨镇、大孙各庄镇等主产地区保鲜库建设 3 000 平方米；顺鑫农业等龙头企业在河北、山东等地新建外埠蔬菜生产基地 2.79 万亩及畜禽养殖场；完成中禾清雅芽菜厂、鑫竺绿园等两个市级“菜篮子”重大项目建设。

【农产品质量安全监管】实施顺义区农产品质量安全综合质检站建站工作，开展镇级农产品质量安全管理站建设，为 19 个镇级管理站统一配备检测设备；全区标准化生产基地达到 116 家，43 家获评市优级基地，无公害农产品认证单位达到 252 家，绿色食品认证单位 4 家，有机产品认证单位 50 家，其中无公害农产品认证数量列全市第 2 位，认证覆盖率列全市第 1 位；抽取各类农产品样本 5 万余个，合格率达到 99.95%。

【种植业】2013 年，顺义区共种植夏粮小麦 1.2 万公顷，亩产 352.4 千克，总产 6 258.6 万千克，总产值 1.4 亿元；秋粮玉米种植面积 1.7 万公顷，亩产 430.9 千克，总产 1.1 亿千克，总产值 2.5 亿元；豆类 109.8 公顷，亩产 280 千克，总产 46.1 万千克，总产值 230.6 万元；甘薯 86.4 公顷，亩产 2 000 千克，总产 259.2 万千克，总产值 518.4 万元；花生 97.0 公顷，亩产 310 千克，总产 45.1 万千克，总产值 270.5 万元；牧草 139.2 公顷，亩产干草 1 000 千克，总产 208.9 万千克，总产值 282.0 万元。全年粮经类总产值 4.0 亿元，较上年的 4.5 亿元减少 11.1%；2013 年蔬菜播种面积 1.2 万公顷，上市量 75 105 万千克，销售收入 168 728 万元。

【粮食高产创建项目】全年建立粮食高产示范方 6 666.7 公顷，其中冬小麦 3 000 公顷，夏玉米 3 666.7公顷。推广精细播种、合理增密、农艺节水等实用技术十项，利用项目资金补贴了肥料、药剂、籽种等。经市级专家测产，市、部级万亩方小麦亩产 437.6 千克，玉米亩产 590 千克；大孙各庄镇整建制小麦亩产 403.1 千克，玉米亩产 473.1 千克。

【都市型现代农业万亩示范区】建设小麦示范区 627.9 公顷，平均亩产 367.7 千克。示范区内示范推广农大 211，农大 212，轮选 987，中麦 175，京麦 6、7 号（杂交小麦）6 个品种，示范推广精细播种、冬季保苗、春季因苗管理和一喷多用 4 项核心技术；共建设夏玉米示范区 549.3 公顷，平均亩产 526.5 千克。示范区内主要示范推广京单 28、京玉 11 等共 7 个品种，示范推广单粒播种、合理增密等 6 项核心技术；示范区内共设立苗情、墒情、病虫情监测点 80 个。全年完成田间调查 60 次，对示范区地块进行土壤基础养分检测，共完成 150 块地的取土检测。

【镇村工业保持增长】镇村工业实现收入 779.5 亿元，同比增长 13.1%。其中规模工业实现收入 651

亿元，占工业总量的83.5%。汽车及配套行业完成收入227.8亿元，同比增长35%，占工业总量的29.2%，企业收入在1亿元以上的汽车配件企业23家；新型建材行业依靠江河幕墙、东方雨虹、嘉寓门窗等重点企业的拉动，完成收入127.6亿元，同比增长20.5%；金属制品行业完成收入106.1亿元，同比增长17.2%。

【二、三产业总量提升】319家规模企业（营业收入2 000万元）实现收入1 122.8亿元，占镇村二、三产业总收入的83.8%，与上年同期规模企业收入相比，增长了11.3%，收入增加了114.1亿元。319家规模企业中收入在亿元以上的有128家。

【农业机械化】顺义区农机总动力32万千瓦时，农机资产原值5.5亿元，拥有种植、养殖、农产品初加工等各业农机装备3.78万台（件）。小麦、玉米等主要粮食作物从种到收机械化水平继续保持100%，瓜果、蔬菜、林木、花卉、畜牧、水产等产业机械化水平达到了40%左右。拥有各级各类农机服务组织及农机户330个，农机从业人员达5 200人。

【优化农机装备结构】依托国家农机购置补贴政策，按着“突出重点与兼顾特色”原则，重点引进了农机化生产薄弱环节、设施农业等产业所需的先进适用、高性能机械。其中包括大中型拖拉机149台、小麦收割机82台、玉米收获机27台、微耕机1 542台、卷帘机1 300台、开窗机360台和保鲜库3 000平方米，总价值近8 700万元，其中国家和北京市补贴4 150万元，顺义区补贴300万元，农民自筹3 850万元，近500农户享受到补贴政策。

【农时季节农机作业】春季完成机械化播种玉米、豆类、花生等作物6.9万亩，机械浇灌作业19万亩，机械植保作业4.25万亩。三夏共投入小麦收割机、玉米免耕播种机、大中型拖拉机等各种农机具3 332台件，完成小麦收割17.45万亩，夏玉米播种20.5万亩。三秋收获玉米27.1万亩，其中机收玉米面积25.2万亩（包括机收青饲面积），机收率达到93%，播种冬小麦13.9万亩，其中保护性耕作达到了90%。

【培训新模式】累计完成集中培训、科技赶集、农民工技术培训、专题技术培训等各类培训、观摩210余次，参加农户和技术人员超万人次，发放技术资料万余份。组织春季生产培训8次，培训农民2 000余人次，发放技术资料3 000份；组织蔬菜瓜类新技术培训5 000多人次，发放书籍和资料6 000份；组织太阳能利用工、两气操作工、农业环监员培训1 900人次；组织科技赶集，发放科技书籍1 000余册、优新籽种100余份，为农民提供各类科技咨询服务；开展植保专题技术培训7期700余人次，发放防治意见等材料32期1 400余份；创新模式开办“植物诊所”方便农民为田间作物问诊，全年开具处方400余个，服务农民300多人次，解决病虫害等问题380个。

【农村集体“三资”管理】深化落实《顺义区关于进一步加强村集体“三资”管理工作的意见》，全面加强村集体“三资”使用前的申报、使用时的审核、使用后的财务公开和审计监督管理，使村组集体“三资”得到全程监控管理。对土地补偿费、承包租赁收入、资产处置收入等大额资金实行专储账户管理制度，资金使用严格履行民主决策和审批程序。建立农村集体资产管理台账和资源登记簿制度。

【农业文化创意基地建设项目】顺义区三高示范区建设了农业文化创意基地项目。该项目为顺义区文化创意产业项目，建设资金150.86万元。项目建设内容是以融科技农业景观与传统田园风光于一体的农业观光休闲景区。年内，开展草莓、西红柿、樱桃采摘活动和蝴蝶兰、凤梨、仙客来等高端花卉选购活动，销售花卉1 387盆，收入53.6万元，销售草莓1 450千克，收入11.6万元，番茄销售780千克，收入3.12万元，特菜等销售154箱，收入1.85万元，总收入达70.17万元。

村　镇　建　设

【新型农村社区建设】新型农村社区建设和农宅抗震节能建设工作有机结合，按照“市区新型农村社区试点建设一批，农宅抗震节能建设试点改造一批，农宅整村单项改造提升一批”的原则，扎实推进新型农村社区和新民居试点建设。“新农村南北走廊精品工程”一期工程涉及马坡镇7个村庄，目前，南陈路道路、基础设施、两侧景观规划已由中铁设计院完成，村民选择的6套不同样式的样板房已建设完成，石家营村已完成抗震节能住宅40余套；另外，石家营、庙卷两个村的天然气入户管道铺设已全面完工。

【农宅抗震节能建设工程】按照“宜建则建、宜改则改”的原则，全面推进农宅抗震节能建设工程，制定完成了《2013年农宅抗震节能实施方案》《2013年农宅抗震节能实施细则》和《2013年农宅综合改造实施方案》，设计完成了30套不同户型的标准化图集。全年累计完成农宅抗震节能建设项目共涉及15个镇、178个村庄，完成了21 957户改造。改造后和新建翻建的农宅具备了保温或抗震保温能力，冬季农宅温度能提高5℃左右，节约标煤50%左右。

【村庄社区化创建】围绕“自治、安全、便捷、优美、和谐、富裕”十二字方针，根据2012年社区化创建工作，对农村社区化管理内容做了进一步的调整，制定了《2013年顺义区社区化创建实施方案》，把农村社区化管理与新农村建设结合起来，相互促进、协调发展，年内完成了60个村庄的社区化创建工作。

【农村新能源的建设与管理】抓好“两气”气站长效管护工作，确保设施发挥最大效益，预防杜绝安全事故发生；做好太阳能浴室的管护工作，确保动态运行率97%以上；对全区4 900盏太阳能路灯、1.5万盏节能灯总成进行维修维护；首次将设施栽培大棚与太阳能有机结合，在取暖期内有效节省电能和燃煤；实施户用太阳能取暖示范工程；配合“减煤换煤、清洁空气”工程，试验示范农宅煤改电项目，减煤6 000万千克；从田园、家园、水源三个环节入手，完成大孙各庄乡村清洁工程。

【农村精神文明建设】2013年，顺义区农村精神文明建设以构建社会主义核心价值体系为根本，以“做文明有礼的北京人”主题宣传实践活动为主线，扎实开展群众性精神文明创建活动，继续深化文明村镇和区级和谐家庭、特色家庭等基层创建活动。①农村“十个一”文明创建工程。以建设乡情村史陈列室和农村精神文明建设宣传栏（屏）为重点，全年完成了牛栏山镇兰家营村、牛栏山镇龙王头村等8个村的乡情村史陈列室建设任务；完成了牛栏山镇、马坡镇等4个镇共20个农村精神文明建设宣传栏（屏）的建设任务。②道德模范事迹宣传。组织开展全国第四届、首都第四届道德模范评选活动，推荐顺义区12名区级道德模范参与评选，利用电子宣传屏、精神文明建设宣传栏、农村广播等阵地，集中宣传道德模范的优秀事迹，累计组织和发动60万人次干部群众参与投票。顺义区生活垃圾综合处理厂安全员刘东文同志荣获首都见义勇为模范提名奖。③创建成果。2013年顺义区共有全国文明单位1个，全国文明镇1个，全国文明村1个，国家生态镇15个，国家生态村1个；首都文明镇12个，首都文明村71个，北京市环境优美镇17个，北京市生态村322个，顺义区和谐家庭标兵累计100户，顺义区和谐家庭累计715户，顺义区特色家庭累计3 252户。

农村改革与管理

【深化农民合作社建设】按照《北京市农民合作社示范社动态考评管理办法》的规定，启动对市级示范社进行考评，实行动态管理。总结推广示范社建设典型经验，推出一批管理水平高、市场意识强、乐于奉献、素质优良的合作社优秀理事长。大力培养一支政治素养高、业务本领强、服务意识好、热心合作事业的合作社辅导员队伍，加大合作社管理人员的培训力度。试点将示范社的经营情况进行专项统计，纳入农经统计平台。强化合作理念，加强品牌建设，探索引导农民合作社以产品和产业为纽带在区、镇两个层面开展合作与联合，进一步做大做强合作社，提升合作社的知名度、影响力和市场竞争力。鼓励合作社创办公司，充分发挥市场与合作的双重优势。

【深化农村集体产权制度改革】大力推进现代农村股份合作经济发展。3月初，对顺义区农村新型集体经济组织监事长、村财服务中心会计分两期进行了培训，培训人数500人。完善股东大会、理事会、监事会制度，逐步建立新型集体经济组织法人治理结构，规范其内部管理和财务管理制度，完善收益分配制度和分配机制。加强产权管理，逐步实现农村集体“三资”的所有权与经营权分离，有效控制农村集体“三资”经营管理风险，提高经营效益。按照“依法合规、政府主导、市场运作、农民受益”的原则，推进农村产权交易市场建设，促进城乡生产要素平等交换和优化配置。

【稳定土地承包关系】推进农村集体土地承包经营权登记试点工作，确保合同、证书发放到户，建立合同登记系统。开展《农村土地承包法》颁布实施十周年宣传活动。做好集体建设用地确权登记颁证工作。加强和规范农村土地纠纷调解仲裁体系建设，壮大镇、村调解员队伍，加大调解员培训力度。

【土地承包经营权有序流转】以推进土地流转网、产权交易网的应用为切入点，分级负责，强化流转监督管理。加强流转价格监测，扩大试点，确保数据真实有效。做好平原造林工程中的土地流转指导工作。加强流转土地的流向监控，探索工商企业租赁使用农户承包地的准入监管制度。对近年来顺义区流转规模较大的土地应用情况结合合同清理工作进行全面检查。总结一批具有推广价值的土地流转促进产业发展的好典型，推动联户经营、专业大户、家庭农场、土地股份合作社等新型经营主体建设。

【完善土地流转政策 深化产权制度改革】完善土地流转政策，加强合同管理，研究提高土地流转奖励标准；按照市级工作安排，根据"试点先行，稳步推进"的原则，在南法信镇试点实施土地承包经营权确权登记工作，2013 年流转土地 9 710.25 亩。顺义区农村集体经济产权制度改革已基本完成，通过培训提高产权制度改革后村级产业运作及领导干部工作水平，进一步深化了产权制度改革工作，加强农村"三资"管理，逐步规范福利分配。顺义区共有 210 家农民专业合作社，资产总值突破 7 亿元，入社社员 1.9 万户，占全区从事一产农户总数的 85%。

【农机合作社参与"新三起来"建设】按照北京市提出"土地流转起来、资产经营起来、农民组织起来"的"新三起来"工程，北京兴农天力农机服务专业合作社主动将周边农民的零散土地进行统一流转经营，实行统一购置种子、肥料等农用物资，统一开展农机作业，统一进行田间管理，统一销售农产品，提高了农业机械化水平，促进了土地集约高效利用，提高了农民收入，使土地在一定规模上流转了起来。合作社还组织农民到合作社上班，享受"五险"保障，每月领到不低于 3 000 元的工资，成为新时期农业工人，有效将分散的农民组织了起来。

【加强农村集体经济合同清理】自 2013 年 4 月，在全区范围内开展农村集体经济合同清理工作，对镇村两级集体经济组织及其所属企事业单位的经济合同进行全面彻底清理，建立农村集体经济合同管理台账，搭建农村集体合同管理系统平台，建立农村集体经济合同的长效管理机制。

【在线审计系统试运行】全区 19 个镇推广和使用"农村经济在线审计系统"，实现了审计工作的业务信息化、数据标准化、操作流程化、管理规范化，解决了手工审计与会计电算化不匹配的问题，做到农村管理信息化的高度统一。结合村两委换届选举，利用农村集体经济在线审计系统，开展了村干部任期和离任经济责任审计，对强农惠农富农政策资金、土地补偿费等管理使用情况以及农民群众反映强烈的农村集体"三资"问题的进行专项审计，推动在线审计向日常管理转化，及时发现和纠正存在的问题。

【农村管理信息化】完成信息系统功能升级和数据更新及 426 个村的计算机设备更新项目。开展《农村基层组织信息系统》《村级公益事业建设一事一议财政奖补信息系统》应用实施工作。推进农村管理信息化系统的跨部门应用升级改造，支持多部门的资源共享。

【技改、盘活工作进展顺利】共有都市、汽车配件等行业 38 家企业进行了技术改造，计划总投资 22.3 亿元，当年实际完成投资 1.2 亿元；2013 年，盘活镇村闲置资产 12 个，盘活资产 1.3 亿元，盘活土地 267 亩，盘活建筑面积 4.9 万平方米，除 1 家企业为转让，其余 11 家企业全部为租赁。

农村民生

【农民收入情况】全区农民人均纯收入为 17 703 元，同比增长 10.9%。农民人均工资性收入为 12 120 元，同比增长 12.5%，增收贡献率为 77.2%，拉动农民人均纯收入增长 8.4 个百分点。农民人均家庭经营纯收入为 533 元，同比下降 58.2%，占全区农民人均纯收入的比例为 3.0%。其中，第一产业纯收入为 210 元，同比下降 79.0%；非农产业（二、三产业）纯收入为 322 元，同比增长 18.2%。农民人均财产性纯收入为1 763元，同比增长 27.9%，占全区农民人均纯收入的比例为 10.0%。人均转移性纯收入达到了 3 288 元，同比增长 29.7%，占全区农民人均纯收入的比例为 18.6%。农民离退休金、养老金收入为2 228元，同比增长 13.7%。

【生活消费情况】农民人均生活消费支出为 11 634 元，同比增长 7.4%。区农村居民八大类生活消费中，除人均医疗保健支出有所下降，其余七类具有不同幅度的提升：人均食品现金支出 3 858 元，同比增长 6.8%；人均衣着支出 907 元，增长 26.8%；人均居住支出 2 173 元，增长 5.9%；人均家庭设备用品及服务支出 725 元，增长 0.6%；人均交通和通讯支出 1 520 元，增长 0.3%；人均文教娱乐用品及服务支出 911 元，增长 19.5%；人均购买其他商品及服务支出 333 元，增长 52.3%；人均医疗保健支出 1 206 元，下降 2.3%。

【农村教育事业队伍建设】 271 人获得教师资格证。公开招聘教师 396 人，其中博士研究生 4 人，硕士研究生 49 人，硕士研究生人数同比上年增加 20 人。1 所学校的英语组荣获“全国五一巾帼标兵岗”荣誉称号，1 名教师荣获首都“五一”劳动奖章，并被评为全国师德标兵。

【学生素质整体提升】 2 万余名中小学生参与“网上祭英烈”活动，4 万余名学生参与“社区文明小使者”志愿服务活动。10 万人次走进 22 家实践基地体验学习。举办第一届“彩虹假日炫”小学校本课程或社团展示活动和第二届中学生社团文化节。1 名学生荣获北京青年“五四”奖章、北京市“身边的雷锋”称号。参加北京市、全国及国际比赛 20 余项，1 人打破 2 项市纪录，连续 23 年蝉联北京市中学生运动会郊区组团体总分、高中组团体总分、初中组团体总分三个第一名。在全国比赛中，获金牌 13 枚、银牌 8 枚、铜牌 6 枚。在国际比赛中获金牌 4 枚、银牌 2 枚、铜牌 1 枚。荣获“北京市中小学阳光体育联赛优胜奖”，3 名运动员获北京市“银帆奖”。

【中高考成绩创佳绩】 全区高考 600 分以上 540 人，位居全市第五；39 人考入清华、北大，位居全市第四；本科以上录取人数为 3 106 人，录取率为 69.4%，比 2012 年提升 1.6 个百分点。中考 500 分以上 1 270 人（不含借考生）。

【优化教育环境】 校安工程 7 所学校改扩建完工并投入使用，7 所学校续建工程正在进行。学前教育三年行动计划工程进程过半，4 所幼儿园建成投入使用，3 所幼儿园正在建设中。中小学建设三年行动计划工程高质量推进，2 所改扩建学校工程完工并投入使用，3 所学校改扩建工程正在建设中。顺义区职业教育中心项目一期工程 13 个单体建筑主体结构施工已完成，二期工程 2 个实训楼正在建设中。接收 2 所小区配套小学。完成各类校园修缮项目近 400 个。共为各级各类学校配备设备 237 732 件（套），新建理化生科学实验室 25 个、心理咨询室 3 个、数码显微互动显微镜教室 5 个、录播教室 20 个、视听阅览室 8 个，新配备图形计算器 12 套。为 15 所新建、改扩建学校（幼儿园）配备综合设备。为 22 所村办园配备幼儿玩具、生活家具等设备。12 所新建、改建校光纤接入；64 所学校完成数字校园建设规划与方案设计，6 所学校被认定为北京市数字校园建设实验校。建设中小学图书电子目录数据库。参加中小学师生电脑作品等信息化评比活动，获得全国创新奖 2 项、一等奖 16 项、二等奖 13、三等奖 15 项，北京市一等奖 35 项、二等奖 58 项、三等奖 75 项，3 名学生获全国学生电脑作品制作二等奖。

【农村卫生】 医疗机构数共计 542 家，实有床位数 3 270张，床位 3.43 张/千人口。卫生技术人员总数为 7 646 人。其中，执业（助理）医师共计 2 591 人，执业（助理）医师 2.72 人/千人口；注册护士 2 220 人，注册护士 2.33 人/千人口。全年门诊 673.69 万人次，急诊 58.58 万人次，观察室留观 9.52 万人次，入院 5.51 万人次，出院 5.52 万人次，病床使用率 66.39%。社区各单位共上缴收入 28 602 万元，同比增长 23.86%。结算药品成本 20 746 万元，同比增长 15.32%；其中零差率药品 12 139 万元，同比增长 7.49%。零差率占总药品的 58.51%。公用经费 7 229 万元，同比增长 43.55%。完成 10 个中医药特色社区卫生服务站、16 个标准化中药房，4 个中草药自采自种基地建设，配发煎药机 25 台，提升了硬件水平，普及了中医药知识。积极开展体质辨识服务，为老年人和慢病患者进行中医养生指导等服务，社区中医诊疗人次 313 921 人次，开展冬病夏治三伏贴服务 1 149 人次，建立中医体质辨识档案 104 613份。建立健康档案 682 050 份，占总人口数的 71.57%；健康档案使用 218 561 份，使用率为 32%。家庭医生式签约达到 19.1 万户、55.5 万人，签约率为 58.2%。65 岁以上老年人签约 7.1 万人，签约率 99.1%。慢病患者签约 129 304 人，签约率 77.5%，累计已发放健康教育材料、“宣传海报”“致居民一封信”等宣传材料 100 684 份，提供主动服务 24 941 人次，上门服务 3 461 人次。

【新型农村合作医疗实施细则调整】将人均筹资标准提高到680元，其中个人缴费100元，市、区、镇、村四级支持资金共580元。取消7日报销限制，将抢救留观报销规定调整为患者急诊抢救或留观后转入同一家医院住院治疗的，其住院前的抢救或留观费用，均与住院费用一并报销。急诊抢救或留观过程中死亡的，其死亡前的抢救或留观费用按住院比例报销。因突发疾病需就近在三级医院住院治疗但因无床位而留观治疗的，提供无床留观证明，其留观费用按住院比例报销。增加北京市红十字急诊抢救中心和北京市顺义区社区服务总中心（老年公寓）医务室为顺义区新农合定点医疗机构。参合患者在以上医疗机构就医不需要转院，报销比例及起付金额按相应级别医疗机构规定执行。年内，还将“15类新农合重大疾病住院费用补偿比例提高到75%，进一步减轻重大疾病患者就医费用负担”事项纳入《顺义区2013年为群众拟办重要实事》，并如期完成。全区参合人数27.96万人，参合率99.9%，当年筹资总额1.90亿元。医药费报销支出合计2.43亿元，其中，住院及特殊病门诊支出1.63亿元，普通门诊支出8 011.71万元。参合人员获得补偿受益41.51万人次，其中，住院及特殊病门诊2.32万人次，普通门诊39.19万人次。全区领取报销金额万元以上3 957人，较上年同期增加832人。全区15类重大疾病累计补偿6 929人次，发生医药费用达9 646.29万元，新农合支付补偿资金5 872.63万元，政策范围内住院费用补偿比例达到75%。

【气象服务】在强降水和大到暴雨天气过程服务工作中，顺义区气象局及时发布突发性气象灾害预警信号、重要天气报告、天气情况、降水实况信息。在“春耕、三夏、秋收”等重要农事活动季节，及时为农业主管部门提供预报预警服务产品，发布气象服务专报共17期。组织开展2013年北京市暴雨洪涝灾害风险普查工作，对顺义区的中小河流及地理状况进行了全面的调查。

【“二月新春”群众文化活动】通过举办群众性歌舞比赛、戏曲演唱、文艺演出、元宵灯会、文化庙会、贴春联、挂灯笼、民间花会、电影放映等丰富多彩的文化活动，活跃了春节期间的节日气氛，丰富了群众的文化生活。“二月新春”期间共举办60项大型文化活动，共有22万余人次参与。

【“五月的鲜花”及主题文化活动】举办“五月的鲜花”群众文化活动启动仪式、燕京啤酒节文艺演出、端午文化节非遗展演、顺义区百名艺术家“走基层 送文化”活动启动仪式、“彩色的梦”儿童音乐会、翰墨春香——青年美术家李向军书画艺术展暨书画扶困助残捐赠活动、“丹青圆梦”青年美术家牛成选书画展、“畅想中国梦儿童画展忠诚党的文化艺术事业”——庆七一葛维达（曲艺）陈雅丽（戏曲）演唱会、《贯彻十八大、唱响中国梦》顺义区庆祝建党九十二周年群众文艺汇演、群众卡拉OK大赛、职工艺术节、35场基层综合性汇报演出等为主要形式的60余项群众文化系列活动。“五月的鲜花”活动期间，全区共组织文艺比赛和演出480场，演出文艺节目5 200个，新创作品160个；参与活动人数达到8万人次，吸引观众30万人次。

【“十月金秋”群众书法、美术、摄影活动】全区19个镇、6个街道等举办了33个基层书法、美术、摄影作品展览。共收到艺术作品3 000余件，上报区组委会优秀艺术作品为201件。参加本次活动作者共3 000余人，参观群众约为9万人次。主办单位还举办了北京顺义第二十届“菊展杯”“十月金秋”书法、美术、摄影优秀作品网络展等一系列群众文化活动。

基层组织与民主政治建设

【概况】村民自治工作以第九届村委会选举为重点，以创全农村典型示范社区为抓手，不断健全机制，规范管理，创新形式，推广典型，全面推进了农村基层民主政治建设。13个村委会被评为北京市先进村委会，6名村委会主任被评为北京市先进村委会主任，10个村被评为北京市“农村典型示范社区”。

【第九届村委会选举工作】顺利完成推选村民选举委员会、参加选举村民的登记、提名候选人、正式投票选举、工作交接、推选村民代表和村务监督委员会等重要环节，圆满完成了第九届村委会选举工作，整体平稳顺利，效果显著。424个参选村共选举产生1 485名新一届村委会成员，选举结果实现“五高一保持一降低”。书记主任“一肩挑”比例为87.7%，比上届提高2.7个百分点。“两委”交叉任职比例为76.4%，比上届提高1.4个百分点。455名妇女成员当选，比例达到30.6%，实现了每个村至少有一名妇女成员。400 个村一次选举成功，一次选举成功率为 94.3%，比上届提高 4.8 个百分点。1 248 名村委会成员是党员，占 84%，17 名大学生村官当选为村委，大专以上学历的 562 人，占 37.8%，比上届提高 4.8 个百分点，其中有 8 名研究生。连续三届保持没有“白点村”。村委会主任不是党员的村减少 2 个。

【实现农村社区服务站全覆盖】 385 个村建立了农村社区服务站，基本实现了保留村农村社区服务站全覆盖。农村社区服务站实现了统一形象标识、统一项目设置、统一运行流程、统一服务规范、统一资源调配，为农村居民搭建了零距离服务水平。

“三农”工作部署和实施

【新农村建设深入推进】 “新农村南北走廊精品工程”是顺义区新型农村社区试点一期工程，涉及马坡镇 7 个村庄。新型农村社区建设规划实施方案初步完成，南陈路路面改造、污水管网铺设等前期调研工作已形成阶段性成果，自来水管网铺设、农宅单项改造和新建农宅样板间已完成建设。农宅抗震节能暖房工程稳步进行。出台了《2013 年顺义区农宅抗震节能新建翻建实施细则草案》及设计农宅新建翻建农宅图纸，共完成农宅抗震节能建设 2.2 万户，并完成 3 个镇、9 户农宅综合改造试点工作。减煤换煤、清洁空气工程。在 11 个镇进行试点建设，完成优质燃煤替代 8 500 吨，燃煤炉具更换 5 000 台，取暖煤改电 423 户，液化石油气下乡配送液化石油气 1 万瓶。完成马坡镇石家营村村内天然气管道铺设和室内设备安装工作。长效运行管护工作进展顺利。分批对街坊路、太阳能浴室、两气站和老旧管网等基础设施运行情况进行了全面检查和维护。落实一事一议财政奖补工作。从年度项目库中筛选了 14 个镇、38 个村级一事一议财政奖补项目，项目总投资 3 000.65 万元，2.3 万农民从中受益。

【转移劳动力安置】 共涉及整建制转居村 47 个，其中劳动力 31 956 名，截至 2013 年年底，已完成 45 个村共计 30 572 名转非劳动力补偿安置工作，还有共计 1 384 名劳动力未进行安置。非整建制征地村共计劳动力 22 021 名，现已完成 20 260 名转非劳动力补偿安置工作，还有 1 761 名劳动力未进行安置。

【农机化“四个转型升级”发展目标】 一是推动农机服务向都市型现代农业领域转型升级。加快推进设施农业、林果生产、畜牧水产养殖、农业废弃物处理和新农村基础设施建设等领域机械化技术。二是推动农机装备向现代化中高端转型升级。本着传统精耕细作与现代物质技术装备相辅相成的原则，强化粮食、经济作物和养殖生产薄弱环节农机装备，努力提高全区综合农机化水平。三是推动农机散户向专业合作社转型升级。规范现有农机合作社制度，提高合作服务能力，吸引更多小散农机户加入合作社；政府引导现有农机合作社成立高一级的联合社，壮大提高合作社的土地、机械、资金、人力资源和社会服务能力；政府协助有能力的农机专业合作社承包农民一家一户流转的分散土地，在政策和资金上给予相应支持，为其做好各项服务。四是推动农机投资向社会资本和政府扶持转型升级。政府拿出部分资金支持具有一定生产规模和服务能力，且在群众中影响较好的农机服务组织发展，引导社会资本投资农机化事业，协调金融机构提供购买生产资料贷款服务，争取在建设农村“新三起来”工程中发挥主导作用。

【首届科技创新大会召开】 各委办局、中心公司、经济功能区、各镇街道、天竺综保区、高新技术企业主要领导共计 350 人参加会议。首届全区科技创新大会的召开，特别是四项区级科技政策集中出台，标志着顺义区区级科技政策体系框架已初步形成，是全区科技事业发展的里程碑，科技引领支撑经济社会发展的顶层设计与路线图逐步明晰。

【扎实开展农民实用技术培训】 科委充分发挥基层科技组织、农民专业合作社、农村科技协调员的作用，通过集中授课、播放课件、邀请农业专家深入田间地头实地指导等多种形式，扎实开展农民实用技术培训。完成农民培训11 000 人次。

【基层文化设施建设不断完善】 全区基层文化设施建有率达 100%，达标率 70%（镇、街综合文化站；村、社区文化活动室）。根据市政府折子工程要求，积极推动顺义区四个重点镇文化活动中心建设，高丽营镇、李遂镇、赵全营镇、杨镇文化体育中心建设项目均已得到市发改委的批复。

【创新“四统一”无害化处理新机制】 提出了建立

"统一收集、统一运输、统一处理、统一登记"四位一体的无害化处理运行机制：即由各养殖场自行建立"病死畜禽无害化处理收集库"对病死动物实施统一收集和暂存，同时依托两家专业无害化处理单位的化制设备和运输工具，对全区病死畜禽进行统一运输和处理，实现了无害化处理、环境保护、疫病防控和资源再利用的共赢。共有98个养殖场建成病死畜禽无害化处理收集库，并与无害化处理场所签订了病死畜禽无害化委托处理协议，全年统一处理病死动物25万头（只），生产肉骨粉600吨，企业产生经济效益约合100万元，同时为政府节约病死动物无害化处理经费1 000余万元。

顺义区领导名录

区委书记　张延昆(2月免)　王　刚(2月任)

副书记　卢映川(3月任)　闫立刚　周颖博

常　委　肖韵竹(女)　车克欣(女)　李国营　林向阳　于庆丰　于凤春　祝卫东(8月免,结束挂职)　朱家亮　肖承继

人大常委会主任　胡尚云

副主任　冯庆森　董占云　吴建国　李福成(不驻会)　白丽洁(女,不驻会)

区长　王　刚(3月免)　卢映川(12月任)

副区长　林向阳　于庆丰　祝卫东(9月免,结束挂职)　赵贵恒　燕　瑛(女)　张晓峰　盛德利

政协主席　杨宝华

副主席　田建国　闫志广　孙桂祥　田家玉(不驻会)　李向英(女,不驻会)　刘　静(女,不驻会)

区委农工委书记、区农委主任　刘振河

顺义区街道、镇（乡）党政正职领导

	党(工)委书记	镇长(办事处主任)
仁和镇(地区办事处)	吴耀新(9月免) 赵洪涛(9月任)	陈汉松(6月免) 刘　洋(6月任)
马坡镇(地区办事处)	贾文禹	董敬红(女)
牛栏山镇(地区办事处)	单成刚(5月免) 马朝龙(5月任)	郝蔚泉
赵全营镇	胡小兵(9月免) 李在东(9月任)	赵志勇
高丽营镇	范学智	李　刚
北石槽镇	王　江	王鉴远
南法信镇(地区办事处)	李　衍	徐志国
后沙峪镇(地区办事处)	赵洪涛(9月免) 王学武(9月任)	王　辉(7月免) 金泰希(女,朝鲜族,7月任)
天竺镇(地区办事处)	宋　鹏	史卫东(6月免) 王　辉(6月任)
李桥镇	徐晓武(12月免) 马云虎(12月任)	王卫军
南彩镇	马朝龙(5月免) 黄永志(5月任)	闫　岩(女)
杨镇(地区办事处)	张友生(5月免) 姜　蒙(5月任)	刘晨光(11月免) 陈向东(11月任)
张镇	张香东	王新兵(女,10月免) 赵海波(10月任)
北小营镇	王　泽(5月免) 马　强(5月任)	卞云鹏(6月免) 朱新生(6月任)
木林镇	姜　蒙(5月免) 王海松(5月任)	王海松(6月免) 李　健(6月任)
龙湾屯镇	马云虎(5月免) 史卫东(5月任)	朱向国(6月免) 宋　森(6月任)
李遂镇	孙书林(5月免) 武　捷(5月任)	武　捷(6月免) 李子腾(6月任)
北务镇	宋学农	王　颀
大孙各庄镇	苏东海(5月免) 卞云鹏(5月任)	马卫国

（顺义区史志办　刘秀娟　兰岚）

昌平区

概　述

昌平区位于北京市西北部，面积1 343.5平方公里，耕地面积17.66万亩。辖15个镇（地区办事处）、5个街道办事处和北方企业集团公司（以下简称北企公司）、304个行政村。2013年年末，全区常住人口188.9万人，比上年年末增加5.9万人，增长3.2%，其中常住外来人口100.6万人，增长5.1%；全区户籍人口57.3万人，比上年年末增加1.2万人，增长2.2%，其中农业人口18.9万人，占全区户籍人口的32.9%，比重比上年年末下降2.4个百分点。全年实现地区生产总值557.2亿元，同比增长10.1%。其中：第一、二、三产业增加值分别为10.1亿元、254.7亿元、292.4亿元，分别增长10.1%、12.8%、7.7%，按常住人口计算，全区人均地区生产总值达到29 967元，比上年增长5.6%。三次产业结构由上年的1.8∶44.6∶53.6变化为1.8∶45.7∶52.5。全区累计完成财政收入60.1亿元，同比增长15.1%。区域税收完成218.2亿元，同比增长17.7%。实现城镇居民人均可支配收入32 495元，比上年增长8.5%；扣除价格因素后，实际增长5%。农村居民人均纯收入16 756元，比上年增长11.9%；扣除价格因素后，实际增长8.3%。城镇居民恩格尔系数为32.1%，比上年提高0.5个百分点；农村居民恩格尔系数为31.7%，比上年下降0.6个百分点。农村居民人均住房面积81平方米，比上年增加24平方米。

城乡一体化

【农村城市化进程稳步推进】按照“建、转、管”的要求，有序推进昌平区城乡结合部重点村城市化建设工作。“建”方面：回龙观镇回龙观村回迁楼建设已经完工，村民已经于6月入住；东小口镇马连店村2栋回迁楼已封顶；沙河镇七里渠南、北村8栋回迁楼已完成结构封顶。“转”方面：东小口镇6个村均已完成农转非工作和超转人员安置工作；沙河镇七里渠南、北村已开始换发身份证和户口本；回龙观镇回龙观村已启动剩余482人的转居工作。“管”方面：重点村新建社区的组织体系、公共服务设施、办公和服务用房等已提出了规划方案；7个重点村共计划建设劳动力安置用房约37.8万平方米；积极搭建农民就业平台，通过发放技能培训材料、开办技能培训班等方式，不断提升农民转岗就业能力，建立健全以政府为引导、以农民为主体、以市场为导向的农民再就业机制。

【城乡环境面貌明显改善】按照“三级管理，统一指导”的创建模式，顺利完成了马池口镇等3个镇、南口村等6个村的生态创建工作，并获得命名。同时，与区相关部门密切配合，通过分步实施环境整治、环境建设和环境保护三大生态环境建设工程，巩固已有的创建成果，为创建国家生态区奠定基础。

【新型农村社区试点建设有序推进】在南口镇新型农村社区试点建设工作中，基本完成了前期摸底调研、经验学习、方案编制和方案审批四个阶段的工作，在多次修订完善的基础上，编制完成《昌平区南口镇战略发展规划》《昌平区南口镇中心区控制性详细规划》和《昌平区南口镇新型农村社区规划》，形成了相对完备的规划成果。同时，积极争取北京市城乡建设用地增减挂钩试点、集体租赁住房试点等相关政策，力求项目尽快实施。

【农村地区“减煤换煤、清洁空气”行动取得阶段性进展】按照“炊事气化解决一批、优质燃煤替代一批、城市管网辐射一批、城市化改造上楼一批、拆除违建减少一批”的工作要求，昌平区农村地区重点实施了液化石油气下乡、天然气入户、优质燃煤替代、取暖煤改电等工程，实现减煤换煤11.32万吨。一是解决了约6.7万户的炊事用气问题，实现减煤6.7万吨；试点实施优质燃煤替代工程，完成6 220余户炉具更换安装，配送优质燃煤5 600吨；完成十三陵镇554户取暖煤改电工作，实现减煤0.66万吨；完成了8 500户的抗震节能保温改造工作，实现减煤1.3万吨。二是在马池口镇辛店村实施天然气入户工程，解决523户取暖、炊事用煤问题，实现减煤0.2万吨。三是完成南邵镇4个已拆迁村2 301户回迁安置工作，实现减煤0.9万吨。四是拆除违章违法建筑90.87万平方米，实现减煤1万吨。

都市型现代农业

【概况】坚持按照“强二优三精一”的产业发展思路，不断强化都市型现代农业的生态价值和景观功能，推动农业产业化、标准化、集约化发展，全力促进农业增效、农民增收、农村和谐，农村经济保持平稳较快增长。全年农村经济总收入完成328.3亿元，同比增长10.1%；农民人均现金收入完成16 756元，同比增长11.9%，连续7年保持两位数增长态势；农林牧渔总产值完成27.9亿元，同比增长7.1%，其中：农业产值96 287万元，同比下降3.2%；林业产值86 666万元，同比增长47.4%，其中平原造林产值70 081万元，同比增长34.6%；畜牧业产值85 245万元，同比下降7.4%；渔业产值3 397万元，同比增长4.4%；农林牧渔服务业产值6 855万元，同比增长7.7%。

昌平区都市型现代农业继续以“一花三果”为主导，在规范管理、稳定规模的基础上，不断提高品质，创造品牌，高效发展。通过政策引导，2013年“一花三果”主导产业继续保持产量增加、产值增长的态势。苹果产业，更新发展苹果2 100亩，全年产量达到2 000万千克，产值实现1.8亿元；草莓产业，日光温室总规模突破1万栋，建成优质种苗繁育基地6 000亩，草莓年产量达到640万千克，年收入实现4.62亿元；百合产业，深入调整花卉产业格局，采取“百合为主，多种花卉共同发展”的模式，引进北京市花木公司、金德泰花卉有限责任公司等知名花卉企业落户昌平，起到了良好的带动作用，在整体花卉市场销售下行压力较大的情况下，实现产值约5 975.4万元。

【种植业】全区粮食种植面积49 254亩，产量14 291吨。认真贯彻落实全市粮食直补和农资综合补贴文件精神，继续执行“粮食直补、农资综合补贴、良种补贴和生态补贴”项目。补贴标准：小麦种植每亩补贴180元；玉米种植每亩补贴97元；牧草种植生态补贴每亩35元。按照北京市文件要求的补贴原则、补贴范围、补贴标准和工作程序，昌平区2013年完成4 063.42亩小麦、35 751.58亩玉米、7.5亩水稻、1 684亩牧草的补贴资金发放工作，涉及全区15个镇（街道）、170个村、12 024个种植户，兑现补贴资金425.84万元。同时，积极推进“菜篮子”工程建设，坚持以蔬菜标准园建设为核心，以提高温室利用率、开展老旧设施改造为蔬菜种植增长点，完成了以金六环农业园为核心的南邵镇千亩蔬菜标准园的创建工作并通过市级验收，实现节本增效10%以上，为昌平设施农业的发展起到了很好示范和带动作用。2013年全区菜田面积30 536亩，其中：设施面积11 970亩，蔬菜产量56 540吨。

【设施农业】进一步规范设施农业建设，以园区化、景观化为目标，按照“一花三果”主导产业的发展思路和《昌平区设施农业规划》（2010—2012年）的总体布局，稳步推进设施农业建设工作。2013年设施农业占地面积18 116亩，比上年减少632亩，下降3.4%。全区现有设施19 889栋（日光温室18 387栋，春秋棚1 502栋），其中，连栋温室242 232平方米。利用15 564栋、闲置4 325栋（蔬菜3 644栋、花卉681栋）。“一花三果”主导产业继续保持产量增加、产值增长的态势。苹果产业，更新发展苹果2 100亩，全年产量达到2 000万千克，产值实现1.8亿元；草莓产业，日光温室总规模突破1万栋，建成优质种苗繁育基地6 000亩，草莓年产量达到640万千克，年收入实现4.62亿元；百合产业，深入调整花卉产业格局，采取“百合为主，多种花卉共同发展”的模式，引进北京市花木公司、金德泰花卉有限责任公司等知名花卉企业落户昌平，起到了良好的带动作用，在整体花卉市场销售下行压力较大的情况下，实现产值约5 975.4万元。

【草莓产业】为了打造“昌平草莓”精品品牌，助推草莓销售，不断加大品牌的宣传力度，通过新闻媒体、广告媒体进行有效宣传，“吃草莓，到昌平”已经成为首都市民首选。我们还依托新地标大力发展会展农业，引进精深加工项目，通过举办首届北京农业嘉年华等系列活动，完善了以观光采摘为主，保护价收购为辅的市场营销体系。2012—2013草莓种植季，全区5 811栋日光温室，总产量达640万千克，总产值达到4.62亿元。昌平草莓平均售价同比上年度提高了24%。农民经营一栋草莓日光温室的年纯收入已达5万元。

【林果业】以“提质增效、标准管理”为指导，着眼于兴绿富民，全面加强果树标准化管理技术培训，积极推动果树产业发展，认真研究、规划和开展以苹果、柿子为代表的都市型现代果园建设，努力打造优质、安全、高效的绿色产业。更新发展苹果2 100亩（其中矮化苹果1 600亩，乔化苹果

500 亩），总体成活率在 95％以上。在兴寿、崔村等苹果主产镇（街道）累计培训果农 6 500 人次，进一步提升果农种植技术。针对当前形势，按照节俭办会、注重实效的原则，以第十届苹果文化节为契机，全面加大“昌平苹果”推介力度，新建昌平苹果地理信息系统、手机 APP 及采摘导示图，取得了良好效果。为了进一步丰富柿子品种和产品种类，促进柿树产业升级，昌平区一是促进柿树产业提质增效，提高磨盘柿的质量，同时开拓销售渠道，促进柿农增收致富；二是加大柿子产品种类包括柿饼、柿子酒等的研发，延长产业链，提高柿子产品的附加值；三是引进甜柿品种阳丰，丰富柿子品种，调整品种结构，实现柿子产品采摘，结合旅游产业的发展，实现柿树产业与第三产业有机结合，多方位促进果农增收致富。

【畜牧业】农业局按照部门职责分工，畜牧养殖业生产发展围绕“强基础、保稳定、促环保”的目标，在国家、市级财政的支持下，通过项目建设，对养殖场生产基础设施进行改扩建，改善更新生产条件，提高生产能力，提升标准化生产水平，加强了畜牧养殖业生产基础。年末存栏 102.39 万头（只），累计出栏 136.72 万头（只），生产鲜奶 5.19 万吨，生产鲜蛋 0.85 万吨，肉类总产量 1.17 万吨。其中，生猪存栏 7.56 万头，出栏 10.58 万头；肉羊存栏 2.49 万只，出栏 2.19 万只；肉鸡存栏 4.27 万只，出栏 122.22 万只；蛋鸡存栏 80.57 万只；鸭存栏 4.64 万只，出栏 0.06 万只；奶牛存栏 1.08 万头；其他畜禽存栏 1.78 万头（只），出栏 1.67 万头（只）。建设畜牧业“菜篮子”工程，利用市级补助资金 390 万元，完成 1 家奶牛场、2 家生猪场和 3 家禽场的生产基础设施改造建设，并顺利通过区级组织的工程验收。积极采取有效措施，减少因 H7N9 流感引发的家禽产业损失，对全区种禽场、备案蛋鸡场、家禽屠宰场和家禽养殖专业户发放补贴资金 974.259 8 万元，有效地稳定了全区家禽产业生产。利用市级财政资金 161.93 万元，完成 3 家养殖场粪污治理工程建设，治理模式采取建设小型沼气站形式。全年发放规模猪场病死畜无害化处理一阶段、二阶段补贴资金 209.704 万元。完成全区 12 884 头能繁母猪政策补贴工作，发放补贴资金 128.84 万元。

【动物卫生监督】全区范围内开展为期 50 天的春季动物防疫集中行动，春防工作分高致病性禽流感、鸡新城疫免疫、重点动物疫病检疫净化、口蹄疫免疫、查漏补针、春防总结五个阶段进行，确保全区存栏动物免疫密度、免疫抗体监测面、重点动物疫病应检率、免疫耳标佩带率等各项指标均达到 100％。针对人感染 H7N9 流感疫情防控形势，昌平区防治重大动物疫病指挥部办公室采取各项防控措施，积极应对 H7N9 禽流感防控工作。期间印发了《关于应对 H7N9 禽流感防控工作的紧急通知》，要求各镇（街道）政府高度重视 H7N9 禽流感防控工作，认真开展调查摸底，掌握畜禽健康状况，及时上报信息。完善属地责任制，进一步加强综合防控措施的落实。针对“黄浦江死猪”事件，区农业局开展病死动物专项整治工作，强调属地监管责任制度，实行包镇到人，确保不发生动物源性食品安全。累计动执法人员 431 人次，检查 208 场次，下达监督笔录 155 份、监督意见书 156 份，纠正不规范行为 156 个，监督处理病死猪 3 245 头、病死鸡 29 517 只，发放宣传材料 2 500 余份、病死动物无害化处理提示牌 40 个。通过受理举报，与公安部门配合查抄病死动物加工黑窝点一个，罚款 3.366 万元、查扣病死动物产品 173.5 千克。继续以“绿剑行动”及“瘦肉精”“打非添”等综合整治行动为主线，进一步严格开展全年动物卫生执法监督工作。全年共计检查各类场所 1 305 场次，出动执法人员 3 052 人次，下达监督笔录3 824份、监督意见书 748 份，提出整改意见 3 383 条。查处各类违法行为 30 起，其中一般程序 29 起、简易程序 1 起，现已结案 30 起，收缴罚、没款 108 419.3 元，没收违法所得 7 582 元，无害化处理检疫不合格动物产品 716.5 千克，没收不合格饲料 12 500 千克。加强动物产品检疫管理工作力度，年内全区进行落地分销动物产品现场检疫 264 场次，660 批次，共计 8 259 吨。现场采集动物产品 221 份，检测结果为 217 份合格、4 份不合格。对检测不合格产品的企业下达监督意见书，立即停顿整改。查办违法案件 7 起，主要涉及经营动物产品未附有检疫证明、经营依法应当检疫而未经检疫、运输动物产品未从指定路口进京等，涉案金额 67 400 元，罚款11 430 元，无害化处理不合格动物产品 430 千克。

【水产业】全区有水产养殖场户 128 家，池塘数量 376 个，水面面积 2 445 亩。其中观光垂钓场户 98 家，休闲渔业水面 2 245 亩，占全区养殖水面的 92％。全年成鱼产销量 2 200 吨，其中草鱼 486

吨，鲤鱼481吨，鲢鳙鱼293吨，罗非鱼684吨，名特优256吨。年内对4家养殖场实施了高产高效生产基地建设项目，其中，3家养殖场实施了95.7亩渔业高产高效生产基地建设，项目总投资287.1万元，1家养殖场实施了全封闭工厂化循环水养殖建设，项目总投资500万元，4个建设工程已竣工。开展渔业资源增殖放流工作，根据昌平区水域实际情况的特点，向十三陵水库、王家园水库、南庄水库、长峪城水库、南口湿地、碧水庄园人工湖等水域放流鲢鳙鱼4.3万千克；向草莓博览园、温都水城人工湖放流观赏鱼1.4万尾。

【渔政执法】加大渔政监督执法力度，春季开展了打击非法电毒炸鱼行为的“利剑行动”，向各镇政府下发了《关于严厉打击“电、毒、炸”鱼等违法行为专项整治行动实施方案》；秋季开展了打击非法捕捞渔具清理专项行动，以温榆河、蔺沟河、十三陵水库、南庄水库为重点整治对象，与当地镇政府、公安、水务等部门开展联合执法行动11次。全年，对自然水域、花鸟鱼虫市场、宾馆饭店、农贸市场等巡查，出动执法人员576人次，检查单位32个，查获非法捕鱼13起，查扣大小船只4艘、皮筏子2个、电瓶4块、升压器3台、渔网14条260余米、抄子6个，清理地笼21个870余米，拆除迷魂阵3个200余米，劝退垂钓人员103人次。通过不断地实施现场巡查，严格执法打击，电鱼现象得到了有效的遏制，渔业资源得到了保护。

【花卉业】采取“百合为主，多种花卉共同发展”的模式，引进北京市花木公司、金德泰花卉有限责任公司等知名花卉企业落户昌平，起到了良好的带动作用，在整体花卉市场销售下行压力较大的情况下，实现产值约5 975.4万元。春节前后，由于高档花卉价格下滑，百合切花以及春季百合种球的销售都受到非常大的影响。针对这一现象，昌平区花卉办在指导百合切花采收处理的同时，积极开展花农与种球供应商、切花销售商的“农商”对接会，千方百计拓展销售渠道；冷藏车地头收花装车，解决花农的实际问题。百合产区生产百合切花437万支，是2012年的71.4%，销售收入2 272.4万元；新种植百合切花温室562栋，种球382万粒。百合全年实现产值3 189.2万元，是2012年的81.2%。

【休闲农业】全年农业观光园199个，跟上年持平；观光园总收入5.1亿元，下降4.1%。民俗旅游经营户314户，累计接待游客118.6万人次，下降7.6%；民俗旅游总收入0.56亿元，下降5.4%。在农业部“美丽乡村”创建活动中，十三陵镇康陵村与全国1 100个乡村被农业部确定为“美丽乡村”创建试点乡村。在创建北京市休闲农业与乡村旅游示范乡镇活动中，十三陵镇被评为“2013年北京市休闲农业与乡村旅游示范乡镇”。

【现代农业服务体系】紧紧围绕“一花三果”农业优势产业、“菜篮子”工程和特色养殖业的发展，以培养一专多能的复合型人才为重点，着力提高科技应用能力和水平，加强综合知识教育，优化培养效果，提高培训质量，重点培养一批科技示范农户、专业合作社带头人、农民技师等农业技能型人才。加强农业信息服务，继续完善区级“221信息平台”建设，信息服务质量进一步提高。全年利用“移动农网”发布生产管理、气象预警、防汛应急等信息超过200万条，引导民众科学进行防护管理，减少经济损失。同时，通过与区电视台合作，加大宣传力度，全年制作播出《农民课堂》节目360期，为全区“一花三果”主导产业提供管理建议和技术指导。《走进“三农”》节目制作播出40余期，宣传推介昌平草莓、栗蘑产业发展、农民专业合作社建设等内容。继续通过“信息直通车”节目免费为农民发布农产品信息，共播出30余期。开辟信息服务新领域，通过手机网络平台“市民主页”对昌平区农业企业、农民专业合作社及其产品进行宣传，推送手机彩信超过100万条。加强农机服务，昌平区进一步规范了“平安农机”示范单位工作，为全区17个镇农机主管部门制作、钉挂了规范化制度展板。重点加强了城南街道、阳坊镇、北七家镇3个平安农机示范镇9个示范村和8个设施农业园区创建工作。加强农机安全教育，2013年培训工作主要涉及师资培训、农机驾驶操作人员培训及农机服务组织和设施农业园负责人培训三方面，内容主要为农机法律法规及近年来的典型案例，培训内容丰富多彩。通过市区师资培训，监理人员的授课水平得到了提高，并有专门的培训教材为依托，在讲解过程中，丰富了案例和操作维修技巧等内容，多媒体技术也在培训中得到了广泛应用。全年共培训农机手1 100余人次。

【农业基础建设及综合开发】落实农业综合开发中低产田改造项目13 000亩，生态综合治理项目6 000亩。低产田改造项目涉及流村镇14个村，项目总投资2 452万元，项目工程包括新建和修整农田灌溉渠、修整田间路、采摘园硬化道路、田间路两侧绿化植树、农田培肥、更新机井等；农业综合开发生态综合治理项目在延寿镇黑山寨村，项目投资 1 242 万元，项目工程包括清淤疏浚及河道内生活垃圾清运、护坝加固、集雨池、绿化工程等。项目工程完成当年计划任务，流村镇的田间路、采摘园道路硬化工程已完成，延寿镇的6 215.5立方米河道清淤、漫水桥工程、护坝加固工程已全部完工。

非 农 产 业

【概况】全年实现地区生产总值 557.2 亿元，比上年增长 10.1%。其中，第一产业增加值 10.1 亿元，增长 10.1%；第二产业增加值 254.7 亿元，增长 12.8%；第三产业增加值 292.4 亿元，增长 7.7%。按常住人口计算，全区人均地区生产总值达到 29 967 元，比上年增长 5.6%。三次产业结构由上年 1.8 ∶ 44.6 ∶ 53.6 变化为 1.8 ∶ 45.7 ∶ 52.5。通过加快农产品加工企业发展，充分发挥龙头企业的带动作用，推进农业产业化经营，加强农产品市场流通服务，推动了三次产业融合发展。

【乡镇企业】坚持“稳中求进”的总基调，深入贯彻落实科学发展观，积极推进产业结构调整和发展方式转变，加强工业经济运行的监测与服务，认真做好帮扶企业工作，各项工作均取得了新成绩。统计年报显示，企业个数 819 个，职工人数 42 344 人，实现增加值 689 052 万元，实现产值2 892 904 万元，利润 265 724 万元，税金 113 978 万元，资产总额 6 808 579 万元。主要产品有电气机械及器材、食品、汽车配件、医药、金属制品、专用设备等。

【农产品加工业】坚持“择优扶强，以点带面”的原则，整合资源、集中力量，重点扶持一批农产品加工龙头企业。组织华耐、天安农业、中农榜样三家企业成功申报本年度市级农业产业化重点龙头企业，全区市级龙头企业数量已达到 6 家。改造提升天周、锄禾、燕昌红等农产品加工企业生产线，解决果品销售问题，提升农产品附加值。

【农产品流通】全力争取资金支持，积极申报农业项目，进一步完善农业企业及农民专业合作社的基础设施及配套设施建设。同时加强资金监管，确保资金合理使用。强化农民专业合作社的规范管理，提升农民专业合作社服务水平，为农产品销售搭建平台。全区农民专业合作社共 406 家，其中示范社 34 家，覆盖 18 个镇街，159 个行政村，社员总数 14 019 人，带动农户 27 262 户，发挥了很好的服务保障作用。同时深入挖掘有实力的企业，为企业与合作社之间建立联系，开辟农产品销售的新渠道。积极参与市农委、市商务委、市旅游委联合主办的第八届（北京）餐饮·食品博览会，组织昌平区 10 家合作社以及 4 家农业企业参加北京农业嘉年华购物街参展活动，为昌平区“一花三果”主导产业进行大力度宣传造势，提升昌平特色农产品的知名度。

【北京·昌平第十届苹果文化节系列活动】成功举办北京·昌平第十届苹果文化节，利用苹果文化节促进苹果销售。在文化节期间，同时开通手机 APP、实现昌平苹果网与搜狐网的链接，为昌平苹果宣传造势，利用最新的网络媒体向北京市民及各界朋友提供昌平区 10 镇、118 村、2 623 户果农信息；让消费者全面了解昌平苹果营养、安全特点；实时发布昌平区苹果文化节、果园观光采摘活动等信息；并提供了三条观光采摘旅游路线供市民朋友选择。

【“中国栗蘑之乡”申报成功】经过申报、实地考察等程序，中国特产之乡推荐暨宣传活动组织委员会授予昌平区“中国栗蘑之乡”称号，昌平区率先注册了“中国栗蘑之乡”商标品牌，成为全国唯一的“栗蘑特产之乡”，进一步提升了昌平栗蘑的品牌和知名度。栗蘑产业成为昌平继“一花三果”之后在山区发展的又一特色产业。

【农村金融业】加强农村金融服务，继续创新银农合作方式，在吸取涉农专项贷款成功经验基础上开展林权担保贷款，即用农户林权证做抵押通过担保公司在银行申请贷款，政府给予全额贴息补助。2013 年已发放涉农专项贷款 1 085 万元，其中，林权担保贷款 775 万元。各镇（街道）对本年度利息及担保费进行统计和汇总，年底完成了贴息工作。

山 区 建 设

【概况】山区面积 759.4 平方公里，占区域面积的 59%，经过北部山区区划调整后，现有 4 个山区镇，111 个山区村。2013 年山区镇农村经济总收入实现 61.1 亿元，同比增长 10.2%。人均年收入 11 733.7 元，同比增长 9.2%。

【沟域经济】按照“每年规划一条沟，建设一条沟”

的总体要求，重点建设沟域包括西峰古道沟域和延寿沟域。其中，延寿沟域继2012年之后再次列入2013年市级重点建设沟域。延寿沟域围绕生态建设、环境整治、基础设施、特色产业及新民居五个方面重点开展的项目有2013年延寿镇国家农业开发生态综合治理项目、延寿寺景区节点项目、慈悲峪环境节点打造、黑山寨长寿园，完成项目总投资9 024万元。市级沟域经济建设补助资金项目有序开展。流村西峰古道沟域围绕生态建设、环境整治、基础设施、特色产业及新民居五个方面重点开展的项目有王家园水库边坡修复工程、马刨泉核桃基地、农户抗震节能住宅建设，完成项目总投资6 900万元。

【山区林下特色产业】栗蘑产业稳步发展，惠农作用不断增强。主要表现在：一是种植规模进一步扩大。菌袋种植数量达到150万袋，是2009年40万袋的3.75倍，比2012年110万袋增长36.3%。二是种植水平明显提升。由于加强了前期培训和种植管理过程中的技术指导，平均每个菌袋出菇0.4千克，个别种植户菌袋平均出菇量甚至超过了0.5千克，全年栗蘑产量达到了60万千克，农户实现种植收入1 800万元。三是出现了新的组织形式。延寿镇黑山寨地区成立了栗蘑产销专业合作社，带动农户进行林下栗蘑种植，使栗蘑产业惠及更多农户。四是种植试验蓬勃开展。区农委引导农户利用温室大棚反季节种植栗蘑试验取得了成功，实现了错峰种植，延长了出菇时间和鲜栗蘑供应期。农户自发开展了套棚、拱棚等种植试验，丰富了栗蘑生产模式。五是“昌平栗蘑”品牌认知度进一步提升。昌平区被中国特产之乡推荐暨宣传活动组织委员会确定为“中国栗蘑之乡”，并已注册“中国栗蘑之乡”商标品牌，成为目前全国唯一的“栗蘑特产之乡”。栗蘑产业成为昌平继“一花三果”之后发展的又一特色产业。

【山区农户搬迁工程】2013年完成搬迁41户128人，涉及马刨泉、老峪沟、黄土洼三个村。为部署未来几年的搬迁计划，已聘请专业公司完成了14个重点搬迁村搬迁安置用地的地质灾害评估工作，正在办理山区紧急避险搬迁用地手续。

【对口支山】共有13个村召开了对口支山工作座谈会，落实对口支援款570万元，对口支援项目折合人民币200万元，实施了北庄村水毁修复工程、慈悲峪田间路硬化工程等28个富民产业项目和19个基础设施项目。

【低收入农户增收工作】区农委与经管站配合完成了低收入农户和低收入村确定工作，区低收入户总数为16 072户，涉及236个村，覆盖全区18个镇街，低收入村总数为24个村，分布在流村、十三陵、延寿和兴寿4个山区或半山区镇，其中流村镇有16个低收入村，被市里确定为农村经济薄弱地区。起草了《关于推进农村经济薄弱地区发展及低收入农户增收工作的实施方案》。协助市农委完成了经济发展薄弱地区调研工作。开展“双百双促”活动，搭建平台，组织推动天安龙业和挑战集团等农业产业化龙头企业与低收入村结对共建，积极促成企、村合作产业项目。在全市低收入村收入增长、产业发展、劳动力就业、基础设施建设评比中，十三陵镇大岭沟村、流村镇老峪沟、禾子涧及高崖口共计获得了低收入市级奖励资金150万元。

【优秀村镇推荐工作】完成了几项推荐工作，其中包括推荐流村镇长峪城、十三陵镇上口村、兴寿镇麦庄村参加2013—2014年“北京最美的乡村”评选；向农业部推荐了十三陵镇康陵村为全国的“美丽乡村”；向农业部推荐崔村镇真顺村和十三陵镇康陵村为全国休闲农业和乡村旅游示范点；向北京市推荐了南口镇和十三陵镇为休闲农业和乡村旅游示范镇。组织小汤山常兴庄渔场、兴寿鑫城缘农业观光园和南口樱水园采摘园参加并通过了北京市休闲农业四星级园区评定。

村镇建设

【概况】以农村地区“减煤换煤、清洁空气”行动、农宅抗震节能居改造、重点村城市化建设为主要抓手，农村地区用能结构调整得到进一步优化，农村生产生活条件得到持续改善，为加快建设现代化京北创新中心、国际科教新城提供了有力的支撑。

【农村地区“减煤换煤、清洁空气”行动】按照“炊事气化解决一批、优质燃煤替代一批、城市管网辐射一批、城市化改造上楼一批、拆除违建减少一批”的工作要求，重点实施了液化石油气下乡、天然气入户、优质燃煤替代、取暖煤改电等工程，实现减煤换煤11.32万吨。一是解决了约6.7万户的炊事用气问题，实现减煤6.7万吨；试点实施优质燃煤替代工程，完成6 220余户炉具更换安装，配送优质燃煤5 600吨；完成十三陵镇554户取暖煤改电工作，实现减煤0.66万吨；完成了8 500

户的抗震节能保温改造工作，实现减煤1.3万吨。二是在马池口镇辛店村实施天然气入户工程，解决523户取暖、炊事用煤问题，实现减煤0.2万吨。三是完成南邵镇4个已拆迁村2 301户回迁安置工作，实现减煤0.9万吨。四是拆除违章违法建筑90.87万平方米，实现减煤1万吨。

【新农村建设】在完成市政府3 500户农村节能房改造任务的基础上，由区财政出资，另行安排了5 000户单项改造。在工作开展过程中，充分尊重农民意愿，按照农户的事由农民自己做主、政府部门负责管理和服务的原则，实现了农户与施工队的直接对接，确保农民主体作用的充分发挥。在工程质量方面，我们坚持"统一专家审核、统一施工材料标准、统一施工工艺步骤、统一工程监理、统一资金补贴标准"的"五统一"原则，及时研究解决施工过程中遇到的问题，圆满完成了8 500户的改造任务。

【新型农村社区试点建设情况】在南口镇新型农村社区试点建设工作中，基本完成了前期摸底调研、经验学习、方案编制和方案审批四个阶段的工作，在多次修订完善的基础上，编制完成《昌平区南口镇战略发展规划》《昌平区南口镇中心区控制性详细规划》和《昌平区南口镇新型农村社区规划》，形成了相对完备的规划成果。同时，积极争取北京市城乡建设用地增减挂钩试点、集体租赁住房试点等相关政策，力求项目尽快实施。

【基层生态创建工作】为加快国家生态区建设步伐，按照"三级管理，统一指导"的创建模式，继续开展环境优美镇和生态村创建工作。顺利完成了市级专家组对区3个镇、6个村的实地验收。截至2013年年底，昌平区累计创建市级环境优美镇12个、生态村198个，为创建国家生态区创造良好的基础条件。同时，2013年还完成了200余个村的环境卫生复查工作。

【城乡结合部重点村拆迁工作】按照"建、转、管"的要求，有序推进昌平区城乡结合部重点村城市化建设工作。"建"方面：回龙观镇回龙观村回迁楼建设已经完工，村民已经于6月入住；东小口镇马连店村2栋回迁楼已封顶；沙河镇七里渠南、北村8栋回迁楼已完成结构封顶。"转"方面：东小口镇6个村均已完成农转非工作和超转人员安置工作；沙河镇七里渠南、北村已开始换发身份证和户口本；回龙观镇回龙观村已启动剩余482人的转居工作。"管"方面：重点村新建社区的组织体系、公共服务设施、办公和服务用房等已提出了规划方案；7个重点村共计划建设劳动力安置用房约37.8万平方米；积极搭建农民就业平台，通过发放技能培训材料、开办技能培训班等方式，不断提升农民转岗就业能力，建立健全以政府为引导、以农民为主体、以市场为导向的农民再就业机制。

农村改革与管理

【概况】农村改革与管理工作扎实推进，农村集体经济产权制度改革后续管理工作逐步规范，进一步理顺征地农转非工作，扎实开展"新三起来"工作，规范发展农民专业合作社，农村各项改革总体走在全市前列。

【农民专业合作组织】加强农民专业合作社建设，继续发挥农民专业合作社都市现代农业发展的载体作用，不断创新合作社服务机制、方法，积极开展"示范社考核评定工作"，提升规范化建设水平，使全区合作社在科学管理、经营效益上均迈上了新台阶。2013年，昌平区农民专业合作社共406家（获评国家级示范社1家、市级示范社14家、区级示范社34家），社员总数14 019人，带动农户27 262户。经营范围共分24类，其中"一花三果"、食用菌优势产业合作社145家，占全区合作社总数的35.71％。

【产权制度改革】农村集体经济产权制度改革是继家庭承包经营、农村税费改革之后，又一项具有重大历史意义的农村改革，昌平区自2003年在全市10个远郊区县中率先推进农村集体经济产权制度改革工作以来，始终坚持"资产变股权、农民当股东"的改革方向，大力推进农村集体经济产权制度由"共同共有"向"按股共有"转变。2013年，以农村集体经济产权制度改革调研为基础，按照市农委要求，昌平区积极开展了农村集体经济产权制度改革回头看活动。从集体资产清查、民主制度建立、内部制度健全、改革档案管理等几个方面，认真查找遗漏问题，制定整改方案，落实整改措施。年内在全区范围内开展全面的自查活动，完成自查报告和整改方案，下一步计划尽快完成整改。同时，为进一步加快城乡一体化步伐，壮大农村集体经济，盘活农村集体资产，充分了解昌平区农村集体资产和劳动力情况，针对山区、平原及城乡结合部的农村地区进行了实地调查，起草了关于盘活农村集体资产的意见。进一步强化改革后续管理工作。

【征地农转非工作】为妥善解决全区征地转非安置工作中的历史遗留问题，推进新增征地项目转非安置工作。区农委积极协调区公安分局和区国土分局，详细梳理了全区2004年7月至2012年12月批复的土地情况，完成农转非工作的各项调查统计。根据区公安分局统计数字，2013年全区大中专学生转非171人，投靠亲属转非173人。从2004年7月至2013年9月30日，征地转非（含整建制）17 890人。

【开展“新三起来”工作】按照全市统一部署，积极开展“土地流转起来、资产经营起来、农民组织起来”的“新三起来”工作。在土地流转方面，通过土地确股、确利、确地等方式，完成全区农村土地流转面积37.4万亩；开通了昌平区农地流转信息网，通过网络发布政策法规、流转规程、农地转出等信息，加快土地流转工作的开展。在资产运转方面，昌平区专门出台了《昌平区关于鼓励村集体经济组织采取委托贷款方式投资区域开发建设项目的实施方案》，同时成立了昌平区委托贷款项目评审委员会，为农村集体资产运作服务。通过政府指导，目前，已有部分村通过经营现金资产取得了非常好的效果。在农民组织方面，主要以农民专业合作社为依托，通过规范管理、政策扶持等方式，提高他们组织农民、服务农民的水平。

【开展了昌平区日光温室、春秋大棚合同清理调查工作】为进一步摸清昌平区日光温室、春秋大棚所涉及土地承包、出租、流转等情况。区农委协同区经管站对各镇、街道办合同清查工作做了全面部署。调查结果，全区涉及合同（包括没有合同的自留地、口粮田）共2 495份，其中有162份发生流转，流转次数187次。村集体建的温室有454份合同，承租方建的温室有2 012份合同，流转方建的有29份合同。承租方是经济组织成员的有1 920份，合同涉及总金额14.35亿元，年租金5 192万元。合同涉及土地面积51 382.32亩，有405份合同履行了民主决策程序，其中有9份合同中约定了可以建永久性建筑。合同共涉及温室18 285个，其中闲置3 203个；涉及大棚1 499个，其中闲置56个；涉及连栋温室249 072平方米。

【农村集体资产管理】为经营管理好农村集体“三资”财产，发展集体经济，增加农民收入，按照市农委《关于强化农村集体资金资产资源管理和监督工作的实施意见》，昌平区出台了《关于进一步加强农村集体资金资产资源管理和监督工作的意见》（讨论稿）。确定了农村集体“三资”的管理机构和监督制度体系，开展定期公开和审计监督机制，明确了农村集体“三资”管理和监督工作的职责。

农　民　生　活

【概况】农村经济总收入完成328.3亿元，同比增长10.1%；农民人均现金收入完成16 756元，同比增长11.9%，农民生活水平显著提升。

【农民收入和消费】农村居民人均纯收入16 756元，比上年增长11.9%；扣除价格因素后，实际增长8.3%。城镇居民恩格尔系数为32.1%，比上年提高0.5个百分点；农村居民恩格尔系数为31.7%，比上年下降0.6个百分点。农村居民人均住房面积81平方米，比上年增加24平方米。

【农村劳动力非农就业】全区实现城乡劳动力就业16 002人，城镇登记失业率控制在1.47%，安置城乡劳动力1 202人、扶持创业336人、带动就业1 097人。制定出台了《昌平区促进绿色就业工作的实施意见》，在17家单位开展了“一产员工化”管理试点，756人通过绿色就业实现“签合同、上保险、保工资”。

【农民教育】围绕发展以“一花三果”为主导的都市型现代农业，通过组织专家（技术人员）集中授课、入户指导、生产现场会，开办农民田间学校等多种形式，组织开展农业实用技术培训活动，促进农业现代化水平和农民科学素质进一步提升。全年共完成农业实用技术培训12 036人次，培养复合型人才1 390人。2013年，在草莓种植面积较大的镇推广温室草莓—葡萄立体种植技术。组织种植户从外埠引进红提特早、亚都蜜等10个温室葡萄优良品种，在兴寿、崔村、百善、小汤山、马池口等镇的400栋温室内种植葡萄种苗2万余株，成活率在95%以上。在推广种植过程中，加强了对农户提供全程技术支持，共举办温室葡萄栽培技术培训6次、观摩会3次，技术人员下乡指导450人次。

【文化体育】11月5日，北京市第24届农民艺术节“乡村大舞台”昌平区专场演出活动在区广播电视中心演播大厅隆重举行。此次“乡村大舞台”组台演出由京东大鼓、变脸、杂技、舞蹈、独唱等

12个风格迥异、形式多样的节目组成，本次演出以“和谐社会”为主题，突出原创，所有演员全部来自社区、农村，其中年龄最大的已经80岁，充分显示出昌平区人民锐意进取、积极向上的精神风貌。成功举办了昌平区春季长跑、第九届全民健身体育节、第十届回龙观足球超级联赛、纪念北京奥运会成功举办五周年骑游活动等7项区级群体赛事。组队参加了北京市首届广场舞大赛等4项市级赛事活动。承办了北京市第七届和谐杯乒乓球总决赛、2013年正月十五全国龙狮健身大联动北京展示活动等3项市级以上群体活动，直接参与人数达15万余人次。全民健身组织网络进一步完善，2013年对106套已到使用年限的健身器材进行了更新，为40个新建社区配建了全民健身器材，对区体育馆和体育运动场路面地砖进行更换，为运动场补种草坪5 000余平方米，完成35个体育生活化社区达标建设工作，使全区体育生活化社区达75个，十三陵镇大宫门村等5个村被命名为市级体育特色村。

【农民社会保障】加快社会保障制度的整合与衔接，创新服务模式，推进社会保障从制度全覆盖迈向人群全覆盖。城乡居民养老保险累计参保13.07万人，参保率达到100%，续保率为99.1%。

基层组织与民主政治建设

【推进基层干部队伍建设】深入开展“村干部服务为民”主题教育活动，在各镇街全面开展村干部任期承诺活动，组织村“两委”主要负责人培训班，举办昌平区社会主义新农村建设村干部论坛，组织召开村党组织专题民主生活会。全面开展村干部述职述廉评议，建立社区干部述职述廉评议制度，组织全区社区党组织和居民委员会班子及成员每年两次述职。

【健全完善基层组织建设激励保障机制】制定《关于进一步加强基层党组织工作和活动经费管理的办法》，区财政拿出1 248万元支持基层党组织开展工作和活动，将标准由党员年人均100元提高到200元。向全区466名正常离任村党组织书记发放生活补贴，为54名村干部上养老保险。匹配166万元对73个优秀项目进行了重点帮扶和培育。全面推进农村地理综合信息系统建设，基层党建信息化保障水平进一步提高。

“三农”工作部署和实施

【召开市农村工作会议研讨会】3月21日上午，在区政府617会议室召开了全市农村工作会议的电视电话会。电视电话会后，昌平区就如何贯彻落实全市农村工作会议精神，召开了研讨会。研讨会由区委书记侯君舒主持，常务副区长张燕友、组织部部长李良、副区长苏卫东以及农业相关单位、全区21个镇（街道）党（工）委书记、北企公司党委书记，龙头企业、获奖村、获奖企业和合作社代表参加了会议。区职能部门、镇（街道）党（工）委书记、获奖村党支部书记、获奖企业及合作社、龙头企业等14位代表分别结合农村工作会议精神，就如何深入做好“三农”工作做了典型发言。副区长苏卫东从“美丽昌平是‘三农’工作的出发点、夯实就业是‘三农’工作的着力点、农民增收是‘三农’工作的落脚点”三个方面对新形势下“三农”工作提出了新思路、新要求。组织部部长李良就农村基层党组织建设及干部队伍建设等工作进行了重要部署。市农委协调联络处处长任荣和市规划委总体规划处马彦军都对昌平“三农”工作给予了充分肯定，并结合自身工作为昌平“三农”的发展提出了很好的建议。常务副区长张燕友从加快产业结构升级、推进城乡一体化建设、增进农民收入、加强生态环境建设四个方面对“三农”工作进行了具体部署。最后，区委书记侯君舒要求各部门、各单位要深入学习全市农村工作会议精神，认真贯彻落实到2013年的实际工作中去。同时对昌平“三农”工作提了四点要求：一是要下大力气把昌平区的都市型现代农业做强、做精、做美；二是要全面加强农村的社会管理；三是要积极推进农业农村的改革创新；四是要大力改善民生，增进农民收入，建设服务型党组织，全力完成村委会换届选举工作。

【人大执法、政协提案办理】农委系统共承办区人大代表建议61件，区政协委员提案20件。系统所承办的全部建议、提案均按时办结，代表、委员满意、同意率达100%。特别是农委机关2013年所承办的建议、提案，通过复查补办，与代表多次沟通，得到了代表、委员的一致认可。6月7日，区人大常务委员会李福忠主任带队，率部分区人大常务委员会委员和区人大代表对2013年度农委系统重点建议进行督办。督办组一行实地到南口镇太平庄村视察了农宅抗震节能改造项目，随后召开了座谈会，汇报了农委系统2013年度承办代表建议和四件重点督办代表建议的办理情况。区人大、政协领导和代表、委员对农委系统的各项工作给予了充分肯定。

昌平区领导名录

区委书记 侯君舒
副书记 金树东（2月免）
张燕友（3月任） 朱光彤
常委 王晓霞（女，12月免）
李　良　孙连湖　孙　启
余俊生　陈秋生（12月免）
赵　阳（挂职，8月免）
田运胜（土家族）
周云帆（5月任）
区人大常委会主任 李福忠
副主任 杨国昌　奚增森
李春菊（女）　郑国柱
区长 金树东（3月免）
副区长 张燕友（3月代理区长）
孙　启　周云帆
赵　阳（挂职，10月免）
孙　卫（2月任）　刘淑华（女）
苏卫东　苏贵光（11月任）
王承军（2月免）
区政协主席 王书合
副主席 李永生　任鹏举
吴小利（1月任）　李富和
陈　勉（满族）　李雪红（女）
区纪委书记 王晓霞（女，12月免）
副书记 裴卫东　陈玉起　瓮　民
区委农工委书记 李元和
区农委主任 董锦华

昌平区各镇（街道）党政正职领导

	党（工）委书记	镇长（办事处主任）
城南街道	韩宝田	郑森堂
城北街道	茅　江	刘庆海
回龙观镇	郭向东	储　鑫（女）
东小口镇	王　军	刘　芬（女）
沙河镇	白向军	白保平
小汤山镇	牟少华（女）	张大鹏
崔村镇	史佑民（11月免）	王月林
兴寿镇	许正锋	黄森华
阳坊镇	吕晨飞	李　昌
南邵镇	王　建	李　欣（女）
百善镇	徐　强	李万升
北七家镇	刘长永	韩　军
十三陵镇	王建成	方桂堂
延寿镇	宁　澈	桑先军
南口镇	黄建军	段学勇
流村镇	秦建柱（11月免） 史佑民（11月任）	张中武
马池口镇	张劲柏	王玉君（女）
天通苑南街道办事处	黄先锋	苏贵峰
天通苑北街道办事处	张新亮	张学广
霍营街道办事处	刘宝君	张海明

北方企业集团公司党委书记　左　权

（昌平区农委　李国荣）

大　兴　区

概　述

大兴区地处北京南郊，辖区总面积1 036平方公里，辖14个镇，5个街道办事处，527个行政村。全区按照“一体化、高端化、国际化”的目标要求，以推进新型城镇化建设为引领，全面推进城乡一体化发展，“三农”工作创新驱动能力显著增强、农业产业升级步伐明显加快、农村社会管理水平大幅提高。全年农村居民人均纯收入达到17 044元，同比增长11.2%。全年实现农林牧渔总产值61.2亿元，较上年同期增长11.8%。农业总产值实现176 309万元（含首农集团，下同），比上年同期增长6.6%。设施农业占地面积11.1万亩，设施农业销售收入146 124.9万元，比2012年增加 9 734.7 万元，增长 7.1%；观光园为 114 个，观光园采摘和出售农产品收入 18 022.2 万元，同比增长 4%；全年畜牧种业销售收入 12 161.9 万元，同比增长 3.7%。

都市型现代农业

【标准化基地建设】新建 6 个种植业标准化基地，提升 1 个种植业标准化基地，其中蔬菜基地 1 个、西瓜基地 2 个、草莓基地 2 个、食用菌基地 2 个，11 月份通过了验收。

【综合试验站工作全面开展】种植中心承担建设国家级西瓜综合试验站 1 个，建设北京市果类蔬菜综合试验站 1 个，建设北京市叶类蔬菜综合试验站 1 个，果类蔬菜田间学校工作站 12 个，叶类蔬菜田间学校工作站 5 个。完成北京市果类蔬菜创新团队品种筛选试验 13 项，果类蔬菜高产高效示范试验 6 项。完成北京市叶类蔬菜创新团队叶菜品种筛选试验 16 项，叶类蔬菜设施应用技术试验 5 项。

【粮经产业发展】主要粮油作物是小麦、玉米、甘薯、花生，其中小麦种植面积 12.8 万亩，总产量 4 348.4 万千克；玉米种植面积 31.67 万亩，总产量 15 036.9 万千克；甘薯种植面积 1.8 万亩，亩产 472.5 千克（折粮），总产量 850.5 万千克（折粮）；花生种植面积 2.64 万亩，亩产 210 千克，总产量 554.4 万千克。

【粮食高产创建】建设粮食高产创建示范方播种面积 11.1 万亩，其中部级 1.9 万亩，市级 4.9 万亩；建设市级整建制乡（镇）——青云店镇高产创建示范区 4.3 万亩。经测产，小麦平均亩产为 457.99 千克，超出目标产量 77.99 千克（小麦目标亩产为 380 千克）；玉米平均亩产为 589.85 千克，超出目标产量 69.85 千克，（玉米目标亩产为 520 千克）。高产田每亩平均年产达到 1 047.8 千克，超额完成预定目标。

【小麦、玉米生育动态监测】共建立小麦、玉米生育动态监测点 22 个，其中小麦 12 个，全生育期监测 9 次；春玉米监测点 2 个，全生育期监测 5 次；夏玉米监测点 8 个，全生育期监测 5 次。通过监测得到监测数据 20 000 余个。

【土壤墒情监测】设有土壤墒情监测点 14 个，作物是小麦、玉米，全年共取土壤样品 1 455 个，获得有效数据 485 个。编写墒情旱情简报 18 期，指导农民科学灌溉 1 600 余人次，代表面积 2 000 余亩，并完成北京市推广站交予的小麦灌溉水量精确调查汇总任务。

【培肥地力工程肥料配送】5 月 30 日，完成 2012—2013 年度 26.2 万亩都市农业建设项目培肥地力工程，配送有机肥 13.1 万吨，配方肥 1.31 吨；5 月 10 日开始实施基本农田整理项目区培肥地力续建工程，7 月底完成，配送有机肥 1.26 万吨，配方肥 0.13 万吨；9 月 18 日开始实施都市农业建设培肥地力续建工程，配送有机肥 4.98 万吨，完成年度任务的 78.2%，配方肥 0.64 万吨，完成了年度任务。

【培肥地力工程耕地肥力质量监测】10 月，土肥工作站完成综合开发项目农田培肥工程 131 个采集点的土壤样品采集工作，采集土壤样品 306 份，植株样品 27 份，获得田间作业情况调查表 153 份。

【西甜瓜高产创建工作】在庞各庄等 6 镇建立高产创建户 27 户，骨干农民 35 人。召开了 7 次大型的培训观摩活动，其中 6 次在大兴庞各庄，1 次在河北乐亭，培训农民 160 余人。为高产创建户、种植大户、田间学校、田间学校示范户发放流滴膜 2 000捆，与市站一起完成了 27 户高产创建户的测产工作。5 月 14 日在大兴区老宋瓜园举办北京市西甜瓜五月尝鲜推优评优活动暨北京瓜季开幕活动，其中大兴老宋瓜果专业合作社、春华西甜瓜产销专业合作社、京庞农产品产销专业合作社获得了金奖。

【西甜瓜育种】进行了西甜瓜品种组合和测配试验，在春季和夏季共种植小果型西瓜材料 95 个，测配组合 23 个，厚皮甜瓜进行测配组合种植 97 个。

【蔬菜产业规模】全区蔬菜播种总面积 25.6 万亩，上市量 9.45 亿千克，上市收入 11.01 亿元，平均销售单价 1.17 元/千克，比 2012 年增收 5 000 万元。

【草莓工作】全区草莓育苗面积 181 亩，其中红颜 158 亩。生产面积 301 亩，其中红颜 251 亩。年内为 19 个草莓种植基地、园区发放原种组培苗 62 200株，其中红颜 58 200 株，章姬 3 000 株，晶瑶 1 000 株。组织草莓基地技术人员观摩培训 12 次，培训 220 余人次，技术指导 52 次。

【瓜菜集中育苗】扶持发展瓜菜集中育苗基地（大户）28 个。共育蔬菜苗 2 800 万株，西瓜苗 100 万株，甘薯苗 600 万株。

【引进推广新品种新技术】全年共引进西甜瓜、蔬菜、甘薯新品种（系）146个，重点推广新品种30个，推广面积2.5万亩。引进示范新技术18项，推广面积4.5万亩。

【西瓜提升技术的应用与推广】年内在大兴区推广设施西瓜蜜蜂授粉技术1 154亩，其中小果型西瓜108亩，中果型西瓜1 046亩。两个蜂场共计送蜜蜂1 277箱。组织六镇全科农技员召开3次蜜蜂授粉培训会，一次西瓜蜜蜂授粉观摩会。组织五所农民田间学校学员观摩1次，培训农民245人次。

【设施蔬菜标准园创建】完成"大东高科种植中心"和"榆垡镇求贤村千亩园"两个蔬菜标准园的创建与总结验收工作。

【瓜菜高产高效与控制化肥用量栽培方式研究与推广】大兴区土肥工作站承接瓜菜高产高效与控制化肥用量栽培方式研究与推广项目和设施西瓜简约化栽培与土壤质量提升技术的应用与推广，以物化补贴的形式推广二氧化碳施肥技术、生物肥培肥技术，全年补贴二氧化碳肥料5万袋、生物菌肥272.8吨，生物有机肥250吨。

【大力发展高效林产业】完成蝴蝶兰、月季、香草、火鹤等林业产业高标准示范园建设，全区花卉生产面积达到4 400亩，同比增长23%；实现产值1.4亿元，同比增长18%；实施了3 240亩生态经济林、1 400亩高效密植梨树示范园等工程，推广应用有机栽培技术6万亩，完成标准化基地建设11个，全区果品产量预计达到1.2亿千克，收入4亿元；蜂产业迅速发展，全区蜂饲养量达到6 000群，蜂业总产值达到134万元，同比增长14%。

【平原造林工程取得新成果】全区平原造林工程坚持科学规划、科学建设、科学管理，以"一河、两路、一区"为重点，狠抓落实，完成造林5.8万亩，植树306.5万株，累计出动人工近50万工日，机械台班26 017个，更新机井442眼，铺设管道739千米，全区营造千亩以上地块达到22块。

【"两防"综合防控能力提升】率先在全市投入使用森林火险预警系统，森林防火的科技化、信息化、现代化水平得到全面提升，确保了全区未发生森林火灾。强化林业植物检疫，完善林木有害生物监测测报体系，全年检疫木材及其制品4 873立方米，同比增长22%；苗木2 000万株；花卉近3 000万株；林业有害生物预防控制面积99万亩次，无公害防治率达97%。

【资源保护管理体系不断完善】加强野生动物保护，野生动物疫源疫病监测体系不断完善。严厉打击各类滥伐、盗伐行为，行政罚款12余万元，是2012年的3倍；补种林木6 000余株，是2012年的5倍。依法行政审核许可，发放林木采伐许可证708份，移植许可38份；城市树木许可采伐16份，移植12份；办理《出省木材运输证》500余张；城市公共绿地设计方案审查11件，是2012年受理件数的5倍；建设工程园林绿化专业审查114件；回收城市代征绿地35万平方米，是2012年回收面积的20倍。强化公园管理，新增大兴新城滨河森林公园等3个注册公园，全区实现注册公园29个，面积1 298公顷。

【畜禽种业场建设】全区共有4家企业（3家种猪、1家种鸽）参与了种业场建设项目，并已通过财政评审。全区共有种猪场19家、奶牛种业场3家、家禽种业场4家，其中三元奶牛种业场为新增种业场，现已通过验收。

【异地养殖发展模式】积极探索具有大兴特色的异地养殖发展模式，已在外埠建立有九鼎玉田兴田园生态农场、南宫市奥天现代生态农业园区、阜新创兴奶牛基地以及宏光鸭业等外埠基地，创兴奶牛基地参与了外埠基地建设项目，引进高产奶牛1 300余头，项目资金200万元。全年生猪出栏48.5万头，家禽出栏930万只，鲜蛋产量1.64万吨，牛奶产量14.15万吨，奶牛存栏2.84万头，羊出栏15.1万只。

【畜牧业科技提升】对全区规模种猪场进行种猪遗传性能调查，并开展了背膘测定的专项服务。在金星鸭业旗下的多个肉鸭养殖基地开展肉鸭生态养殖项目，研究发酵床在养鸭生产中的应用。积极推动养殖品种调整，年内引进大鳞副泥鳅种鳅630千克，已成功孵化泥鳅水花1 500万尾，并发放给长子营、礼贤、魏善庄等镇的水产养殖户，推广面积共计120亩。继续在全区推广中草药代替孔雀石绿防治淡水鱼病技术，全年推广面积共80亩，特别是在观赏鱼繁殖期拉网前后进行使用，有效降低了由于鱼体受伤而导致的春季水霉病和赤皮病的发生。

【养殖企业卫片认定】全区涉及10个镇共计449宗卫片认定养殖企业，从事养殖的企业只有205宗，其中具有一定养殖规模的有88宗，其余244宗已经不再从事养殖。针对检查中发现的部分养殖企业变更使用用途的情况研究相应的对策，建立机制，建立台账，确保各项措施落实到位；同时，将对具备一定养殖规模的 88 宗中不涉及土建的企业按照防疫合格证发放条件进一步予以规范，对需要进行土建的企业要求其限期整改；将不再从事养殖的 244 宗退回属地镇政府，由各镇进行自查，本局不再对其进行监管；对有意愿改回养殖经营的企业则要求其先补栏。

【疫病监测情况】共采集、检验各类动物样品 122 395份次。其中监测养禽场（户）112 次，采集、检测各种禽类样品 5 288 份次，进行禽流感 H5Re-4 检测的样品数量为 1 809 份次，总体保护率为 84.61 %。Re-6 检测数量为 1 812 份，总体保护率为 82.21%。监测偶蹄畜养殖场户 214 场次。共检测样品 6 840 份次，猪 O 型口蹄疫 2 157 份次，抗体合格率 90.63%；牛 O 型口蹄疫 1 205 份次，抗体合格率 94.31%；牛亚洲Ⅰ型口蹄疫 1 208份次，抗体合格率 85.82%；牛 A 型口蹄疫 1 208份次，抗体合格率 91.84%；羊 O 型口蹄疫 531 份次，抗体合格率 86.23%；羊亚洲Ⅰ型口蹄疫 531 份次，抗体合格率 70.06%。1—11 月共对 161 场次的猪养殖场（户）进行猪瘟抗体检测，采集样品 2 479 份，检测数量 2 457 份。猪瘟抗体的总体保护率为 87.49%。共对 161 场次的猪养殖场（户）进行猪蓝耳病抗体检测，监测样品 2 446 份次，保护率为 88.47%。

【疫病净化】共净化布病 23 957 份次、结核 39 022 份次、鸡白痢 1 207 份次、淋巴白血病 1 513 份次、马传贫 187 份次。

【“泔水猪”清理情况】协同相关部门在全区开展了严厉打击“泔水猪”养殖的执法检查行动，累计拆除“泔水猪”圈舍 10 000 多平方米。会同各属地政府，结合拆违打非，加大问题的查处、打击力度，并设立举报电话，清理“泔水猪”养殖户 31 户，清理“泔水猪”3 340 头。

【疫情防控工作】对瓜类果斑病、黄瓜绿斑驳花叶病毒病、美国白蛾、红火蚁等 14 种检疫性有害生物进行监测、普查 33 次，取得瓜类果斑病和黄瓜绿斑驳花叶病毒病速测样本 129 个。共普查西瓜田代表面积 1.1 万亩次，普查中未发现检疫性病害。小麦产地检疫面积 2 800 亩，未发现检疫性有害生物。

【疫情监测点建设】对辖区内 6 个植物疫情监测点开展了“五化”建设工作，分别是“监测普查规范化、数据上报及时化、仪器操作规范化、有害生物识别准确化、着装统一化”。通过 3 年的完善，6 个疫情监测点已经具备了有害生物监测能力，为大兴区有害生物防控起到了重要作用。

【都市农业建设项目田园清洁工程】在采育、长子营镇等 8 个镇实施，项目区面积 203 132.2 亩。发放生物防治补贴赤眼蜂数量 21.835 亿头，释放面积为 10.915 万亩；补贴高效低毒农药共计 38.787 吨，减少化学农药使用量 102.691 吨。回收处理空包装数量 247 万个，组建青云店、采育、魏善庄、榆垡、长子营镇等 8 个植保专防队，总服务面积 11.79 万亩次。

【小麦中后期“一喷三防”工作】小麦中后期“一喷三防”面积 29.55 万亩次，发放吡虫啉、三唑铜、敌敌畏、磷酸二氢钾等 53.19 吨。实现了全区小麦“一喷三防”工作全覆盖。建立核心防控示范区 10 个，经过调查统计吸浆虫防效达到 97.5%，麦蚜防效 98.2%，小麦白粉病防效 93.4%，小麦平均单产 378.6 千克，小麦亩产量增加 8.4%。

【北运河流域减少化学农药用量控制农业面源污染项目】在青云店、长子营和采育 3 个镇共计 23 个村，实施面积计 1.3 万亩，其中设施 0.7 万亩，露地 0.6 万亩。建立 2 个设施蔬菜项目核心示范区。据统计，项目实施区域全年平均每亩减少化学农药用量 450 克，用药量平均降低 53%，同时利用农业垃圾无害化处理装置处理植株残体，从源头控制病虫害发展蔓延。

【养殖场粪污治理工作】依托环保项目，鼓励养殖企业向绿色、低碳、环保、循环方向发展，共有 23 家规模养殖企业参与了北运河流域粪污治理项目（3 家全部为沼气模式，资金共计 169.8 万元）、新农村“三起来”项目（3 家分别为发酵床改造、雨污分流和猪舍改造，资金共计 500 万元）和农业源减排项目（16 家资金共计 879 万元），建设内容包括建立沼气池和进行养殖场设施改造，预计 2014 年年底前可完成节能减排责任书中“2015 年年底前全区 30 家规模养殖企业完成治理工作”的要求。

【禽流感防控工作】制定了 H7N9 禽流感防控总体工作方案，明确了各成员单位的职责；及时摸清全区禽类养殖场、屠宰场、公路检查站、非指定路口数据，并制作了相应的指示图；建立全区禽类生产信息数据台账、成员单位应急预备队台账、应急物资储备台账；进一步加大了禽类产品抽检力度，加强了H7N9禽流感监测工作，检测相关样品2 517份。防控期间，全区共出动执法人员2.4万人次、执法车辆7 072车次，检查各类监管对象9 369个次，取缔现场宰杀活禽摊点27个，检测相关样品2 517份。

【规模化及跨区服务】建立万亩现代高效农机服务示范区，以推广先进农业机械、对规模化服务给予作业补助等形式，有效提高农机服务组织实施积极性。全年完成规模化经营服务6.7万亩，其中规模化经营1.2万亩，全程规模化服务1.5万亩；重点环节规模化服务4万亩。跨区作业服务2.29万亩。

【农机农艺技术融合】以全国农机农艺技术融合示范区建设为契机，积极争取项目，建设玉米生产机械化农机农艺技术融合试验示范研究，建立300亩示范区，开展了不同品种、不同行距、不同作业模式的对比试验研究，组织开展了技术培训交流活动，制定了标准化作业服务模式，促进农机农艺更好地融合。

【玉米秸秆还田技术】按照农业综合开发项目要求，完成2010—2012年续建玉米秸秆还田任务6.15万亩，严格按照《大兴区玉米秸秆粉碎还田和土壤深松项目管理办法》实施，做好项目布置、技术指导、监督检查以及补贴资金兑现。

【花生机械化技术】引进花生铺膜播种机、花生分段收获机、花生联合收获机，开展示范作业300亩，总结出2条技术路线，形成了花生种植技术要求和操作规范，有效解决了花生作业人工强度大、作业效率低等问题，填补了大兴区花生作业机械化作业空白。

【设施林果机械化技术】试验示范声波助长、等离子种子处理、温室补光等物理农机技术以及葡萄埋藤、果园开沟施肥、秧苗嫁接等新技术，示范面积1 500亩。

【行政审批】共受理行政审批事项242件，其中：《动物防疫条件合格证》211件；《动物诊疗许可证》29件；《兽药经营许可证》1件；生鲜乳收购1家。协助市农业局完成饲料厂、屠宰场的审批工作31场/次，其中：《饲料生产许可证》23件，整改合格10家，不合格13家；《畜禽屠宰许可证》8件，整改合格6家（已发证），不合格2家。对已取得《动物防疫条件合格证》的企业进行了年审；同时，按照《关于规范动物诊疗机构管理工作的通知》要求，重点对全区29家动物诊疗机构开展了专项执法检查工作，并与其签订了《北京市动物诊疗机构动物卫生责任书》。

【提升气象防灾减灾能力】面向当地政府部门、应急办、防汛办、农委、种植业服务中心、供电局、公路局、交通队等有关单位开展气象决策服务工作，并形成应急联动、灾害调查评估机制。在开展公众气象服务工作中，每天通过电视天气预报、区气象局网站、户外大屏幕向公众发布各种气象预报预警信息。接待电话答询247次，电视台采访32次。

【食用菌高产竞赛】3月，在北京市食用菌高产创建香菇、平菇秋冬茬种植模式评比活动中，大兴区青云店镇高连武获“平菇秋冬茬种植模式”一等奖、大兴区魏善庄镇李家场村胡景娜获“香菇秋冬茬种植模式”三等奖。对参加2013年高产创建香菇、平菇夏秋茬栽培模式的4名参赛户发放了杀虫灯、黄板、防虫网、遮阳网等物资。

【第六届全国甘薯擂台赛】10月28日，由中国作物学会甘薯专业委员会、大兴区人民政府等单位主办的第六届北京大兴“舍农源杯”全国甘薯擂台赛在庞各庄镇西瓜小镇举办。来自山东、河北等7个省市的121个薯农、基地、科研单位和甘薯加工企业参加了本届擂台赛。薯王综合奖的冠军由庞各庄镇留民庄村张红梅获得，品种为豫薯10号，单块薯重25.0千克；优良品种奖的冠军由庞各庄镇留民庄村的李铁军获得，品种为浙紫1号；优秀甘薯加工产品奖冠军由河南天豫薯业有限公司获得，获奖产品是紫尚饮料。

【设施蔬菜高产高效竞赛】年内在市级高产高效竞赛评选中，大兴区共有20人次获奖，其中一等奖6名，二等奖7名，三等奖7名，占全市总奖数的39.2%，居全市首位。

【蔬菜育苗竞赛】在市推广站主办、蔬菜站协助承办市级蔬菜育苗竞赛中，大兴区12家蔬菜育苗户取得一等奖4人次，二等奖7人次，获奖数占全市比重的50%以上。

【蔬菜嫁接竞赛】组织大兴区共13名蔬菜嫁接能手先后参加两届市级蔬菜嫁接能手比赛，共获得一等奖3名，二等奖2名，三等奖5名，所获奖项占全市总奖项的56%。

【获北京市农业技术推广奖两项】庞安路设施西瓜观光采摘产业带关键技术集成与推广项目获北京市

农业技术推广奖三等奖，大兴区设施蔬菜高产高效技术集成与推广项目获北京市农业技术推广奖三等奖。

【获区科学技术奖四项】庞安路设施西瓜观光采摘产业带关键技术集成与推广项目获大兴区科技进步二等奖；大兴区农业综合节水技术集成研究示范与推广、大兴区设施蔬菜高产高效技术集成与推广项目获大兴区科技进步三等奖；大兴区春大棚番茄品比试验初报获软科学三等奖。

【北京市粮食高产竞赛】大兴区报名参加北京市粮食高产竞赛的小麦种植农户 11 户、春玉米种植户 5 户、夏玉米种植户 11 户。评比结果：小麦种植户 5 户获奖，2 个二等奖、3 个三等奖；玉米种植户 2 户获奖，分列第二位（采育的卢宝龙）和第四位（长子营张宗禹）。

村　镇　建　设

【新农村建设呈现新局面】积极推进 4 个新型农村社区建设。羊坊村、梨花村、赤鲁村和华联奥莱小镇的项目规划设计基本完成，其中梨花村、华联奥莱小镇已进入项目实施阶段。

【大力改善农村宜居环境】完成 5.74 万亩平原造林工程，推进魏善庄等镇级生态休闲公园建设，完成永定河生态产业带规划。治理河道 181 公里，积极推进黄村再生水厂、瀛海污水处理厂建设。加强环境一产建设，整治农田和示范地共 31 块 1.3 万亩。实施了村级公益事业建设一事一议项目 34 个。完善农村基础设施长效管护机制。采取“四个一”的工作模式，即建立一个组织机构、完善一套管理体系、制定一本基础台账、开展一系列联合检查，大幅提高农村设施使用效率。

【加快推进农村清洁能源行动】通过农民拆迁上楼、拆违、天然气建设、液化石油气下乡、煤改电、优质煤替代等“五个一批”措施，超额完成 7.6 万吨减煤换煤的任务。实施农民住宅抗震节能改造项目，综合改造、新建翻建共 2 133 户。建成太阳能公共浴室 10 处，推广户用太阳能热水器 1 万台。

【城乡生态建设全面推进】城市景观环境不断改善。采取多种形式，大力推进规划建绿、见缝插绿、拆章增绿、垂直化绿，全区累计完成绿地建设 69 公顷。建成葆李沟等一批公共绿地及采育安置房项目等一批附属绿地；完成京开路绿色通道景观改造提升（一期）工程及富强东里等 7 个老旧小区改造工程的全部绿化任务；新增垂直绿化 1 200 延米；魏善庄、庞各庄、安定、青云店等镇级生态休闲公园已完成总体工程量的 80％以上；绿地认建认养面积达 14 万平方米。

【能源设施维护服务】对全区太阳能路灯情况进行了摸底调研，掌握了需要维修等基本情况。维修太阳能路灯 2 100 盏（维修 750 盏，拆除 1 350 盏），维护太阳能路灯 3 000 盏，安装 LED 节能灯 1 500 盏，翻新灯杆 400 根，组织及协调厂家维修 LED 节能灯 2 980 盏，联合农委、能源办、安监局等相关部门，对气站进行安全检查，消除了安全隐患，保障安全运行。

【新农村绿化美化机制不断完善】加大对新农村绿化美化成果保护力度，出台了《大兴区村庄绿化美化养护管理办法（暂行）》，为巩固绿化成果、做好村庄绿化美化长效管护工作奠定了基础。

【中小河道治理工程】2013 年，已完成全区中小河道治理第一阶段任务，保障了汛期行洪排水通畅。市级重点任务 3 条，由区物资公司负责具体实施。其中老凤河治理河道 12 千米，铺设截污管线 10 千米，总投资 7.5 亿元。北小龙河治理 3.5 千米，铺设截污管线 2.2 千米，总投资 2.4 亿元。瀛北支流疏挖 1.3 千米，总投资 382 万元。此外，汛前还对天堂河魏永路至刘田路段 13.7 千米进行了应急疏挖，总投资 3 000 万元。上述 4 条河道共治理长度 30.5 千米，总投资 10.2 亿元，累计开挖土方 260 万立方米，在主汛期前完成了全部疏挖工作。镇级河渠治理共涉及 14 个镇的 73 条河道，治理总长 181 千米，疏挖土方 72.8 万立方米，跨河建筑物 41 处，总投资 9 000 万元。区水务局统一负责设计、监理、质量监督，各镇组织实施。2012 年 11 月正式动工，2013 年内汛前完成全部疏挖。

【黄村再生水厂工程】10 月，新厂建设完成；11 月底，老厂改造全部完成，正处于通水试运行阶段。总投资 3.34 亿元。采用膜生物反应器（MBR）工艺，将原 8 万吨/天污水处理厂升级改造为 12 万吨/天再生水厂，出水水质达到景观用水标准，主要指标达到地表水四类要求。现状服务范围：大兴新城京山铁路以东地区，包括东片区、东北片区、狼垡组团、西红门组团、孙村组团。

【瀛海污水处理厂及配套管网工程】位于瀛海工业区南边缘、安南支渠西侧。采用循环式活性污泥法（CASS）工艺，使出水水质达到一级 B 标准。建设用地面积3公顷。规划近期规模0.8万立方米/天，远期规模3万立方米/天。总投资1.1亿元。2013年，瀛海段管线、厂区土建工程、设备采购已完成。

【南水北调配套工程黄村第三水厂建设】黄村第三水厂位于京山铁路、京九铁路和金星路之间，总占地34公顷，其中一期占地16.2公顷。建设规模一期18万立方米/天；二期36万立方米/天；远期总规模54万立方米/天。服务范围是规划大兴新城地区，总面积165平方千米。该项目由区物资集团公司组建项目公司（可研批复项目单位，北京兴淼水务有限公司）作为建设主体，负责项目申报、建设、融资、管理等工作。

【农村安全饮水改造工程】农村安全饮水改造工程涉及西红门、瀛海、旧宫等12个镇。主要建设内容包括供水厂、站消毒设施完善及水源保护、3座集中供水厂改扩建、部分集中供水厂配水管网连通等。对采育中心水厂、榆垡西瓮各庄水厂、双源水厂进行改扩建。对集中供水厂和单村供水工程的124套消毒设备进行更换，28套消毒设备进行维修，3座井房进行翻建，35处水源井加装护栏。铺设管线9.7千米，对4个镇9座水厂配水管网进行连通。项目总投资3 671.21万元，2013年10月17日取得区发改委的批复，2013年年底完成招投标工作。项目已经开工，计划年内完成主体工程建设。

【农业节水灌溉工程】涉及8个镇（魏善庄、长子营、庞各庄、安定、瀛海、采育、北臧村、礼贤）的29个村，灌溉地块面积12 204亩（其中设施农业菜田9 052亩，大田节水灌溉3 152亩）。工程于1月24日取得市发改委的项目建议书批复。年内市发改委已完成初设概算评审，待批复后组织施工招标。

【农村雨洪利用工程】雨洪利用作为开源和节流并举的一项措施，具有防洪、节水、改善环境三个方面的效益。既能解决村庄排水出路，缓解河流行洪压力，增强农村地区防洪排涝能力；又能增加可用水资源，缓解缺水局面；并且利用坑塘等设施蓄积雨洪水，营造水景观，对于改善农村生态环境、提升新农村建设品质具有积极意义。建设农村雨洪利用工程4处，年内基本完工。

【圆满完成防汛工作】汛前，针对2012年“7·21”暴雨灾害暴露出的问题，通过多种措施全面加强了准备工作。建立“1＋5＋5＋19”便捷高效的防汛应急指挥系统，修改蓝黄橙红四级预警响应机制，配备防汛指挥沙盘、海事卫星电话、防汛预警系统等多种设施，加强重点部位应急预案，制定避险措施，突出防汛物资储备的实用性，加强抢险队伍建设，加大汛前安全检查力度，大规模开展培训、宣传、演练。

【水环境综合整治】成立了由主管区领导任指挥的水环境综合治理指挥部，各镇、街道办及相关职能部门为指挥部成员，办公室设在区水务局。制定《大兴区河道综合整治与管理意见》，经区政府常务会审核通过并印发执行。从2013年11月开始，各镇、街道办担负起河道管护机制的各项落实工作。对全区排污口进行细致调查，摸清底数。追溯调查排污企业、村庄、社区共计805家（企业688家，村庄、社区117个），直排入河污水总量7.2万立方米/天（工业污水0.85万立方米/天、养殖污水0.03万立方米/天、生活污水6.3万立方米/天），排污口总数466个（养殖排污口30个、工业排污口45个、生活排污口268个、混合排污口123个）；制订污水治理工作计划。按照“谁污染、谁治理”的总原则，以属地管辖为单元，行业主管为指导，责任主体治理，政府部门验收的模式，从污水口、污水源头着手，管理措施与工程措施并重，制订3年行动计划；全区河道管理范围内违法建设共计191处。发放河道清障通知书267份。拆除12处，面积1 235.5平方米；垃圾渣土、水面漂浮物治理，34处主要垃圾节点已经清理完毕；全区河道共清理垃圾、漂浮物19万立方米。出动车辆3 177辆次、人员33 142人次。建档的34处河道垃圾卫生重要节点，现已全部销账。

农村改革与管理

【继续深化农村集体经济产权制度改革】全区99.4%的村社完成了农村集体经济产权制度改革工作。指导部分完成整体拆迁、股东完成整建制转非的村，由一般村向整建制转居村改革形式的深化。指导股东身份有序调整、股权重新规定，维护股东的切身利益和长远保障。经过认真研究和分析工作中可能出现的问题，及时化解各类矛盾，确保工作顺利完成。

【加强新型集体经济组织管理】完成了新型集体经济组织基础情况统计调查，全面掌握全区新型集体经济组织股东、三会人员任职情况等基础性数据，完成年度报表的统计上传工作。开展了全区农村新型集体经济组织产业发展情况及主要负责人任职情况调查，全区有 389 个新型集体经济组织以第一产业为主要收入来源，138 个新型集体经济组织发展了多种形式的第三产业；改革后新型集体经济组织负责人主要由村支部书记兼任。完成了农村集体经济组织登记证书年检和农村集体资产年检工作。整理汇编了 2000 年以来中央、市、区有关农村集体“三资”管理工作政策、法规、文件《北京市大兴区农村集体“三资”管理实用指南》，方便对农村集体经济组织“三资”监管工作的开展。

【继续做好农村土地合同规范管理工作】为确保农村土地承包合同订立程序的合法性、内容的健全性、条款的严谨性，继续加强农村土地承包合同鉴证工作。全年共鉴证农业承包合同 1 067 份。

【土地房屋等出租合同清理规范工作】结合全区新型城镇化和机场建设等大项目落地，进一步加强农村集体资源、资产、资金管理，在 2011 年全面开展经济合同清理规范工作的基础上，进一步深化农村经济合同清理规范工作。经管站起草了《关于深入推进农村集体经济合同清理规范工作的实施方案》。结合贯彻落实区委办、区政府办《2013 年各镇街道重点工作汇报会督查事项的通知》中关于深入推进房屋、土地出租等经济合同的清理规范工作事项，区清理规范合同领导小组办公室（区经管站）于 5 月 16 日组织全区有关区直部门、各镇主要领导及各镇经管站站长参加的深入推进农村集体经济合同清理规范工作部署会，要求各镇借势借力对问题合同进行集中清理规范。9 月底全部完成清理规范工作，全区共清理合同 3 525 份，应规范的合同 1 812 份，实际规范合同总数 1 812 份。其中通过提高租金进行规范的合同 526 份，合同期内增加租金总额 3 205.7 万元；通过清欠租金规范的合同 82 份，清欠金额 90.3 万元。

【建立农村集体经济合同电子台账】完成全区经济合同平台及村管系统录入工作。根据市农经办在全市范围内开展的农村集体经济合同清理规范工作要求，完成了全区 208 份镇级（6 个镇）集体经济合同、9 517 份（13 个镇 459 个村）村级集体经济合同的镇村管理系统和平台录入工作，并上传到市农经办。全区镇村集体经济合同纳入了全市统一的管理平台，建立了农村集体经济合同电子台账。

【完善农地流转管理政策】根据大兴区土地流转现状和有关管理规定，结合新区城镇化进程和农村经济发展的需要，区经管站多次下乡进行关于深入规范农地流转的课题调研，开展各种形式的调查座谈后，起草了《大兴区农村土地流转管理暂行规定》。继续做好农地流转价格监测试点工作，配合市农经办的农村土地流转价格监测试点工作，在全区原有三个试点镇的基础上增加了长子营和青云店两个镇作为土地流转价格监测试点。配合机场建设和平原造林工程做好土地流转工作，多次参加机场办组织的机场拆迁征地剩余农地流转研讨会，为机场办开展的剩余农地的调查和流转工作提出修改建议；配合全区的平原造林工作，指导各镇经管站规范签订平原造林土地流转合同，并将大兴区农村土地委托流转合同文本、大兴区农村集体土地对外租赁合同文本下发到各镇村。

【做好农村土地合同纠纷仲裁调解工作】继续落实农村土地合同纠纷调解仲裁工作。全年共接待来访 37 件涉及 55 人次。积极开展群众上访事件的调查调解，认真解答来访人员的问题，针对庭外调解未果的纠纷进行仲裁立案、开庭审理工作。2 月，魏善庄镇后苑上村村民王凌佑、王凌俊发生土地纠纷，站长亲自到该村去调查调解。7 月，长子营镇下长子村的耿继亭土地承包合同纠纷案，经过认真调查核实，已完成立案、开庭和庭上调解，下发了仲裁调解书。

【加强并完善农村财务管理工作】继续落实“账、款、章”三托管和财务预决算制度。全区除亦庄外的 13 个镇所属村基本实行两项制度，经管站进一步规范对“农村财务服务中心”的管理，加强对制度执行情况的监督和指导。全区共托管村级公章 1 883枚，继续实行“双锁制”和使用情况月报制，全年盖章次数累计达到 41.5 万余次。开展农村财务管理规范化建设，根据市经管站《关于农村集体财务管理规范化建设的实施意见》，结合大兴区的实际情况，按照八项考核标准完成了北臧村、青云店、礼贤、安定 4 个镇农村集体财务管理规范化建设工作。完成对全区各村财务公开的督导工作，做到按要求定期公开。

【村级组织正常运转专项补助资金使用情况】全区 523 个村 2012 年度实际收到专项补助资金 83 691 381.18元。其中：村干部固定补贴资金 11 349 500元，村干部办公经费补贴资金 3 108 000

元，五保户供养补贴 103 881.18 元，公益事业专项补贴资金 69 130 000 元。专项补助资金使用金额 81 151 167.12 元，其中：用于村干部报酬金额 11 312 500元，用于办公经费金额 2 987 506.29 元，用于五保户供养金额 103 881.18 元，用于集体公益事业补助金额 66 635 255.94 元，用于其他开支金额 113 023.71 元。专项补助资金的拨入和使用计划全部进行了公开，并经村民代表会讨论通过，各村专项补助资金的使用均经过了村民主理财小组的监督、检查，未发现挪用公益事业补助资金情况。

【完成农村集体经济审计工作】2013 年，全区共审计了 388 个单位，审计金额共计 58.8 亿元。其中财务收支审计 118 个，经济效益审计 35 个，任期责任目标审计 43 个，干部离任审计 53 个，专项补贴审计 116 个，土地补偿专项审计 20 个，其他审计 3 个。

【新型集体经济组织审计工作】上年度 45 个村资产状况：集体总资产 121 875.4 万元，同比下降 11%；集体总负债 21 029.7 万元，同比下降 5.9%；所有者权益共计 100 845.7 万元，同比下降 12%。经营状况：45 个村经营总收入 9 187.7 万元，同比下降 7.3%；总支出 4 570 万元，同比下降 1.1%；净利润 3 493.4 万元，同比增加 37.3%。其他情况：45 个村村民总数 31 864 人，股东总数 28 901 人，其中集体股 41 人、社员个人股东 28 860 人；分红总额 6 465.8 万元，其中集体股东分红金额 734 万元、社员个人股东分红金额 5 731.8万元。

【农村经管信息系统工作】完成了《村管系统》和《农经平台》升级维护工作，共进行 3 次升级，完善了系统，新增了模块，调整了报表指标，新增了 5 个数据库，减少了 1 个低收入检测数据库，共涉及 15 个数据库。完成对两套系统数据库资料的更新和上传工作。组织区级信息化管理人员参加市农经办的信息化师资培训工作；组织全区村级信息员 489 人次进行了为期 5 天的培训，重点加强了对农村集体资产管理、农村土地承包与合同管理、农村财务与收益分配管理、涉农补贴资金监管、人口劳动力与家庭经营管理等 14 个管理系统的操作技能的培训。配合市农经办完成了对全区剩余 271 个村的旧电脑设备更新工作，全区 523 个村 523 台电脑全部完成更新，其中 2012 年完成 252 个村的 252 台。

【完成农村收益分配统计报表工作】全年，全区农村经济总收入完成 4 881 255.8 万元，同比下降 3%。主营业务收入完成 4 700 376 万元，同比下降 3.1%。其中，一产实现收入 437 793.9 万元，同比上升 0.2%；二产实现收入 2 833 258.4 万元，同比下降 5%；三产实现收入 1 429 323.7 万元，同比下降了 0.4%。人均劳动所得实现 17 638.6 元，同比增长 9.1%。

【完成农产品成本监测工作】区经管站已完成全年全部的农产品成本监测工作。全年全区共有 60 个农产品监测点，涉及 8 个镇 20 个村 44 户。7 月完成了对小麦、玉米、西瓜 3 个品种共计 16 个核算点的监测工作，下半年继续对剩余的 44 个核算点包括蛋鸡、奶牛、茄子、月季等 17 个品种进行监测。由于产品价格上涨，且农户加强成本核算，全年监测的奶牛、茄子、黄瓜、梨、肉牛、鱼、肉羊等品种，生产总成本大幅度下降，销售利润涨幅较大；其余产品利润均保持平稳小幅增长。

【对低收入村、低收入农户的监测工作】根据市委市政府《关于推进农村经济薄弱地区发展及低收入农户增收工作的意见》要求，对低收入农农户及低收入村现状进行监测、分析。确定监测对象低收入农户及低收入村，以 2011 年为基数，年家庭人均纯收入在 7 750 元（含）以下的农户列为低收入农户；低收入农户数量超过农户总数 60%（含）的行政村（村集体经济组织）为低收入村。明确监测内容，对低收入农户，主要监测基本情况、劳动力情况、对收入情况等 32 个指标；对低收入村，监测农村经济总收入等 10 个指标。以村为单位建立各区县低收入农户档案数据库，按新标准，全区低收入农户为 6 574 户，低收入村 29 个。低收入农户人均可支配收入达到 8 269.3 元，环比增长 31.7%；家庭可支配收入户均达到 25 913.6 元，环比增长 30.7%；家庭经营净收入户均 12 834.8 元，环比增长 34.6%。全区共有 10 个低收入村获得市农委的专项奖励。

【落实一事一议筹资筹劳管理工作】进一步规范全区一事一议筹资筹劳管理，根据《北京市村民一事一议筹资筹劳管理办法》及《大兴区村民一事一议筹资筹劳实施办法》精神，积极协调，配合区农委确定村级公益事业建设一事一议奖补项目基本情况和资金审批汇总情况。全年一事一议奖补项目涉及

11个镇20个村，项目总投资1 396.9万元，其中财政奖补资金1 011.7万元，有力地促进了农村地区集体公益事业发展，为推进全区农村地区经济社会发展提供了保障。

【培育新型农业生产经营主体的服务工作】开展农民专业合作社示范社提升工作，为促进农民专业合作社规范化、规模化、市场化发展，提高带动能力、提升组织化程度，充分发挥合作社在都市型现代农业和新区建设中的重要作用，与区农委、区财政局联合制定了《2013年农民专业合作社示范社提升建设工作实施意见》，在全区范围内开展示范社提升建设工作，全年完成了10家合作社的提升工作。开展了家庭农场调查工作，按照市农经办关于《开展家庭农场调查工作的函》的工作部署及要求，区经管站站积极贯彻落实，于4月11日召开了各镇经管站站长工作会布置工作，对全区家庭农场情况进行了摸底调查。经调查，全区共有各类家庭农场193个：种植业58个，养殖业130个，种养结合5个。

【做好政策性农业（种植业）保险工作】为充分发挥政策性农业保险服务"三农"的作用，区经管站坚持"政府引导、政策支持、市场运作、农民自愿"的原则，并贯彻落实《大兴区关于推进2013年政策性农业保险工作实施意见》，4月分别召开了2013年政策性农业保险工作会和2013年政策性农业（种植业）保险工作会，积极宣传政策，培训工作流程，推动政策性农业保险工作深入开展。全年种植业保险承保5个品种，共有10个乡镇参保，总保险费近1 448万元（其中：央补134.51万元，市补627.62万元，区补396.13万元，农户自缴289.57万元），总保额达3亿多元，承保亩数约17.4万亩（其中：中国人寿保险有限公司大兴分公司承保15.4万亩，中华联合保险公司承保近2万亩）。全年种植业保险农地受损面积0.37万亩，涉及1 585户次，全部完成对农户的受灾赔付工作。

农　民　生　活

【农民观念提升工程】建立和完善管理办法和考核制度，配合中国农业大学进行教材改编，增加完善培训内容，使培训知识更加贴近农民生活。组织教师队伍进行培训，组织编写了《大兴区"农民观念提升"工程典型案例集锦》，注重挖掘典型，扩大宣传，提高农民认识。全年累计培训农民22 698名，农民生活方式、理财、消费、就业等观念有了较大转变。

【规范提升农民专业合作社示范社】提升了10家农民专业合作社示范社，增强仓储加工、物流运输等方面的经营管理水平，促进合作社规范健康发展。

【强化农产品流通平台对接】深化"农超对接"，与北京华联集团合作开展"2013年大兴西瓜超市直通周"活动；推进"农社对接"，在全市34个社区建立了"农社对接"直销点（相比上年增加21%），带动市场流通。

【强化农民培训与就业】对全区375名村级全科农技员进行5 208人次的基础知识和应时应季培训。全年培养农村实用人才511人，目前，累计培养入库的农村实用人才已达到6 339人。完成22 618人次的农民观念提升培训，引导树立积极的就业、理财和生活观念。开发绿色就业岗位2 300余个。

【农业实用技术培训】共举办培训班206次，发放技术资料11 118份，发送技术短信5 026人次，科普赶集4次，培训农民59 031人次。

【农民田间学校】区种植中心共开办了46所农民田间学校，其中新建11所、续建35所，涉及西甜瓜、蔬菜、甘薯三大主导产业及大田作物，包括蔬菜28所，西甜瓜7所，瓜菜2所，甘薯3所，小麦2所，花生1所，食用菌3所，其中区农业推广站开办20所，区蔬菜技术推广站开办14所，区植保植检站开办6所，区土肥工作站开办6所，46所田间学校共有学员1 380人。

【12316调解工作】年内受理12316农民投诉案件4起，通过植保站业务执法人员的努力，使4起投诉案件双方当事人达成共识，圆满解决了投诉案件。

民主政治与党的基层组织建设

【部门包村联户城乡互促发展】在新区115家区直单位中开展以"连民心、转作风、促发展"为主题的百家单位联百村、千名干部助千户城乡共建活动，并制定了详细的考评标准，要求包村单位及包村干部做到"三帮四必访"，即"帮忙出思路、帮忙找资源、帮忙上项目"，对困难户做到"有急难问题必访、有重病人必访、有需求时必访、重大节日必访"。115家单位千余名干部进村入户，单位包村、干部包贫困户，围绕班子建设、经济发展、转移就业、农村稳定，开展一对一结对共建。全年，全区共帮扶联系困难户450户，开展共建项目140个，投入资金796万元。

【探索回迁社区三种组织设置模式】针对123个村、近10万人搬迁的实际情况，采取院区合作方式，对回迁社区基层党组织的组织设置进行研究，总结出三种模式并进行试点。即亦庄、瀛海、黄村等镇“村转社区”模式，西红门、旧宫等镇“村居并行”模式和庞各庄、采育、榆垡等镇“农村社区化”模式，专题调研成果被评为北京郊区党建有奖征文一等奖、“丹柯杯”优秀研究成果一等奖，被列为市党建研究会指导课题并获三等奖。

【探索基层党组织引领农村发展的新模式】在青云店镇东店村、魏善庄镇羊坊村和庞各庄镇梨花村试点推行“党组织引领、政府支持、社会力量参与、农民主体”四位一体的建设模式。青云店镇东店村与北京华联集团合作，走资源整合之路，开展农超对接、商业旅游服务、村民就业服务、民俗文化激活、生态环境改善等九项合作，建设“华联奥莱小镇”。魏善庄镇羊坊村与新兴集团合作，羊坊村作为北京市12个新型农村社区试点建设村之一，将对村庄采取原址改造，项目内容包括“风情小镇”建设、创新产业园区建设、配套公共服务和市政基础设施及月季园等四大产业园区建设。庞各庄镇梨花村与中坤集团合作，依托该村“千亩梨园”发展旅游产业，建设中国古梨文化博览园、御梨园，打造餐饮特色街和商业文化特色街，对现有村庄进行村民住宅升级改造，基础设施改造，为居民提供优质、便利的社区服务。

【探索农村集体建设用地镇级统筹模式】在西红门镇和旧宫镇试点实行“镇党委政府引导、农民主体、各村集体土地入股、设立镇级统筹的集体联营公司运作模式”。在保证集体土地所有权不变的前提下，实现农村产业升级、农民增收、人口调控、环境改善的目标。截至年底，西红门镇寿保庄村、旧宫镇南街一村和四村共计497个院落、138万平方米土地平稳拆除。西红门寿保庄产业园区已完成整体规划，6万平方米的“生产性服务业基地”一期项目和5.5万平方米的“文化创意产业基地”一期项目均已开工建设，“产业配套公寓”项目也将于2015年建成。三大项目建成后，产业园区总产值将达45亿元，村集体年租金收入可达9600万元。

【积极推广“支部＋协会”工作模式】探索“党委政府搭台—支部引领—协会承诺—农民受益”的工作模式。全区“支部＋协会”共129家，带动农户20 436人，为会员带来经济收益13 161.2万元。共有26个合作组织签订了以发展经济、办实事为主要内容的62项承诺，帮助群众人均增收5 000元，直接带来经济效益510万元。

【围绕环境整治抓党建控违建】建立“区领导督导、镇（街道）属地管理、部门执法、村（社区）主体”的责任体系，将环境治理工作纳入科学发展绩效考核体系，研究制定《关于控违拆违环境治理样板村认定及奖励办法》，联合规划、国土、环整、综治、流管等部门评选了20个党组织党员发挥作用突出、工作机制完善以及控违拆违、环境治理成效显著的样板村，下拨234.8万元对村党组织和历任党组织书记进行奖励。通过评选发现典型、宣传典型经验，辐射带动基层党组织党员提高认识，强化举措，切实发挥作用，推进工作开展。

【圆满完成第九届村委会换届选举】在超额实现区委提出的“两提高两降低”基础上，达到“八提高三降低”，即一次选举成功、一人兼、“两委”交叉任职、村主任连选连任、妇女成员、妇女村民代表、村委会班子成员党员比例及文化结构都比上届有较大提高；白点村、非党员村主任、信访量普遍降低。449个村委会顺利完成换届工作，345个村一次选举成功，占76.7%，有355个村实现村书记、主任“一人兼”，占79.1%，比上届提高14.6个百分点；“两委”交叉任职比例为61%，比上届提高10个百分点；非党员村主任8名，比上届减少了57名；没有村委会成员中无党员的“白点村”；选举产生女委员476人，其中女主任17人。村委会成员中女性477人，占28.8%，比上届提高了17.5个百分点。

【举办村党支部书记、村委会主任培训班】区委举办了村党支部书记、村委会主任培训班，对800余名新任职村主要干部进行培训，各镇党委对村两委其他成员进行培训。通过培训，将办事规矩、工作方法等教给新一届村两委班子成员，帮助新任职干部尽快进入角色，抓好各项工作。

【破解农村党员发展的难题】创新发展农民工党员“三二一”工作模式，即：三方接收入党申请并联合认定培养、两地联手考察公示、一方发展入党，破解农村党员老龄化、党员发展难、村级干部后备乏力等难题。区委在总结和提炼榆垡、长子营两个试点镇经验和成效的基础上，于 8 月在全区 14 个镇中推广此项工作。自活动开展以来，各镇党委共与4 800余名农村外出就业青年建立了日常联系，确定 452 名青年为重点联系人员，纳入储备库进行重点培养，新接收入党申请书 396 份，认定入党积极分子 129 名，发展预备党员 9 名。

【推广群众事项党员代理制】 8 月起在全区各镇、街道中进行推广。全区 14 个镇和 5 个街道均成立了群众事项党员代理工作领导小组及办公室，并按照本地区实际情况分别设立了群众事项党员代理室、代理站和代理工作指导中心，形成了“群众—党员—党小组长—村、社区党组织（代理室）—片区党总支（代理站）—党（工）委（指导中心）”的群众事项代理网络，构建了“群众动嘴、党员跑腿、支部解题、党委托底”的网格化群众事项代理格局，做到“四必知、四必报、四必帮”，即联系户家庭情况必知、生活情况必知、实际困难必知、愿望需求必知；困难需求必报、意见建议必报、矛盾纠纷必报、合理诉求必报；重大灾病必帮、政策疑惑必帮、矛盾纠纷必帮、合理诉求必帮。累计解决受理群众事项 7 000 余件。

【加大村级后备培养】 制定出台了《关于村级后备干部培养选拔制度》，并补充下发了《关于进一步加强村级后备干部队伍建设的通知》等文件，探索实施了“选、育、管、用”并举的培养模式，不断拓宽选人用人视野，推动农村后备人才梯队建设，为地区发展提供人才保障。全区共选拔村级后备干部 1 098 名，通过培养锻炼，已有 148 名后备干部进入了村级班子，21 人当选为村党支部书记，51 人当选为村主任。

【设立联村党总支】 按照“地域相邻、产业相近、功能相似、资源相融、发展相促”的原则，实行总支式管理，分片设立联村党总支，下辖片区内若干个村党支部，由包片的镇副职领导干部担任党总支书记。开展组团式服务，明确党总支职责任务和运行机制，通过“活动联抓，发展联动，资源联用，管理联促”的工作方式，建立工作制度，整合资源，共同谋划活动，实现村域共享式发展。全区共有 58 名镇级班子副职兼任党总支书记，覆盖 304 个村级党组织，取得了较好的实践效果。

【深化干部监管机制】 全年举办农村、社区干部各类培训班 190 余次，培训人员 11 299 人次，基层干部的整体素质进一步提升。坚持两委承诺制，督促村（社区）两委班子为群众办结承诺事项 3 274 件，办结率达 98.8%。通过“四二二一”家访制、群众事项党员代理制等，强化党员干部与村（居）民联系，帮助解决实际困难。建立以定指标、定奖惩和自我评价、群众评议、组织考评为主要内容的基层两委主要干部“两定三评”考核机制，各镇、街道统筹考虑共性、个性考核指标，建立了双百分、千分制等考核办法，考核结果与年终奖金挂钩。

【改善基层工作条件】 研究制定《关于进一步加强基层党组织工作和活动经费管理的办法》，确保党员年人均不低于 200 元。落实村干部“一定三有”政策，确保村干部待遇不低于当地劳动力年平均收入。全面落实社区“三有一化”要求，近年来，区级在社区活动场所建设和人员工资保障方面投入 3.5 亿元，社区工作人员待遇比 3 年前翻了一番。研究制定了《关于建立正常离任村党组织书记生活补贴机制的实施办法》，对正常离退职村党组织书记按任职年限和待遇分 5 个档次进行了摸排统计，全年共为 1 033 人发放补贴 567.36 万元。另外，区委 2013 年拨付 640 余万元，用于鼓励基层开展党建工作创新。

“三农”工作部署和实施

【提高设施农业收入】 全区新建、改造设施农业 1 835亩。投入生产的设施农业占地面积达到 11.1 万亩，全年设施农业销售收入实现 146 124.9 万元，比上年同期增长 7.1%，占农林牧渔总产值的 23.9%。

【建立“一会一社一中心”运行机制】 全区建立“一会一社一中心”运行机制。即大兴区农产品产销联合会＋合作联社＋运行中心的运行机制，规范全区农产品行业管理及生产经营行为，整体打造区域品牌形象，推介区域特色农产品。

【完善农业综合服务体系】 加大政策性农业保险工作力度，全年，发生参保的险种 18 个，种植业参保面积达 17.5 万亩，养殖业参保规模达 57.1 万头（只），总保费 7 236.3 万元，同比增长 23.6%；已决赔付达 8 561.53 万元，同比增长 70.5%；总保额为 13.2 亿元。创新推动大白菜价格保险，提高农户受保障程度。建立大兴区农产品质量安全监管体系。包括产地环境管理、投入品管理、生产基地管理和产品质量管理四个子系统，将产前、产中、产后全过程纳入监管体系。强化防灾减灾体系建设。

【粮食生产补贴工作】全年小麦补贴面积12.7亩，涉及粮食直补、农资综合补贴、良种补贴和生态补贴四项，补贴资金2 281.5万元；玉米补贴面积31.7万亩，涉及粮食直补、农资综合补贴和良种补贴三项，补贴资金3 072.27万元。

【落实农机购置补贴政策】通过落实农机购置补贴政策、区级财政项目等形式，引进购置先进、适用、节能、环保农业机械设备768台套，2.4万平方米，涉及资金1亿元，其中补贴资金5 000万元，畜牧机械335套，加工设备3套，大田机械174台，设施机械253台，保温被2万平方米，保鲜库4 000平方米，新农村基础设施建设机械3台。

【推动低收入农户增收工作】推动区直机关和企业定点帮扶低收入村，开展安定镇、采育镇低收入增收试点工作，打造韩风路旅游观光产业带，推动低收入村产业发展。2013年低收入农户人均可支配收入达到8 269.3元。

【院区合作项目】通过院区合作完成大兴区17个品种嫁接茄子展示示范以及190个品种越夏菠菜品比试验工作；推广早熟京茄1号、国禧105、京菠1号等蔬菜新品种12个。全年推广水培育苗、营养液育苗新技术2项；扶持育苗基地3个，完成番茄、茄子等水培苗33万株，推广种植水培韭菜7亩，营养液果类蔬菜栽培6亩；组织春季、秋季新品种新技术观摩会2次，培训农民380人次；院区合作专家开展水培育苗专题培训2次，培训农民80人次；田间指导12次，培训农民120人次。

【第三期甘薯院区合作进展】引进并筛选出徐105503、徐104102、徐104103等5个高代品系，综合表现突出。引进并筛选出绵紫薯9号、漯紫薯1号和徐紫薯4号新品种，综合表现较突出，产量较高，适合在大兴区无根腐病地块示范种植。推广二期合作成果——30%辛硫磷微胶囊防治甘薯茎线虫技术5 000余亩。

【第四期西瓜院区合作】与中国农业科学院郑州果树所合作开展第四期院区合作项目——都市型特色西瓜品种筛选及示范推广，包括鲜切西瓜品种筛选试验和小果型西瓜品种比较试验，引进12个无籽西瓜品种和13个小果型西瓜品种，筛选出适合鲜切的无籽西瓜品种X32，表现优秀的小果型西瓜M2、M11和众天5318；与北京市农林科学院蔬菜研究中心合作“西瓜品种多样化与简约化观光栽培技术示范推广”项目，具体内容：①示范推广高品质、简约化、多样化西瓜新品种20余个；②示范推广西瓜砧木新品种；③召开“西瓜品种多样化与简约化观光栽培技术示范推广”现场观摩会。

【继续实施第四期院区合作项目】引进月季品种33个，选配杂交组合67个，授粉数700多朵；建立北臧村、庞各庄和榆垡3个林果种质资源圃；引进并推广应用早结果省力化栽培技术、采后处理及贮藏保鲜关键技术、富硒果品生产技术、零农残有机化栽培技术等。

大兴区领导名录

区委书记	林克庆(2月免) 李长友(2月任)
副书记	李长友(2月免)　张伯旭 谈绪祥　王有国(5月任)
常委	李长友　谈绪祥　张伯旭 王有国　邓志荣(女) 邵　恒　赵昕昕(7月免) 高言杰(10月任)　戴明超 姜泽廷　贺安钢　张耀邦 温　震　贺　锐(5月任) 付　铎(挂职,5月任)
区人大常委会主任	张晓林
副主任	李永贵　刘志茹(女) 绳立成(12月免)　靳文浦 张　岭　张丽英(女,12月任)
区长	李长友(2月免) 谈绪祥(3月任代区长,12月任区长)
副区长	张伯旭　邵　恒　戴明超 王荣彬(12月免)　沈　洁(女) 喻华锋　金卫东
区政协主席	王　新
副主席	陈晓英(女)　李维民 汪宝国　邓景全(不驻会) 郭　耕(不驻会)　陈晓君(女,不驻会)
区纪委书记	邓志荣(女)
副书记	李尚贤　王少权(8月免) 芦君英(女)　关　卓(11月任)

大兴区各镇党政正职领导

	党委书记	镇长
黄村镇	白立成	刘长江

北臧村镇	温　震	谢景然（女）
亦庄镇	刘素然	王　森
旧宫镇	刘景瑞	冯秀海
瀛海镇	沈永刚（6月免）	何景涛（6月免）
	何景涛（6月任）	刘亚林（6月任）
西红门镇	马士刚	李　强
庞各庄镇	王学军	贾卫国
榆垡镇	杨彦光	郑小毅
礼贤镇	杜志勇	侯志伟
魏善庄镇	贺　锐（12月免）	戴光伟（12月免）
	戴光伟（12月任）	张志全（12月任）
青云店镇	李亦武	王春晖
安定镇	荣俊艳（女）	胡宝琛
采育镇	孟宪全	杨永政
长子营镇	张　辉	刘文虎

（大兴区史志办　宋朝辉）

怀　柔　区

概　　述

怀柔区位于北京城区东北部，东靠密云，南连顺义，西和昌平、延庆为邻，北与河北省丰宁、滦平、赤城三县接壤。全区总面积 2 122.6 平方公里，其中山区面积占 88.7%。区辖 12 个镇、2 个满族乡、2 个街道办事处，有 284 个行政村。常住人口 38.2 万人，户籍人口 279 137 人。户籍人口中，农业人口 149 299 人，非农业人口 129 888 人。2013 年，是怀柔全力推进雁栖湖生态发展示范区建设的关键之年，也是全面推进文化科技高端产业新区建设的重要一年。在市委、市政府和区委的坚强领导下，在区人大和区政协的监督支持下，怀柔区团结全区人民，认真贯彻中共十八大和习近平总书记系列重要讲话精神，抢抓机遇，求真务实，攻坚克难，锐意进取，全区经济社会发展取得了新成绩。全年实现地区生产总值 200.4 亿元，增长 10.1%；完成区域财政总收入 88.7 亿元，地方公共财政预算收入 26.7 亿元，分别增长 18.3% 和 13.8%；完成固定资产投资 156 亿元，增长 12.8%；实现社会消费品零售额 101.6 亿元，增长 13.2%；实现城镇居民人均可支配收入 32 519.3 元，农民人均纯收入 16 356 元，分别增长 10% 和 12.1%。

城乡发展一体化

【概况】 坚持城乡融合发展，大力推进开发建设，不断完善基础设施，全面加强社会管理，城乡发展更趋协调。

【城乡建设步伐不断加快】 积极推进新城建设，04 街区土地一级开发方案通过市政府审批，已经具备全面启动征地拆迁的先期条件。大力实施老城改造，龙山广场住宅项目对外销售，青春广场、杨家园、青春路六院项目开工建设，刘各长改造有序推进，23 个老旧小区综合整治全面完成，东关、下元和钓鱼台被纳入全市棚户区改造试点范围。加快推进新型城镇化，桥梓新城镇建设开始启动，与国开金融公司签署开发建设协议。扎实推进新农村建设，2 557 户农民住宅抗震节能改造和 1 733 户山区搬迁按期完成。加快少数民族乡村经济发展，23 个少数民族村农民劳动所得收入达到全区平均水平。

【城乡基础设施不断完善】 投入 43.6 亿元用于基础设施建设，区域承载能力持续增强。加快推进道路设施建设，111 国道二期完成总工程量的 80%，怀长路改造完成总工程量的 64%；兴怀大街东延工程具备通车条件，北大街改扩建一期开工建设；27 条乡村公路改造全部完工。不断提升水电气保障能力，再生水厂扩建工程主体完工，南水北调怀柔段拆迁工作基本完成；南华、辛相庄 110 千伏输变电站土建工程完工；天然气调压站、进站管线、城区环线建设全面完成，全区 3 万余户居民享受“同网同价”清洁能源。积极推进垃圾焚烧发电项目建设、垃圾处理厂密闭改造和 19 处非正规垃圾填埋场治理，综合处理能力进一步提升。

【城乡社会管理不断加强】 逐步健全社会管理与服务机制，建成四级网格化管理系统，完成基础数据采集，为完善全区网格化功能奠定了基础，全年办理社会服务管理事项 21 800 件，办结率达到 90%。新认定区级“枢纽型”社会组织 12 家，初步建立起涵盖群团组织和行业协会的社会组织工作体系。加快农村地区基础服务体系建设，全区 93% 的村实现社会管理服务中心规范化。制定加强协管员管理的意见，启动区城管执法监察局、龙山街道、怀柔镇、九渡河镇的协管员分类整合试点工作，实现了协管员队伍的统一、规范化管理。

农村经济发展

【概况】全年实现农业总产值20.3亿元，同比增长6.3%。推进农业机械化，完成6 000亩基本粮田高产创优综合配套建设，全年粮食产量达到4 909万千克。盘活闲置农业设施450栋，上市蔬菜5 464万千克，实现收入1.26亿元，同比增长28%。维修改造老旧鸡舍380栋，肉鸡出栏932万只。建成现代化肉牛养殖场2处，全年高端肉牛存栏1 000头。新建标准化渔业高产高效生产基地160亩，建设全封闭工厂化养鱼车间2个，鱼苗孵化车间2个，孵化鱼苗6 500万尾，销售冷水鱼387万千克。新建九渡河镇蓝莓种苗繁育中心及种植示范园，栽植种苗3万余株。板栗产量1 455万千克，实现收入1.7亿元。重点打造满韵汤河沟域，全年接待游客408万人次，实现收入3.1亿元，同比增长6.9%。

【高产创建任务圆满完成】全年建设高产示范区总面积3.6万亩。其中部级1万亩，市级2.6万亩。其中：春玉米1万亩，夏玉米0.8万亩，冬小麦0.8万亩。实施高产创建项目5年来，全区小麦高产创建示范区平均亩纯效益395元，玉米高产创建示范区平均亩纯效益829元。

【“满韵汤河”沟域经济建设成效初显】争取市级资金共1 300万元，对汤河口、长哨营和喇叭沟门三个镇乡进行了环境综合整治工程，主要包括绿化1.9万平方米，种植榆叶梅、西府海棠、三色堇等树木12.8万余棵，园路步道1.8万平方米，修建休闲亭和观景台共30个。目前，沟域内有民俗旅游村7个，民俗旅游255户，2013年累计接待游客54万人次，实现旅游综合收入2 648万元。

【“优质板栗”卖出好价钱】通过采用“订单收购”“定点采购”的方式，解决采青问题，鼓励优质优价，同时根据实际情况，采取了合作社保护价收购稳定市场、做好检疫开通板栗外销“绿色通道”等措施，一定程度上稳定了板栗收购价格，确保了栗农的既得收益。

【板栗实现生产地和终端销售“农商对接”】板栗专业合作社与北京金日郎全国连锁合作在北京市中心专营“怀柔板栗”的门店开业。北京地区专营“怀柔板栗”的店面已有20余家，全国直营加盟店160余家，辐射带动全国市场，每年“消化”全区板栗总产量的一半以上。

【加强培育壮大林业种苗产业】生产单位由2012年的89家，增加到2013年100家。全区种子苗木产业累计投资7 968.18万元，较2012年增加6.2%。全区育苗总面积1.12万亩。在产业发展上，采取六项措施培育壮大林业种苗产业，林木种苗管理工作逐步规范化、制度化、科学化。

【巢蜜产业迅猛发展】通过搭建农商对接平台、订单式生产引导蜂农、促进蜂产业与旅游产业有机融合等一系列配套措施，巢蜜产业迅猛发展，成为蜂产业发展道路上的新亮点。实现巢蜜生产20吨，产值达70多万元。依托旅游产业优势，促进蜂蜜产业与旅游产业有机融合，建成“蜜蜂养殖体验园”和“蜂彩小屋”11处。

【召开2013年度蜂产业工作会】12月27日，召开由蜂产品加工企业代表和汤河口、长哨营、渤海等镇乡30多位蜂农参加的蜂业工作会。工作会对2013年蜂产品生产、加工及销售等情况进行总结，重点探讨蜂产品产销过程中遇到的新情况和新问题，共同谋划怀柔蜂业发展新方向。

【渔业高产高效项目建设工作全面启动】渔业高产高效生产基地建设是以“四化”养殖（设施工程化、养殖工厂化、技术现代化、管理工业化）为载体，以实践“三节两高”（节水、节地、节能、高端、高效）为目标，分标准化渔业高产高效生产基地和循环温室养殖高产高效生产基地两种类型进行扶持建设，该项目计划建设“全封闭工厂化循环水养殖场”2个，建成后养殖水面预计达到6 000平方米；建设“标准化渔业高产高效生产基地”的养殖场（户）5个，建成后养殖水面预计达到160亩。项目建成后，预计新增名特优水产品500吨，带动农户60余户，形成效益1 040万元，户均增收13.6万元。

【全区四家水产苗种生产企业全部通过市级水产良种场验收】全区申报北京市水产良种场的四家水产苗种生产企业，经北京市水产良种审定专家委员会审定，符合市级水产良种场标准，验收合格，全部获得北京市水产良种场验收合格证。

【肉牛产业走向高端】将高端肉牛产业确定为重点农业产业，并先后引进了安格斯牛、和牛、雪龙黑牛三个高端肉牛品种，利用多元化的种源优势，为日后产业链的不断完善和抢占高端牛肉市场打下良好的基础。

【举办北京市设施蔬菜高产高效现场观摩交流会】 5月30日，北京市农业技术推广站在怀柔举办“设施蔬菜高产高效现场观摩交流会”。北京市农业技术推广站的专家及各区县种植中心蔬菜科、推广站的主管领导、技术人员及春大棚高产高效示范点的农户等70余人参加了此次观摩。此次观摩到孙史山村观看春大棚嫁接黄瓜、大椒、番茄新品种和高产高效示范模式。

【2013年乡镇重大动物疫病防控验收工作完成】 12月11—18日，对全区各乡镇重大动物疫病防控延伸绩效管理工作进行了全面检查验收，通过检查发现，各镇乡对重大动物疫病延伸绩效管理工作高度重视、疫病防控工作督办力度大、防控措施具体落实，畜牧业发展规划都能立足于自身的区域优势，发展具有区域特色的畜牧业，免疫档案能做到规范整齐，防疫队伍齐备，畜禽应免密度均能达到100%。

【“农业科技网络书屋”开通使用】 为满足农业生产的科技需求，依托全国基层农技推广体系改革与建设补助项目，5月20日，由农业部科技教育司、中国农业科学院农业信息研究所、中国知网（CNKI）联合推出的“农业科技网络书屋”（www.nongye.cnki.net）在怀柔正式开通。该书屋直接用于“三农”的文献多达675万篇、图书2万多册、视频节目5 000个，包括农村实用新技术、新品种、农村管理、农村文化、农业企业管理、经济信息、市场信息等；同时，还具备农业实用技术信息查阅、农业技术在线咨询辅导、农资农产品供求信息发布等功能。农技人员凭借专属账号和密码，可实现24小时自主学习，随时查找需要的农业知识和技术，接触农业前沿信息，从而提高农技人员的技术水平及业务能力，加速农业技术及信息进村入户，提高农技推广效率。

【乡村旅游“三级培训”正式启动】 10月23日，怀柔区“百千万”京郊旅游培训村级管理人员培训班正式开班，来自全区12个镇乡的100余名村级管理人员参加了为期3天的培训。乡村旅游“三级培训”正式启动，随后有7期培训班在10月下旬至11月上旬期间举办，全区各镇乡旅游主管镇长、京郊旅游和新业态带头人、景区管理人员、度假区经营者和节庆活动策划人员等将参加镇长级培训班和乡村旅游带头人培训班，培训人员总计5 200人次。

【观光果业促黄金周收入再创新高】 十一黄金周期间，怀柔区202个观光采摘园，共接待游客46万人次，采摘果品55万千克，采摘直接收入达780万元，带动旅游等其他收入5 400多万元，创近年来黄金周观光采摘收入新高。观光采摘园已从生产扩张阶段逐步向质量效益阶段发展，逐步实现品种多样化、布局合理化、功能特色化。

村　镇　建　设

【概况】 投资2.3亿元，完成了2 557户农宅抗震节能改造和1 733户、3 784人的山区险村险户搬迁工作。启动了团泉、庄户沟门、转年三个新型农村社区建设。积极推进桥梓、怀北、汤河口3个重点小城镇规划编制工作，完成了国家级和市级重点小城镇的推荐申报工作，新农村建设与新型城镇化取得了新进展。按照APEC会议筹办的总体要求，积极落实“环境整治年”的各项任务，农村环境水平大幅提高。实施了农村地区“减煤换煤、清洁空气”行动计划，减少劣质燃煤使用48 897吨。完成了雁栖湖生态示范区公共景观及联络线绿化美化工程2 400亩，示范区供水工程和污水管线工程竣工。全年完成造林总面积2.56万亩，治理了7条生态清洁小流域和22条中小河道。

【与国开金融签订《桥梓新城镇开发建设合作意向书》】 6月8日上午，区政府与国开金融有限责任公司《桥梓新城镇开发建设合作意向书》签约仪式举行。市发展改革委副主任蒋力歌，区委书记齐静，区委副书记、代区长常卫出席，区委常委、常务副区长潘临珠主持仪式并代表怀柔签约。桥梓新城镇开发项目拟投资开发的区域面积约50平方千米，项目分三个阶段完成，预计2016年年初步建成，2018年整体亮相。该项目将把政府的政策和组织优势、国家开发银行的理念、市场化机构的运营和机制优势充分结合起来，按照“产业先行、产城融合、高端引领、和谐生态”的原则和方向，着重发展云服务和智慧产业、金融产业和企业总部、文化创意和教育产业、现代消费产业、健康产业、现代休闲旅游产业六大产业，把桥梓镇打造成具有较强辐射能力和国际交往能力的宜居宜业型现代化新城镇。

【召开新型农村社区试点建设工作会】九渡河镇团泉村、杨宋镇仙台村、宝山镇转年村、汤河口镇庄户沟门村和渤海镇“长城国际文化村”被列为市级新型农村社区试点。为加快推进市级新型农村社区试点建设，12月12日，召开新型农村社区试点建设工作会。会议提出了新型农村社区试点工程建设的相关审批手续、工作流程及相关工作要求。

【刘各长村土地一级开发项目签约】8月28日，城中村改造拆迁安置服务中心与西城区企业北京天恒置业集团签约，正式启动刘各长村土地一级开发项目。本次签约也标志着城中村改造迈出了新步伐。刘各长村属于怀柔镇15个城中村之一，位于老城区北侧，属于规划怀柔新城01街区范围，该村现有集体土地约1 300亩，农业户籍人口971人，共有村民宅基地371所。

【陈各庄旧村改造工程顺利通过竣工验收】该项目是怀柔新城中高路道路工程项目建设的重要组成部分，是建设社会主义新农村的一项惠民工程。项目总投资约2.5亿元，建筑面积7.9万平方米，共建设定向安置房706套。

【2 465户农民将搬入抗震节能新居】实施农民住宅抗震节能工程的农户共2 465户，其中险村险户搬迁831户，散户1 507户，民政优抚社救建房127户，全部2 424户主体工程已经全部完工。

【区域环境水平全面提升】开展“环境整治年”活动，出台推进生态文明和城乡环境建设工作办法，实现了城乡环境整治全覆盖。综合运用法律、经济、行政等多种手段，深入开展打非拆违专项行动，共拆除违法建设49万平方米，有效遏制了违法建设势头，实现了新生违建“零增长”。大力实施城区及示范区联络线周边环境整治工程，完成道路铺油63万平方米，清洗粉饰建筑物外立面96万平方米，拆除违规广告牌匾1.6万平方米、更新3.1万平方米。完成青春路、迎宾路、南华大街绿化隔离带改造，增设、更新了一批公交站亭、座椅等市政设施。以“干净、整洁、路畅、村绿、建制”为目标开展农村环境整治工作，累计清运垃圾49万吨，清理乱堆乱放7万处，绿化美化硬化52万平方米，农村环境水平实现跨越式提升。

【生态涵养优势全面增强】制定了2013—2017年清洁空气行动计划和APEC会议大气污染治理方案，加大对施工扬尘、汽车尾气、燃煤锅炉等重点领域的治理力度，加快推进送气下乡工程，完成3 000户农村清洁能源替代工作，更新新能源公交车197辆，淘汰老旧机动车3 370辆，空气质量位居全市前列。建成九渡河、长哨营两处应急避险场所，完成22条中小河道清淤和26处积水点隐患整治，防灾抗灾能力进一步提升。大力推进绿化美化和沙坑治理，完成平原造林3 000亩，形成了绿树成荫、层次分明的景观效果；完成京津风沙源治理和清洁生态小流域建设75平方千米，造林面积2.6万亩。全年栽植各类苗木184万株。加快推进垃圾分类工作，60%的城镇常住人口实现垃圾分类达标。全年万元地区生产总值能耗、水耗分别下降3.2%和3%。

【召开2013年村庄环境整治大会】为全面部署环境整治工作，落实“美丽北京，环境先行”，进一步推进“环境整治年”活动，尽快形成与“国际会都”相适应的村庄环境。6月17日，召开2013年农村环境整治大会。区人大常委会主任、城乡环境整治工作部部长王仕龙讲话，区人大常委会副主任祝自河、徐占明、赵学恭、金庚申出席会议，副区长朱淑霞主持会议，副区长刘久刚部署工作。

【平原地区生态综合治理工程全面开工】此项生态综合治理工程共涉及平原5个镇的12条河、沟。其工程内容包括河道疏浚、岸坡生态护砌、原有阻水建筑物拆除、桥涵及管涵新建等工程。生态治理总长度约为51.77千米。项目总投资为7 755万元，施工中标合同金额为7 534万元。

【植被恢复工作完成】人工造林实现植被恢复面积2 600亩，工程已通过验收全部完工。工程分为10个项目区，分别是喇叭沟门乡帽山村500亩、长哨营乡七道梁村200亩、宝山镇西帽山村100亩、琉璃庙镇白河北村300亩、琉璃庙镇西台子村200亩、北房镇平甸子村500亩、雁栖镇八道河村200亩、桥梓镇峪沟村200亩、桥梓镇东凤山村200亩等。工程共栽植苗木146 500株，初植密度侧柏、油松、黄栌、五角枫均为56株/亩，毛白杨为74株/亩。

【京津风沙源治理二期工程顺利通过环保审批】京津风沙源治理二期工程顺利通过环保审批。该项目涉及喇叭沟门满族乡、宝山镇、琉璃庙镇3个乡镇，建设内容分为3大项：人工种草1 000亩、暖棚4 000平方米、小流域综合治理30平方千米。

【春季造林生态效果显著】实施平原造林、111国道一期景观绿化和京津风沙源治理三项重点工程，总投资27 477.6万元，完成造林面积2.52万亩，栽植各类苗木111.26万株。据测算，新增造林每年能吸收二氧化碳23 000吨、释放氧气17 000吨；吸收二氧化硫202吨、氯化物71吨、氟化物20吨；减少沙坑地区扬尘70%以上，生态效益显著。

【农业源减排工作初见成效】根据《怀柔区“十二五”主要污染物总量削减目标责任书》的要求，结合畜牧业发展的实际，怀柔区转变养殖规模，转变养殖方式，转变治理方式，采取了一系列农业源减排措施，深入推进减排工作，农业源减排工作初见成效。

【27条乡村公路大修工程全部完工】政府投资2 807万元对喇叭沟门的庄喇路、怀柔镇的旧红螺路、桥梓镇的沙王路等12个镇乡的27条乡村公路进行大修，涉及道路总里程56.88千米。大修工程已全部完工。

【护村坝建设工程已完工】对护村坝和排洪渠损毁严重的村庄进行了施工建设。本次工程主要涉及5个镇乡的7个村庄，工程累计建设护村坝630米、排洪渠970米，建设资金339万元。

【4个乡镇获得国家级生态乡镇称号】怀柔镇、宝山镇、长哨营乡、喇叭沟门乡被环境保护部命名为国家级生态乡镇，全区国家级生态乡镇已经达到了12个，占全区乡镇总数的85%，新一批国家级生态乡镇的创建成功，将在农村生态建设中起到积极的生态示范效应。

【新增4个市级民俗旅游村】宝山镇超梁子村、喇叭沟门乡中榆树店村、渤海镇田仙峪村及九渡河镇石湖峪村被评为2013年北京市市级民俗旅游接待村。全区市级民俗旅游村已达到33个。

【两个村荣获全国一村一品示范村镇称号】梭草村和王史山村以独特的农产品资源、现代化的农业经济发展模式取得显著成果，通过农业部专家评审，列入了第三批全国一村一品示范村镇名单，成为继六渡河村后又获此殊荣的村。

农村改革与管理

【概况】按照试点先行、稳中求进的原则，认真落实“新三起来”工作。指导柏崖厂、泉水头、下辛庄三个村开展集体征占地补偿资金委托贷款1.3亿元，年收益率为8%。积极探索农村闲置住房经营新模式。围绕项目建设，加大土地流转力度。投入财政资金594万元扶持农业合作组织发展，成立了北京市首家农民专业合作社联合社——北京蓝天白鸽农业发展专业合作社联合社。

【村级全科农技员工作再添新内容】为提高基层气象灾害防御水平，加强气象为农服务工作，怀柔区258名村级全科农技员工作再添新内容，兼职成为本村气象信息员。气象信息员职责为负责接收并向村民传递区气象局发布的气象预报预警信息；配合气象部门做好气象防灾减灾宣传工作；反馈社会需求与建议等。

【村官、银行“手拉手”金融支农促发展】为进一步发挥大学生“村官”热爱农村、熟悉农村、了解农村的优势和特点，根据《北京市“大学生村官助力农村金融发展”行动计划》，怀柔区70名大学生“村官”与邮政储蓄银行怀柔分行信贷员联手组成“金融支农致富”小组，实现信贷支农服务无缝对接。活动的开展，为大学生“村官”和村民普及了金融知识，同时为有意愿创业的村民提供了资金支持，为农村经济发展增添了活力。

农村民生

【概况】农民人均纯收入达到16 356元，同比增长12.1%。全年消除低收入农户16 633户，低收入人口比例由23.8%降至14%。

【就业和社保水平不断提高】采取积极就业政策，完善就业管理和帮扶机制，拓宽就业渠道，安置城乡劳动力7 000余人，城镇登记失业率控制在2.77%，“零就业”家庭保持动态为零。加快社会保险人群全覆盖，养老、失业、工伤、医疗、生育五项保险收缴率均达98%。扎实推进保障性住房建设，10个保障房项目总建筑面积达到100万平方米，柏泉庄园、新贤街、驸马庄等5个项目竣工，为居民提供保障性住房4 700余套。全方位开展社会救助与优抚工作，养老服务中心、残疾人康复中心投入使用，为210户社救、优抚对象进行房屋翻修新建，累计发放低保金和救助金6 700万元。

【各项社会事业全面发展】强化教育软硬件建设，稳步实施中小学、学前教育三年行动计划，101中学怀柔分校主体完工，怀北九年一贯制学校开工建设；着力引进区外优质资源，与101中学、北京实验二小等42所学校实现合作办学，办学条件和教育质量不断提高。大力提升医疗卫生水平，北京怀柔医院建成并开始设备调试，疾控中心改扩建工程主体完工，安佳医院完成主体工程的50%；建立中医流动医院，开展山区巡诊服务；完成卫生系统信息化网络建设，率先实现新农合定点机构即时结报，新农合参合率达到99.4%，为9万余人补偿医药费1亿元。积极发展文化体育事业，与北方昆剧院联合打造的昆曲《红楼梦》获得国家“文华奖”，全面实施村级文化室达标和高清交互数字机顶盒推广工程；组织开展了第三届环京自行车赛、中国汽车场地越野赛、中国汽车拉力锦标赛、第二十三届群众艺术节等活动，有效满足了群众日益增长的文体需求。深化计生公共服务，加强出生缺陷预防，保持了人口长期均衡发展。

【新农合又出三项惠民政策】新农合政策在原有基础上又进行了新的调整，惠民力度进一步加大。新农合政策从原有9种大病的基础上将耐多药肺结核、艾滋病机会性感染等纳入重大疾病保障范围，使大病种类增加到15种，并将公立医院改革中新增的医事服务费内容纳入到新农合报销范围。同时建立了农村新生儿动态缴费参合机制，明确了父母已参加新农合的新生儿，在出生后3个月内参加新农合者可享受当年新农合补偿政策，从根本上解决了农村新生儿的参合难题。

【灵活就业农村劳动力可参加社保】2013年6月起，怀柔区户籍灵活就业农村劳动力（男不满60周岁、女不满50周岁），可携带户口本或身份证原件到户籍所在地或（本市）居住地社保所办理参加社会保险手续，按照缴费标准缴纳基本养老、基本医疗和失业保险，在符合规定缴费年限及有关条件后，即可像企业职工一样享受相应的社保待遇。

【城乡低保标准再次上调】为更好地保障本区城乡困难群众的基本生活，城乡低保标准再次上调，城市低保标准从家庭月人均520元调整为580元，农村低保标准从家庭月人均390元调整为460元，城乡差距缩小到120元。城乡低收入家庭认定标准维持现行的标准家庭月人均740元。此标准从2013年1月1日起开始执行。

【召开村级社会管理服务中心规范化建设专项评议工作总结会】10月29日，区政协召开村级社会管理服务中心规范化建设专项评议工作总结会。区政协专项评议工作领导小组首先通报了评议成果。部分政协委员围绕评议工作主题，并结合下一步工作的开展进行了发言。通过政协专项评议工作，有效提升了全区上下对于社会建设工作的关注度和参与度，激发了社会建设工作的创新力，对进一步深化社会服务管理创新和社会建设工作有重大的影响力和推动力。

【开展农村生活饮用水安全联合检查】为确保农村地区生活饮用水安全，对桥梓镇村级供水站的农村生活饮用水供水安全以及供水设备使用情况进行了现场监督检查。在检查过程中，检查人员详细查看了各供水站周边环境，30米内是否存在垃圾、厕所、污水、养殖粪堆等污染源，消毒、供水等设备运行情况是否正常。同时，针对发现的问题，检查人员现场提出了整改意见，并要求限期整改。

【农村地区实现减煤换煤47 244吨】全面启动农村地区“减煤换煤、清洁空气”行动，下发了《怀柔区2013年农村地区“减煤换煤、清洁空气”行动实施方案》，行动主要以优质燃煤替代、农村取暖煤改电、液化石油气下乡和重点工程带动等工作为重点，冬季农村地区实现减煤换煤47 244吨，同比降低22%。

【医院义诊进乡村惠及百姓送健康】 6月15日上午，由怀柔区第一医院和北京医师协会14位专家组成的党员先锋服务队来到渤海所村，开展义诊咨询活动。活动中，专家们为前来咨询的村民进行细致的诊查，耐心地向他们讲解常见病的发病原因、防治常识，还仔细询问了村民们平时的饮食情况，指导他们如何保持良好的饮食习惯。当天共为450余名村民进行了义诊，做心电图100人次，测量血压、血糖150人次，发放健康宣传资料2 000余份。

【又一家农贸市场建成开业】占地4.7万平方米、可容纳200余家商户的禹河农副产品市场在庙城镇两河大道南侧建成开业。新建成的禹河市场共分东西两个区。东区面积2.7万平方米，主要引导劳务市场招工、务工人员入场洽谈。西区面积2万平方米，设有130余个固定门市、经营摊位，可吸纳300余人就业，主要经营蔬菜、水果、肉类、食品、服装等农副产品和生活日用品，村民自产的蔬菜、水果、柴鸡蛋等均可入市。

基层组织与民主政治建设

【区委书记齐静到宰相庄调研基层组织建设】7月25日，区委书记齐静到北房镇宰相庄村调研农村基层组织建设，先后与该村村民代表和“两委”班子成员座谈，听取他们对村级发展的想法和建议。

齐静会后强调，区镇两级要继续抓好该村的“两委”班子和党员队伍建设工作，为带领村民增收致富创造有利条件。

【老干部参事组深入农村基层党组织开展调研】老干部参事组分别两次与部分农村党支部书记进行了座谈，详细询问了农村经济文化建设、村党支部建设、党员发挥作用情况、村民收入和就业情况等具体内容，并就存在的困难和问题听取了各位村党支部书记的想法、意见和建议。在座谈的基础上，参事组又深入桥梓镇口头村和庙城镇孙史山村进行实地调研，看到村里整洁的街道、整齐的房屋，特别是村民文化活动中心宽敞的影视厅，参事组为农村建设取得的成果感到欣喜，并为村里的建设积极出谋划策。

【开展“难点村”治理工作】为落实村级事务规范化管理，积极推进基层社会管理创新，全面提高农村基层社会管理和服务水平，维护农村社会和谐稳定，怀柔区全面开展村务公开和民主管理“难点村”治理工作。此次主要针对5个方面问题进行治理：一是存在村级组织不健全，村级班子软弱涣散，村干部能力不强的问题；二是政策法规不落实，村务不公开或假公开，村务管理不民主现象存在比较突出的问题；三是村级事务分工不明确，程序混乱，管理不规范的问题；四是村民委员会、村务监督委员会、村民代表选举问题多，造成村民群众上访，群众对村干部意见多，党群干群关系紧张；五是党组织引领经济发展不强，村级产业单一，无主导产业，农民增收缓慢，经济社会发展落后等现象。

【召开农村“两委”换届选举工作总结交流大会】6月27日，召开农村“两委”换届选举工作总结交流大会。区委书记齐静讲话。区委副书记、代区长常卫主持会议。区委副书记、政法委书记萧有茂做农村“两委”换届选举工作总结报告。区领导王红兵、彭丽霞、周东金、周燕、赵学恭出席。会上，九渡河镇、琉璃庙镇、区公安分局党委分别做了典型发言。2013年，怀柔区村级换届选举工作整体流程规范、严密；信访批件比上届下降了71.3%；在新上任的村级班子中，书记主任一人兼比例达到58.6%，“两委”交叉任职比例达到44.8%，村委会中女性委员比例达到了34.2%，换届选举的各项指标与往届相比，均有新的突破。

【农村党支部第一书记培训班开班】4月15日，农村党支部第一书记培训班在区委党校正式开班，2013年区直各单位选派到村任职的20名科级干部将在区委党校参加为期1周的脱产培训。本期培训班针对农村党支部第一书记的特点，除了安排农村基层党组织建设现状、农村产业发展现状及趋势等专题课程，还将通过现场教学、案例教学、影视教学等形式全面了解区情实际，帮助学员把握形势、推动工作。同时，还安排了互动式教学，邀请经验丰富的相关领导与学员进行座谈，传授经验、答疑解惑，并组织开展研讨交流，进一步深化对农村第一书记岗位的认识和理解，为树立信心、扎根农村、融入基层、服务群众、推动工作起到积极作用。

【新任职农村党支部书记培训班开班】6月4日，2013年怀柔区新任职农村党支部书记培训班开班，此次培训的目的是为了贯彻落实中共十八大、北京市第十一次党代会、区委四届四次全会和怀柔区2013年农村工作会议精神，加强农村党支部书记队伍建设，提高新任职农村党支部书记综合素质，使其做到懂规矩、明方向，尽快进入角色，在思想上、作风上、工作上真正发挥合格的党支部书记的作用。此次培训分两个阶段进行，第一阶段以形势政策与党性修养为主要内容，第二阶段以工作方法与领导艺术为主要内容，综合运用专题讲授、现场教学、专题研讨（座谈）等形式进行。

【举办第九届村民委员会主任培训班】7月2日，第九届村民委员会主任培训班正式开班。全区280名新一届村委会主任接受为期2天的任前培训。通过此次培训，有效提高了参训学员的思想觉悟，提升了新一届村委会主任的履职能力，为促进农村各项工作顺利有序开展奠定了良好基础。

【召开农口系统党组织建设工作务虚会】11月6日，农口系统召开党建工作暨农村基层党建务虚会，明确2014年工作思路。会上，农口各单位分别总结汇报了2013年党组织建设工作，并对2014年的党建工作进行了认真谋划，会议还深入研究讨论了农村基层党组织建设工作的方式方法。

【举办农村党组织书记农村政策法规专题培训班】12月18日，举办了农村党组织书记农村政策法规专题培训班，全区49名村级党组织书记将参加了为期3天的培训。培训安排了农村产业政策、民主制度解读、土地管理政策、合同签订及印章管理等教学专题。通过培训，进一步加深农村党组织书记对法律法规及政策的理解，强化依法治村意识，提升了全区农村基层组织建设水平。

【农村乡情村史陈列室筹备建设】为更好地传承、展示农村乡土风情，纪念村内重要历史人物和重大历史事件，呈现村庄不同年代特别是拆迁、改造等前后巨大变化，让村民更好地了解家乡历史，怀柔区首都文明办通过前期调研，确定了九渡河镇庙上村、渤海镇田仙峪村、琉璃庙镇杨树下村等8个村作为全区首批农村乡情村史陈列室建设工作试点村，筹备建设工作全面已全面启动。

【“精神文明宣传栏”扮靓新农村】为不断满足居民群众精神文化需求，提高村民思想道德文化素质和农村社会文明程度，2013年，怀柔区在14个镇乡的14个村推进了精神文明宣传栏等公共文化基础设施建设工作，在村里安装10平方米的精神文明宣传栏（LED视屏），主要用于精神文明宣传。

【村级公益事业建设一事一议工作受益万名农民】村级公益事业建设一事一议工作共投入资金2 343.75万元，其中市区财政奖补1 875万元，村民筹资筹劳和社会捐助共468.75万元。目前全区共涉及13个镇乡23个行政村，共计23个项目，受益人数达到11 548人。

【开展“科技进村法律入户服务‘三农’”主题宣传活动】为引导农民群众科学种植养殖，提升农民依法维权能力，怀柔区开展“科技进村、法律入户、服务‘三农’”主题宣传活动。宣传以解决农民最关心、最直接、最现实的问题为工作重点，突出进村入户，定点定村，包干到户，讲求实效。重点宣传了农产品质量安全、农资识假辨假常识、假劣农资维权、夏季种养殖技术等相关知识。活动共发放资料1 620份，宣传书籍150本，接待解答咨询102人次。

【怀北镇邓各庄村被评为“全国民主法治示范村”】怀北镇邓各庄村被司法部、民政部评选为“全国民主法治示范村”，这是怀柔区继桥梓镇北宅村、庙城镇李两河村、渤海镇北沟村后第4个获此殊荣的行政村。此外，全区还有市级民主法治村33个。

“三农”工作部署和实施

【召开2013年农业产业工作部署会】4月10日，召开2013年农业产业工作部署会。区农委部署了2013年全区农业重点产业发展工作，会议要求，各相关单位及镇乡要认真学习贯彻落实怀柔区农村工作会议精神，以《怀柔区发展重点农业产业意见》为纲领，根据各镇乡的具体情况，因地制宜地发展相关产业，全力推进农业农村工作取得新突破。

【召开农口系统工作务虚会】10月29日，召开农口系统工作务虚会，对2013年以来的工作进行总结，并对2014年“三农”工作进行部署。会上，农口各单位分别对2013年以来重点工程和2014年工作计划进行汇报，并就工作中遇到的难点问题展开深入研讨。2014年，“三农”工作将继续按照生态涵养发展的理念，进一步优化农业产业结构布局，推动以“一园、一沟、六品”为重点的农业产业向集约化、产业化、高端化转型，稳步推进山区搬迁、农民住宅抗震节能改造、农村地区“减煤换煤、清洁空气”行动等民生工程，加快农村城镇化步伐，建立健全长效管理机制，实现农民安居乐业，全面落实北京市关于农村“新三起来”实施意见，并积极探索新型农村集体经济发展的新思路，不断促进现代农业发展、农民增收。2014年，计划实现农业总产值21.16亿元，同比增长5%；实现农民人均纯收入17 600元，同比增长10%。

【怀柔区第四届人民代表大会第四次会议开幕】12月24日上午，北京市怀柔区第四届人民代表大会第四次会议开幕，173名代表参加会议，出席人员有第十二届全国人民代表大会代表；出席北京市第十四届人民代表大会的代表；区委、区人大、区政府、区政协的领导和区政协第四届委员会委员；各镇乡的镇乡长、街道办事处主任和各镇乡人大专职副主席、人大街工委主任；各委、办、局和有关单位负责同志列席参加。代理区长常卫向大会做北京市怀柔区人民政府工作报告。

【退耕还林粮供应工作圆满完成】退耕还林补助粮已经按计划全部发放到农民手中，涉及13个镇乡的197个行政村，共发放粮食2 094.1吨，其中大米1 119.3吨，面粉938.9吨，小麦35.9吨。

【粮食直补全面完成】完成了小麦粮食直补、小麦中央财政良种补贴、玉米粮食直补、玉米中央财政良种补贴、生态补贴等惠农政策补贴的统计上报工作，保证补贴资金及时到达农民手中，调动农民种田的积极性。全年共发放补贴资金1 241.16万元。其中，小麦、玉米粮食直补资金1 056.78万元，小麦、玉米良种补贴资金112.60万元，生态补贴资金71.79万元。

【发放国补、区补农业机械】8月21日，向农户发放了国补、区补农业机械 80 余台套，总价值达 869 万元，其中区补 192 万元。截至 2013 年年底，全区享受国补、区补的受益农户已达3 467户。

【2013 年大中型水库农转非移民培训补贴资金发放完毕】按照《怀柔区扶持大中型水库农转非移民实施细则》有关规定，2013 年怀柔非农业户口水库移民核定登记人数 2 160 人，涉及全区 12 个镇乡和 3 个办事处，按照每人每年 560 元的标准进行补贴，补贴资金已经全部发放到各镇乡及办事处，共发放水库农转非移民培训补贴资金 120.96 万元。

【副市长林克庆来怀调研农业农村工作】4 月 12 日，副市长林克庆带领市有关部门领导来怀调研农业农村发展情况。林克庆一行先后视察了杨宋镇梭草村鱼世界产业园、北京御食园食品股份有限公司、白河湾沟域、后安岭村和八宝堂村，随行听取了怀柔区关于冷水鱼养殖、农产品深加工、沟域经济建设、山区搬迁和民俗接待业发展等相关情况的汇报。林克庆对怀柔近年来农业农村工作所取得的成绩给予充分肯定，希望怀柔立足区域功能定位，秉承良好的自然资源，大力发展都市型现代农业，打造精品特色沟域，努力保持农村经济发展的良好势头，促进农民增收致富。

【全国百名农业局领导来怀观摩温室鲟鱼养殖模式】4 月 13 日下午，全国百名农牧渔业大县局长到怀柔观摩“三节两高”循环温室鲟鱼模式运转情况。领导团一行先后参观了北京利康万茂种养殖有限公司、梭草鱼世界，详细了解了相关情况。参观结束后，领导团认为怀柔的“三节两高”循环温室鲟鱼养殖模式非常符合现代渔业可持续发展方向，值得学习借鉴，计划将此模式带回当地试验推广。

【中外专家参观小流域生态治理工程】4 月 17 日下午，国家园林局、市水务局、市水利规划设计院、部分省市园林厅主要领导和德国专家组成的考察组，来怀参观小流域生态治理工程。考察组一行来到桥梓镇北宅小流域小型水体生态恢复工程现场实地参观，同时，听取了区水务局工作人员的详细讲解。参观过程中，德国专家和有关领导高度评价了怀柔区的小流域生态治理工程，认为怀柔的小流域生态治理工程既改善了水体质量，更改善了环境的质量，为地球的生态治理和环境保护做出了贡献。

【农业部部长韩长赋来怀视察华都现代化肉鸡示范园】4 月 18 日，农业部部长韩长赋、副市长林克庆一行来到怀柔华都现代化肉鸡养殖示范园参观视察。韩长赋一行首先听取了园区建设情况汇报，随后实地参观了现代化鸡舍和全自动养殖设备。参观结束后，韩长赋强调，禽类产品质量安全与百姓的生活息息相关，政府和生产企业要严把产品质量关，在当前全国禽流感防控工作如此严峻的情况下，更要搞好生产，做好防疫，让百姓吃得安心、吃得放心。

【市委常委、统战部部长牛有成调研少数民族乡村发展情况】5 月 14 日，市委常委、统战部部长牛有成，副市长、市工商联主席程红带领市民委、工商联、市委统战部等相关部门负责人，到喇叭沟门满族乡帽山村调研少数民族乡村发展情况。市政府副秘书长马林，区领导齐静、常卫、王红兵、刘久刚陪同调研。市领导一行首先视察了帽山村的村容村貌，随后又走进村民家中了解村民生产、生活情况。此外，还听取了该乡新农村建设和民族经济发展情况。牛有成对帽山村基础设施建设、环境整治等工作取得的可喜成果给予充分肯定；同时指出，帽山村资源丰富、环境优美，发展产业具有很强的后发优势，下一步，帽山村要明确资源优势，做好发展规划，借助太平果、温泉、满族文化、白桦林等资源培育好产业，着力打造好极地品牌。

【区委副书记、代区长常卫检查山区搬迁工作】7 月 5 日，区委副书记、代区长常卫，副区长朱淑霞检查山区搬迁工作进展情况。常卫一行先后来到琉璃庙、汤河口、宝山、喇叭沟门、长哨营等镇乡，查看了龙泉峪、庄户沟门、转年、西黄梁、三块石、孙栅子、二道河等村的搬迁工作进展情况，并查看了各项基础设施建设情况。

【市委副秘书长傅华督查城乡中小学建设工程进展情况】8 月 8 日，市委副秘书长傅华带队来怀督查城乡中小学建设工程进展情况。傅华一行先后察看了庙城镇两河中学拟建项目现场、杨宋中学拟建项目现场和北京 101 中学怀柔分校施工现场建设情况，现场听取了工程进场情况工作汇报，并详细询问相关工作人员建设过程中遇到的问题和困难。傅华对怀柔区中小学建设情况给予充分肯定，并提出有关工作要求。

【美国代表团来怀考察基层农业统计工作开展情况】8 月 23 日，美国农业部国家农业统计局局长辛西娅·克拉克女士率领代表团一行来怀考察基层农业统计工作开展情况，了解中国区县级统计业务流程，并深入到杨宋镇花园村实地参观了怀柔区村级统计站建设运行情况和设施农业项目。国家统计局农村司巡视员徐志全、国家统计局北京调查总队巡视员邵建民及区统计局主要领导陪同考察。

【区人大代表视察平原造林工程建设情况】 8月29日，区人大常委会主任王仕龙带领区人大常委会组成人员和部分区人大代表视察平原造林工程建设情况。代表们首先来到位于怀柔镇大中富乐村的平原造林现场，听取了2012年平原造林整体情况，视察了上一年度重点开展的示范区联络线两侧植树造林成果。就2013年平原造林开展情况，代表们视察了位于柏泉庄园的环镇村景观林项目、北房镇大罗山村沙坑治理项目、杨宋镇梭草村沙坑治理项目等。座谈中，代表们认为，近两年全区平原造林工程成效显著，城区周边环境有了显著改善。

【市民委副主任范宝来怀调研民族乡村工作】 9月5日，市民委副主任范宝一行到喇叭沟门满族乡、长哨营满族乡、汤河口镇，对民族乡村经济发展工作进行调研。调研期间，范宝对怀柔区民族乡村经济发展取得的成就给予充分肯定，并提出民族乡村经济发展是非常重要的民生工程，各相关部门要高度重视，充分利用地域优势和文化优势，大力建设具有民族特色和乡土气息的民族乡村，切实增强民族乡村经济发展能力，提高群众的增收致富能力。

【区政协常委视察旅游精品线路】 10月15日，区政协主席武占刚带领政协常委视察旅游精品线路。武占刚一行先后来到鹅和鸭农庄、圣泉山景区、二锅头博物馆、青龙峡景区，了解了景区的相关情况。视察结束后，政协常委们听取了旅游发展情况的工作汇报，并就相关问题进行了座谈。

【市人大代表视察造林工程】 11月6日，北京市人大代表视察了怀柔区造林工程。代表们首先来到平原造林工程大罗山段，查看了沙坑造林的整体效果，听取了平原造林整体情况的汇报，详细询问了沙坑造林成活率等问题。随后来到雁栖生态发展示范区，查看了景观提升工程。代表们认为怀柔区造林工程，投资大、场面大、效果好，特别是区园林部门将3 000亩造林任务主要安排在废弃沙坑周边，起到了恢复植被、防风固沙、涵养水源的重要作用。

怀柔区领导名录

区委书记 张建东（3月免）
齐　静（女，3月任）
副书记 齐　静（女，3月免）
常　卫（3月任）　萧有茂
常委 张建东（3月免）
齐　静　常　卫（3月任）
萧有茂　王红兵　潘临珠
田一农　田文杰
彭丽霞（满族，女）
周东全　张　明　周　燕
区人大常委会主任 王仕龙
副主任 祝自河　徐占明　赵学恭
金庚申　李凤先（女）
区长 齐　静（女，3月免）
常　卫（3月任）
副区长 潘临珠　田文杰　赵文广
朱淑霞（女）
张　勇　刘久刚　王玉山
区政协主席 武占刚
副主席 董　林　史宗祥　杨万悦
钟建忠　闫振佳（女）
尹永利
区纪委书记 周　燕（女，8月任）
副书记 杜连明　赵子长（6月免）
鲁泰吉（土家族）
冯庆霞（满族，女，6月任）
区委农工委书记 解金明（6月免）
薄振山（6月任）
区农委主任 解金明（6月免）
鲍晓健（女，6月任）

怀柔区街道、镇（乡）党政正职领导

	党委书记	主任、镇(乡)长
泉河街道	乔玉龙	朱　刚
龙山街道	王学明	石全田(6月免) 曹　岩(女,6月任)
怀柔镇	喻永刚	张建民
杨宋镇	武贵军	田　杰
北房镇	胡文云	宋霁朋
庙城镇	魏海涛	王建刚
桥梓镇	王洪利	李树海
雁栖镇	彭明祥(满族)	卢振宇
渤海镇	张福利(满族，9月免) 王立臣(9月任)	王立臣(9月免) 孙　逊(9月任)
怀北镇	王国栋(9月免)	马天彪(9月免)

	马天彪(9月任)	张茹莘(女,9月任)
宝山镇	田志兵	张　军
九渡河镇	孙建杰	任占智
汤河口镇	王永利(6月免)	周福刚(7月免)
	周福刚(6月任)	苗志强(7月任)
琉璃庙镇	鲍晓健(女,6月免)	肖正凯(6月免)
	肖正凯(6月任)	赫金峰(6月任)
长哨营满族乡	马宝良(9月免)	彭玉柱(满族)
	王怀秋(9月任)	
喇叭沟门满族乡	肖　坤(女)	彭明现(满族,7月免)
		彭明卫(满族,7月任)

（怀柔区委研究室　杜金喆）

平　谷　区

概　述

平谷区位于北京市东北部，总面积950.13平方公里，其中山区、半山区和平原面积各占三分之一。辖14镇、2乡、2个街道办事处，272个行政村和30个居民委员会，户籍总人口41.5万人，其中，农业人口16万人。坚持“一张蓝图绘到底”，坚持“一区四化五谷”发展战略，把握“三大规律”、实施“六三”工程、实现“四大跨越”、建设生态强区。完成地区生产总值169亿元，较上年增长10%；完成固定资产投资141.2亿元，增长15.2%；社会消费品零售额达到75亿元，增长12.1%。紧紧围绕“农业增效、农民增收”工作主线，认真落实科学发展观，创新思路，狠抓落实，农业农村经济实现持续快速发展。全年农业总产值44.7亿元，同比增长12.6%。

城乡发展一体化

【中心城建设快速推进】投资42.8亿元，实施重点工程32项。社会服务中心、特色文化体育展示中心等12项工程竣工，万德福商业广场主体封顶，南门大道建成通车。电力、道路等基础设施日趋完善，泃河两岸呈现新面貌。提级改造新平北路和谷丰路，新建3处地下通道。全面改造城市供水管网，铺设40千米供水管线。完成52万平方米老旧小区建筑节能改造和外立面粉饰，亮化美化5条主要街道。

【农村城镇组团发展初具规模】马坊中心区北区实现整体开发，新增住宅面积6.8万平方米，保障房项目开工建设，两块商业金融地块入市交易，南区拆迁工作进展顺利；夏各庄拆迁工作基本完成，部分地块2014年上市。

【环境承载能力持续提升】迅速启动清洁空气五年行动计划，推广液化气下乡2.8万户，完成减煤换煤4.3万吨，淘汰老旧机动车4 100多辆。泃河上游清淤疏浚，泃河新城段治理完毕，琴湖公园建成开放，城北湿地公园前期工作进展顺利。公路绿化30千米，大尺度森林绿地连方连片、成林成景，景观通道和森林公园效果凸显。

【环境管理精细化水平不断提高】健全环境管理长效机制，完善城市管理综合协调机制，开展黑摩的、侵街占道、无照游商等整治行动。严厉打击违法建设和非法经营，查处市级挂账的违法建设495处，拆除21万平方米，实现新增违法建设动态清零；打掉37处非法砂石料窝点，重点地区进行严防严控。

【社会管理和服务水平不断提高】严厉打击各类违法犯罪，刑事案件发案率降低8%。构建区镇两级食品药品监管网络，加强生产、交通和消防领域监管力度，安全形势总体平稳。完成森林防火预警监测系统、远程教育信息系统、农业信息网等平台建设，信息化在各个领域得到广泛应用。

农村经济发展

【粮食产量平稳增长】全区春播作物2.5万亩；夏收小麦面积2.47万亩，总产8 278.4吨；夏播玉米面积10万亩，预计亩产419千克，与2012年产量持平略高。玉米机收率达到90%以上。

【果品产量减效益增】全区果品总产量3.4亿千克，比2012年的3.51亿千克减产0.11亿千克，降低3.13%，果品总收入15.38亿元，比2012年的15.2亿元增收0.18亿元，增长1.18%；其中大桃产量2.56亿千克，比2012年的2.7亿千克减产0.14亿千克，减少5.19%，总收入11.79亿元，比2012年的11.78亿元增收0.01亿元，与2012年基本持平。山区、半山区15万农业人口人均果品收入预计1.025万元，比2012年的1.01万元略有增加。

【5 000亩大桃重点增甜园建设工程完成】增甜示范园全部应用高光效树体结构调整、增施发酵腐熟有机肥、钾肥、倒拉枝、高培垄整地、覆盖黑地膜、铺反光膜、果实套袋、病虫害联防联治等大桃增甜关键集成技术。6月初工程已通过检查验收。工程涉及15个乡镇、街道，33个行政村。

【2 000亩高效现代化示范果园建成】在大华山镇挂甲峪村、镇罗营镇上镇村、金海湖镇郭家屯村、峪口镇西营村、山东庄镇鱼子山村、平谷镇垤子峪村等村和区果品产业协会基地建成2 000亩“高密植、高产量、高效益”的标准化、规模化、集约化、现代化新型果园，包括桃园、苹果园和樱桃园。高效现代化示范果园实现了3个方面的创新：一是经营体制的创新，通过采取土地流转的方式，将土地收归村集体或承包大户，上镇村、郭家屯村、西营村、挂甲峪村探索了集体经营果园模式，西樊各庄村、鱼子山村探索了种植大户经营果园模式，这为果品生产实现标准化、规模化、机械化和集约化管理创造了有利条件；二是栽培模式的创新，采取株行距1米×3米高密植栽植，每亩株树达222株，采用独立主干树形，有利于机械化管理；三是栽培技术的创新，探索早产早丰、省工省力栽培技术，让管理技术更加简化，百姓更容易接受、掌握。

【果树品种实现多样化】在大桃品种结构调整上，侧重发展水蜜桃、油桃、蟠桃优新品种，按照建设全国水蜜桃大区、油桃大区、蟠桃大区的发展思路，调整以水蜜桃、油桃、蟠桃为主体的示范基地5 000亩。本着唯一性、多样性的原则，引进发展了六代红星、晋秋红苹果、斗南苹果、天红一号苹果、红香酥梨、无核枣、高抗寒葡萄品种（北玫、北红）等优新果树系列品种，建设特色果品基地1万亩。

【现代畜牧产业发展加快】保障正大300万只蛋鸡项目生产规模逐步扩大。自2012年11月份竣工投产以来，亚洲养殖规模第一、世界养殖规模第二、世界首例一次性建成规模最大的正大300万只蛋鸡生产项目不断扩大生产规模，2013年年底，项目投产比例达80%，产量1.5万吨，产值1.45亿元，年可生产品牌鸡蛋5.4万吨，占北京市场蛋品消费总量的18%。

【规模畜禽场粪污治理工作进一步加强】一是对沿河排污的8家畜禽场户实施粪污治理，落实经费200万元。积极向市财政部门申报规模猪场污染物资源化利用基础设施建设项目，对全区43家规模猪场进行全面粪污治理，2013年年底完成申报并通过区财政评审，审定资金2 420万元。

【完成农业部物种资源保护（渔业）项目申报工作】平谷区1家水产苗种企业获得改造，改造内容包括温室大棚改造、护坡和道路硬化及附属设施建设，申请农业部资金50万元。

【平谷区现代农业产业园区基础设施建设项目不断推进】争取市级资金7 869万元，对10个现代农业园区配套进行水、电、路等基础设施建设，支持6家农资服务龙头企业库房等基础设施改造，10月底竣工。

【民俗旅游稳步发展，态势良好】实施民俗村升级改造工程，金海湖镇黑水湾村、黄草洼村、将军关村、海子村、黄松峪乡大东沟村得到升级改造。民俗旅游规模不断壮大，金海湖镇郭家屯村、黄松峪乡大东沟村被评为市级民俗旅游村。积极组织各乡镇、市级民俗村开展京郊旅游新业态申报工作等。乡村旅游接待游客119.02万人次，收入5.21亿元，比2012年分别增长了10%和20%。

【农业观光休闲功能不断拓展】按照“果园菜园公园化”的发展思路，积极引导一产与三产的融合发展。全面启动了“双十”工程，从基础设施建设、休闲景观节点建设、园区环境整治等方面，重点打造了桃花海、挂甲峪、郭家屯三个高标准观光采摘园区。

【“平谷北山综合旅游区”项目建设不断推进】按照国家AAAAA级景区标准，建设国际汽车营地、国家级红色旅游教育基地、体育休闲旅游观光俱乐部、国际高端生态旅游园区、花寨林海养生谷、九曲十八弯等项目。2013年年底，国际营地项目完成规划，形成前期规划设计方案，完成选址工作，基本确定马蹄坑、东沟、北寨、鱼子山等8个汽车营地址；红色景区建设项目正实施“熊儿寨北土门战斗遗址”环保厕所、游览步道等工程建设；好运谷生态旅游科技园正在聘请专业规划公司进行设计规划；旧民居改造提升项目正进行规划设计；北山公共服务配套设施已启动前期工作，聘请专业公司进行规划设计和整体包装；旅游咨询站项目正根据规划设计方案进行前期相关工作。

【乡村旅游商品开发】平谷区首家“北京礼物”店落成。礼物店落户平谷区农展中心，面积200平方米，有工艺摆件、礼盒、针织等北京礼物1 000余种，充分展示平谷旅游丰富商业文化，满足游客不同需求；特色资源开发加强，依托较有实力的旅游研发企业进行“平谷礼物”的深入研发，设计完成了金海石摆件、桃木高尔夫球套杆、纳福礼盒系列和小提琴音乐盒等，并通过礼物店、展卖等多种渠道进行全力促销，使之成为阐释平谷旅游形象的代表作。

【桃花源旅行社成立】投资50万元注册成立桃花源旅行社。突出“相对北京平谷是郊区，相对外省平谷是北京”的理念，推出“住平谷、游三省”系列旅游产品，京津冀三省30多家兄弟单位均同意建立平谷区桃花源旅行社分社。

【农业科研项目力度加大】西柏店循环农业科技园工程顺利完成前期设计、招投标等各项工作，开工建设。正大循环农业示范园总体规划方案拟订。好运谷农业科研基地项目建设完成了20栋日光温室，办公楼和科研楼主体建设完成，环境改造、土壤改良等工程稳步推进。

【打造了生物肥料联盟】北京世纪阿姆斯农业科技有限公司承担“生物肥料创新平台建设及耐盐高活性微生物菌剂的开发”项目，取得多项成果，并顺利通过验收。该项目完成了“首都生物肥料创新平台”建设，已向联盟成员单位开放；建立了开放实验室、年产2 000吨微生物菌剂的生产线、3个生物肥料示范基地；探索和形成了“首都生物肥料科技创新服务联盟”的运行机制，通过开放式运作和协同创新，有力地推动了北京市生物肥料产业的可持续发展。

【设施农业机械的引进推广和研制加快】搭建了通过网络对日光温室棚内温度监测及灾害性极端温度短信提醒服务的网络平台，此平台是采用内置式手机卡上网，通过远程电脑网络进行数据传输和手机短信提醒等方式，可以时时对温室大棚内、外温度进行检测和对比，便于服务对象在第一时间内掌握温度现状，以便采取措施，减少可能的灾害损失。

村　镇　建　设

【重点小城镇建设速度加快】马坊新城功能逐步完善，教育、体育、文化、养老等服务设施投入使用，销售商品房6.8万平方米。夏各庄新城基本完成一级开发，主干路网初步成形，水、电、暖等市政配套全部到位，首批700亩土地入市交易。金海湖小镇开发步入新阶段，韩庄村完成搬迁安置，同步实施土地整理，为后续建设奠定了基础。峪口、东高村、马昌营等乡镇开发条件逐步成熟。

【新型农村社区试点稳步推进】老泉口村、西鹿角村、白云寺村等原有试点村的建设进度不断加快，力争早日建成并发挥示范作用；同时在全区范围内进行调研，筛选符合条件的5个村申报新的试点村，报市有关部门进行审批。

【农村基础和公共服务设施管理系统建立】组织下乡和资料录入2 000余人次，对平谷区农村的10 019条道路、93个雨洪工程、220个公园、411个公厕、89个公共浴室、112个医疗室等13大类农村基础设施和公共服务设施进行普查，利用电子政务和网络信息技术，建立了农村基础和公共服务设施管理系统。该系统围绕“两条主线、四级应用、系统集成，业务协同”原则，实现农村基础和公共服务设施的全面、动态、精准、透明管理，在农村基础设施管护工作方面打开了突破口。农村基础和公共服务设施管理系统的应用，标志着农村基础设施和公共服务基础设施管理进入到了信息化时代。

【农民住宅抗震节能改造工程完成】共指定建材供货单位8家，监理公司3家，施工单位6家。完成农民住宅抗震节能改造4 500户，其中新建翻建3 000户，综合改造1 500户。另外，平谷区政府自出资金1 000万元，实施单向改造1 000户。

【水毁工程修复力度加大】修复工程共涉及镇罗营、大华山等10个乡镇硬化田间路近4.2万平方米，总投资667.5万元；桥涵45座，总投资1 629.7万元。各项工程严格按照财政评审、公开招投标等程序组织实施，严格实行全程监理制，工程进展顺利，现已完成施工任务。

【乡村公路大修、养护工作持续推进】投资3 071.39万元，其中日常维护资金531.39万元，乡村公路大修工程投资2 540万元。大修工程工程量包括砼路面道路29条，29.3千米，16万平方米；4条沥青混凝土道路，5.3千米；标志牌400个；山区护栏墙3.5千米，桥梁2座；边沟及挡土墙工程600立方米；水泥路面灌缝10万延米。

2013年年底，完成水泥混凝土路面道路13条，工程量6万平方米；4条沥青混凝土道路5.3千米正准备摊铺沥青混凝土路面；标志牌正在施工安装；水泥路面灌缝施工已过半。

【沟域经济建设加速推进】全面启动九里山沟域经济建设，投入资金7 903万元，打造“都市慢生活”品牌，重点实施了环境整治、生态建设、基础设施、新村民居和特色产业5大工程、28个项目。继续推进十八弯和丫髻山两条沟域建设。以干道两侧和村庄环境整治、绿化美化为重点，开展21项工程建设，总投资1.4亿元。

【山区搬迁加快推进】熊儿寨乡魏家湾和村东沟2个村已开工建设，南独乐河镇北寨村和镇罗营镇桃园村积极开展地灾和洪灾评估工作。年内搬迁任务为熊儿寨乡老泉口2村87户、642人，因该村位于四座楼自然保护区，需要对四座楼自然保护区规划进行调整后，才能开工建设。

农村改革与管理

【农民专业合作社得到快速发展】工商部门注册登记的农民专业合作社达到958家，比2012年增长了98家。其中，种植业703家，养殖业217家，农机服务、民俗旅游、手工艺加工等其他行业38家。发展总数在5个生态涵养发展区中居第2位。合作社出资总额18.96亿元，成员总数49 785户，其中农民成员46 430户，占全区农民总户数的58.7%，占全区一产农户的79.5%。入社成员人均收入普遍高于非入社成员20%左右。全区共创建国家级、市级、区级示范合作社66家。

【农村产权交易取得新进展】区产权交易服务中心成功受理10宗交易，流转土地2 936亩，交易总额1 346.9万元。完成镇罗营镇、峪口镇等6个乡镇确权登记颁证试点工作，涉及104个村30 907户，确权土地面积12.4万亩。农村资产通过产权交易服务中心进行交易，不仅规范了集体产权交易行为，更加促进农村资源优化配置和城乡统筹发展，加强了农村集体资产管理，保护了农民合法权益，提高农村集体资产经营效益，从而促进农村党风廉政建设，密切了党群、干群关系。

【6个乡镇确权登记颁证试点工作完成】2013年年初召开全区动员部署工作大会，各试点镇村成立相应的组织机构。上半年，在镇罗营镇、峪口镇、刘店镇、夏各庄镇、马昌营镇、大兴庄镇6个乡镇启动农村土地承包经营权登记试点工作。6个试点镇共涉及104个村，涉及农户30 907户，涉及人口92 792人，涉及农业承包合同28 232份。共涉及确权土地面积124 420.88亩。对6个试点镇，镇、村两级登记颁证工作组成员进行培训。9月底，组织6个试点乡镇在镇罗营镇大庙峪村召开现场工作会。2013年年底，完成发放农村土地承包经营权登记入户核实表26 000余份，土地承包经营权面积确认表35 000余份；认真清理核实土地承包方案120余份、清理承包合同30 000余份。

【印章委托管理全面实施】在原村级财务“双托管”和村级公章“三把锁”管理基础上，结合农村实际，成立村级公章合同财务监管中心。集中统一对村级的合同、财务、公章实施制度化管理，建立新机制，切实提高“资产、资源、资金”的管理水平。

【新型集体经济组织资金账户归集程序管理探索实施】积极探索创新新型集体经济组织的资金管理模式，以峪口镇为试点，实施政银合作、账户归集、程序化管理模式，健全和深化村级财务“双托管”制度，使原村级财务的村主任法人账套让渡到村集体股份合作社社长法人账套管理，理顺产权制度改革后村级财务的管理。形成了《关于实施新型集体经济组织资金账户归集程序管理的意见》。大华山镇、黄松峪和镇罗营已全面展开实施。

农　村　民　生

【农民人均收入稳步增长】农村居民人均收入16 865元，其中，工资性收入11 509元，同比增长12.2%，工资性收入对纯收入增长的贡献率为69.7%，拉动纯收入增长8.3个百分点；平均家庭经营纯收入为2 843元，同比增长23.2%。在农村居民家庭经营纯收入中，第一产业人均纯收入为1 327元，同比减少278元，下降17.3%，占家庭经营纯收入的比重为46.7%，同比下降8个百分点，但仍是农村家庭经营收入的主要来源。其中：农业人均纯收入1 735元，增长37.5%；林业人均纯收入294元，增长13.8%；牧业和林业纯收入由于费用的增加而亏损。第二产业人均纯收入249元，同比增加190元，是2012年的4.2倍；其中建筑业人均纯收入增加239元，从业人员中从事建筑业的人员增加和工人报酬的提高是建筑业纯收入增长的原因。第三产业人均纯收入1 266元，同比增加 622 元，增长 96.7%。其中：批零贸易业、饮食业人均纯收入 952 元，增长 1.7 倍，随着民俗旅游业的发展，农家院收入也逐渐走高，带动了批零饮食业收入的增长；交通运输业、邮电业人均纯收入 213 元，增长 62.2%。

【农民生活消费支出稳步增长】人均生活消费支出 17 360 元，增长 7%。其中：人均食品消费支出 5 662元，同比下降 0.5%，其中人均肉禽蛋水产品类支出 1 013 元，下降 4.5%；人均糖烟酒饮料类支出 619 元，下降 3.9%；人均干鲜瓜果类支出 639 元，下降 3.3%；人均饮食服务支出 1 676 元，下降 5.8%。人均衣着消费支出 2 113 元，同比增长 5.5%，增长的主要原因是随着社会交往日益增多，个人着装越来越追求高档化，人均购买服装消费支出 1 538 元，增长 6.8%；人均购买鞋类支出 492 元，增长 2.5%。人均居住消费支出 1 771 元，同比增长 12.2%，增长的主要原因是人均住房装潢支出 382 元，增长 32.2%；水电燃料及其他支出 1 049 元，增长 14.2%。人均家庭设备用品及服务消费支出 1 802 元，同比增长 22.3%，其中人均耐用消费品支出 874 元，增长 20.8%；人均家庭服务消费支出 261 元，是 2012 年的 3.4 倍。人均医疗保健消费支出 1 483 元，同比下降 0.9%，其中人均药品消费支出 544 元，下降 23.1%。人均交通和通信消费支出 4 893 元，同比增长 32.8%，增长的主要原因是人均交通消费支出 4 106 元，增长 39.4%，其中人均购买交通工具消费支出 2 431 元，增长 24.3%；人均购买车辆用燃料及零配件消费 1 062 元，增长 51.0%；人均交通工具服务支出 439 元，增长 3.7 倍。人均教育文化娱乐服务消费支出 2 591 元，同比增长 10.7%，其中人均教育消费支出 1 311 元，增长 15.8%，带动人均教育文化娱乐服务消费支出增长。人均其他商品和服务消费支出 652 元，同比下降 6.6%，主要是人均金银珠宝首饰支出 215 元，下降 32.5%。

【“一产员工化”快速推进】将“一产员工化”和绿色就业有机结合，通过发展林下经济、设施农业建设等，实现绿色就业。全年实现近 5 000 人就业。

【劳动者技能水平大力提升】开展“订单式”校企合作办学新模式，为峪口禽业的 17 名员工进行设备运营师培训与考试，提升劳动者技能水平。全年培训各类城乡劳动力 5 699 人，完成指标的 71.2%。加强职业技能鉴定服务体系建设，完成 7 个工种 4 120 人的职业技能鉴定。

【农村学校师生幸福指数得到提升】投资 930 万元，用于采购 31 所中小学农村寄宿制学校生活用车。依据中小学办学条件标准，在确定支持各校食堂改造、翻建危旧平房的基础上，进行平房教室外墙保温、数字校园建设、电力增容报装及线路改造、校园道路硬化、室外消防等工作，总投资 15 229.33 万元。

【农民艺术节文化活动积极开展】举办了平谷区新春团拜会、中国乐谷欢乐节暨平谷区 2013 年秧歌花会进城大拜年、镇乡农民艺术节、机关企业文艺联欢、基层千场文艺演出、“光影盛宴”春节 1 200 场电影惠民等活动。其中，花会秧歌进城大拜年活动在第八届北京春节庙会·灯会·文化活动评选中喜获“文化魅力奖”。

【农民艺术创作成绩凸显】在北京市第 23 届农民艺术节期间，编创的文艺节目新平谷调《幸福平谷》在“乡村大舞台·一村一品”竞赛中荣获一等奖；丫髻山文化庙会被评为“北京特色活动”；音乐剧《乐谷之声》入围全国“群星奖”复赛。区图书馆顺利通过评估验收，继续保持“国家一级馆”殊荣。

【承办了 2013 年第三届环北京职业自行车公路赛首站平谷赛段赛事】2013 年 4 月初，开始着手准备环京赛平谷赛段相关工作。10 月 11 日，环北京职业自行车公路赛正式鸣枪。本届环京赛共吸引 19 支来自国际自盟的欧美车队与亚洲唯一的职业车队 160 余名车手参加，规模空前。赛事共分 5 个赛段，途经本市 11 个区县，总赛程长达 835.5 千米。上午 11：50，环京赛开赛，先头部队 12：35 由昌金路顺平交界处进入平谷赛段，途经峪口、王辛庄、山东庄、黄松峪、南独乐河、金海湖、刘家庄，14：50 由丫髻山桃李景观大道行出平谷。

【第四届户外休闲健身大会成功举办】4 月下旬，区户外运动协会与北京每日徒步运动中心在国际徒步大道联合举办“北京·平谷徒步大会”，来自全市 1 000 余名徒步爱好者参加此次活动。5 月 4 日，北京平谷第十五届国际桃花音乐节“光明行”徒步友谊赛暨北京市徒步运动协会平谷区分会授牌仪式在国际徒步大道举行。8 月 17 日，由区政府主办，体育局和三夫户外公司承办的“山浩杯”2013 第十四届三夫户外三项赛在金海湖景区举办。10 月 19 日，北京平谷第五届国际户外健身大会在北京平谷国际徒步大道举办鸣枪开赛。大会由区政府主办，体育局、北京看购科技有限公司和平谷蓝天户外运动协会共同承办。大会吸引了来自全国各地、社会各界的徒步爱好者齐聚平谷，看购电影、银珩商城、北京大学、清华大学、北京林业大学、首都体育学院、中医院大学、华晨宝马工会、北京欢乐谷、渔阳集团、平谷蓝天户外等200余支代表队，共1万余人参赛。

【社会保险扩面征缴力度不断加大】养老、医疗、失业、工伤、生育五险参保人数分别达到：养老16.11万人、医疗17.77万人、失业12.96万人、工伤12.78万人、生育11.62万人，其中农民工参加职工养老、医疗保险人数分别达到3.08万人和3.26万人，全部超额完成任务指标。城乡居民养老保险续保人数5.2万人，续保率73%。五项社会保险基金累计收缴11.8亿元，支出9.9亿元，同比分别增长19. 9%、23.5%，当期累计结余1.9亿元。

基层组织与民主政治建设

【村“两委”换届工作圆满完成】共选举产生第九届村委会成员947人，有13名大学生村官当选村委会成员。村“两委”换届实现了书记主任一人兼比例提高、“两委”交叉任职比例提高、连选连任人数提高、村委会班子成员中党员比例提高、班子成员大专及以上学历比例提高、女性村委会成员比例提高和非党员村主任比例降低、村委会无党员比例降低的“六个提高，两个降低”工作目标。同时，村委会无党员的“白点村”从上届的18个降低到0个，彻底消灭了“白点村”。

【村级后备干部队伍建设进一步加强】通过建立“择优选、精心育、动态管、量才用、强激励”五项机制，全面加强村级后备干部队伍建设，在一定程度上解决了全区农村干部队伍中存在的本村人才比较难留、外村人才难以吸引、优秀人才难以推出等问题，在创新选拔培养机制、优化队伍结构、推进后进村转化等方面，取得了较为明显成效。2013年年底，全区已建立了585人的村级后备干部队伍，有143名村级后备干部和55名机关事业干部进入村“两委”班子，89人先后担任村党组织书记或村主任。

【探索了面向农村党组织书记选拔事业编制人员】出台了《平谷区面向农村党组织书记选拔事业编制人员工作方案》，从个人业绩突出，党员群众满意，在全区有一定影响力，在推动科学发展、促进社会和谐、服务人民群众、加强基层组织等方面表现优秀，并符合一定条件的在职村党组织书记中选拔事业编制人员。全年选拔2人进入到事业单位。

【各领域基层组织建设工作指导得到加强】对全区基层党组织设置进行系统梳理，理顺党组织隶属关系，制作了党组织示意图、树状图。在机关党组织中，开展“城乡组织手拉手，互补共赢促发展”结对共建活动、“三进两促”和“庆‘七一’表彰暨‘我的梦·中国梦’宣讲大会”等活动，积极转变工作作风；在教育系统党组织中，开展“党员好故事、书记好党课、支部好案例”征集活动，形成真抓实干、奋发有为、争创一流的良好氛围；在国企党组织中，开展“我为企业发展献一策”“话中国梦想，谱国企新篇”等活动；在社区党组织中，开展“三级联创”、区域化党建党群活动中心建设等工作，进一步提升城市社区党建工作水平；在“两新”组织中，强化组建，先后建立北京汉基集团党委、北京隆华兴盛商贸有限公司党支部、北京市平顺大红果餐饮有限公司党支部等20个非公企业党组织。选聘30名非公有制企业党建指导员。

【廉政文化建设全面推进】充分发挥区委党校主阵地作用，将中央出台的“改进工作作风，密切联系群众”八条规定和市委、区委关于贯彻落实八条规定的实施意见作为对党员干部进行党风廉政教育的主要内容，截至目前，共有各类主体班约2 000余人次党员干部接受了教育。组织开展2013年新任处级领导干部廉政谈话和党纪条规考试。区委常委、区纪委书记武克与2013年新任职的57名处级领导干部进行集体廉政谈话，并组织了党纪条规和《廉政准则》考试。组织“弘扬廉政文化，建设幸福平谷”倡廉宣讲活动。在全区开展“勤廉之星”推荐活动的基础上，开展倡廉宣讲活动，宣讲团的10位成员从不同侧面宣讲了勤廉典型的先进事迹，展现了党员干部的优良作风，全区近2 000余名党员干部接受教育。开展“一园”带“七进”，廉政文化标准化建设。以廉政文化主题公园——清风园建设为主导，带动廉政文化“七进”：进社区、进农村、进家庭、进机关、进医院、进学校、进企业标准化建设，在全区营造“以廉为荣、以贪为耻”的良好风尚，有力促进了党风廉政建设和反腐败工作。开通了覆盖全区的廉政短信平台。每周定期向全区 700 余名处级以上领导干部发送廉政短信，以提醒广大领导干部增强廉洁意识，促进廉洁从政。开展廉政微小说和平面廉政公益广告征集活动。共征集廉政微小说 338 篇，平面廉政公益广告 138 件，并组织专家对征集作品进行评比。

“三农”工作部署和实施

【召开城乡环境建设大会】 3 月 13 日，召开生态文明和城乡环境建设大会，区委书记张吉福从立足区域功能定位，牢固树立生态有为理念、坚持治建管并重，大力推进“美丽平谷”建设、抓好《生态建设总体规划》的编制工作、抓好“六三工程”等重点项目、抓好城市管理等几个方面，对下一步做好城乡环境建设工作提出了具体建议和要求。

【召开农村工作会】 会议主要内容是，平谷区“三农”占线广大干部深入落实“一区四化五谷”发展战略，开拓创新，求真务实，都市型现代农业加快推进，农村生态环境明显改善，农村基层组织建设不断加强，农村改革全面深化，农民生活水平显著提升，各项任务目标圆满完成。2014 年，农村工作将深入贯彻落实中央十八届三中全会、中央农村工作会议和中央 1 号文件精神，在区委的坚强领导下，紧紧围绕“一区四化五谷”一张蓝图绘到底的发展战略，开展“三农”工作。

【各项支农惠农政策得到落实】 一是顺利完成小麦种植补贴 2.48 万亩，兑现补贴资金共 446.3 万元，涉及 4 038 户农户；完成玉米种植补贴 11.66 万亩，向 29 800 户农户兑现补贴资金 1 131.04 万元。二是完成政策性农业保险承保规模 62.2 万亩（头、只），总保额 10.8 亿元，保费总额 4 852 万元，投保农户 1.4 万户；向 5 055 户受灾农户兑现了理赔款 4 112 万元。

平谷区领导名录

区委书记　张吉福
副书记　姜　帆　闫维洪
常委　武　克
高　飞（苗族）　刘　震
韦小玉（女）　李宝峰
区志奇　田长丰　王安有
区人大常委会主任　刘　军
副主任　李继合　路崇武
全国英（女）　石来福
贾喜庚
区长　姜　帆
副区长　李宝丰　区志奇　王志勉
刘晓光　底志欣（回族）
王红艳（女）
区政协主席　王春辉
副主席　白长河　郭有才　杨凤山
刘廷海　刘建增
徐素芝（女）
区纪委书记　武　克
副书记　陈凤友　张月春　谢宝德
正局级　王振林
副区级　张彦友　王如生　周泽光
区委农工委书记　吴连江
区农委主任　李福芝（女）

平谷区乡镇正职领导干部

	党委书记	乡（镇）长
平谷镇	石来福	马立文
金海湖镇	史立成	韩小波
王辛庄镇	李学东	崔　跃
夏各庄镇	赵卫民	王晓勤
东高村镇	李　平	秦海滨
马坊镇	周泽光	张学兵
马昌营镇	付湘生	任永宝
山东庄镇	张海青	马思亿（女）
南独乐河镇	牛福生	符仲坤
刘家店镇	张振江	见国柱
大兴庄镇	陈新华	王长林
峪口镇	胡宝旺	曹玉敏
镇罗营镇	王何义	任利泉
大华山镇	胡东升	王立宝
黄松峪乡	任建义	张艳革
熊儿寨乡	龚禹峰	刘万岭

（平谷区委研究室　梁自山）

密　云　县

概　述

密云县深入落实生态涵养发展区工作方略，按照“三个走在前列”目标和建设“绿色国际休闲之都”要求，以转变发展方式为主线，以促进农民增收为根本，以加快推进产业融合发展、提高城镇化和新农村建设水平为重点，强基础、促统筹、抓产业、促富民，持续推动农业农村发展新局面。全县农林牧渔业总产值47.3亿元，同比增长3.8%；完成平原造林2.5万亩。全年粮食播种面积26万亩，粮食总产量8.8万吨。农村居民人均纯收入1.6万元，同比增长11%。

城乡一体化

【城乡低保标准同步上调至650元】城乡低保认定标准由家庭月人均580元调整为650元，城乡低收入家庭认定标准由月人均740元调整为850元，在五个生态涵养区中率先达到北京市统一认定标准。新标准自2014年1月1日起执行，1月份保障金调整增加部分将以手工发放形式进行补发。

【2011—2013年城乡居民养老保险呈现“一高一低”特点】2011—2013年城乡居民养老保险呈现“一高一低”特点：一是领取待遇人数逐年上升；二是参保人数逐年下降。主要原因：①近年来农村外出务工人员逐年增多，居民参保意识增强，大部分居民选择在用人单位参加职工基本养老保险。②居民参保人员老龄化步伐加快，符合领取待遇条件的人数逐年上升。

【完成全社会固定资产投资165.1亿元】完成全社会固定资产投资165.1亿元，同比增长13.6%。其中第一产业完成15亿元，增长15.6%，主要为平原地区造林工程投资；第二产业完成22亿元，增长4.1%，其中工业占91%；第三产业完成128.1亿元，增长15.2%，主要包括房地产开发以及大唐煤制天然气、101国道绕城线、古北水镇等重点项目投资。

【五大行业产值均超过20亿】汽车制造业、酒饮料和精制茶制造业、黑色金属矿采选业、电气机械和器材制造业、农副食品加工业产值均超过20亿，五大行业合计完成工业产值215.3亿元，占全县规模以上工业产值比重的75%，拉动规模以上工业产值增长10.7个百分点。

【公用基础设施建设顺利完成】完成大唐煤制气管道工程密云段92千米的建设任务，预计每年可为首都供应煤制天然气40亿立方米。完成热计量改造面积225万平方米及老旧管网更新改造；投资6 600万元，重点对兴云小区等21个老旧小区管网进行改造，改造管道总长度8.5万米，供热面积约74万平方米。完成华润希望小镇、古北水镇压缩天然气站及管线建设；启动“减煤换煤，送气下乡”工程，2.6万户农民可享受每罐55元的炊事用气补贴。

【乡村公路工程全部竣工】乡村公路工程全部竣工，包括乡村公路大修工程23项、水毁修复工程29项，其中：路面工程46项、63.6千米，改造、修复桥梁涵洞5座，绿化工程1项。工程惠及冯家峪等16个乡镇。

农村经济发展

【休闲农业园区建设】投资275万元，重点对久运河谷葡萄园等8个休闲农业园区实施环境、设施和文化等建设，提高园区品质。全县共有各类休闲园区300余个，年接待游客322万人次。

【多渠道促进农产品流通销售】以店中店形式在物美大卖场建立“密云农产品专柜”，30余家合作社近百种产品进驻卖场，日均销售额达万元。洪福环宇餐饮有限公司与库北地区10家重点蔬菜种植专业合作社签订产销协议，收购价格较当日新发地蔬菜批发价格上浮15%。康顺达等6家合作社与市区住宅小区对接，建立一家一户会员制配送销售渠道，目前已建立会员制配送3.5万户。

【完成“菜篮子”重点建设工程】发展新菜田1 219.73亩，其中设施农业169.41亩、露地菜田856亩、改造提升老旧棚室194.32亩。高标准建设市级设施农业标准园2个，提升百亩以上县级标准园11个。建设市级设施蔬菜集约化育苗场3个，市级“菜篮子”工程优级农业标准化基地16个，新认证无公害基地15个。

【会展农业取得成效】组织5家农业龙头企业参加第十一届中国国际农产品交易会，充分展现优质农产品和农业品牌形象。组织 11 家企业及合作社参加首届北京农业嘉年华活动，分获最佳展销、最佳服务保障等奖项。成功举办密云县第六届板栗经贸洽谈会，116 家板栗专业合作社与全国 200 余家板栗经销商实现对接，共组织收购板栗 9 800 吨，实现销售收入 6 800 万元。成功举办密云县第二届西甜瓜采摘节、第三届东邵渠御皇李子节、张裕爱斐堡第四届葡萄·葡萄酒文化艺术节等活动，进一步促进密云特色农产品的销售流通。

【“密云水库鱼”等 6 种农产品通过市地理标志资源普查初审】“密云水库鱼”“北台玉葱”“密云板栗”“黄土坎鸭梨”“大城子红肖梨”和“石峨御皇李子”6 种地域特色农产品通过市地理标志资源普查初审，下一步将由市农产品安全办公室统一上报农业部，统筹纳入《北京市地域特色农产品普查备案目录》，作为今后全市农产品地理标志登记保护、产业发展和品牌培育提升的重要依据。

【农产品生产质量安全持续保持较高水平】农业部和市级开展蔬菜样品抽检 230 个，合格率 100%。县级每半月定期对蔬菜生产基地开展质量抽查，共检测蔬菜样品 5 251 个，合格率 99.8%。畜禽养殖业全年共抽检各类样品 15 563 份，其中：饲料样品 151 份，畜禽产品样品 388 份，其他样品 15 024 份，抽检样品全部合格。

【农产品质量安全】在全县蔬菜生产基地推广标准化生产，126 家蔬菜农业标准化基地实行分级动态管理。创建市级蔬菜优级标准化基地 17 家，市、县级设施农业标准园 14 个，市级集约化育苗场 3 个。加强“三品”认证工作，认证无公害农产品基地 79 个。建设标准化养殖场 101 家，其中：优级 13 家，良好级 37 家，达标级 51 家。

【完成四项生态安全农业建设工程】建立有机果品生产追溯体系，巩固提升 30 个 6.5 万亩有机果品基地，建设绿色蔬菜基地 1 万亩。以提升“肉蛋菜奶”主要农产品供应保障为目标，创建蔬菜、渔业和畜牧市级优级农业标准化基地 16 个。加强无公害农产品监管，新认证无公害农产品基地 15 个。推广绿色生物防治技术，开展 40 万亩板栗和玉米防治桃蛀螟的赤眼蜂繁育和放蜂工作。

【粮食直补工作】全年落实粮食直补面积 20.5 万余亩、补贴资金 2 101.7 万元，全县共有 17 个镇 309 个村 65 609 户农民受益，粮补资金已于 10 月底前全部发放到农户手中。

【打造农业生态景观】围绕“六河、三路、一沟”建设，通过整体设计，合理搭配，在新城子、东邵渠、石城和北庄等镇建设集大地景观、农田科普展示、观光采摘、农艺体验等于一体的农田景观节点 9 个，共计 1 万亩，实现了农业与旅游观光有机结合。

【农民专业合作社建设成效显著】全县农民专业合作社共 1 149 家，注册登记成员 81 256 户，占全县农业人口户数的 84.6%。实现总收入 15.8 亿元，总收入在 500 万以上的合作社 91 家，国家级示范社 3 家，市级示范社 20 家，县级示范社 56 家。

【民俗旅游合作社彰显活力】全县现有民俗旅游合作社 85 家，成员 2 760 户，年接待游人 118.1 万人次，同比增长 35.6%。年纯收入达 7 077 万元，同比增长 32%。实现年户均纯收入 2.6 万元，同比增长 18.2%。

【农业现代化建设】引进、改造和推广各类实用型环保农机，全县主要经济作物实现全过程机械化生产。推广微耕机等现代农业机械，降低农民劳动强度。以“建设专业化队伍、配备现代化设备、提供社会化服务”为方针，大力扶持农机合作组织发展。积极争取市级资金 1 647.6 万元，补贴农机具 591 台（套）、保鲜库 5 000 平方米。

【进一步加强设施农业监管遏制违法违规用地】相关部门联合对全县所有设施农业进行日常巡查监管，建立常态化巡查监管联动工作机制。各乡镇及时掌握设施农业发展变化情况，并建立台账报送和巡查记录长效管理制度。每半年对各镇监管工作进行督导检查，并通报检查结果。

【打造合作社农产品品牌】继续做好“一品密云”电商平台建设，完善“密农产销合作社网络销售平台”，实现移动互联网与农民专业合作社的有效结合。加大对合作社“三品一标”（三品：绿色、有机、无公害产品；一标：农产品地理标志）认证的宣传力度，向消费者推介合作社优质农产品。围绕密云都市型现代农业“三个三”的发展格局，着力打造 15～20 个合作社品牌和知名产品品牌。

【民俗旅游走在全市前列】全年共接待民俗旅游 702 万人次，同比增长 10%；民俗旅游收入 6.08 亿元（同比增长 5.8%），连续三年位居五个生态涵养发展区首位。

【落实扶持资金 1 850 万元支持合作社建设】完成民俗旅游专业合作社组建工作，进一步带动民俗旅游产业发展。建成保鲜库11处，实现应季水果反季节销售。完成35家合作社基础设施建设。完成8家合作社直销店建设工程，合作社产品实现从生产到零售的无缝对接。通过集中授课培训，培养一批合作社发展骨干人才。

村镇建设

【保洁员队伍工资情况】全县共有村级保洁员2 281人，同比增加113人。全县保洁员月平均工资708.9元，同比增长9.5%。其中：全县保洁员月工资最高的是北庄镇，为1 400元；月工资增幅最大的是巨各庄镇，从每月800元增至1 300元，同比增长62.5%；月工资最低的是高岭镇、大城子镇、石城镇、西田各庄镇，均为500元。

【农村环境建设水平稳步提升】加强保洁员队伍建设，镇村级专职保洁员总数已增至2 263人。完善环境设施和设备，收集转运设备达13 000多台(件)。抓好垃圾分类、清除转运工作，全县农村地区共出动14.2万人次，清理积存垃圾13万余吨，拆除私搭乱建8.2万平方米。在首都环境办“月检查，月曝光”检查中，连续8个月在五个生态涵养区排名第一；在全市农村环境满意度调查中，在全市13个郊区县中排名始终靠前；太师屯镇获得北京市卫生镇称号。2014年将在全县各镇投资不低于500万元，用于农村环境建设，改善农村环境质量。

【“暖起来”和“亮起来”工程完工】“暖起来”工程总投资900万元，涉及4个镇15个行政村，建设太阳能公共浴室15座，解决了2.15万余名村民冬季洗澡难问题。“亮起来”工程总投资800万元，涉及15个镇36个村庄路段，安装太阳能路灯2 341盏，年可节约用电11.71万千瓦时，节省电费开支近6.5万元。

【在部分山区搬迁村安装红福源新型电热供暖设施发挥作用】在不老屯等3个镇386户新民居试点安装红福源新型电热供暖设施。该产品采用低温电热辐射技术，以电地暖的形式进行供暖，可自主调控温度，具有净化空气、节能低耗等特点。部分搬迁村已安装完成并投入使用，供热效果明显，相比燃煤等供暖方式可节约开支1 000元左右。

【密兴路二期全线贯通】工程起点为巨各庄镇霍各庄村，终点为大城子镇北沟村，与河北省兴隆县相接，全长28.3千米，涉及巨各庄和大城子镇24个行政村2 033户。

农村改革与管理

【被农业部认定为全国一事一议规范管理县】经农业部审核认定，北京市密云县等100个县（市、区）为全国一事一议规范管理县。密云县是北京市唯一被认定为全国一事一议规范管理的区县。

【荣获“最美中国”生态旅游目的地市（县）称号】由新华网发起并举办的“2013旅游业最美中国榜”评选结果公布，凭借优异的生态环境、丰富的旅游资源，密云县成功跻身“2013旅游业最美中国榜”榜单，荣获“最美中国”生态旅游目的地市（县）称号。

【获得“促进农民增收一等奖”】2013年第1—3季度，农民人均纯收入增长速度位于区县首位，获得北京市新农村建设促进农民增收一等奖，获得奖励资金1 000万元，2013年是继2011年、2012年之后连续第三年获得此项殊荣。

【古北水镇项目成为媒体聚焦热点】《中国青年报》、北京电视台“北京您早”栏目分别以“古北水镇依托长城力推深度体验度假游”和“密云打造京郊的江南水乡”为题报道了水镇的总体建设和旅游接待情况。人民网、新华网、央视网、《北京晨报》《新京报》等30余家媒体进行了转载报道。

农村民生

【投入1.1亿元帮扶困难群众】发放城乡低保资金5 725万元，为全县8 016户、12 747名困难群众提供基本生活保障。拨付教育救助资金453万元，保证1 018名城乡低保和低收入家庭子女接受正规教育。安排资金990万元，救助低保对象及由突发事件造成生活暂时困难的群众16 819户、28 168人。筹措资金1 826万元，对9 194名城乡特困人员、781名重大疾病人员、144名低保对象和48名95周岁（含）以上老年人实施医疗救助。投入2 500万元，给予全县9 800名农村重度残疾人困难补助。

【投入1 715万元落实农村优抚、社救对象危旧房改造工作】共翻建和维修优抚、社救对象危旧房420户1 260间，其中：农村优抚对象危房翻建50户，农村社救对象危房翻建300户、维修70户。根据工作进展情况，县财政已拨付资金1 086万元。

【多项措施促进低收入村发展和低收入农户增收】深入落实各项支农惠农政策，全面实现帮扶工作队与帮扶村对接，推进帮扶增收。鼓励农户发展设施农业、精品林果业、绿色养殖业和民俗旅游业等产业，支持合作社和农产品加工企业与农户建立合作关系。稳步推进专家帮带工作，开展低收入农户实用技能培训2 000人次。努力创设公益岗位，优先安排有劳动能力的低收入农户劳动力实现公益就业。

【“支农惠农”政策性农业保险有效保护农民收入】全县政策性农业保险承保涉及17个乡镇、363个村、9 231户，累计总保费1 925万元，同比增长22%。全县6 112户农民获得保险赔偿1 800万元，同比增长72.7%。

【新型集体经济组织按股分红情况】涉及8个镇，22个核算单位，分红总额3 830.13万元。其中：集体股分红1 034.47万元，个人股分红总额2 795.66万元，受益股东25 991人。

【农民住宅抗震节能工作超额完成】在16个镇238个村完成农民住宅抗震节能改造2 500户，完成新建翻建和综合改造2 630户，超额完成年度计划的5.2%。通过改造，采暖期农户室内温度提高3～5℃，全县年减少用煤2 630吨，实现农民减支2 630万元。

【农民实用技术培训10.1万人次】县农委围绕主导产业发展及农民需求，采取科技入户、技术服务等形式，组织开展设施农业、有机果品、绿色养殖等农民实用技术培训10.1万人次，超额完成2013年年初确定的培训任务。

【举办低收入农民职业技能培训班】为加快低收入农民增收步伐，拓展低收入农民就业本领，开办厨师、电工和电焊工3个专业，经过各镇申报、县职业学校审核、体检，来自各镇100名低收入农民参训。

【5家企业获得“双百双促”活动市级资金扶持】绿润、洪福环宇、百年栗园等5家农业产业化龙头企业分别与大龙门村、塔沟村、上庄子村等低收入村结对共建，带动农民就业增收，5家企业获得市级资金扶持234万元。

【密云水库一级保护区内群众生活困难补助人口核定登记工作全部完成】涉及一级保护区内7个镇43个村35 410人，共发放补助资金2 140.77万元。

【文化惠民活动效果良好】以“美丽密云”为主题，举办密云县第二十三届艺术节、“五月的鲜花”群众歌咏合唱大赛、“霸王鞭”舞蹈大赛等系列活动，全县月均开展各类文化活动55场。以“实现中国梦想·唱响绿色密云”为主题，开展“文化夜市”“文化惠民月电影展映”“优惠购书”等活动，直接受益群众2万余人次。深入开展公益文化服务。组织文艺演出星火工程900余场次，农村电影放映15 690场，举办第三届全民阅读季、读书益民杯全民诵读等活动。

【就业工作扎实有效】全年城镇登记失业率为1.74%，同比下降0.27个百分点；城镇登记失业人员就业率为65.27%，同比提高1.3个百分点；安置农村劳动力就业4 025人；帮扶新认定的68户“零就业家庭”全部实现就业；开发社区就业岗位3 872个，完成全年任务129.07%；用人单位招用城乡就业困难人员1 885人次，完成全年任务指标的125.7%。

【2.3万余名城乡劳动力实现绿色就业】累计开发绿色就业岗位24 479个，从业人员达23 374人。其中，保洁保绿、养山护水、植树造林、垃圾污水处理等直接性绿色就业岗位15 992个，从业人员15 554人；环境保护产品生产、绿色产品生产、资源综合利用、环境保护服务等间接性绿色就业岗位8 487个，从业人员达7 820人。

基层组织与民主政治建设

【县农委多措并举加强党风廉政建设】制定农委干部作风建设八项行为准则，从办事效率、解决问题、下乡用餐等各方面严格要求。针对农委自身工作特点，每月编写一首廉政小语通过信息平台发送至每个职工手机，时刻警醒干部职工要廉洁自律。科级以上干部签订不出入私人会所、加强廉政建设等责任书。

【果园街道“六种模式”推进党员分类管理】“目标式”，与在职党员签订目标责任书，建立季度汇报、半年考核、年终总评制度。“设岗式”，引导离退休党员参加社区治安巡逻等活动，组建志愿者队伍51支。“牵线式”，深入开展党员服务进网格活动，解决问题2 270个。“服务式”，组织社区党员与流动党员结对子，做好就业、就医等服务。“帮扶式”，建立困难党员档案，开展帮扶活动853次。“充电式”，开展理论知识竞赛等活动，加强远程教育示范点建设。

【果园街道“四三二一”党员服务群众模式助力社区和谐建设】“四就近”：就近学习、就近活动、就近服务、就近发挥作用，建立社区与党员间相互服务、相互监督等良性互动环境。“三队”：每个社区组建一个宣传服务队、矛盾排查服务队、志愿者服务队，进行常态化服务。“两簿”：党员需求建议簿、党员服务承诺簿，为掌握社情民意、规范监督党员提供依据和保障。“一网格”：以社区为单位，将有行动能力的党员全部纳入社会服务管理网格中。

【鼓楼街道成立“老党员智囊团”助推社区和谐建设】在长安东、东菜园等社区成立8个老党员智囊团，组织本社区热心公益事业的离退休老党员献计献策，拓宽社区党组织服务群众的平台。老党员智囊团在拆违打非、环境整治等重点工作中担任政策宣传员、矛盾调解员、信息收集员、民主监督员的角色，共参与社区活动500余次，收集信息250余条。

【鼓楼街道开展居民代表常务委员会工作初显成效】在东菜园、沿湖社区试点居民代表常务制，构建“社区党组织决策—社区居民委员会执行—居民代表常务委员会监督”的社区管理格局。每个社区选举出5位常务委员，轮流在居民委员会接待居民反映问题。在居民代表大会闭会期间，履行监督社区建设中重大事项执行情况等7项职责。截至目前，已收集社情民意65件，解决重大事项13件。

【东邵渠镇100余名机关干部成为“社情民意巡视员”】当好督导员：深入所包村庄，对网格内工作人员的出勤、工作等情况进行督察，及时反馈村委会。当好参谋员：及时发现村民需求和新农村建设中的热点难点问题，为村里提供合理化建议。当好协调员：融入有需求的居民当中，与村委会协调解决绿地维护、邻里纠纷等多种矛盾问题。

【鼓楼街道全面推进“1+5”党组织引领和谐社区建设工作】在街道层面建立11家单位组成的党建互助联席会，对和谐社区建设进行指导。在26个社区成立社区联合党组织，聘请相关负责人为社区联合党组织席位制委员，有效凝聚社区内各类力量。建立社情民意收集、便民服务、社会组织服务、志愿者服务、党员服务5大服务系统，引领1 875名党员参加社区建设活动，处理治安巡逻、邻里调解、上访排查等事件1 931项，为群众办实事1 758件，受益群众达9万余人次。

“三农”工作部署和实施

【都市型现代农业确定“三个三”的发展格局】一是以奶牛、肉（柴）鸡、蜜蜂为主的生态养殖业。通过环境减排、粪污治理、合并散户区形成规模现代化养殖，目前全县奶牛存栏20 303头，肉鸡存栏199万只，蛋鸡171万只，养蜂8.5万群，规模化养殖场达到594个。二是以板栗、苹果、梨为主的绿色林果业成为山区农民重要的经济支柱。板栗27万亩，年产1 808万千克；苹果2.6万亩，年产1 406万千克；梨3.7万亩，年产2 262万千克。三是以无公害蔬菜、有机杂粮、花卉为主的特色种植业。无公害蔬菜基地3万亩，有机杂粮2万亩，花卉2 780亩。

密云县领导名录

县委书记	汪先永
副书记	王海臣　王玉江
常委	刘　颖（女，1月任）
	张晓兰（女）
	韩　耕　王稳东　张　涛
	杨　珊（女）　张　健
	刘名义
	徐　芳（女，1月免）
县人大常委会主任	李和平（12月免）
	王玉江（12月任）
副主任	孔令昌　郭瑞权
	赵秦岭（女）　王铁明
	何继玲（女）
县长	王海臣
副县长	王稳东　杨　珊（女）
	李光辉　蒋学甫　郭　鹏
	郭洪泉
县政协主席	王春林（女）
副主席	钱福生　张文伶
	孙　奇（民建）　吴成全
	王森林（回族，民革）
	杨伟兰（女，民进）
县委农工委副书记、县农委主任	王德云

密云县乡镇（街道办事处）党政正职领导干部

	党(工)委书记	乡(镇)长(办事处主任)
鼓楼街道	郭生民	周广明
果园街道	相远方(1月免) 郝立英(女，1月任,11月免) 田立文(12月任)	郝立英(女,1月免) 陶晓明(满族，1月任)
檀营满族蒙古族乡	董向东(12月免) 关佩君(女,满族，12月任)	关佩君(女,满族，12月免) 张　波(12月任)
密云镇	曹洪利(1月免) 付小平(满族，2月任)	付小平(满族，2月免) 吴显生(2月任)
河南寨镇	郭生海	聂卫东(1月免) 马　超(1月任)
十里堡镇	张明智	陈弘仁
西田各庄镇	晁怀国(12月免) 何立新(12月任)	何立新(12月免) 赵双武(12月任)
溪翁庄镇	张天杰(1月免) 宋印双(2月任)	宋印双(2月免) 刘　磊(2月任,7月免) 晁怀新(7月任)
穆家峪镇	李长全	赵志政
巨各庄镇	王德云(1月免) 王　东(2月任)	王　东(2月免) 胡章权(2月任)
太师屯镇	王如新(1月免) 王东利(2月任)	王东利(2月免) 马守新(2月任)
古北口镇	何丽娟(女)	张明华
高岭镇	杨光辉	田　野(12月免) 杨爱革(12月任)
不老屯镇	田立文(12月免) 齐　超(12月任)	齐　超(12月免) 朱立志(12月任)
冯家峪镇	段起良(1月免) 季荣旺(2月任)	季荣旺(2月免) 王大捷(女,2月任)
大城子镇	任建华(11月免) 李海林(11月任)	李海林(11月免) 常艳军(女,11月免)
东邵渠镇	付全利	马　超(1月免) 祝　刚(2月任)
北庄镇	王贺虎	张洪娟(女,1月免) 方建卿(1月任)
新城子镇	贾志海	庆兆珅(女,满族)
石城镇	耿智慧(1月免) 孙立军(2月任)	孙立军(2月免) 彭守创(2月任)

（密云县农委　赵雪莲）

延庆县

概　述

延庆县位于北京市西北部，距北京市区74千米，是首都北京的北大门。全境平均海拔500米，气候独特，冬冷夏凉，有着北京“夏都”之美称。东西最长70千米，南北最宽45.5千米，东、南、西、北分别与怀柔区、昌平区、河北省怀来县和河北省赤城县接壤，总面积1 993.74平方千米，其中：平原面积522.33平方千米，山区面积1 451.41平方千米。耕地面积42.523 1万亩，农民人均耕地近2.6亩，居全市之首。全县辖11镇4乡，3个街道办事处，376个行政村，户籍总人口27.97万人，农业人口15.95万人，非农业人口12.02万人，农业人口占全县人口的57%。全县实现地区生产总值92.24亿元，同比增长10%；完成公共财政预算收入10.02亿元，同比增长12.1%。完成财政支出91.57亿元，同比增长27.2%。全社会固定资产投资达到77.56亿元，同比增长10.2%；城镇居民人均可支配收入31 132元，同比增长8.7%。农民人均纯收入15 504元，同比增长10.1%。

都市型现代农业

【概况】全面贯彻落实中共十八大、中央和市农村工作会议精神，以科学发展为主题，以加快转变经济发展方式为主线，立足首都生态涵养发展区功能定位，继续深入实施生态文明发展战略，以有机循环、高端高效为发展方向，以产业融合、协同增效为发展路径，以2014年世界葡萄大会、2015年世界马铃薯大会和2019年世界园艺博览会等盛会为载体，乘势加快农业产业结构优化升级，努力提高农业的综合生产能力、市场竞争能力和创新发展能力。全面开发农业的生产、生活、生态等多种功能，将延庆打造成为具有一定区域影响力的都市型现代生态农业示范区。实现农林牧渔业总产值 26.09 亿元，同比增长 4.5%。其中：种植业完成 78 569 万元，增长 9.7%；林业完成 55 431.9 万元，增长 10.2%；牧业完成 11 7977.8万元，下降 1.2%；渔业完成 3 781 万元，增长 4%。

【有机循环农业】全县共有 50 家生产企业和基地从事有机农产品生产，获得有机认证证书或有机转换认证证书数量达到 47 个，涉及 9 大类 300 个产品。全县有机农产品产量达到 3.46 万吨，有机农业产值实现 4.68 亿元，有机农业占农业产值的比例达到 18%。

【循环经济】7 月，北京德青源农业科技股份有限公司荣获首批国家循环经济教育示范基地称号，成为全国首批 9 家中北京唯一一家挂牌单位。12 月，延庆县获得国家循环经济示范县称号，成为国家首批 40 个示范县中北京市唯一创建成功的区县。完成德青源国家循环经济教育示范基地项目建设；康庄镇农业循环经济项目已开工建设；垃圾综合处理工程初设已批复。

【设施农业】新发展设施农业 326.5 亩。其中，中高档温室 225.8 亩、钢架大棚 100.72 亩。主要分布在井庄镇、沈家营镇、刘斌堡乡、张山营镇、大榆树镇等乡镇。

【蔬菜育苗情况】全县蔬菜共育苗 1 376 万株，其中，东龙湾连栋温室育苗 165 万株、广积屯育苗 160 万株，其他为康庄镇、香营乡等园区育苗。井庄镇王木营合作社创建市级蔬菜集约化育苗场通过验收，该育苗场年育苗可达 200 万株以上，可为周边 200 余户农户提供优质种苗，辐射面积 600～700 亩，对保障首都蔬菜生产起到了推动和促进作用。

【设施蔬菜高产高效创建】共申报示范点 26 个，其中，市级 6 个、县级 20 个，各示范点主要采用了配方施肥重施有机肥、集中育苗、熊蜂授粉（200 多箱）、多层覆盖、黄板蓝板、双网覆盖、黄瓜落蔓夹、高产高效的种植模式等技术。示范点番茄的平均单产为 9 856 千克，比 2012 年平均单产增加 4.85%；辣（甜）椒平均单产 8 675 千克，比 2012 年平均单产增加 5.55%。

【粮食生产】2013 年，全县秋粮收获总面积 28.4 万亩，其中玉米面积 26.8 万亩，平均单产 498.5 千克，总产量 1.34 亿千克。

【蔬菜生产】全县菜田总面积 2.11 万亩，其中露地蔬菜 1.41 万亩，设施蔬菜 0.7 万亩（建筑面积）。全年蔬菜播种（定植）面积 31 277 亩，同比减少 8 022.3亩，减少 20.4%。其中露地蔬菜播种面积 23 575.3 亩，同比减少 6 280.2 亩，种植面积较大的品种有土豆 2 831 亩、大白菜 4 223 亩、结球甘蓝 2 916 亩；设施蔬菜播种面积 7 701.7 亩，同比减少 1 742.1 亩，种植面积较大的品种有番茄2 277 亩、甜彩辣椒 1 816 亩、黄瓜 1 274 亩、茄子 942 亩。蔬菜产量总计 9 006.68 万千克，同比减少 1 434.68 万千克，减少 13.7%。蔬菜收入 22 532.33万元，同比增加 5 331.27 万元，增加 31%。地头收购均价 2.5 元，较 2012 年的 1.65 元同比增加 51.5%。

【农业基础建设与综合开发项目】2013 年项目实施总面积 4.151 9 万亩，其中，永宁镇 2012 年农业综合开发项目 1.1 万亩，大榆树镇 2011 年农业综合开发项目 1.1 万亩，延庆县 2011 年基本农田整理项目 1.951 9 万亩。

【畜牧产业】全年出栏家禽 700 万只、生猪 11 万头、肉牛 1 万头、羊 2 万只。鲜奶总产 7 200 万千克，鲜蛋总产 3 600 万千克，水产品总产 310 万千克。畜牧业年产值 117 977.8 万元，较 2012 年下降 1.2%，畜牧产值占农林牧渔业总产值的 45.2%。

【灾后重建】“11·3”雪灾后重建及验收工作圆满完成，恢复重建日光温室和钢架大棚 2 939 栋，修复肉鸡舍 267 栋，修复养殖业设施共 174 667 平方米，养殖业灾后重建已经全部完成，恢复正常生产。

【马铃薯种薯研发基地灾后重建工作】马铃薯种薯研发基地在 2012 年“11·3”暴雪中受灾严重，69 个坡面棚严重受灾，大部分坡面棚被夷为平地，造成经济损失达 6 471 万元。2013 年，灾后重建是工作重点，目前 96 个大棚已有 82 个无土栽培大棚正常投入使用，种植品种有：大西洋、夏波帝、克新一号、希森 3 号。

【“三品”认证】共组织完成了无公害农产品认证企业申报 8 家（种植业 4 家，畜牧业 4 家），17 个产品；到期复查换证企业 17 家，215 个产品；对已认证但未进行生产经营活动的 5 家无公害农产品认证企业未予换证，并收回企业产地、产品认证证书，进行撤证。

【渔业总体情况】根据2013年全市卫星遥感数据测算，延庆管理水域资源总面积38 291.07亩（同比减少21.48%），其中池塘3 654亩（同比减少11.85%），水库面积34 637.07亩（同比减少22.37%），渔业水域面积位居全市第二。延庆县现有养殖户106户（36户有养殖证），主要分布于延庆、永宁、康庄、张山营、旧县、香营、珍珠泉、千家店、沈家营、大榆树、井庄11个乡镇。全县养殖和捕捞的主要品种有鲤、草、鲢、鳙、鲫，还有少量虹鳟、鲟鱼、大鲵等。年内实现渔业产量3 106吨，产值3 900万元，渔业产量、产值分别增长0.19%和2.63%。

全县5家苗种生产企业：北京鼎亿园水产养殖场、北京三生渔业有限公司、玉渡山冷水鱼基地、海川澎湃鲟鱼繁育中心、北京慕田兄弟农业科技有限公司。

【种植业政策性农业保险】种植业承保总面积15.99万亩，同比增加3 393.3亩，增长2.2%，涉及20 297户（企业或合作社）。其中，承保玉米137 073.22亩，温室大棚5 526亩，承保果树17 211亩。种植业总保额2.8亿元，同比增加8 585万元，增长43%。保费收入1 064.2万元，同比增加160万元，增长17.7%。种植业理赔金额841万元。

【养殖业政策性农业保险】全年共有566个养殖场（户）参保，投保畜禽总量106.1万头（只），保险总额2.64亿元，收取保费1 269.9万元。其中奶牛投保67户10 202头，占奶牛存栏的65.9%；能繁母猪投保140户8 101头，占能繁母猪存栏的95.3%；生猪投保341户次142 248头，占生猪饲养量的77.5%；肉鸭投保18户次90万只，占存栏总量的100%。共理赔2 774户次，理赔畜禽17 569头（只），理赔金额833.82万元。

【平原造林】完成工程总面积1 733.4公顷，其中蔡家河流域828.8公顷，龙湾河流域473.1公顷，妫河上游257.5公顷，古龙路92.3公顷，城区绿化81.7公顷。涉及6个乡镇43个行政村。共栽植苗木110.6万株，水生植物23.3万平方米，播种林下地被1 000公顷。

【绿化美化创建】大庄科乡通过了首都重点绿化小城镇验收。东曹营、罗家台等11个村通过了“首都绿色村庄”创建。共完成创建首都花园式社区4个，花园式单位2个。

【城镇绿化】对玉皇阁大街、东顺城街、北顺城街、高塔路、新城街、庆园街、西环城路、广兴街、西沟路、湖北路、湖南路、东环城路、庆隆街等17个地段、总面积81.7公顷进行升级改造。通过引进地被植物新品种（青绿苔草、婆婆纳以及德黄或德红景天），增加乔灌木种类、增加月季等地被花卉等多种种植方式，将妫水街、湖南路、湖北东路、会展东侧等重点工程精细化、精品化。

【林政资源管理】共审核征占用林地18件，审核面积61.5公顷；共办理采伐审批441件，共采伐林木39 847.83立方米，80.36万株；批准移植103件，107 173株；树木伐移共受理24件，批准砍伐184株，批准移植330株。

【野生动物保护】延庆县疫源疫病监测工作实行日报制，11个市、县监测点共监测野鸟2 000余万只，未发现异常情况。共救助野生动物23起，救助各类野生动物24只。野生动物损害补偿，共涉及13个乡镇，120个行政村，2 135户，损失面积为59.3公顷，造成农作物损失约44万千克，造成家禽家畜损害813只，共造成损失金额为1 120 729元，按损失金额的70%进行补偿，补偿金额为784 510元。设立了4个黑鹳同步调查监测点，其中千家店2个，白河堡水库和野鸭湖湿地自然保护区各1个，调查时间为2012年8月到2013年7月。

【种苗产业】稳定育苗面积1 320公顷，其中新育苗面积200公顷，容器育苗100万株，为各项造林工程及新农村绿化提供苗木1 346万余株。累计办理林木种子生产许可证和林木种子经营许可证190个，办证面积达1 030公顷，其中新办证54个。

【蜂产业】全县蜂群数量为1.5万群。生产蜂蜜550吨、王浆1吨、蜂花粉约1.5吨，总产值为483.7万元。

【花卉产业】花卉种植面积1 177.7公顷，其中四海镇573.3公顷，千家店镇观赏花卉72公顷，珍珠泉乡76公顷，井庄镇265.1公顷，刘斌堡乡89.7公顷，大榆树镇40.1公顷，张山营镇草盆花6公顷，延庆镇12公顷，沈家营镇30.7公顷，永宁镇观赏花卉9.8公顷；旧县牡丹3公顷。

【林下经济】稳定林下经济种植面积2 333.4公顷，

包括林花600公顷、林药280公顷、林菌206.7公顷、林粮20公顷、林禽6.7公顷，林草220公顷。主要分布在张山营、四海、井庄、刘斌堡、香营、珍珠泉和大庄科等乡镇。蔡家河生态林发展林下经济1 000公顷，共种植万寿菊3 000万株。

【《北京市湿地保护条例》实施日宣传活动在野鸭湖举行】5月1日，主题为“依法保护湿地，共建美丽北京”的《北京市湿地保护条例》实施日宣传活动在延庆县野鸭湖国家湿地公园举行。活动由北京市园林绿化局，延庆县委、延庆县政府主办，延庆县园林绿化局和野鸭湖共同承办。市政府副市长林克庆、市园林绿化局局长邓乃平、市人大农村办副主任杨瑞、市政府法制办副主任李富莹、延庆县县委书记李志军、县长李先忠等领导以及500多名志愿者和学生参加了宣传活动。

【《延庆县林地保护利用总体规划（2010—2020年）》通过审批】《延庆县林地保护利用总体规划（2010—2020年）》于9月2日上报延庆县人民政府，县政府已于9月22日召开专题讨论会，审批工作已经完成。

【首个“北京湿地日”宣传活动在妫川广场举行】9月15日，在妫川广场开展了“依法保护湿地，共建美丽北京”主题宣传活动，延庆县园林绿化局正处级调研员杨海清、野鸭湖自然保护区副主任刘雪梅、延庆县园林绿化局生态站站长王忠江、“延庆县张军法制宣传队”及志愿者50余人一起参加宣传活动，接受教育人数达到了500余人。

【三种新型农机具通过了市级鉴定】自行研制的2BF-6型玉米精量播种机、3ZF-4型中耕施肥机和3MT-50型葡萄埋藤机，通过了新产品的市级鉴定。

【裸露农田治理】全县完成裸露农田治理面积26.4万亩，其中直接留茬免耕播种完成1.5万亩，留茬后深松播种完成7.3万亩，留茬春季浅耙（旋）后播种完成17.6万亩。

【秸秆禁烧工作】积极开发秸秆利用的途径，从根本上解决秸秆焚烧的问题。全县有5.3万亩玉米秸秆被用作青贮饲料；有10.5万亩玉米秸秆实现直接还田；积极推动玉米秸秆回收利用项目，引进秸秆切割揉碎方捆压捆机，完成玉米秸秆干储收获3.2万亩。

【农机安全生产月活动】6月9日开始，农机中心认真开展了以“强化农机安全基础，推动农机安全发展”为主题的“农机安全生产月”活动。有包括农机中心所属部门及乡镇等20个单位150人次参与了“农机生产安全月”活动，共召开“安全生产月”动员部署会议16次，开展安全生产隐患排查或执法检查12次，开展安全生产培训教育15次，450人参加了安全生产培训教育。

【农机安全生产联合行动】县乡共召开农机安全生产专题会议7次，共组织各类宣传活动19次。同交通队联合执法中，农机部门处理4起未参加年检行为，交管部门处理非司机1人，依法滞留违章载人车辆7辆。

【2013北京绿富隆首届开耕节活动开幕】4月29日上午，由中国老子农耕文化园和北京绿富隆农业股份有限公司共同主办的“2013北京绿富隆首届开耕节”活动正式开幕。延庆县副县长武岗、商务委副主任李树华以及相关单位领导出席活动。

【绿富隆媒体开放日】10月12—13日绿富隆农业股份有限公司和北京营养师俱乐部联合举办绿富隆农业股份有限公司媒体开放日，应邀人员在公司基地参观、采摘并进行座谈。

【绿富隆与国防大学合作打造安全蔬菜品牌】10月22日上午，绿富隆蔬菜直营店在国防大学华润万家超市一层隆重开业，国防大学校长普选、政委刘亚洲出席并讲话。

【外交人员绿色食品服务网正式启动】11月18日，由北京外交人员服务局和北京绿富隆农业股份有限公司联合打造，将为近300个外国驻华使馆、国际组织驻华代表机构、外国新闻机构驻京代表处和外交部系统3万名职工提供200余种安全、无污染的优质绿色有机食品。绿富隆农业股份有限公司在约定时间内将客户的订购食品派送到具有冷藏功能的智能配送柜中，客户凭密码取出物品。下一步，绿富隆农业股份有限公司将进一步促进北京有机食品销售，搭建向世界推介北京农业的桥梁和纽带。

【重要涉水数据】①降水：全县全年平均降水量为473.6毫米，与2012年降水量444毫米相比增加29.6毫米，增加6.7%；与多年平均降水量438.7毫米相比增加34.9毫米，增加8%；降水量最多的是气象局站，为528.1毫米，最少的是千家店（385.2毫米）；汛期平均降水量394.6毫米，比2012年同期降水量271.2毫米增加123.4毫米，增加45.5%，与多年平均汛期降水量306.1毫米相比增加88.5毫米，增加28.9%；最大一次降水发生在6月4日，全县平均降水量49.9毫米，降水量最大的站是珍珠泉乡桃条沟村，为84毫米。②地下水：2013年年末全县26眼地下水观测井数据显示，地下水平均埋深17.56米，比2012年同期17.62米上升0.06米。③供水：全县全年用水量6 388万吨，其中农业用水3 491万吨，生活用水1 286万吨，工业用水207万吨，环境及服务用水1 403万吨，比年初制定的用水指标6 498万立方米少110万吨。④排水：全县全年共处理污水1 138万吨，利用再生水778万吨，全县污水处理率达到72.2%，再生水回用率达到68%。⑤水资源调度：2013年白河堡水库全年入库水量7 662万立方米，出库水量8 350万立方米，其中向西湖输水400万立方米，向密云水库输水7 950万立方米，历年来共向密云水库输水9.4亿立方米。

【延庆平原区地表水供水工程】该工程始建于2012年10月18日，旨在加强延庆新城供水能力，提高水资源利用率。截至2013年年底，输水管线、配水管线铺设工作、净水厂、配水厂主体建筑结构都已全部完工。为了争取让川区人民早日喝上白河水，打造“美丽延庆”新生活，该工程正全力推进设备安装、内部装修等相关配套工作。

【延庆县葡萄产业带集中供水工程】该工程始建于2012年10月30日，保证葡萄大会主会场的供水要求，兼顾沿线酒庄及部分村庄用水需求，并形成以白河堡水库为主要水源，佛峪口水库为备用水源的北山带集中供水系统。截至2013年年底，输水管线完成37 021米，配水管线完成2 284米，佛峪口水厂厂房框架结构浇筑已完成。本项目将严格按照倒排工期标准，根据世界葡萄大会要求，积极推进项目实施。

【延庆县张山营再生水厂工程】该工程始建于2013年7月3日，旨在承担世界葡萄大会举办期间及会后旅游业发展所产生大量生活污水的回收工作。截至2013年年底，已经完成收集管道8 111米，排水管道1 631米，污水处理相关建筑主体结构。本项目将积极投入建设，全力保障世界葡萄大会顺利召开，促进延庆“县景合一”的原生态自然景观建设。

【节水灌溉工程】近年来，全国大力发展农业，通过节水灌溉工程提高小型农田水利利用率。在各乡镇大力支持，有关单位帮助下，积极推进节水灌溉项目实施，2013年发展节水灌溉面积1.84万亩，有效提升了经济效益、生态效益和社会效益。

【延庆县妫水河治理工程】该工程始建于2012年12月10日，旨在提高河道防洪能力、加固河道沿岸堤防。截至2013年年底，已完成全部河道治理、全断面开挖整形、弯道及村庄防护等相关施工项目。主要工程量为治理河道12.5千米、开挖土方总量55万方，村庄、弯道防护5 674米。本段河道治理工作的顺利完工将会为以后治理工作提供宝贵经验。

【农村地区供水改造工程】针对农村供水问题，根据摸底调查结果，制定2013年改水计划，依托2013年农村饮水健康行动项目和“11·3”特大自然灾害基础设施灾后重建工程，共完成52个村的改水工程，其中包括井庄镇三司、四海镇海字口、大榆树镇奚官营、张山营镇苏庄等一批难度较大的供水管网改造，以及四海镇石窑、旧县镇烧窑峪、康庄镇小曹营等村庄的水源设施改造，新打水源井2眼，新建、维修水源井井房18座，新建、维修蓄水池7座，并配套安装水泵、变频、消毒等相关设施，维修改造供水管道63.7千米，改善了村庄的供水条件。

【生态清洁小流域建设】建设生态清洁小流域综合治理工程54平方千米，主要措施包括：砌筑树盘34 650个、梯田整修20公顷、栽植经济林21.3公顷、建设节水灌溉72.3公顷、村庄美化43 600平方米、新建农路7 693米、沟道清理3 796米、治理河滨带2 425米，完成投资2 616.7万元。

【水库移民后期扶持】核定2013年度农村水库移民25 815人，其中新增288人，核减686人，发放直补资金1 548.9万元；核定无固定职业农转非水库移民4 983人，发放培训补贴279.048万元。完成2013年度移民接收村专项资金扶持项目51个，资金4 800万元，涉及11个乡镇53个村。

【防汛工作】延庆县的汛期为6月1日至9月15日，主汛期为7月20日至8月10日。汛前，确定了重点水利工程、18条四级以上河道、山区洪水和泥石流易发区（涉及13个乡镇、92个村，899户、2 490人）；危房险户、孤寡老人、人防工程、中小学校、旅游景点、城镇工地、积滞水区域、下凹式立交桥、河道阻水障碍物等为防汛工作重点。从汛前、汛中、汛后三个阶段着重对防汛隐患部位开展全面检查，对防汛隐患及薄弱环节认真分析、及时处理，做到早研究、早部署，为防汛工作打好基础。未出现人员伤亡及重大责任事故。

【完成构建葡萄产业发展的知识产权支撑体系的课题研究】 5—10月，县知识产权局承担并完成了市知识产权局的“构建葡萄产业发展的知识产权支撑体系”课题研究工作，形成了《构建葡萄产业发展的知识产权支撑体系项目研究报告》《延庆葡萄产业发展知识产权风险指南》《第十一届世界葡萄大会知识产权保护办公室工作方案》《延庆葡萄酒地理标志产品保护管理办法》《延庆葡萄及葡萄酒博览会知识产权保护工作方案》5个成果。

【国家科技部批准延庆为国家农业科技园区】 县科委会同农委、张山营镇政府等单位开展国家农业科技园区申报工作，组织德青源、农业科学院等企业和专家编制了《北京延庆国家农业科技园区总体规划》，并通过了科技部组织专家评审答辩，2013年9月科技部正式批准北京延庆为国家农业科技园区。

【新能源建设】 全面推进“国家绿色能源示范县”建设。根据《延庆县农村新能源项目运行管理考核办法》，完成15个乡镇的考核工作。2013年建成阳光浴室28座，德青源沼气压缩工程实现2个村庄供气。2012年绿色燃气项目正在办理国土规划部门用地手续。太阳能与建筑一体化采暖、生活热水示范项目已完成资金申请报告市发展和改革委已批复。中国科学院太阳能园区基础设施项目初设已上报市发展和改革委，待批复。官厅风电场三期49.5兆瓦工程项目已开工，预计2014年正式并网发电。

非 农 产 业

【休闲观光农业与乡村旅游】 实现休闲观光农业与乡村旅游总收入3亿元，同比增长20%。接待游人500余万人次，同比增长12%。直接从业人员超过5 000余人，间接从业人员万余人。全县共形成民俗村48个，其中市级民俗村29个，民俗户1 256余户，全国农业旅游示范点5家，全国休闲农业与乡村旅游四星级园区1家，全国休闲农业与乡村旅游三星级园区2家，乡村旅游特色业态24家，观光农业示范园区达到38个（其中市级挂牌18个），果品采摘产量达到82万千克，年总收入3 584万元。

【2015年世界马铃薯大会申办】 成功争取到2015年世界马铃薯大会举办权，确定了大会举办时间为7月28—30日，举办地点在北京市延庆县。

【国际马铃薯中心亚太中心】 2015第九届世界马铃薯大会已确定于2015年7月在北京延庆召开。届时亚太中心（延庆）将作为大会行业参观主要内容。为确保亚太中心（延庆）在大会召开前建成并投入运行，经与农业部亚太中心筹备办公室沟通，同意先期启动亚太中心延庆总部建设，并提出亚太中心延庆基建项目工作组人员名单。目前正在开展建设前期准备工作，并就项目的立项及资金筹措等事宜与有关部门进行深入沟通。

【世界葡萄大会延怀产区共建】 2014年世界葡萄大会延怀产区共建指挥部工作，有序推进了延怀产区葡萄和葡萄酒产业发展规划编制工作，制定完善产经论坛策划方案，成立了葡萄与葡萄酒协会，与怀来共同组建葡萄产业联合会。

【领导调研】 8月10日，国际马铃薯中心副主任兼亚太中心主任卢肖平、亚太中心筹备办公室副主任仇志军、张丽等一行赴延庆考察。

【农业龙头企业】 国家级龙头企业金果园老农（北京）食品有限公司实现销售额5.5亿元，绿富隆农业股份有限公司实现销售额1.8亿元，庆和食品有限责任公司实现销售金额1.4亿元，经济实体龙头企业带动作用日渐增强。龙头企业组板上市工作取得新进展，金果园老农（北京）食品有限公司正处于上市辅导期；希森三和集团有限公司预计于2014年6月进行股份制改造；德青源农业科技股份有限公司正在进行净值调查，初步审计；绿富隆农业股份有限公司改制积极运行，正在与有关企业进行接洽。

【休闲观光农业】 延庆县荣获“全国休闲农业与乡村旅游示范县”称号；旧县镇荣获“北京市休闲农业与乡村旅游示范乡镇”称号；“妫州牡丹园”晋升为“全国休闲农业与乡村旅游三星级园区”。

【积极开展第九届世界马铃薯大会筹备工作】 着手开展2015北京世界马铃薯大会筹备工作。制作了世界马铃薯大会筹备工作事项及时间安排表；拟定了马铃薯大会筹委会组织机构（建议稿）和“大会筹委会成员单位主要工作职责”（建议稿），以及大会学术会议、行业参观和贸易展览方案，开展大会官方网站和宣传推广工作。

【艾香午月——延庆端午民俗展】 5月17日，暨“5·18”第37个国际博物馆日之际，井庄镇联合延庆文物保护协会、延庆博物馆共同举办了“艾香午月——延庆端午民俗展”。市文物局纪检组长张若妮宣布展览开幕，县委宣传部副部长王晓娟致开幕词，县文委、井庄镇领导及群众代表参加了开幕仪式。

【两岸交流座谈会】 11月13日，台湾台南市各区里长会长参访团访问柳沟村，并与县镇领导、群众代表开展两岸交流座谈会。国台办交流局副局长韩蔚、县委常委、统战部部长陈合安等领导出席。

【乡村旅游升级改造效果显著】 柳沟村完成民俗户厨房升级改造工程，高标准推出“燕柳园”“凤凰客栈”高档餐饮住宿。进一步完善停车场、绿化带、污水处理厂等基础设施建设，升级“九曲黄河灯阵”，建成柳沟旅游咨询中心、精神文明宣传栏、乡情村史陈列室。

【全国甘薯擂台赛优秀奖】 北京山间别薯生态庄园完成农场内部自我循环，加入世界有机运动联盟，获得全国甘薯擂台赛优秀奖。

【发现世界极危鸟类白鹤】 3月27日，野鸭湖湿地自然保护区监测人员方春在带领北京卫视节目记者摄影时记录到一群鹤类飞翔景象，镜头中清晰地记录到白枕鹤20只，白鹤2只，白鹤属国家一级保护动物，列入中国濒危物种红皮书。

【野鸭湖AAAA景区】 2013年10月14日，根据中华人民共和国国家标准《旅游景区质量等级的划分与评定》（GB/T 17775－2003），经北京市旅游景区质量等级评定机构初评并推荐，全国旅游景区质量等级评定委员会评定野鸭湖国家湿地公园为国家AAAA级旅游景区。

【国家湿地公园授牌】 2013年10月24日，国家林业局正式授予野鸭湖“北京野鸭湖国家湿地公园”称号。

【国家生态旅游示范区】 2013年12月31日，依照《国家生态旅游示范区管理规程》和《国家生态旅游示范区建设与运营规范（GB/T 26362－2010）实施细则》，经北京市旅游发展委员会和环境保护部联合技术评审和推荐、专家审核，野鸭湖被命名为全国首批国家生态旅游示范区。

【生态环境建设】 生态环境建设项目全面推进。完成2012年巩固退耕还林成果专项规划建设项目工程（建设工期为2012年1月至2013年10月），并通过县级验收。完成“11·3”特大雪灾受灾暖棚重建与修复项目建设，并通过县级验收。2012年度京津风沙源治理工程建设（建设工期为2012年4月至2013年10月），其中，林业和农业工程已完成，并通过县级单项验收。2012年度京津风沙源治理工程续建项目建设（建设工期为2013年10月至2014年10月），已全面开工。2013年巩固退耕还林成果专项规划建设项目实施方案获市发展改革委批复。2013年京津风沙源治理二期工程实施方案获市发展改革委批复。

山区建设

【“冰川绿谷”沟域经济】 启动大庄科“冰川绿谷”沟域，投入资金1.3亿元，实施了发展特色产业、环境整治及生态提升、高标准进行停车场、观景台、公厕等基础设施建设和新村民居建设等工程，获得全市重点沟域建设考核评比一等奖。

【“四季花海”沟域经济】 继续推进“四季花海”沟域三期工程，共投入资金7 500余万元。在打造10个花卉产业观赏园区、万余亩大地花海景观的基础上，重点实施基础设施以及景观提升工程，3个乡镇完成17个景观节点建设，内含停车场、观景台、观光步道、绿化美化等工程，通过工程建设，使沟域内环境更优美、设施更齐全、功能更完备。

【山区搬迁】 计划搬迁738户1 650人。截至2013年年底，有4个村518户1 046人已动工。其中，大庄科乡沙门村实施搬迁22户55人，已完成主体工程；八达岭镇里炮村182户384人，已开始基础工程建设；大庄科乡铁炉村180户349人，旧县镇白河堡村134户258人，已开始拆除旧房。大庄科乡黄土梁村46户123人，千家店镇水泉沟村208户415人，已签订搬迁协议，已完成村庄规划调整工作。

【“冰川绿谷”沟域经济获奖】 北京市沟域经济考核小组对全市重点建设的7条沟域进行考核评比，“冰川绿谷”沟域由于建设目标明确、重点突出，既充分利用资源优势，又突出沟域特色，获得全市考核评比一等奖，奖励资金1 500万元。

【山区生态林补偿】 8 542名山区生态林管护员上岗就业，12.9万公顷山区生态林得到全面管护，补偿资金4 793.354万元，进一步加大岗位化管理力度，使生态林管护员得到有效管理。

【村官集体婚礼】 8月18日，珍珠泉乡联合县人力资源和社会保障局为16对村官新人举办了以“缘定延庆珍珠山水，情系京郊魅力舞台”为主题的集体婚礼。

【刘斌堡乡，四季花海第一印象】刘斌堡乡地处全县中部地区，距延庆县城 25 千米，乡域总面积 116 平方公里，全乡 16 个行政村，2 494 户，农业人口 6 197 人。2013 年，全乡共开放了刘斌堡村多彩田园、大观头牡丹示范推广基地、周四沟村七彩农园和姚官岭村油菜观光园等景点。构建景观绿化 86 805 平方米，骑游自行车道 26 820 平方米，登山步道和观光步道 15 580 平方米。配备有生态停车场、观景台、太阳能庭院灯、导览图、生态公厕及配套灌溉、电力等各项基础设施。

【刘斌堡村多彩田园观光园】刘斌堡村多彩田园观光园总占地面积为 1 000 亩。园区外有引导花带 1.5 千米，分段种植金盏菊、满天星、波斯菊、虞美人、紫罗兰等 60 多个品种特色花卉。园内铺设有 6 000 米灌溉管网，100 车位停车场 1 处、导览图 4 处、生态厕所 1 处、自行车骑游道 2.8 千米、观光步道 1.9 千米。截至 2013 年园区开放时，已建立兼顾景观和效益的鲜花主题园 10 个，包括油菜、桔梗、射干、紫苏、玫瑰、马鞭草、万寿菊、鼠尾草、向日葵、福禄考等。总种植面积共计 1 000亩。

【山区搬迁工作“三个转变”】2013 年 3 月 28 日，延庆县人民政府印发了《关于实施新一轮山区地质灾害易发区及生存条件恶劣地区农民搬迁工程的意见》（延政发〔2013〕11 号），为新一轮山区搬迁工程的实施提供了政策依据。一是转变工作方式，建立联席会议制度，各部门紧密配合，完成搬迁新村选址、手续报批等各项工作，办事效率大幅提高；二是转变过去政府包办的旧有模式，让农民自筹资金参与房屋建设，农民自筹资金占搬迁总资金的 25%，解决搬迁资金不足问题；三是转变农民守旧的思想意识，把搬迁新村建设与发展民俗旅游产业相结合，在新建房屋时充分考虑未来产业的发展需要。

村 镇 建 设

【农村减煤换煤】以八达岭镇为重点，对 15 个行政村 4 000 余户开展优质燃煤配送、天然气入户、液化石油气下乡等“减煤换煤、清洁空气”工程，实现减煤换煤 4.7 万吨。

【农民住宅抗震节能】按照《北京市农民住宅抗震节能工作实施方案（2013）》要求，计划抗震节能任务量为 4 500 户（其中新建翻建 3 000 户，综合改造 1 500 户）。实际完成 3 176 户主体工程（其中新建翻建工程 2 102 户，综合改造工程 1 074 户）。

【新型农村社区试点】八达岭新型农村社区共建成房屋 1 210 套，完成村民回迁 980 户。此外，11 月 18 日，《北京市社会主义新农村建设领导小组综合办公室关于新增 36 个市级新型农村社区试点的函》（京新农办〔2013〕12 号）正式下发，明确将石峡关社区（包括里炮、外炮、帮水峪、石峡 4 个村）列入其中。该社区建设项目完成里炮村第一批拆迁任务及 5 万平方米主体建设工程的地基建设。

【小城镇建设】小城镇基础设施建设陆续推进，康庄镇兴隆街道路工程已完成 1 100 米，占总长度的 2/3；永宁镇永元街、永贞街道路工程已完成表面清理；沈家营镇东王化营村西侧 A-03、B-05 地块 R2 二类居住用地完成土地一级开发，并经过招拍挂已经完成土地出让。正在进行新一轮住房和城乡建设部全国重点镇和全国重点旅游名镇名村的申报工作，推荐康庄镇、八达岭镇申报全国重点镇，推荐千家店镇申报全国重点旅游名镇名村。

【新农村建设中文物古迹保护工作】深入挖掘妫川文化内涵，加大文物保护修缮力度，围绕长城大景区建设、沟域经济建设、世界葡萄大会及园博会建设等整体发展规划，完成水关、大庄科、张山营、永宁等地 22 处文物单位的抢险修缮工程，修缮资金达到 3 100 万元，创下历史新高。另外，新编制的 21 个抢险修缮项目也已通过审批，资金预算达到 1 亿元，将继续开创文物保护新局面。《妫川石刻录》初稿完成，即将成为延庆县又一部学术价值较高的历史文化丛书。

农村改革与管理

【农村经济运行情况】2013 年，实现农村经济总收入 1 585 230.6 万元，同比增长 10.2%，完成年计划 158.3 亿元的 100.2%；实现农民人均所得 14 631元，同比增长 9.4%，完成年计划 14 571 元的 100.4%；农村就业劳动力 103 540 人，就业率为 98%；全县 108 个低收入村共实现农村经济总收入 211 805 万元，增长 10.2%，28 385 户低收入农户实现人均收入 8 433 元，同比增长 16.4%。农村经济发展态势良好，低收入村户实现稳步增收，农民收入倍增计划取得一定成效。三大产业结构比为 12.8∶37.3∶49.9，第三产业作为主导产业，占据核心地位，实现收入 791 905.3 万元，同比增长 8.6%。

【"新三起来"】土地承包经营权有序流转，新流转土地 2.4 万亩，全县累计达到 11.9 万亩，农民财产性收入明显增加。集体资产有效经营，完成产权交易 2 宗，合同面积 361 亩，集体经济不断壮大。

【低收入村户增收】经核查，全县共有低收入农户 28 385 户，低收入村 108 个，全部纳入全市低收入户监测系统。针对现状，农委牵头组织人力社保局、农经站、财政局等部门多次研究起草了《关于推进低收入村发展、低收入农户增收工作实施意见》和《关于推进低收入村发展及低收入农户增收工作两个"全覆盖"的意见》。

【一事一议财政奖补】完成 2012 年一事一议财政奖补扫尾工作。有序推进 2013 年一事一议项目 35 个，其中田间道路项目 10 个，机井项目 7 个，河道治理、雨排、护村坝等涉水项目 14 个，其他项目 4 个，涉及资金 2 656.25 万元。已完工 20 个，在建项目 15 个。

【农民专业合作社规范管理】截至 2013 年年底，全县共有农民专业合作社 548 家，成员总数 23 991 户，带动非成员 61 415 户，实现收入 62 544.9 万元，盈余 9 537.9 万元，成员从合作社获得户均纯收入 1.9 万元。县级及县级以上规范社达到 81 家，其中：国家级示范社 6 家，市级示范社 10 家，县级规范社 65 家。积极搭建项目、资金、融资等服务平台，获得贷款贴息、创新项目资金 1 379.3 万元，申报扶持项目 24 个，申请资金 6 178 万元。

【土地流转及合同规范管理】2013 年新增农户流转土地 2.5 万亩，累计达到 12 万亩，占全县家庭承包经营总面积的 34%，农户当年实现流转收益 4 900万元。重点完成 2013 年平原造林 2.6 万亩土地流转合同签订工作，其中，全县共流转农户承包土地 16 851 亩，签订土地流转委托合同 5 186 份，村集体与园林绿化局共签订土地流转合同 53 份，流转委托合同和流转合同签订率为 100%，农户实现流转收益 1 348.1 万元。

【村干部经济责任审计】完成全县 15 个乡镇 372 个行政村的 468 名村干部的经济责任审计（八达岭镇的帮水峪村和刘斌堡乡的姚官岭、观西沟和马道梁村未审计），其中：村党支部书记 100 名，村主任 101 名，村党支部书记兼村主任 267 名。审计金额共计 65 789.8 万元，其中：农村集体账内收入为 30 135.5 万元，农村集体账内支出为 35 654.3 万元。

【土地确权与流转】7 月 10 日，延庆县集体土地所有权确权登记发证工作通过北京市市级验收，延庆县发证成果齐全、完整，符合相关要求。2013 年 10 月 10 日，延庆县农村集体土地所有权确权登记发证工作通过国土资源部抽检。

农 民 生 活

【农民收入】全县人民生活水平继续稳步提高。2013 年农村居民人均纯收入 15 504 元，同比增长 10.1%，其中，工资性纯收入 10 310 元，增长 13.3%；家庭经营纯收 1 990 元，下降 8.5%；财产性收入 648 元，增长 36.1%；转移性纯收入 2 556元，增长 9.9%。

【农民消费】根据农村居民住户调查资料显示，在农村居民收入增长的推动下，农村居民人均生活消费支出达到 10 091 元，同比增长 11.9%。八大类消费支出中除交通和通信支出下降，其他类支出均有不同程度增长。其中，增速最快的是医疗保健，同比增长 23.1%，其次分别是居住、食品、衣着、家庭设备用品及服务、其他商品和服务、文教娱乐用品及服务，分别增长 22.6%、15.6%、14.0%、10.0%、3.3%和 1.3%。

【农村劳动力就业】农村劳动力转移就业 4 406 人。对困难失业人员、困难企业职工和安置农民工较多的企业进行了两节期间走访慰问；开发了 1 432 个绿色就业岗位；生态就业岗位在岗人员达到 12 835 名。农村劳动力转移就业培训 2 355 人次。

【城乡居民养老保险】截至 2013 年年底，参加城乡居民养老保险人数 110 837 人。当年参保 65 403 人，其中新增 1 830 人，续保 63 573 人。享受待遇人数 15 509 人，其中基础养老金享受人数 15 458 人。当年收缴保费 7 307.89 万元，领取养老金 7 870.89万元。共为 4 841 名残疾人进行了参保补贴，共计补贴金额为 3 872 000 万元；落实 2012 年度对参保缴费人员每人 30 元补贴及相关工作，涉及 49 042 人，补贴金额 1 471 260 万元。

【劳动关系】监控劳动合同履行情况单位 67 家，监控企业人数 6 234 人，其中城镇职工 4 393 人、农民工 1 841 人，监控企业劳动合同签订率 100%。共检查用人单位 2 007 户，涉及职工 40 632 人；查处各类违法案件 23 件，共为 495 名农民工追发工资 387.7 万元，补签劳动合同 270 人，结案率100%。

【社保所建设】推动18家基层社保所建设100%达到合格标准，其中：五星级社保所7个、四星级社保所11个；香水园街道社保所和沈家营镇社保所被评为北京市2013年度优秀社保所。

【计划生育数据】2012年10月至2013年9月，全县上报户籍出生2 569人，其中计划内出生2 513人，计生率达97.82%，圆满完成市政府下达的指标（97%）。

【农村卫生】全县有村卫生室171个，均为非营利性集体所有制；农村社区卫生服务站52个，均为非营利性全民所有制。村卫生室和农村社区卫生服务站覆盖率达到61.17%。注册乡村医生285人。2013年，全县人均期望寿命78.08岁，其中男性76.35岁，女性80.05岁。

【新型农村合作医疗】全县有165 617名农民参加合作医疗，参合率99.54%。总筹资12 221.95万元，其中财政补助资金10 565.78万元，个人筹资1 704.37万元。为319 094人次参合农民报销医药费用11 827.41万元；各定点医院为285 184位农民减免85.27万元，下乡巡诊868次，服务群众27 274人次，为4 706人进行免费健康体检。

【副市长苟仲文调研教育工作】4月3日，副市长苟仲文到本县调研中小学教育教学工作和中关村延庆园建设情况，并为中关村延庆园授牌。苟仲文先后到县刘斌堡中学、延庆二小，检查看学校办学环境和教育教学工作开展情况，并指出，学校要积极为教师创造良好的工作和生活环境，提高教师队伍整体素质，满足教育工作需求，推动教育教学水平再上新台阶。

【完成中小学校修缮工程】投资16 014.92万元，涉及70个单位修缮、操场及供暖维修改造工程。其中，投资1 646.39万元，完成62个单位雪灾雨灾恢复；投资7 955.38万元，完成22个单位大型修缮；投资467.29万元，完成28个单位供暖维修改造工程；投资487.17万元，完成15所学校供电改造工程；投资2 281.5万元，完成56所学校校园文化建设；投资985.95万元，完成10所学校操场工程；投资2 191.24万元，完成其他修缮工程。

【完成4所学校改扩建工程】至12月，延庆县教委完成4所中小学、幼儿园改扩建工程，总建筑面积9 056平方米，总投资3 762.86万元。其中，延庆特殊教育中心平房翻建，包括教室、会议室、食堂、宿舍工程，总建筑面积3 513平方米，总投资1 365万元。

【举办新时期农村经纪人专题讲座】3月11日，延庆县井庄镇成人学校邀请原北京市农业广播学校校长郑伯坤，进行题为“新时期农村经纪人”专题讲座。井庄镇农技员、群众文化组织员、大学生村官、部分农民中专班共126名学员参加。

【参加全国技能大赛获一等奖】6月12—14日，2013年全国职业院校技能大赛烹饪（中职组）技能比赛在扬州商务高等职业学校举行。来自全国各省、市、自治区的36支代表队参赛，延庆一职烹饪专业学生李凯泉获得冷拼雕刻项目一等奖。这是延庆一职连续三年在全国职业院校职业技能大赛烹饪技能比赛中获得一等奖。

【举行葡萄评比大赛】9月24日，县职教中心在张山营镇胡家营村举行葡萄田间学校学员毕业典礼暨葡萄评比大赛。参赛的葡萄品种是红地球，共有25位葡萄种植选手的葡萄参赛。农业专家根据葡萄果穗大小、紧密度、果粒大小、光洁度、果皮色泽以及肉质、糖度、风味等情况进行科学评选。评出一等奖1个，二等奖2个，三等奖3个，最大串葡萄王1个，最甜葡萄粒状元奖1个。《人民日报》《京郊日报》《延庆报》、延庆电视台等多家媒体对活动进行采访报道。该村葡萄田间学校2011年开始办班，招收学员共37人，2013年全部毕业。

【第五届北京端午文化节】以“妫川情 中国梦——休闲延庆 多彩端午”为主题，开展龙舟赛、包粽子比赛、三省四地非遗展演和龙舟表演、端午庙会和端午民俗游等三大仪式、四大版块、十二项丰富多彩的活动，接待游客32.86万人次，实现旅游收入2 542.63万元，分别同比增长11.01%和22.3%，有力地促进了民俗旅游事业的发展，扩大了端午节的品牌影响，并荣获文化部颁发的第十届中国艺术节“群星奖”，成为延庆县文化活动获得的最高荣誉。

【公共文化设施建设】完成重点镇文体中心建设。加大力度，推进永宁镇、旧县镇、康庄镇、八达岭镇4个重点镇文体中心建设工程，成为镇级公共文化设施的示范样板。推进村级公共文化基础设施建设。完成旧县、香营2个乡镇6个村的农村文化室改造工程，积极包装、申报全县农村文化室加固改造项目，为公共文化服务体系的不断健全奠定坚实基础。

【文化惠民】加强日常管理，提高服务水平，全年放映电影1.5万余场，播放文化资源共享工程3 100余场。整合资源，加强合作，建设社会图书室10个，举办《巳时春光》新春特展等主题展览8次，开展妫川大讲堂、社会大课堂、红领巾读书等主题活动。完成康庄等3个乡镇81个行政村的有线广播“村村响”工程，全面丰富广大群众的精神文化生活。

【群众文化活动】立足满足全县人民群众的文化需求，以中华传统文化节日为依托，圆满完成春节团拜会、正月十五花会展演、清明文化节等节日品牌活动。以全县群众为主体，开展群众合唱大赛、群众舞蹈大赛、夏日文化广场、乡村欢乐节、农民艺术节等系列文化活动，有力提升了基层群众的文艺素养。大力推进《柳沟记忆》文化驻场演出等文化旅游活动，促进乡镇经济社会综合发展。

【星火工程演出】以县级团队星级评比、市级团队合作创编的准入形式，开展星火演出1 128场，周末场演出50场，覆盖全县15个乡镇、376个行政村，受益观众达30万人次，对于丰富群众的文化生活、构建和谐社会和新农村建设发挥积极作用。

基层组织与民主政治建设

【正常离任村党组织书记生活补贴工作】2月19日，召开专题工作会，传达市委《关于建立正常离任村党组织书记生活补贴机制的实施办法》，对全县正常离任村党组织书记调查摸底工作进行了专门部署。经过宣传培训、个人申报、村级核准公示、乡镇审核公示、县委组织部复核、县级公示等环节，建立了正常离任村党组织书记台账和数据库。2013年，全县可享受生活补贴的正常离任村党组织书记共计975人，发放资金496.15万元。

【“两委”干部培训工作】7月8日，下发《关于参加全县农村“两委”主要干部培训班的通知》，7月10—12日，对各农村党支部书记、村委会主任进行了培训，内容包括农村基层组织建设、基层民主政治建设、农村党风廉政建设和农村集体财务与经济合同管理等。

【基层党组织书记轮训】3月27—30日，选送15名村党支部书记参加全市农村党组织书记示范培训班。7月10—12日，举办2013年全县农村“两委”主要干部培训班，527名村党支部书记和村委会主任参加，重点围绕中共十八大精神、基层组织建设、新型农村产业发展等内容进行集中封闭培训，培训结束后，各乡镇对全体村“两委”干部进行集中培训。同时，组建农村干部讲师团，深入各乡镇提供培训服务。7月30日，组织136名村委会主任参加全市新任职村委会主任培训班。

【第九届村委会换届选举工作】4月7日，召开第九届村民委员会换届选举工作动员部署会，下发了《关于做好第九届村民委员会选举工作的意见》，提出了“两保持、两降低”的换届目标，明确了村委会成员候选人“八不宜”“五不提名”等资格限制性条件标准。截至7月25日，全县376个行政村全部完成了村委会换届选举工作。全县共登记选民176 713人，实际参加投票选民152 310人，参选率为86.19%；一次选举成功的村有281个占74.73%。全县共选出村委会成员1 243名，其中，村主任376名，副主任20名，委员847名。由村党支部书记兼任村委会主任的有266名，占70.74%。村“两委”交叉任职的有740名，占61.77%。村委会成员中有女委员416名，占33.47%，并有25名女同志任村委会主任。新一届村主任队伍，在文化结构上，初中、高中的各有125人、98人，分别占33.2%和26.1%，大专以上的153人，占40.7%；在年龄结构上，30岁以下的有38人，30～50岁的有236人，50岁以上的有102人，分别占10.1%、62.8%和27.1%。非党员村主任49名，比上届降低了4.52%，没有出现白点村。民主推选村民代表7 104名，女性2 811名，党员1 877名。推选出村务监督委员会376个，村务监督委员会成员1 141名，其中，女性233名。

【村级后备干部队伍建设工作】9月16日，下发了《关于做好村级党组织后备干部选拔培养工作的通知》，采取个人自荐、组织推荐、群众举荐和笔试考核、面试考评、组织考察为主要内容的“三荐三考”选拔方式，重点将优秀的党员和入党积极分子选拔为后备干部。全县共选拔后备干部589人。各乡镇举办村级后备干部培训班19期，各种专题讲座30余次，培训率达到100%。有179名后备干部在换届选举中进入村“两委”班子。

【新农村建设结对帮扶工作】 5月9日，下发了《关于进一步做好新农村建设结对帮扶工作的实施意见》，以帮扶低收入村和低收入户增收致富为重点，开展了新一轮新农村建设结对帮扶工作。组织96个县直单位与99个村结对共建，其中包括47个低收入村，从学习宣传上级精神、推动农村经济发展、解决农民实际困难、加强基层组织建设、维护社会和谐稳定等几个方面来开展帮扶活动。各县直单位共帮助农村协调落实资金1 000余万元，为群众解决实际困难和问题230多个。

【服务型党组织建设、星级党建工程】 6月5日，下发了《关于加强基层服务型党组织建设的工作意见》，明确了“服务发展、服务民生、服务群众、服务党员”的基层服务型党组织建设工作目标，通过广泛覆盖，建强组织，构建功能完善的组织网络。下发了《关于实施“星级党建工程”进一步加强基层党组织建设的工作意见》，以基层党组织“五个好”、共产党员“五带头”为标准，采取实践创星、评级定星、晋位升星等方式，建立基层党组织和党员星级管理考核体系，落实基层党组织和党员晋位升级长效机制。在农村突出引领经济发展、凝聚服务群众等内容。

【大学生“村官”管理】 182名合同期满大学生“村官”中实现再就业164人，就业率达90.1%。已就业的“村官”中，进入行政机关31人，进入事业单位49人，进入专项事业编制7人，进入企业47人，进入编外合同制4人，考取社区工作者3人，自主创业3人，考研2人，续签及延长劳动合同14人，灵活就业4人。县内机关、事业单位面向合同期满大学生“村官”招聘岗位比例达到15.19%。新录用大学生“村官”220人，其中：男91人，女129人，男生占41.3%；北京生源89人，非京生源131人，非京生源占60%；硕士37人，本科166人，专科17人，本科以上占92%；党员85人，占39%；获得校级以上“三好学生”、优秀学生干部、一等奖学金等“三优”学生132人，占60%；外语专业毕业生21人，其中英语专业8级以上学生8人；清华、北京外国语大学等一些名优高校毕业生实现零突破。开展北京市2013年面向合同期满在基层就业的大学生“村官”公开选拔副科级领导干部工作，完成延庆镇社会治安综合治理办公室副主任和珍珠泉乡团委书记2个职位的选拔工作。

【村官荣获全国一等奖】 4月22日，大学生村官谢伟撰写的散文《北京延庆：井庄之美》荣获“美丽中国 村官先行”全国大学生村官学习贯彻中共十八大精神图文征集大赛全国一等奖。

“三农”工作部署和实施

【农村工作会】 4月12日，召开农村工作会，县领导李志军、李先忠、徐维功、陈合安、唐富臣、武岗、徐凤翔出席。县长李先忠主持会议。会上，副县长武岗对2012年“三农”工作进行总结，并部署了2013年工作任务。县委常委陈合安宣读了《延庆县社会主义新农村建设领导小组关于表扬2012年度社会主义新农村建设先进集体和先进个人的表彰决定》。县委书记李志军对2012年“三农”工作取得的成绩表示了充分肯定，并向受到表彰的先进集体和先进个人表示祝贺，向工作在“三农”战线上的广大干部和群众表示感谢。李志军同志要求：一要充分肯定“三农”工作的成绩。过去的一年，全县上下抓重点、抓难点、抓亮点，积极妥善应对“7·21”强降雨和“11·3”特大暴雪灾害，全县“三农”工作取得了阶段性成果。二要准确把握当前延庆“三农”工作的阶段性特点。农村面积大，农业人口多，农业发展滞后，农民收入相对较低，农村治理难度大。三要深刻认识当前延庆“三农”工作面临的新形势。从外部看，中央、北京市高度重视“三农”工作，提出了一系列新政策。当前，市场对“三农”工作提出了一系列新要求，农产品质量安全成为人们高度关注的问题，人们的生产生活方式发生了改变，这些都是农业发展面临的新形势。四要突出重点，推动“三农”工作上台阶、上水平。要在都市型现代生态农业发展上下功夫，在培育新型农业生产经营主体上下功夫，在强化科技支撑上下功夫，在推进城镇化建设、城乡一体化发展上下功夫，在深化农村改革上下功夫，在培育新型农民上下功夫，在加强农村社会管理上下功夫。在农业问题上，要加快推进有机循环农业，认真抓好沟域经济建设，要实现农民专业合作社规模化发展、产业化经营、企业化运作，要进一步加强生态环境建设，要积极稳步统筹推进小城镇建设和新型农村社区建设。在农民问题上，要通过培训提升农民素质；要结合生态建设，促进农民就业；要鼓励、引导更多农民开展自主创业，把增强农民自身的致富欲望，提高致富能力作为促进农民持续增收的长效机制来抓。最后，强调了春耕备耕、雪灾后农业生产恢复重建和禽流感防控工作。要加强领导，确保工作取得实效。各相关部门要主动把做好“三农”工作作为义不容辞的责任，密切配合，做好服务，形成合力，真抓实干，务求实效。全县上下要以奋发有为的精气神、求真务实的工作作风，不断开创全县“三农”工作新局面！

【万钢调研生物燃气产业发展情况】 2013年7月2日，全国政协副主席、科技部部长万钢现场考察了北京国家现代农业科技城德青源生物燃气科技产业化基地、延庆县前黑龙庙生物燃气科技示范村，并与使用生物燃气的农民群众进行了亲切交流，与专家和企业代表进行了座谈。科技部党组成员、副部长张来武，科技部党组成员、科技日报社社长王志学，北京市委常委牛有成等领导共同参加考察和座谈交流。来自中国科学院、清华大学、新奥集团公司、杭州能源环境工程有限公司、北京德青源农业科技股份有限公司等科研院所、高校和企业的代表共计60余人参加了座谈交流。

【副市长林克庆到康庄镇设施农业园区视察工作】 3月13日上午，北京市副市长林克庆同志在延庆县委书记李志军、县长李先忠、副县长武岗等相关部门领导的陪同下，到康庄镇设施农业园区视察农业生产及灾后自救工作，实地察看了设施园区内的蔬菜大棚并详细询问了北京北菜园农产品产销合作社生产经营、有机蔬菜的销售、入社农民待遇等情况。镇党委书记贺利、镇长葛新一同前往。

【人大建议办理情况】 人大共收到代表提出的涉农建议4件，于5月31日全部办结。

【政协提案办理情况】 政协共收到委员提出的涉农提案8件，于5月31日全部办结。

延庆县领导名录

县委书记	李志军
副书记	李先忠　胡耀刚
常委	李志军　李先忠　胡耀刚 徐维功　张　远　孟振全 陈合安　王立明 张素枝（女）　李忠义 吕桂富
县人大常委会主任	郭振清
副主任	侯林兴　盛桂荣（女） 唐富臣　郑世华 唐文杰（不驻会）
县长	李先忠
常务副县长	张素枝（女）
副县长	张　远　魏　怡（女） 刘　兵　谢文征　武　岗
县政协主席	赵双利
副主席	宋献坤　谷艳兰（女） 徐凤翔　李　满 赵志萍（女）　程大庆（不驻会）
秘书长	丁铁生
县委农工委书记	赵文田（11月免） 张绍芬（12月任）
县农委主任	程大庆

延庆县乡镇党政正职领导

	党委书记	乡（镇）长
延庆镇	胡玉民（3月免）	闫承发（3月免）
	闫承发（3月任）	郭慧成（3月任）
永宁镇	丁立民（3月免）	史建柱（10月免）
	黄金龙（3月任）	辛文军（10月任）
康庄镇	贺　利	葛　新
张山营镇	叶　东	刘文祥
八达岭镇	卫洪涛	卫洪英（女）
旧县镇	常迎六（满族）	郭铁石
千家店镇	黄金龙（3月免）	池合仓（4月免）
	池合仓（3月任）	张利忠（4月任）
四海镇	李凤云	郑玉伶（女，4月免）
		贺常荣（女，4月任）
大榆树镇	梁志杰（9月免）	王艳宾
	赵琳锋（9月任）	
沈家营镇	张绍芬（女，12月免）	吴永才（10月免）
	姜言泉（12月任）	杨志强（10月任）
井庄镇	赵琳峰（9月免）	崔旭龙（11月免）
	崔旭龙（9月任）	孟顺利（11月任）
香营乡	朱万富（9月免）	徐自成（10月免）
	徐自成（9月任）	李新生（10月任）
大庄科乡	晏红利（3月任）	晏红利（4月免）
		王　琦（4月任）
刘斌堡乡	胡树森	王长清
珍珠泉乡	姜言泉（12月免）	徐志中
	徐志中（12月任）	

百泉街道办事处	赵振华	陈桂芬（女）	香水园街道办事处	聂书军(9月免) 冯浙军(9月任)	冯浙军(10月免) 贺建昌(10月任)
儒林街道办事处	刘世记	张合林			

（延庆县农委　武永杰　贺志鸿）

市农业系统行政、事业机构

中共北京市委农村工作委员会 北京市农村工作委员会

在市委、市政府的正确领导下，市委农工委、市农委按照率先形成城乡发展一体化新格局的战略部署，不断强化思想引领和组织保障，大力提升都市型现代农业发展水平，积极推进城镇化进程，加快形成城乡规划、产业发展、基础设施、公共服务、劳动就业、社会管理一体化，深化落实一系列强农惠农富农政策，促进农民持续增收，保持农村社会和谐稳定，初步探索了一条适应特大城市推进“三农”工作的新路子。一年来，重点推进了以下7项工作：

一、巩固都市型现代农业战略性基础地位，农业发展方式和实现形式进一步提升

（一）强化应急保障功能，农产品生产有效供给

一是“菜篮子”工程保障有力。深入开展农业“规模化发展、园区化建设、标准化生产”，全面落实“菜篮子”工程负责制，“产量增加年、质量提升年”成效显著。新建和改建设施农业近7 000亩，新发展基本菜田1.5万亩。基本菜田蔬菜生产补贴试点积极开展。新创建“菜篮子”优级标准化基地160个，累计达到322个；新增“三品”认证283家，上市蔬菜、畜禽、水产品的检测合格率在全国处于领先位置。

二是粮食生产夯实基础。深入实施粮食稳定增产行动，举办种粮大户竞赛，全面开展高产创建。粮食播种238.4万亩，粮食产量96.1万吨，亩产403.3千克，较2012年增产3.1%。加快建设顺义都市型现代农业万亩示范区。制定出台了粮食直补和农资综合补贴政策，全年纳入粮食直补220.3万亩，共兑付粮食直补和农资综合补贴2.15亿元，惠及4 174个村46.38万农户。

三是籽种农业加快发展。“种业之都”建设加快推进，启动“种业中关村”建设，完成了国家现代种业发展基金、国家开发银行与通州国际种业科技园区的现场对接和意向合作。第21届北京种子大会成功举办，吸引国内外种子企业5 000多家，签订合作项目意向协议1.2万份。

四是农业综合生产能力继续加强。都市型现代农业基础建设及综合开发一期实施农田水利、农田培肥、田园清洁循环、沟路林渠配套四项工程，113万亩项目区高质量完成。继续实施二期综合开发工程112万亩。开展蔬菜生产提质增效“三百工程”，建立高产高效示范点342个、设施蔬菜标准园5个、集约化育苗场20个。规模化标准化规模养殖场存栏畜禽占到80%以上，奶牛规模养殖比例达到90%以上，100%实现机械化挤奶。推广水产“三节两高”健康养殖模式。

五是农业产业化持续推进。出台了支持涉农龙头企业发展实施意见，完成第三批市级龙头企业认定工作。制定了贷款贴息、资金奖励、补助等政策措施，开展对农加工业集合票据融资中介费用资金补助，打造涉农企业上市板块，新递补国家级龙头企业3家，新增市著名商标、国家驰名商标6家。成立了市农业产业化龙头企业协会。

六是农产品流通效率持续提升。推进农社对接、农超对接，农社对接合作社达到87家、开设了直销店（点）660个，农超对接合作社68家、进入超市

42个。加强外埠生产基地建设，新增外埠蔬菜基地4万亩、养殖基地5个。举办了北京市与11个进京食品供应省（自治区、直辖市）的食品安全供应保障区域合作推进会和农产品进京展销活动。

（二）强化生态休闲功能，农业实现形式不断创新

一是京郊旅游品牌培育步伐加快。响应国家号召，举办了“中国美丽田园”推介，房山贾河梨园、延庆四季花海、房山长沟镇向日葵园3个园区获得“中国美丽田园”称号。发挥资源优势，密云县蔡家洼村被农业部授予“中国最有魅力休闲乡村”称号，延庆县荣获2013年“全国休闲农业与乡村旅游示范县”称号，怀柔白河湾沟域经济产业带、门头沟涧沟村荣获“示范点”称号，海淀区御林农耕文化观光园、海舟慧霖葡萄园等4家荣获全国休闲农业与乡村旅游星级园区。提升整体水平，门头沟斋堂镇，房山长沟镇、十渡镇等10个乡镇被评为“市级休闲农业与乡村旅游示范乡镇”。以季为周期，贯穿全年相继推出草莓季、樱桃季、花季、香草季、瓜季、鲜桃季等“农产品流通季”系列活动，编写主题图书，策划农产品地图，郊区成为市民假日休闲旅游的首选地。

二是会展农业极大地丰富了农业内涵。首届北京农业嘉年华成功举办，成为首都都市型现代农业新品牌和昌平区转型发展新亮点。为期51天的展会接待游客101.7万人次，园区直接经济收入超过3 300万元，拉动周边采摘园实现草莓销售1.8亿元、民俗旅游收入1.2亿元。筹办了世界级农业会议3项，举办全国性展览展销5项、市级会展5项，举办了多项郊区特色农业节庆。会展农业不仅延展了农业的社会服务功能，同时延长了农业产业价值链条，有效地提升了农业产品价值。

三是沟域经济建设成为实现美丽山区的有效模式。实施了环境整治、生态建设、基础设施、新村民居和特色产业五项工程项目201个，完成投资15.4亿元。其中，公益类163个，完成投资9.4亿元；产业类38个，完成投资6亿元。初步统计，前三季度7条重点建设沟域中有3条农民人均纯收入同比增长超过20%，其余均超过全市山区平均水平。

（三）强化科技示范功能，农业社会化服务和支持保护体系建立健全

一是农业区域经济体系初步建立。深入开展国家现代农业示范区、北京都市型现代农业示范镇、全国一村一品和北京特色产业村、家庭农场试点等工作，初步构建起“区—镇—村—户”农业区域经济发展体系。培育创建农业示范镇40个。支持指导房山区、通州区开展家庭农场试点工作。启动第一批北京特色产业村评选工作。新增全国一村一品示范村9个。

二是农业信息化加快推进。建立万亩示范区综合数据库，实现万亩示范区动态监测、直观展示、远程监控和信息化管理。利用北斗卫星定位和移动4G通信技术，建成国内首个基于北斗系统的精准农业管理平台。开发市“菜篮子”工程信息系统，实现了2 000多个养殖场、4 000多个水产场、7 000多个菜田数据的上网上图。通州国际种业科技园区等3个单位被认定为全国农业农村信息化示范基地。完善人工影响天气工作体系，确保了主汛期农业顺利度汛。

三是基层农技推广体系日趋完善。选聘村级全科农技员累计2 831人，推进实现村级全科农技员队伍全覆盖。启动全科农技员信息管理系统。推进完成基层农技推广体系改革与建设补助项目和机构条件建设项目“两覆盖”，加强基层农业科技综合服务站建设。通州综合服务试验站建立核心示范区3个，辐射面积4 000余亩，实现蔬菜单产提高13%、樱桃增产50%。以北京国家现代农业科技城建设为引领，建立农业科技部门会商、区县联动机制，实施了科技示范等重点工程。示范项目日光温室现代化生产技术试验创高产新纪录；都市型现代农业海外人才创业园成立中英草莓技术合作工作室。

四是新型农民和农业科技人才培养取得阶段成效。明确区县建设主体地位，开办服务于区域主导产业的农民田间学校800所，加强了30所市级示范校建设。培养设施农业骨干人才，已累计举办设施主导产业市内、外埠研修班74期，境外7期。举办农村实用人才专题示范培训班4期，开展高级农村实用人才等级评定，目前，实用人才总量4.4万人，其中高级人才1 270名。

二、加快构建现代城镇体系，城乡空间布局和人居环境进一步优化

（一）新型农村社区建设扩大试点

总结出了“党组织引领、央企参与，原址重

建、滚动发展，多村集并、异地建设，项目带动、村企合作”等新型农村社区建设典型模式，制定了全面科学的评估体系。探索论证部分区县政策集成和资金聚焦的有效方式，规范了市级试点要求和工作程序。新增 36 个市级新型农村社区建设试点。

（二）重点小城镇和特色镇村建设加快推进

继续坚持 42 个重点镇监测通报制度，引导重点镇完善规划体系，加快基础设施和公共服务设施建设，促进产业发展。加强大型企业与小城镇对接共建。精心组织特色村镇规划建设工作，怀柔区北沟村成为全国第一批村庄规划示范，门头沟区马栏村、昌平区长峪城村等 4 个村列入第二批中国传统村落名录，组织门头沟区黄岭西村、苇子水村等第一批中国传统村落编制保护和发展规划。组织密云县古北口镇开展绿色低碳重点小城镇试点示范工作。门头沟潭柘寺、房山韩村河等 6 个镇已着手创建全国特色景观旅游名镇（村）。前三季度，42 个重点镇完成基础设施和公共服务设施建设固定资产投资 84.9 亿元，镇域企业达到 1.3 万个，实际上缴税金 114.3 亿元，财政总收入 52.8 亿元，产业支撑作用进一步增强。

（三）新农村“三起来”工程和农宅抗震节能改造工作扎实开展

在实施了新农村“三起来”工程四年规划的基础上，继续推进“农村亮起来、农民暖起来、农业资源循环起来”工程，推广技术过关、经济实用的惠民工程，维护照明设施 31.1 万盏，推广炉具 1.6 万台，新建沼气工程 5 处、雨洪利用工程 200 处、粪污治理工程 113 处，基本完成全年任务。完成农宅抗震节能改造 6.1 万户，超额完成全年任务。

（四）农村基础设施长效管护机制进一步健全

联合相关部门出台了环境卫生服务、道路照明设施、村镇供水、安全饮水等市级文件，农村基础设施纳入了政府管理工作范畴。制定了区县管护相关文件 109 个，管护资金总投入 4.6 亿元。统计显示，目前街坊路、太阳能路灯、太阳能浴室、垃圾处理、自来水供水设施完好率均在 90%以上，农村基础设施运行基本正常。

（五）农转非工作协调推进

制定下发了《关于加快推进本市建设征地补偿安置工作的意见》，修改完善了农转非月报表。全年完成各类农转非 71 231 人，其中：征地农转非 37 498 人，整建制农转非 18 792 人。

（六）郊区生态环境建设任务全面完成

围绕提升先进典型、整顿后进村庄、抓好重点区域，完成环境重点治理村庄 950 个。开展了主要路、河、景点和乡村旅游村周边环境的专项治理，清理积存垃圾 30 万吨、10 万处，清理小广告 1.7 万余条。建立完善季度例会和联络员制度，抽查乡镇 123 个、村庄 1 321 个。全年创建了 5 个环境优美乡镇和 138 个生态村。

（七）“美丽乡村”创建成为新农村建设亮点

组织开展“2013—2014 年度寻找‘北京最美的乡村’宣传评选活动”，筛选确定了 32 个候选村庄；推荐的韩村河、千家店镇等 10 个村庄（乡镇）正式成为农业部“美丽乡村创建试点”；联合北京交通广播开展了第二届“北京最美乡村路”主题宣传活动；指导北京故事广播开展了“北京最美乡村故事”主题征文展播活动；指导《京郊日报》开展了“美丽乡村追梦人”主题宣传活动；以 73 个“北京最美的乡村”为核心，编辑出版了《北京美丽乡村休闲攻略》公开发行；“北京美丽乡村”网、《美丽乡村》杂志、“新空间”视频网站等成为常年性展示平台，深受广大市民好评。

三、缩小城乡区域差距，农村地区生活条件持续改善

（一）低收入农户、低收入村增收成效显著

划定农村经济薄弱地区，完成发展规划初稿编制，制定了扶持低收入村的一事一议财政奖补和低收入农户中较高学历的（计 410 人）就业安置政策，对成绩突出的低收入村镇给予奖励。建立产业帮扶机制，推动 100 家农业龙头企业与 100 个低收入村结对共建；健全社会帮扶机制，市直机关工委组织 110 家市直单位对经济薄弱地区的 89 个村开展“三进两促”活动，引导 200 多家央企、国企、民企对 110 个低收入村进行帮扶。全年低收入户人均收入 8 052 元，同比增长 14.7%，增速比全体农民高 3.4 个百分点。

（二）农村地区“减煤换煤、清洁空气”行动进展迅速

北京市率先启动“减煤换煤、清洁空气”4 年行动计划，按照“五个一批”的要求，制定并实施了“减煤换煤、清洁空气”行动实施方案，重点在“两区三镇”进行试点，全市涉及 1 100 个村庄、

27万户农民。通过采取优质燃煤替代、取暖煤改电、天然气入户、太阳能热利用、液化石油气下乡及沼气利用等措施，建立了部门会商联动机制，充分发挥协调作用，会同11个部门制定了9项政策文件，举办了多次现场会、对接工作会。截至年底，全市累计完成任务71.4万吨，其中换煤到户27.4万吨，2013年采暖季结束，将全面完成减煤换煤80万吨的任务。

（三）新一轮山区农民搬迁启动年完成为民办实事任务

按照因地制宜、跟踪总结的工作思路，注重资金整合、政策聚焦，联合财政、国土等7部门印发工程管理、搬迁用地办法，市财政按每人1.8万元、每户4万元的补贴，并集成了农宅抗震节能改造政策、生态移民等政策资金。有25个村主体工程已完工，部分农户已实现入住。

（四）农村公共服务均等化发展步伐加快

加大力度，继续开展春风行动、城乡手拉手就业协作、就业援助等措施，全年帮助6.23万名本市登记农村劳动力实现二、三产业转移就业。提高养老金和低保标准，基础养老金、福利养老金分别提高到每人每月390元、310元，增幅分别为9.1%、11.7%，受益人群分别为29万人和55万人。农村低保最低标准月人均460元，增幅21%。打造示范社区，全市农村地区社区服务站实现了全覆盖。创新卫生服务模式，公共卫生服务项目逐步实现覆盖城乡。推进城乡义务教育均衡发展，农村中小学及幼儿园办学条件、教育教学质量持续改善。培育文化品牌，一区县一艺术节、一乡镇一品牌已形成，一村一团队的梯级基层文化服务活动架构基本建成。

四、加快培育农民主体地位，“新三起来”工作全面推动

（一）农村集体资产管理全面加强

全市村级改革任务已经基本完成，乡级改革取得积极进展。目前，全市累计完成产权制度改革的单位达到3 873个，村级完成产权制度改革的比例达到96.9%。2013年全市有1 267个村集体经济组织实现股份分红，股份分红总金额34.8亿元。在改制村中有133万农民股东获得红利，人均分红2 611元。

（二）农村集体土地所有权确权登记发证工作全面完成

全市195个乡镇、3 958个村完成农村集体土地所有权确权登记发证工作，确权登记率97.05%。土地承包经营权确权登记颁证试点工作加快推进，平谷区试点范围扩大到6个乡镇。

（三）农民专业合作社规范发展

会同相关单位印发了《关于扶持本市农民合作社发展的若干意见》，支持合作社兴办企业，开展连锁经营，承担涉农项目。继续加强对示范社的指导和服务，实行监测考核及动态管理机制。落实项目扶持，对23家示范社的36个项目给予329万元诚信贴息奖励，比2012年提高34.3%，合作社贷款比例连续三年提高，政策效果显现。

（四）农村综合改革稳步推进

扩大覆盖面，全面开展一事一议财政奖补工作，集中支持低收入村和美丽乡村建设奖补项目354个、资金2.8亿元，受益人口28.5万人。进一步完善村级公益事业专项补助资金制度，保证了村级公益事业的正常运转。

（五）农村金融创新不断深入

稳步推进大兴区农村金融改革试验区建设，探索建立大宗农产品价格调控机制，开展大白菜价格保险试点和金融服务供需调查。创新金融产品，农行北京分行承诺3年内提供不低于1 000亿元贷款额度，国开行北京分行给予华都峪口和百年栗园两家企业提供1.16亿元应急贷款资金支持。会同北京银监局、保监局推进农业保险保单质押贷款工作。

（六）政策性农业保险稳步推进

全年狠抓政策落实，新增2个保险品种，降低10个险种的保险费率，在全国率先探索推出生猪价格指数保险，在部分区县进行了区域特色险种和渔业险种试点，研究开展森林保险、农房保险。2013年，实现保费收入5.48亿元，同比增长7.59%；总保险金额142.91亿元，同比增长6.99%；参保农户18.14万户次；简单赔付支出5.13亿元，简单赔付率93.61%。

五、加强党的领导，农村基层组织建设进一步夯实

（一）农村基层党组织引领发展作用充分发挥

坚持引领发展，找准党建工作与中心工作的结

合点，总结推广基层成功经验。加强新型农村社区党建工作，建立健全与社区化管理相适应的组织领导体系和工作运行机制，完善联席会议、结对共建等共驻共建机制，构建了区域资源共享、管理服务高效、工作运行规范的新型农村社区党建工作格局。完成农业部科教兴村带头人推荐工作。完善区县、乡镇、村三级基层党建工作“联述联评联考”制度，形成了城乡统筹、条块结合、上下联动、一抓到底的党建工作格局。实施了农村基层组织信息系统，提高了精细化水平。

（二）村“两委”换届选举工作圆满完成

较好地实现了市委、市政府提出的“两保持、两降低”目标要求。村“两委”班子结构进一步优化，共选出村党组织成员 13 719 名、村委会成员 13 046 名。179 名大学生“村官”进入村党组织班子。党在农村的执政基础进一步巩固，“一人兼”比例 65.7%，交叉任职比例 55.6%；村党组织书记、村委会主任连选连任比例分别为 80.3%、68.8%。非党员村委会主任 444 人，比上届减少 164 人。

（三）农村基层党员干部队伍建设成效明显

在党员队伍建设方面，加大在青年农民、致富带头人、退伍军人、大学生“村官”等群体中发展党员力度，推广外出务工人员入党“双联系双培养双发展”机制，优化农村党员队伍结构。在基层干部队伍建设方面，健全“市级示范培训、区县重点培训、基层普遍培训”的工作体系，全市共培训乡镇、村干部 12.4 万人次；落实离任村党组织书记生活补贴机制，解决了离任村党组织书记后顾之忧。

（四）农村基层民主建设进一步深化

全面试行乡镇党代会年会制，同步推进乡镇党代表任期制。村“两委”换届选举首次实现应选尽选，村党组织换届选举全部采用“公推直选”，村委会换届选举依法实行“海推直选”，妇女成员首次实行“专职专选”。推广“四议一审两公开”、“四评”工作法、党员议事会等做法，健全村级议事决策规则和程序。深化村务公开民主管理。

六、加强农村地区社会服务，农村社会和谐稳定

（一）涉农矛盾纠纷化解显著增强

完善涉农信访工作机制，强化领导包案、矛盾纠纷排查化解、网络办信等信访制度建设，注重基础台账、动态跟踪、定期通报、销账报备等基础性工作管理，加强基层信访干部队伍建设，较好地完成了信访任务。全年郊区县到市以上部门集体访 419 批次 6 062 人次，同比下降了 10.9%和 9%；直接到市农委上访共 62 批次 213 人次，同比下降了 34.7%和 45.4%；网络信箱接收群众来信 186 封，同比下降了 38.2%。涉农信访维稳工作水平得到提升。

（二）农村社会服务管理不断强化

深入走访调研，摸清了不同地区社会管理与社会建设面临的主要问题。开展“科技创安”工作，推进农村安全技术防范体系建设，不断增强治安防范整体能力。调查研究农村地区土地纠纷、集体资产分配、干群关系、产权制度改革等突出问题及成因，初步形成了调处化解涉农矛盾纠纷和加强涉农矛盾多元调解组织、队伍、经费保障机制建设的意见建议。

（三）农村精神文明建设有声有色

举办了第 24 届北京市农民艺术节，以“文化让乡村更美丽”为主题，通过“乡村大舞台”群众文艺汇演、“美丽乡村”文化主题展播、“美丽乡村”艺术展览三个板块，向基层乡村和广大农民延伸，“乡村大舞台”共演出 78 场，10 余万农村群众登台表演，原创节目比例 73%；会同首都文明办研究制定《首都文明村镇测评体系》及操作办法，形成了以《首都文明村镇测评体系》《首都文明村镇创建管理办法》等为主要内容的完整测评体系。

（四）农村基层党风廉政建设扎实有效

联合市纪委举办了乡镇纪委书记培训班 2 期，促进农村党风廉政建设和社会和谐稳定。组织开展了春秋季农民负担专项检查，完善北京市农民负担监督管理工作机制，建立了联席会议制度，让减负政策更加公开透明。

七、加强自身建设，两委机关和系统单位密切了与群众的血肉联系

（一）两委机关和系统单位宣传思想工作成效显著

两委理论学习中心组通过领导带头学、研读原著学、专家辅导学、集体调研学、“进村入户”学、

基层座谈学等形式，及时深入学习了中央和市委重要会议精神、习近平总书记系列讲话、马克思主义哲学等内容，引领带动机关干部和系统职工迅速将思想和行动统一到科学推动“三农”工作上来；通过成就宣传、重点宣传、典型宣传、动态宣传等形式，全年播发“三农”相关报道1 000多篇次，为城乡一体化和新农村建设提供了有力的舆论支持。

（二）两委机关和系统单位群众路线教育实践活动扎实开展

严格落实“照镜子、正衣冠、洗洗澡、治治病”的总要求，把边学边查边整边改贯彻始终，在学习教育、听取意见环节，共召开征求意见座谈会和民情恳谈会27次，发放征求意见表711份，收集各类原汁原味的意见建议539条。“进村入户”活动得到刘云山、赵乐际两位中央领导同志的肯定。党刊党报和中央媒体予以报道，10月21日，两委“进村入户”活动在中央电视台《新闻联播》栏目中以“干部进村同吃住，帮助百姓解难题”为题播出，并陆续在北京新闻等十几家电视台、网络、报纸杂志等媒体报道，受到了全社会的高度认可。在查摆问题、开展批评环节，查摆出“四风”方面存在的25个问题。民主生活会上，各位班子成员分别做对照检查和自我批评，达到了“红红脸、出出汗、排排毒、治治病”的目的。在整改落实、建章立制环节，狠抓整改并逐个落实了3个方面60条工作任务。针对农民群众反映强烈的9大类20项突出问题，开展正风肃纪专项整治。做好制度的废、改、立工作。目前，已制定了两委《关于不准收受基层赠送农副产品的规定》《“进村入户”制度（试行）》等制度。

（三）机关党风廉政建设得到加强

制定了两委机关廉政风险防控管理工作检查考核办法，进一步推进廉政风险防控“三个体系”建设。召开了全市农林水系统党风廉政建设工作会议，制定下发了两委《关于进一步加强党风廉政建设工作的意见》，落实措施17条。推进党风廉政建设责任制落实，明确两委党风廉政建设工作的意见和主要任务分工26项。编制了两委领导班子集体决策事项目录，涉及集体决策事项3大类9小项，具体要求17条；确定了局级领导干部廉政风险防控年度重点项目16项，制定风险防控措施43条；梳理了各处室职权涉权事项69项，查找权力实施依据84项（条），规范权力运行流程81项。

（四）两委“三进两促”活动建立长效机制

把“三进两促”活动作为深入基层群众、改进作风的一个重要抓手。在两委领导班子成员的带动下，机关104名干部以普通党员身份参加“进村入户”活动，党员干部自费吃住在农家，同基层党员干部群众拉家常、交朋友，了解群众愿望，倾听群众诉求。两委各党支部深入79个乡镇的103个村，入户走访群众705户、企业25家，直接访谈群众1 608人，征求到原汁原味的意见建议287条，帮助基层解决问题122个，协调扶持资金近1 000万元，慰问困难群众124户，捐送慰问金、慰问品共计6.2万元。将2013年本级党费的90%专项用于支部开展“进村入户”、两节送温暖活动。为深化内涵、立足长效机制，党员干部“进村入户”情况，纳入两委公务员年度考核内容。

市委农工委、市农委领导班子成员

市委农工委书记 王孝东
副书记 刘福志 张贵忠（5月免）
康 森（10月任）
委员 赵根武(4月免) 张贵忠(5月任)
尚延华 李海平 王建中
于 波(7月任) 吴宝新(11月任)
王修达 李建东
农村纪工委书记 尚延华
市农委主任 王孝东
副主任 刘福志 赵根武（4月免）
康 森(11月免) 李成贵
李海平 王建中 吴宝新(11月任)
童卫东(挂职到2014年2月)
于 波（7月任）
委员 刘亚清 张宏图 郝 霞
刘春成 薛有才 左晓波
寇文杰

（市委农工委研究室 卢宏升 王鹏翔
名单提供 余路婧）

北京市农业局

概　况

北京市农业局是负责农业行业监督管理的市政府部门管理机构。机关内设15个职能处室和机关党委、老干部处、工会、监察处，机关行政编制108人。局属单位26家，按照单位经费形式划分：行政执法机构1个，全额拨款事业单位21个（参照公务员法管理单位3个，纳入工资规范单位1个），差额拨款事业单位1个，自收自支事业单位2个，未定形式1个。因部分单位合署办公，内部管理实际为23家。

机构设置

单位名称	地　址	邮　编	电　话
北京市农业局	西城区裕民中路6号	100029	82031800
北京市农业技术推广站	朝阳区惠新里高原街4号	100029	84638460
北京市土肥工作站	西城区裕民中路6号	100029	82078454
北京市种子管理站	海淀区北太平庄路15号	100088	62051552
北京市植物保护站	西城区北三环中路9号	100029	62016348
北京市优质农产品产销服务站	朝阳区安外北苑路88号	100101	64965639
北京市农业环境监测站 （北京市农业绿色食品办公室）	西城区裕民中路6号	100029	82031875
北京市农业局信息中心	西城区裕民中路6号	100029	82031894
北京市动物疫病预防控制中心	大兴区生物医药基地祥瑞大街临17号	102600	60275629
北京市畜牧总站	朝阳区安外北苑路甲15号	100107	64891950
北京市动物卫生监督所	西外上园村甲3号	100044	62248621
北京市兽药监察所	大兴区生物医药基地祥瑞大街临17号	102600	60272616
北京市饲料监察所	朝阳区安外北苑路甲15号	100017	84934332
北京市畜牧业环境监测站	昌平区昌平镇超前路21号	102200	89740848
北京市水产技术推广站	朝阳区潘家园华威西里甲48号南楼	100021	87702636
北京市水生野生动植物救护中心	延庆县大榆树镇西杏园300号	102100	81198253
北京市渔政监督管理站	丰台区永外西罗园二区23楼二层	100077	67274269
北京市农业机械试验鉴定推广站	丰台区南方庄甲60号	100078	67631575
北京市农业机械监理总站	海淀区复兴路2号	100038	63312505
北京市农业局后勤服务中心	西城区裕民中路6号	100029	82078481
北京市农民体育工作办公室	西城区裕民中路6号	100029	62024158
北京市农业局宣传教育中心	西城区裕民中路6号	100029	82078183
北京市农业局财务服务中心	西城区裕民中路6号	100029	82085018
北京市农业局老干部活动站	西城区裕民中路6号	100029	82078496

主 要 工 作

年内，北京都市型现代农业平稳健康发展。农业经济稳中有增。全市农林牧渔总产值实现421.8亿元，同比增长6.6%，比“十一五”末增长28.6%。农民人均纯收入达到18 337元，同比增长11.3%，增速连续五年快于城镇居民。农业生产稳定向好。全年粮食总产96.1万吨，平均单产403.3千克，同比提高3.1%。蔬菜总产330.3万吨，实现上市收入66.5亿元，同比增长18.3%。全年出栏生猪313万头、肉牛11万头、家禽8 000万只，牛奶产量64万吨，禽蛋产量16万吨，肉类总产42万吨，水产品产量6.26万吨。

全市都市型现代农业发展的重点工作主要有以下几个方面：

一是推进“菜篮子”工程，提高农业供给保障能力。优化设施农业发展结构，新建设施农业3 500亩、5个设施蔬菜标准园和20个集约化育苗场，实施老危旧设施改造 3 273 亩，全市设施农业实际利用面积 28.3 万亩，温室面积占 53%。全年设施农业收入达到 57.3 亿元，比 2010 年增长了 40.9%。提升规模化发展水平，全年改造规模畜禽场 58 家，开展畜禽节水工程 260 个，建设存栏 6 万只以上、年出栏 40 万只肉鸡的标准化现代示范工程 3 栋，对 23 家生猪、奶牛规模场进行了改扩建，完成规模化养殖场粪污治理 107 家，全市生猪、奶牛、家禽规模养殖比例分别为 65.6%、81.6%和 76.5%。加强外埠基地建设，新建外埠蔬菜生产基地 14 家，全年供京蔬菜 11.4 万吨；新建外埠畜产品基地 5 家，年生产猪肉 1.6 万吨、牛奶 1.2 万吨、鸡蛋 3.29 万吨，其中 80%的产品销往北京市场，对于保障农产品供应和价格基本稳定，满足市场多元化消费需求发挥了重要作用。

二是促进产业提质增效融合发展，挖掘农业发展潜力。加快落实《市政府关于促进现代种业发展的意见》和《北京种业发展规划（2010—2015）》，大力发展种植、畜牧、水产和林果花卉四大种业，全年种业销售额实现 110 亿元。通州国际种业园区建设稳步推进，第 21 届北京种子大会成功举办，2014 年北京世界种子大会筹备工作进展顺利。扎实开展高产创建，示范区小麦平均单产超 400 千克，玉米达 726.1 千克，辐射带动全市玉米平均单产同比增加 3.7%，实现近 10 年来玉米最高单产。加速建设现代渔场，全市已建成工厂化养殖场 14 家、循环温室养殖场 14 家、高产高效生产基地 78 家。着力发展农产品加工业，全市农产品加工企业 1 853 家，其中 297 家规模以上企业全年收入 1 063.5 亿元，同比增长 9.3%，成功迈上千亿元台阶。积极发展会展农业，成功举办世界草莓大会、国际食用菌大会及首届农业嘉年华，实现了“举办一次大会、带动一个产业、富裕一方农民”的目标，与 2010 年相比，草莓产量增长 85.2%、食用菌产量增长 105%。加强重点沟域建设，促进休闲农业与乡村旅游提档升级，全年接待游客 3 751 万人次，实现收入 37.6 亿元。

三是加强农业基础建设，增强农业发展内在动力。都市型现代农业基础建设及综合开发一期规划任务全面完成，建成高标准基本农田 113 万亩，农业综合生产能力和田园景观显著提升。同时，二期规划已全面启动。积极探索粮食适度规模种植，推进万亩粮食示范区建设，实现小麦亩产 363 千克、同比增长 10.0%，青贮玉米亩产 3 500 千克、同比增长 16.7%，实现种植户年纯收入翻一番，达到每亩 1 200 元。推进农业机械化发展，落实农机购置补贴 1.8 亿元，新增机具 6 794 余台套，新增动力 10 余万千瓦，全市农机总动力 200.4 千瓦。全市农业机械化水平持续提高，农作物耕种收综合机械化水平 71.5%，粮食生产基本实现全程机械化，渔业、畜牧业、设施农业和林果业的机械化水平分别为 61.7%、46.5 %、33.5%和 23.2%。全市农机专业合作社继续向规模化方向发展，农机作业覆盖率 70%以上，逐步成为全市农机作业服务的主力军。

四是立足首都公共卫生安全，强化农业监管服务能力。加强动植物疫病防控。落实各项综合防控措施，成功阻击了 H7N9 禽流感疫情，确保了全市未发生重大动植物疫情，同时积极落实补贴资金 1.36 亿元，稳定了家禽产业发展。病死动物无害化处理工作积极推进。强化农产品质量安全监管。深入开展“农产品质量安全监管规范年”建设，大力实施专项整治行动，加大监测力度，确保了全市未发生重大农产品质量安全事件。加快农业标准化步伐，推行全程质量管控，新制定发布 15 个农业地方标准，全市已建成优级农业标准化生产基地 322 家。推进检测体系建设，房山、大兴、延庆、朝阳等 10 个区县级农产品质量安全综合质检站建设完成。推进质量安全认证，新认证“三品”生产企业 987 家、产品 2 946 个，年产量 152.7 万吨，全市“三品”认证总量占同类产品产量的 29.1%，同比提高 4.6 个百分点。创建平谷、大兴 2 个示范区县，房山、延庆、昌平、顺义 4 个先进区县，大兴榆垡镇、房山长阳镇等 8 个示范乡镇。据本市监测，农业投入品、农产品和农业环境监测合格率分别为 95.9%、99.1%和 91.2%。据农业部监测，本市生产基地和市场销售的食用菌、茶叶和水产品合格率为 100%，蔬菜、水果和畜禽产品的合格率分别为 97.8%、96.1%和 99.8%，位居全国前列。强化农业执法监督，全市农业系统共出动执法人员将近 8 万人次，组织执法活动近 2 万次，做出行政处罚 1 000 余次，有力维护了市场秩序和农民合法权益。

五是大力发展生态循环农业，提升农业科学发展持续力。积极防控农业大气污染，连续 13 年实现农作物秸秆禁烧；实现保护性耕作全覆盖，有效抑制了耕作扬尘；加强农机尾气治理，拖拉机尾气合格率连续5年保持在95%以上；发展农村可再生能源利用工程，累计形成年节约与开发标准煤56万吨的能力，减排二氧化碳150万吨，二氧化硫、氮氧化物及可吸入颗粒物2万吨。着力改善农业生产环境，连续8年实施测土配方施肥、土壤培肥地力工程，累计补贴有机肥近百万吨；实施植物病虫害绿色防控，生物农药使用比例从2008年的2.4%提高到2013年的8.8%，平均每亩化学农药减量30%左右。有效保护农业水环境，累计实施流域水系规模化养殖场粪污治理571家，年利用消纳粪便资源量400余万吨；推广农业节水技术，农业灌溉水有效利用系数由2008年的0.683提高到0.694，位居全国前列，接近发达国家水平。推进“三起来”工程，全市累计建成太阳能路灯19万盏，节能卫生吊炕40万铺，太阳能公共浴室1 137座，太阳能热水器78.8万平方米，太阳能光伏发电站24座；大中型沼气工程129处，生物质气化集中供气工程143座，成型燃料加工厂22处。加强北运河流域农业面源污染防治，加快农村清洁能源改造，取得了显著成效。

六是注重科技推广应用，激发农业创新发展活力。着力搭建农业科技创新平台，围绕农业主导产业，建设10个现代农业产业技术体系创新团队，服务京郊248个农业产业村，开展技术研发活动240项，建设示范点500个，示范新品种128个，培养农民学员1万余人。推进全科农技员全覆盖工程，培养村级全科农技员2 837名，涉及全市2 820个行政村，服务农户数62.92万户，指导农民38.60万次。农业科技国际合作进一步加强。推进农技推广体系改革，全市149个涉农乡镇农技推广机构保持稳定、县乡管理体制逐步理顺。

七是加强统筹协调，形成农业发展合力。近年来，市发改、财政、国土、水务部门整合资金，与农业部门共同完成了北京都市型现代农业基础建设及综合开发一期规划。围绕落实《北京种业发展规划（2010—2015年）》，市发改、财政、科委落实资金5.3亿元支持建设通州种业园区、重点育种实验室建设和产学研结合创新平台、成果转化平台建设。市经信、商务部门围绕农业信息化、农产品市场流通、定点屠宰监管和农资服务，市环保部门围绕农业生态建设，市园林绿化部门围绕都市型现代林果业发展，市质监部门围绕农业标准化，市食药管理部门围绕农产品质量安全监管体系建设，市规划部门围绕落实《都市型现代农业“十二五”发展规划》，市统计局围绕农业生态价值和统计数据，市气象局围绕农气合作、农业防灾减灾等，在项目、资金和具体工作上给予了大力支持，开展深入务实合作，为共同推进北京都市型现代农业全面健康发展做出了积极贡献。

学会、协会

登记证号	社团名称	业务主管单位	会　长	电　话	地　　址	邮　编
0010022	北京艾维茵肉鸡协会	农业局	尹彦勋	62029651 60431003	马甸桥北华严北里甲1号	100029
0010027	北京市农机流通协会	农业局	王祖南	63260787	宣武区广外红居南街1号	100055
0011041	北京市新能源与再生能源协会	农业局	高振南	82078421	西城区德外裕民中路6号	100029
0011282	北京外贸菜蔬协会	农业局	闫洪泉	69102441 69102051	延庆东外大街25号	102100
0011283	北京谷物协会	农业局	李继扬	84635681	朝阳区市农业技术推广站内	100029
0011324	北京设施农业协会	农业局	沈　瀚	67697320 67634525	丰台区南方庄甲60号	100078
0011370	北京种子协会	农业局	刘　杭	62365472	海淀区北太平庄路15号	100088
0011369	北京市中药材种植业协会	农业局	周春江	84635681 61786343	朝阳区高原街4号	100029

（续）

登记证号	社团名称	业务主管单位	会　长	电　话	地　　址	邮　编
0011394	中国农业大学北京校友会	农业局	江树人	62373203 62376382	海淀区清华东路17号	100083
0011402	北京畜牧业协会	农业局	尹彦勋	62211790	海淀区西直门外上园村甲3号	100044
0011431	北京市渔业协会	农业局	穆晓萍	87702636	朝阳区潘家园华威西里甲48号南楼	100021
0011530	北京小动物诊疗行业协会	农业局	刘　朗	84929032	北京市朝阳区安外北苑路甲15号	100107
0011532	北京兽药行业协会	农业局	江厚生	84929023/24	朝阳区安外北苑路甲15号	100107

市农业局党政领导班子成员

局长　赵根武（4月免）
吴宝新（11月任）

副局长　刘亚清　王振邦　郑　渝
马丽英　马荣才　李全录
阎晓军

总农艺师　陶志强

党组书记　赵根武（4月免）
吴宝新（11月任）

副书记　刘亚清

成员　王振邦　金兴利　郑　渝
马丽英　李全录　阎晓军
陶志强

纪检组组长　金兴利

（市农业局　黄生斌　梁军）

北京市气象局

概　况

北京市气象局实行中国气象局和北京市人民政府双重领导管理，以部门领导为主的管理体制，作为中国气象局的下属机构，同时是北京市政府的工作部门。负责北京市行政区域内的气象管理工作以及承担北京地区气象监测、制作和发布北京地区天气预报和灾害性天气预警任务，开展气象科学研究和气候变化研究等工作。

北京市气象局同时是中国气象局华北区域气象中心，负责对该区域内的其他省（自治区、直辖市）气象局开展气象业务技术协调和指导、科研组织、技术支持及业务培训等工作。

市气象局内设有10个机关处室、9个直属事业单位、下设14个区（县）气象局并代管北京市人工影响天气办公室、北京市避雷装置安全检测中心；北京气象学会、北京减灾协会挂靠北京市气象局。北京市突发事件预警信息发布中心由市气象局下属的市气象服务中心管理运行。

人员与机构

年内全市气象部门事业编制内职工558人，其中参照公务员管理123人。事业单位管理人员和专业技术人员419人，工人16人。在职职工学历有较大提升，职工学历结构：博士研究生43人、硕士研究生149人、大学本科生238人、大学专科65人、中专及以下63人。职称结构：高级职称161人（其中正研级职称19人），中级职称197人，初级职称166人。

机构设置

单位名称	办公地点	邮编	联系电话
北京市气象局	海淀区紫竹院路 44 号	100089	68400858
北京市气象台	海淀区紫竹院路 44 号	100089	68400581
北京市气候中心	海淀区紫竹院路 44 号	100089	68400552
中国气象局京津冀环境气象预报预警中心	海淀区北洼西里 55 号	100089	68400755
中国气象局北京城市气象研究所	海淀区北洼西里 55 号	100089	68400745
北京市气象服务中心（专业气象台）	海淀区紫竹院路 44 号	100089	68400562
北京市观象台	大兴区亦庄北口	100176	68400731
北京市气象信息中心	海淀区紫竹院路 44 号	100089	68400527
北京市气象探测中心	海淀区北洼西里 55 号	100089	68400781
北京市气象局机关服务中心	海淀区紫竹院路 44 号	100089	68400808
北京市人工影响天气办公室	海淀区紫竹院路 44 号	100089	68400535
北京市避雷装置安全检测中心	海淀区北洼西里 55 号	100089	68400707

主 要 工 作

1 月 29—30 日，召开全市气象局长会议，部署全年重点工作任务，对北京市气象工作的总体要求是：深入学习和全面贯彻落实中共十八大精神，贯彻落实全国气象局局长会议精神和市委市政府部署，以公共气象服务为引领，以率先实现气象现代化为抓手，围绕中国特色世界城市建设需求，下大力气为防灾减灾、生态文明建设、首都经济社会发展和市民生活做好服务保障，加强改善基础基层工作，努力开创首都气象事业发展新局面。

（一）做好各项气象服务保障工作

市气象部门在完成日常气象监测和预测预报服务工作中，出色完成了包括为春运、北京市和全国“两会”、中央领导同志植树活动、第二届中国（北京）国际服务贸易交易会（京交会）、世界审计组织第二十一届大会、中考、高考、第六届中国生态文化高峰论坛会、国庆日人民英雄纪念碑献花篮活动等首都地区 30 余项重大政治和社会活动气象保障服务，其中为 5—11 月历时半年的第九届中国国际园林博览会（园博会）开展气象服务工作，市气象局和丰台区气象局受到园博会组委会表彰。6 月，市气象局接到北京航天飞行控制中心对气象服务需求后，指派专人为天宫一号与神舟十号载人飞行任务提供北京地区有关气象数据资料和精细化天气预报产品，保证了航天飞行任务的圆满完成。事后，部队特地送来感谢牌匾，感谢市气象部门为航天飞行任务提供的优质气象服务保障工作。

年初在全国率先创新发布烟花燃放指数，2 月 5 日市专业气象台正式向社会公众发布烟花爆竹燃放气象指数，中央电视台新闻部、《焦点访谈》、北京电视台新闻中心、《首都经济报道》等栏目和首都报刊等新闻媒体均进行采访报道，得到社会各界的广泛关注和好评。春季首次发布赏花气象指数，为市民旅游踏青服务。

汛期起，由市气象台指导，各区县开展分区县发布气象预警信息，创新建立了分强度、分区域、分时段的“渐进式预警”“递进式预报”“跟进式服务”的“三维三进”预警服务模式。做到重大天气过程无漏报，准确预报暴雨（雪），汛期暴雨预警平均提前量达到 38.3 分钟，汛期与市国土局联合发布地质灾害气象风险预警 24 期，实现了山洪泥石流气象风险预警业务化。据统计，年度晴雨预报准确率为 89.4％。发布气象灾害预警信息 139 期，提供决策服务材料 674 期，有关服务材料和信息得到中央和北京市领导批示 45 次。汛期气象服务得到郭金龙、王安顺等市领导高度赞扬。

借助社会资源实现预警信息和气象灾害防御科普知识广覆盖。新浪、搜狐、腾讯、人民网、北京天气网、北京应急网、首都之窗等各类网站以及“北京服务您”手机政务通知软件都实现可随时插播、更新预警信息。“气象北京”官方微博增至 4 家，粉丝总量达到 46 万人。气象微博影响力居前，成为全国的“十大气象系统微博机构”。气象电视节目建立市和区县“气象影视大联播”工作机制，提高了气象影视服务节目服务水平，在 10 月第九届全国气象影视服务业务竞赛中，获得业务竞赛团体一等奖，取得了历史性突破。

（二）大力开展城乡气象防灾减灾工作

在开展城乡气象防灾减灾服务中，市气象局继续做好为农服务“两个体系”建设工作，出台了气象为城市农村气象服务体系和气象灾害防御体系建设指导意见和市气象安全社区认证工作实施指导意见，指导全市开展气象防灾减灾和服务工作。京郊有10个区县将气象防灾减灾、气象为农服务相关工作纳入地方政府绩效考核。昌平、密云、房山和门头沟气象局开展了“百县千乡”气象为农服务示范区创建工作，朝阳、海淀两区积极创建全国城市气象防灾减灾社区示范点。朝阳、怀柔、通州将气象灾害防御工作纳入网格长职责、网格绩效考核以及平台的互通互联，气象灾害预警信息直通东城、朝阳、海淀、怀柔等网格化平台7 000余名网格管理员。昌平、平谷、通州、怀柔、门头沟、顺义、延庆、丰台开展了气象安全社区认证工作。14个区县气象局预警信息发布短信群组覆盖所有的行政村和社区负责人。气象预警信息、重要提示性信息对接了京郊的5 484个大喇叭信息发布资源，昌平、平谷两个乡镇覆盖率达100%。各区县气象局通过与当地相关部门联合共建和自建等方式共计建设了481个乡镇街道气象信息服务站，乡镇街道覆盖率为92%，除通州和石景山，其他12个区县实现了气象信息服务站乡镇（街道）全覆盖，昌平将气象信息服务站延伸到了农村和农业合作社，共222个。至2013年年底全市气象信息员共计9 534人，实现了行政村和社区全覆盖，100%的乡镇（街道）配备有气象协理员负责气象灾害防御工作。

多次组织召开北京市气象灾害防御联系座谈会，交流对气象灾害的应急联动情况，强化部门合作。完善与市防汛办的联动机制，建立跨部门防汛气象会商专家队伍、实现积水点、防汛办雨量站等信息共享，确定市气象局为唯一的雨情信息发布单位。承担市非紧急救助服务中心（12345）分中心职责，及时处理解决市长热线气象相关投诉事件。

市局与市园林绿化局签署《园林绿化与气象服务合作协议书》，与市农业局、市统计局、国家统计局北京调查总队签署《关于进一步加强合作 做好为京郊农业服务合作框架协议》，成立相关领导小组和协调办公室，在园林绿化生态建设、绿色产业、林业有害生物防治、森林防火、防沙治沙、公园风景区、都市型现代农业等领域，建立联合会商、定期通报信息和交流等制度，进一步了完善信息共享、联合共建、预警信息发布等机制，联合开展科学研究。完善与多领域的信息共享、联合共建、预警信息发布等机制，有效保障了城乡人民群众生命财产安全。

市防雷检测中心为中南海、园博园、国务院机关事务管理局以及其他北京地区的政府机构、公共设施、城市运行、易燃易爆场所、高等院校、文物古建、住宅小区等6 176个单位提供了全方位、立体化的防雷服务，扩大了防雷检测工作服务面，大大减少了雷击灾害损失。

经市政府协调，防雷安全专项检查首次列入全市安全生产大检查内容，成为北京市气象部门履行气象社会管理职能、推进气象工作政府化的重要举措，市气象局参加市督导组开展全市防雷安全大检查6次；配合气象行业督导组检查4区县局防雷工作，取得良好效果。组织完成了10号线、14号线等轨道交通的防雷装置设计审核与竣工验收；落实中国气象局防雷综合治理工作，认真完成相关工作任务。积极推进雷电灾害风险评估工作，组织开展了多次雷电灾害风险评估学习培训活动，防雷安全监管能力明显提升。

（三）人工影响天气工作取得新成效

市人工影响天气办公室引进一架“空中国王”型号人工增雨和大气探测飞机，大大增强了飞机人工影响天气的作业和云水资料以及大气物理探测技术水平。市人影办抓住有利的降雨天气时机，组织开展高山地基增水作业26日805点次，燃烧碘化银烟条6 125根；开展火箭增雨作业24日154点次，发射火箭弹371枚；开展高炮增雨作业4日16点次，发射高炮炮弹269发。同时继续租用两架飞机开展人工增雨作业，共进行飞机增雨作业飞行20架次，飞行时间55小时25分，作业时间18小时59分，燃烧机载碘化银烟条192根，此外，进行云物理和大气探测飞行32架次92小时。根据气象和水文等部门对5—9月人影增水作业效果评估表明，密云、官厅、白河堡水库因人工增雨增加水量4 405万立方米（密云2 559万立方米，白河堡386万立方米，官厅1 460万立方米），收到较好成效。继续实施跨省区联合增雨，在河北张家口和承德地区开展跨区域两库联合地面火箭增雨作业18日61点次，发射增雨火箭弹243枚。其中，承德丰宁县开展作业 32 点次，发射火箭弹 96 枚；张家口赤城、怀来、宣化、涿鹿 4 个县共开展 29 点次，发射火箭弹 147 枚。年内全市平均增水率约为 22.8%，增水量初步评估为 3.65 亿吨。

年内全市共开展人工防雹作业 19 日 353 点次，发射防雹炮弹 11 409 发，火箭弹 65 枚，极大地减少了冰雹灾害。

（四）继续推进气象业务与现代化建设

积极开展综合气象观测建设，完成 4 个国家级气象观测站新型自动气象站的升级换代，新建加密自动气象站 24 个，全市各类自动气象站总数达到 319 个，站网平均间距达到 8.2 千米，圆满完成地面综合观测自动化和高空地面观测一体化试点工作。

在气象通信方面，市气象局与中国气象局间开通了主备两条光缆的万兆链路核心直联，市局与中国气象局各直属业务单位享有同样的网络传输环境，实现了气象信息资源的“同城待遇”。11 月市局引进曙光高性能计算机完成调试，建立了虚拟化业务环境，综合处理多种资料，为科研和业务现代化提供了更好的计算环境。实现市局与区县气象局网络双备份；市局作为试点的全国综合气象信息共享平台（CIMISS）应用软件平台进入试运行阶段。

努力推进现代气象预报业务，市气象台不断提升中尺度数值预报技术、短时临近预报技术，北京快速更新循环数值预报系统 BJ－RUC v2.0 版投入业务运行，改进了临近预报系统 BJ－ANC 核心技术。优化了预报业务平台，引进雷电定位系统资料和国家级气候预测监测业务系统，进一步完善精细化乡镇预报业务，在房山、密云、延庆 3 个区县试运行乡镇天气现象预报业务，并将乡镇温度预报业务拓展到 10 个区县局。在海淀、昌平、房山、丰台和密云县局部署区县综合一体化业务平台，推进了市和区县两级精细化天气预报业务建设。

开始实施气象灾害应急防御服务工程（一期）。启动市气候中心区域可视会商视频系统建设，完成上甸子大气本底站生活区改造主体建设，观象台改造工程完成招标，门头沟局完成搬迁，密云县仪器检定楼完成规划许可，海淀、大兴、通州、石景山 4 个区气象基础业务建设也取得了不同的进展。

（五）大力开展气象防灾减灾科普活动

修订了《2013 北京市气象灾害预警信号与防御指南》，发挥北京减灾协会和北京气象学会组织会员单位开展防灾减灾科普宣传的优势，在世界气象日、防灾减灾日、科技活动周等重要活动期间，大力开展了气象防灾减灾科普宣传活动，北京减灾协会印刷了《北京夏季易发气象灾害预警信号与防御指南》科普挂图 20 000 张，发放至全市 7 000 余个社区，达到北京市社区全覆盖。与民政局合作，为延庆、顺义、门头沟等地培训灾害信息员 6 000 余人。组织专家开展灾前、灾后防灾减灾知识普及“三进”工作。为企事业单位、部队、学校、机关、公司、社区、打工子弟学校的公务员、中小学生、居民、干部等不同人群数万人举办“科学应对自然灾害”“科学应对突发事件”“校园公共安全与自我保护”“火场逃生”等科普讲座 100 余场，参加“第三届北京科学嘉年华”活动，提高了公众安全减灾意识和科学应对突发事件的技能。北京气象学会组织会员在世界气象日期间，开展气象科普进社区、进校园活动各 7 次，进农村活动 6 次，召开纪念座谈会 2 次，在公共场所开展科普活动 3 次。暑期继续举行了气象防灾减灾志愿者中国行北京分队科普活动，由 20 名大学生和 30 名气象志愿者组成气象防灾减灾宣传小组，到农村、企业、兵营开展气象科普活动，发放气象灾害防御彩页 5 000 余份，气象灾害防御调查问卷 1 000 余份，气象灾害预警信号及气象探测环境保护宣传品 500 余份，年内气象人员还深入到 20 多个街道和社区进行科普宣传，在 22 个气象综合信息服务站中专门设立了气象科普书柜，为打工子弟的树人学校建设了自动气象站和天气预报服务显示屏。进一步提高全社会气象防灾减灾意识和能力。

北京市气象台被中国科协授予 2013 年优秀全国科普教育基地。市气象台、市观象台、密云局、平谷局被市科委命名为“北京市科普基地”。

（六）积极应对气候变化

出版了《华北区域气候变化评估报告决策者摘要及执行摘要》和《北京市气候变化图集》，通过对华北区域和北京地区气候变化科学分析，积极开展应对气候变化服务工作。成立了北京市气象局城市气候环境评估中心，继续深入开展区域规划和建设项目的气候环境评估工作，初步建立了城市规划气候可行性论证系统平台。由市气候中心承担完成的《气候变化对北京市排水规划设计标准的影响研究》获得中国气象局气候变化专项优秀项目。积极组织和参加首都圈巨灾应对、第四届“地坛论坛—

适应气候变化分论坛”等高端论坛，推进应对气候变化工作。

（七）气象科研和教育取得新进展

组织科研和业务单位积极申报国家自然科学基金项目和其他科研课题，其中《北京市雾霾期间大气能见度的影响因素及预报技术》《北京地区霾的垂直结构及边界层特征的影响》等5个项目获得国家自然科学基金资助。新开题公益性行业（气象）科研专项1项、中国气象局气候变化专项2项、北京市绿色通道项目2项。

气象科技工作者共完成16项科研项目，其中“十一五”国家科技支撑计划《京津冀城市群高影响天气预报关键技术研究》等5个课题及项目通过验收。4项国家自然科学基金、1项公益性行业（气象）科研专项、2项中国气象局气候变化专项、4项北京市自然科学基金项目结题验收。在研的《北京地区气候变化对城市热环境影响评估及气象节能关键技术研究》和《极端天气事件对城市安全运行的影响评估系统研究》进展顺利。气象科技人员发表SCI（E）、EI论文17篇，在核心期刊发表论文59篇。

积极推动BJ-RUC成果在江苏省、四川省、云南省、厦门市、兰州市等气象部门推广应用。召开了云降水物理研究与云水资源开发北京市重点实验室第一届学术交流会，北京城市气象工程技术研究中心（中国气象局北京城市气象研究所）被科技部认定为“城市气象研究国际科技合作基地”。

在开展职工教育培训工作中，加强对业务骨干和管理人员的培训工作的力度，职工参加中国气象局培训中心和有关职能司培训609人次、远程培训165人次（共计学习时间22 552余小时），组织内部办班进行岗位培训共计1 332人次。与市人社局和市委组织部中央纪委监察部等接洽，参加地方组织的公务员和司局级处级干部培训7人，另外送（非气象部门）培训5人。

在职教育送学11人，其中博士研究生4人、硕士研究生1人、本科生6人。2013年取得博士学位2人，硕士学位1人，本科毕业5人，气象职工学历有了提高。

接待了美国国家海洋和大气管理局（NOAA）代表团，非洲10个国家气象局局长及相关负责人组成的第43期多国别气象考察团，智利、塔吉克斯坦等气象或农业代表团以及韩国统营市防灾公务员代表团等总计50位外宾参观访问。派出气象科技人员14人到美国、瑞士、加拿大、韩国等国家参加气象科技学术会议交流或进行工作访问。

（八）气象法规建设与依法行政工作取得重大进展

北京市气象灾害防御立法项目被市政府法制办列入市政府规章二类立法项目。10月份，经市人大、市法制办、市气象局研究，确定《北京市气象灾害防御条例》由政府规章转为地方性法规立法项目，该立法项目被列入市人大五年立法规划。多次组织召开部门内外专家研讨会并进行立法调研，多次修改《〈北京市气象灾害防御条例〉立项报告（草稿）》，12月将该立项报告发往各委办局征求意见。

按照全国人大常委会关于《中华人民共和国气象法》执法检查的部署，北京市人大常委会制定了详细的执法检查工作方案，自8月中旬至9月中旬，以听取汇报、搜集资料、召开座谈会、深入基层实地调研考察等方式，对本市贯彻实施《中华人民共和国气象法》情况进行了全面、认真的检查。市人大常委会检查组先后到石景山区、海淀区、通州区、密云县等进行执法检查，有力推动了《中华人民共和国气象法》的贯彻落实。

加强了市局综合执法办建设、执法骨干人员培训以及对基层执法工作的指导。市和区县局全年开展防雷、放球、探测环境保护等各类执法检查700余次，发现并处理气象违法行为300余起。加入北京城市管理综合行政执法协调领导小组，依法履行防雷、放球等各项行政审批职能。编写了《北京市气象行政服务中心优质服务窗口创建实施方案》，加强了气象行政服务审批工作的规范化、制度化建设。

建章立制工作取得较大进展。制定出台《北京市气象局推进地方气象立法工作意见》以及《北京市气象局2013—2017年立法项目规划》。制定印发《北京市气象局推进气象行政执法体制改革工作实施方案》。印发了《北京市气象行政执法检查记录表》文本和《执法检查记录表》使用规范、《北京市气象行政许可档案管理制度》《北京市气象局气象规范性文件管理若干规定》《气象设施和气象探测环境保护的日常巡查与监督检查办法》等多项制度。编制发放新版《北京市常用气象法规汇编》，有力推进了气象法规建设与依法行政工作。

经市质监局批准，成立北京市气象标准化技术委员会，气象标准的申报和立项数量较往年大幅增长。4 项行业标准获批立项。申报了 14 项地方标准。做好政策调研与软科学归口管理工作，制定出台本局气象软科学研究课题管理制度。

（九）人事机构改革与人才队伍建设取得明显成效

完成 14 区县气象局机构、岗位设置和参照公务员管理改革工作，全部区县级气象台均完成事业单位法人登记，建立政事分开的管理和业务机构，健全了区县局领导班子建设。强化政府职能，区县初步形成了提升公共气象服务能力、强化社会管理职能、完善气象业务布局的新格局。

市政府批复成立了人工影响天气指挥部，由副市长林克庆担任总指挥。市突发事件预警信息发布中心挂靠市政府办公厅。市政府要求建立健全区县气象灾害防御中心、突发事件预警信息发布中心和人工影响天气中心“三位一体”工作体系，并配备一定数量的人员编制。西城区确定对口联系机构，东城区实现气象信息对接。14 个区县全部成立了气象灾害防御指挥机构。全市 207 名人影作业炮手、炮长作为农村公益性岗位落实了基础补贴。

把气象干部培养、交流纳入北京市人力资源和组织体系，气象人才引进纳入市人才引进专项计划。进行了全局性的处级干部轮岗交流工作，轮岗交流调整处级领导干部 32 人，选拔任用处级干部 28 人，选拔区县局党组成员 12 名。处级干部大学本科以上学历比例从 85.7%提升至 89.2%。同时选拔优秀专业技术人才 45 人，比 2012 年增加 15%。加强首席预报员队伍建设，选拔了 14 名预报和服务岗的首席、副首席，持续推进业务科研领域的预报支撑平台开发团队、信息技术应用团队、精细预报团队、城市边界层观测分析与精细模式团队、城市适应气候变化创新团队 5 个创新团队建设。

（十）成立京津冀环境气象预报预警中心加强雾霾预测预警

9 月 16 日，市气象局成立京津冀环境气象预报预警中心，加强环境气象业务科研工作，经筹备后于 10 月 16 日揭牌。区域环境气象数值预报系统实现准业务运行，形成了环首都圈雾霾监测预报预警体系，建立了环境气象业务流程和重污染天气过程应急会商机制。中心向京津冀及周边六省（自治区、直辖市）下发区域客观预报和空气污染气象条件等级预报与霾落区预报指导产品，开展日常工作业务，每天发布空气污染气象条件预报，与市环保部门会商联合发布空气质量预报。参与编写上报的有关雾霾成因及大气污染防治对策建议等决策服务材料得到李克强、张高丽、汪洋、郭金龙等领导的批示，为防治大气污染发挥重要作用。

（十一）大力加强党建和精神文明建设工作

市气象局党组采取辅导报告、专题讲座、研讨交流、调研参观等多种方式学习宣传贯彻中共十八大、十八届三中全会精神，组织局党组中心组理论学习 23 次，专题党课报告会 2 次，并对处级领导干部进行了专题轮训学习。7 月 22 日，市委组织部批复《关于北京市各区、县气象局设立党组有关问题的复函》，同意在各区、县气象局设立党组、纪检组，进一步加强了区（县）气象局领导班子建设和党的建设。

7 月 1 日召开党的群众路线教育实践活动动员暨七一表彰大会，表彰了先进党支部 7 个，优秀党员 15 名、优秀党务工作者 6 名。下半年扎实开展了党的群众路线教育实践活动，制定了局领导基层联系点制度，局领导班子带队到其他委办局征求意见，召开党组民主生活会，制定整改方案，认真开展专项治理，对外发函征求意见 75 家，征求意见座谈 39 次，当面征求基层职工意见 660 余人次，落实整改措施 15 条，领导带头转变作风，达到了“提振精气神、凝聚正能量”的效果。活动得到中国气象局第四督导组和市领导的肯定。

在深入开展党风廉政建设中，狠抓党风廉政建设责任制落实，扎实开展廉政风险防控工作。严格执行八项规定精神，在规范管理，在公务接待、精简会议、转变文风、清退会员卡等方面扎实工作，修订工作制度和行文规范 7 项。组织以“为民、务实、清廉”为主题的知识竞赛，全局包括外聘人员、离退休人员和部分外系统人员共 1 020 人参加答题，促进党风廉政建设。组织开展了“共产党员献爱心”活动，全局党员共捐款 18 500 元，其中捐赠北京市慈善协会 13 500 元，慰问佛子庄乡特困党员 5 000 元。

加强气象文化建设，开展了“五个一”文明创建活动，成立了北京气象志愿者协会，组织北京气象宣讲团到市相关单位开展“弘扬气象精神”巡回宣讲，宣讲气象职工和模范人物先进事迹，参加市直机关“我的梦·中国梦”巡回宣讲活动，气象宣讲团代表市直机关工委参加市委讲师团考评的视频被市直机关工委编辑收录进专题光盘中，在市直机关系统100多家单位进行了宣传，引起了很大的反响。积极争取政府投资650余万元，对市局办公区和家属院进行了节能改造，另改造了市局职工食堂，为职工用餐提供舒适环境。

局工会定期开展瑜伽培训班、职工荐书会、职工观影会等活动，活跃了职工文化生活，组织了职工乒乓球、健步走、羽毛球大赛、登山比赛等多项文体活动，参与职工达到1 000余人次。组织职工参加首都职工第九套广播体操交流展示大赛，并获一等奖。继续开展了“读书·荐书·评书”活动，局职工图书室根据党员职工的推荐新购进图书500多册，局领导与青年代表开展“读书与成长”主题座谈会，推动了读书活动的开展。积极参加市直机关第一届青年技能大赛，市局获得组织奖，2人获得公文写作竞赛二等奖。丰富多彩的文体活动，为职工凝心聚力搞建设提供了强大的精神保障。

在1月北京市召开的抗击“7·21”特大自然灾害先进集体和先进个人总结表彰大会上，房山区气象局被北京市委、市政府授予北京市抗击“7·21”特大自然灾害先进集体荣誉称号；市气象台副首席预报员张琳娜等4人被授予北京市抗击“7·21”特大自然灾害先进个人荣誉称号。

在市气象台预报室保持“青年文明号”荣誉的基础上，人影办飞行试验科被市团委授予“青年文明号”。市局团委再次获北京市“五四红旗团委”称号。市气象服务中心获得全国“巾帼标兵岗”称号，避雷检测中心宋平健同志获“首都劳动奖章”。

（十二）做好华北区域中心的管理和协调工作

市局主动发挥区域气象中心的管理协调功能，组织开展华北区域月、季气候预测会商。5月在山西运城召开区域局长联席会，召开区域数值天气预报模式联合发展交流研讨会，进一步整合区域资源，传输交换雷达、自动站、数值预报等气象信息，共同推进区域数值预报模式发展。组织华北区域气候变化技术交流、第三届区域重要天气预报技能竞赛、京津冀及其周边地区环境气象业务培训和空气重污染预警演练等活动，编制了区域人工消减雾霾技术方案，牵头制定区域环境气象观测站网规划布局与建设方案、《京津冀及周边地区环境气象工作方案》，确立了区域重污染应急工作流程。11月，通过国内新一代通信系统向华北区域各省及山东分发区域环境气象数值预报产品，推进区域气象部门雾霾预报预警工作。

（十三）召开全市气象现代化工作会议，大力推进气象现代化工作

北京市推进气象现代化工作得到上级领导高度重视，郭金龙书记等市领导10多次专门听取气象工作汇报。中国气象局郑国光局长等局领导直接指导，多次与市领导会见，共商推进加快北京气象现代化工作。12月17日，市政府召开全市气象现代化工作会议，郑国光和王安顺市长出席并讲话，市委常委牛有成主持会议，中国气象局副局长宇如聪、市政协副主席赵文芝出席会议。北京市有关委办局，区、县政府主要负责人和分管负责人，中国气象局有关部门领导，北京气象系统的代表90余人参加会议。林克庆副市长代表市政府做气象工作报告，全面部署气象现代化工作。会议认真贯彻落实中共中央、国务院关于气象现代化的要求，回顾总结北京市气象事业发展，部署加快实现首都气象现代化各项任务，全面提升气象服务首都经济社会发展的能力。会议规格之高，措施之实，前所未有。

气象工作报告指出，近年来，特别是中国气象局与北京市政府签订部市合作协议以来，北京气象事业得到长足发展，气象服务能力明显增强，气象事业发展环境不断优化。当前和今后两年，是北京率先实现气象现代化建设的关键时期、决战阶段。北京将加快建设“五个体系”，即精准化气象监测预报体系、局地化气象灾害防御体系、人性化公共气象服务体系、现代化气象基础保障体系、高水平气象科技人才支撑体系；到2015年在全国率先建成“结构完善，布局科学，功能先进”，具有世界水平、首都特点的气象现代化体系，基本实现气象监测预报精准化、灾害防御局地化、公共服务人性化、技术装备现代化“四化”目标，为全面做好“四个服务”提供气象保障。要求各区县、各部门要抓住机遇，深入贯彻落实《关于进一步推进首都气象事业发展率先实现气象现代化的意见》，完善气象工作机制、加大气象工作投入、加快推进气象重点工程、加强气象工作考核，凝心聚力，真抓实干，切实完成首都气象现代化各项任务。

王安顺要求全市各部门、区县要加大投入，加大支持力度，努力把气象工作打造成为北京市应对自然灾害和服务群众生活的有力武器，从提高气象预报预警水平、拓展公共气象服务领域、提升气象科技创新能力、改善气象发展基础条件等方面全面推进首都率先实现气象现代化，首都气象现代化建设必须走在全国前列。

郑国光表示中国气象局将举部门之力，发挥体制优势，积极支持首都气象事业发展，率先实现气象现代化。

（十四）系列政策文件为气象现代化工作提供有力支持

年内，市政府为气象工作出台7个文件，包括《关于进一步推进首都气象事业发展率先实现气象现代化的意见》《关于印发北京率先实现气象现代化指标体系的通知》《关于进一步加强人工影响天气工作的意见》《关于研究本市气象系统建设有关问题的会议纪要》等。市气象局、市发展和改革委员会、市财政局联合印发《北京市气象台站基础设施建设若干意见》;《北京市气象台站探测环境保护专项规划》由市财政立项，深入推进气象现代化工作进程。

10月，林克庆率队到苏浙沪调研气象现代化建设情况，两次主持召开专题会推进解决气象机构、编制、基础设施、站网建设等。形成了党委、政府、人大、政协四大班子共同关注，主管副市长亲自抓、副秘书长协调督办，各部门、区县积极支持，齐抓共管气象现代化的工作格局。“健全防灾减灾救灾综合管理体制，提高应对极端天气……处置能力”，写入市委全面深化改革决定。

学会、协会

登记证号	社团名称	业务主管单位	会长	电话	地　址	邮编
0010262	北京气象学会	北京市科学技术协会	徐祥德	68400820	海淀区紫竹院路44号	100089
0010834	北京减灾协会	北京市科学技术协会	夏占义	68400821	海淀区紫竹院路44号	100089

市气象局党政领导班子成员

党组书记　姚学祥
成员　邓北胜　王迎春　曲晓波
冯继超
王世恩（1月起由中国气象局办公室到市局挂职工作一年）
局长　姚学祥
副局长　邓北胜　王迎春　曲晓波
王世恩（1月起由中国气象局办公室到市局挂职工作一年）
纪检组长　冯继超
巡视员　刘燕辉

（市气象局　曹冀鲁）

北京市农林科学院

概　况

北京市农林科学院成立于1958年，是一所主要承担农业应用基础、应用及开发性研究，农业科技成果转化等任务，学科齐全、设备先进、学术水平较高、产业能力较强，为北京农业发展提供强有力科技支撑的地方综合性农业研究机构。现占地1 370亩，各类建筑32万平方米，资产总值20多亿元。下设蔬菜研究中心、林业果树研究所、畜牧兽医研究所、植物保护环境保护研究所、植物营养与资源研究所、农业科技信息研究所、农业综合发展研究所、农业信息技术研究中心、农业生物技术研究中心、杂交小麦研究中心、玉米研究中心、草业与环境发展研究中心、水产科学研究所、北京农业质量标准与检测技术研究中心和国家农业智能装备工程技术研究中心15个研究所（中心），拥有4个国家级工程技术研究中心，10个农业部资源圃、原种基地、良种场及野外科学观测站，8个农业部高技术实验室及中心，12个北京市工程技术研究中心、重点实验室和6个国际联合实验室。北京市农林科学院是北京农业育种基础研究创新平台的依托单位。年内，有在职人员1 043人，其中专业技术人员732人，高级专业技术人员401名，有537人具有博士、硕士以上学历。院内建有博士后工作站1个，博士培养点5个，硕士生培养点8个。全院现有国家杰出青年1人，北京学者1人，农业部农业科研杰出人才5人，科技北京百名领军人才5人、国家级百千万人才工程入选8人、北京市科技新星132名。另有突出贡献专家24人，享受政府特殊津贴67人。有十八大代表1名，全国人大代表1名，全国政协委员2名。有市十一次党代会代表1名，市政协代表2名。海淀区人大、政协代表各1名。在参与农业部产业技术体系建设中，获得首席科学家2名，功能实验室主任3名，科学家岗位10名，综合试验站8个，1个农业部综合性重点实验室，1个地区重点实验室；3个农业部野外长期定位科学观测实验站。是国家桃与西甜瓜产业技术研发中心的建设依托单位。

机构设置

北京市农林科学院直属单位

单位名称	办公地点	邮编	联系电话
蔬菜研究中心	海淀区曙光花园中路9号	100097	51503032
林业果树研究所	海淀区香山瑞王坟甲12号	100093	62591506
畜牧兽医研究所	海淀区曙光花园中路9号	100097	51503351
水产科学研究所	丰台区永外角门路18号	100068	67586098
植物保护环境保护研究所	海淀区曙光花园中路9号	100097	51503330
植物营养与资源研究所	海淀区曙光花园中路9号	100097	51503325
农业科技信息研究所	海淀区曙光花园中路9号	100097	51503304
农业综合发展研究所	海淀区曙光花园中路9号	100097	51503310
玉米研究中心	海淀区曙光花园中路9号	100097	51503404
农业信息技术研究中心	海淀区曙光花园中路11号	100097	51503187
农业生物技术研究中心	海淀区曙光花园中路9号	100097	51503293
杂交小麦研究中心	海淀区曙光花园中路9号	100097	51503104
草业与环境发展研究中心	海淀区曙光花园中路9号	100097	51503297
北京农业质量标准与检测技术研究中心	海淀区曙光花园中路9号	100097	51503892
国家农业智能装备工程技术研究中心	海淀区曙光花园中路11号	100097	51503425

主 要 工 作

（一）总体工作情况

全年获国家、省部级科技奖励8项，其中一等奖3项；获得专利授权238项，兽药证书1个；以第一作者单位发表SCI论文98篇，EI论文117篇；制订国家、行业、地方和企业标准36项。新增农业部重点实验室1个，北京市重点实验室和工程技术研究中心4个。在京郊实施科技惠农行动计划15项折子工程，遍及12个区县的近300个行政村（园区、基地或农民合作组织），推广新品种、新技术、新产品近360项，培训1.4万人次，累计示范面积近7万亩，辐射带动面积近20万亩，实现示范区亩均效益提高10%以上，新增经济效益近2亿元。有4人分别荣获北京学者、2013年度“科技盛典”的十大科技创新人物称号、第十三届中国青年科技奖、第十六届茅以升北京青年科技奖、美国农学会滕头农业科学奖，12人分别获得北京市级百千万人才、科技新星、优秀人才资助。

（二）巩固优势领域，科研创新有亮点

育种工作是科技创新的龙头领域，全年共审定（鉴定、认定）新品种38个。“西瓜优异抗病种质创制与京欣系列新品种选育及推广”获得北京市科技进步一等奖，在国际上首次绘制了西瓜全基因组序列图谱与变异图谱；在国内首次系统引进和评价了国外西瓜资源2 000余份，创制出一批抗病优质育种材料及骨干亲本；选育出早熟、优质、抗病、丰产的京欣系列西瓜品种3个，在华北、华东等保护地早熟西瓜主产区占有率达60%以上。“苹果优质丰产资源高效利用关键技术研究与应用”获得中华农业

科技一等奖，研究的苹果园起垄覆盖小沟适时交替灌溉技术、光能高效利用的3S模型等多项技术填补了国内外空白；在我国苹果主产区建立示范点35个，推广549万亩，累计节水3.5亿方，增收46.55亿元。杂交小麦研究保持世界领先水平，并走出国门，创制出适合巴基斯坦种植的杂交小麦组合20份，在巴基斯坦试验示范组合109份，筛选出2份适用于巴基斯坦不同种植区和农业系统的优质、高产、多抗小麦杂交种；京科968、京单28、京科糯2000等3个品种，2012—2013连续两年被农业部确定为全国性主导品种，占全国28个主导品种的十分之一以上，其中京科968玉米品种实现了由2012年的60万亩到2013年600万亩的跨越式发展；首次在北京市进行哲罗鲑的驯化养殖，以及哲罗鲑后备亲鱼强化培育，在华北地区首次实现养殖哲罗鲑的人工繁殖。

优质、安全、高效农产品生产技术研究是科技创新的重点领域，年内，院科学家首次系统阐述了我国葡萄溃疡病的发生特点、致病的病原菌种类、种群分布特点、遗传分化特色，为实现对该病害的科学防控提供了理论依据。在国内率先研制成功"鸡传染性支气管炎病毒（M41株）血凝抑制试验抗原、阳性血清与阴性血清"，并获得农业部二类新兽药注册证书。构建了农产品质量与农田环境基础数据平台，为农产品质量评价和趋势分析、农田环境污染物的空间分布和时间演化提供技术支持。

围绕农业信息技术与智能装备研究，完成了农科城网络服务中心综合信息"三农"服务平台建设，初步建成农科城云服务平台，实现了通州种业科技园信息技术与产品集成。研发了种业信息技术与产品，实现大豆育种全过程的信息化管理和辅助决策。国家农业智能装备工程技术研究中心以评估第一的成绩通过科技部的验收。

围绕农产品深加工与冷链物流技术研究，为西南沙岛礁驻岛官兵建设了以蔬菜预冷、加工、包装、补给和运输为主的综合配送基地。现有冷库面积600平方米，综合贮存量可达145吨，蔬菜类加工能力可达20吨/日。

围绕循环农业、生态环境治理与修复技术研究，院承担的"我国重要沿湖地区农业面源污染防控与综合治理技术研究与应用"项目明确不同沿湖区农业面源污染特征，提出典型湖库有效控制农业面源污染分区综合管理措施，成果获得2013年度北京市科学技术奖三等奖及中华农业科技奖三等奖。"能源草生物质能产业科技示范工程"，将能源草种植、收藏储运、能源转化、市场销售等环节贯穿，打通能源草生物质能全产业链，实现产业化开发利用。

（三）服务"三农"有作为，科技惠农影响广泛

以科技惠农行动计划为抓手，实施科技示范推广项目近50项，汇集整合科技惠农经费2 100万元，基地建设效果显著，建成院级科技惠农行动计划展示基地98个。各牵头单位多方聚力，推动15项科技惠农行动计划折子工程取得显著成效。院蔬菜研究中心积极协调集成植物营养与资源研究所、植物保护研究所、农业科技信息研究所等所资源，在以往开展"百村千户蔬菜品种更新示范工程"成熟经验基础上，在品种示范、嫁接育苗技术、水肥一体化技术、蜂授粉、蔬菜病虫害防治技术等方面形成了较好的合作机制，合力推动"京郊蔬菜产业提质增效示范工程"，累计推广茄果类、瓜类、叶菜类蔬菜新品种78个，建立蜂授粉基地近1 500亩，建立水肥一体化基地3个，建立病虫害防治技术基地4个，在郊区形成较为广泛的影响；院林业果树研究所积极整合桃、梨、草莓、樱桃、苹果栽培和采后贮藏等课题组相关力量，形成"所级统筹、课题组分头实施"的工作格局，合力推进都市型特色果品产业科技支撑工程，累计示范推广桃、梨、草莓、樱桃、苹果优新品种65个、配套技术28项，累计展示示范面积3 190亩，有力支撑了京郊果品产业发展；院草业与环境发展研究中心先后为延庆小河屯万亩湿地公园、顺义国际鲜花港、通州金福艺农等开展景观草绿化，绿化景观面积40多万平方米，结合百万亩造林，示范推广林下种植饲草、散养北京油鸡技术250亩，草地划区轮换放养北京油鸡1.3万只，实现了经济、社会和生态三大效益的并重。

为世界葡萄大会博览园引种538份，完成主栽品种苗木温室培养及移栽定植，制定了安全植保技术规范。积极参加2013年中国菊花展览会、第九届国际园林博览会、农业嘉年华等系列会展活动的科技支撑工作，组织召开了第十三届中国锦鲤大赛、第九届金鱼展等系列会展活动，为北京市会展农业发展提供有力支撑；牵头组织了2013年杨凌第20届农业高效科技成果博览会北京团的组织工作，副市长林克庆率北京市代表团出席了农高会，对北京市展团给予了高度评价。

（四）协同创新，合作共赢开创新局面

国际科技合作持续拓展。与罗马尼亚果树研究所、美国农业部南方平原农业研究中心合作共建中罗樱桃合作研究实验室和中美农业航空研究中心，使全院国际间共建联合实验室达到6个，进一步促进了双方的人员交流、资源互换、科研交流，为开展联合攻关创造了条件。

院局合作进一步深化，确定了市农林科学院与农业局定期沟通制度，双方围绕人才、成果、基地、资金四个方面建立资源共享制度，明确了2013—2015年院局合作的19项重点合作内容，初步搭建了院局合作的工作平台和工作机制。2013年双方共同实施科技惠农项目5项。

院企合作更加广泛，与金福艺农、瑞正园、顺义鲜花港、国投中鲁等数十家知名企业、园区，围绕设施蔬菜、林果、畜牧、食用菌、农业信息化、农产品加工、生态农业等内容开展了深入合作，使该院的新品种、新技术、新成果、新工艺、新标准等可以迅速转化为生产力，进而体现了该院在服务世界城市建设中的新价值。在与大兴长子营院镇合作基础上，与房山周口店镇开展院镇全面合作，围绕资源型区域产业转型和“三农”发展，提供科技支撑。

在积极服务首都郊区的同时，积极响应政府号召，充分依托人才和技术优势，大力发展技术转移科技服务，促进科技成果向全国的强力辐射，与青海省乐都县、秦皇岛汉基生态农林有限公司、内蒙古通辽老科协分别签署了战略合作协议。

（五）党建与精神文明建设为事业发展增添活力

按照中央部署和市委要求，该院扎实开展党的群众路线教育实践活动，把学习贯穿教育实践活动全过程。扎实开展理论学习，结合实际丰富学习内容，认真贯彻中共十八届三中全会精神和习近平总书记系列重要讲话精神，邀请中央党校教授为该院400多名党员做了十八届三中全会精神解读专题报告，使广大党员干部受到了一次普遍的马克思主义群众观教育。与此同时，采取多种形式征求基层职工群众和郊区服务对象的意见建议82条，严格标准，梳理出了班子“四风”方面存在的12个方面38个问题，明确了努力方向和整改措施。领导班子专题民主生活会共45人次发言、相互提出了52条批评意见，体现了实事求是的态度和互相帮助整改提高的决心，增强了在党性原则基础上的团结，得到了市委农工委、市委第11督导组的好评。坚持边学边改、边整边改，群众关注的一批问题得到有效解决。全面梳理各项制度，共完善修订59项制度，新制定25项制度，健全了制度体系。明确责任和时限，制定了4方面38项具体整改措施，开展了10个方面的专项整治工作。通过深入开展党的群众路线教育实践活动，该院广大党员干部党性观念、理想信念、宗旨意识和群众观念进一步增强，思想作风、工作作风得到有效转变，推动和促进了全院各项工作的开展，实现了“两不误、两促进”。坚持标准，严格程序，先后对该院10个所（中心）和机关处室的处级干部进行了调整，任免处级干部23人次，选优配强了领导班子，保证了工作的连续性。加强干部队伍建设，实现了科级干部管理的规范化、制度化；选派10名科技干部到区县乡镇挂职锻炼，增进“三农”感情，锻炼实际能力，受到了所在区县乡镇的欢迎。加强党员教育管理，通过举办专题党课、讲座和七一纪念活动，党员先锋模范作用得到进一步增强。坚持标本兼治、综合治理、惩防并举、注重预防，认真落实党风廉政建设责任制，加强反腐倡廉宣传教育和权力运行监督，深入推进廉政风险防控管理，深入开展正风肃纪专项整治，严明党的纪律，党员干部作风得到进一步转变。积极推进宣传思想文化工作，扩大院报影响，加大对外宣传力度，在市属新闻媒体加强对全院工作的宣传，为各项工作营造了良好的舆论氛围。进一步丰富职工文化生活，开展丰富多彩的文体活动，增强了农林科学院的影响力和凝聚力。

学会、协会

序号	登记证号	社团名称	业务主管单位	会　长	电　话	地　　址	邮　编
1	10257	北京农学会	北京市科学技术协会	陶铁男	51503204	海淀区曙光中路9号，市农林科学院	100097
2	10265	北京作物学会	北京市科学技术协会	李云伏	51503241	海淀区曙光中路9号，市农林科学院作物所留守处	100097

（续）

序号	登记证号	社团名称	业务主管单位	会长	电话	地址	邮编
3	京民社政字第 0011663 号	北京山区发展研究会	北京市科学技术协会	李云伏	51503911	海淀区曙光中路 9 号，市农林科学院综合发展研究所	100097
4	50030065 - 9	北京畜牧兽医学会	北京市科学技术协会	王金洛	51503210	海淀区曙光中路 9 号，市农林科学院畜牧兽医研究所	100097
5	10591	北京蔬菜学会	北京市科学技术协会	许勇	51503200	海淀区曙光中路 9 号，市农林科学院蔬菜研究所	100097
6	11456	北京农业信息化学会	北京市科学技术协会	赵春江	51503593	海淀区曙光中路 11 号，市农林科学院信息中心，农科大厦 A 座 311 室	100097
7	10277	北京昆虫学会	北京市科学技术协会	高希武	51503688	海淀区曙光中路 9 号，市农林科学院植保与环保研究所	100097
8	10192	北京食用菌学会	北京市科学技术协会	刘宇	51503437	海淀区曙光中路 9 号，市农林科学院植保与环保研究所	100097
9	10738	北京土壤学会	北京市科学技术协会	李保国	51503793、68463917	海淀区曙光中路 9 号，市农林科学院营养与资源研究所	100097
10	10070	北京水产学会	北京市科学技术协会	殷守仁	67586268	北京市丰台区角门路 18 号，北京市农林科学院水产所	100068
11	11586	北京农产品质量安全学会	北京市科学技术协会	王纪华	51503405	海淀区曙光中路 9 号，市农林科学院信息中心，综合楼 508	100097
12	社政字第 3755 - 13 号	中国水产学会观赏鱼分会	中国水产学会	苏建通	61786877	北京市昌平区小汤山镇中心街 155 号	102211
13	2000 - 03	北京畜牧兽医学会小动物分会	北京市科学技术协会	刘爵	51503671、51503210	海淀区曙光中路 9 号，市农林科学院畜牧兽医研究所	100097
14	10329	北京微生物学会兽医专业委员会	北京市科学技术协会北京微生物学会	张培君	51503455	海淀区曙光中路 9 号，市农林科学院畜牧兽医研究所	100097
15	3531 - 4	中国畜牧兽医学会禽病分会	中国科学技术协会	张培君	51503678/677/355	海淀区曙光中路 9 号，市农林科学院畜牧兽医研究所	100097
16	社政字 4085 - 2	中国技术经济学会农业技术经济分会	中国技术经济学会	朱希刚	51503648	海淀区曙光中路 9 号，市农林科学院综合发展研究所	100097
17	社政字第 3802 - 9	中国经济林协会板栗专业委员会	中国经济林协会	周连第	51503100	海淀区曙光中路 9 号，市农林科学院综合发展研究所	100097
18		中国园艺学会草莓分会	中国园艺学会	张运涛	82598882	海淀区香山瑞王坟甲 12 号，市农林科学院林果所	100093
19		中国园艺学会樱桃分会	中国园艺学会	张开春	82596007	海淀区香山瑞王坟甲 12 号，市农林科学院林果所	100093

市农林科学院党政领导班子成员

党委书记　高　华

党委副书记　李云伏　王　丽（女）

纪委书记　喻　京（女）

院长　李云伏

副院长　程贤禄（正局）　王金洛　孙宝启　唐桂均　苏建通

党委委员　赵春江（正处）

院长助理　王之岭（正处）　胡晓光（正处）　刘建华（正处，7 月任）

（市农林科学院　郭建强）

北京市农村经济研究中心

主 要 工 作

市农经办（市农研中心）深入贯彻落实中共十八届中央全会、市委十一届全会、中央及北京市经济工作会议和农村工作会议精神，按照城乡统筹、科学发展、加快转变经济发展方式的总要求，以推进“新三起来”工作为统领，以党的群众路线教育实践活动为动力，依法履职、服务大局，攻坚克难、开拓创新，在深化农村经济体制改革、加强农村集体经济管理、创新农业经营体制机制、推进农经管理信息化和加强农经体系队伍建设等方面，取得了新的进展与成绩，完成了市委、市政府交办的各项任务，为本市“三农”科学发展做出了新的贡献。

（一）全面完成深化农村改革和“新三起来”重点工作

1. 推动农村集体产权改革取得新成效。全面推动集体经济产权改革深入发展。从扩大产权改革覆盖面、规范集体经济收益分配机制、考核产权改革发展成效、推广产权改革实践经验、完善集体经济组织法律地位入手，推动集体经济产权制度改革，激发集体经济组织运行活力，提高集体经济经营收益，增加集体经济组织成员财产性收入。截至12月底，全市新完成改革单位50个，累计完成改革单位3 873个，其中村级3 854个，乡镇级19个，村级完成改革比例96.9 %。全市完成产权改革的村级集体经济组织有1 267个实现分红，分红村数量同比增加18.1%，分红村占已改制村总数的32.9%。股份分红总金额34.2亿元，同比增长44.9%。有324万农村居民当上了新型集体经济组织的股东，其中133万股东享受分红，同比增长19.8%，人均分红2 566元，同比增长20.8%。

配合有关部门开展产权改革相关工作。加强对产权改革后乡村集体经济组织的效益监测与绩效考核，配合市人大审议农村集体产权制度改革工作，深入12个区县25个乡（镇）村开展调研，完成《农村集体经济产权制度改革情况报告》。总结昌平区北店村等三个产权制度改革村典型案例，推动市和区县两级出台产权制度改革政策文件。配合市人大、市社会科学院开展农村股份合作制法律问题调研，完成市人大代表“关于保障乡联社、村合作社农村集体资产经营权，落实乡联社、村合作社投资主体地位的建议”办理工作。提出明确集体经济组织的法律地位、提高集体经济组织改革创新发展能力政策建议。促成市农委、市工商局联合发出《关于本市农村集体经济组织投资兴办企业工商注册登记有关工作的通知》，农村集体经济组织投资主体地位得到落实。本市农村集体产权改革工作居全国前列。

集体资产信托化经营试点取得新突破。指导推进“富民系列”集体资产信托化经营，与门头沟区及永定镇合作，利用联合监督委员会加强服务指导，“富民1号”集体资金信托项目顺利实施。成功召开永定镇白庄子、东辛称村股份经济合作社分红大会，受到农民群众普遍欢迎，《北京日报》头版头条报导，社会反响良好。促成“富民2号信托项目”签约，2镇16村参加集体资金信托化经营试点，信托资金7.2亿元，“富民系列”集体资金信托扎根门头沟区，获得普遍认可。下发《认真做好2013年度新型集体经济组织收益分配工作的通知》，进一步保障农民集体资产股份收益权，提高收益分配水平，有效增加了农民财产性收入。研究推进集体土地固定资产信托化经营试点，与北京信托公司合作制定多项信托化经营方案，协调区县推动方案落地实施。与怀柔等区县合作，成功召开农村闲置宅基地、集体建设用地和农用地信托化经营试点现场会，启动农村闲置房屋信托化经营利用乡镇试点。启动密云县穆家峪镇土地信托流转试点。副市长林克庆听取《北京市农村集体经营性物业信托化开发运营方案》并高度评价，要求尽快提出区县落实意见。

2. 推动农村土地流转起来实现新发展。推动农村土地承包经营权流转健康发展。加速推进平谷区农村土地承包经营权登记确权登记颁证试点工作，印制《农村土地承包经营权证书》，参与《北京市开展农村土地承包经营权登记试点工作的意见》，进一步规范了农村土地产权，促进了农村土地依法有序流转。全市农村土地承包确权面积462.2万亩，确地面积占确权总面积57.3%。确权土地的流转面积 224.3 万亩，确权确利农地流转收益兑现率 98.7%。经农村产权交易所规范程序和公开交易，完成各类产权交易 60 笔，流转土地面积 1.9 万多亩，成交额 3.6 亿元。总结推广平谷区百合兴盛专业合作社等土地流转促进产业发展先进典型，推动了集约节约用地，优化了土地利用结构，提高了土地利用效率。

强化农村承包土地流转监督管理工作。完成北京市农村土地承包管理数据汇总分析。强化北京市承包土地流转信息网、产权交易网应用，加强土地流向监控和价格动态监测。加强和规范农村土地承包纠纷调解仲裁体系建设，完成北京市农村土地承包经营纠纷调解仲裁的半年和全年工作报告。主要面向新型农业经营主体，设计农地适度规模经营监测方案，开展基本情况监测工作，推进农村承包土地向专业大户、家庭农场、农民合作社加速流转。结合全市农村集体经济合同清理工作，全面审查近年全市较大规模土地流转项目。研究提出北京市国有农业企业华都公司在北京租地流转与再流转项目处置方案。推进北京市农村土地承包经营纠纷调解仲裁员的资格认证制度建设和人员培训工作。区县调解仲裁员队伍适度发展，农户承包地流转服务和农民土地财产权益维护工作得到加强。

农村土地股份合作试点取得新成绩。积极探索农村土地股份合作新模式，引导农民土地入股参加新型农业经营体系。实现承包土地流转的专业合作社发展到 10 家，流转土地近 1.3 万亩，涉及 1 857 户农户。试点土地股份合作社发展规范，有效提高了农民进入市场的组织化程度，促进了农民增收。

3. 开展合同清理、推动资产经营起来取得新成效。开展集体经济合同清理工作成效显著。2013 年是市农经办确定的“农村集体经济合同清理年”，全市农经系统全力组织农村集体经济合同清理工作，进一步强化了农村集体资产管理、集体财务规范化和集体经济审计监督三项职能，完善了农村集体经济监管制度，堵塞了监管漏洞，提高了农村集体经济经营效益。高质量完成全面清查乡村两级集体经济组织及其企事业单位订立的农村集体经济合同工作（不含农户土地承包合同），编辑印发《2013 年北京市农村集体经济合同清理工作手册》，研究制定《北京市农村集体经济合同清理中若干问题处理的政策指引》，强化具体工作中的政策指导。总结推广农村集体经济合同清理工作典型经验，开发运行农村集体经济合同电子台账和管理信息系统。总结一批工作典型，形成专题信息，加强工作指导与引领，农村集体经济合同清理工作成效显著，得到林克庆副市长充分肯定。清查并纳入电子台账管理的农村集体经济合同近 12 万份，合同总金额 1 485.5 亿元。涉及房屋建筑物7 239.6万平方米、土地总面积 346.5 万亩。对 5 622 份问题合同进行了规范，涉及合同总金额 81.2 亿元。通过清理和规范增加了合同总金额 8.2 亿元，回收拖欠款 2 387.3 万元，增加了农村集体和农民的收益。

农村集体资金资产资源管理全面加强。起草《北京市进一步加强农村集体资金资产资源管理和监督工作的意见》，由市纪委、市委农工委等四部门联合印发，成为北京市加强农村集体“三资”管理工作的政策指导性文件。积极推进农村集体经济清产核资和资源清查试点工作，区县级工作在丰台、通州等 4 区县全面开展，乡镇级工作在怀柔区全面开展，全市试点工作进入汇总收尾阶段。下发《认真做好 2012 年度农村集体资产产权登记证年检工作的通知》，组织区县和乡镇认真开展农村集体资产产权登记证年检工作。审查全市农村集体资产存量及增减变动情况，填写《北京市农村集体资产产权登记证》。完成农业部组织的对湖南、青海两省为期半个月的农村集体“三资”清理工作督导检查任务。

农村集体财务管理工作进一步规范。全市实行村集体会计委托代理村 3 837 个，占总村数的 96.4%。全市实行财务与资金双代理的村 2 930 个，占总村数的 73.6%。积极推进农村集体财务管理规范化，全市已有 122 个乡镇、2517 个村完成规范化建设任务，完成比例分别为 69.3% 和 63.2%，同比增加 5 个和 208 个。贯彻落实《北京市实施〈农村集体经济组织财务公开规定〉办法》，全市村级普遍实行财务公开，按月和季公开村 2 782个，占总村数的 70%。贯彻农业部《部署报送农民专业合作社会计报表工作的通知》，全面调查北京市农民专业合作社财务管理情况，上报《2012 年北京市农民专业合作社财务状况说明》，为农业部制定农民专业合作社财务管理示范社标准提供重要参考。

农村集体经济审计监督工作进一步加强。全市农村经管系统共审计 10 050 个单位，审计金额 2 000亿元，查出违纪违规金额 532 万元、损失浪费金额 112.5 万元，促进增收节支 319.5 万元。组织区县对 474 个新型集体经济组织经营效益跟踪审计。完成 2012 年村级集体经济组织专项补助资金管理使用情况审计。配合全市村级两委换届工作，指导区县开展村干部任期和离任经济责任审计。结果表明，北京市集体经济产权制度改革不断深化，改革成效明显；全市村级组织正常运转，资金基本及时足额到位，资金使用基本合理合规。对审计发现的问题提出了解决措施和政策建议，审计报告上报了市政府。大力推广农经在线审计方式，在线审计系统成功推广至全市 9 个区县。

低收入村户监测及相关工作水平提高明显。完善低收入农户监测指标，建立低收入村监测指标，出台低收入农户及低收入村收入监测实施方案。核查汇总全市 13 个区县 108.9 万农户家庭资料数据，组织确定各区县低收入农户和低收入村名单。完成 23 万低收入农户和 645 个低收入村的数据库建设及数据整理提取工作，形成低收入农户和低收入村监测分析报告。完成 3 个全国农村固定观察点常规调查和 4 个专项调查工作。完成春秋两季农民负担执法检查和专项治理工作。

4. 促进联合社注册和推动农民组织起来取得新突破。促进农民专业合作联合社首次正式注册。积极开展北京市农民专业合作社联合会筹备工作，指导农村基层示范社和联合社建设取得新进展。促成正式注册了全市第一家农民专业合作社联合社，具体指导门头沟区清水腾达乡村旅游专业联合社、怀柔区蓝天白鸽农业发展专业联合社等的组建工作。促成全市 118 名大学生村官到农民专业合作社任理事长助理。在密云、延庆、门头沟区组织的农民专业合作社“联保贷金融创新试点”工作取得新的进展。成功开展农民专业合作社“社账托管”试点工作。组织举办全市农民专业合作社培训辅导班，为区县辅导员和基层示范社提供咨询服务 90 余次。参与起草《北京市扶持农民专业合作示范社意见》《北京市农民专业合作社流动资金贷款（合作社联保贷）管理办法》《北京市农民专业合作社示范社动态管理办法》《北京市充分发挥合作社优势 促进休闲农业与乡村旅游提档升级若干意见》等政策文件。搭建全市农民专业合作社信息服务平台，农民专业合作社管理工作进一步规范。截至 6 月底，全市工商登记合作社 5 625 个，合作社成员 25.5 万名，带动非社员农户 24.4 万户，带动户数占全市从事一产农户总数的 70%。

（二）农村改革试验研究及农经统计分析等取得新成果

1. 调查研究与创新研究试验区工作取得新成绩。调查研究工作成果丰富。市农经办（市农研中心）围绕深化农村改革、推动“新三起来”工作确定调研工作要点，重点在城乡统筹发展、集体经济改革、合作经济组织、生态文明建设和农业农村信息化几方面，组织完成了 35 项研究课题，其中重点课题 16 项，试验区课题 8 项，上级部门交办和其他部门委托课题 4 项，其他课题 7 项。中心正式出版研究著作 12 部，公开发表及内部刊物采用研究文章 90 篇，编印《市农研中心调查研究报告》36 期，获得领导批示 9 篇，各类研究成果表彰 5 项，参加各种学术交流会议 26 场、145 人次。市委书记郭金龙对《集体建设用地发展公租房探索——北京市的调查与启示》做了重要批示，推动了全市农村集体建设用地政策制定工作。《通州区建立农村土地流转管理服务中心寓管理于服务以服务促管理》等一批典型经验总结，得到市常委牛有成等市领导批示肯定。按照副市长林克庆要求，完成 12 个区县 23.3 万低收入农户近两年毕业大专及以上学历未就业人员情况的专项调查，为解决低收入农户毕业生就业和农民增收问题提供了重要支持。副市长林克庆直接交办、主任郭光磊组织的“二道绿化隔离地区发展问题研究”，基础调研覆盖 10 个区县、82 个乡镇，召开专题座谈会 30 余次，取得了良好效果，扩展并基本完成 6 个试点乡镇城乡统筹规划研究，为下一步试点镇规划实施工作打下了良好基础。试点工作成果写入了市委十一届三次全会文件和 2014 年市政府工作报告。该试验研究用城乡统筹的思路，新农村建设的路径，规划引领的方式，推动城乡统筹空间功能定位，遏制城市中心区域无序蔓延，改善首都城乡发展环境，工作成效突出并得到市领导充分肯定。北京市深化农村产权制度改革路径研究、北京市城乡结合部集体建设用地集约利用乡镇统筹经验研究、北京市安全优质农产品“农民生产合作社与城市职工消费合作社直接对接”试验示范等多项重点研究工作顺利完成，多项研究成果转化效果显著，为推进本市农村改革发展提供了重要理论指导及政策储备。深化集体建设用地流转现状调查及相关法律研究，总结我国集体建设用地流转五大典型模式及对本市启示，为领导决策提供有力支持。

创新研究试验区工作取得新进展。中心主要领导多次与平谷区主要领导及部门专题研究试验区工作，多项试验研究工作取得新成果。实施了美丽智慧乡村集成创新试点、农地委托流转试点、农民专业合作社财务管理规范化试点、新型农村信用合作组织试点、生态文明沟域建设战略研究等多项试点研究。推动平谷区农村产权交易、土地承包纠纷仲裁工作继续健康发展。美丽智慧乡村集成创新试点中的生活污水景观化处理、生活垃圾源头分类、资源化利用等研究项目顺利实施，成功启动平谷区西柏店村和顺义区北郎中村智慧乡村试点示范建设项目并取得实质性进展。结合学习贯彻十八届三中全会精神，明确了试验区下一步工作方向和 4 个重点试验研究项目。

顺利完成国家部委、市有关部门及基层委托调研任务。参与完成中央政策研究室和农业部农村固定观察点办公室在怀柔区组织的三级干部和农户试点调研，为全国顺利开展农村固定观察点工作奠定基础。开展农业部农民负担监测县调研，经农业部同意将密云县不老屯镇不老屯村、转山子村和北香峪村列为全国农民负担监测村。按农业部要求组织完成北京市家庭农场调查及研究报告撰写工作，对北京市发展家庭农场主要做法进行总结并提出政策建议。受顺义区区委委托完成顺义区新型城镇化发展研究与实践探索研究报告，受市园林绿化局委托完成园林绿化推进绿岗就业和生态增收政策研究，与市委研究室联合参与市安监局农村领域重点安全风险管理风险评估研究报告，与市水利局共同开展全市 271 个大中型水库移民村移民户户后期扶持政策实施情况监测评估调查，等等。

2. 高质量完成全市农经基础数据统计分析工作。按计划完成全市农经财务统计年报和季度统计报表汇总分析工作。完成低收入监测农户和低收入监测村的动态更新工作。完成月度低收入农户监测分析报告上报农业部和市委、市政府的工作。完成 2012 年 7 个郊区县、450 个农产品成本核算点的数据审核汇总和分析上报工作。完成 2013 年度农产品成本核算工作部署和 14 个西瓜成本核算点亩均利润监测等农产品监测分析工作。为主管市长、市人大、市委研究室、市委组织部等主管领导和有关部门提供各种报表数据和文字文本 30 余次，有效完成农经基础数据决策支持工作。

3. 农经宣传史志与对外交流取得新成绩。进一步加强农经业务宣传培训力度。年初，中心领导分别到大兴区、怀柔区为四大班子、直属机关、乡镇、村负责人，以及农民专业合作社理事长代表宣讲中央“三农”工作最新精神。主任郭光磊在全市“新三起来”工作动员大会上，为全体乡镇党委书记和镇长讲解郊区集体经济改革发展新形势新要求，应邀在中国城郊经济研究会六届三次学术年会和中国农业经济研究会学术年会上做专题学术报告，扩大宣传了北京市的农经管理和农经研究工作。高质量完成《北京农村经济》编刊工作，牛有成、林克庆等市领导和中央、市有关部门及区县领导发表多篇专稿，有力宣传指导了全市农村经济改革与发展。《北京农村年鉴》《农业·农村志》《北京农村经济发展报告》《北京农民合作社发展历史研究》等专刊志书的编发，为“新三起来”理论研究与实践提供了重要支持参考。举办“闪亮的青春：我在京郊当村官”征文活动，取得了较大社会反响。成功举办第十六届京台产业合作大会和京台农业合作交流活动，签署农业合作协议，举办农民合作经济组织培训班，组织了农研中心推动创新的“京合农品”公益服务平台和台湾农渔会“百大精品”展示介绍会，推动两地农业发展与交流合作取得新进展。邀请以色列商会和公司共同举办了农业合作项目推介会。起草发展高端花卉产业合作项目规划方案，为中以两国农业合作交流探索新途径。开通“首都农经”微博，完善焦点图等基础信息，截至 12 月 31 日，关注首都农经的粉丝达 2.8 万，发布及转发博文 50 多篇。开通“京合农品”微信平台，宣传北京市安全优质农产品“社社对接”直供模式公益性服务平台。

（三）加强基础工作全面提高农经管理信息化水平

不断强化农业农村信息化工作规范化建设。制发《2013 年农业农村信息化工作指导意见》《北京市农委系统信息员队伍建设与管理办法（试行）》《北京市都市型现代农业“221 信息平台”（内网）数据更新工作规范》《北京市农业农村信息化发展报告编撰规范》等规范，推动北京市农业农村信息化工作规范化建设水平不断提升。

大力提高农业农村信息化指导服务水平。示范引领、积极开展全国农业农村信息化示范基地申报认定工作，通州国际种业科技园区、市农经办、北京农业信息技术研究中心获得首批全国农业农村信息化示范基地称号。首次开展北京市农业农村信息化示范基地认定工作，经专家评定推荐21个单位为2013年度北京市农业农村信息化示范基地，为市农口单位信息化项目申报提供有效支持。圆满完成市政协委员关于着力推进北京市农业信息化资源整合、大力促进北京农村电子商务发展两个提案的办理工作。

推进农经管理信息化升级换代工作。完成市农经办、市农委办公自动化系统升级改造任务，实现了农经系统四级联网和一网办公。开展农经网统一认证平台搭建，实现财务系统、舆情系统、三资平台的统一认证、单点登录。北京农经网全年发布农经信息3 565条，总点击量1 248.6万次，总页面浏览量191.8万页，总访问次数39.4万次，总访问者数26.9万次，同比分别增长55%以上。进一步完善了北京现代农业“221”信息平台和农民专业合作社信息服务系统等。

信息服务数量质量有了新提高。向农业部中国农业信息网报送信息4 168条，同比增长15.6%，被全国信息联播网页采用147条，得到了农业部信息中心好评。向首都之窗报送信息2 163条，报送量、采用量在全市委办局中名列前茅。全年结合重点工作和中心领导批示，共向《北京信息》和《昨日市情》报送信息26条，市委常委牛有成批示1条。全年编印《北京城乡经济信息》103期、《城乡经济通讯》44期、《“三农”舆情信息简报》81期，向市农委报送舆情信息304条。编辑制作《每日“三农”舆情快报》189期，收录涉农舆情信息2 795条，其中敏感信息187条。北京移动农网应用进一步扩展，全市1—10月共发送实用信息1 355万条，较2012年同期增长13.77%。进入汛期信息发送量提高，6—8月发送信息达459万条，高于2012年同期7.92%，有效发挥了信息在决策支持和工作指导中的作用。

（四）全市农经体系队伍建设进一步加强

举办四级经管干部“新三起来”培训班。通过领导专家授课和深入研讨，使各级农经干部进一步明确了“新三起来”的重大意义、内涵要求，掌握了方法，提高了工作水平。加强农村审计人员、集体经济组织管理人员培训。首批培训8个区县农村集体经济审计、村级会计核算审计人员120余人，促进审计监督和农村集体“三资”管理水平提升。组织完成产权制度改革的19个乡镇农村集体经济组织管理人员和村级有突出贡献的集体组织负责人（市人大代表）赴台及江苏华西等地培训学习。编写《北京市农村新型集体经济经营管理简明问答》等培训教材。全年镇村两级农村集体经济组织管理人员岗位培训、农村管理信息化培训，农村固定观察点村干部、合作社财务管理人员等多项培训工作成效显著，市县两级共培训各类人才万余人，有力推动了农村经管工作业务水平的全面提升。

（五）深入开展党的群众路线教育实践活动取得新成效

切实抓好学习型党组织建设，提高党员干部的思想水平。积极开展群众路线教育实践活动，领导班子成员带头，深入学习中国特色社会主义理论体系，引导党员干部坚定理想信念。在全机关及全市农经系统开展了“学哲学　读好书”活动，组织编写印发《哲学经典选读》学习读本；请中央党校研究生院院长韩庆祥做《哲学思维方式与领导方法》专题报告，引导党员干部用哲学的观点深刻理解群众路线的意义，自觉地将辩证唯物主义和历史唯物主义运用到联系群众、服务基层的实际工作中去。开展革命传统教育，提高党员干部的理论素质和党性修养。健全干部职工学习教育机制。完善周末“大讲堂”学习制度，推动教育实践活动深入开展。结合业务工作开展，分析“三农”形势，谋划发展思路，促进党员干部、业务骨干相互学习、共同提高。

着力抓好作风建设，推动各项工作更好开展。围绕贯彻落实中央的八项规定和市委十五条意见，研究制订《市农经办（农研中心）关于改进工作作风密切联系群众的实施意见》。坚持领导班子带头调查研究制度，制定党组成员分工联系区县经管部门制度，加大对基层固定联系点帮扶力度。结合调研工作，积极开展为基层办实事活动。以深入开展争先创优活动为契机，加强机关党建和作风建设。在全市农经系统深入开展“依法履职、服务大局、爱岗敬业、当好管家”主题教育活动，进一步增强全市农经干部做好经管工作的责任意识、大局意识和服务意识。深入开展“三进两促”活动，开展“交、传、解、促”为特点的干部进村、进园、进户活动，使干部真正了解基层农民群众的需求，帮助他们排忧解难，促进了农民就业增收和农村发展。深入开展治懒、治散、治浮，改进作风、提高工作执行力整风活动，促进了党员干部工作作风的明显转变。

贯彻落实党风廉政建设责任制，做好反腐倡廉教育工作。按照中央、市纪委部署要求，结合廉政风险防控管理和党务公开工作，深入开展廉洁从政教育，引导党员干部始终牢记“两个务必”，永葆清正廉洁本色。研究制定反腐倡廉工作计划和落实措施，深入推进预防腐败体系、廉政风险防控体系建设，党风廉政建设取得新成效。认真落实党风廉政建设责任制。坚持一岗双责，党风廉政建设与业务工作同部署、同检查、同落实。严格控制“三公经费”使用、公务接待和会议安排，公款吃喝、铺张浪费的现象得到有效防控，全年较 2012 年同期压缩“三公经费”支出 40.02 万元。加强和规范党员干部外出考察活动管理，严格审批制度，较好杜绝了各种无实质内容的外出参观考察活动。组织副处级以上干部和全体党员到北京市监狱防腐败教育基地参观，增强了领导班子和中层干部的自律意识；利用“大讲堂”开展党风廉政教育，请市农村纪工委书记等领导讲廉政党课。通过系列学习教育活动，广大党员领导干部廉政风险防范意识进一步提高，促进了党风廉政建设和业务工作开展。

加强机构职能建设和干部队伍作风建设。针对加挂“市农经办”牌子后农村经管工作面临新的形势和要求，进一步疏理、完善市农经办（市农研中心）的主要职责及处室职能，增强了依法履职、服务大局的能力。加大干部选拔任用力度，进一步落实中央《关于进一步从严管理干部的意见》，坚持把工作业绩考核与干部德才素质考核、日常考核与年度考核有机结合。健全党员干部挂职锻炼机制，有效调动了干部职工积极性。进一步加强全市农村经管体系建设，推进乡镇经管机构职能建设，提高乡村基层农经干部队伍的素质能力。面向社会公开招录接收军转干部及与区县干部交流工作成效明显。深化干部人事制度改革，健全程序科学、公平公正的干部选拔任用制度和管理监督制度，进一步调动广大干部的工作积极性。积极做好行政后勤服务工作，为干部职工提供了良好舒适的办公环境，进一步协调争取资金改善中心财务状况，保证了中心业务开展和自身建设需要。加强老干部工作，开展丰富健康的文体活动，为中心各项工作的正常有序开展提供了良好服务保障。

学会、协会

登记证号	社团名称	业务主管单位	会长	电话	地　　址	邮编
0010325	北京市城郊经济研究会	农研中心	郭光磊	64866072	朝阳区北沙滩 7 号院 3 号楼	100192
0011244	北京市农产品产销信息协会	农研中心	冯乐平	89288556	大兴区庞各庄西四各庄村	100085
0011364	北京观光休闲农业行业协会	农研中心	贺东升	64866037	朝阳区北沙滩 7 号院 3 号楼	100192
0011424	北京农史研究会	农研中心	焦守田	64866078	朝阳区北沙滩 7 号院 3 号楼	100192

市农研中心（市农经办）党政领导班子成员

党组书记　郭光磊

党组成员　贺东升（4 月退休）　张秋锦　王瑞华（11 月退休）　曹四发　蒋洪昉（1 月任）　吴志强　刘军萍　戚书平

纪检组长　王瑞华（11 月退休）　戚书平（11 月任）

主任　郭光磊

副主任　贺东升（4 月退休）　张秋锦　曹四发　蒋洪昉（1 月任）　吴志强

市城乡经济信息中心主任　刘军萍

副巡视员　熊文武（11 月任）

（市农研中心（市农经办）办公室）

北京农业职业学院

概　况

北京农业职业学院占地面积84.55万平方米，产权校舍建筑面积27.55万平方米。全年教育经费投入44 531.44万元，其中，国家拨款38 471.53万元、自筹经费6 059.91万元。

固定资产总值41 128万元，其中，教学、科研仪器设备总值17 525.83万元。图书馆建筑面积6 631平方米，藏有纸质图书41.94万册、电子图书4 204GB。拥有计算机3 064台，多媒体教室165间。学校信息化经费投入142.08万元，信息化设备资产2 505.33万元，网络信息点3 500个，校园网出口总带宽410Mbps，电子邮件系统用户895个，上网课程52门，数字资源量7 500GB，管理信息系统数据总量82.17GB。设有国际教育学院、机电工程学院以及继续教育学院，10个系（部），园艺技术、畜牧兽医和绿色食品生产与检验等41个高职专业。

教职工859人，其中，专职教师420人，包括教授及教授级高级工程师21人，副教授及高级工程师以上130人；博士26人，硕士111人；“双师型”教师323人。聘请校外教师198人。

毕业生1 802人，其中，高职生1 312人，中职生327人，成人专科163人。毕业生一次就业率97.97%，一次签约率61.56%。招生2 040人，其中，高职生1 541人，中职生267人，成人专科232人。高考北京地区提档线文科150分、理科180分，单考单招150分。在校生5 592人，其中，高职生4 130人，中职生936人，成人专科526人。

网址：www.bvca.edu.cn。

机构设置

单位名称	办公地点	邮编	联系电话
北京市农村实用技术服务中心（北京农业职业学院继续教育学院）	北京市房山区长阳镇稻田南里5号	102442	80358899-221/217
北京市农业广播电视学校（北京市农民科技教育培训中心）	北京市房山区长阳镇稻田南里5号	102442	80358899-543/661
北京市委农工委党校	北京市海淀区香山普安店29号	100093	82595027
北京市职业教育研究所	北京市海淀区香山普安店29号	100093	82595049

主 要 工 作

全院上下围绕提高人才培养质量和学院全面发展的目标，深化教育教学改革，全面加强党的建设，积极有效地推进学院“十二五”发展规划，各项工作都取得了优异的成绩，办学成果显著。

一、扎实推进教学改革，教学成果获新突破

（一）专业内涵建设得到加强

一是落实院领导和系主任、有关中层领导听评课制度，落实教风、学风建设系（部）主任负责制，系主任、专业主任、教学秘书等全年累计教学检查900余人次，日均5人次参与教学秩序督察，学生出勤率和满意度提高。

二是全面启动“十二五”规划各项目建设。聘请校内外专家对6个专业群、6个特色专业、11个重点专业建设项目的建设方案和任务书进行了论证，制定了各个项目的建设标准，做到了任务明确、目标明确、措施明确。

三是进一步优化专业结构。根据北京经济社会发展需要，申报新专业2个、调整专业名称1个、调整专业系部所属关系2个、撤销专业5个。

（二）教学改革得到积极推进

一是中高职衔接稳步开展。与北京市园林学校园林专业对接人数扩大到两个班级60人。根据市教委安排，与北京市水利水电学校等10个学校达成开展中高职对接合作意向。

二是启动职业本科申报的相关工作。畜牧兽医专业职业本科人才培养方案上报市教委，学院被纳入北京市首批试点的8所院校之一，并已完成与北京农学院等院校的工作对接。

三是两个央财支持项目顺利通过验收。水利工

程、农业经济管理两个专业的中央财政支持的提升专业服务社会能力项目的建设和验收工作顺利完成。经过两年建设，两个专业分别形成了“以岗导学、产教融合”和“EPD”人才培养模式。在北京市建设的34个专业中综合排名第5、第8位，居全市优秀行列，其中水利专业的案例材料代表北京市参加了全国案例展示。

四是英语教学改革初见成效。在高等学校英语应用能力考试中，B级通过率达64.25%，比北京市平均通过率高出12.23个百分点。

（三）实践教学管理得到加强

一是创新了农业特色鲜明的实训日程安排模式。将学生实训项目或任务采用与生产岗位相对应的日程化、岗位化方式管理。同时，加强了对校外实习工作和实习变更的审核，规范了毕业班的教学管理、教学文件的格式制定和校外实训的审批与管理。

二是探索了校内跨系部、跨专业公共实践教学资源的预约与使用管理制度，建立了耗材采购招标制度。

三是加强了实践教学安全管理。完成了全院学生和指导教师实习统保项目及校方责任保险的参保工作。

四是完成了8个实训基地建设项目的中期检查和项目验收，同时组织开展了16项2014年新建实训基地的项目立项、申报和论证工作。

（四）实训中心管理创新获得突破

一是申报农事教育体验基地项目获批，取得社会大课堂资源单位资格。全年共接待中小学生社会实践活动11 500余人次、亲子游256组、CS活动188人次，取得直接经济收入32万元。

二是兰花大会筹备工作得到推进。增添了20余个兰花新优品种，在绿色科技园和彩林示范园分别设立了兰花产业生产区，将科技园长廊南半部分改造成了兰花展示长廊。

三是硬件条件得到改善。绿色科技示范园修缮工程和水禽实训场改造工程2个财政资金支持项目于9月份竣工并投入使用。

（五）教学教改成果获得突破

一是北京市教改项目建设成果显著提高。共获得北京市教育教学成果奖4个，其中一等奖1个、二等奖3个；申报8本北京市高等教育精品教材，5个北京市教学改革项目，全部立项。其中，院长杜晓林教授主持的《北京都市农业职业教育集团运行模式研究与实践》是北京市高职院校中唯一的重点建设项目。

二是组织完成第五届农业职业教育教学成果的申报及推荐工作，荣获一等奖3项、二等奖5项；组织参与2013“友邦佳通杯”北京高职院校征文活动，征集到19篇参评论文为历年之最。

三是学生参加全国职业技能竞赛5项，获二等奖1项，三等奖3项；学院承办4项北京市高职院校技能大赛，组织学生参加北京市技能竞赛项目11项，其中获一等奖4项，二等奖8项，三等奖3项；组织学生参加省市、行业协会技能竞赛项目26项，共98人获奖；2 000多名学生参加校内职业技能竞赛月活动，各系、部、分院共举办52项职业技能比赛项目。

（六）职教集团、校友会筹备工作得到推进

按照计划安排，启动并积极推进了成立北京都市农业职业教育集团的工作，截至年底已完成包括集团章程在内的有关文件准备和成员单位筛选、沟通协商等相关工作。

开展了校友会工作调研，起草了校友会章程，制定了校友会筹备工作方案征求意见稿，各分会已纷纷建立，总会筹建工作正在推进。

二、大力加强师资队伍建设，师资队伍管理进一步规范

（一）召开师资队伍建设工作会议

召开了以“实施人才强校战略，促进师资队伍建设”为主题的师资队伍建设工作会议，对师资队伍建设工作进行了认真的总结，确定了未来三年师资队伍建设工作的整体思路、目标和举措，制定出台了“1＋5”配套文件，提出了师资队伍“十百千”建设工程。

（二）加快优质师资梯队建设

扎实推进师资队伍建设“十百千”建设工程，评选出了学院名师培养人选10人、专业带头人37人、骨干教师74人。公布了培养名单，签订了培养协议，规范了经费使用办法，提出了培养要求。

（三）高质量完成优质师资引进工作

面向社会公开招聘选拔了6名高素质人才充实教师队伍，其中，博士3人，硕士3人；正高级职称1人，副高级职称1人；一线引进2人，院校调入2人，应届毕业生2人。

（四）多途径加强教师培养培训

一是加强了教师培训。上半年投入近 20 万元安排教师参加各级各类培训 150 余人次，举办了学院第三届青年教师技能大赛。

二是加强了教师培养。选拔 10 名青年教师参加市教委“青年英才”培养计划。在北京市优秀人才培养资助项目中，有 3 名教师获得资助。共获得职教名师资助 1 人、专业创新团队资助 2 个、职业教育专业带头人资助 1 人、职业院校优秀青年骨干教师资助 3 人、职业院校特聘专家资助 1 人。

三是加强了教师的实践锻炼。全年共选派 30 名教师参加社会实践，选派 13 名教师参加第九批挂职服务。全年共有 32 人晋升了专业技术职务，其中正高 2 人，副高 9 人（教师系列 8 人，辅系列 1 人），中级 15 人（教师系列 8 人，辅系列 7 人），初级 4 人，另有政工系列高级 1 人、初级 1 人。

（五）进一步规范外聘教师队伍管理

制订了《客座教授聘任管理办法》《兼职教师、兼课教师管理办法》，完成了《教师工作量调研报告》，使校外教师聘任管理工作进一步规范化、制度化。开展了首农集团“讲师团”来院讲座工作。

三、扎实推进素质教育，学生管理工作取得新进展

（一）制度推动，构建激励机制

一是严谨细致做好《学生手册》修订工作，共修订原有制度 14 项，新起草制定 6 项、废止 7 项、新收录 3 项。

二是建立考评体系。在全院推行“学生工作考评办法”，实行月例会和周通报制度。

三是完善和推进学生综合素质量化测评工作。开展了四校区 50 名相关管理人员的培训，并在南北校区大一新生中推开。

（二）活动拉动，搭建发展平台

以科技文化技术节为主线，开展丰富多彩的校园活动；举办了第五届大学生心理健康节；组织参加 2013 年北京学生定向越野高校组的比赛，获得男子、女子、团体第三名以及个人第四、第七、第八名的好成绩。

（三）典型带动，树立榜样作用

开展了以“立德修业争做楷模 求知笃行闪耀农职”为主题的“校园十星”评选活动；开展了“先锋杯”先进评选活动，确定 6 个优秀团支部、2 个先进班集体及 13 名优秀个人进行市级参选；举办了学院第十届学生田径运动会；开展了 2012—2013 年度共青团系统的评优工作，推优入党 53 人；34 人参加无偿献血。

（四）培训互动，提升队伍水平

在组织培训辅导员、宿管员政策理论知识的同时，增强了安全、应急突发、心灵沟通、办公软件、民族政策、紧急救护等培训；组织开展了资助软件运用培训、学生管理人员安全培训、学生控烟员培训、学生法制讲座以及兵役政策宣讲培训等。

（五）常规联动，推进基础性工作

开展了新生入学教育、学风巡检、考勤管理、“一早一晚”活动、国防教育活动等；加强了资助工作，开展了“资助政策宣传月”、资助征文、诚信教育培训、资助 LOGO 设计大赛等多种形式的活动，勤工助学工作得到新拓展；心理咨询工作得到加强，制定了统一的课件和教案，完成 40 个教学班级，560 学时教学任务。为在校生及 2013 级新生共计 2 560 人开展心理普查工作，对重点学生进行面询 31 人次，并对重点人群采取有效措施进行日常关注；学生公寓安全得到加强，对学生公寓用电、防汛、防火等重点进行全面摸排和隐患排查。

四、密切配合、上下联动，招生就业工作取得新进展

（一）圆满完成招生录取工作

普通高职共录取新生 1 312 人，其中，自主招生 335 人、单考单招 88 人、统考统招 889 人；中招五年制共录取新生 297 人；参与招生专业普通高职共计 37 个，五年制高职 8 个。

学院充分利用各种有利政策，如自主招生给予学校的灵活政策、涉农专业的免费政策等；加强招生部门与各系部的统筹协调，在招生宣传上既做好正规渠道的大型咨询活动，又拓宽各种渠道做好点对点的入校宣传，与高中、初中、中职开展院校对接；首次举办了校园开放日活动，取得良好效果。

（二）顺利完成就业工作目标

全年学院共有高职毕业生 1 332 名，其中北京生源毕业生 1 077 名，京外 19 个省（自治区）生源毕业生 255 名。截至 8 月 31 日，毕业生落实就业 1 301 名，其中，专接本 93 人、出国 7 人、参军入伍 14 人、志愿服务西部 1 人、落实就业单位

1 186人，就业率为97.67%。截至9月24日，应届毕业生参军入伍工作结束，毕业生落实就业去向1 305名，高职毕业生就业率为97.97%。

为做好毕业生就业工作，学院组织了专场招聘活动，暑期增加了派遣次数。为做好京外生源毕业生的就业，在建立常态跟踪帮扶指导机制的同时，按照毕业生去向发放就业报到须知和档案转递告知单，为毕业生报到和档案查询提供了方便。

五、短期培训、继续教育得到拓展，合作交流和国际教育日益繁荣

（一）培训工作得到加强

一是完成了西藏自治区当雄县、安徽省金寨县、内蒙古、承德4个地区5个不同内容的赴京培训班，以及市农委、市妇联、市林业站等政府部门的不同类型培训，共计14期2 017人次。其中，农民专业合作社培训为密云两级示范合作社75名理事长进行了培训。首批创业技能培训为374名2014届毕业生开展了创业技能培训，培训合格率达到97%。

二是完成了对015农业类工种和068所机电类鉴定机构的资质审核备案工作，完成了7 628人次的职业技能鉴定任务。

三是积极推进了全国职业院校农业培训工作协作委员会工作。作为全国职业院校农业培训工作协作委主任单位和秘书处所在单位，牵头制定了会费管理办法，完善了协作委管理制度；发展壮大了组织，现已有会员单位18个，个人会员47名；组织召开了协作委第二届年会暨农业培训论坛。

四是完善了培训管理制度和培训教学师资库及现场教学资源库建设，师资库容量增至150人。

（二）继续教育工作得到拓展

一是现代农村经济管理专业（合作社方向）自考申报获得批准，学院获该专业自考主考校资格，丰富了继续教育的办学形式。

二是召开了学院首次成人学历教育工作研讨会，通州、昌平、平谷3个校外教学点顺利通过评估。

三是农广校全年招生7 095人，毕业27 834人。新设农民专业合作社、现代农艺技术（全科农技员方向）、循环农业生产与管理3个专业。

四是“文化驻乡”工程得到持续推进，全市共举办农民文艺中专班100个，注册学员5 000人，跟班学员2 000余人；农广校在门头沟区军庄村社区试点了“有机蔬菜家里种培训项目”。

（三）合作交流和国际教育日益繁荣

一是国际交流渠道得到拓展。与韩国世农种苗公司签订了合作协议，开展园艺专业学生海外实习项目；与俄罗斯沃罗涅日国立农大签署了合作协议，开展师生交流互换项目；与美国卡比奥拉尼社区学院、美国派克兰学院签署合作框架协议。

二是开展了与三所国外院校的农业类师生交流项目。组织实施了与荷兰郎蒂斯集团绿港学院园艺、园林专业2名教师、3名学生为期12天的互换交流项目；与荷兰阿瑞斯集团格鲁赫斯特学院畜牧兽医、宠物专业2名教师、3名学生的互换交流项目；蒙古国立农业大学的2名园艺专业和畜牧兽医专业教师来院为期一个月的研修学习项目。

三是完成了学院首个学生海外实习项目。与北京世农种苗有限公司签订协议开展学生赴韩国专业实习项目。园艺系6名学生和1名带队教师赴韩国农友BIO株式会社进行为期一个月的专业实习。

四是国际交流日益活跃。学院计划内自组团安排了8个批次27人次赴蒙古、俄罗斯、加拿大等国工作访问；中外合作办学和重点专业共安排了3批6人次赴加拿大圣力嘉学院、荷兰绿港学院、格鲁赫斯特学院开展培训。全年共接待14批40人次国外高校和访问团来院开展职业国际交流访问和学术交流活动。聘请外国专家组织开展了4次学术讲座。

五是接收留学生获得突破。学院获批接收留学生院校资格，对提高学院国际化办学层次，提升学术水平，推动学院国际化进程都具有重要意义。

六是参加教育部举办的中国国际教育年会展览。作为特邀参展院校之一参加了由中国教育部举办的“2013中国国际教育年会”职业教育展览，提升了在国际职业教育领域的影响力。

六、推进实施三项计划，科技创新和“三农”服务再上新台阶

（一）大力推进科技项目带动计划、科技人才支撑计划和大学生科技创新计划

一是发挥“科技项目带动计划”的导向作用。73项科研项目获准立项，包括技术研发与示范推广基金项目44项、人文社科研究基金项目9项、大学生科技创新项目20项。同时，配套资助院外各级各类科研项目6项，总计经费198.7万元。全

年共完成北京市支农资金农业科技项目、北京市科普计划项目、北京市教委科技计划项目、北京市社科规划项目、中国职教学会课题等29项，总计经费573万元。全年院内外总课题数达到102项，总经费达771.7万元。

二是“科技人才支撑计划”主要进行了选派专业技术骨干挂职服务等方面的工作。第九批挂职服务工作选派13名教师奔赴佛子庄乡等地实施以农技推广为主的技术服务型和以山区生态建设为主的管理服务型相结合的双核挂职模式。北京市实用技术服务中心“农业专家诊断系统”和“电话＋视频”的专家咨询等服务形式投入使用。全年举办科技培训班12期、科技下乡21次、科技现场咨询9次、发放各类科技图书1.3万册。

三是大学生科技创新行动计划得到积极推进，共有20名大学生获得立项，资助经费近8万元。

（二）院乡共建合作完成了与佛子庄乡共建科研示范基地工作

农业科技综合服务试验站组建了种植技术、生态旅游、农民培训等6个专业化服务工作室，创新形成了“科技挂职＋科技项目＋技术推广＋文化驻乡”一体化服务模式，支持了《白海棠高效栽培技术集成与示范》《磨盘柿果醋保健产品的研发》等7个院级项目。

（三）加强了制度建设和协会工作

完善出台了《科技奖励办法》和《科研工作量考核》等制度。同时，召开了学院科技工作会暨学院科协成立大会和农业职业教育2013年学术年会，完成了全国农业职业教育教学成果和职教名师评审工作。

（四）加强了图书信息服务和职教研究

图书信息服务在做好图书馆改扩建工作的同时，为85位“双高”人才建设了个人数字图书馆。职教研究得到加强，《北京农业职业学院学报》由80页增至112页，在保证质量的前提下实现了扩版。

七、积极推进管理创新和优质服务，为各项事业发展提供保障

（一）管理改革

对教师教学工作量、农业技术推广教师管理、挂职教师管理提出了改进意见；接收4名军队转业干部，面向社会公开选拔6名专职辅导员；编制了《组织人事制度汇编》和《教职工手册》，进一步提高了组织工作制度化、规范化水平；成立了基建工作办公室，进一步规范了基建工作的管理程序。

（二）财务管理

一是加强财务人员队伍建设。重点加强预算绩效管理、内部控制规范及一系列规章制度等业务新规的学习，提高财务人员整体素质。

二是加大制度的刚性约束。召开了学院首次财务工作会，制定并出台了学院《财务管理制度》《财政性专项资金项目管理办法（试行）》《资金使用审批制度（试行）》；针对财务审计发现的问题，相继修订了一系列制度，重点加强了对财政专项资金的管理；以“三公”经费专项整治为重点，建立了《财务结算中心管理制度》，推行了公务卡支付管理，进一步管控财政资金；加强了对二级单位财务工作的监管。

三是积极推进财务公开。按照市委市政府和北京市财政局的要求，对学院2013年的决算情况、2014年预算情况及时进行公开。

（三）资产管理

一是加强制度建设。修订了学院《国有资产管理办法》《采购及招标管理办法》等。

二是加强招标管理和创新。在采购程序和招标方法上增加了项目进度表、项目单位确认书及校方专家承诺书等监督环节，建立了技术参数在招标公告发出前由项目单位负责人签字确认的新模式，减少了工作差错和误解，全年招标工作的投诉率大幅度降低。同时，加大了项目验收工作的力度，确保学院利益不受损失。

三是信息化水平有所提高。引进、安装了国有资产管理信息软件，提高了管理科学化水平。

（四）基础设施建设

完成了图书馆改扩建工程、实训园新增生化池及室外配套污水管线工程、雨污排水系统改造工程、北区培训楼改造维修及室外配套工程。4号学生公寓加固修缮及室外附属设施改造工程、后勤附属用房加固修缮及室外配套工程以及校园照明节能改造项目正在进行。完成了5号学生公寓、后勤楼、学生食堂房产证办理工作。

（五）“美丽校园”和“数字校园”建设

一是规划新建和改建校内十大主题公园。建设了海棠园、玉兰园和月季园三个主题园；柳园新修了甬路，安装了石桌石凳；完成了原畜牧场老旧平房拆除等一系列校园绿化美化、景观工程项目；在校内显著位置树立了标识石刻，在学院西门及南门

设立两块文化石，作为学院标志性景观。

二是调整了学院信息化建设领导小组及办公室，进一步完善工作机制，加强了对信息化工作的统筹协调力度。完成了学院信息发布系统一期建设；初步完成了学院门户网站的升级改版。启动了数字校园建设二期工程建设，各项目建设正在积极推进。

（六）后勤服务和实训保障能力建设

南北校区食堂软硬件建设得到加强，严格落实高校标准化食堂各项要求，严格执行供应商制度，在降低成本、保证质量、提高效率方面取得新的进展。更新车辆 4 台，加强了学生校外实习实训车辆管理。医疗保健服务完成了职工及家属体检、高职新生体检和结核病筛查等工作。新建理疗室，扩大医疗服务范围。

（七）产业发展

出台了学院《产业发展规划》和《关于加强产业发展工作的（实施）意见》；编制完成了实训基地农业休闲旅游发展规划；成立了学院产业工作领导办公室，对现有经营单位进行了整改和清理，实现了产业开发管理制度化和规范化。加强了组培中心建设，扩大了草莓、兰花、彩色苗木等种苗的繁育规模；农发中心全年实现产值 4 072 万元，实现纯利润 25 万元。

八、加强党建和精神文明建设，为学院发展提供坚强的政治保证

（一）成功召开学院第二次党代会

6 月，学院成功召开第二次党代会。会议总结了第一次党代会以来十年的工作，对今后一个时期的工作进行了部署。大会明确了今后五年学院事业发展和党的建设的主要任务，提出了实现“两个新转变”和“三个新跨越”的发展战略，确立了建设理念先进、特色鲜明、国内一流、国际知名的高等职业院校的奋斗目标，为完成新时期的各项任务指明了方向。大会选举产生了新的两委班子，为学院实现新的奋斗目标提供了组织保证。

（二）扎实推进党的群众路线教育实践活动

一是启动早，行动快。按照中央和市委统一部署，第一时间完成了活动方案制定，为全面铺开争取了时间优势；及时成立了教育实践活动领导小组和办公室，奠定了坚实的组织基础；召开动员部署大会，对学院教育实践活动进行全面部署和动员。各党总支积极响应、有力跟进，在最短的时间内形成了组织健全、方案确实、上下联动、迅即展开的生动局面。

二是主题突出，联系实际。根据总体部署和实践活动的本质要求，确定了“转作风、聚力量、重实效、促发展”的教育实践活动主题，切实把人才培养、服务“三农”工作等重大工作融入到教育实践活动之中，确保学习有内容、实践有载体、活动有实效。

三是学习交流深入，成效显著。举办了院处级领导干部专题读书班，开展了以“牢固树立群众观点，优质服务师生员工”为主题的大讨论，分别召开了院处两级领导干部学习交流会，统一了思想，提升了境界。

四是形式多样，征求意见建议广泛。采取电子邮箱、意见箱、征求意见表、个别访谈等多种形式征求意见，还征求了市委农工委、市教委、用人单位和服务单位的意见建议，为查摆问题打下了重要基础。

五是边学边改，梳理整改初见成效。坚持群众把脉、深入梳理，聚焦“四风”查找问题，根据师生提出的意见建议，确定并完成了 12 项整改任务，得到市委第 11 督导组的高度评价。

（三）加强领导班子建设和干部队伍建设

一是采取多渠道加强干部教育和培训，提升干部队伍素质；及时完成了干部选拔和调配，加强了领导班子建设和干部日常监督与管理。

二是以学习贯彻中共十八大精神为重点，不断提高党员干部的理论水平和政治素质。进一步健全了基层组织，选举产生了党总支委员 5 人、党支部书记 8 人，党支部委员 11 人；进一步加大院党委对基层党组织开展工作的支持保障力度，将党员活动经费在每人每年 100 元基础上增加到 200 元。

三是成立党校，进一步加强了党员发展和教育管理工作。

（四）加强舆论宣传及精神文明创建工作

一是广泛开展各种活动。进一步加强了院报、广播、校园网、宣传窗等宣传阵地的作用；对全院 10 个精神文明获奖单位进行了表彰；组织师生员工献爱心为四川雅安和北京市慈善协会共计捐款近 20 万元。

二是不断扩大学院的知名度和影响力。向北京市高职中专党建研究会报送征文 11 篇，其中，院党委书记崔砚青同志撰写的《高职院校文化建设研

究与实践》获得党建论文一等奖；学院被评为北京市第十一届思想政治工作优秀单位。

三是稳步推进了校园文化建设和精神文明创建。积极推进了“五个一”文化建设工程。组织开展了职工摄影作品展、校史文化碑落成仪式、喜迎建党九十二周年革命歌曲演唱会，对学生制作的机器人等机电类作品、园林设计沙盘、压花作品等百余件成果进行了展示。

四是不断丰富职工文化生活。组织全院女职工参加了“三八”妇女节健身活动，组织职工参加了2013年首都高校羽毛球锦标赛，并荣获“道德风尚奖”。

五是离退休管理工作有新进展。以加强离退休干部的“两项建设”和落实老干部的“两项待遇”为重点，积极开展主题活动，发挥了老同志在构建和谐校园中的积极作用。

（五）积极开展反腐倡廉教育活动

按照市纪委的总体部署和农村纪工委年度工作安排，深入贯彻落实中共十八大和中纪委十八届二次全会精神，坚持标本兼治、综合治理、惩防并举、注重预防的方针，狠抓工作落实。一年来，着力抓好党风廉政教育学习，积极推进廉政文化进校园活动，积极抓好廉洁文化的教育宣传，注重抓好廉政风险防范，注重加强监督检查，为学院圆满完成以教学为中心的各项工作任务提供了坚强的政治保障。党务公开和院务公开工作得到加强，全年累计公开事项55项。

（六）其他工作

一是工会工作以贯彻和落实中共十八大精神为核心，以胜利召开学院第二次党代会为主线，以维护学院的稳定和谐发展为出发点，以保障教职工的合法权益为落脚点，以各分工会和各文体协会文艺体育活动为抓手开展工作，各个方面均取得了积极进展。

二是保卫工作制定并认真实施了“平安校园”建设实施方案，各项折子工程进展顺利，网格化管理有了新的突破，重新修订了学院重大突发事件应急预案，全面实施消防检测、加大了隐患排查工作力度，加强了校园交通设施建设，制定了防汛措施并及时启动了汛情预警响应机制。

三是作为市教委大学章程建设5所试点单位之一，积极推进了学院章程建设的研究与实践。

四是成功创建全国无烟示范校。在4月召开的创建全国无烟学校示范试点项目总结会上被正式授予“全国无烟学校”称号。

北京农业职业学院领导班子成员

党委书记 崔砚青
院长 杜晓林
副书记 周广和 杜保德
副院长 李俊英 王晓华 程文华 王福海

（北京农业职业学院 肖兵）

北京农产品中央批发市场管理委员会

概　　况

北京农产品中央批发市场管理委员会成立于1993年，是北京市唯一的专司农产品流通职能的市政府派出机构，为便于市场管理和对外合作，对应成立了北京农通实业开发总公司。在壮大自身的同时，管委会、总公司积极承载三项公益职能：为市政府调控农产品市场服务，保应急、保淡季；助力郊区现代农业发展，解决农产品“卖难”问题；完成农产品特需供应计划。

机构设置及下属单位

管委会机关目前下设3个处室，即综合办公室、计划财务处、企业管理处，机关在编职工50人。

北京农通实业开发总公司是管委会的经营公司，与管委会一套人马、两块牌子，合署办公。农通实业开发总公司作为资产管理型公司，下设4家全资子公司、3家控股公司、1家参股公司，分别是北京农产品中央物流园有限公司、北京银地房地产开发有限责任公司、北京银地物业管理有限公司、北京市万柳商城有限责任公司；北京农产品中央批发市场有限责任公司、北京菜篮子投资有限公司、北京菜篮子基金管理有限公司；北京金海盛源商贸有限公司。

主 要 工 作

充分利用改革发展的有利形势，克服了诸多不利因素，打牢了管委会（总公司）突破性发展中的一系列基础工作：总资产快速增长，综合实力不断攀升，打牢了发展之基；重点工作超常推进，三大项目齐头并进，打牢了生存之基；现有企业运行稳定，基础性工作不断加强，打牢了管理之基；安全意识不断深化，安全稳定工作扎实推进，打牢了稳定之基；群众路线教育实践活动圆满完成，全系统凝聚力不断加强，打牢了团结之基。

截至年底，主要工作指标圆满完成。管委会系统的总资产从2010年年末的4.6亿元，增加到约20亿元，资产规模增加5倍；资金余额14亿元，比年初增加10倍；农产品交易额达到133亿元，同比增长10.1％；全系统实现经营收入0.75亿元，同比增长10％；直接吸纳就业人口1万余人；带动就业人口20余万人；外埠供应保障基地已覆盖河北、内蒙古、海南、新疆等10个省（自治区），面积近100万亩。

（一）重点工作阶段性成果突出

物流园项目取得决定性成果。通过艰苦努力，获得了土地一级开发授权，取得了建设项目规划条件和一级开发立项核准，争取到了中国建设银行融资10亿元和市政府财政贴息。常务副市长李士祥已予明确了管委会在项目中的建设、监管、服务主体的历史性定位，确立了物流园项目完善首都城市服务功能的特殊作用。

公租房项目取得丰收性成果。完成了规划调整，取得了规划条件，实现了主体变更，10月正式破土动工。项目土地款共计1.67亿元全部到账，建设资金问题有序解决。公租房项目为管委会发展奠定了生存基础，银地房地产开发有限责任公司的发展有了一个好的开端，也为全系统培育了新的业态板块。

老市场升级改造项目取得改革性成果。经过一年的重组，引进合资经营，老市场焕发出新的青春，取得国有资产溢价收益4亿多元。基本确定了升级改造总体思路和项目设计方案。

（二）现有企业运行稳定，发展基础进一步增强

市场公司安全有序发展。各项指标圆满完成，实现了由“管理型市场”向“服务型市场”的转变；顺利完成了企业重组；大力推动了基础设施升级改造，市场环境得到极大改善，安全系数大幅提升，为市场的提升改造打下良好基础。

银地房地产开发有限责任公司经营业务顺利推进。按照“建一批、办一批、谈一批”的工作思路，公租房项目全面开工、管理有序；创新思维推进本系统内部资源的开发利用，2亩地、绿地指标等取得了建设规划条件，N地块做着开发前的准备工作，项目进入设计审批阶段；与赤城县政府签订了框架协议；一批本市内的开发合作项目也在筹备之中。

银地物业管理有限公司经济指标完成良好。完成收入1 558.5万元，超额完成全年经济任务指标，新增物业面积5.8万平方米；顺利完成了朝阳区海华堂项目的物业管理交接工作；充分利用国家政策，完成了银地家园升级改造工作。

万柳商城全面完成各项经济指标。实现主营收入261万元，完成全年计划指标的101%，保证了管委会（总公司）机关正常办公环境，完成了黑庄户办公区的后勤服务工作，为重点工作的正常运转提供了良好保障。

拓展系统新的发展业态。随着物流园项目的持续推进及北京建设世界城市对“菜篮子”建设的迫切要求，管委会（总公司）注册成立了北京农产品中央物流园有限公司和北京菜篮子投资有限公司两家新公司，目前有关工作顺利推进，为全系统业态发展拓展了新领域。

（三）积极推进公益服务，服务“三农”能力进一步提升

立足为政府引导调控农产品市场服务，保应急，保淡季；为服务郊区现代农业发展，解决农产品“卖难”问题；完成1号（中南海）农产品年度供应计划三大职能，积极服务首都、服务“三农”、服务市民，搭建起中央市场、农产品流通协会、农通绿洲、安食网四位一体的首都安全农产品供应保障体系。在北京郊区及周边地区建设蔬菜、粮食等基地近80万亩，与市商务委、市农委形成网络对接、信息整合，保应急、保淡季随时可控，为政府引导调控农产品市场服务，为首都“菜篮子”工程提供了有力保障，得到了社会广泛赞誉和市政府领导的充分肯定。

（四）努力夯实基础工作，综合管理能力进一步升级

加强人力资源管理。以改革发展为契机，开展了一系列旨在提升机关和各公司基础性管理工作能力的教育培训活动，为事业发展储备人才。通过一系列改革和调整，不断进行人员优化组合，进一步完善了组织框架结构；注重加强部门之间的分工协作，并根据公司总承包任务进行责任分解，捋顺了工作流程，确定了工作职责，各部门做到心中有数，提升了工作效率。

建立健全各项制度。坚持制度先行，以制度管人、制度管权、制度管钱，用制度激励、调动员工的积极性。出台了《财产管理制度》《财务票据管理制度》《财务印章管理办法》等6项财务管理制度及办法；各公司建立和完善了廉政风险防控、厉行节约反对浪费、劳动合同管理、员工考勤管理等制度，有力地保障了企业运营的正常有序。

（五）安全意识不断深化，安全掌控能力进一步提高

在全系统建立健全安全网格化管理；积极响应市政府安全稳定工作要求，在市农委的直接领导下，彻底整治市场公司存在的安全隐患和问题；参加农委安全工作会议13次，全系统召开安全工作会议14次；各公司召开安全工作会议共计100次以上；举行了消防实战演习活动。管委会获得北京市安全生产月活动组委会颁发的“最佳实践活动奖”。

（六）党的建设和精神文明建设开创新局面，凝聚力进一步增强

党建工作卓有成效。坚持正确的政治方向，结合管委会（总公司）实际，积极开展思想、组织、作风等建设。按照中央部署和市委要求，从7月开始，积极开展党的群众路线教育实践活动，认真开展学习教育、听取意见、查摆问题、开展批评和整改落实、建章立制等各项工作，坚持边学边改，边查边改，立行立改。通过活动开展，凝聚了人心，形成了合力，鼓舞了干劲。基本解决了有岗位缺激情、有激情缺成效、有思想缺行动的问题，提升了干部职工的入门能力、推进能力，达到了净化环境、提升素质、整顿作风、促进发展、提升福祉的目的。

团队建设成绩斐然。高学历和专业技术人员队伍不断壮大，研究生以上学历22人，大学本科学历61人，学历层次实现跨越式提升；用人制度不断完善，建立健全了干部选拔、任用、考核、交流、培训、监督等制度，通过公开选拔、外部引进、内部调整等方式，切实将选拔任用干部置于阳光之下，形成有利于优秀年轻干部脱颖而出的选拔机制，一大批年轻干部和优秀人才走上了领导和重要岗位。

文化建设创新发展。工会、共青团等群团组织围绕中心、服务大局，在全系统精神文化建设上发挥了积极作用。顺利完成工会换届，为全系统84名在岗女职工办理2014年特殊疾病互助保障计划的续保，看望和慰问患病职工和家属，转达党组织的关心；组织参加首都农民工大学生助推计划；通过提炼升华，各公司形成了具有自身特色的企业精神，如银地房地产开发有限责任公司提倡的“钉子精神”和学习小蜜蜂“勤劳”的精神，筹委会办公室的“超常规”精神，成为指导企业日常工作的重要精神支撑。

北京农产品中央批发市场管理委员会
党政领导班子成员

主任　刘春广
副主任　吴守荣　吴宝琴　赵全保
党委书记　赵文广
党委副书记　刘春广
委员　吴守荣　吴宝琴

（北京农产品中央批发市场管委会　解巍）

北京市社会主义新农村建设先进集体和先进个人

中共北京市委农村工作委员会　北京市农村工作委员会
北京市人力资源和社会保障局
关于表彰北京市社会主义新农村建设先进集体和先进个人的决定

（2013 年 3 月 14 日）

近年来，在市委、市政府的正确领导下，京郊农村广大干部群众以邓小平理论、“三个代表”重要思想、科学发展观为指导，坚持转变经济发展方式，坚持发展和保护农民利益，大力推进实践创新、理论创新、制度创新，加大强农惠农富农工作力度，农业农村经济实现平稳健康发展，初步探索出一条特大城市推进“三农”工作的新路。

在扎实推进社会主义新农村建设过程中，涌现出一批先进个人和先进集体。为此，中共北京市委农村工作委员会、北京市农村工作委员会、北京市人力资源和社会保障局决定，授予张运涛等 10 名同志为北京农村经济发展“十大”杰出典型荣誉称号，授予侯引绪等 10 名同志为北京农村经济发展“十佳”科技工作者荣誉称号，授予朝阳区高碑店乡等 246 个单位为北京市社会主义新农村建设先进集体荣誉称号。

希望受到表彰的先进集体和个人，发扬成绩，再接再厉，不断取得新的进步，为推动京郊农业农村经济持续健康发展做出更大贡献。广大干部群众要以先进集体和先进个人为榜样，学习他们埋头苦干、扎实工作的敬业精神；学习他们情系群众、一心一意带领农民增收致富的奉献精神；学习他们与时俱进、勇于开拓的创新精神；学习他们互帮互助、众志成城的团队精神，统筹推进新型工业化、信息化、城镇化和农业现代化同步发展，为率先形成城乡发展一体化新格局而努力奋斗。

一、社会主义新农村建设先进个人

（一）北京农村经济发展“十大”杰出典型（10 人）

张运涛	北京市农林科学院林业果树研究所研究员
王小东	北京市海淀区东升镇东升博展股份经济合作社党总支书记、董事长
尹志强	北京金鹏天润置业投资管理公司董事长兼经理（丰台区）
朱凤敏（女）	门头沟区军庄镇孟悟村书记兼主任
金镇锡	北京金福艺农农业科技集团有限公司董事长（通州区）
宋彦斌	北京顺鑫农业股份有限公司创新食品分公司经理（顺义区）
路　河	北京市昌平区农业技术推广中心副主任 高级农艺师
杜大雪	北京秋实农业发展有限公司董事长（大兴区）
曹振兴	北京御食园食品股份有限公司董事长（怀柔区）
宋立滨	密云县古北口镇古北口村书记

（二）北京农村经济发展“十佳”科技工作者（10人）

侯引绪　北京农业职业学院畜牧兽医系教授
孙　浩　华都峪口禽业有限公司高级畜牧师
陈历俊　北京三元食品股份有限公司教授级高工
王永泉　北京市农业技术推广站高级农艺师
刘　富　北京森禾源农业发展有限公司（蓝调庄园）农艺师（朝阳区）
侯桂森　北京通州区永乐店镇农业服务中心技术人员
杨春起　北京市昌平区园林绿化局高级农艺师
徐艳玲（女）　北京任我在线科技发展有限公司技术人员（大兴区）
齐立秋　大兴区安定镇全科农技员
杨明宇（女）　密云县农业技术推广站高级农艺师

二、社会主义新农村建设先进集体

（三）北京新农村建设先进乡镇（15个）

朝阳区高碑店乡
海淀区温泉镇
丰台区卢沟桥乡
门头沟区潭柘寺镇
房山区大石窝镇
通州区台湖镇
顺义区马坡镇
昌平区南口镇
大兴区榆垡镇
怀柔区九渡河镇
平谷区黄松峪乡
平谷区镇罗营镇
密云县穆家峪镇
密云县古北口镇
延庆县八达岭镇

（四）北京发展都市型现代农业先进乡镇（15个）

门头沟区清水镇
房山区石楼镇
房山区良乡镇
通州区漷县镇
通州区永乐店镇
顺义区大孙各庄镇
顺义区张镇
昌平区兴寿镇
大兴区庞各庄镇
大兴区魏善庄镇
怀柔区杨宋镇
平谷区东高村镇
密云县巨各庄镇
延庆县沈家营镇
延庆县大榆树镇

（五）北京小城镇建设先进乡镇（5个）

门头沟区斋堂镇
房山区长沟镇
顺义区高丽营镇
平谷区马坊镇
密云县溪翁庄镇

（六）北京山区发展先进乡镇（7个）

门头沟区军庄镇
房山区霞云岭乡
昌平区延寿镇
怀柔区宝山镇
平谷区刘家店镇
密云县新城子镇
延庆县四海镇

（七）北京农村改革先进乡镇（5个）

朝阳区金盏乡
海淀区东升镇
丰台区南苑乡
门头沟区永定镇
密云县石城镇

（八）北京基层党组织建设先进村（15个）

朝阳区小红门乡龙爪树村
海淀区东升镇塔院村
丰台区南苑乡南苑村
门头沟区王平镇西王平村
房山区窦店镇窦店村
通州区永乐店镇西河村
通州区张家湾镇苍上村
顺义区北小营镇仇店村
昌平区百善镇泥洼村
大兴区榆垡镇刘家铺村
怀柔区北房镇梨园庄村
平谷区马坊镇东店村
密云县古北口镇古北口村

密云县穆家峪镇阁老峪村
延庆县沈家营镇曹官营村

（九）北京环境建设先进村（20个）

朝阳区高碑店乡高井村
海淀区苏家坨镇车耳营村
丰台区长辛店镇东河沿村
门头沟区军庄镇香峪村
房山区琉璃河镇西地村
房山区河北镇东港村
通州区台湖镇外郎营村
通州区张家湾镇南姚园村
顺义区北小营镇前鲁村
顺义区南彩镇河北村
昌平区马池口镇宏道村
大兴区北藏村镇巴园子村
大兴区庞各庄镇梨花村
怀柔区长哨营乡项栅子村
平谷区大华山镇大峪子村
平谷区大兴庄镇良庄子村
密云县穆家峪镇辛安庄村
密云县高岭镇石匣村
延庆县大庄科乡霹破石村
延庆县永宁镇西山沟村

（十）北京山区发展先进村（20个）

门头沟区雁翅镇太子墓村
门头沟区王平镇韭园村
门头沟区妙峰山镇炭厂村
房山区张坊镇穆家口村
房山区十渡镇平峪村
房山区周口店镇黄山店村
昌平区流村镇马刨泉村
昌平区十三陵镇康陵村
怀柔区宝山镇下坊村
怀柔区长哨营乡七道梁村
怀柔区喇叭沟门满族乡帽山村
平谷区镇罗营镇张家台村
平谷区镇罗营镇大庙峪村
平谷区黄松峪乡大东沟村
密云县太师屯镇太师庄村
密云县不老屯镇史庄子村
密云县大城子镇大龙门村
延庆县四海镇南湾村
延庆县千家店镇千家店村
延庆县珍珠泉乡珍珠泉村

（十一）北京管理民主先进村（15个）

朝阳区黑庄户乡郎各庄村
海淀区海淀镇青龙桥村
丰台区卢沟桥乡大井村
门头沟区龙泉镇岳家坡村
房山区张坊镇东关上村
通州区宋庄镇疃里村
通州区于家务乡西垡村
顺义区马坡镇石家营村
顺义区龙湾屯镇柳庄户村
昌平区南口镇花塔村
大兴区长子营镇沁水营村
怀柔区汤河口镇二号沟门村
平谷区大华山镇泉水峪村
密云县石城镇石塘路村
延庆县张山营镇龙聚山庄村

（十二）北京农村基础设施和公共服务建设先进村（13个）

朝阳区将台乡东八间房村
海淀区温泉镇高里掌村
丰台区王佐镇庄户村
门头沟区斋堂镇龙门口村
房山区大石窝镇南河村
通州区潞城镇武疃村
顺义区北小营镇小胡营村
昌平区兴寿镇麦庄村
大兴区安定镇东芦各庄村
怀柔区琉璃庙镇崎峰茶村
平谷区峪口镇蔡坨村
密云县巨各庄镇蔡家洼村
延庆县康庄镇刁千营村

（十三）北京新型农民培养先进单位（10个）

北京市农业技术推广站
北京市海淀区职业学校
北京市丰台区鸿基培训中心
房山职业学校
北京新城职业学校（通州区）
北京市昌平区职业技术学校
大兴区职业技术学校
北京市怀柔区社区教育中心
密云县职业技术学校
延庆县职业技术教育培训中心

（十四）北京农村劳动力就业安置先进单位（17个）

北京冷泉机动车驾驶员考试场（海淀区）
北京鑫诚益永恒劳务服务有限公司（丰台区）
丰台区环境卫生服务中心
门头沟区妙峰山镇涧沟村
门头沟区清水镇张家庄村
北京凯达恒业技术开发有限公司（房山区）
北京德润通农业科技发展有限公司（房山区）
北京三佳时装有限公司（通州区）
北京顺鑫农业发展集团有限公司（顺义区）
北京汽车股份有限公司北京分公司（顺义区）
北京中环投资管理有限公司（大兴区）
博洛尼家居用品（北京）股份有限公司（大兴区）
北京华阳服装厂（平谷区）
北京洪福环宇餐饮有限公司（密云县）
密云县环保工业园
北京庆和食品有限公司（延庆县）
中材科技风电叶片股份有限公司（延庆县）

（十五）北京农产品加工先进企业（10个）

北京大北农科技集团股份有限公司（海淀区）
北京南河北星农业发展有限公司（房山区）
北京雨润食品有限公司（通州区）
北京市恒慧通肉类食品有限公司（顺义区）
北京朔方尚德科技发展有限公司（昌平区）
北京市宝金龙食品有限公司（大兴区）
北京田源鸡农副产品有限公司（怀柔区）
北京市老才臣食品有限公司（平谷区）
北京绿润食品有限公司（密云县）
北京绿富隆农业股份有限公司（延庆县）

（十六）北京发展乡村（观光）旅游先进单位（14个）

北京森禾源农业发展有限公司（朝阳区）
北京海舟慧霖农业发展有限公司（海淀区）
北京中恒金苑公园管理有限公司（丰台区）
北京韭园农庄旅游开发有限公司（门头沟区）
门头沟区雁翅镇碣石村
十渡镇鲟龙鱼繁育养殖生态观光园（房山区）
永乐店镇食用菌观光园（通州区）
北京万科艺园农业科技发展有限公司（顺义区）
北京君知雨农业生态园（昌平区）
北京绿源艺景都市农业休闲公园（大兴区）
北京绿神鹿业有限责任公司（怀柔区）
北京市天甲旅游开发集团有限公司（平谷区）
密云康顺达农业科技生态园（密云县）
延庆县井庄镇柳沟村

（十七）北京农民专业合作社先进单位（25个）

北京法城蜜蜂养殖专业合作社（门头沟区）
北京琉璃河宏利肉鸭专业合作社（房山区）
北京泰华芦村种植专业合作社（房山区）
北京京西礼临辉农产品种植专业合作社（房山区）
北京手牵手养殖专业合作社（通州区）
北京草厂利民食用菌专业合作（通州区）
北京裕群养殖专业合作社（通州区）
北京绿奥蔬菜合作社（顺义区）
北京兴农天力农机服务专业合作社（顺义区）
北京天天康乐果品产销专业合作社（顺义区）
北京黑山寨果品专业合作社（昌平区）
北京鑫城缘果品专业合作社（昌平区）
北京营坊昆利果品专业合作社（昌平区）
北京礼贤益农蔬菜专业合作社（大兴区）
北京市京采兴农产品专业合作社（大兴区）
北京兴安尚农农产品产销专业合作社（大兴区）
北京互联农机专业合作社（平谷区）
北京荣涛豌豆产销专业合作社（平谷区）
北京天地绿洲种养殖专业合作社（怀柔区）
北京渤海冷水鱼养殖专业合作社（怀柔区）
北京新族养殖专业合作社（怀柔区）
北京岭东肉鸡养殖专业合作社（密云县）
北京八达岭小浮坨蔬菜专业合作社（延庆县）
北京花果飘香种植专业合作社（延庆县）
北京绿菜园蔬菜专业合作社（延庆县）

（十八）北京农村信息工作先进单位（10个）

朝阳区种植业养殖业服务中心
北京新发地农产品电子交易中心（丰台区）
门头沟区经管站
房山区城关街道八十亩地村
北京金福艺农农业科技集团有限公司（通州区）
北京国际鲜花港（顺义区）
北京天安农业发展有限公司（昌平区）
大兴区经济信息中心
密云县东邵渠镇西邵渠村

延庆县旧县镇

（十九）社会力量参与社会主义新农村建设先进集体（30个）

北京农学院科学技术处

北京农职院科研处

北京农研沟域经济发展促进中心（农研中心）

北京粮食集团有限责任公司

中华联合财产保险股份有限公司北京分公司

邮政储蓄银行北京分行大兴三农信贷专营机构

国家开发银行北京分行

北京银行郊区管理部

北京农商银行怀柔支行

北京市工商联合会光彩事业促进办公室

中腾时代集团（工商联）

北京圣火科贸有限公司（工商联）

北京市农业机械试验鉴定推广站（农业局）

闽龙陶瓷总部基地（朝阳区）

北京农业信息技术研究中心（海淀区）

中国人民武装警察部队总医院体检中心（丰台区）

中国人民解放军66058部队（丰台区）

北京潭柘投资发展有限公司（门头沟区）

中国人民解放军92117部队（房山区）

北京碧海圆生态农业观光有限公司（通州区）

北京四环制药有限公司（通州区）

北京路星沥青制品有限公司（顺义区）

北京全富木制品有限公司（顺义区）

北京美佳兴业贸易有限公司（昌平区）

北京泰宁科创雨水利用技术股份有限公司（昌平区）

北京艺苑房地产开发有限责任公司（大兴区）

北京四海基业建筑装饰工程有限公司（大兴区）

北京博龙阳光新能源高科技开发有限公司（怀柔区）

首创嘉铭新城镇投资发展有限公司（平谷区）

中国人民解放军66321部队（延庆县）

中共北京市委农村工作委员会　中共北京市委组织部　北京市人力资源和社会保障局　北京市农村工作委员会关于表彰北京市有突出贡献的农村实用人才的决定

（2013年7月11日）

近年来，全市农村人才在市委、市政府的领导下，坚持以邓小平理论和“三个代表”重要思想为指导，深入贯彻落实科学发展观，在全面推进首都社会主义新农村建设和城乡一体化的进程中发挥了重要作用，作出了突出贡献，涌现出一大批懂技术、会经营、善管理、乐奉献的先进典型。为表彰他们的突出事迹，经市委、市政府批准，决定授予马小兰等10名同志“北京市有突出贡献的农村实用人才”荣誉称号。希望受到表彰的同志珍惜荣誉，再接再厉，取得更大成绩。

受到表彰的同志是首都农村实用人才的优秀代表。全市广大农村劳动者要以他们为榜样，学习他们求真务实、勇于开拓的创业精神，百折不挠、执着追求的拼搏精神，致富不忘乡亲、带领群众共同富裕的奉献精神，奋发图强，成长成才，为首都社会主义新农村建设贡献智慧和力量。

郊区县各部门、各单位要深入贯彻党的十八大精神，坚持党管人才的原则，实施首都人才发展战略，优化人才发展环境，切实做好农村实用人才的培养、评价、服务和激励工作，将本市农村实用人才队伍建设推向一个新的阶段，为促进农民增收致富、发展现代农业、推进社会主义新农村建设提供强有力的人才保障，为构建社会主义和谐社会首善之区作出新的更大的贡献。

附件：第三批北京市有突出贡献的农村实用人才名单

附件

第三批北京市有突出贡献的农村实用人才名单

（按姓名笔画排序，共10人）

序号	姓名	性别	年龄	政治面貌	工作单位	职　务
1	马小兰	女	41	群众	北京博源包装制品有限公司	董事长
2	王小东	男	46	中共党员	北京东升博展股份经济合作社	董事长
3	王德强	男	46	中共党员	北京市门头沟区妙峰山镇涧沟村党支部	支部书记　村主任
4	刘成军	男	44	中共党员	北京百年栗园生态农业有限公司	董事长　总经理
5	刘宝祥	男	51	群众	北京东祥环境科技有限公司	总经理
6	孙 锐	女	33	中共党员	北京金福艺农农业科技集团有限公司农业部	副经理
7	张宝贵	男	61	中共党员	北京宝贵石艺科技有限公司	总经理
8	赵广华	男	42	群众	北京绿神鹿业有限责任公司、北京绿神茸鹿养殖专业合作社	总经理　社长
9	贾 尚	女	56	中共党员	大兴区安定镇梨桃技术协会、兴安尚农农产品产销专业合作社	会长　社长
10	蔡玉民	女	58	中共党员	顺义区仁和镇平各庄村党支部	原支部书记

统 计 资 料

农村基本情况

指标名称	计量单位	北京市	朝阳区	丰台区	海淀区	门头沟区	房山区	通州区
1. 乡镇个数	个	182	19	5	7	9	20	11
（1）乡个数	个	38	19	3	0	0	6	1
（2）镇个数	个	144	0	2	7	9	14	10
2. 村委会个数	个	3 940	154	65	84	178	461	475
3. 乡村户数	户	2 219 344	312 324	126 900	150 944	41 834	259 034	262 759
4. 乡村人口	人	5 995 325	805 609	359 714	416 573	87 661	583 659	724 820
5. 乡村从业人员	人	3 535 202	506 215	229 363	247 394	43 181	302 870	412 115
指标名称	**计量单位**	**顺义区**	**昌平区**	**大兴区**	**怀柔区**	**平谷区**	**密云县**	**延庆县**
1. 乡镇个数	个	19	15	14	14	16	18	15
（1）乡个数	个	0	0	0	2	2	1	4
（2）镇个数	个	19	15	14	12	14	17	11
2. 村委会个数	个	426	303	527	284	273	334	376
3. 乡村户数	户	213 263	232 174	190 701	94 791	110 745	130 440	93 435
4. 乡村人口	人	596 549	716 450	621 042	234 982	320 276	316 540	211 450
5. 乡村从业人员	人	329 034	458 146	391 642	128 242	181 529	184 303	121 168

农林牧渔业总产值（现价）

单位：万元

区 县	农林牧渔业总产值			农 业			林 业		
	2013	2012	2013年比2012年增长（%）	2013	2012	2013年比2012年增长（%）	2013	2012	2013年比2012年增长（%）
北京市	4 217 827.9	3 957 128.8	6.6	1 704 065.2	1 662 890.9	2.5	758 857.3	548 252.5	38.4
朝阳区	42 471.0	45 142.2	−5.9	7 764.0	7 826.6	−0.8	21 461.9	22 951.3	−6.5

（续）

区县	农林牧渔业总产值			农业			林业		
	2013	2012	2013年比2012年增长（%）	2013	2012	2013年比2012年增长（%）	2013	2012	2013年比2012年增长（%）
丰台区	36 377.1	34 454.1	5.6	10 440.8	13 891.3	−24.8	20 367.7	14 424.4	41.2
海淀区	57 919.7	57 310.8	1.1	18 872.1	18 334.8	2.9	21 603.1	20 219.8	6.8
门头沟区	53 307.9	53 219.3	0.2	11 310.4	11 189.8	1.1	28 381.6	26 420.6	7.4
房山区	505 758.3	464 499.0	8.9	169 092.4	167 929.8	0.7	122 251.5	79 450.6	53.9
通州区	554 136.5	515 362.3	7.5	257 769.7	248 618.6	3.7	110 130.2	70 951.2	55.2
顺义区	683 390.3	675 548.2	1.2	250 407.8	261 831.8	−4.4	74 923.5	60 915.7	23.0
昌平区	278 450.1	259 915.4	7.1	96 286.7	99 453.1	−3.2	86 666.1	58 803.9	47.4
大兴区	612 391.2	547 932.9	11.8	285 824.3	275 545.5	3.7	91 595.9	52 648.0	74.0
怀柔区	203 304.0	191 308.1	6.3	70 651.2	70 455.8	0.3	31 800.7	24 806.8	28.2
平谷区	447 042.5	397 091.7	12.6	238 691.3	222 272.1	7.4	38 847.1	25 727.1	51.0
密云县	473 384.4	456 101.8	3.8	208 385.5	193 925.1	7.5	55 396.1	40 641.1	36.3
延庆县	260 894.9	249 743.0	4.5	78 569.0	71 616.6	9.7	55 431.9	50 292.0	10.2

区县	牧业			渔业			农林牧渔服务业		
	2013	2012	2013年比2012年增长（%）	2013	2012	2013年比2012年增长（%）	2013	2012	2013年比2012年增长（%）
北京市	1 547 519.2	1 541 607.2	0.4	127 809.5	129 778.2	−1.5	79 576.7	74 600.0	6.7
朝阳区	5 052.0	5 984.6	−15.6	5 394.0	5 580.6	−3.3	2 799.1	2 799.1	0.0
丰台区	2 613.1	3 258.0	−19.8	1 658.1	1 684.2	−1.5	1 297.4	1 196.2	8.5
海淀区	10 800.4	12 640.2	−14.6	358.6	378.1	−5.2	6 285.5	5 737.9	9.5
门头沟区	12 796.3	14 867.3	−13.9				819.6	741.6	10.5
房山区	194 553.9	190 084.4	2.4	7 304.4	15 163.4	−51.8	12 556.1	11 870.8	5.8
通州区	148 952.8	162 435.6	−8.3	28 251.8	24 760.4	14.1	9 032.0	8 596.5	5.1
顺义区	321 373.5	317 407.7	1.2	20 403.9	20 004.1	2.0	16 281.6	15 388.9	5.8
昌平区	85 244.7	92 041.8	−7.4	3 396.8	3 253.1	4.4	6 855.8	6 363.5	7.7
大兴区	223 345.6	209 160.9	6.8	3 349.0	2 949.7	13.5	8 276.4	7 628.8	8.5
怀柔区	86 540.2	82 081.0	5.4	13 496.0	13 198.4	2.3	815.9	766.1	6.5
平谷区	148 221.9	129 264.9	14.7	19 985.0	18 669.4	7.0	1 297.2	1 158.2	12.0
密云县	190 047.0	202 944.3	−6.4	11 430.9	11 002.5	3.9	8 124.9	7 588.8	7.1
延庆县	117 977.8	119 436.5	−1.2	3 781.0	3 634.3	4.0	5 135.2	4 763.6	7.8

注：全市数据含远洋渔业数据。

主要农产品产量

单位：吨

区县	粮食			蔬菜（含食用菌）			干鲜果品		
	2013	2012	2013年比2012年增长（%）	2013	2012	2013年比2012年增长（%）	2013	2012	2013年比2012年增长（%）
北京市	96 1260	1 137 734	−15.5	2 668 593.0	2 799 019.5	−4.7	795 070.9	842579.9	−5.6
朝阳区	514	1 574	−67.3	6 668.3	7 582.3	−12.1	561.4	960.4	−41.5
丰台区	1 012	1 004	0.8	6 072.0	4 043.6	50.2	1 570.6	1 490.0	5.4

（续）

区 县	粮 食			蔬菜（含食用菌）			干鲜果品		
	2013	2012	2013年比2012年增长（%）	2013	2012	2013年比2012年增长（%）	2013	2012	2013年比2012年增长（%）
海淀区	2 959	3 084	-4.1	22 689.2	23 809.8	-4.7	5 192.2	6 566.5	-20.9
门头沟区	2 332	2 580	-9.6	4 667.5	3 057.5	52.7	3 148.7	3 900.1	-19.3
房山区	98 649	128 838	-23.4	164 158.2	169 814.4	-3.3	52 274.7	62 589.4	-16.5
通州区	121 831	169 521	-28.1	617 604.7	632 417.3	-2.3	54 180.4	62 003.7	-12.6
顺义区	174 458	208 784	-16.4	426 513.8	446 153.1	-4.4	69 408.8	73 209.9	-5.2
昌平区	14 291	21 082	-32.2	43 931.0	41 645.7	5.5	34 547.0	40 921.1	-15.6
大兴区	190 591	229 489	-16.9	792 303.7	816 571.7	-3.0	106 430.4	114 895.6	-7.4
怀柔区	49 098	57 430	-14.5	37 491.0	37 495.4	0.0	36 243.8	36 560.8	-0.9
平谷区	60 278	68 856	-12.5	238 623.7	252 673.2	-5.6	320 696.4	327 132.0	-2.0
密云县	88 470	97 686	-9.4	216 098.4	257 584.5	-16.1	82 296.8	83 122.4	-1.0
延庆县	143 593	125 866	14.1	91 771.5	106 171.0	-13.6	28 519.7	29 228.0	-2.4

区 县	肉 类			#猪牛羊肉		
	2013	2012	2013年比2012年增长（%）	2013	2012	2013年比2012年增长（%）
北京市	418 037.4	431 925.5	-3.2	278 771.7	273 171.7	2.0
朝阳区	5.6	10.8	-48.1	5.6	10.8	-48.1
丰台区	488.0	553.3	-11.8	421.2	430.7	-2.2
海淀区	1 975.7	2 381.4	-17.0	1 817.8	1 935.1	-6.1
门头沟区	5 607.9	6 217.5	-9.8	648.9	850.4	-23.7
房山区	49 713.8	50 612.8	-1.8	36 939.7	34 774.6	6.2
通州区	38 136.9	45 503.0	-16.2	26 786.9	29 359.9	-8.8
顺义区	102 998.0	103 000.0	0.0	85 166.7	83 796.2	1.6
昌平区	11 670.6	10 161.3	14.9	8 962.8	8 076.9	11.0
大兴区	65 943.7	60 351.9	9.3	43 468.3	43 746.7	-0.6
怀柔区	27 162.9	26 566.8	2.2	10 626.8	9 972.4	6.6
平谷区	44 079.5	42 135.4	4.6	32 911.2	31 048.9	6.0
密云县	48 350.9	56 252.3	-14.0	20 040.7	18 973.8	5.6
延庆县	21 904.0	28 179.0	-22.3	10 975.1	10 195.3	7.6

区 县	牛 奶			鲜 蛋		
	2013	2012	2013年比2012年增长（%）	2013	2012	2013年比2012年增长（%）
北京市	614 618	650 522	-5.5	175 020	152 409	14.8
朝阳区	12 302	16 946	-27.4			
丰台区	893	2 977	-70.0	721	852	-15.4
海淀区	10 734	14 981	-28.3	472	344	37.3

（续）

区县	牛奶			鲜蛋		
	2013	2012	2013年比2012年增长（%）	2013	2012	2013年比2012年增长（%）
门头沟区	110	566	−80.5	235	296	−20.8
房山区	42 733	34 563	23.6	10 974	11 766	−6.7
通州区	104 329	103 799	0.5	8 030	7 546	6.4
顺义区	56 142	60 138	−6.6	14 392	14 794	−2.7
昌平区	51 944	56 034	−7.3	8 511	9 081	−6.3
大兴区	143 958	151 349	−4.9	16 709	17 130	−2.5
怀柔区	43 094	45 246	−4.8	1 783	2 463	−27.6
平谷区	2 428	3 383	−28.2	52 315	30 714	70.3
密云县	78 679	81 573	−3.5	23 526	21 476	9.5
延庆县	67 271	78 968	−14.8	37 354	35 947	3.9

注：北京市粮食产量为抽样调查推算数据，故与区县合计数不等。

农作物播种面积

单位：亩

区县	农作物播种面积			#粮食作物			#蔬菜面积		
	2013	2012	2013年比2012年增长（%）	2013	2012	2013年比2012年增长（%）	2013	2012	2013年比2012年增长（%）
北京市	3 636 876	4 240 721	−14.2	2 383 666	2 908 118	−18.0	929 770	961 356	−3.3
朝阳区	7 780	11 774	−33.9	1 354	3 988	−66.0	5 463	6 205	−12.0
丰台区	10 301	12 295	−16.2	3 752	4 610	−18.6	3 819	2 873	32.9
海淀区	20 149	21 663	−7.0	7 017	7 742	−9.4	11 711	11 952	−2.0
门头沟区	44 026	46 629	−5.6	23 142	24 471	−5.4	2 143	1 833	16.9
房山区	381 957	494 847	−22.8	284 068	390 653	−27.3	71 806	74 360	−3.4
通州区	524 978	658 542	−20.3	295 379	420 371	−29.7	207 353	210 694	−1.6
顺义区	652 479	758 574	−14.0	437 766	523 970	−16.5	143 939	151 355	−4.9
昌平区	91 117	115 625	−21.2	49 254	68 395	−28.0	24 120	22 705	6.2
大兴区	802 160	918 867	−12.7	440 036	536 923	−18.0	272 298	278 016	−2.1
怀柔区	166 897	176 766	−5.6	141 632	150 826	−6.1	16 730	17 412	−3.9
平谷区	237 215	261 529	−9.3	156 083	178 632	−12.6	74 384	76 130	−2.3
密云县	345 548	375 324	−7.9	260 401	280 543	−7.2	61 476	69 659	−11.7
延庆县	352 269	388 286	−9.3	283 782	316 994	−10.5	34 528	38 162	−9.5

注：15亩=1公顷。

设施农业

指标名称	占地面积（亩）			销售收入（万元）		
	2013	2012	增减（%）	2013	2012	增减（%）
合　计	282 785	285 890	－1.1	573 197.0	519 824.2	10.3
一、温　室	149 753	144 740	3.5	410 570.9	364 106.9	12.8
1. 蔬　菜				240 806.5	214 732.3	12.1
2. 食用菌				56 050.9	40 297.5	39.1
3. 花卉苗木				36 217.4	41 264.8	－12.2
其中：鲜切花				5 665.8	7 774.1	－27.1
盆栽花				29 831.1	33 200.3	－10.1
4. 瓜果类				62 335.4	57 540.6	8.3
5. 水　果				9 797.4	5 553.1	76.4
6. 其　他				5 363.3	4 718.6	13.7
其中：盆栽观叶植物				2 888.2	1 981.4	45.8
二、大　棚	91 860	92 766	－1.0	130 918.4	120 163.9	8.9
1. 蔬　菜				82 259.7	72 670.6	13.2
2. 食用菌				6 246.2	4 556.4	37.1
3. 花卉苗木				5 266.3	6 482.5	－18.8
其中：鲜切花				645.9	809.7	－20.2
盆栽花				4 456.5	5 129.8	－13.1
4. 瓜果类				33 414.9	32 137	4.0
5. 水　果				2 783.2	2 145.3	29.7
6. 其　他				948.1	2 172.1	－56.4
其中：盆栽观叶植物				30.0	9	233.3
三、中小棚	41 172	48 384	－14.9	31 707.7	35 553.4	－10.8
1. 蔬　菜				14 803.4	17 597	－15.9
2. 食用菌				381.1	164.5	131.7
3. 花卉苗木				446.0	550	－18.9
其中：鲜切花				51.1	31	64.8
盆栽花				349.9	484	－27.7
4. 瓜果类				15 904.6	17 157	－7.3
5. 水　果				0.0	0	
6. 其　他				172.6	84.9	103.3
其中：盆栽观叶植物				60.0	84.8	－29.2

生猪生产

区县	存栏（头）			出栏（头）		
	本年	上年	增减（%）	本年	上年	增减（%）
北京市	1 892 275	1 873 896	1.0	3 143 923	3 061 116	2.7
朝阳区						
丰台区	2 284	2 993	−23.7	4 948	4 795	3.2
海淀区	16 542	19 847	−16.7	22 339	24 832	−10.0
门头沟区	4 562	4 711	−3.2	6 061	6 575	−7.8
房山区	302 992	288 377	5.1	433 499	401 595	7.9
通州区	146 552	153 460	−4.5	285 622	312 674	−8.7
顺义区	545 354	572 455	−4.7	951 053	934 450	1.8
昌平区	75 583	74 950	0.8	105 757	94 943	11.4
大兴区	263 985	255 092	3.5	492 074	485 927	1.3
怀柔区	81 557	74 073	10.1	121 365	114 901	5.6
平谷区	245 598	224 386	9.5	383 073	361 445	6.0
密云县	141 047	138 925	1.5	222 697	213 672	4.2
延庆县	66 219	64 627	2.5	115 435	105 307	9.6

牛的生产

区县	存栏（头）			出栏（头）		
	本年	上年	增减（%）	本年	上年	增减（%）
北京市	203 503	213 644	−4.7	112 444	118 754	−5.3
朝阳区	2 520	3 520	−28.4	24	50	−52.0
丰台区	462	778	−40.6	53	209	−74.6
海淀区	2 469	3 186	−22.5	413	167	147.3
门头沟区	98	182	−46.2	104	994	−89.5
房山区	18 771	15 533	20.8	9 415	10 820	−13.0
通州区	28 184	27 358	3.0	11 592	13 642	−15.0
顺义区	38 037	39 726	−4.3	41 812	42 636	−1.9
昌平区	13 098	13 457	−2.7	2 596	1 948	33.3
大兴区	36 699	39 200	−6.4	11 646	15 058	−22.7
怀柔区	12 618	13 466	−6.3	4 655	4 005	16.2
平谷区	7 406	8 963	−17.4	10 766	10 973	−1.9
密云县	25 243	29 064	−13.1	10 654	8 697	22.5
延庆县	17 898	19 211	−6.8	8 714	9 555	−8.8

羊的生产

区　县	存栏（只）			出栏（只）		
	本年	上年	增减（%）	本年	上年	增减（%）
北京市	594 706	580 680	2.4	707 659	717 976	－1.4
朝阳区	197	410	－52.0	93	285	－67.4
丰台区	2 954	2 440	21.1	2 365	1 912	23.7
海淀区	2 352	2 100	12.0	1 515	1 722	－12.0
门头沟区	13 227	17 156	－22.9	9 281	11 532	－19.5
房山区	118 164	117 680	0.4	87 710	84 613	3.7
通州区	60 020	55 983	7.2	77 521	80 634	－3.9
顺义区	75 665	73 727	2.6	125 874	131 275	－4.1
昌平区	24 920	19 092	30.5	21 894	19 974	9.6
大兴区	97 885	100 912	－3.0	150 528	173 078	－13.0
怀柔区	30 559	29 074	5.1	22 705	17 096	32.8
平谷区	81 417	78 714	3.4	109 554	107 072	2.3
密云县	59 137	61 067	－3.2	71 157	70 769	0.5
延庆县	28 209	22 325	26.4	27 462	18 014	52.4

家禽生产

区　县	存栏（万只）			出栏（万只）		
	本年	上年	增减（%）	本年	上年	增减（%）
北京市	2 524.88	2 596.35	－2.8	8 529.83	10 089.37	－15.5
朝阳区						
丰台区	5.03	6.87	－26.8	5.08	9.25	－45.1
海淀区	6.6	11.82	－44.2	11.09	33.48	－66.9
门头沟区	35.08	28.82	21.7	304.16	337.81	－10.0
房山区	212.71	239.9	－11.3	876.11	1 066.95	－17.9
通州区	143.72	164.78	－12.8	745.75	980.52	－23.9
顺义区	242.37	256.3	－5.4	1 020.98	1 217.99	－16.2
昌平区	89.91	125.75	－28.5	122.22	99.67	22.6
大兴区	277.54	235.2	18.0	1 295.23	1 028.31	26.0
怀柔区	127.82	129.46	－1.3	1 024.91	1 040.58	－1.5
平谷区	674.47	512.91	31.5	725.09	750.33	－3.4
密云县	377.41	521.11	－27.6	1 710.66	2 394.70	－28.6
延庆县	332.22	363.43	－8.6	688.55	1 129.78	－39.1

镇村企业

指标名称	单位	2012	2013	增减（%）
企业数	个	154 436	149 544	－3.2
其中：规模以上企业	个	2 626	2 514	－4.3
其中：规模工业企业个数	个	1 746	1 441	－17.5
从业人员年末数	个	1 292 746	1 229 627	－4.9
营业收入	万元	4 946 674	52 718 678	6.6
利润总额	万元	2 686 674	3 085 543	14.8
增加值	万元	8 900 679	9 475 626	6.5
工业增加值	万元	4 996 108	5 276 077	5.6
出口产品交货值	万元	1 452 479	1 210 724	－16.6
上交税金总额	万元	2 121 555	2 125 271	0.2
劳动者报酬	万元	3 263 964	3 518 539	7.8
人均劳动者报酬	万元	25 248	28 615	13.3
资产总额（私营以上）	万元	36 592 819	44 445 224	21.5
负债总额（私营以上）	万元	64.5	67	2.5
资产负债总额（私营以上）	%	66.4	64.5	－1.9

资料来源：市经信委统计资料。

农业观光园

区　县	农业观光园个数（个）		从业人员（人）		接待人次（人次）		经营总收入（万元）	
	2013	2012	2013	2012	2013	2012	2013	2012
北京市	1 299	1 283	50 406	48 906	19 443 895	19 399 472	2 73 600	268 821
朝阳区	12	14	2 181	2 271	1 173 297	1 325 973	42 229	45 654
丰台区	12	13	636	853	632 903	1 164 760	2 283.4	2 687
海淀区	60	58	2 503	2 387	346 730	319 856	7 050.1	6 912
门头沟区	61	62	1 477	1 571	403 925	492 578	6 289.7	7 730
房山区	105	108	2 973	3 138	1 628 726	1 596 625	16 904.9	16 691
通州区	55	51	3 248	2 288	774 100	655 033	20 572.7	15 624
顺义区	59	58	2 906	2 510	948 374	771 332	13 855.8	14 216
昌平区	199	199	6 868	7 227	1 883 582	1 991 438	51 225.6	53 406
大兴区	114	112	11 059	11 143	1 915 655	2 173 969	19 681.9	19 666
怀柔区	217	223	2 247	2 299	1 891 901	1 774 509	16 286.7	14 938
平谷区	213	207	8 880	8 364	3 764 873	3 365 214	29 032.1	23 790
密云县	155	142	4 197	3 505	3 572 952	3 229 420	42 866.9	41 942
延庆县	36	35	1 195	1 310	506 077	536 865	5 315.2	5 555

注：北京市合计中含石景山区数据。

民俗旅游

区县	民俗旅游接待户数（户）		从业人员（人）		民俗旅游接待人次（人次）		民俗旅游总收入（万元）	
	2013	2012	2013	2012	2013	2012	2013	2012
全　市	**8 530**	**8 367**	**19 578**	**18 705**	**18 065 498**	**16 957 639**	**101 959**	**90 548**
朝阳区	8	8	12	12	3 308	5 392	20	34
丰台区								
海淀区	35	55	54	57	44 392	49 383	310	297
门头沟区	568	564	1 304	1 463	649 635	650 135	5 156	4 893
房山区	1 294	1 248	1 987	1 802	1 578 682	1 725 634	9 023	9 204
通州区	77	77	138	131	25 435	31 696	893	1 003
顺义区	25	28	39	44	17 965	22 619	75	75
昌平区	314	326	1 171	1 183	1 186 321	1 283 966	5 605	5 924
大兴区	172	166	783	749	409 303	400 970	1 601	1 447
怀柔区	1 582	1 598	3 085	2 933	2 193 056	2 148 578	14 450	13 807
平谷区	2 213	2 216	5 681	5 243	4 018 251	3 716 780	23 724	19 649
密云县	1 438	1 305	2 875	2 644	3 450 732	3 144 497	17 914	15 499
延庆县	804	776	2 449	2 444	4 488 418	3 777 989	23 188	18 716

注：民俗旅游接待户数为实际经营的户数。

城乡居民家庭收支

单位：元

	城镇居民		农村居民	
	人均可支配收入	人均消费性支出	人均纯收入	人均生活消费支出
全　市	45 274	26 275	18 337	16 994
东城区	41 676	26 994		
西城区	43 479	29 474		
朝阳区	41 035	28 315	24 426	20 446
丰台区	37 886	24 783	20 442	18 621
石景山区	38 657	22 411		
海淀区	45 953	29 430	24 673	20 065
房山区	32 886	20 386	16 916	15 136
通州区	33 662	20 604	17 925	14 134
顺义区	33 329	18 895	17 703	18 247
昌平区	32 495	20 322	16 756	16 581
大兴区	34 128	22 126	17 044	14 432
门头沟区	35 141	22 313	17 408	15 184
怀柔区	32 519	20 083	16 356	14 669
平谷区	32 933	20 966	16 865	17 360
密云县	32 538	19 079	16 202	14 076
延庆县	31 132	18 155	15 504	14 102

索　　引

本索引采取主题索引法编纂，主题词以年鉴正文出现的重要专业名词或名词词组、机构名为主。按汉语拼音音序排列，汉字的标目按首字的音序、音调依次排列，首字相同时，则以第二字排序，依此类推。主题词之后的数字，表示其所在正文中的页码。

图书在版编目（CIP）数据

北京农村年鉴．2014/《北京农村年鉴》编委会编．—北京：中国农业出版社，2014．12
ISBN 978－7－109－19749－7

Ⅰ．①北…　Ⅱ．①北…　Ⅲ．①农村经济－北京市－2014－年鉴　Ⅳ．①F327．1－54

中国版本图书馆 CIP 数据核字（2014）第 256261 号

中国农业出版社出版
（北京市朝阳区麦子店街 18 号楼）
（邮政编码 100125）
责任编辑　姚　红　周　珊　姚　佳　孙鸣凤

北京通州皇家印刷厂印刷　　新华书店北京发行所发行
2014 年 12 月第 1 版　　2014 年 12 月北京第 1 次印刷

开本：889mm×1194mm　1/16　　印张：27．5　　插页：12
字数：790 千字
定价：200．00 元